民法研究

第10卷

梁 彰 洙 著

傳 英 社

머 리 말

민법에 관한 논문·판례평석 등을 모은 『민법연구』 제 9 권을 발간한 것이 2007년 11월이었다. 1991년에 『민법연구』 제 1 권, 제 2 권을 같이 낸 후로 그때까지는 2년 터울로 그 책을 한 권씩 내곤 했었다. 이번에는 10년이 훨씬 더 넘었다.

나는 2008년 9월부터 6년 간 대법관으로 일하였다. 학교로 돌아와 3년 반 후인 2018년 2월 말에 한양대학교에서 교수의 직을 정년퇴임하였다. 물론 이어서 위 대학교의 석좌교수, 또 서울대학교 명예교수로 위촉되기는 하였다. 그러나 아무래도 정년퇴임은 연구자로서의 삶에서 하나의 고비임에 틀림없는 것이다.

그리하여 이번에는 교수로서 쓴 글을 '정리'한다는 생각을 출발점으로 하여 한 권의 책을 엮었다. 물론 종전과 같이 논문이나 판례평석도 있다. 그러나 보다 자유롭게, 강연을 위한 원고는 물론이고, 오히려 연구메모라고 불러야 할 것이나 앞으로의 공부를 위하여 정리한 자료, 나아가 번역도 모아 보았다. 그리고 그것을 쓴 시기도 반드시 최근이 아닌 경우가 적지 않고, 또 형식적으로 보아도 상당한 편차가 있다.

그렇게 보면 *均齊美*가 떨어진다고 할 수 있을 듯하다. 각 글의 말미에 [후기]를 보태서, 그 글이 발표된 후의 사정 등은 물론이고 애초 그것이 작성된 연유 같은 것을 정리하여 본 것도 시간의 틈을 메우고자 하는 생각이 없지 않았다.

그러나 이번에도 부당이득에 관하여 쓴 글들은 역시 넣지 않았다. 언젠가 그것들만을 따로 모아서 별개의 「틀」을 탐색하여 보고자 하는 생각이 없지 않은 까닭이다.

대학교수가 된 것이 1985년 6월이다. 그 후에 써서 발표한 글을 정리하는 김에, 반드시 민법에 관련이 없는 것이거나 또 「수필」에 해당하는 것 등은 따로 모아, 이번에 『노모스의 뜨락』이라는 제목으로 역시 박영사에서 발간하는 작업이 진행되고 있음을 여기 적어 둔다.

나를 연구 생활로 이끌어 주신 두 분의 스승은 이제 이 세상에 계시지 않다. 곽윤직 선생님은 작년 2월에, 이호정 선생님은 작년 12월에 돌아가셨다. 그 허전함을 말로 다 표현하기 어렵다.

두 분 선생님께 이 보잘것없는 글 모음을 바치고자 한다.

2019년 6월 5일

한양대학교 연구실에서

양 창 수

차　　례

3. 김증한 교수의 생애와 학문 점묘
— 개인적인 시각에서 —

4. 이 시대 사법부의 위상과 과제
— 6년의 경험으로부터 —

7. 민법 제197조 제 2 항의 "본권에 관한 소에서 패소한 때"의 해석에 대하여

8. 獨自的인 債務不履行類型으로서의 履行拒絶 再論
— 判例의 形成 및 法律效果를 중심으로 —

9. 한국의 제조물책임법

10. 은행에 예입 중인 등록금 등에 대한 압류의 허용 여부

16. 書信으로 쓴 讀後感
— 非正統的 書評에서조차 벗어나서

17. 書信으로 쓴 讀後感·續

18. [자료] 최근의 일본민법 개정: 계약법 및 소멸시효법

1. 어느 법학교수가 살아온 이야기*

1.

이번 강좌에 참여하여 여러분들 앞에서 제가 살아온 이야기를 할 수 있게 된 것이 영광입니다.

옛날의 이야기입니다만, 제가 사법시험에 합격하고 나서 고시 잡지에 '합격 수기'를 쓰라는 원고 청탁을 받아서 주제넘게도 그에 응한 일이 있습니다. 그때 저는 그 글을 "나는 자신의 과거 일을 쓰기에는 아직 젊다"는 말로 시작하였었습니다. 그런데 이제는 그렇지도 않은 듯하여 이런 일도 맡게 되었습니다.

이 강좌 개설의 취지는 그 이름에 다 나와 있습니다. 그런데 그 취지에는 별로 맞지 않는다고 여겨지기도 하지만, 저는 오늘 제가 그동안 살아온 삶의 어느 부분, 즉 대학교수로 살아온 얘기를 해볼까 합니다. 가벼운 마음으로 들어주시면 고맙겠습니다.

2.

혹시 저의 이력이 이하의 발표를 이해하는 데 참고가 될지도 모

---

* 이 글은 한국법학원에서 마련한 「법률가가 된 뜻을 되새기는 강좌」에 초빙되어 2017년 6월 23일 오후 6시 30분부터 서울 서초구 서초동의 변호사교육문화관 세미나실에서 한 강연의 원고에 —강연 중에 말로 보충한 것들 중 일부를 포함하여— 조금 손을 대어 수정·보충하고, 특히 원래는 본문의 괄호 안에 들어 있던 것 중 상당 부분을 각주로 돌려서 작성된 것입니다. 혹 강연 치고 각주가 너무 많고 길다고 생각하실 수도 있겠습니다. 또 그런 연유로 경어체를 그대로 남겨 두었습니다. 그 모임에 참석하셨던 많은 분들, 그리고 강연 후 사고를 자극하는 질문을 하여 주신 여러 분들께 이 자리를 빌려 깊은 감사를 드립니다.

르겠다는 생각이 들어, 그것을 극히 간단히 적어둡니다.

저는 1952년 10월에 제주에서 태어났는데, 중학교부터 서울에서 학교를 다녔습니다. 1974년에 서울대학교 법과대학을 졸업하면서 제16회 사법시험에 합격했습니다. 1976년에 2년의 사법연수원 과정을 마침으로써 법률가(정확하게는 변호사)로서의 자격을 얻었습니다. 그 후 육군 법무관을 거쳐 1979년 11월 서울민사지방법원 판사로 법관의 경력을 시작하였습니다. 1982년 7월부터 1년 몇 개월을 독일의 베를린자유대학교에서 공부하였습니다. 부산지방법원에서 민사 단독판사로 있을 때인 1984년 초여름에 대통령비서실로 파견 명령을 받아서 1년쯤 근무하다가 1985년 6월에 서울대학교 법과대학의 전임교원이 되어 민법을 가르치고 연구하였습니다. 그로부터 23년 후인 2008년 9월에 대법관으로 임명되었으며, 그 6년의 임기를 마치고 2014년 9월에 한양대학교 법학전문대학원 교수가 되어 현재에 이릅니다.

그러니 저는 제 삶에서 몸통에 해당하는 부분을 대체로 대학 교수로 보냈습니다. 그 앞뒤로 5년 그리고 6년 동안의 법관으로서의 경력이 있습니다.

3.

저는 고등학교를 마치면서 대학을 사학과로 가려고 하였지만, 집안에서 법대로 가라고 하였습니다. 할아버지가 일제 때 경성법학전문학교의 전신인 경성전수학교京城專修學校를 졸업하고 판사를 잠깐 하다가 일찍부터 변호사로 일하였습니다. 아버님은 대학에서 물리학 공부를 하였습니다. 위의 두 형은 공대를 갔는데, 저는 어렸을 때부터 "너는 할아버지 뒤를 이어 법 공부를 하면 좋겠다"는 말을 들었습니다. 입학원서를 쓰는 단계에서 "사학과에서 법대로 가는 것은 어렵지만, 법대에 갔다가 사학과로 전과하기는 쉽다"는 아버님의 말이 그럴 듯하게 들려서 서울대 법대를 지원하여 합격하였습니다.

저 멀리 상계동의 교양과정부 건물에서 1학년을 마치고 2학년으로 올라가면서 국사학과로 전과원서를 제출하였습니다. 학장이던 서돈각 교수님께서 전과원서에 도장을 찍어 주시면서 “법대에 수석으로 입학한 학생이라는데 무슨 일이라도 있느냐”고 물으셨던 기억이 납니다. 국사학과의 김철준 교수님을 연구실로 찾아뵙고(문리대 교수 연구실이 모여 있는 그 벽돌 건물의 엄격한 정숙함이 저를 사로잡았습니다) 전과하고자 한다는 말씀을 드렸습니다. 교수님께서는 “장남이냐?”, “집안 살림이 어려우냐?” 따위를 물으셨습니다. 장남은 집안의 책임을 져야 하고 집에 돈이 없으면 배가 고파서 학문은 안 된다는 것이었습니다. 그러면서 “친구 중에 변호사가 있는데, 돈은 벌지 몰라도 골치가 아프고 고민이 많다더라. 잘 생각했다. 지금 국사학계는 할일이 무척 많은데 공부 열심히 하라. 나처럼 일제 때 공부한 사람은 일본 학자들의 관점이나 의식을 극복하는 데 한계가 있어 후학들에게 기대하고 있다. 앞으로 우선 한문을 배우고, 데이트도 고궁이나 박물관 같은 데서 해서 일체를 ‘우리 것’의 이해에 집중하라. 일본 사람들 생각에 은연중 물들지 않도록 일본말로 된 책은 절대로 읽지 말라” 등의 말씀을 하신 것을 지금도 생생히 기억합니다. 학과 사무실인가에도 가 보았더니, 창가에 놓인 책상에서 어떤 분이 두꺼운 조선왕조실록을 펴놓고 스탠드 불빛 아래 읽고 계셨습니다. 나중에서야 그 분의 성함이 한영우가 아닌가 짐작하게 되었지만, 확실한 것은 알 수 없습니다. 저는 “아, 나도 저렇게 열심히 공부해야지!” 하고 다짐하였습니다.

그런데 집으로 돌아와서 전과원서 제출 사실을 큰형에게 말씀드렸더니 야단이 났습니다. 아버님이 제주에서 바로 올라오시더니 변호사의 아들답게 “너는 미성년자인데 어째 아비의 동의도 없이 그런 중요한 결정을 마음대로 한단 말이냐”라고 야단을 치셨습니다. 여하튼 결국에는 전과 시도는 무산되었습니다.

그러니 동숭동의 법대 캠퍼스로 왔어도 법 공부는 하고 싶지 않았습니다. 당시는 교련에 반대하고 선거 부정에 항의하는 학생 데모가 줄곧 있어서 강의도 변변히 이루어지지 않았던 것으로 기억합니다. 다른 친구들은 도서관에 각자 자리를 하나씩 차지하고 고시공부를 하였는데, 저는 주로 독일어·프랑스어 공부,[1] 베버 같은 사회과학 책들을 읽었고, 1학년 때 했던 연극 활동도 열심히 쫓아다녔습니다.

그러고 있으려니 슬그머니 불안한 생각이 들어서 2학년 겨울방학에 들어가면서부터 법 책을 들여다보기 시작했습니다. 3학년 여름방학 때는 친구와 같이 그의 어머니가 다닌다는 충남 서천의 「영수암永守庵」이라는 자그마한 절에 틀어박혀 한 달 간 공부했습니다. 그때 사법시험 일곱 법과목의 기본서 전부를 한 번씩 집중해서 읽을 수 있었습니다. 그런데 그해 10월에 이른바 10월유신의 비상조치가 발동되어 학교가 문을 닫았습니다. 1972년 겨울로 예정되어 있던 사법시험은 다음해 여름으로 연기되었고, 학생들 사이에서는 김철수 교수님이 내시는 헌법 교과서가 당국의 '검열'에 걸려 만신창이가 되었다는 얘기가 파다했습니다. 도대체 공부를, 그것도 유신헌법 공부를 하고 싶은 마음이 들지 않았습니다. 헌법에 대한 비방을 금지하고 이른바 '유언비어'를 처벌하는 등의 긴급조치로 말미암아 친구들과 술

1) 독일어는 고등학교에서 줄곧 배웠습니다. 나중에 한양대학교 독문학과의 교수가 되신 선생님에게서 적어도 문법에 관한 한 처음의 정관사부터 마지막의 접속법 제 2 식, 가정법까지 그야말로 철저하게 잘 배웠습니다. 프랑스어는 고등학교 때 카뮈나 지드·말로 등을 읽어서 배우고 싶었는데 고등학교 3학년 때 친구가 미대를 간다고 당시 종로2가 YMCA 건물에 있던 프랑스어 학원(강사 이름이 '주세경'으로 기억합니다)에 다니는 것이 부러웠습니다. 그래서 대학 1학년의 「교양과정부」 시절에 제 2 외국어로 프랑스어를 선택했습니다(프랑스어를 택한 학생들을 한 반에 모아서 「LB 8반」으로 편성하였습니다. 여기서 LB는 사회계열을 가리키는 것으로 인문계열은 반 이름을 LA라는 것으로 시작했습니다).

을 마실 때도 주위를 살피고 극력 말조심을 해야 했습니다.

그래도 어쨌거나 이번에도 우여곡절 끝에 1973년 여름에 실시된 사법시험에 응시하여 제 1 차시험에 합격하였고, 그해 겨울에 실시된 다음번 사법시험의 제 2 차시험에 합격하였습니다. 당시 병석에 누워 계셨던 할아버님이 아주 기뻐하시던 것이 기억에 선연합니다.

제 또래의 사람 중에는 저처럼 '여하튼 결국에는'이라든가 '그래도 어쨌거나 우여곡절 끝에' 따위로 얼버무리면서 마음 깊은 곳에 다 삭일 수 없는 부끄러움 같은 것을 지니고 있는 이들도 적지 않을 것이라 생각합니다.

4.

저는 앞서 말씀드린 대로 1970년에 서울대학교 법대대학에 입학하였습니다. 당시는 학생 정원이 법학과 100명, 행정학과 60명이었는데, 민법 강의는 법학과의 앞 학번 50명은 김증한 선생님, 뒤의 50명은 곽윤직 선생님, 행정학과는 황적인 선생님이 맡아서 하셨습니다(최종길 선생님은 그때 아마 외국에 계셨었지요?). 저는 학번이 앞쪽에 속하여서 김증한 선생님의 강의를 들었습니다. 강의라고 하여도 휴강이 적지 않았고, 휴교 등으로 한 학기를 제대로 끝낸 적이 없었지 않았던가요? 당시는 김 선생님이 건강이 나쁘셔서, 대체로 김증한·안이준 편저의 「민법강의」 시리즈 책들 또는 단독 저술로 나오고 있었던 김 선생님의 『물권법』 교과서[2]를 읽어 내려가는 것으로 강의를 하셨던 것으로 기억합니다. 저는 위의 「민법강의」 등 책으로 민법 공부를 했고, 몇 년 전부터 꼬리를 물고 출간되고 있던 곽 선생님의 교과서는 별로 읽지 않았습니다. 다만 당시 학생들 사이에서는 부동산

2) 이 책에 대하여는, 양창수, "법학 명저: 김증한, 신물권법(상)(하)— '독자적 민법체계'의 시도", 서울대학교 법학 제48권 3호(2007. 9), 206면 이하가 있습니다(후에 동, 민법연구, 제 9 권(2007), 19면 이하에 수록되었습니다).

물권변동론을 둘러싼 '김증한 대 곽윤직의 논전'이 자주 화제에 올라서 도서관에서 곽 선생님의 『물권법』 교과서나 『부동산물권변동의 연구』의 해당 부분을 들추어 보기도 했습니다.

1974년에 저는 대학원에 입학하여 민법을 전공으로 정하였고, 지도교수는 당연히 김증한 선생님이었습니다. 그런데 그때만 해도 '좋았던 시절'이라, 사법연수원을 다니면서 대학원에서 수업을 들을 수 있었습니다. 1975년에 서울대학교가 관악으로 이전한 후에는 관악캠퍼스로 다녔습니다. 시내에서 버스로 이리 돌고 저리 돌아 한참을 가서 비온 후의 진흙탕 길을 '저 높은 곳에' 자리잡은 제10동의 법과대학까지 허위허위 걸어 올라갔던 기억이 새롭습니다. 그리고 1976년에 사법연수원을 수료하고 육군 법무관이 되었습니다. 처음에 강원도 양구의 무슨 사단 검찰관으로 배치되었습니다. 그 하숙방에서 쓴 것이 "원시적 불능급부에 관한 계약의 무효론에 관한 비판적 고찰"이라는 제목의 1978년도 석사학위 논문이었습니다. 그 논문을 다시 들추어 보니, '결론'은 다음과 같이 짤막합니다(149면).

> "원시적 불능급부에 관한 계약이 무효라는 법리는 자명한 것으로 우리 민법학에 수용되었다. 그것은 당사자의 이익형량이나 우리 민법전의 채무불이행 체계와의 조화 등의 검토 없이 하나의 공리로서 인정된 것이다. 이러한 태도는 그야말로 개념법학적인 해석론의 전형이라고 할 것이다.
>
> 우리는 여기서 그 법리는 하등의 공리가 아니며, 논리의 필연적인 결과도 아닌 것이며, 오히려 채무불이행 체계에 불합리를 끌어들이는 주요한 원천의 하나임을 확인한다. 여기에서 우리 채무법, 특히 계약법의 대원칙은 하등의 근거 없이 배제되는 것이다. 이것은 우리 민법학이 독일의 민법이론으로써 그 기본틀을 형성한 일본 민법학의 절대적 영향을 받고 있다는 사실 이외의 것으로써는 설명할 수 없다.
>
> 그러나 법전은 항상 그 해석자보다 현명한 법이다. 우리 민법전

은 모든 오류조차 포용하는 거대한 모성이다. 그 넓은 해석의 광장에는 오로지 비판적이고 권위에 얽매이지 않는 정신만이 활보할 수 있는 것이다.”

지금 다시 읽어 보면 부끄럽기 짝이 없는 대언장어大言壯語입니다. 그러나 이제 와서 꼬리를 뺄 생각은 없고, 오히려 기본은 그대로라고 말하고 싶기도 합니다.[3)]

5.

그 논문을 주심으로 심사하신 것이 곽 선생님이었는데, 평점으로 A를 주셨습니다. 곽 선생님은 좀처럼 A를 안 주시는 것으로 알려져 있어서 이 일에는 놀라고 또 기뻤습니다. 그리하여 1978년 봄에 후암동의 선생님 댁으로 인사를 가게 되었습니다. 그때 처음으로 가까이에서 뵙게 된 곽 선생님은 학생들이 흔히 말하던 바와는 다르게 저를 매우 따뜻하게 대하여 주셨습니다. 저를 2층 서재로 데리고 가서는 얼마 전에 독일에서 발간되었다는 독일민법에 대한 『슈타우딩어(Staudinger) 주해서』를 꺼내 보여주기도 하셨습니다. 그 후로 매해 정초에 후암동으로 세배를 갔습니다. 그리고 제가 군대에서 제대하면서 1979년 11월에 서울민사지방법원 판사로 임관하자, 새해부터는 민사

3) 주시하는 대로 우리 민법 제535조는 원시적 불능 급부를 목적으로 한 계약이 무효임을 전제로 하여서 ‘계약체결상의 과실’이라는 표제 아래 그러한 계약이 체결된 경우의 법률효과로서 신뢰이익 배상에 관하여 규정하고 있습니다. 그런데 위 제535조의 원형인 독일민법 제307조 및 그의 바로 앞에서 그 계약의 무효를 정면으로 선언하는 동법 제306조는 2002년의 채권법 대개정에서 모두 삭제되었습니다. 이제 독일에서 그 무효를 주장하는 견해는 일절 찾아볼 수 없음은 물론입니다. 독일민법전이 시행되고 몇 년이 채 되지 아니한 때로부터 독일민법 제306조·제307조는 ‘로마법을 오해한 데서 연유한 것’이라는 등으로 입법론적으로 철저하게 비판되었고(그 선봉이 바로 에른스트 라벨입니다. 우선 Ernst Rabel, Unmöglichkeit der Leistung eine kritische Studie zum BGB, in: *FS für E. I. Bekker*(1907), S. 171 ff. = Ders., *Gesammelte Aufsätze*, Bd. 1.(1965), S. 1 ff. 참조), 이는 그 후 독일학자들의 공통적인 평가가 되었던 것입니다.

판례연구회에 들어오라고 말씀하여 주셨습니다. 그리고 1981년 5월의 그 연구회 제41회 모임에서 "변제공탁에 있어서의 공탁금회수권에 대한 압류 및 전부명령의 허부"라는 이름의 발표를 처음으로 하였습니다.[4)]

6.

앞서 말한 대로 1979년 가을에 판사가 되어 기록을 보고 판결을 쓰면서, 일본의 실무와 이론의 압도적 영향을 실감하였습니다. 일본의 법 관련 문헌자료를 —무단으로— 복사·제본하여 파는 사람이 서소문의 법원 건물을 제집처럼 들락거렸습니다. 『주석민법』 등의 주해서나 『민사소송법강좌』 등의 시리즈물을 비롯하여 각종의 실무 관련 일본서적이 팔렸습니다(요즈음도 고서점에 가 보면, 그 구석에서 이런 일본 법에 관한 복사판 책 더미를 발견하는 일이 가끔 있습니다). 그리고 덕수궁 옆의 서울법원 신관 제 1 청사 8층에 찾는 사람이 별로 많지 않은 '도서관'이 있었습니다. 그 소장의 자료는 대부분이 『쥬리스트』, 『법률시보』, 『판례타임즈』 등 일본의 법률 전문 잡지, 일본의 대학에서 나온 정기간행물들, 그리고 일본의 교과서·해설서 종류였습니다. 조금 걸어서 대법원의 도서관에 가 보면, 일제 때의 '조선고등법원' 도장이 찍힌 1940년 이전의 독일자료들도 즐비하기는 했습니다(사법연수생 시절 사법연수원이 있던 위 신관 제 2 청사('제 2 신관')의 8층에는 한국법학원도 같이 있었는데, 그곳의 도서실에는 '중추원도서인中樞院圖書印'이라는 도장이 선명한 독일 및 일본의 책들이 많이 소장되어 있었습니다. 일제 때의 중추원에 있던 책들이 분명하고, 지금으로서도 틀림없이 '귀중본'이라고 할 것들인데 지금은 다 어디로 갔는지 모르겠습니다). 언젠가 대법원 도서관에 새로 들어오는 일본 법률 잡지의 표지 윗부분 구석에 하나같이 작은 결재도장이 찍혀 있는 것을 발견하였습니다.

4) 후에 민사판례연구 제 4 집(1982), 221면 이하에 수록되었습니다.

직원에게 물어보니, 그것은 당시의 이영섭 대법원장이 '보았다'는 표시로 찍은 것이라고 했습니다.

7.

선배 판사님들이 업무 수행에 참고하는 국내 문헌으로는 김정현의 『경매실무요론』,[5] 그리고 1978년에 나온 김상원과 정지형의 『가압류·가처분』 정도이었습니다. 주해서로서 김증한 편집의 『주석민법』이 출간된 것이 1970년이지만 이는 민법 전부를 상·하의 두 권에 담은 그야말로 간략한 것이었고, 그 제 2 판이라고 할 주재황 편집의 『주석 민법총칙(상)(하)』 등은 1980년부터 나왔습니다. 방순원 전 대법원판사가 주재한 민사실무연구회의 『민사재판의 제문제』는 1977년부터 나왔고(그나마 제 2 권은 1980년입니다), 제가 몸담게 된 민사판례연구회의 『민사판례연구』 제 1 집이 출간된 것이 1979년입니다(물론 그 외에 『판례월보』, 『사법행정』 등의 정기간행물이 있기는 했습니다). 우리 교수님들은 오로지 교과서라는 것의 집필에 매달려 있는 듯했습니다.

그러니 사건을 처리하다가 어떤 법문제에 부딪혀 문헌을 뒤져야 할 일이 생기면, 우선 일본 주해서의 관련 조문 항목을 찾아보고, 그것을 발판으로 해서 일본의 법률 잡지 등에 실린 개별 논문이나 재판례 또는 '판례' 연구 등으로 나가는 것이 통상이었습니다. 이를 뒷받침하기 위하여, 실무가들이 많이 보는 민법·상법 등 실체법률과 민사소송법·경매법 등 절차법률에 대하여 한 면을 둘로 나누어 왼편에는 우리 법률의 조항, 오른편에는 일본 법률의 조항을 일일이 대비하여 보여주는 『한·일 비교법전』이 1970년에 나왔고, 1979년에 많이 보정되어 개정판이 출간되어 있었습니다(그 편집위원도 안병수 현직

---

5) 1970년에 나온 그 초판은 비교적 소략한 것이었고, 훨씬 충실하게 된 신판의 상권이 1975년에 출간되었습니다. 그 하권은 발간되지 않은 것으로 압니다.

대법원판사를 비롯하여 방순원·이재성·이석선 등 쟁쟁한 분들이었습니다). 이것이 당시의 법상태를 상징적으로 보여준다고도 할 수 있겠습니다.

그렇게 보면 —비록 일단 민사소송법에 한정된 말씀이기는 하지만— "경우에 따라서는 대법원판결이나 국내 논문들이 일본의 그것을 제록스 복사한 듯한 것을 발견하였고 성문법의 해석운용에 관한 주류적 발상과 관점이 오늘날까지도 일본법학의 것을 일방통행으로 면세수입한 것임을 자꾸만 느끼게 되어 **우월한 인방 법률문화의 정신적 외판원으로 전락하지 않기 위한 각성**을 강요당하게 되었다"(강조는 인용자가 가하였습니다. 이하 같습니다)는 발언[6]이 나온 것도 전혀 이해되지 않는 바는 아니었습니다.

8.

이러한 형편으로 법원에 있으면서 들으니 독일(당시는 아직 통일 전이라 「서독」입니다) 유관 기관의 초청으로 유학을 가는 판사님들이 계시다고 했습니다. 서독 정부에서 한국의 발전을 도우려고 판사들에게 장학금을 주어 독일법(법원 실무를 포함하여 넓은 의미에서의)을 배우게 하는 프로그램이 「독일학술교류처」(Deutscher Akademischer Austauschdienst. 흔히 줄여서 DAAD라고 부릅니다) 주관으로 마련되어 있었던 것입니다.[7] 저도 1982년에 DAAD 장학생으로 선발되었습니다.

여기에는 약간의 곡절이 있습니다. 당시의 이영섭 대법원장이 법관이 외국에 유학하는 것은 외국 돈을 받는 경우에 한정한다는 방침을 세워서 이로써 법관의 외국 유학은 대폭적으로 축소되었습니다. 거기다가 서독 정부는 전두환 정권에 대한 압박의 일환으로 우리나

---

6) 송상현, 판례교재 민사소송법(1976), 서문, 2면.

7) 이와 같은 '후진국'에 대한 배려를 독일어로 Entwicklungshilfe, 즉 「개발 원조」 또는 「개발국 원조」라고 한다는 것을 나중에 알게 되었습니다.

라에 대한 후진국 원조를 줄여서 위의 프로그램도 애초의 3명에서 1명에 제한되었습니다. 관악산의 서울대학교 어학연구소에 가서 독일어능력시험을 보고 독일어로(!!) 연구계획서를 써낸 다음 남산 밑의 서독대사관에서 면접시험을 치렀던 것입니다.

독일 저 남쪽의 콘스탄츠대학교에 여름휴가 중 임시로 마련된 괴테 인스티투트에서 주로 독일어회화를 배웠습니다. 그리고 1982년 10월 베를린자유대학교의 학생이 되어 강의를 들었습니다. 독일 대학의 도서관에 앉아 내키는 대로 민법 문헌을 읽으면서 절실하게 느낀 점은, 독일 민법과 우리 민법은 다른 바가 아주 많고, 더욱 중요한 것으로 그것도 기본제도들에서 그렇다는 것이었습니다. 채권법의 두 축인 채무불이행과 불법행위의 체계가 우리 법에서처럼 한 개의 원칙규정에서 출발하는 것이 아니고, 몇 개의 유형규정으로 나누어져 있었습니다. 유형의 '구속'이라는 것은 만만한 것이 아니지요. 나아가 물권변동에 있어서도 우리와는 달리 물권행위의 무인성=원인추상성이 당연한 것으로 여겨지고 있었습니다(부동산등기에서도 기본적인 서류는 공증되어야 했습니다). 이들 기본적 민법제도에 있어서 우리는 오히려 스위스법의 규정태도에 가까웠습니다. 이처럼 기본이 다름에도 우리 민법의 해석·적용에 독일의 태도를 그대로 들여와도 될 것인가, 학생 시절부터 그렇게 강조되던 독일법이 과연 우리가 지향할 목표가 될 수 있는가? 무엇보다도 이러한 의문이 저를 괴롭혔습니다. 이 문제와 관련하여 저에게 큰 도움을 준 것이 위 대학교 법과대학의 도서관에서 읽은 츠바이게르트와 쾨츠의 『비교사법 입문』, 제 2 권이었습니다.[8] 이를 통하여 독일을 프랑스나 영미 등과 함께 아마도 우수한 법문화를 가진 나라의 하나로 —물론 제 전공의 민법으로 보

8) Zweigert/Kötz, *Einführung in die Rechtsvergleichung auf dem Gebiete des Privatrechts*, Bd. 2: Institutionen(1969). 1984년에 나온 제 2 판을 제가 1991년에 『비교사법제도론』으로 번역·출간하였습니다.

면 그 중에서도 가장 중요하기는 하겠지만— 상대화할 수 있게 되었다고 하여도 좋겠습니다. 그 책에서는 추상적인 이해의 차원에서만이 아니라, 개별 민법제도에 대한 여러 나라의 태도를 비교하여 비판적으로 '평가'하고 구체적으로 그 우열이 매겨져 있었던 것인데,[9] 독일법의 태도는 적지 않은 경우에 따를 만하지 않다고 가늠되어 있었습니다. 그 대표적인 예가 —여러분이 다 잘 아시는 대로 김증한 선생님이 열심히 그 도입을 주장하였던— '무인적 물권행위'의 법리였습니다.[10] 과연 우리는 우수한 민법학을 가졌다는 독일의 것이라고 하여서 실정의 법규정을 포함하여 우리 사정의 면밀한 검토 없이 그대로 수입하여야 할까요? 그렇게 하면, 무엇보다도 어떤 법문제에 대한 '현재 있는 우리의 법', 즉 쉽게 말하면 법전과 판례의 입장에 별다른 문제가 있다고 할 수 없는 경우에는, —중국의 후스(胡適)가 문학의 개량과 관련하여 적극적으로 또는 소극적으로 주장한 8개의 요목[11]

---

9) 위 책의 제 1 권은 「[비교법학] 기초론(Grundlagen)」이라는 부제를 달고 있는데, 앞부분에서 비교법학의 기능·목적 등에 관한 '일반론'을, 뒷부분에서 '세계의 각 법권法圈', 즉 로만법권(프랑스법권), 독일법권(여기서의 '독일'은 국가 독일을 가리키는 것이 아니라 우리로 말하면 오히려 '게르만'에 해당합니다), 영미법권, 북구법권, 사회주의법권 등을 다룹니다. 그에 의하면, "비교법학의 기본적 기능은 [다른 나라의 법에 대한] 인식"에 있는 것이나, 동시에 "「진리의 학교(école de verité)」로서의 비교법학은 '여러 해결책의 재고在庫'(치텔만의 말)를 늘리고 풍부하게 하여 비판적인 관찰자에게 각각의 시기에 각각의 나라에 있어서 '보다 좋은 해결책(bessere Lösung)'을 알 수 있는 기회를 제공한다"고 합니다. 같은 책, Bd. 1: Grundlagen, 2. Aufl.(1984), S. 16. 나중에 종전의 2책을 한 책에 모은 제 3 판에서도 이 부분이 그대로 실려 있음은 물론입니다(3. Aufl.(1996), S. 14).

10) 이 문제에 대하여 저는 2006년 1월에 일본의 동경대학교에서 열린 「보더레스화 시대에 있어서의 법시스템의 구축」이라는 주제의 국제학술대회에 참석하여 '글로벌화하는 세계에서의 私法'이라는 소주제의 부회部會에서 "한국법에서의 「외국」의 문제"라는 제목으로 간단한 발표를 한 바 있습니다. 그 발표문의 일본어역이 "韓國法における「外國」の問題 — 韓國民法學史の一齣を契機として", ジュリスト 제1310호(2006. 4), 138면 이하에 게재되었고, 그 원고를 수정·보완한 것이 민법연구, 제 9 권(2007), 1면 이하에 실려 있습니다.

11) 胡適, "文學改良芻議", 新青年 제 2 권 5호(1917. 1). 이 글은 우리나라에서도 일찍부터 주목되어, 가령 1922년 8월 29일 및 30일자 동아일보의 각 1면에 "중

중 하나인— '병도 없으면서 앓는 소리를 내는 일(無病之呻吟)'이 벌어지는 꼴이 되지 않을까요?[12)]

그리고 군 법무관 시절에 열심히 읽었던 일본의 교토대학교 교수 기타가와 젠타로(北川善太郎)[13)]의 『일본법학의 역사와 이론 — 민법학을 중심으로』(1968)을 빼놓을 수 없겠습니다.[14)] 이는 이른바 학설계수 내지는 이중계수(즉 법전계수法典繼受와 그에 이어지는 학설계수가 각각 별개의 내용과 지향을 가졌다는 것)의 개념으로 일본민법학의 역사와 이론을 설명한 것으로서, 일본의 압도적 영향 아래 있던 우리로서는 일본 학자들이 자신의 민법이론을 실제로 어떻게 구성하여 왔는지 그 속내를 확연히 들여다보게 하는 것이었습니다.

그렇다면, 그렇다고 하면, 오히려 후발자의 이익을 최대한으로

국의 사상혁명과 문학혁명 (7)·(8)"이라는 제목의 기사로 그 요약에 가까운 소개가 있습니다. 후스의 위 글에 대한 근자의 논의로는 우선 李星, "胡適의 文學改良芻議 探討", 中國學報 제22호(1981. 12), 131면 이하; 이정길, 중국 현대어문학의 탐색(2013), 37면 이하, 217면 이하 등 참조. 한편 중국의 '신문학운동'에 대한 중국인에 의한 설명으로서 우리말로 된 문헌으로는 우선 周作人 講校, 金喆洙 譯註, 中國新文學講話(1970)를 들어야 할 것입니다.

12) 그 또 하나의 예로 독일에서 수입되어 한때 우리 민법학계를 풍미하였으나 이제는 별로 지지를 얻지 못하고 있는 '사실적 계약관계'의 이론을 들 수 있을 것입니다(독일에서도 자취를 감춘 지 오랩니다). 그 이론에 관한 곽윤직 선생님의 『채권각론』 교과서에서의 서술의 변화를 추적하여 보는 것은 우리 민법학의 어떠한 특징과 관련하여 흥미로운 일입니다. 채권각론(상)(1967), 77면 이하; 그 전정판(1977), 63면 이하; 그 재전정판(1984), 74면 이하가 그것입니다. 그 후에 나온 『채권각론』에서는 제 6 판, 2003, 48면 이하에 이르기까지 이 재전정판에서의 서술이 그대로 반복되고 있습니다. 즉 "그러한 처리를 위한 법기술적 개념으로서 사실적 계약관계가 적절한지의 여부, 어디까지 이 개념을 사용할 것인지 등의 문제는 앞으로 사법학私法學이 연구·검토할 과제이다"라는 것입니다. **그러나 '앞으로의 연구·검토'라는 것은 그 후 도대체 어떻게 되었나요?**

13) 2013년에 기타가와 교수가 사망하여 2013년 6월에 추도모임이 열렸다는 소식을 대법원에서 있을 때 그 제자인 전남대학교의 정종휴 교수로부터 들었습니다. 도쿄대학교의 호시노 에이이치(星野英一) 교수가 2012년 9월에 사망한 것과 함께 이로써 일본민법학의 한 세대가 지나갔다는 느낌이 들었습니다.

14) 기타가와 교수가 이 연구를 기초로 하여 독일어로 낸 책이 Zentaro Kitagawa, *Rezeption und Forbildung des europäischen Zivilrechts in Japan*, Arbeiten zur Rechtsvergleichung Bd.45(1970)입니다.

살려, '현재 있는 법'을 그것대로 충분히 존중하면서도, —칸트의 작은 글 「계몽이란 무엇인가」의 표어(sapere aude!)대로— 자신의 이성을 보다 용감하게 발휘하여, 그로부터 조금씩 거리를 두면서 우리 사회의 실제적 법문제에 보다 넓은 비교법적 시야에서도 수긍할 수 있는 적절한 해결을 하나씩 하나씩 제시하여 가는 방식으로, 말하자면 점진적으로 법학을 수행하여 보면 어떨까 하는 생각을 하게 되었습니다. 나중에 저는 사비니가 법학자의 일을 시인(구체적으로는 괴테)과 대비하여 "생각을 서로 관련지어 계속 전진시켜 나가는 길고도 힘든 길(langer und mühevoller Weg fortschreitender Gedankenverbindung)"이라고 부른 것,[15] 또 예링이 조금 다르게 —사비니의 법학을 평하는 맥락에서— "점차적으로 내적으로 성숙하여 가는 유장한 과정(langsamer Prozeß eines allmählichen inneren Reifens)"이라고 한 것[16]이 혹 위와 같은 작업방식과 관련되지 않을까 억측하여 보기도 했습니다.

9.

사람이 살아가는 길에는 '고비'라는 것이 있다는 생각을 해 봅니다.

돌이켜 보면, 막연하나마 우선 법과대학에 입학한 것이 그 하나라고 느껴지기도 합니다. 그것은 —잘 알아서 택하였든 아니든— 법을 앞으로의 삶에서 하는 '일'로 삼은 것이었습니다. 그렇게 하기 위하여 마련된 제도를 좇아가다 보니, 어느새 나이 스물일곱에 판사가 되어 있었던 것입니다.

또 하나의 고비는 5년 남짓 후에 법원을 떠나 대학으로 간 것입니다. 여러 가지 이유가 있었겠는데, 예를 들면 그때 판사로서 파견나가 있었던 대통령비서실에서 하루빨리 벗어나고 싶었던 것도 분명

15) Savigny, *System des heutigen römischen Rechts*, Bd. 1(1840), S. 42 Anm. b.
16) Jhering, Friedrich Karl von Savigny, in: *JherJb* Bd. 5(1851), S. 371.

거들었을 것입니다. 그리고 앞서 잠깐 말씀드린 것처럼, '공부'라는 것에 대한 동경이 고등학교 시절부터 있었습니다. 1979년부터 서울민사지방법원에서 배석으로 겪은 사건기록 읽고 판결문 쓰는 일 등은 기본적으로 소송사건을 '처리'하는 것이어서 저에게는 그렇게 매력적이지 않았다고 감히 말씀드려야겠습니다. 그리고 독일의 베를린에서 공부하면서 큰 기쁨을 느꼈고 역시 그것에 일생을 걸어 볼 수도 있겠다는 생각을 하였었는데, 1985년 정초에 세배를 드리러 갔던 곽윤직 선생님으로부터 문득 "학교로 오면 어떻겠느냐"는 말씀을 들었던 것입니다.

그렇게 해서 대학에 23년 조금 더 있은 다음, 그러니까 30대 초반에서부터 50대 중반까지를 훌쩍 지낸 다음, 다시 법원으로 왔습니다. 법원으로 다시 일터를 옮긴 것이, 대법관으로 몇 년 일하게 된 것이 내 삶에서 무슨 '고비'라고 부르는 바에 합당한지는 아마 법원을 다시 떠나 상당한 시간이 흐른 후에야, 한 20년쯤 지난 후에야 알 수 있을 것 같습니다.

10.

학교에 있던 짧지 아니한 기간 동안 저는 『민법연구』 도합 9권에 담긴 논문들을 썼고, 『민법주해』에서 신의칙, 물권적 청구권(제201조 내지 제203조 포함), 채무불이행, 부당이득 등에 관하여 긴 주석을 붙였으며(모두 합하면 1,400면이 넘는 것으로, 40대의 많은 부분은 여기에 쏟아 부었습니다), 외국의 법학서적 몇 권 및 법전을 번역·출간했습니다. 보잘 것 없습니다. 저는 여러 선생님·선배님이 하신 것처럼 이른바 체계서라는 것을 지어내지 못했고, 저의 박사학위 논문조차 단행본으로 출간되지 못하였습니다.

법 공부는 저에게는 매우 어려웠습니다. 그 공부의 방법이 제가 몸담게 된 학계에 잘 정립되어 있다고, 학문의 '전통'이 있다고 생각되지 않았습니다.[17] 우리 법학교수가 하는 일은 재판을, 또 재판 일은 법학교수들의 작업을 서로 외면해서 저 멀리 동떨어져 있는 듯했습니다. 일본의 실무태도나 해석론이, 또는 오로지 일본의 실무태도나 해석론만이 법원에서 존숭되지 않나 하고 얼핏 느껴지던 것과는 대조적으로, 대학에서는 그것은 오히려 타부처럼 여겨지고 있었고, 오로지 독일의 문헌자료가, 그것도 최근 것만이 인용 또는 전거典據에 값하는 것으로 암묵간에 요해되고 있다고 하는 인상조차 없지 않았습니다. 저에게는 일본이든 독일이든 또 그 어디든 이를 맹목적으로 따르는 것은 문화적 식민주의에 다름아니라고 생각되었습니다.

우리의 법은 어디까지나 자율적으로 판단할 수 있는 합리적인 인간을 전제로 하는 것이므로, 위와 같이 —다시 앞서 본 칸트의 글에서 인용하자면— "타인[여기서는 '다른 나라의 법학자들'이라고 해야겠습니다]의 지도가 없어도 자신의 이성을 과감하게 발휘하려고

17) 여러분이 다 잘 아시는 대로 우리 민법학계의 제1세대를 대표하는 김증한 선생님은 1985년 11월에 그의 40년에 가까운 서울대학교 교수 생활을 마감하는 고별강연을 「한국 민법학의 진로」라는 제목으로 한 바 있습니다. 그 강연은 "우선 **한국에 민법학이 있는가가 의문이다.** 그렇지만 민법 담당 교수들이 하는 일을 일단 민법학이라고 부르기로 한다"라는 저로서는 실로 충격적인 말로 시작되었습니다. 저는 그때 갓 전임강사 발령을 받은 신참으로서, 강연 자리에서 이 말씀을 직접 들었습니다. 이 강연 내용은 그 후 김증한, "한국 법학의 진로", 안이준 편저, 한국법학의 증언: 고 김증한 교수 유고집(1989), 133면 이하에 수록되었습니다(원래는 서울대학교 법학 제26권 2·3호(1985), 1면 이하). 평생을 민법학 연구에 바친 사람으로 하여금 과연 그 학문의 존재까지를 의심하는 발언을 하게 한 것은 과연 무엇이었을까요?

그 강연에서 선생님은 더 나아가 보다 일반적으로 "[한국민법학은] 일본법학의 망령["일본 것이라고 하면 금과옥조로 생각하는 경향" 또는 "일본 것이니까 따라야 한다는, 말하자면 문화적 식민지사상"이라고도 하십니다]으로부터 해방되어야 한다. … 일본법학의 굴레에서 벗어나서 우리 자신의 독자적 이론을 개척해 나가야 한다"고 하면서, "그것을 하는 데 있어서는 역시 독일법학이 가장 손쉬운 의거처가 되지 않을 수 없다"고 하였습니다(위 유고집, 150면, 153면). 그런데 저는 한편으로 독자적인 이론의 개척을 말씀하시면서 다른 한편으로 그 '가장 손쉬운 의거처'로서 다른 어느 나라의 법학을 드는 것 사이에는 별다른 어긋남이 없을까 하는 의문을 떨쳐버릴 수 없는 것입니다.

하는 결의와 용기"가 없는 탓으로 '스스로에게 책임이 있는 미성숙상태'에 머물러 있는 것은 더욱 뼈아프게 느껴졌습니다.

그리고 공부는 혼자 하는 것이었습니다. 물론 제 성격 탓도 있겠습니다마는, 그야말로 '동료'를 찾기가 쉽지 않았습니다. 한밤에 연구실에 앉아 있다가 문득 창밖을 내다보니 낮에는 캠퍼스를 감싸고 있었던 관악산이 전혀 보이지 않는 채로 칠흑 같은 어둠만이 입을 쩌억 벌리고 있고, 이제 거울이 된 유리창에 비친 제 모습이 하도 기괴하여서 형언하기 어려운 전율이 온몸을 훑고 지나가기도 했습니다. 저의 가족, 그러니까 늘상 마음이 어디 딴 데에 가 있는 사람을 남편·아버지로 둔 저의 처나 두 아이에게는 틀림없이 어려운 시간이었을 것입니다.

11.

그러나 기쁜 일도 있었습니다.

무엇보다도 —2000년쯤이라고 기억합니다— 앞서 말한 『민법연구』를 출판한 박영사로부터 전국의 법관 집무실 전부에 이를 고루 배포하기 위하여 몇 백 질 주문을 받았다고 알려 왔을 때를 들어야겠습니다. 그 인세 수입으로 인한 경제적 혜택도 그렇지만, 제가 애초 법 공부의 목표 중 하나로 세웠던 '우리 실무에 발언력 있는 연구' 또는 '우리의 실제 문제를 해결하는 데 기여하는 이론적 연구'라는 지향이 열매를 맺은 것으로 치부해도 될 것 같았기 때문입니다.

또한 전에 예가 없던 1997년 말부터의 이른바 IMF경제위기의 와중에 나라 안팎에서 어려운 민사문제가 쏟아졌을 때 저는 그로부터 일정한 기간 동안 중재절차 또는 재판절차에서 요청되는 의견서를 쓰는 등의 방식으로 그 중 일부에 관여하게 되었었습니다. 이 미증유의 대량 채무불이행 사태로 인한 다양한 법문제들과 관련하여서 여기저기 자료를 찾아보아도 작은 단서조차 찾기 어려운 경우가 적지 않았습니다. 암중모색 끝에 조그마한 불빛을 찾아내어서 그것을 지침으로 삼아 스스로 납득이 가는 길을 헤쳐 갈 수 있었을 때에는 매우 기뻤습니다.

그리고 총명하고 부지런한 제자들과 이야기를 나누고 그들이 커 가는 모습을 보며 저 스스로도 자극을 얻는 것도 굳이 맹자의 말을 인용하지 않더라도 마음 속 깊은 곳으로부터 즐거운 일이었습니다. 이제 우리 민법학계는 —여전히 부족한 점이 많고, 할 일은 쌓여 있지만— 그 지향이나 역량에 있어서 전과는 조금 다른 면모를 갖추게 되었다고 하여도 좋을 것입니다.

12.

제가 대법원에서 일하면서 절감한 것 중의 하나는, 이제 우리 사회는 각종 거래의 양상에서부터 가치관에 이르기까지 제가 학교로 일터를 옮긴 30여 년 전보다 훨씬 복잡하고 다양하게 되어서 어떠한 법문제에 대하여 단지 법관 기타 우수한 실무가의 그때그때의 노력만으로는 체계적이고 균형 잡힌 해결을 얻기가 많은 경우에 어렵고, 실제의 법문제와 거리를 두고 원리적이고 체계적으로 사고하는 법학교수들의 지적 성과를 살펴보는 것이 끊임없이 요구되고 있다는 것입니다.

그러나 지금 우리 법학계, 쉽게 말하면 법학교수들은 중대한 시련에 처해 있습니다. 그것은 대체로 법학전문대학원 제도와 관련되어 있습니다.

형법학에 대한 발언이기는 하지만 법학 일반에 대하여도 마찬가지로 말할 수 있지 않을까 여겨지므로, 그대로 인용하여 보겠습니다.[18] '대폭'이라는 부사가 반복하여 쓰이는 데 주목하여 주시기 바랍

---

18) 오영근, "형사법학 60년의 회고와 향후 과제 —형법총칙 분야", 한국형사법학 60년의 회고와 전망: 한국형사법학회 창립 60주년 기념 학술행사 발표 자료집

니다.

> "2009년 로스쿨이 도입된 이후 학문으로서의 형법학은 최대의 위기를 맞고 있다. … 더욱 심각한 문제는 로스쿨이 실무자들에게 일자리를 창출해 주기는 하였지만, 대신 전업 학자들의 일자리를 박탈하였다는 것이다. 또한 잘못된 로스쿨제도의 시행으로 학부의 법학교육도 대폭 약화되고 있다. … 각 대학의 법학과들은 축소일로를 걷고 법학과와 법학도들이 대폭 감소되었다. … 법학과의 축소는 국내외에서 박사학위를 취득한 학자들이 안정적으로 형법학을 연구할 수 있는 기회를 박탈하였다. … 학자가 되기 위해 대학원에서 전업으로 형법학을 공부하는 학생들이 대폭 줄어들었다. … 가장 부정적인 변화를 들자면 잘못된 로스쿨 제도의 도입과 법과대학의 위축 및 법학도의 감소를 들 수 있다. 최근에 들어와 긍정적인 방향보다는 부정적인 방향으로 상황이 역전된 것이다. 변호사는 연 500명 더 배출되지만, 불과 몇 년 사이에 법과대학이 대폭 축소되고 법학도들의 수가 대폭 감소함에 따라 높은 수준의 형법 연구와 질 좋은 법률서비스를 제공하기 불가능한 환경으로 급격히 악화되었다. 특단의 조치가 없는 한 당분간 상황은 계속 악화될 전망이다."

학계는 강물의 흐름과 같아서 이를 이어갈 후속 세대가 없으면 머지않아 고사하고 말 것입니다.

그리고 감히 덧붙여 다른 측면을 말씀드리면, 제가 보기에 법학전문대학원에서의 3년 교육에 의한 변호사 양성은 무엇보다도 우리 법학교수들의 —굳이 이름붙이자면— 지나친 이론 지향, 그리고 학사운영의 여러 국면에서 자신들을 '본류'로 여기면서 실무가 출신 등의 '방계'를 배척하려는 의식 등으로 인하여 문제가 적지 않은 것으로 여겨지기도 합니다.[19] 결국 "이와 같이 구분된 활동을 하면서도 모든

(2017. 6), 15면 이하(인용문에서의 점선은 인용자가 생략한 부분을 가리킵니다). 이 글은 그후 같은 제목으로 형사법연구 제29권 3호(2017. 9), 1면 이하에 수록되었는데, 위 인용부분은 동, 22면 이하입니다.

사람이 원래의 통일성을 항상 마음에 두어서, 어느 정도는 모든 이론가가 실천적 감각을, 모든 실무가가 이론적 감각을 자신 안에 보지保持하고 발전시키는 것만이 구제책이 된다. 이것이 행하여지지 않고 이론과 실천 사이의 분리가 절대적인 것이 되면, 불가피하게 이론이 공허한 유희로, 실천이 단순한 수공작업으로 퇴화할 위험이 발생한다"는 사비니가 오래 전에 한 말[20]을 다시 한 번 상기할 필요가 있겠습니다.

앞으로 과연 일이 어떻게 전개될 것인지 저는 아무래도 불안한 마음이 드는 것을 어쩔 수 없습니다.

(저스티스 2017년 8월호(통권 제161호), 383면 이하 所載)

[후　　기]

1. 본문 3.의 초입에서 필자의 할아버지가 「경성전수학교」를 졸업하였다고 하였다. 경성전수학교는 구한말 「법관양성소」(다만 1909년의 이른바 己酉각서에 의하여 법관양성소는 법부에서 학부로 그 관리가 이관되고 명칭도 「법학교」로 바뀐다)의 후신으로, 1911년 11월부터 그와 같이 불리게 되었다. 할아버지는 위 학교에 1913년(대정 2년) 4월에 입학하여 1916년 3월에 졸업하였다(필자는 서울대학교 법학전문대학원의 한인섭 교수가 고맙게도 직접 찾아서 복사하여 보내준 서울대학교

19) 다른 한편 실무가에서 교수로 오신 분들 쪽에도 여러 가지 문제가 없지 않은 듯한데, 여기서는 넘어가기로 합니다.

20) Savigny, 위 책, Vorrede, S. xx. 이 글은 제가 번역하여 "사비니, 『현대로마법체계』 서언", 서울대학교 법학 제36권 3호(1995. 12), 172면 이하에 실은 바 있습니다. 후에 이 번역문은 양창수, 독일민법학논문선(2005), 1면 이하에 재수록되었는데, 위에서 인용한 부분은 그 책의 8면 이하입니다.

보관의 할아버지에 대한 경성전수학교 학적부 및 필자 스스로 찾아내어 출력한 그 졸업식에 대한 「매일신보」의 기사가 실린 지면('陰曆 丙辰 2월 大18일 丁巳'의 제3147호, 3면)을 보관하고 있다). 그런데 「전문학교」의 학제에 관한 규정(「조선총독부전문학교관제」)은 1916년 4월 1일에 비로소 '발포'되었으므로, 그 학제에 기하여 「전문학교」로서 새출발하기 전의 「경성전수학교」는 나중에 통상 「구 경성전수학교」로 불리고, 그 후에는 「(신) 경성전수학교」라고 한다. 그리고 이 학교는 1922년 4월 1일의 「경성법학전문학교규정規程」에 기하여 교명이 「경성법학전문학교」로 바뀌었다. 이상에 대하여는 우선 김효전, "京城專修學校의 법학교육", 학술원논문집 제55집 1호(2016), 121면 이하(이 글, 164면 이하에는 조부(梁洪基)에 관한 간략한 서술도 있다); 전병무, "일제하 김병로의 경력과 활동에 관한 재론", 법사학연구 제58호(2018. 10), 89면 이하 각 참조. 그렇게 보면 할아버지는 「(구) 경성전수학교」를 졸업한 것이다.

한편 위 김효전 교수의 글, 164면 이하에서는 필자의 편지를 인용하여 당시 김병로 선생에 대하여 할아버지가 필자에게 말하였던 바를 옮겨 적고 있다. 다만 위 글, 주 160에서 적고 있는 '광주지법 군산지청 판사'의 재직 기간은 1921년 7월부터 1923년 9월까지의 잘못이다.

2. 필자는 본문 2.의 말미에서 적은 한양대 교수의 직을 2018년 2월 말로 정년퇴직하고 그 3월부터 '석좌교수'로 있다. 한편 같은 해 9월 1일자로 서울대학교 명예교수가 되었다.

3. 본문의 주 3에서 민법 제535조에 대하여 언급한 바를 부연하기로 한다. 위 우리 민법 규정이 독일민법 제307조의 '수입'인 것은 무엇보다도 이 두 규정의 문언 및 내용을 비교하여 보는 것만으로

충분히 알 수 있다.

한편 입법경위는 다음과 같다. 원래의 민법안에는 그러한 규정이 없었다. 민법안이 국회에 제안된 후 법제사법위원회의 민법안심의소위원회가 이른바 「법사위수정안」을 그 이유를 담은 『민법안심의록(상)(하)』와 함께 공표하자 당시의 법학교수들이 민법안 및 수정안을 검토하여 그에 관한 입법의견을 작성하였는데, 그 의견을 모아 발간된 것이 『민법안의견서』(1957)이다. 그 제안 내용 중 중요한 것은 이른바 「현석호 수정안」으로 국회에 제출되었는데, 그 중 본회의에서 채택된 드문 경우가 —공동소유에 관한 것과 아울러— 원시적 불능에 관한 위 규정(위 수정안 제29항)이다. 위 제29항은 『민법안의견서』, 161면 이하(玄勝鍾 집필)를 그대로 따온 것이다. 이상의 경위에 대하여는 양창수, "민법안에 대한 국회의 심의(Ⅱ)", 민법연구, 제 3 권(1995), 74면 내지 78면에서 이미 지적한 바 있다.

2. 우리 민법학 70년의 성과와 앞으로의 과제

Ⅰ. 序

1. 해방 후 오늘날까지 70여 년 동안 우리 민법학이 거둔 성과를 정리하고 거기에 나타난 특수성과 문제점을 파악하여 새로이 해결하여야 할 과제를 제시한다는 작업은[1] 필자에게는 아무래도 능력의 범위를 넘는 일로 여겨진다.[2] 그것은, 자신의 관심에 좇아 그때그때의 개별적 테마를 천착하여 들어가는 것만으로도 때로 절망적일 만큼 고심하고 있어서, 그와 같은 전체적 조감을 얻는 데 필요한 견

---

1) 이와 관련한 문헌으로서는 우선 다음과 같은 것을 들 수 있다. 郭潤直, "한국 민법학의 현대적 과제", 법과 사회 연구 제3집(1984), 57면 이하; 權五乘, "민법학의 과제", 민법특강(1995), 3면 이하; 金曾漢, "한국 민법학의 진로", 서울대학교 법학 제26권 2·3호(1985); 同, "한국법학 30년의 개관", 법정 제5권 9호(1975. 9); 同, "사법학계 30년", 법정 제5권 11호(1975. 11); 同, "한국민법학 30년의 회고", 서울대학교 법학 제19권 1호(1978)(이상은 安二濬 편, 한국법학의 증언, 故 金曾漢 教授 遺稿集(1989)에 再錄되어 있다. 이하 이 遺稿集에 의하여 인용한다); 金亨培, "민법학의 현대적 과제와 쟁점", 분야별 현대적 쟁점과 과제(고시계 1986년 6월호 별책 부록), 3면 이하; 同, "우리 민법과 외국법의 영향", 丘秉朔 외, 한국법학의 회고와 전망(1991), 219면 이하; 尹喆洪, "한국민법학의 문제점과 개선방향", 법과 사회 제3호(1990), 190면 이하; 同, "사법상의 일제청산 청산", "법" 그 속에 잔존하는 일제유산의 극복(한국법사학회 주관 광복 50주년 기념 학술대회 발표논문집), 79면 이하; 또한 民事法學 제9·10호(1993), 456면 이하에 수록된 金容漢, 黃迪仁, 金亨培, 李銀榮, 李鍾馥, 梁彰洙의 글(민법전 시행 30주년 기념 학술대회 발표) 등.

2) 한편 우리 민법학의 개별분야마다 그 역사적인 전개와 발전경향을 다룬 것으로서는 우선 李銀榮 외 編, 한국민법이론의 발전(Ⅰ)(Ⅱ)(2000) 참조.

식이나 통찰을 갖추지 못하고 있다고 생각되기 때문이다.

그는 종전에 학교에 일터를 얻어 민법학의 연구를 막 시작한 학자생활의 초입에서 「한국사회의 변화와 민법학의 과제」라는 학술세미나 주제보고의 임무가 부과되었을 때 다음과 같이 말한 적이 있다.[3)]

> "민법학의 과제는 민법을 전공하는 자에게는 최초의 문제인 동시에 최후의 문제라고 하겠다. 최초의 문제라 함은 민법학이라는 의식적인 활동에 동기와 목적을 부여하는 것이기 때문이고, 최후의 문제라고 함은 그것이 처음부터 완전한 형태로 주어지는 것이 아니라 상당한 실제의 작업을 거친 후에야 그 성과의 하나로서 제시될 수 있는 것이라고 생각되기 때문이다. 그리고 그러한 것을 개인적인 소신의 차원에서가 아니라 다른 사람에게도 납득이 갈 수 있는 객관적인 모습으로 논하려면, 우선 우리 민법과 민법학의 위치를 역사적으로, 또 우리 문화 전반과의 연관 아래서 정확하게 파악하는 작업이 선행되어야 할 것이다. … 그러나 이러한 여러 가지의 전체적 작업은 보고자의 능력으로써는 쉽사리 할 수 있는 일이 아니다."(점선은 인용자에 의하여 생략된 부분을 가리킨다. 이하 인용문에서 같다)

2. 이하에서는 부득이 극히 사적인 감상을 피력하고자 한다. 이는 필자가 민법해석학을 수행하는 그 사이의 과정에서 가끔씩 느꼈던 바를 생각나는 대로 적어본 것이다. 그리하여 결국은 치우치거나 아니면 모자란 모습이 될 수밖에 없을 것이다. 이것이 앞으로 우리 민법학을 생각하는 데 있어서 조그만 단서라도 제공할 수 있다면 큰 다행이겠다.

---

3) 梁彰洙, "한국사회의 변화와 민법학의 과제", 서울대학교 법학 제28권 1호(1987), 4면(同, 민법연구, 제 1 권(1991), 1면에 수록. 이하 이에 의하여 인용한다).

3. 또한 이하에서는 논의를 민법 중에서도 앞의 3편, 즉 총칙·물권·채권법에 한정하기로 한다. 친족법학과 상속법학에서도 「성과와 과제」는 당연히 문제될 수 있을 것이고, 특히 광복 후 60년 사이에 일어난 가족에 관하여 일어난 사실적·법적 변화는 실로 현저한 것이어서 더욱 그러하다. 그러나 우선 이에 관하여는 근자에 약간의 성과가 있고,[4] 그리고 무엇보다도 친족법과 상속법에 대하여는 필자에게 깊이 있는 연구경험이 없어서 이에 대하여는 개인적인 감상마저 토로할 것이 없다.

Ⅱ. 民法典 制定 前의 우리 民法學

1. 「無로부터의 출발」

"우리나라의 법학은 해방 후에 비로소 시작되었다고 하여도 과언이 아니다."[5] 그와 같이 無에서 출발한 우리 민법학은 1945년 8월 광복이 있은 후 오늘날에 이르기까지의 70여 년 사이에 괄목할 만한 성장을 거두었다고 할 수 있겠다. 우리는 그 사이에 우선 민법전을 여러 가지 어려움을 극복하고 제정하여, 시행하였다. 이로써 광복 이후 그 날까지 민사생활에 관하여 남의 나라의 법률을 「의용」하여 왔던 수치스러운 과거를 청산할 수 있었다. 동시에 이로써 우리의 민법학이 비로소 성립하고 발전할 수 있는 실정법적인 기틀이 놓여졌다.

---

4) 家族法硏究 제 8 호(1994), 13면 이하에 수록된 朴秉濠, 李凞培, 李和淑, 金淑子, 權貞姬의 각 글 참조, 그 외에 崔達坤, "한국가족법 30년의 회고와 전망", 丘秉朔 외, 한국법학의 회고와 전망(1991), 443면 이하; 또한 金疇洙, 한국가족법과 과제(1993)에 수록된 "개정가정법의 개정경위와 과제"(146면 이하), "개정가족법의 문제점"(165면 이하) 및 특히 "가족법의 입법·개정경과"(918면 이하)도 참조.

5) 金曾漢(주 1. 1975. 9), 71면.

그리고 민법전의 제정 전의 민법학은 무엇보다도 보다 나은 민법전의 제정을 위한 준비작업으로서의 의미를 가지는 것이라고 하겠다.

2.「飜譯法學」

당시의 민법학의 상황이 어떠하였는가를 웅변으로 보여주는 것은, 1950년[6]부터 1952년 사이에 와가츠마 사카에(我妻榮)의 『민법강의』 시리즈의 『채권총론』까지 4권[7] 및 『민법 Ⅱ』의 채권각론 부분이 우리말로 번역되었다는 사실,[8)9)] 또한 이를 바탕으로 하여 金曾漢과 安二濬이 1956년 가을 이래 1958년까지 사이에 共編著로 출간한 『신민법총칙』부터 『채권각론』까지의 5권의 책들이 당시의 대표적인 민

6) 필자가 소장하고 있는 위 『민법총칙』의 간기에 의하면, 인쇄는 단기 4282년(즉 서기 1949년) 3월 10일이고 발행은 단기 4283년(서기 1950년) 3월 20일로 되어 있어 그 연도가 일치하지 않는다. 그런데 그「譯序」는 1950년의 1월 17일 자로 되어 있어서, 위 간기의「단기 4282년」은 오식인 것으로 보인다.

7) 我妻榮의 『민법강의』 시리즈 중「채권각론」 부분은 그 계약법 총론을 다루는 『債權各論 上卷』이 戰後도 10년 가까이 지난 1954년에 비로소 출간되었고, 그 후로 계약법 각론을 다룬 『債權各論 中卷 Ⅱ』(1962)까지 이어졌다. 그 외에 사무관리·부당이득·불법행위의 이른바 법정채권 부분에 대하여는, 뒤의 주 9에서 보는 대로 일본민법전의 편서에 좇아서 질권부터 불법행위까지를 담았던 『民法 Ⅱ』(1934)에서 매우 간략하게 다루어졌다. 이 점에 대하여는 同書, 序 참조. 또 사무관리에서 불법행위까지에 대한 보다 상세한 교과서적 서술은 日本評論社에서 발간하던「新法學全集」에 포함되어 애초는 3分冊으로 나왔다가 그것이 모아져 동 전집, 제10권(1939)으로 발간되었다. 我妻榮의 저술 및 경력을 정리한 자료로서는 우선 我妻洋·唄孝一 編, 我妻榮先生の人と足跡: 年齢別業績經歷一覽表(1993)이 있다. 위「신법학전집」 제10권에 대하여는 同書, 32면 참조.

8) 安二濬의 번역으로, 1950년 6월의 한국전쟁 직전의 동년 3월(앞의 주 6 참조)부터 5월까지 사이의 짧은 기간 안에 지금은 잊혀진 출판사 哲也堂에서 『민법총칙』, 『물권법』, 『담보물권법』, 『채권총론』의 4권이 숨가쁘게 출간되었다(그 출간의 순서는 반드시 위와 같지 않다). 그 후 1952년에 文星堂에서 『채권각론』이 나왔다.

9) 安二濬 역, 채권각론(1952)은 계약총론부터 불법행위까지를 도합 154면에 담고 있는 간략하기 짝이 없는 '교과서'이다. 그 원저인 『民法 Ⅱ』는 간략함을 제 1의 지표로 하는「岩波全書」의 1책으로 발간되었다.

법교과서로서 통용되었다는 사실이다.

우선 安二濬은 위 책을 번역하는 동기를 다음과 같이 말한다.[10)]

"해방 이후 우리 법학계에서도 민법에 관한 저서가 점차로 나오고 있다. 이 땅의 법률문화를 위하여 欣快事가 아닐 수 없다. … 그런데도 이제 감히 本書를 邦譯하는 소이는,

一. 이제 정평을 가지는 본 강의는, 이들 저서들 중에 伍하여서 능히 그 존재의의를 주장할 수 있는 것이다. 우리 법률문화의 수준이 높아져서, 본 강의를 능가하는 권위서가 하루 바삐 나타나, 본 역서가 필요 없게 되기를 바라는 바이나, 其時까지는 역시 제대로 존재의의를 유지할 것으로 믿는다.

二. 대체로, 주체의 확립 없이 하는 비판은 所詮은 허무주의이고, 또 비판될 대상에 대한 徹底精確한 인식 없이 하는 비판은 곧 의의 없는 헛노릇인 것과 같이, 주체의 확립에 致意 않은 廣學은 평면적인 박학이고 심지어는 비굴한 배외주의이라면, 동시에 지식을 널리 세계에 구하지 않는 주체의 편집은 자신을 세계의 進運에서 뒤떨어지게 하는 문화쇄국주의 이외의 아무것도 아니다."(맞춤법에 맞게 인용자가 수정한 곳이 있다. 이하 인용문에서 같다)

결국 하나는 당시의 우리 「법률문화」, 다시 말하면 민법학이 당시에는 아직 "昭和 初年 이래 십수 년 간 일본민법학계의 지도적 위치에 섰던" 我妻榮의 「수준」에 미치지 못하였다는 것이고, 다른 하나는, 이 책을 통하여 「대상에 대한 철저정확한 인식」을 얻음으로써 「세계의 진운에 뒤떨어지지」 않도록 하자는 것이다.[11)] 이러한 동기에는 당시의 상황에 비추어 볼 때 수긍할 만한 점이 있다고 하여도 좋을 것이다.

---

10) 我妻榮, 安二濬 역, 담보물권법(1950), 譯序 2면 이하.

11) 安二濬(전주), 譯序 2면은, 我妻榮의 민법학에 대하여 "氏의 비범한 재능과 진지한 연구는 本書로 하여금 … 보편적 가치를 자랑하게 함으로써 독자로 하여금 현대민법의 세계적 수준에 접하게 하고 있다"고 평가하고 있다.

이와 같이 처음에 우리 법학은 문자 그대로 「번역법학」으로부터 출발하였다고 하여도 과언이 아니다. 당시에는 주로 일본의 법률서적이 번역·출간되었다.[12] 1945년 8월에 식민지상태로부터 벗어난 우리 나라에서는 공직을 담당할 사람들을 대거 채용할 필요가 있었다. 그리고 이들 공무원들의 임용시험 등에 있어서는 대체로 법률과목이 중시되었다. 따라서 수험을 위한 법학서적에 대한 수요가, 대학의 법학강의에서 사용될 「교과서」에 대한 수요와 맞물려서, 폭발적으로 증가하였다. 그런데 당시에는 물론 헌법과 일부 형사법령 등은 새롭게 마련되어 있었으나, 다른 법분야에서는 아직 일본의 법률이 여전히 효력을 가지고 있었는데[13] 우리 법학자의 손으로 된 그에 관한 저술은 별로 많지 않았고[14] [15] 또 있더라도 지나치게 소략한 것이었기 때

---

12) 我妻榮 이외에도 필자가 파악하는 한에서는 형법의 牧野英一 및 木村龜二, 민사소송법의 兼子一, 형사소송법의 小野淸一郞, 국제법의 橫田喜三郎 등이 우리말로 번역되었다. 이와 같이 각 法分野마다 대체로 일본의 어느 한 명(또는 많아야 두 명)의 학자(아마도 당시 가장 「우수한」 것으로 정평 있는 학자, 특히 동경제국대학의 교수)의 표준적인 저작이 번역되었다는 것도 그 후에 우리 법학계에 나타나는 「敎科書一本主義」(이에 대하여는 뒤의 VI. 1. 참조. 또는 「敎科書覇權主義」, 즉 교과서시장을 정복함으로써 나아가 '학계의 패권' 내지 '학계의 威望'도 함께 거둔다는 사고경향)와 관련하여 흥미롭다.

13) 1945년 8월 15일에 북위 38도 이남에 군정을 실시한 미국 당국은 8·15 해방 당시 시행 중이던 법률적 효력을 가지는 규칙, 명령, 고시 기타 문서(documents)는 미 군정청에서 특별한 명령으로 이를 폐지할 때까지(그러한 법령으로 민사에 관하여 중요한 것으로는 예를 들면 창씨개명에 관한 일제의 법령을 폐지한 군정법령 제122호의 朝鮮姓名復舊令이 있다) 완전히 효력을 가진다는 태도를 취하였다(특히 1945년 11월 2일의 미군정법령 제21호가 그 취지를 명확하게 밝히고 있다). 따라서 조선민사령에 의하여 「의용」되고 있는 한에서 일본민법은 대체로 여전히 효력이 있었다. 그리고 1948년 7월의 제헌헌법 제100조는 "현행법령은 이 헌법에 저촉되지 아니한 한 효력을 가진다"라고 정하여, 1948년 8월 이후에도 일본민법은 그대로 적용되고 있었다. 여기서 「현행법령」의 절대 다수는 물론 日帝 하에서의 법령이었다. 따라서 예를 들면 金曾漢, 法學通論(1951), 56면은 "법학공부를 하려면은 日政時代의 육법전서가 절대로 필요하다"고 말하고 있다. 이상에 대하여는 우선 양창수, "민법의 역사와 민법학", 한국민사법학회 편, 민법학의 회고와 전망(1993), 18면 이하(동, 민법연구, 제 3 권(1995), 123면 이하. 이하 후자에 의하여 인용한다) 참조.

14) 민법에 한정하여 보면, 우선 陳承錄의 교과서, 즉 民法總則, 上卷(1947); 民法

문에, 당연히 일본인들이 저술한「보다 나은」저서를 볼 필요가 있었던 것이다. 그리고 기타의 현실적 사정도 뒤섞여서 앞서 본 바와 같

總論(1949); 物權法(1950); 擔保物權法(1951); 債權總論(1953); 債權各論(1955)을 들 수 있을 것이다. 그 외에 張厚永, 現行民法總論(1950); 朱宰璜, 債權各論講義(1950); 金基善, 物權法(1953) 등이 있다.

이 중 주재황에 대하여는 다음과 같은 증언이 있다. 김증한, "한국 민법학의 진로", 안이준 편(주 1. 1985), 140면 이하: "민법에 관한 저서로는 6·25 전에 서울법대 교수를 지낸 주재황 씨가「채권각론강의」를 냈다. … [그는] 경성대학에서도 민법 강의(채권법)을 했는데, 國大案 때문에 퇴임하여 연대에 가 있다가 1947년에 서울법대로 복귀하였었다. 주재황 씨의 지론은 채권법의 강의는 먼저 채권각론부터 들어가는 것이 이해하기 쉽다고 해서 채권각론 책만 낸 것이다. 내용은 주재황 씨가 [경성제국대학 민법 담당] 有泉亨 교수의 수제자이었던 만큼, 我妻 내지 有泉[亨] 교수의 저서 그대로이다(인용문에서 꺾음괄호 안은 인용자가 부가한 것이다)." 그 외에도 김증한, 위 글, 137면: "내가 판례연구에 항상 많은 관심을 가졌던 것은, 대학 재학 시절에 有泉亨 교수가 지도하는「판례연구반」이라는 써클의 멤버로써 매주 판례 하나씩 맡아서 평석, 보고를 하는 데 참여했었기 때문이다. 有泉 교수는 동경대학의 我妻榮 교수의 수제자로서 동경대학에서 하고 있는「판례연구회」[정식의 명칭은「민법판례연구회」이다] 같은 것을 해 보려고 했던 것이다. 그 당시에 그 판례연구에 열심히 참여했던 선배가 주재황 씨이었다". 한편 朝鮮科學同盟 편, 각국 선거제도 독본(1947)(필자 소장)에는 주재황이 영국편을 담당하여 집필하고 있다(집필에는 그 외에 이종갑, 윤동직, 유동준, 주유순, 박상일이 참여하였다).「조선과학동맹」과 주재황의 구체적인 관계는 별로 알려진 바 없다. 이 중 윤동직은「경성대학」법문학부의 형법학 담당 교수로서, 김증한은 1946년 초 월남한 후에 이 연구실에서 조수로 근무한 바 있다. 또한 주재황도 영미법에 관한 문헌의 번역이라는 1950년대 법학의 분명한 흐름(뒤의 주 17, 25도 각 참조)에서 벗어나지 않아서, P. G. 비노그라도프,『英法槪論』(1954)(원저는 P. G. Vinogradoff, *Common Sense in Law*)을 이경호와 함께 번역·출간하였다(비노그라도프의 이 책은 같은 해에 서돈각도『법에 있어서의 상식』이라는 이름으로 역간하였다. 다만 주재황 등 역본이 1931년의 제 9 판을 번역한 것에 대하여, 이 책은 H. G. Hanbury에 의한 개정 제 2 판(1949)을 번역한 것이다).

15) 바로 앞의 주에서 든 교과서의 필자 중 陳承錄은 오늘날 거의 잊혔으나, 그에 대하여는 일언을 요한다. 그는 1905년생으로 일본의 와세다(早稻田)대학을 졸업하고 1936년부터 보성전문학교의 교수로 재직하였다. 해방 후 그는 1950년부터 서울대학교 법과대학의 제 3 대 학장을 지냈고, 1952년에 고시위원회(1948년에 제정·공포된 정부조직법에 기하여 대통령 직속으로 설치되어 중견 공무원 선발을 위한 고시·전형을 담당하였다)의 위원장으로 임명되었다. 그런데 그러나 1962년에 간첩방조 혐의로 체포되어 결국 징역 10년의 형이 확정되었다. 1978년 12월에 대통령의 특별사면을 받은 후 서울에서 변호사 등록을 하여 변호사 일을 하다가 1985년에 사망하였다. 근자에 위 유죄판결의 사건에 대한 재심청구가 그의 유족에 의하여 제기되었다.

은 일본 법률서적의 번역이 빈번하게 행하여졌던 것이 아닐까 하는 것이다.[16)]

3. 「飜案法學」

그 후 金曾漢[17)]은 安二濬과 함께 1954년부터 "[이 我妻榮의 교과서를] 근간으로 해서 우리 법현실에 적합하게"(꺾음괄호 안은 인용자가 부가한 것이다. 이하 본문 및 각주에서 모두 같다) 민법교과서를 만드는 작업을 수행하여, 1956년부터 1958년까지 사이에 『물권법』(1956년), 『담보물권법』(1957년), 『신민법총칙』, 『신채권총론』, 『신채권각론(상)』(이상 각 1958년)을 두 사람의 「共編」 또는 「編著」로 하여 잇달아 출간하였다. 그 책들은 "대체로 일본의 아처 교수의 민법강의를 토대로 하여, 우리 현행법령과 다른 점을 우리 법령과 맞추고, 조선고등

16) 金曾漢 · 安二濬 共編, 物權法(1956), 1면의 「編者의 말」에서 安二濬(편자는 그 외에도 金曾漢이 있으나, 이 부분은 安二濬이 집필한 것이다)은 그 번역서 출간의 보다 현실적인 측면에 대하여 다음과 같이 말하고 있다. "당시의 사정이, 일본서적은 매우 고가인 데다가, 그나마도 求得하기 極難하였고, 국내에서 출간된 民法書는 殆無하였으므로, 학생들로 하여금 廉價로 민법서를 가질 수 있게 하려는 마음으로, 그 일을 하였던 것이다."

17) 金曾漢은 1920년 출생으로, 1944년 京城帝國大學 법문학부 법학과를 졸업하였다. 1946년에 서울대학교가 설립되면서부터 동 대학교 법과대학에 교수로 재직하였고 1986년 2월에 정년퇴임하였다. 그에 대하여는 우선 現代民法學의 諸問題: 晴軒 김증한 박사 화갑 기념(1981), 867면 이하의 「年譜」 및 「著書 · 論文目錄」 참조. 그의 생애는, 안이준 편(주 1), 編者 머리말에 의하면, "한마디로 해방 후 한국의 법질서를 학문적으로 기초 놓는 교두보의 역할을 한 일생이었다고 할 수 있다. 다시 말하면 선생의 한 평생은 곧 현대 한국법학의 역사 그 자체라고 말할 수도 있다." 金曾漢이 한국 민법학의 제 1 세대를 대표하는 사람임에는 異論의 여지가 없다. 그의 민법학에 대하여는 우선 윤철홍 엮음, 한국 민법학의 재정립: 청헌 김증한 교수의 생애와 학문세계(2015) 참조. 그 책에서 다루어진 사항 외에도 쉬운 하나의 예를 들면 김증한의 번역작업(쩬크스, 『英國民法彙纂』(1948-1950)(원저는 Edward Jenks, *A Digest of English Civil Law*); 미국 국무부, 『美國의 憲法과 政治』(1955)(*A Government by the People*); 로스코 파운드, 『英美法의 精神』(1956)(Roscoe Pound, *The Spirit of the Common Law*) 등)에도 주목할 필요가 있다고 생각한다.

법원판례와 대법원판례를 가하여서 엮은 것"이라고 하고 있다.[18] 그리고 다른 한편으로 다음과 같이 말하고 있다.

"우리가 자주적으로 제정한 민법의 해석론의 전개를 지향하여 엮은 이 책이, 전면적으로 외국학자의 이론에 의거하고 있음은, 참개慙慨하지 않을 수 없는 바이다. 하루 속히 외국학자 — 특히 일본학자 — 의 결정적인 영향력에서 벗어나서, 우리 자신의 독자적인 민법체계를 완성하여야만 하는 것은 言外의 사실이며, 우리 자신이 이 점의 자각에 있어서, 人後에 뒤떨어지지 않는다는 것도 또한 진실이다. … 우리는 이 과제를 가장 가까운 장래에 있어서 수행할 것을 약속하면서, 독자 제현께서는 우리가 이 책의 개정판을 이러한 모습으로 세상에 내어놓는 것을 양해하여 주심을 冀願하는 바이다."[19]

이리하여 일찍부터 「독자적 민법체계의 완성」이라는 과제가 설정되었다. 그리고 아마도 그 과제설정 자체의 타당성은 —「독자적」이라는 말의 의미에도 달려 있는 문제이기도 하겠으나— 크게 나무랄 바 없다고 생각된다. 이러한 과제는 어떻게 하면 달성될 수 있는 것이었을까. 그것은 단지 편저가 아닌 저서라는 이름으로 「교과서」가 출간되기만 하면 달성될 수 있는 일이 아님은 자명한 일일 것이다.

이와 같이 하여 애초의 「飜譯法學」은 이제 말하자면 「飜案法學」으로 전개되어 갔다. 그리고 실제로 민법에 관한 한 위의 역서 또는 편저서는 적어도 상업적으로는 굉장한 성공을 거두었다.[20] 그리고 한

18) 金曾漢·安二濬 共編, 新民法總則(1958), 머리말.

19) 金曾漢·安二濬 편저, 신민법총칙, 개정판(1960), 머리말("개정판을 내면서").

20) 가령 博英社40年史編輯委員會 編, 博英社 40年(1993), 33면에 의하면, 1953년 당시 재정적으로 매우 어려웠던 동 출판사에서 "安二濬 씨가 번역한 일본학자 와가스마(我妻)의 민법, 특히 《물권법》의 지형을 대여하여 출간한 것이 起死回生하는 계기가 되었다"고 한다. 또 安二濬, "내가 아는 인간 安洹玉 회장", 同書, 494면에는, "이 편저들은 민법교과서가 전무하다시피 했던 당시의 상황과 우리의 자주적인 민법전의 제정·공포·시행의 직전·직후라고 하는 시대적 여건에다가 박영사 측의 혼신의 노력 경주와 원저서가 명저라는 점 등에 힘입어

국 민법전이 시행된 1960년 이전은 물론, 그 이후에도 10년 이상에 걸쳐 한국의 대표적인 교과서의 지위를 유지하였다. 이러한 교과서의 번역 또는 편저의 성공은 그 당시의 상황 하에서는 법학교육의 기초를 제공하였다는 등 일정한 긍정적 기능을 하였다고 하여도, 후의 민법학 또는 "민법 담당 교수들이 하는 일"[21]에 적지 않은 부정적 영향을 미친 것으로 보인다. 민법교수들이 학문적으로 큰 의미가 있다고 할 수 없는 「교과서」의 저술에 많은 정력 또는 거의 모든 정력을 기울이게 된[22] 연유의 하나는 여기서 찾을 수 있을는지도 모른다.

Ⅲ. 民法典의 制定과 우리 民法學

1. 民法典 起草에의 關與

주지하는 대로 민법안의 기초작업은 법전편찬위원회(위원장 김병로)에서 이루어졌다.[23] 위원의 정원이 75인(원래는 50인 이내)인 법전편찬위원회는 주로 일제 아래서 법조인자격을 취득한 실무가들로써 구성되어 있었고, 대학에 몸담고 있었던 사람으로서는 俞鎭午와 高秉國, 鄭光鉉, 그리고 陳承錄이 참여하였을 뿐이었다.[24] 그 중에서 高秉國[25]은 민법 중 총칙편의 기초위원으로 일하였다.[26] [27] 그리하여 그는

조금 과장하면 그야말로 洛陽의 紙價가 오를 만큼 좋은 성과를 올린 것으로 기억합니다"라는 기술이 있다.

21) 金曾漢(주 1. 1985), 133면: "우선 한국에 민법학이 있는가가 의문이다. 그렇지만 민법 담당 교수들이 하는 일을 일단 민법학이라고 부르기로 한다."

22) 이에 대하여는 뒤의 Ⅵ. 1.에서 보다 상세히 보기로 한다.

23) 민법안의 기초 등 작업과정에 대하여는 우선 양창수, "민법안의 성립과정에 대한 소고", 서울대학교 법학 30권 3·4호(1989), 186면 이하(후에 동, 민법연구, 제 1 권(1991), 61면 이하); 鄭鍾休, 韓國民法典の比較法的硏究(1989), 156면 이하; 동, 역사 속의 민법(1994), 155면 이하 각 참조.

24) 관보, 1948년 9월 15일자 1면의 법전편찬위원회 위원 명단 참조.

25) 高秉國에 대하여는 우선 法學의 諸問題: 慧南 高秉國 박사 還曆 기념(1969),

"총칙편을 기초"하였다고 한다.[28)]

그런데 민법안 중 총칙편은 특히 이른바 만주국민법의 영향이 현저하게 보이는 부분이다. 만주국민법의 총칙에는 없는데 민법안에

663면 이하의 「年譜」 참조. 이 자료에 의하면, 그는 1909년 생으로 1934년 동경제국대학을 졸업하고 동 대학원에 입학하여 穗積重遠의 지도를 받았다. 1936년부터 2년 간 동경에서 변호사 개업을 한 후(1932년 10월에 '일본고등시험'[아마도 '고등문관시험'을 가르키는 듯하다] 사법과에 합격한 바 있다) 1937년 귀국하여 서울에서 변호사로 일하다가 1938년 9월부터 1941년 4월까지 연희전문학교 교수를 지냈다. 1946년 및 1953년의 두 차례에 걸쳐 서울대학교 법과대학 학장을, 1958년 단국대학교 학장, 1961년 9월 경희대학교 총장을 각 역임하였다. 위 「연보」에는, 단지 로스코 파운드(Roscoe Pound)의 *Interpretations of Legal History*의 번역인 『法律史觀』(1956)(그 「역자 서문」에, "역자가 20여 년 전에 대학 법과 학생시대에 처음으로 동 저작에 접하게 된 이래 **지금까지 정독하기 여러 차를 거듭**하였고 또한 다년간 서울대학교 대학원 법과 학생을 위한 강의텍스트로도 사용하고 있는 관계로"(강조는 인용자가 가한 것이다) 번역에 이르게 되었다는 서술이 있다) 및 역시 로스코 파운드의 『法의 새로운 길』(1958)(원저는 *New Paths of the Law*)(이는 李範燦과 공역이다)을 번역하고 『英美法辭典』(1958)(잘 알려져 있지 않은 '중앙법률연구소'[혹시 1950년대 말에 미국의 재정 원조로 설립된 '한국법학원'의 前身인가?]가 편집한 것으로 되어 있는 이 흥미로운 책에는 강명옥·김기두·김치선·유기천·이한기·서돈각·정광현 등이 '편찬·집필위원'으로 참가하였다. 고병국은 金炳觀[변호사이면서, 위 연구소의 所員이다]과 함께 '편찬대표'이다)의 '편집대표'라는 것 외에 그의 저술에 대하여 별다른 언급이 없는 것이 눈에 뜨인다. ―앞의 주 17에서 본 김증한 번역의 『영미법의 정신』, 그리고 김효영·안이준 번역의 『법의 임무』(1956)(원저는 *The Task of Law*) 및 서돈각 번역의 『法에 의한 正義』(1960)(*Justice according to Law*)와 함께― 로스코 파운드가 1950년대에 우리나라에서 이와 같이 많이 번역된 이유는 과연 무엇일까?

26) 그는 법전편찬위원회의 前身에 해당하는 '법전기초위원회'의 위원이기도 하였다. 법전기초위원회에서 그는 '민법 2(신분법)'의 분과에 속하여 그 중 상속편의 "기초위원, 연락위원 겸 조직소위원"의 직을 맡았었다. 법전기초위원회에 대하여는 우선 양창수(주 13), 124면 이하 참조.

27) "法典編纂委員總會議事錄(抄)"(이 자료는 梁彰洙, "[자료] 법전편찬위원총회의사록(초)", 同, 민법연구, 제 3 권(1995), 86면 이하에 해제를 붙여 再錄되어 있다)에 의하면, 그는 1949년 2월 19일에 열린 동 위원회의 제 7 차 회의에서 "기초위원"의 자격으로 민법전편찬요강안 중 총칙편에 대한 것을 발의하고 있다.

28) 法學의 諸問題(주 25), 663면 이하의 「연보」에 의하면, 그는 "1948년 대한민국 정부 수립에 즈음해서는 헌법제정전문위원으로서 헌법의 기틀을 확립하는데 기여하였으며 동년 법전편찬위원회 위원으로 임명되어 민법총칙을 기초하여 현행법 제정에 그 공적이 컸다"고 한다.

규정되어 있는 것은 폭리행위의 무효를 정하는 同案 제99조(현행민법 제104조), 불법조건과 기성조건에 관한 제144조(현행민법 제151조)의 둘뿐이다. 그 외에 규정 내용은 거의 전적으로 동일하며, 단지 표현이나 어법 등의 점에서 부분적으로 약간씩 수정하였을 뿐이다.[29)]

그리고 하나 언급하여 둘 것은 민법안 총칙편이 만주국민법과 달리 정하는 부분에는 대체로 입법론적으로 문제가 있지 않나 생각되는 경우가 적지 않다는 점이다. 가령 민법안 제146조(현행민법 제153조)는 일본민법 제136조와 같이 법률행위의 기한에 관한 규정 중에, 기한의 이익이 채무자에게 있는 것으로 추정된다는 것, 그리고 채무자는 이를 포기할 수 있다는 것을 정하고 있다. 그러나 동조에서 정하는 「기한」은 법률행위의 부관으로서의 기한이 아니라 채무이행의 기한을 가리키는 것으로서, 이는 민법총칙에 정할 사항인지 의문이 있다. 민법안은 다른 한편으로 변제기 전의 변제에 대한 제459조에서 그와 실질적으로 동일한 취지를 중복하여 규정하고 있다. 만주국민법은 법률행위의 기한에 관하여는 제145조, 제146조(우리 민법 제152조, 제154조에 해당한다)만을 두고, 일본민법이 그곳에서 정하였던 기한이익에 관한 규정들(日民 제136조, 제137조)을 채권편으로 옮겼다. 또한 민법안은 기한이익의 상실에 관하여는 채권편으로 옮겨 정하면서도(제379조, 현행민법 제388조), 앞서와 같이 기한의 이익에 관한 규정을 그대로 총칙편에 둔 것이다.

그리고 앞서 본 불법조건과 기성조건에 관한 제144조도 문제이다. 우선 기성조건에 관한 민법안 제144조 제 2 항, 제 3 항은 당연한 이치를 정한 것으로서 불필요하다고 생각된다. 왜냐하면 법률행위의 조건이란 성부가 불확실한 장래의 사실에 법률행위의 효력발생을 걸

29) 가령 만주국민법 제 3 조는 "사람의 권리능력은 출생으로 시작되고 사망으로 종료된다"고 정하는데, 민법안 제 3 조는 "사람은 생존한 동안 권리와 의무의 주체가 된다"고 한다.

리게 하는 것이라면, 법률행위 당시에 이미 그 성부가 확정된 사실에 법률행위의 효력발생을 걸리게 하는 기성조건은 비록 당사자들이 이를 알지 못하였다고 하더라도 그야말로 가장조건에 불과한 것이기 때문이다. 또한 제144조 제 1 항은 "조건이 선량한 풍속 기타 사회질서에 위반한 것인 때에는 그 법률행위는 무효로 한다"고 정한다. 그러나 법률행위의 조건은 그것만을 따로 분리하여 생각하여서는 반사회성의 유무를 판정할 수 없고, 조건을 포함하여 법률행위를 전체적으로 파악하여 이를 결정하여야 할 것이다. 그러므로 불법의 조건을 붙였기 때문에 법률행위가 반사회적이라고 인정되는 경우는 물론이고, 당연히 하여서는 안 되는 행위를 특히 하지 않는 것을 조건으로 하였기 때문에 반사회적이라고 하여야 할 경우도 있는 것이다. 가령 살인하는 것을 조건으로 하는 금전지급의 약속은 반사회적이지만, 살인하지 않는 것(이것 자체를 사회질서에 반한다고 할 수는 물론 없다)을 조건으로 하는 금전지급 약속도 특별한 사정이 없는 한 마찬가지로 반사회적이라고 할 것이다. 말하자면 어떠한 조건으로 인한 법률행위가 반사회적이 되는 것은 어디까지나 반사회적 법률행위의 한 양태에 불과한 것으로서 이는 어디까지나 민법 제103조 일반의 문제이며,[30] 이 태양에 대하여서만 특히 별도로 규정할 필요는 무엇인가 하는 의문이 드는 것이다. 따라서 동항도 역시 반드시 필요한 규정이라고는 생각되지 않는다.

30) 민법총칙 교과서에서의 민법 제103조에 대한 설명은, 반드시라고 하여도 좋을 만큼, 「사회질서 위반의 모습」이라는 항목 중에서 그 모습의 하나로 「사회질서에 반하는 사항을 조건으로 하는 것」을 들고, "제151조 제 1 항은 바로 이러한 경우 등을 규정한 것"이라고 덧붙이고 있다. 하나만 예를 들면 郭潤直, 민법총칙, 제 7 판(2002), 219면을 보라.

2. 『民法案意見書』

(1) 민법제정과정에서의 학자들의 관여는 주로 『민법안의견서』라는 의견서를 통하여 이루어졌다. 이를 마련하는 데 직접 관여하고 주도하였던 한 학자는 민법의 제정과정을 서술하는 자리에서 이에 대하여 다음과 같이 평가하고 있다.

> "여기서 한 가지 특기할 것은 [민의원 법제사법위원회] 민법안심의소위원회의 심의 도중에, 주로 서울특별시내에 소재하는 각 대학의 민사법 담당 교수들이 우리나라 입법사상 처음이라고 할 수 있는 그들의 공동 노작에 의한 입법의견서를 제출하였다는 사실이다. 즉 그들은 민사법연구회를 조직하여, 재산법의 분야에 국한된 것이기는 하지만, 168개 항목에 달하는 의견을 「민법안의견서」란 책자로 정리하여 국회에 제출한 바 있었던 것이다. 여기에서 제시한 입법의견은 비록 법제사법위원회의 심의에는 충분히 고려될 여유가 없었지만, 학계가 국회에서의 법 제정의 과정에 있어서 지대한 공동 관심을 표명한 효시로서 하나의 획기적인 사실이었다고 지적하지 않을 수 없다."[31]

물론 "학계가 국회에서의 법 제정의 과정에 있어서 지대한 공동 관심을 표명한 효시"라는 것의 역사적인 의의는 충분히 평가되어야 할 것이다. 그런데 우리의 관심은 자연 이 『민법안의견서』의 내용이 어떠한 것이며, 어떻게 평가될 수 있는가, 나아가 그것이 우리 민법의 모습에 실제로 어떠한 영향을 주었는가 하는 점에도 쏠리게 된다. 이 점에 대하여 필자는 다음과 같은 발언을 한 바 있다.[32]

> "이상을 종합하여 보면, 현석호 수정안 그리고 그 배경을 이루는 『민법안의견서』는, 다른 선진국, 특히 독일의 법제도나 법이론으로의

31) 金曾漢·安二濬 편저, 신민법총칙, 수정판(1962), 29면 이하.

32) 梁彰洙, "민법안에 대한 국회의 심의(II) — 국회본회의의 심의", 同, 민법연구, 제 3 권(1995), 82면 이하.

근접에의 지향과 우리 사회의 현실에 대한 고려가 불안한 균형을 잡고 있는 것이라고 할 수 있겠다. … 『민법안의견서』는 당시의 우리 사회에서 실제로 중요한 기능을 수행하고 있던 기존의 제도에 대하여는 대부분 의용민법의 태도를 유지할 것을 주장하고 있고, 이 점에서는 오히려 보수적이라고 불릴 수 있다. 그 대표적인 예로서는 법률행위에 의한 물권변동에 관하여 의사주의의 존속을 주장하고 민법안의 태도에 반대한 것, 물권으로서의 전세권제도의 신설에 반대한 것을 들 수 있을 것이다. … 그러나 어떠한 제도가 우리나라의 현실에서 수행하는 실제적 기능의 점에서 별로 중요하지 않다고 생각되는 사항에 대하여는 외국제도, 특히 독일민법상의 제도나 독일민법학이론에의 경사가 두드러진다.[33] 이 점은 특히 공동소유에 관한 규정[34]이나 계약체결상의 과실책임[35] 등에서 현저하거니와, 그 외에도 위에

33) 여기서 상기되는 것은 金亨培(주 1. 1991), 219면 이하가, 민법전 제정 후의 민법학의 성과를 정리하면서, "민법전 체계상의 불비로 인하여 발생하게 된 문제" 및 "생활관계의 산업화·현대화에 따른 제문제"와 함께, "생활관계와는 직접적 관련성이 없는 이론적 관심의 문제"를 한 항목으로 내세우고, 그 예로 사실적 계약관계·계약체결상의 과실·제 3 자보호효를 가지는 계약과 제 3 자손해청산이론·부당이득의 법리구성 등을 들고 있는데, 이들은 모두 독일민법이론의 「수입」에 해당한다는 점이다.

34) 이에 대하여는 무엇보다도 양창수, "공동소유 — 민법 제정과정에서의 논의와 그 후의 평가를 중심으로", 한국민법이론의 발전: 이영준 박사 화갑 기념논문집(1999), 361면 이하(후에 동, 민법연구, 제 6 권(2001), 107면 이하에 수록되었다) 참조. 위 글에서 필자는, 김증한에 연유하는 우리 민법상의 공동소유 3유형, 특히 합유와 총유의 개념은 독일의 게르만법 학자들이 중세게르만의 공동소유형태를 파악하는 과정에서 마련한 개념으로서 일본학자들의 수용을 통하여 우리에게도 '선험적으로' 타당한 것으로 전제되었으나, 그것은 독일에서 어느 한 시기에 유력하였던 견해에 불과하고 결국 독일의 法史學에서조차 시민권을 얻지 못한 역사적 유물이며, 나아가 우리 사회의 공동소유형태를 파악하기에 적절한지 의문이 적지 않다고 주장한 바 있다.

35) 「계약체결상의 과실」이라는 표제를 달고 있는 민법 제535조는 앞서 본 '공동소유 3유형'과 함께 『민법안의견서』의 입법적 주장이 민법전에 받아들여진 드문 예이다. 주지하는 대로 위 민법규정은 원시적으로 불능인 급부를 목적으로 하는 계약이 무효임을 전제로 하여서 그러한 계약이 체결된 경우의 법률효과로서 신뢰이익 배상에 관하여 규정하고 있다. 그런데 위 제535조의 원형인 독일민법 제307조 및 그의 바로 앞에서 그 계약의 무효를 정면으로 선언하는 동법 제306조는 2002년의 채권법 대개정에서 모두 삭제되었다. 이제 독일에서 그

서 본 수령의무 등 일일이 예를 들 필요가 없을 만큼 독일의 규정과 경우에 따라서는 그 이론이 도처에서 원용되고 있다. 여기서는 그것이 현행의 제도 또는 —그 스스로도 반대하지 않는— 민법안의 태도와 정합적인가, 또 그것이 어떠한 현실문제에 적용될 가능성이 있으며 그 적용의 결과는 과연 합당한가 하는 점에 대하여는 별로 착안하지 않는다. 어떠한 점에서는 「갑자기 맹목적이 된다」고까지 표현할 수 있을 정도이다. … 이렇게 보면 장경근의 말대로 "민법안의견서에 나온 의견을 별로 새로운, 종전에 있던 학설과 [다른] 새로운 것은 없었다"고 하여야 할지 모른다. 특히 만에 하나 거기에 나타난 외국제도에의 지향이 이미 「종전에 있던 학설」, 즉 일본민법학에 의하여 그 방향이 정하여진 것이고, 나아가 그 외국제도의 내용 자체도 이미 일본민법학에 의하여 탐구되었거나 적어도 시사된 바 있는 것이라고 한다면, 더욱 그러할 것이다. 그렇다고 하면 대학교수들은 오히려 장차에라도 입법을 지도할 수 있을 능력을 배양하여 주는 학문에 전념할 것이었고, 시대적·정치적인 요청에 의하여 추진되어 가는 민법전의 제정작업에 대하여는, 시기상조라는 주장 이외에는, 입을 다물고 있는 것이 마땅한 태도였을까. 그러나 그것은 올바른 태도가 아니며,

---

무효를 주장하는 견해는 일절 찾아볼 수 없음은 당연한 일이다. 필자의 석사논문 「원시적 불능급부에 관한 계약의 무효론에 대한 비판적 고찰」은 독일민법 제306조가 성립하기에 이른 과정을 추적하여, 그 규정이 일정한 역사적 오해에 기한 것임을 보이려 한 것이다.

2017년의 일본민법 대개정(시행은 2020년 4월부터이다)에서도 원시적 불능의 급부를 목적으로 하는 계약이 유효임을 적극적인 전제로 하는 규정이 새로 마련되어, 그 제412조의2는 "계약에 기한 채무의 이행이 그 계약의 성립시에 불능이라는 사정은 [우리 민법 제390조와 같이 채무불이행책임에 관한 일반규정인] 제415조의 규정에 의하여 그 이행의 불능으로 생긴 손해의 배상을 청구하는 것을 방해하지 아니한다"고 정한다.

한편 우리나라의 민법 개정작업에서 위 제535조에 대하여는 「계약체결시의 불능」이라는 표제로 "① 계약을 체결한 때에 이미 그 이행을 할 수 없다는 사정은 계약의 효력에 영향을 미치지 아니한다. ② 제 1 항의 경우에 채권자는 손해배상을 청구할 수 있다. 그러나 계약을 체결할 때에 채권자가 그 사정을 안 경우 또는 채무자가 그 사정을 알지 못하였고 알지 못한 데에 과실이 없는 경우에는 그러하지 아니하다"라는 개정안이 '논의 중'이라고 한다. 법무부 민법개정자료발간팀 편, 2013년 법무부 민법개정시안: 조문편(2013), 174면을 보라.

적어도 직분에 책임을 지는 태도는 아니라고 하여야 하지 않을까. 그렇다면 대학교수들이 "학설상 새로운 것이 없더라도 그 학설에 대한 이해력이 부족한 데서 생긴 오류 내지 결함을 능력껏 지적"하고 "우리나라의 실정에 비추어서도 도입하는 것이 타당하다고 생각되는 외국제도의 채택을 주장하는 것"[36]은 가능한 최선의 현실참여이었다고 평가되어야 할 것이다. 문제는 그 지적과 주장의 내용인 것이다."(이 인용문에서의 각주는 원문에는 없는 것으로 이번 글을 작성하면서 새로 붙인 것이다)

(2) 어쨌거나 민법의 제정과정에서 학자들이 그 내용의 형성에 큰 영향력을 가지지 못하였다는 점은 부인할 수 없을 것이다. 그것은 다음과 같이 설명될 수도 있다. 민법전편찬요강안이 작성되기 시작한 후 민법안이 국회에서 심의를 마친 1947년부터 1957년까지의 10년 사이에 민법제정과정을 주도한 것은 앞서 본 대로 일제 아래서 법조인 자격을 취득한 실무가들이었다. 말하자면 이들 법전편찬위원회 위원들은 1945년 8월 광복 당시에는 기성법률가층을 형성하고 있었다. 그리고 당시에는 아직 대학이 정비되지 아니하였고 또 법학계라고 하여도 "도저히 독립한 단위를 가진 학계라고는 볼 수 없는 형편"이었기 때문에,[37] 아마도 이는 부득이 그렇게밖에 될 수 없었던 것이다.[38]

---

36) 이는 玄勝鍾, "민법안심의에 한 마디 한다", 高大新聞 162호(1957년 12월 9일자), 1면이, 『민법안의견서』에 대하여 장경근이 말한 바를 비판하여 한 말이다.

37) 兪鎭午, "한국법학계의 회고와 전망", 고대신문 60호(1954년 11월 24일자), 3면.

38) 민법전의 제정과정이 실무가들에 의하여 주도되었다는 사정은 프랑스의 경우에도 다를 바 없다고 할는지도 모른다. 그 지적은 프랑스민법의 제정과정 자체만을 놓고 보면 옳을 것이다. 그러나 다른 한편 프랑스민법전이 실무자들만에 의하여 성문화될 수 있었던 것이 바로 도넬루스(1527-1591), 도마(1625-1692), 특히 포티에(1699-1772) 등과 같은 법학자들에 의한 학문적 성과의 결과임에는 의문의 여지가 없는 것이다. 우선 Jean Carbonnier, *Droit civil*, t. 1, 15e éd.(1984), [12], p. 67("이론적으로 … 또한 입법적으로 … 당대의 법에 질서를 부여하려고 노력함으로써 민법전 제정에의 길을 닦은 도마, 다게소, 포티에와

그리고 민법안이 제기된 1954년과 그 후를 보면, 적어도 일정수의 민법학교수들이 대학에서 교육과 연구에 종사하고 있었다. 그들은 민법안의 기초작업 당시(1947년에서 1953년까지)에는 "새로이 법학교수로 등장한 신인들"로서 "아직 그 진가를 발휘할 시간적 여유를 얻지 못하였"던 것이다.[39] 그러나 민법안이 공표된 단계에서는 "의기는 높았고, 의욕이 왕성"하였던 "젊은 학자"들이[40] 민법의 제정이라는 중대한 사업에 대하여 반응이 없을 수 없었던 것이다. 결국 신인 법학교수들의 입법의견이 기성의 실무가들에 의하여 별다른 평가를 얻지 못하였던 것이라고도 할 수 있을 것이다.

Ⅳ. 民法典의 解釋論的 處理

1. 교과서의 저술

어느 나라에서나 법전편찬사업이 대법전의 제정으로 일단 매듭을 지은 후에는 주석학파(école d'exégèse; exegetische Schule)의 시대가 온다.[41] 우리 민법학의 경우도 예외는 아니었다. 민법전을 출발점으

같은 법학자"); Gérard Cornu, *Droit civil. Introduction, les personnes, les biens*, 6e éd.(1993), no. 272(p. 101)("그들[물렝, 도마, 포티에 등]의 저작은 프랑스민법전의 편찬자들에게 영감을 주었다. 그것들은 民法典의 先取된 注釋書(un commentaire par anticipation)라고 말할 수 있을 것이다") 참조.

39) 兪鎭午(주 37), 同所.

40) 金曾漢(주 1. 1978), 119면: "해방 직후 우리나라의 법학상태는 일정시대부터 전문학교 내지 대학강단에서 법학을 강의하신 분이 극히 적었고, 교수들도 그 때부터 처음으로 공부를 하면서 대학에서 강의했던 것이어서 깊은 연구가 없고 그 당시의 학자들의 활동이란 대체로 일본법학을 전수한 것입니다. 그러나 한편 그 당시의 젊은 학자들의 의기는 높았고 의욕이 왕성했었습니다."

41) Ernst von Caemmerer, Das deutsche Schuldrecht und die Rechtsvergleichung, in: *Gesammelte Schriften*, Bd. 1(1968), S. 3(원래는 *NJW*, 1956, S. 569): "프랑스가 19세기 초에 그러하였던 것처럼 독일의 민법학에도 독일민법전의 제정 후에 주석학파(exegetische Schule)의 시대가 있었다." 또한 Wesenberg/Wesener,

로 하여 그 내용을 체계적으로 서술하는 수많은 「교과서」들이 출간되었다.[42] 金曾漢은 민법전 공포 후의 「교과서」 저술에 대하여 이를 백화난만기와 정돈기의 둘로 나누고, 민법전 공포 직후의 백화난만기에는 "아직 충분히 연구·검토할 겨를이 없이 우선 급한 대로 학생들에게 새로 제정 공포된 민법전의 내용을 알려 주자는 것"이었다고 하고, 그러나 1960년에 들어와서 점차로 정돈기에 들어서자 "차츰 좀 더 연구·검토해서 책을 쓰게 되었"다고 한다.[43] 그리고 그 정돈기의 「교과서」 중에서 "가장 빛나는 것"은 1963년부터 1971년까지 사이에 나온 郭潤直의 『민법총칙』에서 『채권각론』까지의 저술이라고 하며, 이는 "우리 민법학계의 커다란 자랑거리"라고 평가하고 있다.[44]

그리고 학자들의 노력은 일단 우리 민법이 의용민법과 다른 내용으로 정하고 있는 제도, 다시 말하면 일본민법학의 이론으로서는 설명될 수 없는 민법규정의 해석론에 집중되었다.[45]

그 주요한 내용에 대하여는 2. 이하에서 살펴보기로 한다. 그러나 이와 관련하여서는 일반적으로 여러 가지 설득력 있는 선명한 해결이 얻어지지 아니하고 많은 문제가 여전히 남아 있다고 평가할 수 있다.

Neuere deutsche Privatrechtsgeschichte, 3. Aufl.(1976), S. 194: "민법전을 私法生活의 실용가능한 기반으로 만든다는 과제."

42) 민법 공포 이후 1960년대 중반까지 출간된 많은 「교과서」의 목록에 대하여는 우선 金曾漢(주 1. 1978), 122면 이하를 보라.

43) 金曾漢(주 1. 1978), 123면.

44) 金曾漢(주 1. 1978), 124면: "곽 교수의 민법서의 특색은 실례를 들어서 알기 쉽게 그리고 정연하게 서술되어 있으며, 국내의 문헌을 충실히 인용하여 면밀히 검토하고 있고, 우리나라의 판례를 최대한으로 인용하고 있으며, 특히 독일의 문헌에 충실히 언급되고 있다는 점 등에 있습니다." 그러나 후의 金曾漢(주 1. 1985), 149면에서는 "결국 재산법 분야의 교과서류를 개관하였는데 … [郭潤直의 「교과서」도 포함하여] 거의 모두가 일본서의 테두리를 별로 벗어나지 못하고 있지 않나 생각된다"고 평가한다.

45) 여기서 다루는 것 외에도 예를 들면 민법에 새로 도입된 지시채권·무기명채권에 관한 규정들(제508조 이하) 등을 들 수 있을 것이다. 위 새로운 규정들로부터 유가증권법 총론을 민법학 차원에서 구상할 수 있지 않을까?

2. 물권행위론: 새로운 규정의 해석문제 I

(1) 우리 민법이 법률행위로 인한 물권변동에 관하여[46] 입법주의상의 전환을 행하였음은 주지하는 대로이다. 그리고 이러한 전환의 중대성에 상응하여, 민법이 공포된 직후부터 학자들은 새로운 민법이 정하는 물권변동에 관한 규정을 이론적으로 파악·설명하려는 노력을 활발하게 행하여 왔다. 이러한 이론적 노력에 있어서 핵심적인 지위를 차지한 것은 「물권행위」, 특히 「물권계약」의 개념이었다. 그리하여 민법의 공포 후 10여 년이 지난 1969년에 이르러서, "채권계약과 물권계약의 개념, 채권계약에 대한 물권계약의 독자성·무인성의 제문제를 둘러싸고 우리나라의 민법학의 역사상 가장 찬란하고 높은 이론적 수준의 논쟁이 전개되었었으며, 아직도 계속 중"이라는 언명이 행하여진 바 있다.[47]

(2) 그 내용에 대하여는 주지하는 바이므로, 굳이 여기서 반복하지 않기로 한다.[48] 그러나 여기서 지적하고 싶은 것은, 이 문제는 여전히 미해결이라는 것이다. 현재에 이르기까지도, 우리 민법의 물권변동을 설명·파악함에 있어서 「물권행위」의 개념이 어떠한 지위를 차지하며(또는 차지하여야 하며), 어떠한 역할을 하는가(또는 하여야 하

46) 이하 단지 「물권변동」이라고 하면, 특별히 다른 지시가 없는 한 「법률행위로 인한」 물권변동만을 가리키고, 이른바 법률의 규정에 의한 물권변동은 여기서 제외된다.

47) 李好珽, "프란츠·바이얼레의 물권계약론(上)", 법조 18권 1호(1969), 41면. 同所, 52면 주 1은, "金曾漢 교수(『신물권법(상)』)와 郭潤直 교수(『물권법』, 『부동산물권변동의 연구』(서울대학교 학위청구논문))의 논쟁"을 인용하고 있다.

48) 이 논의에 대한 약간의 평가에 대하여는 梁彰洙, "韓國法における「外國」の問題 — 韓國民法學史の一齣を契機として", ジュリスト 제1310호(2006. 4. 15), 138면 이하(후에 同, 민법연구, 제 9 권(2007), 1면 이하에 "한국법에서의 「외국」의 문제 — 한국민법학 초기의 어떤 모습을 계기로 하여"라는 이름으로 수록되었다) 참조. 여기서 필자는 물권행위의 독자성 및 유인성 유무에 집중된 논의의 「과도로 추상적인 경향」과 그 배경에 있는 독일이론에의 무비판적 의존성을 지적하였다.

는가)의 논의는 그 명확한 귀결점을 찾지 못하고 있는 것으로 생각된다.

우선, 주지하는 대로 이른바 물권행위의 독자성 또는 무인성 유무에 관하여 학설은 여전히 분열되어 있다.[49] 그리고 최근에 발간된 물권법 교과서 중에는, 물권행위에 무인성을 인정할 것인가 여부의 문제에 대하여, "우리 판례는 현행 민법이 시행된 직후부터 계속하여 무인성을 부정하는 판결을 함으로써 이제 물권행위의 무인성을 부정하는 것은 확고한 관습법으로 되었다"고 하여 전혀 다른 각도에서 접근하는 견해도 제시되고 있다.[50] 나아가, 이 법문제를 학문적으로 다룬 저서는 민법 제186조에서 말하는 「법률행위」는 "채권행위 또는 물권적 합의를 포함하는 채권행위로 이해하"여야 한다고 주장하고 있다.[51] 이는 종전의 학설이 일치하여 민법 제186조의 「법률행위」란 물권행위를 가리킨다고 이해하여 왔던 것과는 사뭇 다른 것이다. 또한 부동산에서는 등기신청행위가, 동산에서는 인도의 합의가 바로 물권행위라고 하는 주장도 등장하였다.[52] 이와 같이 물권변동의 이론은 아직도 많은 미해결의 문제를 안고 있다고 할 것이다.

(3) 물권행위의 독자성·무인성의 문제에 대하여 어떠한 입장을 취하는가와는 관계없이 우리의 물권변동이론 일반에 대하여 필자가 가지고 있는 의문의 일단을 제시하여 보면 다음과 같다.[53]

---

49) 이에 관한 학설상황에 대하여는 많은 논문이 있으나, 우선 洪性載, 부동산물권변동론 — 소유권양도를 중심으로(1992), 248면 이하, 266면 이하를 각기 참조하라.

50) 李英俊, 물권법(1990), 77면; 同, 한국민법론 [물권편], 신정 2 판(2004), 76면. 同, 민법총칙(1987), 178면 이하에서 이미 同旨의 견해를 표명한 바 있다.

51) 洪性載(주 49), 특히 238면 이하, 256면 등 참조.

52) 尹眞秀, "物權行爲 槪念에 대한 새로운 接近", 民事法學 28호(2005. 6), 3면 이하.

53) 이 문제에 대한 독일에서의 논의를 정리한 방대한 종합적 문헌(교수자격취득논문으로 본문이 1296면에 이른다)으로 Jan Lieder, *Die rechtsgeschäftliche Sukzession. Eine methodenpluralistische Grundlagenuntersuchung zum deut-*

첫째, 물권행위의 독자성의 문제란 물권행위의 존재시기 또는 성립시기 여하의 문제라는 것이 종전의 이해이다. 이에 관한 설명을 인용하여 보자.

> "이와 같이 대부분의 경우에 원칙적으로 물권행위는 그 원인(causa)이 되는 채권행위가 존재하고, 그것을 전제로 하여 행하여지는 것이라면, 그것은 그에 선행하는 채권행위와는 별개의 행위라고 할 수 있다. 그렇다면, 이와 같은 채권행위는「언제나」, 좀 더 정확하게는「원칙적으로」, 원인이 되는 채권행위와는 현실적으로도 별개의 행위로서 행하여져야만 하는가? 이것이 이른바 물권행위의 독자성(독립성)의 문제이다."[54]

그 취지는 다음과 같은 것이다. 물권행위는 채권행위와는 논리적·관념적으로 별개의 법률행위이다. 그러나 이 양자의 법률행위가「현실적으로도」, 즉 현실의 거래에 있어서도 반드시 따로, 즉 별개의 행위로서 행하여져야 하는가, 이것이 바로 물권행위의 독자성 유무라는 문제의 내용이라는 것이다.

그러나 그렇다고 하면 독자성 문제는 물권변동에 고유한 문제라고 할 수 없지 않을까. 이것은 단지 물권행위라는 하나의 법률행위의 존재를 어떠한 사정 아래서 인정할 것인가 하는 법률행위 해석의 문제일 뿐이라고 하여야 하지 않을까. 그 해석에는 다른 법률행위의 해

---

schen Zivilrecht und Zivilprossrecht sowie zum Internationalen und Europäischen Privatrecht(2015)이 있다. 또한 유럽법 통일의 시각에서 법률행위에 의한 물권 변동의 법리를 살펴본 것으로는 우선 Dieter Krimphove, *Das europäische Sachenrecht*(2006) 참조.

54) 郭潤直, 물권법, 신정판(1992), 80면 이하(同, 物權法, 제 7 판(2002), 41면에서도 반복되고 있다). 그러나 동시에 다음과 같은 설명도 보인다. "「물권행위」라는 개념을 쓰고 있다고 해서, 그것이 곧 후술하는「물권행위의 독자성」을 인정하는 것이 되지 않음을 주의하여야 한다."(同書, 59면) 또 "유인설은 채권행위와 물권행위가 동시에 하나의 행위로 행하여진다고 보는 데 대하여 무인설은 양 행위는 따로이 행하여진다고 하는 점을 언제나 염두에 두어야 한다."(同書, 98면)

석문제와 마찬가지로, 각종의 기준(보다 정확하게 말하면, 그 해석에 있어서 고려되어야 할 사항들의 목록)이 적용되어 개별적으로 정하여지는 것이고, 설사 통상의 생활사상으로부터 일정한 법칙성이 인정된다고 하더라도, 이는 이른바 '경험칙'일 뿐이라고 할 것이 아닌가.[55)]

필자는 오히려 '물권행위의 독자성'의 문제란 채권행위와는 독립한 별개의 법률행위로서의 물권행위라는 개념 자체를 물권변동의 구성적 요소로서 요구할 것인가 여부의 문제라고 본다. 그리하여 물권행위의 독자성을 인정하지 않는다고 하는 것은, 의무부담과 처분에 관한 각각의 합의는 가령 매매계약이라는 하나의 법률행위의 두 모멘트, 즉 채권 발생과 물권변동이라는 각기 다른 법률효과적 관점에서 관찰한 별개의 모멘트에 불과한 것(이 때 처분적 합의는 하나의 계약의 한 부분을 구성하며, 독립한 법률행위가 아니다)으로서, 이들은 일체로서 그 매매계약 안에 결합되어 있다고 하는 의미라고 할 것이 아닐까.[56)] [57)] 요컨대 문제의 내용이 무엇인가에 대한 이해 바로 그것

---

55) 그렇기 때문에 金曾漢(주 1. 1985), 146면에서, "곽 교수나 나나 이 문제가 옳고 그르고를 결정하는 것은 이론의 정교성에 있는 것이 아니라 어느 쪽이 우리 사회현실에 맞고 우리 국민의 법의식에 부합하느냐에 있다고 생각하는 점에서는 완전히 일치하고 있다"는 언명이 행하여지는 것이 아닐까.

56) 이에 대하여는 무엇보다도 최근의 심도 있는 문헌으로서 Marietta Pietrek, *Konsens über Tradition?: Eine Studie zur Eigentumsübertragung in Brasilien, Deutschland und Portugal*(2015), S. 28 ff. 참조. 여기서 그 필자는 "소유권 양도의 여러 모델을 비교법적 맥락에서 심도 있게 고찰하기 위하여는 그 모델들을 파악하기 위한 [입법상의] 원칙들을 설명하는 것이 불가결하다"고 전제한 다음(S. 7), 우선 소유권의 양도에 합의만으로 족한가(합의주의 Konsenprinzip), 아니면 그 외에 인도(또는 등기)와 같은 공시수단도 요구되는가(공시주의 Publizitätsprinzip)를 하나의 대립적 원칙으로 파악한다(S. 7 ff.). 나아가 그 두 경우 모두에 필요한 바의 「합의(또는 계약)」에 관하여, 一元主義(Einheitsprinzip)와 분리주의(Trennungsprinzip)를 대립적으로 제시한다. 전자에서는 "의무부담행위(Verpflichtungsgeschäft)와 구별되는 처분행위(Verfügungsgeschäft)를 알지 못하고, 오히려 권리의 이전은 의무부담의 의사표시와 처분의 의사표시를 불가분적으로 결합한 바의 당사자들의 단 하나의 합의에 근거한다. 그리하여 이 행위는 '채권법적-물권적 단일행위(schuldrechtlich-dingliches Einheitsschäft)'라고 부를 수 있다."(S. 28) 반면 분리주의는 **체계적으로** 의무부담행위(대체로 매매계약)를 물권적 권리변동의 합의(대체로 소유권이전합의 Übereignung)와 구분한

다. **그 과정이 사실적으로는 단일한 것으로 보이더라도 마찬가지이다.** 이에 의하면 소유권의 양도를 위해서는 채권법적 원인행위와 구별되어야 하는 물권계약이 요구된다."(S. 29)(강조는 인용자가 가한 것이다) 이상에 비추어보면, '물권행위의 독자성'이 본문에서 제시한 바와 같이 파악되고 있음은 명백하다고 할 것이다.

그런 다음 후자의 분리주의를 취하는 경우에는 이어서 有因主義(Kausalitätsprinzip)와 無因主義(Abstraktionsprinzip)가 대립한다고 한다. 즉 전자에서는 의무부담행위의 하자가 당연히 처분행위의 효력에도 영향을 미치고, 후자에서는 그렇지 않다고 한다(S. 30 ff.). 이것이 바로 우리 학설상의 물권행위의 무인성 유무의 논의를 가리킴은 물론이다.

57) 나아가 한참 전의 문헌으로서는 가령 Franz Bydlinski, Die rechtsgeschäftlichen Voraussetzungen der Eigentumsübertragung nach österreichischem Recht, in: *Festschrift für Larenz*(1973), S. 1035: "법을 잘 모르는 당사자들도 매매계약에 있어서, 물건이 종국적으로 매수인에게, 매매대금이 매도인에게 '속한다'는 것을 알고 의욕하고 있다. 이 혼란한 법률효과관념을 법적으로 면밀하게 분석한다면, 매수인이 (매매대금에 대하여는 매도인이) 소유자(및 점유자)가 된다는 하나의 합의(Einigung)를 서로의 상대방에 대한 채권법적인 급부약속으로부터 구분해 낼 수 있다. 물론 이 합의는 그 법률효과가 법률에 좇아서 객관법적인 유효요건(objektivrechtliche Vorraussetzung)으로서의 인도가 부가된 때에 비로소 발생한다. 따라서 「인도」는 그 자체 '실행행위'이기는 하나, 소유권을 양도하기 위하여는 그것이 '물권적 합의'라고 부를 수 있는 소유권양도에 관한 합의에 기하여 행하여져야 한다. 그러나 통상 이 합의는 인도 시에 또는 다른 때에 독자적으로 행하여지는 것이 아니고, 비독자적이며, 이른바 **매매계약적 합의의 물권법적 부분**인 것이다." 또한 S. 1038 f.: "매도인의 … 서로 고립된 두 개의 의사표시가 존재하는 것이 아니라 단지 하나만이 존재한다. 즉, 나는 매매목적물에 대한 소유권을 당신에게 이전할 의무를 부담하며, **그러므로**(그것을 의미적합적으로 보면: 이 의무의 범위에서, 그리고 그 이행을 위하여) 그 소유권이 당신에게 이전되는 것에 동의한다는 것이다."(이상 고딕체 부분은 원문에 이탤릭체로 강조되어 있다) 또 S. 1040에서는 "효과에 있어서만 물권법적인" 의사표시라고도 한다. 한편 K. Larenz, *Lehrbuch des Schuldrechts*, Bd. Ⅱ, 1. Halbbd., 13. Aufl.(1986), § 39 Ⅱ d(S. 20 f.)(梁彰洙 역, "매매계약과 소유권양도", 월간고시 1987년 11월호, 145면. 이제는 梁彰洙 편역, 독일민법학논문선(2005), 153면 이하): "따라서 입법정책적으로는 사실상 실행행위(인도 또는 등기)를 요건으로 요구하면서도 법률행위를 채권계약과 특수한 물권계약으로 분열시키지 않는 형태에 우위를 인정하여야 할 것이다. 그러한 형태에 있어서는 매매의 경우에 단지 하나의 계약, 즉 의무부담행위이면서 동시에 처분행위일 것이며 또한 (思考上으로는 역시 구분되어야 할) 2개의 모멘트를 통일하고 있는 매매계약만이 요구된다. 매도인의 의사는 의미적합적으로 다음과 같이 해석되어야 한다. 즉, 나는 너에게 소유권을 이전할 의무를 지며(의무부담의 모멘트), 이로써 ―인도(또는 등기)를 유보하고― 그것을 너에게 양도한다(처분의 모멘트). 그와 같이 이해된 매매계약에 기하여, 그러나 통상은 사실적 실행행위가 부가된 때에 비

에 문제가 있는 것이다.

둘째, 채권행위는 물권행위의 원인(causa)이 된다고 설명되는데, 여기서 「원인」이란 어떠한 의미인가. causa의 정의나 그 법해석론상의 의미에 대하여는 극히 착종된 논의가 있음은 주지하는 대로이다.[58] 그리고 이는 이른바 「소유권양도의 정당한 원인」에 대하여도 마찬가지이다. 그러한 causa 이해의 어려움은 당연히 유인론에도 영향을 미친다. 우선 물권의 양도에는 다름아닌 causa에 대한 쌍방의 합의를 요하는가.[59] 가령 甲이 소비대차를 위하여 貸主라는 생각으로 乙에게 그 목적물인 동산을 인도하였는데, 乙은 이것을 受贈의 의사로 수령하였다. 이와 같이 인도의 「원인」에 관한 합의가 없거나 그 합의에 문제가 있는 경우(이른바 「誤想causa」 등)에 乙은 그 동산의 소유권을 취득하는가. 무인론을 취하는 입장에서는 문제가 없을 것이

로소, 소유권은 이전된다. 이 경우에는 새로운 의사의 합치는 불필요하며 물건을 인도하면서 이루어진 소유권유보의 의사는 효력이 없다. 유효한 계약이 없으면 물건의 인도나 등기가 이루어졌음에도 불구하고 소유권은 이전되지 않는다." 또한 일본에서 예를 들어 柚木馨, 注釋民法(14)(1966), 555면은, "관념상 구별되는 두 개의 요소가 1개의 매매계약 안에 일체화된다"고 한다.

58) 崔秉祚, "로마법상의 불법원인급여", 로마법연구(Ⅰ)(1995), 334면에 의하면, 로마법에서 causa는 다음의 세 가지 관점에서 문제된다고 한다. ① 물권변동의 원인으로서, ② 급부의 보유를 정당화하여 반환청구를 물리치게 하는 원인으로서, ③ 법적 효력이 있는 합의인가, 즉 訴求할 수 있는 합의인가를 결정하는 원인으로서가 그것이다. 우리 민법 아래서도 사정은 이와 크게 다르지 않을 것이다. 프랑스에서 causa는 주로 ③과 관련하여 문제된다. 우선 Zweigert/Kötz, 梁彰洙 역, 비교사법제도론(1991), 134면 이하 참조. 일반적으로 ①과 관련하여 독일에서 causa의 의미에 대하여는 G. Kegel, Verpflichtung und Verfügung, in: *Festschrift für F. A. Mann*(1977), S. 59 ff.(丁玉泰 역, "의무부담과 처분", 황적인 박사 화갑기념논문집(1990), 874면 이하) 참조.

59) 이와 관련하여서 로마法源에 나타난 Ulpianus D. 12.1.18과 Julianus D.41.1.36의 적어도 외견상 서로 모순되는 法文을 둘러싸고 로마법의 계수 이래 논의가 있었고, 특히 독일 보통법학에서 치열하게 견해가 대립하였음은 주지하는 대로이다. 이에 관하여는 무엇보다도 Johannes Georg Fuchs, *Iusta causa traditionis in der Romanistischen Wissenschaft*(1952), S. 27 ff.; 海老原明夫, "十九世紀ドイツ普通法學の物權移轉理論", 法學協會雜誌 제106권 1호(1989), 1면 이하 참조.

나, 유인론을 취하는 입장에서는 어떠한가. 나아가 위의 경우에 甲이 실제로 소비대차계약에 기하여 乙에 대하여 동산인도의무를 부담하고 있었던 경우에는 어떠한가. 다시 말하면 객관적인 causa의 존재는 주관적인 causa에 관한 합의의 흠결 또는 하자를 치유하는가, 또는 물권변동에 영향을 미치는 것은 단지 객관적인 의미의 causa에 한정되고, 주관적인 causa 합의의 유무 또는 유효 여부는 물권변동의 효력과는 무관한가. 또한 반대로 주관적인 causa 합의는 존재하나 객관적인 causa를 결하는 경우는 어떠한가. 가령 甲과 乙은 모두 甲이 乙에게 그러한 채무를 부담하고 있는 것으로 잘못 알고 그 채무의 이행으로서 그 목적물을 인도하고 인도받았다. 이 경우에 乙은 그 목적물의 소유권을 취득하는가.

우리나라에서의 종전의 물권변동에 과한 논의는 有因인가 無因인가만을 집중적으로 논의하고, 그 전에 무엇의 무엇에 대한 어떠한 의미에서의 원인인가 또는 원인의존(causa-Abhängigkeit), 즉 有因인가에 대한 논의를 소홀히 하였던 것이 아닌가 하는 느낌을 지울 수 없다.

셋째, 민법 제186조에서 정하는 「법률행위」가 「물권행위」를 가리킨다고 보아야 할 이유는 무엇인가. 「물권행위」의 개념은 물권변동을 설명함에 있어서 불가결의 도구로서 말하자면 논리필연적으로 요구되는가, 아니면 그 채택 여부가 입법자의 선택에 맡겨져 있는 입법정책상의 한 선택지인가. 만일 후자라면 우리 민법상 「물권행위」의 개념은 과연 입법자에 의하여 채택되었다고 볼 것인가. 만일 민법 제186조가 스위스민법 제656조 제 1 항("토지소유권의 취득을 위하여는 등기부에의 등기가 요구된다")과[60] 같이 부동산물권변동에는 원칙적으로 등기가 있어야 함을 정하는 데 그치는 것이라면, 同條에서 말하는

60) 한편 동조 제 2 항은 우리 민법 제187조와 거의 같은 내용을 정하고 있다.

「법률행위」는 해석론상으로 훨씬 가벼운 짐을 져도 되지 않을까.

3. 소멸시효 완성의 효과: 새로운 규정의 해석문제 Ⅱ

(1) 우리 민법은 "시효는 당사자가 이를 원용하지 아니하면 법원은 이에 의하여 재판을 할 수 없다"는 시효의 원용에 관한 의용민법 제145조를 극히 의식적으로 채택하지 않았다. 애초 「민법전편찬요강」의 총칙편 제13항은 "소멸시효 완성의 효과는 권리를 소멸시킬 수 있는 일종의 항변권을 발생하도록 할 것"이라고 하여, 이른바 상대적 소멸설의 입장에서 입법할 것을 정하고 있었다. 그러나 민법안은 이러한 입장에 서 있는 것으로는 생각되지 않으며, 오히려 이에 대한 심의과정에서는 민법안이 이른바 절대적 소멸설의 입장에 서 있는 것으로 이해되었다.[61]

(2) 어쨌거나 단지 시효의 원용에 관한 규정을 두지 않았다는 것은 혹 이른바 절대적 소멸설에 유리한 하나의 사정이라고는 할 수 있을 것이나, 그것만으로 이 문제가 입법에 의하여 의문의 여지 없이 해결되었다고는 할 수 없을 것이다. 그리하여 일찍부터 이에 관하여 학설상 견해의 예리한 대립이 있었고,[62] 이는 지금도 크게 변함이 없다.[63]

---

61) 民法案審議錄, 상권, 103면 하단은 "종래 시효의 원용에 관하여 각종의 학설이 발생하였는바 초안은 이를 정리하여 원용에 관한 규정을 삭제함으로써 시효에 관하여는 금후 절대소멸설이 확정"되었다고 한다. 또한 민법 부칙 제 8 조 제 1 항이 "본법 시행 당시에 구법의 규정에 의하여 시효기간을 경과한 권리는 본법의 규정에 의하여 취득 또는 소멸한 것으로 본다"고 정하는 것도 이와 무관하지 않다고 생각된다.

62) 소멸시효 완성의 효과에 관한 학설상의 논의는 金曾漢, 소멸시효론, 1967년 서울대학교 법학박사 학위논문(同, 민법논집(1978), 245면 이하에 再錄되어 있다)에 의하여 촉진된 바 크다.

63) 오늘날의 학설상황에 대하여는 우선 민법주해[Ⅲ](1992), 476면 이하(윤진수 집필) 참조.

한편 이에 대한 판례의 태도도 반드시 명확한 것은 아니다. 일단 적어도 일정 시기까지는 대체로는 절대적 소멸설의 입장에 서 있다고 할 수 있을 것이다. 가령 대판 1966. 1. 31, 65다2445(집 14-1, 56)는, 이미 소멸시효가 완성된 채권의 집행보전을 위하여 가압류가 행하여진 경우에 채무자가 가압류 집행으로 인한 손해의 배상을 청구한 사건에서 "신민법 아래서는 당사자의 원용이 없어서 시효완성의 사실로써 채무는 당연히 소멸하는 것"이라고 설시하고, 그러므로 채권자가 가압류절차를 채무자의 시효원용이 있기 전에 밟았다고 하여도 채권자에게 부당가압류에 대하여 과실이 없다고 할 수 없다고 판단하였다.[64] 그러면서 나아가, 소멸시효의 완성으로 인한 권리소멸이 소송에서 문제되는 경우에는 "변론주의의 원칙상" 당사자가 소멸시효가 완성되었음을 소송상 주장하지 아니하면 법원이 이를 고려할 수 없으며 직권으로 시효완성의 사실을 인정하여 권리의 소멸을 인정할 수 없다는 태도를 취하고 있었다. 가령 민법이 시행된 후 이 점에 관하여 처음 판단한 것으로 추측되는 대판 1962. 10. 11, 62다466(집 10-4, 62)은 "새 민법이 시효이익 사전 포기 금지에 관한 규정은 그대로 두고 시효 원용에 관한 규정을 삭제하였다거나 법률행위에 의한 소멸시효의 배제 연장 가중을 금지하는 규정의 신설이 있다 하여, 시효 완성 후에 그 이익을 포기할 수 있음과 마찬가지로 시효 완성 후 소송에서 시효 완성으로 채권이 소멸되었음을 항변으로 주장하지 아니함에도 불구하고 구태여 시효완성의 사실을 직권으로 인정하여 그 이익을 부여하여야 한다는 것으로 해석되지 아니"한다고 판시하였고, 이러한 태도는 그 후로도 유지되고 있다.[65] 최근의 대판

---

64) 그 외에 뒤의 註 65에서 보는 대판 1978. 10. 10, 78다910(공보 602, 11551)이나 조세채권의 소멸시효가 완성되면 "당사자의 원용이 없어도"그 채권은 소멸하므로 그 후의 조세부과처분은 납세의무 없는 사람에 대한 것으로서 그 하자가 중대하고도 명백하여 당연무효라고 판단한 대판 1985. 5. 14, 83누655(집 33-2, 175) 등을 절대적 소멸설의 입장에 선 재판례로 들 수 있을 것이다.

2017. 3. 22, 2016다258124(공보 2017상, 844)도 "민사소송절차에서 변론주의 원칙은 권리의 발생·변경·소멸이라는 법률효과 판단의 요건이 되는 주요사실에 관한 주장·증명에 적용된다. 따라서 권리를 소멸시키는 소멸시효 항변은 변론주의 원칙에 따라 당사자의 주장이 있어야만 법원의 판단대상이 된다"고 전제적으로 판시하고 있는 것이다.[66]

그러나 이른바 절대적 소멸설에 의하면 소멸시효가 완성된 권리는 누구의 원용을 기다릴 것 없이 당연히 소멸하므로 누구나 필요하면 그 소멸을 주장할 수 있고, 별도로 누가 시효원용권자에 해당하는지 여부를 가릴 필요가 없는 것이다. 그런데 재판례 중에는 여전히 상대적 소멸설에 고유한 바의 「시효원용권자의 범위」라는 시각을 버리지 못하였다고 할 경우도 없지 않다. 가령 대판 1979. 2. 13, 78다2157(집 27-1, 114)은 "신민법상은 당사자의 원용이 없어도 시효완성의 사실로써 채무는 당연히 소멸되는 것이고 … 다만 변론주의의 원칙상 소멸시효의 이익을 받을 자가 그것을 포기하지 않고 실제 소송에 있어서 권리를 주장하는 자에 대항하여 시효소멸의 이익을 받겠

65) 그 외에 대판 1964. 9. 15, 64다488(총람 1-2(A), 320-15)(사안불명); 대판 1978. 10. 10, 78다910(공보 602, 11551) 등도 그러하다. 후자의 판결은 근저당권에 기한 경매개시결정이 있기 전에 이미 피담보채권의 소멸시효가 완성되었고 그 결정 후에 비로소 시효원용이 있는 사안에서, 경락인은 목적부동산의 소유권을 취득할 수 없다고 판시하고 있다. 경매법 폐지 전의 판례는 피담보채권이 경매개시 결정 전에 소멸하여 저당권이 소멸하면 그 결정을 비롯한 일련의 절차 및 경락허가결정은 모두 무효이나 (따라서 경락인은 목적물을 취득할 수 없다), 경매개시결정 후에 그러한 사유가 있으면 경락은 유효하다는 태도를 취하고 있었다.

66) 그러면서 이어서 "그러나 이 경우 어떤 시효기간이 적용되는지에 관한 주장은 권리의 소멸이라는 법률효과를 발생시키는 요건을 구성하는 사실에 관한 주장이 아니라 단순히 법률의 해석이나 적용에 관한 의견을 표명한 것이다. 이러한 주장에는 변론주의가 적용되지 않으므로 법원이 당사자의 주장에 구속되지 않고 직권으로 판단할 수 있다. 당사자가 민법에 따른 소멸시효기간을 주장한 경우에도 법원은 직권으로 상법에 따른 소멸시효기간을 적용할 수 있다"고 판시하였다.

다는 뜻을 항변하지 않은 이상 그 의사에 반하여 재판할 수 없을 뿐이다"라고 하여, 앞에서 살펴 본 종전의 입장을 그대로 반복하면서도, 이어서 "본건에서 피고는 소멸시효 완성으로 직접 의무를 면하게 되는 당사자로서 그 소멸시효의 이익을 받겠다는 뜻을 항변할 수 있는 자라 할 것이므로, 같은 취지에서 한 원심판단은 정당"하다고 설시하고 있다. 또한 대판 1992. 11. 10, 92다35899(공보 1993, 90); 대판 1993. 3. 26, 92다25472(집 41-1, 246)는 채권자대위소송에서 제3채무자(피고)는 피보전채권의 소멸시효를 원용할 수 없는 사람이라고 판단하여, 원고가 채권자대위권의 요건을 갖추지 못하였다는 피고의 주장을 배척하였다.[67] 이와 같이 채권자대위소송에서 피고가 된 제3채무자가 원고 채권의 소멸시효 완성을 주장할 수 없다는 태도는 그 후 대판 1997. 7. 22, 97다5749(공보 2641); 대판 1998. 12. 8, 97다31472(공보 1999, 93) 등에서 이어지고 있다.

그 외의 법상황에 있어서도 「시효원용권자의 범위」에 기초한 판단은 변함없이 이어지고 있다. 예를 들면 대판 1995. 7. 11, 95다12446(공보 2761)은, "소멸시효를 원용할 수 있는 사람은 권리의 소멸에 의하여 직접 이익을 받는 사람에 한정된다"고 전제한 다음, "채권 담보의 목적으로 매매예약의 형식을 빌어 소유권이전청구권 보전을 위한 가등기가 경료된 부동산을 양수하여 소유권이전등기를 마친 제3자는 당해 가등기담보권의 피담보채권의 소멸에 의하여 직접 이익을 받는 자이므로, 그 가등기담보권에 의하여 담보된 채권의 채무자가 아니더라도 그 피담보채권에 관한 소멸시효를 원용할 수 있다"고 판시하고, 나아가 "이와 같은 직접수익자의 소멸시효원용권은 채무자의 소멸시효원용권에 기초한 것이 아닌 독자적인 것으로서 채무자를 대위하여서만 시효이익을 원용할 수 있는 것은 아니며, 가사 채무자가

67) 그 외에 대판 1979. 6. 26, 79다407(공보 615, 12038)도 참조.

이미 그 가등기에 기한 본등기를 경료하여 시효이익을 포기한 것으로 볼 수 있다고 하더라도 그 시효이익의 포기는 상대적 효과가 있음에 지나지 아니하므로 채무자 이외의 이해관계자에 해당하는 담보부동산의 양수인으로서는 여전히 독자적으로 소멸시효를 원용할 수 있다"라고 밝힌다.

또한 대판 2004. 1. 16, 2003다30890(집 52-1, 3; 공보 2004, 348)은 "타인의 채무를 담보하기 위하여 자기의 물건에 담보권을 설정한 물상보증인은 채권자에 대하여 물적 유한책임을 지고 있어 그 피담보채권의 소멸에 의하여 직접 이익을 받는 관계에 있으므로 소멸시효의 완성을 주장할 수 있다"고 하여, 물상보증인은 담보권의 피담보채권이 시효소멸하였음을 원용할 수 있는 법적 지위에 있음을 긍정한다.[68] 나아가 대판 2009. 9. 24, 2009다39530(공보 2009하, 1754)은 "유치권이 성립된 부동산의 매수인은 피담보채권의 소멸시효가 완성되면 시효로 인하여 채무가 소멸되는 결과 직접적인 이익을 받는 자에 해당하므로 소멸시효의 완성을 원용할 수 있는 지위에 있다"고 설시한다.

이러한 재판례들은 절대적 소멸설에 입각한 것으로 이해되는 종전의 판례의 태도를 전원합의체 판결에 의하여 변경하면서 나온 것이 아니다. 따라서 소멸시효 완성의 효과에 관한 '판례'의 태도는 이를 무어라고 쉽사리 단정할 수 없다.

68) 그러나 나아가, "그는 아무런 채무를 부담하고 있지 아니하므로, 물상보증인이 그 피담보채무의 부존재 또는 소멸을 이유로 제기한 저당권설정등기 말소등기절차이행청구소송에서 채권자 겸 저당권자가 청구기각의 판결을 구하고 피담보채권의 존재를 주장하였다고 하더라도 이로써 직접 채무자에 대하여 재판상 청구를 한 것으로 볼 수는 없는 것이므로 피담보채권의 소멸시효에 관하여 규정한 민법 제168조 제1호 소정의 '청구'에 해당하지 아니한다"고 하여 피담보채권의 시효소멸을 부정하였다.

4. 전세권: 새로운 규정의 해석문제 Ⅲ

(1) 우리 민법은 제한물권의 일종으로 전세권을 규정하고 있다(제303조 내지 제313조). 이는 "외국의 입법례에서는 찾아볼 수 없는, 우리의 특유한 제도이며, 민법에 있어서의 이채로운 존재"라고 한다.[69] 그런데 민법의 입법자들 사이에서도 등기가 잘 행하여지지 않는 우리나라의 실정으로 보아 전세권제도가 많이 이용될 것인지에 관하여는 의문이 없지 않았었다.[70] 이러한 의문은 학설에 의하여서도 표출되고 있었다. 그러나 일부에서는 전세권은 지상권보다 소유자에게 유리하며, 전세금의 시가에 대한 비율은 더 상승할 것이고, 소유자가 목적물을 직접 용익하여야 할 사정이 없는 경우에는 상당한 금액을 융통하기에 편리하다는 등의 이유를 들어, 전세권의 이용이 증가할 것임을 예측하는 견해도 있었다.[71] 그러나 그 후의 사태를 살펴보면, 전세권의 이용은 당초보다는 증가하였다고 하더라도 근자에는 1년에 8만 건 전후에 머물러 있어서,[72] 이는 타인의 부동산을 유상용

---

69) 郭潤直, 물권법, 제 7 판(2002), 253면. 그런데 전세권제도는 중화민국민법 또는 만주국민법에서 규정되어 있는 典權과 유사한 점이 적지 않다는 지적도 있다. 예를 들면 李銀榮, "중화민국 민법의 전권에 관한 연구: 우리 전세권과 비교하여", 현대 민법학의 제문제(청헌 김증한 교수 화갑기념논문집)(1981), 382면 이하; 尹大成, 한국전세권법연구(1988), 117면 이하, 240면 이하("우리나라 민법전의 입법과정에 있어서 전세권의 제정과정에 나타난 기초자나 입법자의 의사는 만주국민법전의 전권제도를 「모델」로 하였으며, 이의 영향이 컸음을 알 수 있다. 만주국민법전의 전권제도는 중화민국민법전의 전권제도보다도 더욱 완전한 담보물권으로 규정하였"다); 金相容, "전권과 전세권의 비교", 同, 민사법연구(1997), 234면 이하 등 참조.

70) 民法案審議錄, 상권, 183면 상단 참조.

71) 金曾漢, 신물권법, 하권(1961), 446면.

72) 전세권설정등기건수는 전국을 합하여 1965년의 2,080건에서 1974년의 8,324건, 그리고 1984년의 7,477건으로 이때까지는 그 숫자에 머물고 있다가 1985년의 19,308건부터 매년 상당히 증가하여 1989년에는 80,068건에 이르렀다. 그 후 10만 건을 넘게 되었다. 2000년대에 들어와서 보면, 2007년에 14만2천 건, 2009년 13만 7천 건, 2009년 13만 7천 건, 2011년 12만 4천 건, 2013년 10만 2천 건이었다가, 2015년에 8만 7천 건, 2017년에 7만 8천 건으로서 오히려 8만 건 전후로 감소하였다.

익하는 건수 전체에 비하면 미미한 숫자라고 생각된다. 대개는 여전히 채권적 전세 또는 임대차라는 채권관계 설정의 방법에 의하고 있는 것이 현실이다.

한편 1984년의 민법 개정에서는 전세권자의 지위를 강화하는 몇 개의 규정이 신설 또는 개정되었다. 즉 전세권자에게 우선변제권이 명문으로 인정되고(제303조 제 1 항 후단), 건물전세권의 최단존속기간이 법정되는 한편 그 법정갱신이 인정되었으며(제312조 제 2 항, 제 4 항), 전세금의 증감청구에 관한 규정이 신설되었다(제312조의2). 이는 부동산이용권의 강화라는 입법적 경향을 드러내는 것이다.

(2) 전세권은 부동산(특히 건물)의 유상용익에 관한 관습을 물권으로 법제도화한 것이다. 그런데 그 규정의 구체적인 내용을 보면, 전세의 관습을 적절한 법개념에 의하여 체계적으로 파악한다는 그 기초작업이 충분하였던가를 의심케 하는 점이 적지 않다(이는 규정내용의 당부와는 별개의 문제이다).

그것은 무엇보다도 다음과 같은 점에서 그러하다. 판덱텐체계의 구성을 택하고 그 논리를 관철한다는 입장에서 보면, 물권은 통상 목적물에 대한 권리자의 배타적인 지배권능이라는 관점에서 파악되고, 제한물권이라고 하더라도 그 권리자와 소유자(즉 설정자) 간의 인적 채권관계는 그 측면을 달리하여 규율된다. 물론 그러한 분리가 순수한 형태로 가능한 것이냐는 의문이고, 나아가 과연 그렇게 하는 것이 바람직한 것이냐 하는 것도 음미해 볼 여지가 있다고 하겠다. 그러나 민법은 일단 판덱텐체계를 취하였고, 또 다른 제도에서는 물권관계와 채권관계를 준별한다는 태도를 가능하면 관철한다는 입장을 취하고 있다고 생각된다. 용익물권에 한정하여 보더라도, 가령 지상권에 대하여 민법은 지상권 설정의 원인계약에 기한 권리의무에 관하여는 지료에 관한 것을 제외하고는 일절 규율하지 않고 있다.

그런데 전세권에 관하여는 그러한 채권법적 성질의 규정이 매우 많다. 예를 들면 설정행위에 의한 양도 등의 금지(제306조 단서), 전세권자의 현상유지 및 수선의 의무(제309조), 전세금증감청구권(제312조의2) 기타 전세금에 관한 규정(제303조 제 1 항 전단, 제315조 제 2 항), 전세권자의 손해배상책임(제315조 제 1 항), 전세권 소멸 시의 각종 의무(제317조) 등이 그러하다.[73] 이들 규정 중 대부분은 임대차와 관련하여 그에 대응하는 규정이 있거나 학설이나 판례에 의한 법형성이 이루어진 것이다.[74] 말하자면 종래의 관습적 전세에 원칙적으로 적용이 있다고 인정되어 온 임대차의 규정들(그리고 아마도 채권관계로서의 관습적 전세에는 적용하여도 별다른 문제가 없다고 생각되어 온 것들)을 물권의 차원으로 끌어올린 것이다.

그러나 이러한 채권규정 내지 법리들을 물권에 그대로 적용하는 것에는 —체계구성상의 미학적인 문제 외에도— 과연 아무런 문제가 없는가. 이 점에 대한 면밀한 검토가 충분하지 못하였고 그로부터 많은 문제들이 제기된다고 생각된다.

(3) 예를 하나만 들어 보자. 전세권자가 전세금을 지급하여야 한다는 것은 '전세권의 내용'으로서 그 규정의 冒頭를 장식하고 있다(제303조 제 1 항: "전세권자는 전세금을 지급하고 타인의 부동산을 점유하여 그 부동산의 용도에 좇아 사용·수익하며 …"). 이는 채권관계로서의 전세계약에 있어서는 당연한 내용이다. 그러나 물권취득자의 급부의무가 물권의 「내용」이 되거나 물권 성립의 요건이 되는 것은 달리 예가 없으며, 그러한 의무를 전세권의 설정이나 존속요건과 어떻게 체계적으로 연결시킬 것인가는 쉬운 문제가 아니다.

---

73) 이에 비용상환청구권에 관한 제310조를 가할 수 있을는지도 모른다. 동조가 그 의무자를 다른 경우와 같이 "전세권설정자"라고 하지 않고 "소유자"라고 하는 것에는 어떠한 의미가 있을까.

74) 전세권의 법정갱신에 관한 제312조 제 4 항도 임대차의 법정갱신에 관한 제639조와 관련이 있다.

전세금을 「전세권의 요소」라고 하고, 전세금이 실제로 지급되어야 비로소 전세권이 유효하게 성립한다는 것이 주지하는 대로 다수설의 입장이다.[75] 그러나 다른 제한물권에 있어서는 요구되지 않은 그와 같은 요건이 유독 전세권의 경우에만 요구되어야 하는 것인지 납득이 가지 않는다. 위 입장에서는 민법 제303조 제 1 항이 "전세권자는 전세금을 지급하고 …"라고 한 것을 근거로 듣는지도 모른다. 그렇다면 이어서 "… 부동산을 점유하여"라고 정하는 데도 위 입장이 점유의 취득을 그 설정의 요건이라고 하지 않는 이유는 무엇인가. 나아가 전세금에 관한 약정만을 하고 당사자들의 합의로 우선 전세권등기를 한 경우에 전세권의 성립을 부인할 아무런 이유가 없다. 예를 들면 그 경우에도 전세권자는 불법점유자를 상대로 목적물의 인도를 청구할 수 있어야 한다(민법 제319조, 제213조). 요컨대 민법 제303조 제 1 항의 문언은 전세권의 내용을 제시하는 데 그치는 것으로서, 그러한 내용의 권리를 설정하는 합의 내에 전세금을 지급하는 것이 포함되어야 함을 말하는 것이라고 하면 족하지 않을까?

(4) 한편 민법의 전세권규정에는 채권적 임대차의 경우보다 임차인에게 불리한 규정도 찾아볼 수 있다. 예를 들면 후자에서는 유지·수선의무를 임대인이 부담하는 데(민법 제623조) 반하여, 전자에서는 전세권자가 부담한다(제309조). 이에 따라 비용상환청구권에 있어서도 임차인의 경우와 전세권자의 경우는 그 내용이 사뭇 다르다.

나아가 그 후에 제정·시행된 주택임대차보호법이나 상가건물임대차보호법도 시야에 넣는다면, 전세권자는 오히려 위 특별법의 보호를 받는 임차인보다 더 불리한 점도 적지 않다. 예를 들어 주택임대차보호법이 적용되는 한에서는, 우선 그 대항력의 취득에 전세권 등기에서와 같은 상대방의 협력이 필요 없을 뿐만 아니라 비용이나 절

75) 곽윤직, 물권법, 제 7 판(2002), 256면 이하만을 들어두기로 한다.

차면에서 보다 간편하며, 이는 그 종료시의 말소등기를 생각하면 더욱 그러하다. 나아가 주택임대차보호법은 당연히 주택에 대한 임대차라야 적용이 되는 것인데, 임차인은 보증금반환채권의 만족을 위하여 그 목적물이 아닌 그 대지의 환가대금으로부터도 우선변제를 받을 수 있는 것이다(위 법률 제 3 조의2 제 2 항: "임차주택(대지를 포함한다)의 환가대금에서 … 우선하여 보증금을 변제받을 권리가 있다"). 이는 전세권에서는 인정되지 않는 특혜로서, 전세권에서는 이른바 불가분성이 인정될 뿐이다(민법 제303조 제 1 항: "그 부동산 전부에 대하여 … 전세금의 우선변제를 받을 권리가 있다").

또한 무엇보다도 이른바 최우선변제권과 같은 권리(위 법률 제 8 조, 동법 시행령 제10조 참조)는 전세권자에게는 규정되어 있지 않다. 그런데 예를 들어 서울에서 2018년 9월 이후라면 전세금이 1억 1천만 원 이하(위 시행령 제10조 제 1 항 제 1 호, 제11조 제 1 호)의 등기한 주택전세권자가 그 등기를 하지 아니한 채권적 전세권자보다 불리한 취급을 받아야 할 이유가 있을까?

이러한 말하자면 「규범 조정」의 문제가 실제로도 광범위하게 필요함을 환기시키는 재판례로 대판 2002. 11. 8, 2001다51725(공보 2003상, 19)를 들 수 있다. 이 판결은 "주택에 관하여 임대차계약을 체결한 임차인이 자신의 지위를 강화하기 위한 방편으로 따로 전세권설정계약서를 작성하고 전세권설정등기를 한 경우에, 따로 작성된 전세권설정계약서가 원래의 임대차계약서와 계약일자가 다르다고 하여도 계약당사자, 계약목적물 및 보증금액(전세금액) 등에 비추어 동일성을 인정할 수 있다면 그 전세권설정계약서 또한 원래의 임대차계약에 관한 증서로 볼 수 있고, 등기필증에 찍힌 등기관의 접수인은 첨부된 등기원인계약서에 대하여 민법 부칙 제 3 조 제 4 항 후단에 의한 확정일자에 해당한다고 할 것이므로, 위와 같은 전세권설정계약서가 첨부된 등기필증에 등기관의 접수인이 찍혀 있다면 그 원래의 임대차에 관한 계약증서에 확정일자가 있는 것으로 보아야 할 것이고, 이 경우 원래의 임대차는 대지 및 건물 전부에 관한 것이나 사정에 의하여 전세권설정계약서는 건물에 관하여만 작성되고 전세권등기도 건물에 관하여만 마쳐졌다고 하더라도 전세금액이 임대차보증금액과 동일한 금액으로 기재된 이상 대지 및 건물 전부에 관한 임대차의 계약증서에 확정일자가 있는 것으로 봄이 상당하다"고 판시하였다.

이 사건에서는 건물에 대해서만 전세권설정등기가 행하여졌으므로 임차인이 대지의 경락대금에 대하여 위 법률에서 정하는 확정일자를 받음으로써 발생하는 우선변제권을 주장할 수 있는가가 문제되었던 것이다. 대법원은 위 판결에서, 먼저 우선변제권의 발생요건으로서의 확정일자에 관하여 전세권설정등기절차에서 필요한 '등기원인계약서'(즉 전세권설정계약서)에 찍힌 등기관의 접수인으로써 이를 충족하였다고 보고, 나아가 그 우선변제권이 미치는 범위는 건물뿐만 아니라 대지에도 미친다고 확장적으로 해석하고 있다. 이는 앞서 본 문제관점에서 보면, 결국 전세권의 존재가 주택임차권의 효력에 영향을 미칠 수 있음을 인정한 하나의 예라고 할 것이다. 그렇다면 그 반대의 방향, 즉 주택임차권이, 구체적으로 말하면 그 보호를 위한 법규정이 전세권의 효력에 영향을 미치는 것도 충분히 구상해 볼 수 있지 않을까?

5. 이른바 대물변제의 예약: 새로운 규정의 해석문제 Ⅳ

(1) 민법 제607조·제608조를 "채권편에 있어서 우리 민법의 최대의 특색"[76] 중의 하나라고 하여도 지나치지는 않을 것이다. 그리고 이 규정을 출발점으로 하여 1983년 말에 「가등기담보 등에 관한 법률」이 제정되어, 다음 해 1월 1일부터 시행되고 있다.

---

76) 金曾漢(주 1. 1985), 153면.

민법 제607조·제608조는, 「대물변제의 예약」이라는 이름 아래 행하여지던 거래유형에 대하여 의용민법 아래에서 폭리행위의 일반 법리에 의하여 이를 규율하던 것을 단순한 객관적 요건만에 의하여 획일적으로 무효가 되도록 하는 데에 그 입법이유가 있는 것이라고 생각된다.[77] 그런데 주의할 것은 이 규정은 "차용물의 반환에 관하여 차주가 차용물에 갈음하여 다른 재산권을 이전할 것을 예약한 경우에"이라는 문언 자체에서 명백한 대로 원래 소비대차에 있어서 당사자 사이에 流擔保特約(Verfallklausel)이 행하여진 경우만을 규율하는 것이다. 그러므로 양도담보·가등기담보 기타 권리이전형 담보에 있어서의 원칙적인 경우, 즉 따로 유담보특약이 행하여지지 아니하여 채권자가 정산을 할 의무를 부담하는 경우에는 적용의 여지가 없는 것이고, 판례도 그와 같이 해석하고 있다.[78] 가령 정산형 양도담보의 경우에 채권자가 목적물을 제3자에게 처분하면 그 제3자는 그 목적물을 확정적으로, 즉 환수당할 여지 없이 취득한다고 하더라도, 채권자는 여전히 채무자에게 정산의무(또는 그와 실질적으로 동일한 내용의 손해배상의무나 부당이득반환의무 등)를 부담하므로, 그 목적물이 "차용물에 갈음하여" 채권자에게 이전되었다고는 할 수 없는 것이다.

(2) 그런데 「가등기담보 등에 관한 법률」은, 적어도 그 입법관여자의 이해에 의하면, 민법 제607조·제608조의 '실행절차법'으로 마련된 것이면서도, 단지 유담보특약 있는 권리이전형 부동산담보에 대하

77) 이에 대하여는 梁彰洙, "「가등기담보 등에 관한 법률」의 현황과 문제점", 민사판례연구 12집(1990), 375면 이하(후에 동, 민법연구, 제1권(1991), 324면 이하에 수록) 참조.

78) 우선 대판 1966.9.6, 66다981(집 14-3, 9): "본건의 경우에 당사자 간에 특히 변제기에 채무변제를 하지 아니하면 채권채무관계는 소멸되고 부동산의 소유권이 확정적으로 채무자에게 귀속된다는 명시의 특약이 없는 이상 대물변제의 예약이 있었다고 인정할 수 없으므로, 원심이 본건 채무를 담보하기 위한 소유권이전등기절차를 이양하였음이 매도담보에 그치는 것이고 대물변제예약이 있었다고 인정되지 아니한다는 이유로 민법 제607조를 적용할 수 없다고 단정하였음은 정당하다."

여서뿐만 아니라 정산형의 권리이전형 부동산담보에도 당연히 적용되는 것이다. 이러한 「모순」은 민법 제607조·제608조가 앞서 본 바와는 달리 정산형에도 적용된다는 견해에 좇음에 의하여 해소될 수 있겠는데, 실제로 입법관여자는 당시 돌연 주장되었던 그러한 견해에[79] 좇았던 것이다. 또한 동법은 양도담보의 경우, 즉 소유권이전등기가 이미 채권자가 유효하게 경료된 경우에도, 채권자가 동법이 정하는 청산절차를 밟지 않고 있는 동안에는 여전히 담보제공자의 소유에 속한다고 정하고 있다(동법 제4조 제2항). 그리하여 채권자는 일종의 담보물권을 가지는 자, 특수한 저당권자로서 다루어지게 된다고 한다. 그러나 소유권이전등기에 의하여 저당권이 설정된다는 등의 결과는 물권변동의 일반법리에 비추어서도 쉽사리 수긍될 수 없는 것이라고 하겠다.[80]

---

79) 무엇보다도 金鼎鉉, "민법 제607조·제608조의 출발점에 대한 근본적인 반성과 재구성", 법조 제31권(1982) 2호, 1면 이하; 3호, 1면 이하 참조. 그는 나중에 同, "내 인생에 가을이 오면 …", 駱山의 노래(서울대 법대 입학 50주년 89 동문 기념문집)(2006), 115면에서, "그 후 1982년 법무부 산하의 민상법개정위원회의 위원으로 참석하여 민상법 개정작업에 종사하게 되었다. 이때 소위원회 위원으로 '가등기담보에관한법률'의 입법작업을 함에 있어서 당초 일본의 가등기담보법을 그대로 복사하여 제정하려고 어느 위원이 초안을 만들었는데, 나는 그 초안 내용에 반대하여 「민법 제607조·제608조의 출발점에 대한 근본적인 반성과 재구성」이라는 논문을 발표하고 가등기담보와 양도담보를 완전히 담보권적 이론으로 구성하고 위 민법규정의 절차법 성격으로 위 법률을 제정해야 한다는 것을 강력히 주장하여 거의 그 내용과 같은 '가등기담보법'을 만들어 국회를 통과시켰다"고 회고하고 있다.

80) 이상에서 적은 바 및 그 외의 「가등기담보 등에 관한 법률」의 문제점에 대하여는 梁彰洙(주 77), 303면 이하 참조.

V. 民法 制定 후 새로이 제기된 民法問題

1. 부동산임차인의 보호

(1) 민법의 제정 당시부터 부동산임차인, 특히 주택임차인의 보호문제는 입법자들이 명백하게 의식하고 있던 바이었다. 그리하여 물권으로서의 전세권제도가 새로이 창설되었고, 임대차에 관한 규정에도 이에 대한 배려가 있었다.[81] 그러나 한편으로 우리의 경우에 특유한 고액의 보증금 또는 특히 채권적 전세에 있어서 전세금에 관하여 그 반환을 보장하기 위한 장치가 미흡하였고, 다른 한편으로 부동산양수인에게도 대항할 수 있기 위하여 요구되는 등기(전세권 또는 임차권의 등기)가 당사자 간에 이행되지 아니함으로 말미암아 부동산이용권의 존속보장도 실제에 있어서는 충분하다고 할 수 없었다. 민법학자들은 특히 주택임대차(이하 단지 임대차라고 하면 채권적 전세의 경우도 포함하여 말하는 것으로 한다)에 있어서 임차인의 지위를 보호하기 위한 해석론·입법론상의 제안을 행한 바 있었다.[82]

전자에 관하여 보면, 판례는 대판(전) 1977. 9. 28, 77다1241등(집 25-3, 121)으로 임대차 종료 후 임차인의 목적물반환의무와 임대인의

81) 이상에 대하여는 梁彰洙, "민법안에 대한 국회의 심의(Ⅰ) — 법제사법위원회의 심의", 동, 민법연구, 제 3 권(1995), 18면 이하 및 26면 이하 참조. 이 글은 원래 한국법사학논총: 박병호 교수 환갑 기념 논문집(Ⅱ)(1991), 461면 이하에 수록되었던 것이다.

82) 가령 高翔龍, "전세제도의 재검토 — 해석론적 시도", 現代民法學의 諸問題(주 18), 337면 이하, 특히 370면 이하는 "채권적 전세권자에 의한 당해 가옥의 「거주」라는 점유는 당해 가옥의 소유권에 부속하는 임대차(채권적 전세)관계를 공시하는 것이며, … 공시방법의 기능으로서도 충분하다 하겠다"고 주장한다(인용은 375면). 그 외에 한국민사법학회 편, 민사법개정의견서(1982), 37면 이하에 수록된 玄勝鍾, 金錫宇, 高翔龍, 金學東, 李銀榮의 의견 및 토론내용; 高翔龍, "주택임대차보호법의 제문제 — 제 2 차 개정과정을 중심으로", 민법학특강(1995), 509면 이하 등 참조.

보증금반환의무는 동시이행의 관계에 있다고 판단하여, 종전의 엇갈린 입장을 정리하고 보증금의 반환을 보장하는 방향으로 한 발자국 나아갔다. 그러나 임차인의 보증금반환채권은 일반채권에 불과하여 저당권자 기타 담보권자가 이에 우선하므로, 특히 임대차목적물이 경매되는 경우에는 임차인은 경락인에게 목적물을 인도하여 주어야 하는 한편, 목적물의 환가금으로부터 보증금을 우선변제받을 권능이 없어서, 보증금의 반환이 구체적으로 실현되지 아니하는 경우가 적지 않았다.

그리하여 결국 1984년 민법의 개정으로 전세권에 우선변제권능이 부여됐으며(제303조 제 1 항), 그 전에 1981년 3월 법률 제3379호로 새로 제정된 「주택임대차보호법」에 보증금이 일정액 이하인 소액보증금임차인에 대하여는 그 반환채권에 담보권보다 앞서는 우선변제권능을 인정하는 규정(동법 제 8 조)이 마련되었다. 또한 뒤에서 보는 것처럼 목적물의 인도와 주민등록에 의하여 보다 쉽게 임차권에 대항력이 인정됨으로써, 목적물이 경매되더라도 임차인은 많은 경우에 경락인에게 임대인으로서의 지위의 법정승계를 주장할 수 있게 되어서, 앞서 본 동시이행의 항변을 통하여 보증금의 반환이 간접적으로 보장되는 결과가 되었다.

그러나 주택임차권이 대항력을 갖추기 전에 이미 목적물에 저당권이 설정되어 있는 경우에는 임차권을 그 경락인에게 대항할 수 없다고 하는 것은 그 담보권자의 보호를 위하여 부득이한 일이었다. 그리하여 1989년 말에 주택임대차보호법을 개정하여 대항요건을 갖춘 임차인이 그 임대차계약서에 확정일자를 받은 경우에는 경매절차에서 "후순위권리자 기타 채권자보다 우선하여" 보증금을 변제받을 수 있도록 하는 규정을 신설하였다(동법 제 3 조의2). 그리고 앞서 본 소액보증금임차인의 최우선변제권에 관한 규정도 개정하여, 주택임차인은 일반적으로 일정액의 범위에서 최우선변제권을 가지는 것으로 하되 그 보호를 받는 임차인과 우선변제를 받게 되는 보증금액과의 구체적인 범위는 대통령령으로 정하게 하여, 그 보호를 확대하였다(동법 제8조, 애초의 동법 시행령 제3조, 제4조[현재의 동법 시행령 제10조, 제11조] 참조).

이러한 임차인보호규정들은 住生活이 사람의 기본수요의 하나임을 고려하여 주택임차인의 법적 지위를 안정시키기 위한 하나의 임시방편으로서, 담보권자의 이익이나 거래의 원활이라는 일반이익을 일정한 범위에서 희생시킨 것이라고 평가할 수 있다.

(2) 나아가 부동산이용권의 존속보장에 대하여는, 우선 1984년의 민법개정으로 건물전세권에 한하여 법정갱신제도가 도입되었다(제312조 제4항). 그리고 앞서 본 대로 주택임대차보호법에서는 임차권은 인도와 주민등록에 의하여도 대항력을 가지게 되는 것으로 정하였다(동법 제3조). 그러나 私權인 임차권의 효력에 관하여 주로 주민의 파악이라는 행정목적에 봉사하는 주민등록을 그 요건으로 한 것이 과연 적절한지 검토의 여지가 적지 않으며, 실제의 운용에 있어서도 많은 문제점을 야기하고 있다.[83] 목적물의 인도만으로 임차권은

---

83) 하나의 예를 들면, 대판 1987.4.24, 86다카1695(집 35-1, 110; 공보 524)는, 임차인이 주택임대차보호법에 의한 대항력취득요건을 일단 갖춘 후에 목적물에 제3자를 위한 저당권이 설정되었는데 그 후 임차인이 주민등록을 일시적으로 다른 곳으로 옮겼다가 다시 복귀한 경우에, 위 저당권에 기한 경매절차에서 목적물을 경락받은 사람이 임차인에 대하여 인도청구를 한 사안에서, 원심이 주택에 대한 점유를 계속하는 한 대항력은 유지된다고 판단한 것을, "달리 공시방법이 없는 주택임대차에서는 주택의 인도 및 주민등록이라는 대항요건은 그 대항력 취득시에만 구비하면 족한 것이 아니고, 그 대항력을 유지하기 위하여서도 계속 존속하고 있어야 한다"고 판단하여 파기하였다. 이 판결은 구체적 사건의 해결로서는 물론이고, 대항력의 요건으로서의 주민등록의 법적 의미를 부당하게 확대한 것으로서 추상적 법률론이라는 점에서도 부당하다고 생각된다. 同旨: 高翔龍, "주택임대차보호법상 주민등록과 대항요건", 법률신문 1754호(1988년 5월 30일자), 11면. 그 후의 대판 1989.1.17, 88다카143(집 37-1, 18)은, 가족의 주민등록은 그대로 둔 채 임차인의 주민등록만을 일시적으로 다른 곳으로 옮겼던 사안에 대하여는 "전체적으로나 종국적으로 주민등록의 이탈이라고 볼 수 없"다고 하여 대항력이 유지된다고 판단한 바 있다. 일반적으로 대

제 3 자에게 대항할 수 있다고 정하였으면 족하였을지 모른다. 나아가 임대차 종료 전 일정기간 내에 갱신거절의 통지가 없으면 계약갱신되는 것으로 간주하고(동법 제 6 조), 또 1983년 말에는 주택임대차의 최단존속기간을 2년으로 못박았다(동법 제 4 조).

1990년 이후로 행하여진 위 법률에 대한 개정 내용도 의미가 없지 않으나 여기서 일일이 설명하지 않기로 한다.

(3) 한편 2001년 12월에 제정된 상가건물임대차보호법도 기본적으로 앞서 본 주택임대차보호법에서와 같은 임차인을 위한 특별한 보호를 마련하고 있다. 이 법률은 영세상인 또는 소기업이 타인의 건물을 임차하여 영업 기타 사업을 영위하는 경우가 매우 많음을 고려하여 이들 사업의 공간적 안정을 도모하려는 취지에서 제정된 것이다. 그리하여 그 적용 대상은 부가가치세법·소득세법 또는 법인세법에 따라 '사업자등록'의 대상이 되는 건물의 임대차에 한정된다. 나아가 이 법률은 일정한 예외를 제외하고는 보증금이 일정액 이하인 임대차에만 적용된다. 이 법률 역시 그 시행 후에 여러 차례 개정되면서 임차인에 대한 보호를 여러 측면에서 확대하였다.

여기서는 주택임대차보호법에는 규정되지 아니한 몇 가지 사항에 대하여만 지적하여 두기로 한다.

첫째, 여기서는 주택임대차에서와 같은 내용의 법정갱신(제10조 제 4 항) 외에도, 적극적으로 임차인에게 계약의 갱신을 요구할 수 있는 권리를 부여하고 있다. 즉 임차인이 기간 만료 6개월 전부터 1개월 전까지 계약의 갱신을 요구한 경우에는 임대인은 일정한 예외적 사유, 예를 들면 차임의 3기 연체 등 "임차인이 임차인으로서의 의무

판 1989. 6. 27, 89다카3370(공보 1161)은 "주택임대차보호법 제 3 조 제 1 항에서 주택의 인도와 더불어 대항력의 요건으로 규정하고 있는 주민등록은 거래의 안전을 위하여 임차권의 존재를 제 3 자가 명백히 인식할 수 있는 공시방법으로 마련된 것"이라는 일반론을 설시하고 있으나, 주민등록이 과연 공시방법으로 기능할 적격이 있는가가 우선 문제일 것이다.

를 현저하게 위반"하는 것과 같은 일정한 예외적 사유가 없는 한 이를 "정당한 사유 없이 거절할 수 없다"(제10조 제1항). 이러한 갱신요구권은 애초의 기간을 포함하여 10년을 넘지 않는 범위에서만 행사할 수 있다(동조 제2항).

둘째, 이른바 권리금의 회수에 관한 것이다. 종전에 별로 규율의 대상이 되지 않고 있던 이 권리금 관행은 2015년 5월의 개정법률에 의하여 새로 법률에 모습을 보이게 되었다. 그에 의하면, 임대인은 다른 특별한 사유가 없는 한 임대차기간의 종료 3개월 전부터 그 종료시까지 종전 임차인의 주선으로 새로 임차인이 되려는 이로부터 종전 임차인이 권리금을 지급받는 것을 임대인이 신 임차인으로부터 권리금을 받는 등의 행위로 방해하여서는 안 된다(제10조의3 제1항).

2. 소비자의 보호: 「약관의 규제에 관한 법률」·「할부거래에 관한 법률」 등

(1) 우리 민법에서도 약자의 보호라는 이념이 전혀 고려되지 않고 있는 것은 아니다. 임대차에 있어서 민법이 정하는 내용보다 임차인에게 불리한 약정은 이를 무효로 하는 제652조가 그러한 이념을 표현하는 규정의 하나라고 할 것이고, 특히 상대방의 "궁박, 경솔, 무경험"을 이용한 폭리행위를 금하는 제104조가 그러하며, 나아가 앞서 본 바와 같이 민법 제607조 · 제608조도 이러한 관점에서 파악될 수 있다. 그러나 민법은 역시 기본적으로 '지위의 互換性'의 기초 위에서 마련되어 있고, 대립하는 당사자들의 의사표시의 합치에 의하여 일단 성립한 계약은 그 내용 여하에 불구하고 그것이 사회질서나 강행법규에 반하지 않는 한 유효한 것으로서, 그 계약을 구성하는 의사표시의 내용대로의 효과가 부여되는 것이 원칙이다. 그리고 시장이, 절대적으로 다양하여 미리 계산할 수 없는 바의 사람의 「수요」를 최대한

으로 그리고 자원의 낭비 없이 만족시키는 합리적 방법인 한에서는, 이러한 원칙은 포기될 수 없을 것이다.[84)]

(2) 그러나 대립하는 계약당사자들이 전형적으로 관찰할 때 실제적으로 대등한 능력이나 지위 또는 숙고기회 등을 가지지 못하는 계약체결유형에 있어서는 계약제도가 가지는 정당성 보장(Richtigkeitsgewähr)의 메커니즘이[85)] 제대로 작동할 수 없다. 이러한 경우에 국가는 개인 간의 거래에 개입하여, 약한 지위에 있는 당사자로 하여금 그 계약의 구속으로부터 벗어날 수 있도록 하거나, 또는 필요한 경우에는 당사자가 대등한 지위에 서 있었다면 체결하였을 것으로 생각되는 내용을 계약에 상감시키거나(이는 계약의 보충적 해석에 의하여서가 아니라, 객관적 법의 적용으로서 행하여진다) 하는 등의 조치를 취할 수 있을 것이다.

우리나라에서도 많은 학자들의 참여 아래 이러한 계약에의 개입이 실제로 행하여졌다. 이들은 「계약공정성」에의 지향의 한 모습이라고 부를 수 있을 것이다.

(3) 그러한 지향을 실현하는 법률로 우선 들 수 있는 것이 1986년에 제정된 「약관의 규제에 관한 법률」이다.[86)] 이는 주로 독일의 약

84) 그 점에서 李銀榮, 채권각론, 개정판(1993), 44면 이하가 "현대계약법은 계약공정(Vertragsgerechtigkeit)을 계약자유보다 상위의 개념으로 채택하였다. 계약당사자가 꾀한 자기결정은 그것이 계약공정과 일치하는 경우 — 즉 양 당사자의 이익조정이 객관적 정의와 일치하는 이익형평을 이룬 경우 — 에 한해서 법은 그의 정당성을 인정하고, 그 합의에 법적 구속력을 부여한다. … 계약공정의 요청은 모든 계약에 대하여 객관적 정의의 기준에 비추어 심사할 것을 요구한다고 생각한다"라는 언명에는 찬성할 수 없다. 동, 채권각론, 제 5 판(2005), 37면 이하에서도 동일한 취지가 반복된다.

85) 이에 대하여는 무엇보다도 Walter Schmidt-Rimpler, Grundfragen einer Erneuerung des Vertragsrechts, in: *AcP* 147(1941), S. 130 ff.; ders., Zum Vertragsproblem, in: *Festschrift für Ludwig Raiser*(1974), S. 3 ff. 참조. 슈미트-림플러의 이론 및 그에 대한 비판에 대하여는 우선 權五乘, "사적 자치의 기초이론", 安二濬 박사 화갑기념논문집(1985), 11면 이하 참조.

86) 동법의 제정까지의 관련문헌에 대하여는, 소비자문제를 연구하는 시민의 모

관규제법(1976년 제정)[87]을 참고로 한 것으로 추측된다.

이 법률은, 우선 약관이 계약의 내용이 되기(이른바 「編入」) 위한 요건이나 약관해석에 관한 약간의 규정(제 2 조 내지 제 5 조)을 둔 후, 역시 현저히 중요한 부분으로서 약관의 내용통제에 대하여 정한다(제 6 조 이하). 그 통제는 첫째, 약관이 무효가 되는 경우에 관한 일반조항을 정하고(제 6 조), 둘째, 개별적으로 무효가 되는 약관조항의 목록을 열거하고 있다(제 7 조 내지 제14조).[88] 이 개별목록에 있어서는 "상당한 이유 없이", "부당하게", "과중한" 등과 같은 별도의 가치보충을 필요로 하는 요건들이 많이 쓰이고 있는 점이 특히 두드러진다. 법원이 이 법률을 적용하여 약관조항을 무효로 판단한 예도 적지 않으나,[89] 행정기관에 설치된 약관심사기구(약관심사위원회, 1992년 법률

임, 약관규제의 입법(1986), 358면 이하 참조. 한편 이 법률에 대한 비판적 검토로서는 梁明朝, "약관의 규제에 관한 법률 — 현상과 문제", 민사판례연구 12집(1990), 441면 이하 참조. 1992년 말에 이 법률은 개정되었는데, 그 내용은 주로 약관규제의 방식과 기관 등에 관한 것이고, 실체법적 규정은 그대로 유지되고 있다.

87) 독일의 「일반약관규제법」은 주지하는 대로 2002년의 채권법 대개정에서 대체로 민법에 편입되었다.

88) 또한 同法 제16조는, 약관조항이 무효가 되는 경우에도 원칙적으로 "계약은 나머지 부분만으로 유효하게 존속한다"고 정하여, 법률행위의 일부무효에 관한 민법 제137조의 원칙을 배제하고 있다.

89) 그 재판례에 대하여는 우선 송덕수, 채권법각론, 제 3 판(2017), 29면 이하 참조. 법률 시행 초기에 나온 재판례로서 비교적 중요한 것을 몇 개 들면, 대판 1994. 5. 10, 93다30082(집 41-1, 351)는, 한국토지개발공사의 주택용지분양신청서에 기재되어 있는 "당첨 후 지정기한 내에 계약을 체결하지 않는 경우에는 당첨을 무효로 하며 분양신청금은 이 공사[분양자]에 귀속됩니다"라는 조항이 「약관의 규제에 관한 법률」 제 8 조, 제 6 조에 반하여 무효라고 판단하였다. 원심은 이 조항이 유효한 것을 전제로 하여 이를 손해배상액의 예정에 관한 약정으로 보고, 민법 제398조 제 2 항에 따라 감액하였는데, 위 판결은 위와 같이 판단하여 원심판결을 파기하였다(그런데 그 후에 대판 1994. 10. 25, 94다18140(공보 3087)은 같은 한국토지개발공사의 주택용지분양신청에 있어서의 같은 내용의 약정에 대하여 반대로 이는 "이 사건 예약에 따른 채무불이행에 대한 위약금의 약정을 한 것으로 보아야 할 것이고, 이러한 약정은 특별한 사정이 없는 한 손해배상액의 예정의 성질을 지닌다 할 것"이라고 판단한 다음, 원심이 분양신청예약금 1천5백만원을 부당하게 과다한 손해배상액의 예정이라고 하여 5

개정 후에는 공정거래위원회)에 의한 내용통제는 더욱 활발한 편이라고 생각된다.

(4) 나아가 1991년 말에 제정된 「할부거래에 관한 법률」[90] [91]도 중요하다.[92]

이 법률은 이른바 「금융부 할부거래(finanziertes Abzahlungsgeschäft)」에도 적용되는 것으로 한다(동법 제 2 조 제 1 항 제 2 호). 나아가 할부금액이 일정 이상인 경우에는 할부거래의 당사자가 아닌 신용제공자에 대하여도 매수인이 매도인에 대하여 가지는 대항사유를 직접 주장할 수 있도록 하여(동법 제12조 제 2 항) 대담하게 이른바 「대항사유

백만원으로 감액한 것을 肯認하고 있었다. 이에 대하여 다시 대판 1996. 9. 10, 96다19758(공보 하, 3009)은 과도한 손해배상액을 예정하는 약관조항(10%의 분양신청예약금 몰취)은 무효라고 판단한 다음 그 약관조항이 무효인 이상 그것의 유효를 전제로 민법 제398조 제 2 항을 적용하여 적당한 한도로 손해배상예정액을 감액하거나 과중한 손해배상의무를 부담시키는 부분을 감액한 나머지 부분만으로 그 효력을 유지할 수 없다고 판시하였다). 또한 대판 1999. 12. 28, 99다25938(공보 2000상, 365)은, "주채무자의 채무불이행시 원고는 물적 담보를 언제든지 임의로 처분하여 그 처분대금을 원고가 임의로 정하는 순서와 방법에 따라 변제충당"하기로 하는 약관조항을 무효라고 하였다. 한편 실무에서는 하나의 약관조항 전체를 무효로 하는 것이 아니라 그 약관이 축소되는 한에서는 효력이 유지된다고 하는 이른바 효력유지적 축소해석을 즐겨 채택한다. 예를 들면, 대판 1995. 12. 12, 95다11344(집 43-2, 428)("韓電의 전기공작물에 고장이 발생하는 경우 한전은 부득이 전기의 공급을 중단할 수 있고 이 경우 피고는 需用家가 받은 손해를 배상하지 아니한다"는 전력공급약관조항은 한전의 고의·중대한 과실로 인한 경우까지 적용된다면 이는 約款法 7조 1호에 위반되어 무효이다); 대판 1996. 4. 26, 96다4909(집 44-1, 475)(상해보험에서 보험사고가 전체적으로 보아 고의로 평가되는 행위로 인한 경우뿐만 아니라 과실(중과실 포함)로 평가되는 행위로 인한 경우까지 보상하지 아니한다는 취지라면, 이는 후자의 부분에 관한 한 무효이다); 대판 1996. 5. 14, 94다2169(집 44-1, 527)(용역경비회사의 약관에서 금고 안에 넣지 않고 진열창 안에 둔 보석에 대한 면책조항은, 고의·중과실로 인한 사고에 대하여도 면책한다는 범위에서는 무효이다) 등이 그러하다.

90) 1994년 말에 제정된 「방문판매 등에 관한 법률」도 마찬가지이다.

91) 이하의 법규정 인용은 제정 당시를 기준으로 하였다.

92) 참고문헌에 대하여는 우선 이경현·김영원, 할부판매법의 제정방향(한국소비자보호원 연구보고서)(1988), 524면 이하 참조.

의 관철(Einwendungsdurchgriff)」을 인정하고 있다.[93] 또 중요한 것은 이른바 숙고기간(cooling-off period)을 인정하여, 할부거래계약서의 교부가 있은 날로부터 7일 이내에 매수인은 자신의 의사표시를 철회할 수 있도록 정하였다는 점이다(동법 제5조).

그 외에 할부계약의 전형적인 내용을 이루는 것, 즉 (i) 매수인의 채무불이행이 있을 경우 매도인이 가지는 해제권의 발생요건과 그 행사의 효과에 관한 특약, (ii) 매수인의 사소한 채무불이행에 대하여도 인정되는 기한이익상실특약 및 위약금약정, (iii) 할부금의 기한전 변제 등에 관하여 규정하고(동법 제8조 내지 제11조), 이들을 편면적 강행규정으로 하고 있다(동법 제13조).

3. 다양한 事故의 처리

(1) 자동차사고, 의료과실, 공해, 제조물책임 등 민법 제정 후 현저히 증가하거나 아예 새로이 등장한 사고유형에 대하여는 이미 이에 대한 민법학의 대처를 정리한 문헌이 있으므로 이에 미루기로 한다.[94] [95]

(2) 이들 사고유형을 그 특성에 맞게 처리하기 위하여 일정한 법률이 제정·시행되었다. 예를 들어, 공해에 대하여는 일찍이 공해방지법(1971년 법률 제2305호)이 제정·시행되었다가 환경보전법(1977년 법률 제3078호), 다시 환경정책기본법(1990년 법률 제42575호)이 이에 갈음하였다. 그리고 대기오염, 수질오염 등에 대하여 개별적으로 이를 규율하는 개별적인 법률이 마련되어 있다. 나아가 자동차사고에

93) 이 문제에 관한 독일에서의 논의에 대하여는 우선 梁彰洙, "서독 소비자신용법제의 개관", 동, 민법연구, 제1권(1991), 448면 이하 참조. 이 글은 원래 서울대학교 법학 제29권 3·4호(1988), 133면 이하에 수록되었다.

94) 金亨培(주 1. 1991), 245면 이하 참조.

95) 이에 대하여는 우선 梁彰洙, "불법행위법의 변천과 가능성", 同, 민법연구, 제3권(1995), 310면 이하 참조.

대하여는 자동차손해배상보장법(1984년 법률 제3774호, 전부개정 2008년 법률 제9065호), 그리고 제조물책임에 대하여는 제조물책임법(2000년 법률 제6109호)을 들 수 있다. 그 외에 원자력손해배상법(1969년 법률 제2094호), 유류오염 손해배상보장법(1992년 법률 제4532호, 전부개정 2009년 법률 제9740호) 등도 일정한 특별의 사고유형에 대하여 피해자의 보호를 도모하기 위하여 마련되었다.

이들은 기본적으로 사고의 원인을 제공한 이에게 그의 과실 유무를 묻지 않고 손해배상 등 법적 책임을 묻는 이른바 위험책임의 법리를 명문화하고 있다.

Ⅵ. 우리 民法學의 特殊性 혹은 問題點[96]

1. 교과서법학

(1) 필자의 경험으로는 그가 연구생활을 시작한 때부터 줄곧 주위로부터 "언제 「교과서」를 쓸 것이냐?"는 질문을 수없이 받았다. 마치 「교과서」가 없는 민법교수는 당연히 제 역할을 다하지 못하기나 하는 것처럼. 우리나라의 민법학자들이 민법전 제정 이후 오랜 기간 동안 해 온 학문적 작업의 대부분은 「교과서」의 저술이었다(敎科書一本主義!). 이러한 「교과서」들은 거의 예외 없이 민법의 편별에 좇아 『민법총칙』, 『물권법』, 『채권총론』, 『채권각론』의 네 부분으로 구성되고 있다. 또한 이들 「교과서」는 말 그대로 학생들이 민법을 이해하는 것을 이끌기 위한 자료로서의 교과서가 아니라, 민법해석상의 제반문

96) 그 외에 이념 내지 원리에의 攻究가 부족하다는 점을 들어야 할 것이다. 그러나 이에 대하여는 양창수, "민법학에서 법철학은 무엇인가? — 개인적 점묘", 법철학연구 제22권 1호(2019. 4), 7면 이하(本書, 169면 이하에 수록)에서 논의하고 있으므로 여기서는 다루지 않기로 한다.

제를 체계적·종합적·추상적으로 설명하고 해결하는 체계서들이다.

이렇게 보면, 민법학의 성과에서 결여되어 있는 것의 대부분이 저절로 드러나게 된다.

첫째, 기능의 면에서 보아 민법의 중요한 영역을 이루고 있는 분야에 대한 전문적이고 포괄적인 저술(독일에서는 통상 Handbuch, 미국 등에서는 treatise라는 이름으로 불리는)은 거의 없다. 쉬운 예를 들어서 『불법행위법』, 『부동산거래법』, 『임대차법』, 『보증법』, 『법인 기타 단체법』 등에 대하여는 그에 관련된 문제 전부를 상세히 설명하고 있는 저술이 없는 것이다.[97]

둘째, 더욱 중요한 것은 민법의 개별문제에 대하여 끝까지 파고들어 고찰한 논문 기타 저작(monograph)이 많지 않다는 점이다.[98] 민법에 규정되어 있는 제도마다 중요한 해석론상의 문제가 숱하게 미해결로 남아 있다는 것은 굳이 예를 들지 않더라도 명백한 바이다.

우선 채권총론의 분야에서 몇 개를 생각나는 대로 추려보면, 민법 제374조에서 정하는 보존의무와 급부의무와의 관계, 채무불이행의 유형론, 이른바 「부수의무」론, 손해배상의 범위, 채권자지체책임의 요건과 효과, 채권자취소권의 법적 성질, 연대채무의 구성적 징표는 무엇인가 하는 문제, 채권양도에서의 「대항요건」의 의미, 변제자대위의 문제 등등 한정이 없다. 그리고 「교과서」에서조차도, 많은 문제가 "장래 연구할 과제"로서 제시되어 있다. 그런데도 이와 같은 "장래 연구할 과제"가 그 사이의 적어도 50년 이상의 긴 세월 동안 연구되지 아니한 채로 그대로 남아 있다.[99] 그것에 비추어 보면 다음과 같

97) 1990년대에 이르러서야 최소한의 모양을 갖춘 민법의 주해서(郭潤直 편집대표, 민법주해, 1992-2005)가 출간되었다는 사정도 이와 무관하지 않다고 생각된다.

98) 이와 같은 개별연구가 없다는 것을 반증하여 주는 사실의 하나는 우리나라에 박사학위논문을 조직적으로 출판하는 叢書類가 2005년에 이르러서야 발간되기 시작하였다는 점이다(「서울대학교 법학연구소 법학연구총서」).

99) 구체적인 예를 하나만 들어보기로 한다. 독일에서 수입되어 한때 우리 민법

은 과격한 명제도 세울 수 있을는지 모른다. "우리 민법학자들은 「교과서」를 쓰되, 연구는 별로 하지 않는다."[100]

셋째, 1990년대 후반부터 활발하게 행하여진 법학교육의 개혁 논의, 나아가 2009년부터 새로 도입된 법학전문대학원제도 아래서의 법교육의 방안 등과도 관련되는 것인데, 학생들이 민법을 공부하는 데 적합한 진정한 의미의 「교과서」가 거의 없다. 우리의 법학교육이 대체로 추상적 법명제의 전달을 내용으로 하고 구체적으로 발생한 분쟁(또는 분쟁유형)이 어떠한 법적 장치에 의하여 어떻게 해결되는가(또는 어떻게 해결되어야 하는가)를 알게 하는 것에는 별로 주의가 기울어지지 않고 있는 현상, 다시 말하자면 법은 대체로 「학리」로서 가르쳐지고, 법의 「사리」로서의 측면 내지는 그 구체적 적용의 측면이 소홀히 되고 있는 현상은 우리 법학문헌이 주로 추상적 법명제를 체계화하여 종합적으로 전달하는 것을 1차적인 임무로 하는 언필칭 「교과서」들로써 구성되어 있는 것과 무관하지 않을 것이다. 한편 학

학계를 풍미하였으나 이제는 별로 지지를 얻지 못하고 있는 것으로 '사실적 계약관계'의 이론이 있다(독일에서도 거의 사라졌다). 그 이론에 관한 곽윤직의 『채권각론』 교과서에서의 서술의 변화를 추적하여 보는 것은 우리 민법학의 어떠한 특징과 관련하여 흥미로운 일이다. 즉, 채권각론(상)(1967), 77면 이하부터 제 6 판(2003), 48면 이하에 이르기까지가 그것이다. 적어도 그 재전정판(1984), 74면 이하에서의 서술은 그대로 반복되고 있다. 즉 "그러한 처리를 위한 법기술적 개념으로서 사실적 계약관계가 적절한지의 여부, 어디까지 이 개념을 사용할 것인지 등의 문제는 앞으로 私法學이 연구·검토할 과제이다"라는 것이다.

100) 필자는 여기서도 다시 我妻榮을 끌어들일 수 있다고 생각한다. 同, 近代法における債權の優越的地位(1953), 序, 1면: "원래 나는 대학교수에게는 두 개의 임무가 있다고 생각한다. 하나는, 그 전공하는 학문분야의 전부에 걸쳐서 강의안 또는 교과서를 만드는 것이고, 둘은, 가장 흥미를 느끼고 중요하다고 믿는 테마를 골라 終生의 연구를 거기에 집중시키는 것이다. 그러한 신조에 기하여 나는 한편으로 민법의 각부를 7책의 「민법강의」로 종합정리함과 동시에, 다른 한편으로 「자본주의의 발달에 따르는 사법의 변천」이라고도 할 테마를 終生의 연구과제로 하려고 생각하였다." 이 둘 중에서 —어떠한 방법에 의하든지 달성하기 쉬운— 前者의 과제는 집중적으로 추구되고, 後者의 과제에 대한 討究는 미미한 것이다.

생들이 「학설의 대립」에 대하여 매우 민감한 반응을 보이는 것도 마찬가지일 것이다.[101]

(2) 민법학자들이 그동안 그 정력의 대부분을 쏟은 이들 「교과서」란 도대체 어떠한 종류의 저술이라고 할 것인가? 이것이 다음에 제기되는 문제이다.

우리의 「교과서」들을 서로 비교하여 보면 바로 알 수 있는 것은 그것이 여러 가지 면에서 대동소이하다는 점이다.

첫째, 구성의 점에서 그러하다. 가령 『민법총칙』을 보면, 하나같이 행위무능력에 관한 설명은 권리능력의 다음에 설명되고 있다. 의사능력도 그러하거니와 "[행위]무능력자제도는 법률행위에만 관한 것"인데도,[102] 법률행위에 관한 설명과는 체계상으로 관련을 가지지 않는다.

둘째, 내용도 크게 다르지 않다. 우선, 서술의 대상이 되는 주제는 어느 「교과서」나 별로 차이가 없다. 하나의 쉬운 예를 들기 위하여 민법총칙의 허위표시부분을 대조하여 보면, 대체로 의의, 요건, 효과, 적용범위, '허위표시와 구별되어야 할 행위'로 소제목이 붙은 다섯 개의 항목이 있다. 그 중 가령 적용범위와 관련하여서는 예외 없이 계약 외에 단독행위에도 적용이 있는가, 또 신분행위에 대하여는 어떠한가, 또 '허위표시와 구별되어야 할 행위'로서는 예외 없이 은닉행위와 신탁행위에 대한 설명이 있다.

나아가 중요한 것은, 견해가 서로 대립이 있는 문제에 대하여도 많은 경우에 그 논의가 심도를 더하여 가지 않는다는 점이다.[103] 가

---

101) 우리나라 법학교육의 문제점과 「교과서」와의 관계에 대하여는 우선, 梁彰洙, "법학교육의 문제점", 저스티스 제28권 1호(1995), 79면 이하(同, 민법연구, 제 4 권(1997), 53면 이하에 수록) 참조.

102) 郭潤直(주 30), 85면. 이제는 '제한행위능력제도'라고 해야 할 것이다.

103) 또한 근자에 후순위저당권자 있는 공동저당부동산에 대한 경매와 물상보증인의 지위에 대하여 판단한 대판 1994. 5. 10, 93다25417(공보 1639)에 대한 판

령 앞서 본 소멸시효완성의 효력에 대하여 보더라도, 약 70년(!!) 전에 金曾漢이 절대적 소멸설을 비판하고 상대적 소멸설을 옹호하면서 주장한 근거들(이를 論素라고 불러두기로 한다)은[104] 최근의 「교과서」에서 상대적 소멸설을 옹호하는 경우에도 그대로 반복되고 있다.[105] 물론 표현이나 서술방식에 약간의 차이는 있다. 문제는 새로운 論素가 별로 제시되지 않는다는 점에 있다. 그리고 이는 절대적 소멸설의 경우에도 크게 다를 바 없다.

요즈음도 계속 나오고 있는 언필칭 「교과서」를 보면, 다음과 같은 자기증식적 교과서생산방식까지도 상정할 수 있을지도 모른다. 어떠한 법해석문제에 대하여 甲說과 乙說이 대립한다. 각 견해는 그 근거를 이루는 바의 論素가 있다. 그리고 각 견해는 지지자의 목록을 가진다. 뒤에 나온 교과서라도 論素는 별로 증가하지 않는다. 다만 그동안 나온 교과서의 수만큼 지지자의 목록만이 늘어갈 뿐이다.

물론 어떠한 「교과서」 전체를 통틀어서 진보 또는 변화라고 할 것이 전혀 없다고 하면 이는 잘못이다. 그러나 「교과서」의 저술이 요구하는 엄청난 노력에 비하면, 그러한 정도의 진보 또는 변화는 아무래도 합리적이라고 할 수 없다고 생각된다. 체계서란 결국 "현행의 민사법규범을 해석론적으로(dogmatisch) 파악한 바의 내용대로 체계 있게 서로 연관지어 개괄적으로 정리·서술한 것"이라고 부를 수 있

례평석을 하면서, 이 문제에 대한 그 동안의 「교과서」에서의 논의가 1960년초 이래 일보도 전진한 바 없음을 확인한 바 있다. 梁彰洙, "후순위저당권자 있는 공동저당부동산의 경매와 물상보증인의 대위", 민사판례연구 제18집(1996), 163면 이하(同, 민법연구, 제 4 권(1997), 279면 이하에 수록) 참조. 원래 이 글에는 "우리 민법 안의 일본민법(Ⅰ)"이라는 副題가 달려 있었다. 이는 앞서 말한 바와 같은 문제의식을 앞으로도 계속 추급하여야 보고자 하는 취지에서였다. 그러나 뒤에 이르러 「우리 민법 안의 일본민법」을 별도의 연구테마로 하는 것 자체가 우리의 현재의 입장에서 과연 「허용되는 것」인지 하는 의문을 떨칠 수 없고, 결국 위 논문집에 수록함에 있어서는 일단 이 부제를 없앴다.

104) 金曾漢·安二濬(주 20), 431면 이하.

105) 가령 金相容, 민법총칙, 전정판 증보(2003), 754면 이하.

을 것이다. 그러한 앞서 본 바와 같이 민법의 개별문제에 대한 연구가 별로 이루어진 바 없다고 한다면, 이는 곧 체계서가 다룰 소재가 새로이 개발된 것이 없다는 말이 된다.[106]

2. 日本法學의「克服」?:「독립한」민법학보다「우수한」민법학을

(1) 필자는「독립한」민법학보다「우수한」민법학이 더욱 바람직하다고 생각한다. 우리는 어떠한 민법학을 우수하다고 하는가?

그 기준을 망라적으로 들어 논할 능력은 없으나, 틀림없이 요구되는 것은 무엇보다도 실질문제(Sachfragen)를 남김없이 해부하는 능력을 갖추어야 한다는 점이다. 즉 그 문제를 구성하고 있는 각각의 사실적 측면을「일정한」규범적 원리의 관점에서 음미하여, 그 각각의 유형적 사안요소에 적합한 법적 평가관점(또는 평가관점들)을 획득하는 능력이 바로 그것이다. 실질문제가 가지는 고유한 사정요소들을 깎아버리고 그 어느 하나만을 강조하여 어떠한 추상적 법원리 또는 법규칙이 당연히 또는 기계적으로 적용되는 것으로 평탄화하거나, 또는 반대로「개별사안의 구체적 제반사정들」또는「사회관념」에 달려 있다고 하여 법관 기타 법적용자에게 백지위임하는 법학은 이러한 능력이 있다고 하기 어렵다.

하나의 쉬운 예를 들어본다. 약혼의 파기로 인한 법적 책임은 매우 민감하고, 어려운 문제이다. 이에 대하여 우리 민법은 제806조에서, 약혼이 해제된 경우에 일방 당사자는 "과실 있는 상대방에 대하여 이로 인한 손해"(재산상 손해 외에 정신상 고통으로 인한 손해도. 同條 제2항 참조)의 배상을 청구할 수 있다고 한다. 독일민법은 이에

106) 실제로 우리의 「교과서」들을 들추어 보면, 논문 또는 모노그라피 등은 별로 인용되지 않고 있다.

관하여 제1298조에서 제1300조의 3개조에서 이를 정한다. 이를 종합하면 다음과 같다. 일방이 약혼을 해제한 경우에는 상대방 약혼자 및 그의 부모(및 그 대행자)에 대하여 혼인을 예기하여 비용지출을 하거나 채무를 부담함으로 인하여 입은 손해를 배상하여야 하고(제1298조 제1항 제1문), 특히 상대방 약혼자에 대하여는 혼인을 예기하여 "자신의 재산이나 직업에 관하여" 행한 기타의 처분으로 인하여 발생한 손해에 대하여도 배상책임을 진다(同項 제2문). 그 경우 손해배상은 그 비용지출이나 부담한 채무 또는 처분이 "제반 사정에 비추어 적절한 한도에서만" 허용된다(同條 제2항). 그리고 해제약혼자의 이러한 배상의무는 "해제할 중대한 이유가 있는 경우"에는 발생하지 않는다(同條 제3항). 반대로 상대방약혼자가 귀책사유로 해제할 중대한 이유를 발생시킨 경우에는, 오히려 그가 해제약혼자에 대하여 제1298조 제1항, 제2항의 책임을 진다(제1299조). 한편 「품행방정한」 약혼녀(unbeschlotene Verlobte)가 상대방에게 동거를 허용하였던 경우에는, 그녀는 제1298조, 제1299조의 요건을 갖추면, 비재산적 손해에 대하여도 "상당한 금전배상(eine billige Entschädigung in Geld)"을 청구할 수 있다(제1300조 제1항).

이상과 같은 독일민법의 규정과 같은 태도가, 앞서 말한 대로 약혼의 파기로 인한 책임이라는 실질문제를 구성하고 있는 각각의 유형적 사안요소(약혼파기의 원인, 그 귀책, 이해당사자의 범위, 책임의 내용이 될 수 있는 내용, 동거사실의 유무 등)를 파악하여 이를 일정하게 평가한 바탕 위에서 이들 사안요소들의 조합을 좇아 다양한 책임 내용을 정하고 있다는 면에서, 앞서 본 실질문제의 분석능력에 있어서 우리 민법의 규정태도보다 우월하다고 생각된다.[107]

---

107) 필자가 이 예를 든 것은 물론 우리 민법의 규정 내용과 독일민법의 규정 내용 중 어느 것이 더 우월한 것으로 평가되는가를 말하기 위하여서가 아니라, 민법학이 갖추어야 할 실질문제의 분석능력의 예를 들어 보여주고자 하여서이다.

우리가 「앞선」 외국법학에서 시급하게 배워야 하는 것은 바로 그들의 이러한 실질문제에서 문제되어야 할 유형적 사안요소들을 적출하여 이들을 법적으로 평가하는 능력, 그리고 그 어느 하나의 관점을 절대화하지 아니하고 그들 사이의 상보관계와 또는 긴장관계를 이해하고 동시에 —실천적으로는— 견디어가는 능력이라고 생각한다 ("물고기 한 마리가 아니라 물고기 잡는 법을!").

물론 그러한 평가들은 타당하여야 하고, 그 타당성을 뒷받침하는 논증틀을 획득하기 위하여는, (i) 연혁을 거슬러 올라가고 또 다른 나라의 유사한 제도를 고려함으로써 그 역사적·비교법적 맥락을 탐구하고, (ii) 사회의 현실에서 법제도나 법명제가 영위하는 기능을 탐색하고 또는 이를 비판하며, (iii) 법규정의 배후에 있는 입법목적 또는 그것이 실현하려는 가치를 찾아내고 그 타당범위를 획정하여, 결국 이들을 하나의 평가좌표로 통합하려고 노력하고, (iv) 이러한 가치좌표를 받쳐 줄 이념적·철학적 기초를 공고히 하며, (v) 또한 서로 모순 없는 하나의 통일적 설명체계를 지향하여야 할 것이다.

(2) 金曾漢은 약 40년에 걸친 민법교수생활을 마감하면서, 「한국민법학의 진로」라는 제목의 고별강연을 하였다. 그는 거기서 한국민법학은 "먼저 일본법학의 망령으로부터 해방되어야 한다"고 하였다. 그리고 이어서 또 "일본법학의 굴레에서 벗어나서 우리 자신의 독자적 이론을 개척해 나가야 한다"고도 한다. 그런데 "그것을 하는 데 있어서는 역시 독일법학이 가장 손쉬운 의거처가 되지 않을 수 없다"고 한다.[108]

(가) 그런데 거기에는 일본법학은 어떠한 이유로 그것이 우리에게 있어서 「굴레」이고 「망령」이면서, 독일법학은 어떠한 이유로 「독자적 이론을 개척하는 데 있어서의 의거처」가 될 수 있는지에 대하

108) 이상 金曾漢(주 1. 1985), 150면 이하.

여는 반드시 그 이유가 명료하게 밝혀져 있지 않다. "일본 것이라고 하면 금과옥조로 생각하는 경향"이 좋지 않은 것이라면, 우리는 독일 것이라고 하면 금과옥조로 생각하는 경향은 없는지도 반성하여 보아야 할 것이다. 또 "일본 것이니까 따라야 한다는, 말하자면 문화적 식민지사상을 속히 버려야 한다"면, 독일 것이나까 따라야 한다는 생각도 역시 문화적 식민사상에 다름아닐 것이다.[109]

(나) 金曾漢은, "왜 하필이면 독일이냐고 반대할 사람이 있을지 모른다. 그러나 … 전세계적으로 보더라도 19세기의 독일법학이 세계에서 가장 훌륭하게 발달한 것이라고 하는 것을 부인할 수 없다"고 한다.[110] 이 언명은 우리가 지금 「세계에서 가장 훌륭하게 발달한 것」을 하루 빨리 배워 익혀야 한다는 당위를 밑바탕에 깔고 있다. 이러한 요청 자체에 대하여 여기서 그 당부를 논하는 것은 피하고자 한다.

여기서 묻고 싶은 것은, 우선 19세기가 아니라 이제 21세기가 되고 20년 가까이 지난 이 시점에서 독일법학이 여전히 「세계에서 가장 훌륭하게 발달한 것」인가에 대한 검증이 필요하지 않은가 하는 점이다. 서양법학의 지적 리더십에 대하여 우고 마테이는 흥미로운 분석을 하고 있다.[111] 그에 의하면 법학에서의 독일의 리더십은 한때

---

109) 굳이 덧붙일 필요도 없는 것이거니와, 필자는 여기서 「문화적 식민지사상」을 배척하고 있지, 일본민법학에 대한 어떠한 평가를 내리고 있는 것은 아니다.

110) 金曾漢(주 1. 1985), 154면.

111) Ugo Mattei, Why the wind changed: Intellectual leadership in western law, in: *American Journal of Comparative Law*, Vol. 42(1994), pp. 195-218. 그는 여기서 독일에서 발간된 두 권의 책, 즉 Mathias Reimann(Hrsg.), *The reception of continental ideas in the common law world 1820-1920*(Berlin, 1993)와 Marcus Lutter et al.(Hrsg.), *Der Einfluß deutcher Emigranten auf Rechtsentwicklung in den USA und in Deutschland*(Tübingen, 1993)에 촉발되어(위의 글은 이들 책에 대한 서평의 형식을 취하고 있다), 法의 移植(legal transplants)에 관한 일반이론을 소묘하고 있다. 마테이는 이태리 트렌토 대학의 교수이면서 미국 캘리포니아 대학의 헤이스팅스 법대의 교수를 겸하고 있다.

전세계를 풍미하였다.

> "세계 어디서나, 커먼로국가이든 시민법국가이든, 심지어는 서양 이외의 나라에서도 '독일의 체계적이고 교의적인 방법과 거기서 정의된 개념들은 의기양양하게 퍼져 나갔다.' 시민법 국가 중에는 프랑스, 벨기에, 퀘백, 그리고 루이지에나만이 그러한 확장에 비교적 덜 영향을 받았다. 스위스·오스트리아·스칸디나비아·러시아·항가리·루마니아·불가리아·이태리·스페인 그리고 그리스에서 법률가들은 비록 그들의 법전이 프랑스법에 영향을 받은 것인 경우에도 이를 해석하고 논의하는 데 독일의 형식주의적 방법을 사용하여 일하였다. 유럽 밖에서도, 즉 대부분의 라틴아메리카 나라들과 저 멀리 중국과 일본에서도 독일의 법학은 가장 권위 있는 法源이 되었다."[112)]

그러나 "독일의 하락은 그 상승보다 급격하였다." 1920년대가 지나면서 이 경향은 이미 나타나기 시작하였는데, 그래도 제 2 차 대전이 끝나기 전까지는 그래도 유럽시민법의 우세가 유지되고 있었다. 그러나 그 후에 "바람이 바뀌었다. … 유럽의 학제는 근자에 점점 더 미국을 쳐다보고 있다." 가령 이론으로서의 법(law in the books)과 실제의 법(law in action)과의 구분, 법경제학 등과 같은 미국식의 연구방식은 독일을 포함하여 유럽 어디에서나 행하여지고 있다. 미국식 법학교육의 스타일이 유럽에도 퍼져나간다. 판례집(casebooks)에서부터 Lexis까지. 미국의 법학저술이 유럽어로 번역된 양은 반대의 경우를

---

112) Mattei(前註), p. 203. 최근 적어도 미국의 법사학계에서 즐겨 논의되고 있는 주제 중의 하나는 19세기에 영미의 법과 법학이 독일로부터 받은 영향에 관한 것이다. 이에 관하여는 그 사이의 많은 연구성과를 인용하고 있는 M. H. Hoeflich, Transnational friendships & the German influence on American law in the first half of the nineteenth century, in: *American Journal of Comparative Law*, Vol. 35(1989), pp. 599-611 참조. 위의 『미국비교법잡지』는 그 제37권 1호(1989)에서 사비니가 미국법에 미친 영향을 특집으로 하고 있다. 또한 독일에서의 그 반향으로서는 우선 Mathias Reimann, *Historische Schule und Common Law. Die deutsche Rechtswissenshaft des 19. Jahrhunderts im amerikanischen Rechtsdenken*(1993) 참조.

현격히 능가한다. 영어의 보급이 현저하여 영어로 된 저술의 번역은 그 필요성이 덜한데도 말이다. 미국의 로스쿨은 프랑스나 독일 등 유럽국가의 법과대학보다 학비가 더 드는데, 그래도 수많은 유럽의 학생들이 미국의 로스쿨로 유학하고, 또 돌아와 동료들에게 영향을 준다.

중요한 것은 무엇이 이러한 변화를 일으켰는가 하는 점이다. 마테이에 의하면, 우선 미국에서 법은 보다 적극적으로 "개인의 권리를 보장하는 장치"로서 기능하는데, 이러한 법의 기능, 다시 말하면 법의 지배(rule of law)의 이념은 보편적인 매력을 가진다. 법의 지배는 다름아닌 법률가에게 파워를 주는 그러한 이념인 것이다.[113] 다른 하나는, 독일법학의 실증주의 또는 형식주의적 사고의 한계이다.[114]

> "독일법학이 리더쉽을 가지게 되었던 것은 독일민법전의 성공과는 전적으로 무관한 일이다. 독일의 경우에 그 지적 리더쉽이 상실된 것이 독일민법전의 시행 직후라는 것은 명백하다. 독일법학이 외국에서 매력적이고 존경되었던 이유는 그것이 실정의(따라서 정치적인) 법에 기초를 두지 않았다는 사실에 있었다. 미리 정의된 개념으로부터 법규칙을 연역하는 데 기초를 둔 추론의 방법은 성문법률의 규정과는 독립적으로 행하여졌었다. 판덱텐법학이 융성할 때 독일에는 실

113) 독일의 학자들도 이 점은 인정하고 있다. Rolf Stürner, Die Rezeption U.S.-amerikanischen Rechts in der Bundesrerublik Deuchland, in: *Festschrift für Kurt Redmann*(1989), S. 857 f.: "독일에서 미국법이 계수되는 이유를 규명함에 있어서는, 다름아닌 헌법이 역사적인 선구자의 역할을 하였다는 점이 흥미롭다. 독일과 유럽을 열광시킨 것은 우선 자유주의적 사회체제이었고, 무엇보다도 그것이 어떻게 2세기를 넘는 세월 동안 큰 파국없이 유지되고 지속적으로 발전될 수 있었는가 하는 점이었다. … 미국의 자유주의적 기본체제는 독일이나 유럽대륙이 종전에는 알지 못하였던 학문적, 사회적, 그리고 경제적 개혁가능성을 창출하였다."

114) 이 역시 독일 학자에 의하여 인정되고 있다. Stürner(前註), S. 858 참조. 그 외에도 아마도 1933년 이후로 대대적으로 미국으로 「이주」한 유럽의 법학자들로부터 그 때까지 기본적으로 몬로주의적이었던 미국의 법과 법학이 흡수한 개방적·창조적 활력을 들 수 있을 것이다.

정법체계가 존재하지 않았다. … 개념들은 로마법으로부터 또는 프랑스법으로부터 또는 심지어 영국의 판례법으로부터도 추출될 수 있었다. 형식주의적 접근방식은 세계적으로 의미 있는 營爲로서의 법학 또는 '법'에 대한 진정한 기여이었고, 독일법학이나 독일법에 대한 기여가 아니었다. 그런데 독일민법전이 시행된 순간부터 독일의 법문화는 실증주의적으로 되었다. 그 작업성과는 실정의 법규정에 지나치게 관련되게 되었는데, 그 실정의 법규정은 다른 나라에서는 효력이 없는 것이었다. 그러한 작업성과가 다른 법규정을 가지고 씨름하는 학자들에게 흥미롭지 않게 된다는 것은 자연스러운 일이다."[115]

(다) 물론 부분적으로 마테이의 견해에 찬성하기 어려운 점도 쉽사리 발견할 수 있을 것이다. 그러나 다음과 같은 점은 명백하다. 우리는 단지 독일이 「19세기의 가장 발달된 법학」을 가졌다는 이유만으로는 독일법학이 우리의 「독자적 이론을 개척함에 있어서의 손쉬운 의거처」가 될 수 없다는 것이다.

첫째, 金曾漢 스스로도 말하는 것처럼 독일은 19세기 후반에는 아마도 세계에서 가장 발달된 법학을 자랑하였을는지는 몰라도, 오늘날에는 그러한 지위의 독점을 주장할 수 없다. 우리는 널리 배워야 한다. 우리는 독일로부터도 한껏 배워야 하지만, 또한 프랑스를, 일본을, 미국을, 또 어디를 배워야 한다.[116] 어느 한 나라, 그것도 자신의 법생활을 실정화한 이후의 자신의 법문제의 처리에 골몰한 나라의

---

115) Mattei(주 111), p. 215. 이에 비하여 미국의 법현실주의는 "지방적 주제와만 관련되지 않는" 지적 작업이었다. 미국의 주된 로스쿨(이른바 *national* law schools)에서는 어느 한 주에서만 시행되는 법이 아니라 커먼로의 일반원칙을 주로 가르친다는 점에서 결코 실증주의적으로 될 수 없다고 한다. 그리고 이것이 유럽의 자연법학이나 판덱텐법학과 공통된 점이라는 것이다.

116) 그리고 여기서 굳이 강조할 필요조차 없는 점은, 외국법, 나아가 외국문화를 제대로 이해하기가 얼마나 힘이 드는가 하는 것이다. 근자에 외국문학의 텍스트 「이해」에 관하여 이 점을 생각하여 보게 하는 글로는 우선 郭光秀, "외국문학 연구의 텍스트 읽기 — 김현의 바슐라르 연구 성과에 대하여", 가스통 바슐라르(1995), 209면 이하 참조. 이렇게 보면 과제는 실로 어렵고, 갈길은 멀다.

법학에만[117] 의지하는 것은 극히 위험하다. 독일 자신도 다른 나라로부터 열심히 배우고 있고, 심지어 독일학자 스스로가 「미국법의 계수」를[118] 운운하고 있는 마당인 것이다.

둘째, 우리 민법전이 독일민법 또는 독일민법학의 영향을 많이 받았다는 사실도 이를 뒤집지는 못한다. 오히려 필자는 민법전의 「모법」이 독일민법이라는 생각에서 하루빨리 벗어나야 한다고 생각한다. 물론 독일민법(또는 그 초안들) 또는 독일민법학이 일본민법 또는 일본민법학에 의하여 민법의 모습에 가장 큰 영향을 끼친 것은 사실이다. 그러나 필자의 생각으로는 우리 민법전 중에서 가장 독일적이라고 할지도 모르는 물권변동이론에 있어서조차, 비록 우리의 입법주의를 獨法主義라고 일반적으로 부르고 있기는 하지만, 독일민법과는 다른 태도를 취하고 있다. 우리 민법은 단지 물권변동에 등기나 인도를 요구한다는 점에서 독일·스위스·오스트리아 등과 같은 태도를 취하지만, 물권행위의 무인성을 부인한다는 점에서 독일과 기본적으로 다르다. 이 차이는 물권변동이론이 주지하는 대로 민법의 체계구성적 요소의 하나인 만큼 민법의 체계 전체에 매우 중요한 영향을 미친다. 그 외에 채무불이행책임에 관한 일반규정인 민법 제390조나 불법행위에 관한 일반규정인 민법 제750조도 어느 것이나 독일민법의 규정 태도와는 다른 모습을 취하고 있다. 문제는 부분적인 유사성 내지 — 강하거나 약한— 영향의 유무가 아니라, 우리 민법의 전체적 구조연관(Strukturzusammenhang)이 독일이나 기타 어느 나라의 민법과도 다르다고 하는 사실이다.

(라) 아울러 우리는 근자에 우리 민법의 역사적 바탕으로서의 프

---

117) 이와 관련하여서는 梁彰洙(주 3), 19면 이하에서 「독일에만 특유한(spezifisch deutsch)」 약간의 문제들에 대하여 지적한 바 있다.

118) Stürner(주 113), S. 893: "독일법이 현재 대규모로 미국법을 계수하고 또 그로부터 다른 나라에 주는 것보다 더욱 많은 것을 받아들이고 있다는 것이 옳다면, 이는 우리 법문화의 활력에 중대한 귀결을 가져올 것이다."

랑스민법, 독일민법 및 일본민법의 최근의 대폭적 개정,[119] 그리고 유럽의 통합과 관련하여 유럽 전체 차원에서 극히 활발하게 논의되고 있는 유럽법 통일 기타 세계적 차원의 법통일의 움직임에 주목하지 않으면 안 된다.

전자에 대하여는 이미 수많은 문헌이 있으므로 여기서 따로 그 내용에 관하여 언급할 필요는 없을 것이다. 전자와 후자는 밀접한 관계가 있다는 것만을 지적하여 두기로 한다.

후자에 대하여는, 우선 「국제물품매매계약에 관한 국제연합 협약」(United Nations Convention on Contracts for the International Sale of Goods, CISG)이 우리의 실정법률과 정착하는 등의 법통일의 성과가 우리에게도 그 열매를 제공하고 있다. 나아가 유럽의 법통일 작업의 일환으로 예를 들면 2003년까지 완성된 「유럽계약법원칙」(Principles of European Contract Law, PECL),[120] 2009년의 「유럽민사법 공통참조안」(Draft Common Frame of Reference, DCFR),[121] 2011년의 「유럽공통매

---

119) 이들 외에도 입법동향으로는 우선 네덜란드신민법(1992년)이 중요하고, 나아가 종전 공산국들의 '체제 전환'(넓은 의미에서의)에 따르는 새로운 민법 제정, 특히 우리와의 관련에서는 러시아연방민법 제 1 부(1994년), 제 2 부(1996); 중화인민공화국 합동법(1999년)(그 번역으로 이상욱 역, 중국계약법전(2005)이 있다); 베트남사회주의공화국민법(2005년) 등도 주목할 만하다. 러시아민법에 대하여는 간략하나마 우선 명순구·이제우, 러시아법 입문(2009), 276면 이하; 중국민법에 대하여는 이정표, 중국통일계약법(2002) 각 참조.

120) 일찍이 양창수, "「유럽계약법원칙」에서의 채무불이행법리", 민법연구, 제 6 권(2001), 285면부터 358면까지(이에는 부록으로 "「유럽계약법원칙」에 대한 一考 및 그 번역"이라는 제목으로 「유럽계약법원칙」에 대한 일반적 소개 및 제 1 부, 제 2 부 규정들의 번역이 붙어 있다) 및 동, "「유럽계약법원칙」의 소멸시효규정 — 우리 민법에의 시사를 덧붙여", 민법연구 제 8 권(2005), 131면부터 182면까지(이에는 부록으로 "「유럽계약법원칙」 제 3 부"라는 제목으로 그 제 3 부의 번역이 붙어 있다)에서 그 내용의 일부를 소개하고, 또한 그 규정들의 번역을 덧붙인 바 있다. 그 후의 올 란도·휴 빌 편, 김재형 역, 유럽계약법원칙 제1·2부(2013)도 출간되었다. 앞으로 그 제 3 부의 번역이 기대된다. 또한 朴永馥, 글로법시대의 계약법(2005), 160면 이하도 참조.

121) 안태용 역, 유럽 민사법의 공통 기준안: 총칙·계약편(2012); 가정준 역, 유럽 민사법의 공통 기준안: 비계약편(2015)(각 법무부 간행의 『비교민법총서』, 제 1 권 및 제 4 권으로 발간되었다)으로 번역되어 있다. 이 「공통기준안」의 일부 내

매법(초안)」(Common European Sales Law, CESL) 등이 나와 있고, 이에 대하여는 우리나라에서도 연구가 활발하게 진행되고 있다. 또한 私法통일국제협회(Institut international pour l'unification du droit privé, UNIDROIT)의 「국제상사계약원칙」[122](Principles of International Commercial Contracts, PICC. 1994년 공표, 2004년 및 2010년 각 개정 및 추가); 국제연합의 국제상거래법위원회(United Nations Commission on International Trade Law, UNCITRAL)의 다양한 '모델법' 작업 기타도 주목할 만한다.

그리고 시야를 유럽법 통일작업에 한정하더라도, 그 과정에서 독일이나 프랑스, 영국[123]이 각기 자기 나라 법의 「합리성」을 다른 당사국들에 주장하여서 그 설득력의 우열을 다투는 이른바 각국 법 사이의 「체계경쟁(Systembewerb)」이 치열하게 일어나고 있다.[124] 2002년의 독일민법 대개정도 그 정치적 動因으로 보면 「유럽민법에의 도상」에서 보다 큰 발언권을 얻으려는 의도가 있었고, 따라서 그 개정의 내용은 현저히 「유럽적 사고방식」에 근접하였던 것이다.[125] 이러

용에 대한 구체적인 연구로 예를 들면 이상훈, 유럽민사법 공동참조기준안(DCFR) 부당이득편 연구(2017)(앞의 주 98에서 본 「서울대학교 법학연구소 법학연구총서」의 제71권으로 발간되었다)가 있다.

122) 이에 대하여는 우선 朴永馥(주 130), 78면 이하 참조.

123) 이들 세 나라의 민법이 늦어도 19세기 초반부터 20세기에까지 세계의 주요한 法系를 구성하였음은 두말할 필요가 없을 것이다. 우선 Zweigert/Kötz, *Einführung in die Rechtsvergleichung*, 3. Aufl.(1996)은 세계의 法系를 설명하는 데 모두 240여 면을 할애하는데, 그 중 200면을 영미법계, 독일법계, 프랑스법계의 셋에 충당하고 있다. 이 외에 北歐法系, 극동법계, 그리고 이슬람법계를 든다.

124) 그러한 「체계경쟁」에 처하여 경쟁이 아니라 오히려 법규칙의 조화(Harmonisierung)를 주장하는 견해로서, 예를 들면 Thomas Eger, Harmonisierung von Rechtsregeln versus Wettbewerb zwischen Jurisdiktionen in Europa, Dieter Martiny et al.(Hrsg.), *Auf dem Wege zu einem Europäischen Zivilgesetzbuch*(1999), S. 95 ff. 참조.

125) 이 점은 무엇보다도 그 개정작업을 개시할 당시의 연방법무부장관이 독일민법전의 개정이 "유럽민법전으로 향하는 길목에서의 이정표"가 될 것이라고 언명한 데서 드러난다. Reinhard Zimmermann, *The New German Law of Obligations. Historical and Comparative Perspectives*(2005), p. 4 & Fn. 19 참조. 그

한 상황에서 우리가 어느 한 나라의 어느 한 때의 「민법」에 고착되는 것은 어리석은 일이라고 하여야 하지 않을까?

3. 「현재 있는 법」의 인식으로부터의 출발

우리가 무엇을 배우려고 할 때에 그 배움에 어느만큼의 성과를 얻을 수 있는가가 많은 부분 그것을 배우려고 하는 동기가 무엇이냐에 달려 있음은 늘상 경험하는 바이다. 우리는 왜 외국의 법 또는 법학을 배우려고 하는가?

이 점을 생각하는 단서는 결국 우리가 현재 가지고 있는 법, 「현재 행하여지고 있는 법」이 될 수밖에 없다고 생각한다. 이와 같이 「현재 있는 법」과 관련이 없는 민법이론(적어도 해석법학이론)이란 존재할 가치가 없으며, 단지 교과서에 쓰여 추상적인 법명제와의 관련에서만 전개되는 민법이론, 「이론을 위한 이론」은 자갈밭에 종자를 뿌리는 것과 같은 것이 아닐까.[126] 물론 「현재 있는 법」과의 관련이란 극히 추상적·일반적인 차원에서부터 극히 구체적·특수한 차원에까지 다양하게 있을 수 있다. 그런데 민법이론의 전개는 어느 경우에나 그 논의가 관련되는 「현재 있는 법」의 정확한 인식의 기반 위에서 행하여져야 하는 것이다. 우리는 때로 「우리의 법학」을 수립하여

외에 예를 들면 Hertha Däubler-Gmelin(연방법무부장관), Die Entscheidung für die so genannte Große Lösung bei der Schuldrechtsreform, in: *NJW* 2001, S. 2289("초안이 채택되면 독일의 매매법과 계약법은 유엔통일동산매매법과 같은 수준에 도달하게 된다. 이 유엔매매법은 국제적인 전개를 지배하고 있으며 또한 유럽계약법에 관한 논의도 지배하고 있다. 그러므로 독일은 거기서 천명된 원칙들에 상응하는 계약법을 채택함으로써 **맨 처음으로** 국제적인 수준에 오를 수 있게 되는 것이다")도 참조하라.

126) 다른 한편으로 우리 민법학의 문제점으로는 교리주의(Dokrinarismus) 또는 ― 비아커가 19세기 후반의 독일 판덱텐법학의 특징을 가리키는 말로 쓴 바를 빌린다면(Wieacker, *Privatrechtsgeschichte der Neuzeit*, 2. Aufl.(1967), S. 431 ff. 참조)― 학설실증주의(rechtswissenschaftlicher Positivismus)의 경향도 지적할 수 있을 것이나, 이에 대하여는 여기서 상론하지 않는다.

야 한다고들 말하는데, 필자의 생각으로는 그 용어는 그 자체 폐쇄적, 타인배척적인 함의를 자칫 가지기 쉽기 때문에 적절하지 않다. 우리는 「우리의」 법학이 아니라 「우리의 민법문제」의 해결을 지향하는 법학을 지향할 것이다.

그렇다고 「현재 있는 법」의 내용이 고정불변이라는 것은 아니다. 또 굳이 해석학적 순환(hermeneutisher Zirkel)을 들먹이지 않더라도, 문제의 발견 자체가 사태의 일정한 先理解 없이는 불가능하며, 인식의 지평이 넓어질수록 문제를 발견하고 바라보는 시선의 심도와 정밀도가 높아진다는 것도 부인하지 않는다("아는 만큼 보인다"). 그래도 역시 출발점은 문제를 확인하는 데 있다고 생각된다. 冒頭에서 언급한 학술세미나 주제보고를 마감하면서 필자는 다음과 같이 말한 바 있는데,[127] 이는 지금도 크게 변함이 없다.

> "우리 민법학이 이와 같이 우선 「현재 행하여지고 있는 법」에 대한 정확한 인식을 얻고, 나아가서 이를 바탕으로 하여 그것이 적절한 해결을 주지 못하고 있는 또는 주지 못할 문제를 발견한다면, 그 문제들의 해결은 오히려 보다 용이할 것이라고 믿는다."

Ⅶ. 小　　結

우리 민법학은 해결하여야 할 많은 문제점과 과제를 안고 있지만 그 사이에 괄목할 만한 발전을 하여 왔다.

근자에 발간되는 법학 관련 전문 정기간행물을 들춰 보면, 우리나라의 젊은 민법학자들의 역량이 질과 양의 모든 면에서 현격하게 증진되었음을 느낀다. 그들은 무엇보다도 어떠한 법문제의 논의도 우

127) 梁彰洙(주 3), 26면.

리나라의 법규정과 재판례와 거래실무를 정확하게 파악한 위에 행하여져야 하며 외국의 이론을 그대로 우리나라에 끌고 들어와 그 타당성을 주장하는 것이 매우 위험한 일일 수 있음을 명료하게 의식하고 있는 듯하다. 나아가 그들은 끊임없이 시야를 널리 세계로 넓히고 있다.

그러한 점에서 필자는 앞으로 다른 70년 후의 우리 민법학을 낙관적으로 전망하는 것이다.

(우리 법 70년의 성과와 과제: 김증한 교수 서거 30주년 추념 논문집(2018. 10), 3면 이하 所載)

[후 기]

1. 이 글은 필자가 전에 발표한 "한국 민사법학 50년의 성과와 21세기적 과제", 서울대학교 법학, 36권 2호(1995), 1면 이하(후에 동, 민법연구, 제 4 권(1997), 1면 이하에 再錄)를 그 후 20년 동안의 변화 내지 발전 등에 맞추어 대폭적으로(각주만 하더라도 30개 이상이 추가되었다) 수정 · 보완한 것이다.

2. 이 글이 실린 『우리 법 70년의 성과와 과제』에는 本書 93면 이하에서 보는 필자의 "김증한 교수의 생애와 학문 점묘 — 개인적인 시각에서"도 실려 있다. 이 글과 같이 읽어보아도 좋으리라 생각한다.

위 논문집은 1988년 10월 7일에 서거한 김증한 선생님(10월 7일은 필자의 생일이기도 하다)의 30주기를 맞이하여 기획된 것이다. 그 기획의 계기는 김 선생님의 이제 年老한 어느 제자가 아무런 조건

없이 단지 "서울대 법대에서 가르침을 주신 김증한 선생님을 위하여 써 달라"고만 하여 일정한 재원을 김 선생님의 장남인 김학동 교수에게 마련하여 준 것에 있다. 이러한 점도 특필되어야 할 것이다.

위 논문집에는 민법은 물론 상법 기타의 민사특별법 등에 대하여도 지면이 마련되었다. 민법에 대하여는 필자의 이 글을 말하자면 총론으로 하고, 사적 자치, 물권변동, 채무불이행, 불법행위 등의 각론적 항목에 대하여 충실하게 고찰한 글들이 실려 있다.

3. 본문의 주 15 말미에서 진승록에 관하여 언급하면서, 그에 대한 간첩협의 방조 사건의 재심청구가 근자에 가족에 의하여 제기되었다고 쓴 바 있다. 위 재심청구사건은 2018년 12월에 이르러 대법원에서 종국적으로 받아들여져서 재심개시결정이 확정되었다. 그리하여 개시된 재심사건에서 서울고등법원은 2019년 5월 16일에 진승록에 대하여 무죄를 선고하였다. 이를 보도하면서 신문 기타 언론은 그에 대하여 징역 10년의 형이 확정되었었다고 보도하였으나(조선일보 2019년 5월 17일자 A12면 등), 이는 징역 12년의 잘못이다.

3. 김증한 교수의 생애와 학문 점묘

— 개인적인 시각에서 —

Ⅰ. 들어가기 전에

1. 나는 1970년에 서울대학교 법과대학의 법학과에 입학하여 1971년 1학기에 시작된 민법 강의는 줄곧 김증한 선생님(이하 경칭 및 경어 일절 생략)으로부터 들었다. 당시는 법학과 100명의 학생은 이를 학번순으로 양분하여 앞의 50명은 김증한, 뒤의 50명은 곽윤직으로부터 민법 강의를 듣게 하였고, 이는 말하자면 '의무분담제'로서 그렇게 들어야 하도록 되어 있었다.[1)] 그리하여 나의 민법 공부 교재는 오로지 김증한·안이준 편저의 민법 강의 시리즈, 그리고 김증한의 『신물권법(상)(하)』이었다.

내가 1974년 3월에 위 대학교 대학원 법학과에 들어가서 민법학을 전공하게 된 때에도 지도교수로 당연히 김증한을 모셔서 "원시적 불능 급부를 목적으로 하는 계약의 무효론에 대한 비판적 고찰"이라는 논문으로 석사학위를 취득하였고, 그 후 같은 대학원 박사과정에 들어가서도 지도교수는 김증한이었다. 그것은 물론 학부 동안 내내 김증한으로부터 민법 강의를 들었기 때문이기도 하지만, 그의 장남인

---

1) 행정학과 60명에 대한 민법 강의는 황적인이 맡았던 것으로 기억한다. 최종길은 주지하는 대로 1970년에 미국의 하바드대학교에 연구차 갔다가 1971년에 귀국한 후 1972년 10월 사망하였는데, 나의 70학번 동기들이 그로부터 민법 강의를 들었다는 기억은 없다.

김학동(현재 서울시립대 명예교수)이 나의 고등학교 2년 선배이고, 또 내 仲兄과 고교 동기로 친구 사이이었다는 것도 분명 한몫을 했다.[2)]

그러나 나는 김증한의 32년 연하로서, '인간적으로 가까웠다'고 말할 수 있는지에는 아무래도 의문이 있다. 그러니 김증한을 사람으로서, 스승으로서 잘 안다고 하기도 아마 어려울 것이다. 그러나 드물기는 하지만 학교나 평창동 집에서 뵙고 이야기를 나눈 일이 드물지 않고, 무엇보다도 김증한을 잘 아는(또는 안다고 생각되는) 이호정으로부터 김증한에 관한 이야기를 많이 그리고 상세하게 들었다.

한편 나는 김증한의 정년퇴임으로 비게 된 서울대학교 법과대학의 민법 전공 교수 자리에 채용되었다. 말하자면 「후임자」인 셈이다. 나 역시 이제 대학교수의 직을 정년으로 퇴임하였지만, 이 점은 지금까지 어떠한 방식으로든 머리 한 구석을 차지하고 있었다.

2. 주지하는 대로 김증한의 생애와 민법학에 대하여는 지금으로부터 얼마 되지 않은 2015년에 도합 578면의 단행본이 나왔다.[3)] 이는 김증한이 '창립'하였다고 해도 좋을 「한국민사법학회」에서 기획하여 그 전해인 2014년의 10월 18일에 개최된 위 학회의 학술대회에서의 발표자료를 기초로 하여 쓰인 글을 모은 것이다. 이와 같이 어느 한 사람의 법학자를 여러 사람이 다각도로 조명하면서 얇지 않은 책을 꾸며낸 것은 우리나라에서는 매우 드문 일이다.[4)]

---

2) 김학동과 광화문 근처에서 술을 마시다가 헤어지는 게 아쉬운데 통금시간이 가까워지면 평창동의 김증한 집으로 '쳐들어가기도' 했다.

3) 윤철홍 엮음, 한국 민법학의 재정립: 청헌 김증한 교수의 생애와 학문세계(경인문화사, 2013).

4) 그 드문 예외로는 형법학자 유기천을 들 수 있을 것이다. 우선 이시윤 외, 유기천과 한국법학(2014)이 있는데, 이 책은 '유기천은 누구인가'에서 시작하여 그의 형법학, 법학교육론, '유기천과 한국법의 세계화' 및 그의 '신앙과 법학'을 각 장마다 다루고 있다. 또 유기천교수기념사업출판재단 편, 유기천 형법학 연구(2017)도 유기천의 법사상 일반을 다룬 다음, 그의 형법학에 들어가서 형법관, 형벌이론 등 총론적인 주제는 물론이고 사실의 착오 등 각론적인 주제를

거기에는 김증한의 생애, 민법연구 방법론 및 「판례평석과 실무에 미친 영향」이라는 총론적 서술을 앞세우고, 이어서 13개의 주제에 초점을 맞추어 다양한 각론적 사항들을 검토하고 있다. 그 개별 주제를 구체적으로 보면, 법인, 법률행위, 소멸시효, 물권 변동, 물권적 기대권, 공동소유, 전세권, 양도담보, 계약 해제, 임대차, 도급, 조합, 공동불법행위로서, 민법총칙상의 제도에서부터 채권각칙의 전형계약은 물론이고 불법행위에도 미친다.

그 책에서 서민은 자신의 글을 "김증한 교수는 해방 후 한국의 법학계를 이끌어 온 대표적인 법학자이었고, 특히 한국 민법학의 초석을 놓고 또 튼튼하게 쌓아올린 위대한 법학자이었다. 오늘날 체계 잡힌 하나의 학문으로 정립된 한국의 민법학은 그의 이름을 떠올리지 않고는 생각할 수 없다고 해도 과언이 아니다"라는 말로 시작하고 있는 것이다.[5] 그러한 터에 김증한의 생애와 학문에 대하여 지금 이 시점에서 말하는 것은 군더더기라는 평가를 받기가 십상이겠다.

그러나 이하의 글은 김증한을 기념하는 또 하나의 논문집[6]을 위하여 그 앞머리에 그를 추념하는 뜻에서 작성된 것이다. 이를 작성함

집필자들이 개별적으로 살펴보고 있다.

나아가 우리나라의 공법학자들에 대하여는 우선 김효전 편, 한국의 공법학자들 — 생애와 사상(2003); 나아가 비교적 근자에 전광석, 한국 헌법학의 개척자들(2015)이 있다. 후자는 제 2 장 이하에서 유진오, 한태연, 문홍주, 박일경, 김기범을 각 장마다 다루고 있으며, 제 1 장('헌법 · 헌법학사 · 헌법학자')에서 헌법학자들에 대한 학문적 처리가 헌법학에서 가지는 의미를 음미하고 있다.

또한 법철학자들에 대하여도 한국법철학회 편, 한국의 법철학자(2013)는 대체로 현재 활동 중인 분들이 자신의 '법철학'에 대하여 설명하는 글로 이루어져 있는데, 여기에는 작고한 이항녕에 대한 것(김소영 집필)이 포함되어 있다.

5) 서민, "김증한 교수의 생애", 윤철홍 엮음(주 3), 17면.

6) 뒤의 주 10에서도 보는 대로 김증한을 위해서는 그 환갑을 기념하여 마련된 논문집이 있다. 이번의 논문집 『우리 법 70년의 성과와 과제』는 말하자면 그의 서거 30주년을 추념하는 것으로서 제 2 의 기념 논문집이다. 우리나라의 다른 법학자의 예에 비추어 보면, 만일 김증한이 1988년 10월 7일에 영면하지 않았다면, 혹 1989년에 맞았을 고희 등을 기념하는 논문집 등이 마련되었을 가능성이 적지 않다.

에 있어서는 앞서 본 책과 가능하면 중복하지 않도록 거기에서 별로 다루어지지 않은 사실 또는 측면을 제시하고 또한/또는 그 책에 쓰인 것을 보충하는 한도에서 살펴보는 것이 되도록 유념하려고 한다. 그 과정에서 특히 김증한의 생애와 학문에 대하여 더 논구되어야 할 점들을 짚어본다. 그리고 김증한 자신의 언명을 그대로 옮겨 적음으로써 가능하면 그의 '숨결'을 그대로 느끼게 할 수 있지 않을까 하는 억측도 해 본다. 이는 다른 관련인의 '증언'에서도 마찬가지이다.

나는 김증한의 민법학과 관련하여 더 생각하여 볼 문제들이 적지 않다고 생각하고 있고, 이에 대하여는 기회 있을 때마다 소견을 피력하곤 하였는데,[7] 이 글은 이들을 보완하는 의미도 없지 않다.

3. 우선 김증한의 생애에 대하여 간단히 살펴본다(Ⅱ).

나아가 김증한의 학문에 관하여 변변치 못하나마 아직 충분히 주목되지 못하고 있는 점 몇몇을 들어두기로 한다(Ⅲ).

끝으로 김증한이 우리에게 제시하는 매우 무거운 과제라고 여겨지는 것을 들어보기로 한다(Ⅳ).

---

7) 우선 개별적인 법문제에 관하여 양창수, "공동소유 — 민법 제정과정에서의 논의와 그 후의 평가를 중심으로", 이영준 박사 화갑 기념 논문집: 한국민법이론의 발전(1999), 361면 이하; 동, "한국법에서의 「외국」의 문제 — 한국 민법학 초기의 어떤 모습을 계기로 하여", 서민 교수 정년 기념 논문집: 민법학의 현대적 양상(2006), 67면 이하; 동, "법학 명저: 김증한, "『신물권법(상)(하)』 — 「독자적 민법체계」의 시도", 서울대학교 법학 제48권 3호(2007), 206면 이하(이상의 글들은 나중에 동, 민법연구, 제 6 권(2001), 107면 이하; 제 9 권(2007), 1면 및 19면 이하에 각 수록되었다. 이하 후자에 의하여 인용한다) 등 참조. 그리고 보다 일반적으로 접근한 것으로는 무엇보다도 양창수, "우리 민법학의 성과와 앞으로의 과제", 우리 법 70년의 성과와 과제: 김증한 교수 30주기 추모논문집(2018)(이하 '우리 법 70년의 성과와 과제'라고 한다), 3면, 특히 39면 이하(본서 21면, 40면 이하) 참조.

Ⅱ. 김증한의 삶[8)]

1. 김증한은 1920년 5월 6일(음력 3월 19일)에 충청남도 부여군 구룡면 논티리[9)]에서 태어났다.[10)] 그의 아버지는 김익진金翼鎭으로,[11)]

---

8) 김증한의 생애에 관한 자료로서는 서민(주 5)에서 인용되어 있는 글들 외에, 김증한의 사망에 처하여 쓴 추도문으로서 金道昶, "晴軒 金曾漢 敎授를 追悼함", 고시계 1988년 11월호, 210면 이하; 崔鍾庫, "讀史餘滴〈71〉: 晴軒 金曾漢", 법률신문 제1790호(1988. 10. 20), 12면; 黃迪仁, "弔辭: 故 晴軒 金曾漢 博士 靈前에 바침", 위 법률신문, 9면 등이 있다.

9) 이는 이 행정구역의 정식 명칭이다. '논티'는 위 마을을 지나는 홍산과 부여를 잇는 오래된 넓은 길을 가리킨다. 한자로는 論峙里(논치리)라고 한다.

10) 이 부분은 전적으로 現代民法學의 諸問題: 晴軒 金曾漢 博士 華甲紀念論文集(1981), 867면 이하 소재의 「晴軒 金曾漢 博士 年譜」(이하 단지 「연보」라고만 한다)에 의하였다.

한편 김증한의 동생으로 제 1 세대의 「국제 변호사」(그의 자서전 『여든에 돌아보다』(2003), 9면('책머리에')에 따르면, "한국에 진출하려는 외국 기업과 국내 기업을 이어주는 다리 역할을 해 줄 변호사")로 이름이 있는 김흥한金興漢이 있다. 그러나 김흥한의 이 자서전은 그가 미국으로 유학을 가던 1953년 7월의 일부터 다루고 있어서 김증한에 관한 자료로서는 한계가 있다. 다만 그 행간을 읽어 형제의 관계를 탐색하여 보는 것은 흥미로운 바가 없지 않을 것으로 느껴진다.

11) 김익진에 관한 자료는 유감스럽게도 별로 찾아볼 수 없다. 그 드문 예외로는 이영근 · 김충식 · 황호택, 법에 사는 사람들(1985), 153면부터 163면까지의 '金翼鎭' 편(황호택 집필)을 들 수 있을 것이다. 필자들은 동아일보 기자로서, 이 책은 1984년 내내 동아일보에 같은 제목으로 연재되었던 기사를 바탕으로 정리한 것이다. 내용은 우리나라 건국 초기의 법조인 중 특출한 사람들에 관하여 주변 사람이 실제로 견문한 바를 정리한 것이 대부분으로, 단발적 에피소드가 중심을 이루고 있다. 그 중에서는 —검찰총장에서 서울고등검찰청 검사장으로 '좌천'된 배경(뒤의 주 67도 참조) 등도 물론 그러하지만— 김익진이 젊었을 때 평양과 인연을 맺게 되는 계기가 흥미롭다. "그는 강경지청에 [판사로] 있을 때 부친상을 당했으나 저축해 놓은 돈이 없어 빚을 내 장례를 치렀다. 평소 돈에 신경을 쓰지 않았던 그는 이 빚을 갚을 길이 막연했다. 궁여지책으로 생각한 것이 전근이었다. 당시에는 전근 여비가 실비보다 상당히 두둑하게 나왔다. 이 전근 여비를 타내 빚을 갚고 평양으로 떠났다."(위 책, 160면)(꺾음괄호 안은 인용자가 부가한 것이다. 이하 본문 · 각주에서 모두 같다)

한편 김익진의 약력은 다음과 같이 정리되어 있다(위 책, 133면).

1896년 8월 9일　충남 부여 출생

1918년　경성전수학교 졸업

일제 때 판사·변호사를 하였고 정부 수립 후 1949년에 검찰총장을 지낸 우리나라의 원로 법조인이다. 이 엄격한 아버지에 대하여 장남 김증한은 매우 공순하였다는 증언이 많다.[12)]

그는 1937년에 평양사범학교 심상과를 졸업하면서[13)] 진남포에 있는 공립보통학교의 교사로 2년 남짓 일하였다. 그러다가 1939년 봄에 경성제국대학 예과 문과(갑류)에 입학하고[14)] [15)] 1944년 9월에 위

1920년　판사시험 합격 후 충주, 강경, 평양, 함흥 법원 등에 근무
1926년　평양복심법원 판사
1927년　변호사 개업(평양)
1945년　조선민주당 창당에 참여
1948년　월남, 대법관 취임
1949년　검찰총장
1950년　서울고검장
1952년　이승만 대통령 저격사건 관련 혐의로 면직
1970년 9월 17일　별세

12) 이호정의 표현에 의하면, "제자들에게 엄격하기로 유명한 김증한 선생도 아버지 앞에서는 고양이 앞의 쥐처럼 꼼짝도 못 했다". 이 관계의 심리학적 탐색도 김증한의 '인간'을 설명하는 데 필요한 일인지 모른다.

13) 김증한과 평양과의 관계에 대하여는 다음과 같은 설명이 있다. 金晸鎭, "나와 曾漢 박사", 安二濬 편, 韓國法學의 證言: 故 金曾漢 博士 遺稿集(1989), 355면: "춘부장 익진 씨께서는 일제 강점기에 다년간 판검사를 지내셨고 평양에서 변호사 직을 개업하셨기 때문에 증한 박사도 평양에서 보통학교를 다녔으며 명실 공히 평양이 제 2 의 고향이다."

위 글의 필자 김정진은 김증한보다 한 살 위의 1919년 생으로 독문학, 특히 카프카를 전공하여 서울대학교 사범대학에서 오래 가르쳤다. 그는 김증한의 재종숙으로 "촌수는 7촌간이지만 각별히 친밀했던 정도를 측정하면 항렬을 초월해서 친형제나 다름없다고 생각한다."(위 책, 354면) 그는 김증한과 같이 1950년에 『受驗 獨逸語』를 저술·발간한 바도 있다(위 책, 361면: "한 가지 특기할 것은 9·28 수복 직후 나와 증한 박사는 공저로 「수험 독일어」라는 참고서를 법문사 판으로 간행하여 뜻밖에 호평을 받고 낙양의 지가를 높였다는 사실이다". 그러나 나의 소장본에 의하면, 이 책을 간행한 출판사는 그때까지만 해도 법문사가 아니라 葦聲文化社이다(그런데 뒤의 주 19에서 보는 「저서·논문 목록」, 869면에 의하면, 이 위성문화사는 나중에 "법문사로 되었다").

14) 이 시절에 대하여는 다음과 같은 증언이 있다. 김정진(전주), 356면: "증한 박사는 평양사범학교를 졸업한 후 잠시 교편을 잡았었다. 이때 증한 박사는 남달리 생물학에 취미를 갖고 위대한 생물학자가 되려고 했다. 그런데 춘부장께서 '조선 사람이 일제 통치 하에서 생물학을 공부해 봤자 별로 뾰족한 수가 없다'고 한사코 만류하였기 때문에 스스로 좋아하는 생물학을 체념하고 부업을

대학 법문학부 법학과를 졸업하였다.[16]

2. 김증한의 훗날의 민법학을 생각함에 있어서도 대학 시절에 민법 담당 교수 아리이즈미 카오루(有泉亨)[17]로부터 받은 영향을 되새겨 보는 것이 필요할 것으로 생각된다.[18]

(1) 김증한은 민법학 수행에서 필요한 전제적 작업으로 —역사적·비교법적 연구와 아울러— 판례 연구와 이른바 실태조사를 들고 있는데,[19] 이 둘 모두에 관하여 모두 有泉亨의 「지도」를 말하고 있

계승하여 법률을 전공하기로 결심했던 것이다."

15) 예과 시절의 김증한에 대한 증언으로는 다음과 같은 것이 있다. 玄勝鍾, "賀序", 現代民法學의 諸問題(주 10), i면: "내가 김증한 박사를 처음 알게 된 것은 대학 예과 시절이었다. 체격이나 용모가 균형이 잡히고 단정하여 外樣도 믿음직한 데다, 그것에 못지않게 투지라고 할까 의지력과 박력이 넘쳐흐르며 진지하게 학업과 교우에 임하는 생활태도는 나의 눈길을 끌고도 남음이 있었다. … 입학 당초부터 김증한 박사는 모든 면에서 탁월하게 두각을 나타내 그 존재를 뚜렷이 하였으며, 상급반의 동창들에게 널리 알려졌었다. 실제로 김증한 박사는 동기생들의 구심점이 되어 있었을 뿐만 아니라 성적도 발군하여 일본학생들의 추종을 불허하였던 것으로 알고 있다."(점선은 인용자가 생략한 부분을 가리킨다. 이하 본문·각주에서 모두 같다)

16) 그 졸업에 대하여는 뒤의 주 29 참조.

17) 有泉亨(1906-1999)는 1932년에 동경제국대학 법학부를 졸업하고 그 조수를 거쳐 1940년에 경성제국대학 조교수로 부임하였다. 1944년에 동 대학 교수가 되었다가, 1946년에 일본으로 돌아갔다. 그 후 1947년부터 동경대학 사회과학연구소에 봉직하였고, 1955년에는 동 연구소 소장을 지냈다. 그는 민법 외에도 특히 일본으로 돌아간 후에 노동법 관련의 업적을 많이 냈으며(그를 위한 고희기념 논문집에는 『노동법의 해석이론』(1976)이라는 제목이 붙어 있다), 我妻榮의 高弟로 알려져 있다.

18) 그는 인간적으로도 有泉亨와 가까운지도 모르겠다. 예를 들면, 김증한, "한국민법학의 진로", 안이준 편(주 13), 137면 이하: "有泉 교수는 … 작년(1984년)에 내가 초청해서 종전 후 처음으로 서울에 다녀가셨다. [원래 我妻榮의 저서이나 그의 사망 후에 有泉亨가 이어받아 전정판을 낸] 『민법 Ⅰ』과 『민법 Ⅱ』는 세 권씩을 나에게 보내와 이영섭·주재황 양 선배에게 전달하였다."

19) 『우리 법 70년의 성과와 과제』에 별도로 수록된 金曾漢, "民法硏究의 設計", 高大新報 제92호(1955. 12. 5.자), 2면 참조. 짤막하지만 김증한의 민법학 지향을 탐색함에 있어서 매우 중요하다고 생각되는 이 글은 現代民法學의 諸問題(주 10), 867면 이하의 「晴軒 金曾漢 博士 著書·論文 目錄」(이하 「저서·논문 목록」이라고만 한다)에는 누락되어 있는 것을 필자가 다른 기회에 찾아내 김학동

다. 그 외에도 有泉亨에 대한 언급은 여러 차례에 걸쳐 여러 가지 맥락에서 행하여지고 있다. 여기서는 '실태조사'에 관한 것만을 들어 말하기로 한다.[20]

김증한은 민법해석학 수행에 있어서 '실태조사'의 중요성을 놀라울 만큼 강조한다. 예를 들어 그는 "민법이론이 옳으냐 어떠냐를 결정지어 주는 것은 그 이론이 과연 우리나라 사회의 실태와 부합하느냐 어떠냐이다. 그러니까 민법 입론을 하다가 의문이 생기면 자기 혼자서 머릿속에서 생각하여 추론해 나가지 말고, 그곳에서 일단 글을 멈추어 놓고 몇 날 또는 몇 달 동안 실태조사를 해보는 것이다. 그리고 나서 그것을 토대로 하여 생각해 나가도록 하지 않으면 안 된다"고 한다.[21]

또한 "우리나라 민법학의 연구에 자극제가 되고 있고 그만큼 우리나라 민법학을 발전시키고 있다고 하는 것은 부인할 수 없"다고 스스로 평가하는 郭潤直과의 물권변동이론 대립, 즉 이른바 물권행위의 독자성·무인성 논의[22]에 대하여도, "곽 교수나 나나 이 문제가 옳고 그르고를 결정짓는 것은 이론의 정교성에 있는 것이 아니라 어느 쪽이 우리 사회현실에 맞고 우리 국민의 법의식과 부합하느냐에 있다고 생각하는 점에 있어서는 완전히 일치하고 있다"고도 하는 것이다.[23]

에게 전한 것이다.

20) 판례 연구에 관하여는 예를 들면 김증한(주 18), 137면: "이와 같이 내가 판례 연구에 항상 많은 관심을 가졌던 것은, 대학 재학 시절에 有泉亨 교수가 지도하는 「판례연구반」이라는 써클의 멤버로서 매주 판례 하나씩 맡아서 평석, 보고를 하는 데 참여했었기 때문이다. 有泉 교수는 동경대학의 我妻榮 교수의 수제자로서 동경대학에서 하고 있는 「판례연구회」 같은 것을 해 보려고 했던 것이다."

21) 김증한(주 18), 140면.

22) 김증한(주 18), 146면. 이 논쟁은, 李好珽, "프란츠·바이얼레의 물권계약론(상)", 법조 18권 1호(1969), 41면에 의하면, "우리나라의 민법학의 역사상 가장 찬란하고 높은 이론적 수준의 논쟁"이다.

그러면서 김증한은 대학 재학 시절 有泉 교수의 지도 아래서 행하여진 「법생활 실태조사」에 직접 참여하였음을 밝히면서,[24] "위에 말한 것 이외에도 시골에 많은 사람들이 떼지어 들어가면 우선 경찰에서 주목을 하기 쉽다. 그러니까 실태조사를 실시할 때에는 경찰을 비롯한 지방관서의 긴밀한 협조를 얻어야 한다는 것을 잊어서는 안된다"라는 조언까지 덧붙이고 있다.[25]

그런데 다른 한편으로 "우리나라에서 아직 실태조사가 부진한 데는 여러 가지 이유가 있다. 첫째는 많은 인력이 필요한데 그만한 인력을 동원하기가 쉽지 않다는 것이고, 조사하는 데에나 그 뒤의 처리를 하는 데에나 모두 돈이 필요한데 그만한 풍부한 재원이 없다. / 그뿐만 아니라 주민들은 무엇을 묻거나 무조건 '모르겠습니다'라고 대답하는 것이다. 잘못 대답했다가는 세금을 물게 된다거나 경찰에 잡혀간다고 생각하는지 몰라도, '모른다'는 대답이 도저히 나올 수 없는 물음에 대해서도 무조건 모른다고 대답하는 것이다. 그렇기 때문에 제대로 도움이 될 만한 대답을 얻는 것이 매우 힘이 든다고 하는 것이 우리나라의 실정이다"(/는 단락이 나눠는 부분을 가리킨다. 이하

---

23) 김증한(주 18), 146면.

24) 김증한(주 18), 139면: "필자는 대학 재학 중에 하계휴가 중에 경성제대 법문학부의 실태조사팀의 일원으로서 군산에서 10리쯤 남쪽으로 내려간 둔산이라는 조그만 해변 마을에서 법생활 실태조사를 실시한 일이 있다. 그때에도 지도교수는 有泉 교수이었다. 호적과 실제 거주상태와의 一致度라든가, 두 개의 우물이 있는데 그 우물의 사용에 관한 권리관계 등을 알아보았다. 호적과 실제 거주관계의 일치 여부를 알아보니, 그곳에 본적을 두고 있으면서 그곳에 실제로 거주하고 있는 사람은 반에도 훨씬 미치지 못했고(1941년 여름 — 그만큼 인구의 이동이 매우 빨랐다), 우물의 사용관계는 두 개의 우물을 온 동네 사람들이 의좋게 나누어 마시는 것이지, 어느 우물은 어느 집 것이라고 분명한 권리한계가 그어져 있지 않은 것을 보았다." 여기서 '둔산屯山'은 오늘날의 전남 김제시 금구면 산동리에 있는 자연부락을 가리킨다. 김제문화원 편, 우리 고장의 옛지명(2000), 261면에 의하면, 산자락이 "마을을 휘감고 병풍처럼 빙 둘러 있"는 곳으로, "산이 마을을 빙 둘렀다고 하여 「두른산」이라고 부르다가 「둔산」이 되었다는 사람이 있"을 만큼 외진 마을이다.

25) 김증한(주 18), 140면.

같다)라고 한다.[26]

이와 관련하여서는, 근자에 이와 같이 이른바 '실태조사'를 강조하는 태도가 일정 당시 조선총독부가 —자신들의 통치 목적을 위하여— 관변 또는 교육기관 등을 동원하여 수없이 행한 인류학적·지리학적·민속학적 조사 등[27]으로부터 무의식으로라도 영향을 받은 것은 아닌지 논의가 필요할 것이다.

(2) 나아가 앞서 잠깐 언급한 물권변동이론에 관하여도 김증한은 다음과 같이 말하고 있다.

> "**有泉亨 교수의 말에 의하면**, 물권변동이론에 있어서 石田文次郎·末川博 등 경도대학 교수들이 물권행위의 독자성·무인성을 강조하는 데 반해서, 末弘嚴太郎·我妻榮 등 동경대 교수들이 물권행위의 독자성·무인성을 부인하는 것으로 뚜렷하게 대립하고 있으나, 원래 동대에서의 물권행위 독자성·무인성 부인론은 어떤 이론적 연구의 결과로서가 아니라 오랫동안 판례연구를 하는 동안에 그것을 인정할 필요가 없지 않으냐,라는 쪽으로 기울어졌다는 것이다."[28](강조는 인용자가 가한 것이다. 이하 인용문에서 같다)

肝要의 그 법문제와 관련하여서도 김증한이 有泉亨의 말을 인용하는 것을 어떻게 이해하여야 할 것인가?

3. 김증한은 경성제대를 졸업하면서 일제에 징용되어[29] '경리갑

---

26) 김증한(주 18), 138면 이하.

27) 이러한 식민지에서의 식민종주국 학자들의 '실태조사작업'의 내용·문제점 및 그에 대한 평가 등에 관한 일본에서의 최근의 연구로 사카노 토오루, 박호원 역, 제국 일본과 인류학자(1884-1952)(2013)[坂野徹, 帝國日本と人類學者 1884年-1952年(2005)의 번역]; 山路勝彦·田中雅一 編, 植民地主義と人類學(2000); 中生勝美 編, 植民地人類學の展望(2000) 등 참조.

28) 김증한(주 18), 154면 이하.

29) 정확하게 말하면, 김증한은 경성제대 법문학부 3학년 때 학병으로 입대하였다. 그러나 "그 당시 졸업하기 위해서는 27단위(학점)를 취득해야 했는데 20단

종간부후보생'으로 선발되고 경리소위로 임관하여 일본의 山陰(산인) 지방에 있는 병영에서 근무하다가[30] 8·15해방을 맞았다.[31]

그는 해방 후 일단 평양으로 돌아왔다가 1946년 초에 월남하여 「경성대학」[32]의 법문학부 형법학 담당 윤동직 교수[33]의 연구실에 조수로 근무하기 시작하였다.[34] 그가 "1946년 가을 경성대학 법문학부

위 이상 취득하고 학병으로 간 학생에 대해서는 집으로 졸업장을 보내 주"는 특별한 처리("晴軒 金曾漢 博士께서 걸어오신 길", 안이준 편(주 13), 27면의 김증한 발언. 이 글은 황적인과의 대담을 정리한 것이다)에 의하여 졸업을 하게 된 것으로 생각된다. 한편 김정진(주 13), 358면: "그 당시 나(행정과)와 증한 박사(사법과)는 한참 고문시험[=고등문관시험]을 준비하고 있었는데, 청천벽력이 내려 펜을 칼로 바꾸고 인명재천이라고 생각하고 용약 출정했다." 여기서 '고등문관시험'은 1894년부터 1948년까지 일본과 그 식민지인 조선 등에서 시행된 고급관리 채용시험이다

30) 이 시기 일본에서의 근무와 관련하여서는 다음과 같은 증언도 행하여지고 있다. 즉 김증한은 임관을 의한 훈련의 성적이 좋아서 원래 히로시마(廣島)로 발령을 받을 예정이었는데, 그가 창씨개명을 하지 않았다는 이유로 그리로 가지 못하고 그보다 '험한' 산인 지방으로 발령을 받았다. 이로써 그는 히로시마에서의 원자폭탄 피폭을 면하게 되었다는 것이다(이 부분은 석사과정 시절에 김증한의 연구실에서 공부한 이래 그와 인연이 깊은 서민으로부터 들었다. 서민의 김증한과의 오랜 '인연'에 대하여는, "청헌 김증한 교수 30주기 추모 간담회", 우리 법 70년의 성과와 과제(2018), xlii면 이하 참조).

31) 김정진(주 13), 358면 이하.

32) 이는 종전의 「경성제국대학」을 8·15해방 후 임시로 부르던 이름이다. 8월 16일에 조선인 교직원들이 '경성대학 자치위원회'를 구성하고, 학생들과 함께 당시의 야마가 노부지(山家信次) 총장으로부터 학교의 운영에 대한 전권을 얻어낸 다음, 다음날인 8월 17일에는 학교 본관에 태극기를 게양하고 거기에 걸린 「경성제국대학」 현판의 '제국'이라는 부분을 종이로 가려 「경성대학」으로 보이게 하였다고 한다.

33) 김정진(주 13), 359면: "그 당시 법문학부 교수들 가운데는 좌경한 사람들이 많았는데, 상기한 윤동직 교수 외에도 이종갑(상법), 이태진(행정법), 최모(정치학, 만주 건국대 출신) 등이 있었다. 이들은 6·25사변을 전후해서 예외 없이 자진 월북했다." 여기서의 李鍾甲, 尹東直이 유동선兪東璿, 주유순朱愈淳(그는 1950년 3월에 발간된 『商法總則講義』의 저자이다), 그리고 주재황 및 朴商鎰(주지하는 대로 후에 민사소송법 교과서를 발간하였다)과 함께 조선과학동맹 편, 각국 선거제도 독본(1947)의 분담 집필자로 되어 있는 것은 우연이 아닐 것이다.

34) 김정진(주 13), 360면: "월남 직후의 일이었다고 생각되는데 증한 박사는 나에게 군대, 재판소, 행정관청, 은행, 학계(대학) 등 여러 진로 가운데서 자기는 학계를 택하고 평생 동안 오로지 법학연구에 소명감을 갖고 일로매진하겠다고

개강일에 제 1 번 타자로 강단에 서서 패기에 넘쳐 자신만만하게 서양법제사 강의를 개시한 것은 참으로 획기적이며 극적이라고 아니할 수 없다."[35] 이때에 그는 약관 26세의 청년이었다.

Ⅲ. 김증한의 학문

1. 서양법제사[36]

(1) 그가 서울대학교에서 서양법제사 강의를 담당한 것은 스스로의 이니시어티브에 의해서라기보다는 오히려 그때의 사정에 좇아 갔기 때문인 것으로 추측된다.[37] [38] 그러나 일단 맡은 일은 철저하게

술회한 바가 있었다." 그리고 "書齋閑談 대담"(이는 한국경제신문 기자와의 대담을 정리한 것이다), 안이준 편(주 13), 55면: "해방 이듬해에 38선을 넘어 서울에 도착해 보니 마침 경성대학에서 조수(현 조교)를 모집하고 있더군요. 응모하려 했더니 '형법을 해 보겠느냐'고 물어요. '이제부터 시작하는 것이니까 아무거나 좋다'고 말했더니 논문을 써오라는 거예요. 책이란 한 권도 못 갖고 월남했기 때문에 중앙도서관[아마도 서울대 「중앙도서관」이리라] 신문 통계를 자료로 해서 「범죄 통계와 금후의 형사정책」이라는 논문을 써서 제출하고 면접한 결과 교수회의에서 통과가 됐지요."

35) 김정진(주 13), 360면.

36) 한편 김증한은 "나와 서양법제사", 안이준 편(주 13), 156면 이하에서 최종고, 서양법제사(1986)에 대한 서평의 형식을 빌어 자신의 서양법제사 연구의 자취를 스스로 살펴보고 있다.

37) 그는 형법연구실 조수로 있었던 시절에는 "[독일의 형법학자인] 비르크마이어(Birkmeyer), 빈딩(K. Binding) 등의 책을 열심히 읽었다"고 스스로 말한다("청헌 김증한 박사께서 걸어오신 길", 안이준 편(주 13), 29면). 그러다가 "[서울대 법대의 조수가 된 후] 소식을 들으니 당시 법전[즉 경성법학전문학교] 교장으로 계시던 고병국 선생이 법대 학장으로 오신다는데 저하고는 일면식도 없는 사이였죠. 다만 고 학장과 [지리학자로서 연희전문 교수·경성제대 예과 강사 등을 지낸] 육지수 선생이 가깝다는 얘기를 듣고 육 선생을 찾아가 부탁을 드렸지요. 육 선생에겐 대학 예과 시절에 배웠으니까요. / 육 선생의 알선으로 고 학장을 뵈었더니 이미 기본과목은 경험 있는 분들이 맡게 됐으니 서양법제사를 담당해 보겠느냐고 말씀하세요. 그래서 즉석에서 승낙하고 1주일 간 준비해서 1946년 9월 28일 상오 9시에 국립 서울대학교로선 첫 강의를 제가 했지

수행하는 것이 김증한의 타고난 성품인 듯하다. 그리고 이러한 서양

요."("서재한담 대담", 안이준 편(주 13), 56면)

대체로 같은 취지를 말하는 김증한, "고 육지수 선생을 추도함", 石田 陸芝修教授 追念文集(1967)(이 글도 「저서·논문 목록」(주 19)에 누락되어 있다), 249면: "해방된 다음해 2월에 서울로 올라와서 내가 처음으로 찾아뵌 은사님이 육 선생님이시었다. 그리고 그 해 국립서울대학교가 설립되어 법과대학장으로 고병국 선생님께서 임명되셨는데, 고 선생님께는 아직 인사를 드린 일이 없었기 때문에 육 선생님께 고 학장님에게 말씀을 드려 주십사고 부탁을 드렸다. 나는 조수로 그냥 남게 해 주십사고 부탁 말씀을 드렸던 것인데, 하루는 고 학장께서 오라고 그러신다는 기별이 와서 고 학장님에게 찾아가 뵈었더니 며칠 후에 개강이 되니 당시에 서양법제사와 대륙법의 강의를 담당하라는 말씀이었다. 이렇게 해서 내가 처음으로 대학의 강단에 서게 되었던 것이고, 그 후 20여 년 법대 교수를 해 온 것이다."

38) 전주에서 본 이들 '서양법제사'와 '대륙법'의 두 강좌는 김증한이 미국에서 돌아와 민법 강의를 담당하게 되면서(뒤의 주 70 본문 부분 참조) 이를 막 군대에서 제대한 곽윤직에게 맡겼다. 이 점에 대하여는 "民法學의 한 平生을 돌아보며 — 곽윤직 선생님의 인생과 학문을 듣는 좌담회", 厚巖民法論集(1991), 700면 이하, 특히 708면; 곽윤직, 대륙법(1962), 머리말 참조.

김증한의 곽윤직에 대한 恩顧는 대학 시절부터 베풀어졌다고 한다. 즉 김증한은 곽윤직이 서울대 법대 2학년에 재학 중일 때 金驃鎭·沈泰植과 함께(나중에 김표진은 상법, 심태식은 노동법을 전공하여 결국 대학의 교수가 되었다. 이들은 모두 서울대 법대 제5회 졸업생이다) 곽윤직에게 독일어를 특별히 가르쳤다는 것이다(이 부분은 서울대 법대 제9회 졸업생 김창회로부터 들은 바이다). 이는 곽윤직의 대학 졸업 이후 학자 생활의 단초에까지 줄곧 이어졌다. 예를 들면 위 좌담회, 697면: "[9·28 수복 후] 당시 육군본부의 문관으로 계셨던 김증한 선생이 인편으로 나를 만나잔다고 해서 만나러 갔습니다. / 김증한 선생이 군대 어떻게 되었느냐고 물으시길래 여차여차 되었다고 하니까, 김 선생 말씀이 지금 육군본부에서 중고등학교 영어선생 정도의 실력을 가진 사람을 약 열 명 뽑는다는데, 너는 영어를 잘 하니까 거기 가 보라고 하십디다. … 그래서 시험을 치렀는데, 발표를 보니까 합격을 했습니다. 그때 같이 합격한 사람이 후에 서울대에서 동양사를 가르친 高柄翊, 서울시 교육감을 지낸 徐章錫, 서울대에서 불문학과 교수를 한 鄭明煥, 서강대학에서 국사학을 한 李基白 등 열두 명인가 됩니다." 이들은 육군중위로 임관하여 兵書 또는 戰史 편찬의 일을 하였다. 그리고 김증한은 1953년 봄학기에 곽윤직에게 자신이 담당하던 동국대의 '서양법제사' 강의를 맡기기도 했고(위 좌담회, 700면), 위에서 본 바와 같이 곽윤직이 서울대 법대에서의 강의를 이어받은 것이 결과적으로 그의 위 대학의 민법 교수 채용으로 이어졌다(위 좌담회, 706면 이하). 한편 나는 2003년 봄에 곽윤직의 요청으로 그가 학술원 회원이 되는 데 필요한 「공적서」 등을 작성한 일이 있는데, 그때 곽윤직은 그 연유를 "김증한 선생이 나를 학술원 회원으로 추천하려고 하니 필요한 서류를 작성해 달라고 말씀하신다"고 말한 바 있다(그러나 결국 그 자리는 성균관대의 高翔龍에게 돌아갔다).

법제사 강의의 '우연한' 담당은 무엇보다도 그것이 결국 김증한을 민법학으로 이끌었다는 점에서 우리 민법학의 발자취에서는 의미 깊은 일이었다.

그는 자신이 서울대학교에서 행하던 서양법제사 강의를 위한 강의안을 정리하여, 그 일부를 당시 「서울通信大學」의 이름으로 간행되던 『新朝鮮法學全集』의 제 2 권(1948. 5. 15. 발행)에 「서양법제사」라는 이름으로 발표하였다. 이 책에는 朴商鎰의 「법학입문」, 朱宰璜의 「채권법」, 그리고 尹世昌의 「행정법」이 같이 묶여 있다.[39) 40)] 그리고 1949년 8월 20일에 발간된 그 제 3 권에 「서양법제사(2)」가, 1950년 5월 30일[41)]에 발간된 제 4 권에 「서양법제사(3)」이 발표되었다. 이와 같이 하여 일단 「채권법」, 즉 불법행위법까지가 완결되었다.[42)]

그 후에도 김증한은 「서양법제사」의 완성을 위하여 노력하였다.[43)] 그 결과가 6·25전쟁이 한참 진행 중이던 때에 나온 『獨逸私法

39) 장차 한 권의 책이 될 원고의 일부를 다른 법분야에 관한 부분 원고들과 합하여 우선 한 책으로 발간하는 방식은 일제 당시 「日本評論社」의 『新法學全集』의 발간체제를 그대로 본딴 것이다. 예를 들어 우리나라에도 영향력이 지대한 我妻榮의 『事務管理·不當利得·不法行爲』는 애초에는 그와 같은 방식의 3分冊으로 나뉘어 발간되었다.

40) 참고로 김증한을 포함하여 이들 4인은 모두 「國立서울大學法科大學敎授」라는 직함을 가지는 것으로 표지 및 목차 등에 표시되어 있다.

41) 이 책의 刊記에 의하면, 이 책은 '단기 4282년'(서기 1949년) 5월에 발행된 것으로 기재되어 있으나, 이는 원고의 내용별 편제 순서나 紙質의 개선 등에 비추어 제 3 권보다 먼저 출간되었다고 믿기 어렵다. 아마도 '단기 4283년'의 잘못이거나 앞서 본 제 3 권의 발행일자가 잘못 인쇄되었을 것이다.

42) 이 「서양법제사(3)」이 매우 서둘러 발행된 것은, 그 목차에서 맨 마지막 부분의 '노무계약' 및 '불법행위'(「제 3 편 채권법」의 「제 2 장 채권법각론」의 제 5 절과 제 6 절)에는 면수를 기재하는 부분이 공란으로 되어 있어 면수가 매겨져 있지 않은 것으로부터도 추론할 수 있다.

43) 그의 「저서·논문 목록」(주 19) 중 [논문] 부분의 제 3. 및 제 4.를 차지하는 것이 "게르만의 親族法" 및 "게르만의 相續法"으로서 각각 法政 제 4 권 6호·7호·10호(1949) 및 동 제 5 권 1호 내지 3호(1950)에 발표되었다. 이들은 바로 뒤에서 보는 『獨逸私法史』의 「본론」 제 4 편 친족법 및 제 5 편 상속법과 일치하는 내용이다. 즉 이들은 앞에서 본 「서양법제사(3)」의 말미를 장식하는 '불법행위'(전주 참조)에 이어지는 것이다.

史』이다.[44] 이 책은 '법무부 법무국'이 주관하고 있던 「法務資料」 시리즈의 제20집으로 발간되었다. 그 앞머리에 실린 '筆者의 말'은 그의 학문적 기본입장을 엿보는 데 의미가 적지 않다고 생각되므로 조금 길더라도 인용하여 본다.[45]

"우리의 현행 민법은 대체로 종전 전의 일본민법전이고, 일본민법전은 대체로 독일민법 제 1 초안을 본받은 것이었다.[46] 그뿐만 아니라 일본의 법학은, 따라서 현재의 우리나라의 법학은 법전이 그랬던 이상으로 독일법학의 再版이라 함은 주지의 사실이다. 그러니 獨逸私法史는 곧 우리가 현재 가지고 있는 사법체계의 역사적 회고인 것이다.

우리나라는 바야흐로 빌린 옷을 벗어버리기 위하여 우리 자신의 법체계를 창조하려는 단계에 있다. 그러나 법의 창조란 결코 현실과 유리하고 종래의 법체계와 沒交涉하게 이루어질 수 있는 것이 아니라, 위선 과거의 회고·검토·음미로부터 출발하여야 할 것이다. 이 요청에 응하여 주는 것이 法制史이다.

따라서 법제사의 연구는 한국법학의 현단계에서 요청되는 가장 緊急切要의 분야의 하나이다. 그럼에도 불구하고 우리나라의 법학도와 법조인은 종래 이 분야에 대한 관심이 매우 희박하였었다. 이러한 실정에 비추어 다소라도 이 분야에 대한 관심을 야기하고 나아가서 우리 법과 우리 법학의 기초공사에 도움이 될 수 있으면 하는 마음으로 아직 극히 연구 불충분이며 오류까지도 적지 않을 것을 알면서 감히 인쇄에 부치는 바이다."(앞서의 인용문에서와 같이 현재의 맞춤법

44) 나는 이 책을 두 권 소장하고 있다. 그러나 유감스럽게도 모두 刊記가 없다. 다만 맨 앞에 있는 '법무부 법무국' 명의의 「序」나 바로 뒤에서 보는 「筆者의 말」은 모두 1951년 12월 31일자로 되어 있다.

45) 원래의 책에 이 부분 면수가 매겨져 있지 않다.

46) 우리나라에서도 널리 받아들여지고 있는, 일본민법전이 독일민법 제 1 초안을 본받은 것이었다는 —우리 민법학에도 특히 독일에의 일방적 경사라는 점에서 심중한 영향을 끼친— 인식이 그대로 수긍할 만한 것인지에 대하여는 엄밀한 논의를 요한다.

에 좇아 수정한 곳이 있다. 인용문에 붙은 각주는 인용자가 가한 것이다)

애초에 김증한은, 자신의 『서양법제사』를 독일법제사에 초점을 맞추어 개진하기로 하되, 그 내용은 이를 서론과 본론으로 나누며, 후자에서는 「제 1 부 社會史及法源史」와 「제 2 부 私法史」를 다루고, 그 중 제 2 부는 「제 1 편 총칙」부터 「제 5 편 상속법」까지 독일민법전의 편서에 따른 서술 외에 「제 6 편 민사소송」까지 다룬다는 구상을 제시하였었다.

그러나 앞서 본 1951년 발간의 『독일사법사』나 1956년에 발간된 『新訂 西洋法制史』 모두에서 「제 6 편 민사소송」은 다루어지지 않고 있다.

(2) 이와 같이 법제사는 김증한의 학문적 역정에서 언제나 하나의 지표로서의 역할을 한 것으로 여겨진다. 본서에 별도로 붙인 「민법연구의 설계」[47]에서도 그는 "민법 연구를 세 가지 길로 해 나가야 한다고 생각한다"고 하면서, 그 제 1 로 '법제사적 및 비교법적 연구'를 드는 것이다.

아마도 김증한의 법제사 연구의 성과가 민법 법리의 전개에 직접 영향을 미친 예로서 중요한 것으로는 무엇보다도 그의 논문 「공동소유형태의 유형론」[48]을 들 수 있을 것이다. 그러나 이에 대하여는 정종휴가 앞서 본 『한국 민법학의 재정립』에서 이를 다루고 있을 뿐만 아니라, 나도 다른 글에서 이를 비판적으로 검토한 바 있다.[49] 그

---

47) 앞의 주 19 참조.

48) 김증한, "공동소유형태의 유형론", 법조협회잡지 제 2 권 3호(1950), 220면 이하. 이 글은 그의 주요한 논문 8편을 모아 발간한 김증한, 民法論集(1978)의 211면 이하에 다시 수록되었다. 내가 소장하고 있는 이 책은 김증한으로부터 직접 받은 것이다. 그는 내가 군법무관 일을 마치고 서울민사지방법원 판사로 임명을 받은 직후인 1979년 11월 30일에 "梁彰洙 君에게/著者"라고 그 특유의 달필로 친히 써 주었다.

러므로 여기에서는 더 이상 언급하지 아니하기로 한다.

2. 전세권과 국가재건최고회의

(1) 김증한의 이력을 살펴보면, 그가 대학교수로서 통상 맡는 교내 보직 외에 학교 외의 기관에서 일한 경력이 적지 않음이 눈에 띈다. 당시 그가 역임한 문교부의 대학교육국장이나 차관의 직[50]은 대학과 연관이 적지 않다고 할 것이니, 여기서는 일단 넘어가기로 하자.

그런데 그 외에 그는 우선 「특별재판소」의 「심판관」을 맡은 일이 있다. 여기서 「특별재판소」란 제 2 공화국 헌법 아래서 3·15부정선거에 관련된 자를 형사처벌하기 위하여 이른바 革命立法의 일환으로 제정된 「특별재판소 및 특별검찰부 조직법」(1960년 12월 30일의 법률 제567호)에 기하여 구성된 것이다. 김증한은 1961년 1월에 그 「審判官」으로 임명되어 1961년 5월까지 일하였다.[51] 동법 제 3 조 제 2 항에 의하면, 하나의 심판부는 5인의 심판관으로 구성되는데 그 중 1인은 대학교수로 임명하도록 되어 있었다.

이 '가욋일'은 지금에 와서 김증한의 민법 연구의 관점에서 보면 별다른 의미가 없는 것이 아니었다. 그것은 아무래도 그 진전에 '부정적인' 영향을 미쳤다. 이는 『신물권법』의 집필 상황에 대한 다음의 소명에서 알 수 있다.

> "[1961년] 1월 하순에 특별재판소에 나가게 됨으로써 원고 진행에 결정적인 지장을 초래하게 되었다. 원고는 겨우 용익물권의 부분을 마친 때이었다. 아직 담보물권이 남아 있는데, **이 부분을 상권**上卷

49) 양창수(주 7. 2001), 120면 이하.
50) 이에 대하여는 「연보」(주 10), 867면 참조.
51) 전주, 동소.

이나 용익물권에 있어서처럼 아처我妻 교수의 틀을 벗어나서 독자적인 체계를 세워서 서술하려면 도저히 4월 신학기에 댈 수 없다는 것이 명백하게 되었다. 여기서 어떻게 할까를 망설이다가, 결국 담보물권의 부분에서는 일반이론에 관해서는 다분히 아처 교수의 설명을 그대로 빌리면서 담보물권에 관한 우리 민법의 해석론을 전개함으로써 신학기에 대어서 물권법의 상·하권을 일단 완결짓기로 하였다. 그 결과 상권 및 하권의 제 7 장[전세권]까지와 제 8 장[담보물권 총설] 이하와는 아처 교수의 저서에 의존한 정도에 크게 차이가 생기게 되었다."[52]

그와 같이 외부의 일을 맡음으로 말미암아 만일 '아처 교수의 저서에 의존한 정도'에 생긴 차이를 메우지 못하게 되었다는 것도 그렇지만,[53] 특히 我妻의 「담보물권의 일반이론」은 일본에서의 평가에 의하면 그의 민법학 중 '가장 精彩 있는 부분'이라고 일컬어지는데,[54]

---

52) 金曾漢, 新物權法(下)(1961), 3면.

53) 김증한은 1960년 이후 연구와는 직접 관련이 없는 일을 연달아 맡게 되었다. 즉, 1960년 5월부터 12월까지는 문교부 고등교육국장, 1961년 1월부터 1962년 2월까지는 「대학신문」(서울대 교내 신문)의 편집국장, 1961년 5월부터 1962년 2월까지는 본문 바로 아래 (2)에서 보는 국가재건최고회의의 「자문위원」, 1962년 2월부터 1965년 12월까지는 서울대 행정대학원장, 1967년 8월부터 1968년 5월까지는 문교부 차관 등이다. 또 그는 1967년 8월에 서울대학교에서 법학박사 학위를 받았는데, 그 학위논문이 바로 이른바 상대적 소멸설을 주장한 "소멸시효론"이다(이는 김증한, 민법논집(주 48), 245면부터 340면까지에 다시 수록되었다). 아마도 서울대 행정대학원장의 보직을 마친 1966년 1월부터 문교부 차관으로 간 1967년 8월까지 그는 이 학위논문의 작성에 전심하였을 것이다. 이상의 서술 중 김증한의 경력사항에 대하여는 「연보」(주 10), 867면 참조.

한편 그는 1963년부터 1965년까지 한국신문윤리위원회 위원으로 있었는데, 1965년 2월 그 일로 부산으로 출장을 갔다가 묵었던 여관에서 불의의 사고(연탄가스 중독)를 당하였다(이 부분은 서민도 확인하여 주었다). 이 사고는 이후 김증한의 연구생활은 물론이고 그의 삶 전반에 미친 영향은 심대한 것으로 여겨진다. 가령 그의 장녀 김혜동은 2018년 10월 18일 저녁에 서울대학교 교수회관에서 열린 『우리 법 70년의 성과와 과제: 김증한 교수 서거 30주년 기념 논문집』 헌정식에서 한 가족 회고담에서, "아버지의 삶이 그 사고의 전과 후로 뚜렷이 나뉜다"고 말한다.

54) 예를 들면 星野英一, "我妻法學の足跡 —「民法講義」など", 同, 民法論集, 제 4 권(1978), 50면(원래는 ジュリスト 563號(1974년 6월 21일 자. 我妻榮 先生 追

우리로서는 김증한의 '민법학'으로부터 이에서 「벗어난」 그의 생각을 알 수 없는 것은 유감이라고 하지 않을 수 없다.

(2) 또한 김증한은 이른바 5·16 정변이 일어난 직후인 1961년 5월부터 1962년 2월까지 「국가재건최고회의」 법제사법위원회의 「자문위원」으로 일한 바 있다.[55] 위 회의는 당시까지도 여전히 효력을 가지고 있었던 日政 당시의 법령을 우리말로 새롭게 만드는 것을 시정목표의 하나로 내걸었는데, 김증한 등 「자문위원」의 적어도 일부는 그 작업을 실제로 담당하였던 것이다.

(가) 나는 김증한의 독창적 사고력을 보여주는 것은, 독일적 이론을 그대로 도입하려는 물권변동론에서라기보다,[56] 새로 도입된 제한물권으로서의 傳貰權에 대하여 ―아마 별다른 「참고문헌」 없이, 아니면 혹 만주국민법의 典權에 관한 설명을 참고로 하여― 전개한 상세한 해석론[57]이라고 할 것이라는 의견을 피력한 바 있다.[58] 그 후 우

悼 臨時 增刊號) 소재): "『擔保物權法』 등은 이를 능가하는 것이 상당히 곤란하다고 말해도 좋을 정도의 完成度를 보이고 있다"). 이는 여전히 우리 민법 교과서의 서술을 지배하고 있다고 생각된다(이 점에 대하여는 양창수, "담보에 관한 새로운 일반이론의 방향 ― 하나의 문제제기로서", 동, 민법산책(2006), 99면 이하 참조).

55) 「연보」(주 10), 867면.

56) 나는, 독일이론에의 경사와 함께, 김증한의 法思考의 어떠한 특징을 보여주는 자료로서, 처의 행위능력 제한을 정하는 의용민법 및 의용민사소송법의 규정에 관하여 그 「적용」을 거부한 1947년 9월 2일의 大法院判決에 대하여 반대주장을 편 論說을 들 수 있다고 생각한다. 김증한은, 아직 헌법이 제정되기 전이니 헌법적 이념을 들어 실정의 법의 적용이 거부될 수는 없다는 '명쾌한'(또는 지나치게 單線的) 주장을 펴고 있다. 이에 대하여는 양창수, "우리나라 최초의 헌법재판 논의 ― 처의 행위능력 제한에 관한 1947년 대법원판결에 대하여", 동, 민법연구, 제 6 권(2001), 37면 이하, 특히 47면 이하 참조(이 글은 원래는 서울대학교 법학 제40권 2호(1999), 125면 이하에 게재되었다).

한편 우리 민법의 제정과정에서 외국 이론 또는 외국 법제도에 대한 '과격'한 도입의 주장과 우리의 현실문제에 대한 '점진주의적'인 접근(piecemeal approach) 내지 묵수주의적 태도가 공존하는, 김증한을 포함한 법학자들의 일반적 경향에 대하여는 우선 양창수, "민법안에 대한 국회의 심의(Ⅱ) ― 국회본회의의 심의", 동, 민법연구, 제 3 권(1995), 83면 이하 참조.

리 민법학이 전세권에 대하여 행한 설명의 적어도 구도는 예외없이 기본적으로 김증한의 서술에 좇은 것이다.

하나의 예를 들면, "전세권은 용익물권이냐, 담보물권이냐" 하는 그 법적 성질에 대한 주지의 논의가 그러하다. 이와 같이 논의되어야 할 중요문제를 발견하고 제시하는 것이야말로 —그에 대하여 제안된 해결책이 설득력 있는 것인가와는 별도로— 「명저」로서의 이름에 값하는 것이다. 김증한은 이 문제에 대하여 당시의 통설에 반하여 결론적으로 전세권은 용익물권인 동시에 담보물권의 성질도 겸유한다고 주장한다. 용익물권과 담보물권의 기본적인 차이는 객체에 대한 지배가 목표로 하는 바가 사용가치인가, 교환가치인가에 있고, 이러한 교환가치 지배성이란 優先辨濟權의 유무로 판단되는데, "전세권자에게 경매권을 인정한 민법의 취지를 살리려면, 전세권자에게 우선변제권을 인정하지 않으면 안 된다고 믿는다"는 것이다.[59]

(나) 그러한 주장을 뒷받침하기 위하여 그는 경매법 제34조 제 3 항이 "… 배당에 관하여는 저당권자와 전세권자와의 순위는 등기의 선후에 의한다"고 규정한 것을 그러한 우선변제권의 실정법적 근거의 하나로 삼는다.[60] 그런데 이 규정은 依用競賣法(조선민사령 제 1 조 제22호 참조)에는 없던 것인데(동법 제33조 참조), 경매법은 앞서 본 대로 그때까지도 효력을 가지고 있던 일제의 법령(제헌헌법 제100조 참조)을 척결하는 것을 주요한 일의 하나로 내걸었던 「국가재건최고회의」에서 1962년 1월 15일의 법률 제968호로 공포·시행한 것이다.

여기서 밝히거니와, 나는 김증한 본인으로부터 그가 위의 제34조 제 3 항을 직접 기초·삽입하였다는 말을 들은 일이 있다. 일정한 시

57) 김증한(주 52), 444면 내지 484면. 그 전에 이미 동, "新民法上의 傳貰權", 法曹 제 7 권 4·5호(1958), 7면 이하가 있다.

58) 양창수(주 7. 2007), 29면 이하.

59) 김증한(주 52), 451면.

60) 김증한(주 52), 452면.

기까지의 우리 법학의 역사에서 입법에의 관여와 해석작업의 조응관계를 탐색해 보는 것도 시도해 볼 만한 일이다.

3. 번역작업

(1) 김증한에게는 영미의 법 관련 서적을 번역한 것이 여러 권 있다.

우선 쩬크스, 『영국민법휘찬(1): 총칙 · 계약총론』(법무자료 제16집)(1948)(원저는 Edward Jenks, *A Digest of English Civil Law*, 3rd ed., 1938)을 들 수 있다. 이 책은 에드워드 젱크스가 주 편집자가 되어 1905년부터 1917년까지 영국의 버터워즈 출판사에서 발간되었던 것이다(이 책은 요즈음도 다른 출판사를 통하여 발간되고 있다). 그 서문에 의하면, 이는 독일 베를린 소재의 「비교법학 및 경제학 연구원(Berlin Society for Comparative Jurisprudence and Political Economy)」으로부터 1900년 1월 1일부터 시행된 독일민법전을 모델로 하여 문명국가들의 법에 관한 개요서를 발간하자는 요청에 좇아 저술 · 간행된 것이다.

우리나라에서는 위 제 1 권 이후 제 2 권(계약각론 · 준계약)(법무자료 제20집), 제 3 권 및 제 4 권(이상 불법행위)(법무자료 제26집, 제27집)으로 譯刊되었다. 이는 명백히 민법 연구, 특히 당시 법조계의 주요 현안과제의 하나였던 민법전의 제정을 위한 기초자료로서 비교법적 시야를 넓히기 위한 의도에서 법무부의 주도로 기획된 것으로 여겨진다. 다시 말하면, "우리들이 판례 중심으로 발전한 英法을 이해하기에 곤란이 많은 점에 착안하여 이를 조문별로 彙纂하였을 뿐 아니라 주석까지 가하여 우리들의 영국 민법 연구에 공헌하는 바 실로 크다 할 것"이기 때문이다.[61]

위 제 1 권의 번역은 김증한이 담당하였는데, 이는 다른 한편으로

---

61) 쩬크스, 영국민법휘찬(3): 불법행위(1955), 서문.

는 그가 주장하는 「민법 연구의 설계」에서의 제1요목, 즉 비교법 및 법사학적 관점을 획득하려는 의도와 관련되는 것으로 위치지을 것이다.[62]

(2) 나아가 김증한은 『미국의 헌법과 정치』(1955)도 번역·출간하였다.[63]

(가) 그 맨 앞에 있는 1954년 12월 23일자의 「역자의 말」의 앞부분을 그대로 옮겨본다.

> "이 책은 미국 국무성에서 엮은 'A Government by the People'이라는 책을 번역한 것이다.
>
> 국무성에서 엮은 그 책은 미국의 수도 「워싱톤」에 있는 「아메리칸」대학 교수 Cathryn[Catheryn의 오식이다] Seckler-Hudson 씨가 지은 『우리 헌법과 정치(Our Constitution and Government)』라는 책을 기초로 하여 그것을 미국 내의 각급 학교 학생들이 보기에 알맞게 쉽고 간단하게 다시 엮은 것이다. 그 내용은 헌법을 기초로 하여 미국의 정치가 어떻게 운영되어 나가느냐를 간명하게 설명한 것이지만, 무미건조한 헌법 조문의 해설을 피하고 헌법의 굵은 줄기만 따서 그것이 일반적 관심이 깊은 여러 가지 구체적 경우에 어떻게 실현되어 나가느냐를 실제적으로 그려 놓았다."

---

62) 그러나 "김증한 교수와의 대담"(최종고 교수와의 대담을 정리한 것이다), 안이준 편(주 13), 45면에서는 "영미법은 예를 들어 영미법 판례를 독일민법전에 맞추어 체계화시킨 Edward Jenks의 저서 *Digest of English Civil Law*를 보아도 양국법은 틀이 전혀 다르기 때문에 영미법의 경우는 나사 끼우듯이 갖다 맞출 수는 없습니다. / 그러므로 우리나라에서 법학을 완전히 배운 사람이 영미에 가서 영미법의 사고방식(way of thinking)을 배우는 데는 도움이 될 것이나 독일법과 같이 그대로 갖다 끼울 수는 없는 노릇입니다"라고도 한다. 여기서 '독일법은 그대로 갖다 끼울 수 있다'는 부분에 대하여는 뒤의 Ⅳ.를 보라.

63) 「저서·논문 목록」(주 19)에는 이를 1954년에 법문사에서 출판된 것으로 표시하고 있다. 그러나 나는 그 역서를 한양대의 헌법 전공 방승주 교수가 소장하고 있는 역서 원본으로 살펴본 바 있는데, 이는 명백히 1955년에 葦聲文化社(이에 대하여는 앞의 주 13 말미도 참조)에서 간행되었다.

원저인 『우리의 헌법과 정치』의 부제는 '시민권[즉 국적] 신청자들이 공립학교에서 쓰기 위한, 미합중국의 헌법과 정치에 관한 교육 항목들(Lessons on the Constitution and Government of the United States for Use in the Public Schools by Candidates for Citizenship)'이고, 그 발행처도 당시 미국 법무부에 속하고 있던 「입국심사 및 귀화 사무처(The U.S. Immigration and Naturalization Service)」이다. 원래는 위 사무처에서 미국 시민권을 얻으려는 사람들에게 미국의 헌법과 정치의 개요를 소개·교육하기 위하여, 말하자면 시민교육용으로 당시 아메리칸대학의 정치학·행정학 교수로 있던 캐서린 세클러-허드슨에게 위촉하여 집필하도록 한 결과로 1940년에 발간되었다. 그런데 곧바로 "그 교육 배경이 보다 제한적인 사람들을 위하여" 이를 간략하게 한 판본이 요구되어, 템플대학교의 존 허비(John G. Hervey) 교수가 마련한 『우리의 헌법과 정치 — 간략판(Simplified Edition)』이 1941년에 역시 위 기관에서 발간되었다. 이 간략판은 그 후 꾸준히 개정되고 재쇄된 바 있다.[64]

그런데 그 도중에 제2차 세계대전이 끝나자 미국 국무부에서 미국의 헌법과 정치를 외국 사람들에게 알리기 위하여 위 책을 축약·편집하여 *The United States of America: A government by the people*로 발간한 것으로 추측된다. 이는 1946년에 프랑스어로 번역되어 *Les États-Unis d'Amérique: Un gouvernement par le peuple*이라는 책[65]으로 발간되기도 하였다.

(나) 김증한은 앞서 본 「역자의 말」에서 이어 다음과 같이 말한다.

64) 내가 인터넷으로 검색하여 출력한 판본에 의하면, 재쇄는 1943년, 1949년, 1954년에 되었는데, 그 사이사이에, 즉 1947년, 1948년, 1951년, 1953년, 1954년, 1955년에 개정이 행하여졌다.

65) 이 책은 그 저자 이름을 그녀가 봉직한 미국 아메리칸대학의 도서관에서 검색함으로써 오늘날도 찾을 수 있다.

"우리나라에서는 아직 민주주의 성장의 역사가 짧다. 해방 직후 한때는 「민주주의」라는 말이 홍수와도 같이 범람하여 남용되더니, 그 물결도 지고 지금에 와서는 민주주의라는 말이 아무런 감촉도 주지 않는 듯 싶다. 그러나 원래 민주주의가 일조일석에 이루어질 수 있는 것은 아니다. 歐美에 있어서도 민주주의는 수 세기에 걸친 피의 투쟁의 대가로서 이루어졌던 것이다. 우리는 마땅히 민주주의 초년생으로서 꾸준하게 민주주의를 배우며 실천하여 나가야 할 것이다.

그러한 의미에서 현대 민주주의의 표본이라고 할 수 있는 미국의 정치가 어떻게 운영되는가를 알기 쉽게 해설한 이 책은 민주주의를 지향하는 국민의 누구나가 일독할 가치가 있고 필요가 있다고 믿고 이것을 번역 소개하는 것이다."

나는 김증한이 이와 같은 책을 번역·출간한 것에 대하여 놀람을 느끼면서도, 그의 민주주의에 대한 열정을 새삼 알게 된다.[66] 그러고 보면, 그가 4·19혁명 때 교수 데모의 시국선언문의 기초위원을 맡았던 일[67]도 우연은 아니었던 것이다.

(3) 그가 스미스-문트(Smith-Mundt) 장학금으로 미국의 튤레인대

---

66) 이것과도 관련하여 여기서 하나 지적되어야 할 것은 김증한이 특히 1950년대 중후반에 헌법 관계의 글을 몇 개 집필하였다는 것이다. 우선 "美憲法 제18수정의 유효 여부", 서울대학교 법대학보 제 2 권 1호(1955), 20면 이하; "자유권의 제한", 동 제 4 권 1호(1957), 27면 이하를 들 수 있다(이 중 후자는 「저서·논문 목록」(주 19)에 게기되어 있지 아니하다). 전자가 다루는 미국헌법 수정 제18조는 주류를 금하는 것으로서(이른바 금주법) 1919년에 효력을 가졌다가 결국 1933년에 폐지되었다. 그러나 그 사이에 그 유효 여부를 다룬 많은 재판례가 나왔는데, 위 글은 이를 다룬 것이다. 후자는 본격적으로 헌법상 보장된 자유권을 제한할 수 있는 범위를 논한 것으로서 문홍주의 견해를 반박하고 있다.

67) 이에 대하여는 "서재한담 대담", 안이준 편(주 13), 57면. 한편 그에게는 다음과 같은 일도 일어났다. "전임강사 7년, 조교수 7년을 지낸 후 부교수를 거쳐 정교수로 올라갈 때인데 도무지 발령이 나지 않아요. 알아봤더니 경무대에서 신원조회에 걸렸다는 거예요. 자유당 정권 말기 때 우리 집안은 위험한 사람으로 지목됐던가 봐요."(위의 책, 56면 이하) 이 부분은 앞서 본 부친 김익진의 行狀(앞의 주 11도 참조)과 더 관련이 있지 않을까.

학에 유학을 간 것은 1953년 9월이었다.[68] 약 1년을 머물고 다음해 8월에 귀국하였다.[69] 그때부터 그는 민법 강의를 담당하였다.[70]

그에게 미국은 무엇이었던가? 이 점도 그동안 별로 주목되지 아니한 부분이다.

(가) 그는 형법연구실 조수 시절에 이미 겔다트(William Geldart)의 *Elements of English Law*[71]를 읽었다고 한다. 또 위에서 본 대로 1948년에는 젱크스의 『영국사법휘찬』을 번역·출간한 바 있다. 그리하여 그는 미국에 가서도 "영미법에 대한 기초지식이 어느 정도 있었으므로 연구하는 데 큰 곤란은 없었다"고 한다. 그럼에도 그는 영어 실력이 부족하다고 느끼고 "[미국에 가서] 제일 처음 뼈저리게 느낀 것은 어학 공부에 대한 아쉬움"이라고 솔직히 고백한다.[72]

한편 그가 미국에서 가장 큰 영향을 받은 것은 case method식 강의이었다.[73] 그래서 귀국 후 약 1년 간 일본대심원 판결을 교재로 하여 그 방식의 강의를 시도한 적도 있다.[74]

---

68) "청헌 김증한 박사께서 걸어오신 길", 안이준 편(주 13), 33면. 스미스-문트 장학금이란 1948년에 제정된 미국의 연방법률 「미국 정보 및 교육 교환 법(U.S. Information and Educational Act)」(이 법률은 흔히 「스미스-문트 법」이라고 불렸다)에 기하여 미국을 '선전'할 목적으로 외국의 학자·언론인·기술자 등에게 제공되던 재정보조금을 말한다.

69) 「연보」(주 10), 867면.

70) "서재한담 대담", 안이준 편(주 13), 56면.

71) 이 책은 1907년에 발간되었는데, 출간 당시부터 영향력이 있었다. 오늘날에도 데이빗 야들리(David Yardley)가 보정한 제11판이 『영국법 입문(*Introduction to English Law*)』(1995)이라는 이름으로 옥스포드대학 출판부에서 발행되고 있는 것에서도 이를 알 수 있다. 우리나라에는 그 번역으로 徐希源 역, 영국법원리(1955)가 있다.

72) "청헌 김증한 박사께서 걸어오신 길", 안이준 편(주 13), 34면.

73) 그는 1955년에 법을 공부하는 학생들을 위하여 쓴 "법률공부의 방법", 안이준 편(주 13), 239면 이하의 글(원래는 法政 제10권 4호(1955. 4) 소재)에서 그가 미국에서 경험한 「케이스·메쏘드」에 대하여 상세히 설명하고 있다(위 책, 241면 이하).

74) 전주, 동소. 나아가 "그곳의 moot court의 영향을 받아 법대에서 최초로 민사모의재판을 시도하기도 했죠. 6·25 이전에는 형사모의재판이 있긴 했습니다만

(나) 그는 1956년에 로스코 파운드의 『영미법의 정신』을 번역하여 출간한다.[75]

"1956년 1월 서울대학교 법과대학 연구실에서" 쓴 것으로 되어 있는 「역자의 말」은 다음과 같다.

> "이것은 미국 법학계 最長老의 일인인 Roscoe Pound의 *The Spirit of the Common Law*, 1921의 全譯이다. 이 책은 발간된 지 벌써 35년이나 되었고 그동안에 미국의 법상태도 많이 달라졌지만, 대체로 1910년대의 미국법을 기초로 하여 그 법과 법사상을 형성한 사회적·사상적 배경을 예리하게 분석한 것으로, 現今에 있어서나 장래에 있어서 그 가치가 감소되지 않을 불후의 명저이다. 우리 한국 법학도에게는 단지 영미법을 이해하기 위한 好適의 입문서일 뿐만 아니라, 영미에 대하여 하등의 관심을 가지지 않더라도 무릇 법의 연구에 뜻을 두는 모든 분에게 甚大한 시사를 줄 것으로 믿는다. 그것은 첫째로 법과 법사상이 사회적·정치적·경제적 사정의 변천에 따라서 어떻게 변화하느냐 하는 일반적 문제의 이해에 대하여 기여하는 바가 큰 것이고, 둘째로 미국법의 배경의 분석이 우리 한국법의 배경의 반성을 촉발할 수 있을 것이고, 세째로 극도로 개인주의적인 일면을 가진 동시에 또 항상 인적 결합을 간과하지 않는 영미법의 특색이 개인주의와 전체주의를 양자택일적으로 생각하고 혁명적 방법으로 一者로부터 他者로 전환하는 대륙법적 사고방식에 대하여 함축 있는 시사를 던져 줄 것이기 때문이다.
>
> 「파운드」 씨의 저작이 그 해박한 학식에 유래하는 종횡무진의 인용 때문에 한편으로는 그 학술적 가치를 높이는 동시에 他便으로는 그 저작을 매우 난해한 것으로 만든다는 것은 이미 정평 있는 바이다. 역자의 천학비재에 보태어 이 번역이 단시일 내에 서두른 것인

민사모의재판과는 그 성격이나 준비과정이 달랐죠"라고 한다(안이준 편(주 13), 34면 이하).

75) 이는 「서울대학교 번역총서」의 하나로 출간되었다. 이 번역사업의 내용, 경향 등도 1950년대 우리나라 지성의 방향 모색과 관련하여 흥미로운 점이 있다.

관계로 역어의 부적절 내지 불통일뿐만 아니라, 오역까지도 있을 것을 심히 두려워 하는 바이다."

과연 김증한이 그의 법학적 작업에 있어서 로스코 파운드의 사상 또는 지향(흔히 '社會工學으로서의 법 law as social engineering'이라는 표어로 요약된다)을 실제로 얼마나 또는 어떻게 구현하였는가 하는 점도 앞으로 살펴볼 필요가 있다고 하겠다.

Ⅳ. 소　　결

1. 한편 김증한은 로스코 파운드에 대하여 다음과 같이 독일법학과 연관지어 말한다. 즉 "20세기 미국의 최대의 법학자라고 할 수 있는 Roscoe Pound도 그가 그렇게 위대한 법학자가 될 수 있었던 것은 그가 젊어서 독일에 유학하여 독일법학을 착실히 공부하였기 때문이라고 나는 믿는다."[76] 또 이렇게도 말한다.

"Roscoe Pound 교수를 금세기 미국의 최고의 법학자로 보는데 이론이 없을 것입니다. 그가 왜 그렇게 유명해졌느냐 하면 그도 젊었을 때 독일에 유학 가서 공부한 사람입니다. 그의 법학이 독일의 것 그대로는 아니라 해도 그 뼈대에는 독일 학문이 들어가 있습니다. 왜

76) "한국 민법학의 진로", 안이준 편(주 13), 154면. 그런데 로스코 파운드가 젊은 시절 독일에 '유학'하였는가는 검증을 요하는 바이다. 물론 그가 유럽대륙법, 그 중에서도 로마법 및 20세기 초의 자유법론 기타 독일의 '새로운 법학' 등에 대하여 조예가 깊었고 그것이 그의 이른바 '사회학적 법학(sociological jurisprudence)' 주장에 중대한 영향을 미쳤다는 사실은 잘 알려져 있다. 일반적으로 19세기부터 20세기 초에 걸쳐 영미법, 특히 영미의 법학이 대륙법적 요소로부터 받은 영향에 대하여는 우선 Mathias Reimann(ed.), *The Reception of Continental Ideas in the Common Law 1820-1920*(1993)의 여러 글들을 보라. 파운드에 관하여는 무엇보다도 그 책에 실린 논문 James E. Herget, The Influence of German Thought on American Jurisprudence 1880-1918, ibid., p. 203 ff., 특히 p. 221 ff. 참조.

냐하면 제가 번역한 그의 저서 *Spirit of Common Law*[원문대로]를 보면 중세 게르만법에 대한 해박한 이해가 바탕을 이루고 있습니다. 물론 그 후의 Pound의 법이론은 독자적으로 구성된 것은 틀림없으나 밑바닥에 독일법이 들어가 있다고 확신하고 있습니다."[77]

2. 로스코 파운드에 대한 평가에서도 그렇지만, 독일법학은 김증한에 있어서 그만큼 樞要의 지위에 있었다. 그가 정년 기념 강연에서 밝힌 그 이유를 다소 길더라도 여기에 인용하여 둔다.[78] 그것은 (i) 일본법학을 극복하여 우리 자신의 독자적 이론을 개척하여야 한다는 것, (ii) 독일법학이 그 극복의 '가장 손쉬운 의거처'라는 것으로 전개되어 간다.[79]

"우리나라는 여러 가지 점에서 일본과 비슷한 사회사정 하에 있기 때문에 일본의 이론이 통하기 쉬운 점도 있을지 모른다. 그리고 법률도 일본의 것과 거의 비슷한 것이 많은 것이 사실이다.

그러나 법이 결코 전적으로 일본과 같은 것이 아니다. [그 예로 물권변동에 관한 입법적 전환 등을 든다] 우리나라 사법부의 중견을 이루고 있는 분들이 일본시대에 교육을 받은 탓인지 몰라도 일본 것이라고 하면 금과옥조로 생각하는 경향이 있는 것 같다. 그분들은 일본의 대심원판례가 말하고 있으니까 우리도 그대로 따른다고 생각하고 있는 것이 아닐까?

그렇기 때문에 먼저 일본법학의 망령으로부터 해방되어야 한다. …

그렇다고 해서 일본법학을 무시하거나 경시하는 것은 아니다. 우리가 현대 법학을 일본을 통해서 받아들인 것은 움직일 수 없는 사실이다. 말하자면 법학에 관해서는 일본이 우리의 선생이었던 셈이다. 그리고 지금도 우리보다 훨씬 더 많은 학자들이 우리보다 훨씬 더 열

77) "김증한 교수와의 대담", 안이준 편(주 13), 44면.

78) "한국 민법학의 진로", 안이준 편(주 13), 149면 내지 154면.

79) 이에 대하여는 이미 양창수, "어느 법학교수가 살아온 이야기", 저스티스 2017년 8월호, 389면 이하(본서, 11면 이하)에서 약간의 소감을 밝혀 두었다.

심히 공부하고 있는 것도 인정해야 한다. 그렇지만 일본 것이니까 따라야 한다는, 말하자면 문화적 식민지 사상을 하루 속히 버려야 한다는 것이다. …

[물권행위, 공동소유, 전세권, 제607조·제608조 등에서 "우리가 독자적으로 이론을 펴나가는 수밖에 없다"는 이유를 제시한다]

요컨대 일본법학의 굴레에서 벗어나서 우리 자신의 독자적 이론을 개척해 나가야 한다.

그것을 하는 데 있어서는 역시 독일법학이 가장 손쉬운 의거처가 되지 않을 수 없다. 왜 하필이면 독일이냐고 반대할 사람이 있을지 모른다. 그러나 … 일본에서도 영법·독법·불법 중에서 처음에는 일본민법전이 Boissonade가 기초한 관계로 … 일본민법에 대하여 佛法의 영향이 지대하였지만, 학문적으로는 독일법학이 전적으로 지배하다시피 한 것이 사실이다. 그 결과 우리나라의 법조인이나 법학자들은 이 독일법학의 선례[세례?]를 착실히 받은 사람들이다. 또 일본뿐만 아니라 전세계적으로 보더라도 19세기의 독일법학은 세계적으로 가장 훌륭하게 발달한 것이라고 하는 것을 부인할 수 없다. [앞의 주 76에서 인용한 로스코 파운드 관련의 언급]"

3. 위 발언은 앞서 본 대로 1985년 11월의 서울대학교 법과대학에서 있었던 정년퇴임 기념 강연에서 한 것이다. 말하자면 그의 민법학교수로서의 삶을 정리하는 자리이다.

그런데 그 강연은 다음과 같은 말로 시작된다. "우선 한국에 민법학이 있는가가 의문이다. 그렇지만 민법 담당 교수들이 하는 일을 일단 민법학이라고 부르기로 한다."[80] 평생을 민법 교수로 지낸 김증한이 종국적으로 우리나라에서 민법학이 수행되고 있다는 것 자체를 의문시하고 있는 것이다.

우리나라에서 과연 무엇이 '민법학'인가? 어떻게 하는 것을 '민

---

80) 안이준 편(주 13), 133면(원래는 서울대학교 법학 제26권 2·3호(1985. 10), 1면).

법학'이라고 부를 것인가, 부르기에 합당한가? 김증한은 이러한 심중한 질문을 우리에게 던지고 있다는 생각을 금할 수 없다.

(『우리 법 70년의 성과와 과제—사법을 중심으로: 청헌 김증한 교수 30주기 추모논문집』(2018. 10), ix면 이하 所載)

[후 기]

1. 이미 양창수, "한국사회의 변화와 민법학의 과제", 서울대학교 법학 제28권 1호(1987), 4면 이하; 동, "한국 민사법학 50년의 성과와 21세기적 과제", 서울대학교 법학 제36권 2호(1995), 1면 이하(이상 후에 동, 민법연구, 제 1 권(1991) 및 제 4 권(1997)의 각 1면 이하에 수록)가 김증한의 민법학에 대하여 부분적이나마 다루고 있다.

2. 이 글을 본서에 수록하면서 새로 추가·보정된 부분이 여럿 있다. 이들을 여기서 따로 보기로 한다.

(1) 주 4 및 그 본문 부분: 우리나라에서 "법학자 한 사람의 법학자를 여러 사람이 다각도로 조명하면서 얇지 않은 책을 꾸며낸 것"은 애초 서술하였던 것처럼 김증한이 처음이 아니며, 우선 그 전에 형법학의 劉基天을 들 수 있다. 유기천에 관하여 거기 인용한 자료에 대하여는 고맙게도 「유기천교수기념사업출판재단」과 관계가 깊은 음선필 교수(홍익대)의 도움을 얻었음을 밝혀둔다.

(2) 주 24 뒷부분 추가: 김증한이 '실태조사'를 갔던 '둔산'에 대한 설명을 추가하였다.

(3) 주 31 추가: 김증한이 일본의 山陰 지방에서 병역을 수행한

경위에 대한 서민의 언명을 인용하였다.

(4) 주 37 뒷부분 추가: 필자가 소장하고 있는『石田 陸芝修 敎授 追念文集』(1967)에서 김증한의 "고 육지수 선생을 추도함"이라는 글을 발견하였다. 이는「저서 · 논문 목록」(본문 주 19 참조)에 수록되지 아니한 글인데, 김증한이 서울대 법대에서 강의를 하게 된 경위 등이 그 후의 "서재한담 대담"과는 약간 다른 내용으로 서술되고 있다.

(5) 주 38 추가: 김증한의 곽윤직에 대한 '배려'에 관한 서술을 추가하였다.

(6) 주 53 뒷부분 추가: 김증한의 연탄가스 중독 사고에 대한 김혜동의 언명을 인용하였다.

(7) 주 56 수정: 김증한의 법학 연구의 특징에 대한 설명을 조금 달리 설명하였다.

(8) 주 66 추가: 김증한이 1950년대에 발표한 헌법 관련 글을 다루었다.

(9) 주 76 뒷부분 추가: 로스코 파운드의 삶에 대한 서술을 살펴보면, "그가 젊은 시절 독일에 유학하였다"는 김증한의 언명을 확인하여 주는 서술을 잘 찾을 수 없다. 관련하여 파운드에 관한 설명을 추가하였다.

4. 이 시대 사법부의 위상과 과제

— 6년의 경험으로부터 —

Ⅰ. 들어가기 전에

1. 우선 이러한 자리에서 나의 경험과 소견을 밝힐 수 있는 자리가 주어진 것을 큰 영광으로 생각한다.

교수 일의 핵심은 물론 학문 연구인데, 그 연구의 연유 또는 경위로 말하자면 이를 주문생산과 자발생산自發生産(또는 자가생산自家生産)의 둘로 나눌 수도 있겠다. 그 중에 주문생산은 이제 나에게는 오늘과 같이 「기조연설」의 부류에 집중된다. 돌이켜보면 그것은 내가 「한국민사법학회」의 회장이 된 2005년을 전후한 때부터인 것으로 여겨진다.[1)]

---

1) 대법원에 가기 전에 국내의 학술대회에서 마지막으로 본격적인 개별주제 발표를 맡은 것은 이미 10년도 더 지난 2004년 12월에 '가족법과 재산법의 교차'라는 큰 주제로 열린 한국가족법학회의 동계 학술대회에서 발표한 "「가족법」상의 법률행위의 특성"인 듯하다. 이 글은 나중에 서울대학교 법학, 제46권 1호(2005. 3)에 게재되었다(민법연구, 제 8 권(2005), 321면 이하에 수록). 외국의 것까지 합하여도 8년 전으로, 나고야에서 열린 일본의 사법학회私法學會의 정기 학술대회에서 "韓國の2004年民法改正案: その後の經過と評價"라는 발표를 한 것이 2008년 10월이었다. 그 글은 이미 그 전에 ジュリスト 제1362호(2008.9.1), 84면 이하에 게재되었다.

덧붙이자면, 나는 2008년 9월 8일에 대법관으로 임명되어서, 위 글을 완성하여 주최자에게 보낸 것은 임명 제청을 받은 같은해 8월 초보다 앞선 때이었다. 그리고 그 발표는 애초부터 그 임명 후의 날짜로 일정이 잡혔고, 또 학회에서 직접 발표하는 것으로 약속이 되어 있었다. 그런데 '대법관이 다른 나라의 학회에 글을 발표하러 가는 것'에 대하여 법원 행정 담당자들 사이에서 논의가 되었다. 이러한 논의가 있었다는 것 자체가 교수 출신의 대법관이라는 법원으

사실을 말하자면 나는 개별 주제에 관한 발표 같은 것을 하고 싶고 또 그것을 하여야 한다고 스스로 여기고 있지만,[2] 다른 한편 "아, 이제 그럴 만한 때가 되었는지도 모른다" 하는 생각이 들기도 한다.

2. 아래에서는 오늘날 사법부가 놓여 있는 위상과 사법부가 해결하여야 할 과제에 대하여 내가 생각하는 바를 말하여 보고자 한다. 물론 이것은 대법관으로 일하던 6년 동안의 견문에 바탕을 둔 것이다.

이하에서 말하는 것은 그야말로 두서없이 머리에 떠오르는 대로, 생각나는 대로 적어본 사적 감상私的感想에 불과한 것이다. 아무런 체계도 없다. 문헌 기타 자료의 인용도 충분하지 않고 그저 내 주위에서 편하게 접근할 수 있는 한도에 그쳤다. 그저 편하게, 이렇게 생각하는 사람도 있구나 하는 정도로 들어주었으면 한다.

그러나 「머리에 떠오르는 대로」라고 하는 것이 혹 '머리'의 질서 또는 그 됨됨이에 따라서는 서로 무슨 연관이 있을지도 모른다. 또는

로서는 '낯선' 사태의 한 국면이라고 할 수 있을 것이다. 결국 나는 공무 출장이 아니라 주말 동안 휴가를 얻어 개인 자격으로 일본에 가서 글을 발표하고 질문을 받은 후 돌아와 월요일 아침에 정시에 출근하였다.

그 후 2014년 4월에 미국 버클리대학교의 「한국법센터(The Korea Law Center)」가 창립 기념 학술대회를 여는데 기조강연을 의뢰받았다(그 강연문의 우리말 번역은 후에, "버클리대학교 한국법센터 학술회의에서 한 말(I), (II·완)", 법원사람들 2014년 5월호(제349호) 및 동년 7월호(제351호), 각 16면 이하; 그리고 후에 양창수, 노모스의 뜨락(2019), 124면 이하에 각 수록되었다). 이때에는 공무 출장으로 출국하였다. '기조연설'은 괜찮다는 말인가?

지금 생각해 보면, 대법관 임명을 받은 직후인 2008년에는 앞으로는 '대법관의 분수에 맞게' 논문 발표 같은 것은 쉽사리 맡지 않도록 좋게 말하면 계도啓導, 나쁘게 말하면 경고하는 의미가 섞인 것이 아니었을까? 사실 대법관 시절 나는 무슨 논문을 쓰고 할 시간조차 전혀 가질 수 없었지만 말이다.

2) 다행히 금년 10월에 있었던 한국민사법학회의 추계학술대회에서 "계약의 구속력의 근거 단상 — 의사와 신뢰 사이"라는 개별주제 발표를 할 기회를 얻었다. 그 발표의 바탕이 된 글은 후에 민사법학(한국민사법학회), 제77호(2016. 12), 3면 이하에 실렸다.

뒤집어 보면, 그것이 그 '머리'의 질서 또는 됨됨이를 말하여 줄는지도 모른다.

Ⅱ. 우리 국민은 소송을 꺼리는가?

1. 대법원에 접수되는 사건의 엄청난 수

내가 처음 대법원으로 일터를 옮겼을 때 놀랐던 것은 대법원에 접수되는 사건 수가 매우 많다는 사실이었다. 그리고 더욱 중요한 것은 그것이 지속적으로 증가하고 있다는 점이다. 2006년부터 2015년까지 본안사건만의 접수 숫자를 보면 다음과 같다.[3)]

연도	건수	지수
2006	22,946	100.0
2007	26,392	115.0
2008	28,040	122.2
2009	32,361	141.0
2010	36,418	158.7
2011	37,267	162.4
2012	35,777	155.9
2013	36,156	157.6
2014	37,652	164.1
2015	41,850	182.4

이것은 본안사건만을 집계한 것이니까, 여기에는 각종의 신청사건(민사사건에서의 가압류·가처분의 이른바 보전처분 사건, 행정처분 등

3) 법원행정처 편, 2016년 사법연감, 600면. 얼마 전에 법원행정처의 담당자에게 문의한 결과로 금년에 들어와서도 이러한 사건 추이는 별로 변한 것이 없다고 한다.

에 대한 집행정지 사건, 형집행정지 사건 등 법리상으로나 실제상으로 매우 의미 있을 수 있는 사건들도 이에 포함된다)은 제외하고서라도 그만큼 된다는 말이다.

내가 대법원에 간 2008년과 대법원을 나온 2014년을 비교하여 보아도 34.2%가 늘었으니 대체로 3분의 1 가량이 많아졌다. 현재의 대법관 13인 중 법원행정처장을 맡은 대법관은 재판에 관여하지 아니하므로, 나머지 대법관 12인은 한 사람이 매년 3천 5백 건을 처리하여야 한다. 이것은 대법관이 1년을 하루도 쉬지 않고 일하더라도 하루에 평균 10건 정도의 사건을 처리하여야 하는 셈이다.

2. 사건 처리의 실제

대법원에서 이렇게 많은 사건들을 구체적으로 어떻게 해서 처리하고 있는지에 대하여는 여기서 상세히 다루지는 않기로 한다.

다만 대법원에 계속되는 사건은 실제로는 대법관이 아니라 그[4]의 재판업무를 보조하는 재판연구관(법원조직법 제24조 제 2 항: "재판연구관은 대법원장의 명을 받아 대법원에서 사건의 심리 및 재판에 관한 조사·연구 업무를 담당한다")이 다 처리하고[5] 대법관은 재판연구관이 작성해 온 판결문에 서명날인만을 하거나 기껏해야 극히 일부의 사건에서 판결문을 수정만 한다는 속설俗說이나, 대법관이 상고이유서를 읽지 않는다 또는 대법관 출신 변호사가 제출한 상고이유서만을 읽는다는 속설은 사실과는 거리가 멀다는 것만을 밝혀 두기로 한다.

---

4) 이하 3인칭은 편의상 단지 '그'라고만 하고, '그녀'는 따로 부르지 않는다.

5) 한편 재판연구관 조직이 꾸준한 확대의 현저한 경향을 보이고 있음은 명백한 사실이다. 현재 고등법원 판사 또는 지방법원 부장판사 급의 비교적 우수한 법관 180명 내외가 대법원에서 재판연구관으로 일하고 있으며, 그 외에 법학교수를 포함하여 최소한 국내외의 박사학위를 가진 사람으로 보하여지는 이른바 「전문직 재판연구관」, 즉 법원조직법 제24조 제 4 항에서 정하는 "판사가 아닌 재판연구관"이 10여 명 있다. 그 조직상의 우두머리로서 모두 고등법원 부장판사급인 수석재판연구관 및 선임재판연구관이 있다.

3. 우리 국민은 소송을 꺼리는가, 아니면 우리 사회는 '소송과잉사회'인가?

(1) 우리나라에는 "우리 국민들은 재판을 꺼린다, 소송의 제기를 기피한다"는 뿌리깊은 견해 내지 선입견이 있는 듯하다. 그러나 이웃 일본에서의 이른바 「가와시마(川島武宜. 동경대학 민법 교수) 테제」[6]와 유연성類緣性을 가지는 함병춘[7]의 우리 사회의 「유교적 성격」과 소

---

6) 川島武宜, 日本人の法意識(1978), 139면 이하: "전통적인 일본의 법의식상으로 권리·의무는 있는 듯 없는 듯한 것으로 의식되고 있고, 그것이 명확화되고 확정적인 것으로 되는 것은 꺼려진다", "우리나라[일본]에서는 서양이라면 당연한 경우라도 소송을 제기하는 자는 '괴짜', '싸움쟁이', '소송광' 등등의 말로 낙인이 찍힌다. 소송을 기피하는 태도는 우리의 마음 깊숙한 곳에 침착沈着되어 있다."(이하 꺾음괄호 안은 다른 특별한 지시가 없는 한 본문을 포함하여 인용자의 부가를 표시한다) 그 전에 이미 Takeyoshi Kawashima, "Dispute Resolution in Contemporary Japan", in: Arthur von Mehren(ed.), *Law in Japan: The Legal Order in Changing Society*(1963), p. 41 ff. 참조.

이러한 견해에 대하여는 일찍이 John Owen Haley, "The Myth of the Reluctant Litigant", *Japanese Studies,* Vol 4(1978), p. 359 ff.에 의하여 반대의 주장이 피력된 바 있다. 헤일리는 예를 들면 변호사의 수가 적은 것 등과 같은 일본 사법제도의 문제점을 일본에서 소송 건수가 적은 이유로 강조한다. 일본의 법, 나아가 사회에 대한 헤일리의 논의에 대하여는 그 후의 저서 *Authority without Power: Law and the Japanese Paradox*(1991)도 참조. 근자에는 특히 1990년대 이후의 일본에서 민사소송 제기 건수의 증가 등을 들어 일본 사람들의 소송 제기 경향에 관한 '추세의 변화'를 지적하는 견해도 피력되고 있다. Carl F. Goodman, "The Somewhat Less Reluctant Litigant: Japan's Changing View towards Civil Litigation", *Law and Policy in International Business,* Vol. 32 No. 4 (2001), p. 769 ff.; Tom Ginsberg & Glenn Hoetker, "The Unreluctant Litigant? An Empirical Analysis of Japan's Turn to Litigation", *Journal of Legal Studies,* Vol. 35(2006), p. 31 ff.(후자 논문의 말미에 관련 영어 문헌이 정리되어 있다). 이 문제에 대한 보다 비전문가적인 관점에서의 일본인의 평가로서는 Masayuki Yoshida, "The Reluctant Japanese Litigant. A New Assessment", *Electric Journal of Contemporary Japanese Studies,* Vol. 3(2003), Discussion Paper 5, posted: 13 October 2003을 보라.

7) Hahm Pyong-Choon, *The Korean Political Tradition and Law: Essays in Korean Law and Legal History*(1967); Hahm Pyong-choon, *Korean Jurisprudence, Politics and Culture*(1986); 함병춘, 韓國의 文化傳統과 法 — 葛藤과 調和(1993). 뒤의 두 책은 1983년 버마에서의 돌연한 죽음 후에 그가 생전에 쓴 글을 모아 출간된 것이다.

송 기피에 관한 주장[8]은 과연 타당한가, 혹은 여전히 타당한가?

나는 대법원에 있으면서 다음과 같은 —반성되거나 숙고되지 아니한— 의문도 가져 보았다. 즉, 오히려 우리 국민은 자신의 법적 권리를 공적으로 주장하는 데 별다른 거리낌을 느끼지 않는 것이 아닌가?[9] 과연 오늘날의 우리 현실에서 소송 제기에 대한 —유교적 윤리

---

8) 하나의 예로 Hahm(전주, *The Korean Political Tradition*), p. 188 ff.만을 인용하기로 한다. 그는 "그의 생활방식을 현대화하려는 욕구에서 한국은 —일본, 중국 및 다른 나라에서와 같이— 서구의 법제도를 채택하였다. 우리가 이 유럽적 제도와 같이 한 지 이제 반세기가 되었다. 그러나 많은 사람은 이 새로운 제도가 한국 사람들에게 진정으로 받아들여졌는지 또는 그들의 태도를 현대화하는 데 유효하였는지에 의문을 품는다. 전통적 가치와 '동양적' 태도는 여전히 존속한다. 우리는 유럽적 제도의 틀과 이론적 구조를 가진다. 그러나 이러한 장식들은 한국에서 말하여지듯이 '물 위의 기름'처럼 떠 있는 듯하다. 그것들은 한국 사람들의 실제의 태도와 '뒤섞이지' 아니한 것처럼 보인다"(p. 188)라는 관찰에서 시작하여 "한국 사람에 있어서는 자신의 법적 권리를 주장하는 것은 점잖지 못하거나 '좋은(nice)' 것이 아니다. 다른 사람을 법원으로 끌어들이는 것은 사실상 그에 대하여 전쟁을 선포하는 것이다. 이는 분쟁을 해결하는 전통적인 '점잖은(decent)' 방법을 전면적으로 파탄내는 것을 의미한다. 이제 그는 국가가 만들고 국가권력에 의하여 시행되는 규범에 의탁한다. 그는 국가의 힘으로 자신의 동료를 억압하기 위하여 자신을 관료들 편에 줄세운다. 그러므로 한국 사람은 법을 억압적인 것으로 여기지 아니할 수 없다. … 자신의 법적 권리를 주장하는 것을 꺼리는 것은 특히 재산적 권리의 영역에서 특히 확연히 드러난다"(p. 190)고 한다(점선은 인용자가 생략한 부분을 가리킨다. 본문을 포함하여 이하에서는 다른 특별한 지시가 없는 한 마찬가지이다).

9) 여기서 다시 한 번 통계를 살펴보기로 한다. 본안사건과 본안외사건을 포함하여 민사사건의 누년비교표는 다음과 같다. 한편 이 통계 및 뒤의 주 13 인용의 통계의 '내실'에 대하여는 뒤의 주 11에서 인용하는 김두얼의 글도 참조할 것이다.

연도	건수	지수
2006	3,791,514	100.0
2007	4,000,096	105.5
2008	4,080,033	107.6
2009	4,135,591	109.1
2010	4,236,740	111.7
2011	4,351,411	114.8
2012	4,403,094	116.1
2013	4,632,429	122.2
2014	4,610,899	121.6
2015	4,445,269	117.2

에 입각한— 심리적인 억제 메카니즘이라는 것이 작용한다고는 쉽사리 말할 수 있는 것인가? 무엇보다도 내가 대법원에서 견문한 수많은 가족 간의 법적 분쟁에 비추어 보면, 여기에 "아마도 근친자에 대한 것을 제외하고는"라는 제한을 붙이는 것조차 타당한지 의문을 제기할 수 있지 않을까? 아니면 우리 사회는 그 사이에 '유교적 윤리'로부터 이미 이탈하였던 것인가?

또는 혹 우리 사회는 실제로는 '유교적 윤리'를 내면화한 일이 아예 없었던 것은 아닌가? 그것은 단지 우리의 표층表層만을 지배하였던 —함병춘의 표현[10]을 다시 한 번 인용하면— '물 위의 기름'에 불과하였던 것이 아닌가? 사람들은 오히려 —음악에 조예가 깊었던 마루야마 마사오(丸山眞男)가 일본사상사日本思想史와 관련하여 말하였던— 「집유저음執拗低音(basso ostinato)의 고층古層」을 아직도 면면히 유지하고 있는 것인가?

(2) 한편 나는 대법원에서의 경험이 있는지라 위와 같은 문제와 관련되는 논문 기타 자료에 대하여도 이제 관심이 없지 않게 되었다.

그리하여 최근에 뒤적거린 어느 논문에서 "얼마나 많은 민사소송이 발생하며, 누가 어떤 연유에서 소송을 하는지 파악하는 것은 사법 관련 정책을 수립하는 데 있어 기초가 될 것이다. 이와 관련해서 현재 사법 관련 전문가 및 학계에는 우리나라가 분쟁을 소송으로 처리하려는 성향이 매우 높은 '소송과잉사회'라는 견해가 광범위하게 제기되고 있다. 굳이 법정에서 해결되지 않아도 될 많은 분쟁들이 민사소송으로 귀결됨으로써 사법부에 많은 부담을 지우고 있으며, 분쟁 당사자들 역시 보다 손쉽게 해결될 수도 있었을 문제들을 법원에 가져감으로써 분쟁 해결에 불필요하게 많은 비용을 지불하고 있다는 것이다. 이러한 문제를 해결하는 방안으로 국민의 법의식 개선 등을

10) 주 8에서 본, 함병춘의 책 p. 188으로부터의 인용 참조.

통해 소송을 줄이거나 재판외 분쟁해결제도(Alternative Dispute Resolution: ADR)의 활성화를 통해 소송 외의 방식으로 분쟁을 처리하도록 유도해야 한다는 주장이 제시되었다"라는 서술을 읽었다.[11]

또 다음과 같이 적은 글도 있었다. 길지만 인용하여 보기로 한다.

> "지금까지 우리는 1980년대 이래 한국의 민사소송 사건 수의 급격한 증가 현상을 알아보았고 그 원인을 다각도에서 분석해 보았다. 지난 30년 동안 민사소송은 1,500% 이상 증가하였다. / 이러한 증가의 사회적 원인으로 문화적 요인, 정치적 요인, 법 내재적 요인들을 검토하였으나 이들을 민사소송 증가의 주요 요인으로 거론하기에는 경험적 증거와 일치하지 않거나 설득력이 부족하다고 평가하였다. 한편 경제적 요인, 즉 한국의 급속한 경제 발전이 민사소송 증가의 주된 원인의 하나였다는 주장은 실질 GDP의 추이와 비교해 볼 때 설명력이 크다고 인정하였다. 하지만 경제성장은 민사소송 증가의 부분적 원인에 불과하며 그 밖에 사회구조의 변화에 따른 한국 사회의 아노미적 상황이 또 다른 주요 원인으로 배후에 존재하고 있다고 보았다. 다시 말하면 근대성의 미성숙이 오히려 소송의 폭발을 가져온 것으로 여겨지는바, 한국의 민사소송 증가 추이가 안정화되는 때에 비로소 근대적 법체계가 한국 사회에 뿌리내렸다고 이야기할 수 있겠다."[12][13](/은 단락이 나뉘는 곳을 가리킨다)

---

11) 김두얼, "민사소송의 증가", 동, 경제성장과 사법정책 — 법원정책, 형사정책, 법조인력정책의 실증분석(2011), 23면 이하. 위 논문은 "우리나라를 소송과잉사회로 진단하고 처방을 제시하는 견해가 민사소송의 현황에 대한 피상적인 인식을 근거로 하는 것을 보이"고자 한다고 하면서, 그 논증의 맥락에서 "2005년 우리나라에서 제기된 112만 건의 민사본안1심사건을 조사한 결과, 이 가운데 절반을 차지하는 56만 건이 66개의 금융회사가 채무불이행에 대한 조치로 제기한 소액심판사건이었다"는 사실을 들고 있다.

12) 김도현, 한국의 소송과 법조 — 어떻게 변화할 것인가(2007), 64면. 여기서 '아노미' 운운하는 것은, 한국 사회에서 지금 급격한 변화의 소용돌이 속에 놓여 있어서 전통적 사회구조와 행위규범은 이미 사라져 버렸지만 근대적 체제와 규범은 아직 뿌리내리지 못하고 있는 상황을 가리킨다(위 책, 61면 이하). 저자

이를 통하여 적어도 우리 사회의 「소송 꺼림」 또는 반대로 「소송 과잉」과 관련하여서는 어려운 문제들이 적지 않다는 생각을 했다.

에 의하면, "근대적 의미의 '법의 지배'가 생활화되고 사회 전 영역에 뿌리내리면 일상적이고 전형적인 분쟁은 굳이 비용도 많이 들고 시간도 오래 걸리는 소송으로 가지 않더라도 이미 정립된 법 원칙에 따라 비소송적 방법으로 수월하게 해결될 수 있을 것"인데(63면), 우리는 아직 그 단계에 이르지 못하고 있다는 것이다. 과연 근대적 의미의 '법의 지배'가 생활화되면 소송은 감소할 것인가?

13) 이 책의 저자는 최근에 새로 "소송증가는 계속 될 것인가?: 제소율과 경제요인의 관계 분석"이라는 글(법과 사회, 48호(2015. 4), 249면 이하)도 발표하였다. 이 글은 여러 나라의 제소율 등을 수치화하여 비교하는 다음과 같은 흥미로운 도표(위 글, 263면) 등을 포함하고 있다. 이 글을 나에게 알려주신 서울대 법학전문대학원의 이재협 교수에게 감사드린다.

[표 4] 국가별 패널자료(2012년도 일부)

국가	연도	제소율 (10만명당)	처리기간 (일)	법관수 (10만명당)	변호사수 (10만명당)	1인당GDP (US$)	경제성장률(%)	도시화율 (%)
벨기에	2012	6,828		14	155	43,551	−0.14	97.73
체코	2012	3,455	174	29	104	18,699	−1.02	73.12
프랑스	2012	2,575	311	11	86	42,415	0.33	78.82
조지아	2012	535	62	5	83	3,523	6.18	53.16
독일	2012	1,961	183	25	201	42,569	0.90	74.69
노르웨이	2012	359	160	12	141	99,249	2.90	79.67
루마니아	2012	5,195	193	20	98	7,979	0.56	54.09
러시아	2012	4,512	40	23	48	14,079	3.40	73.79
스페인	2012	3,828	264	11	285	28,294	−1.64	78.44
스위스	2012	2,745	127	16	135	79,344	1.05	73.74
터키	2012	2,138	134	11	99	10,531	2.13	71.83
우크라이나	2012	1,841	70	17	244	3,884	0.25	69.07
영국	2012	2,413		18	300	38,781	0.28	81.83
한국	2012	2,627	138	5	25	24,454	2.29	82.14
일본	2012	589	104	2	25	46,531	1.46	91.90
미국	2012	5,132		10	395	51,450	2.32	81.11

출처: * 인구: CEPEJ, 통계청
* 제소율, 처리기간, 법관수: CEPEJ, 『사법연감』, 일본최고재판소, 『일본변호사백서』, NCSC 및 US Courts, 잉글랜드·웨일스 법무성
* 변호사수: CEPEJ, 법무부, 『일본변호사백서』, ABA
* 1인당GDP(경상가격), 경제성장률: IMF
* 도시화율: 세계은행

4. 대법원에서의 사건 폭주에 대하여

(1) 나는 이미 퇴임사에서 대법원에의 상고사건 폭주에 대하여 말하고 그 해결방안이 시급히 마련되어야 함을 호소한 바 있다. 앞서 본 대로 대법관이 하루에 평균 10건의 사건을 '처리'하여야 한다면, 양식 있는 사람이라면 누구나 모골이 송연하지 않을 수 없을 것이다. 이러한 일이 해결되지 아니한 채로 있는 것은 과연 누구의 책임인가?

(2) 이와 관련하여서는 대체로 다음과 같은 논변이 행하여진다. 여러분은 어느 것이 가장 설득력이 있다고 생각하는가?

① "국민들이 대법원의 재판을 받기를 원하므로 대법원으로 사건이 올라가는[이 계층적 표현을 용서하여 주기 바란다] 것은 다른 특별한 사정이 없으면 허용되어야 한다. 대법원에 사건이 많다면 대법관의 수를 늘리면 된다."

② "다른 어느 나라를 보아도 우리와 같이 최고법원에의 상고가 널리 허용되는 예는 없다. 따라서 우리도 다른 많은 '선진국'에서와 같이 상고허가제가 하루 빨리 도입되어야 한다."

③ "우리의 소송제도는 기본적으로 독일의 예에 따른 것이다. 따라서 우리도 독일연방통상대법원에서와 같이 대법원을 구성하는 대법관의 수를 50명 이상으로 늘려야 한다, 또는 대법관 1인과 수인의 대법원판사로 한 부가 구성되는 이른바 이원제로 가야 한다." 이것은 단지 ①의 변형에 불과한 것인가?

④ "대법원은 나라의 중요한 법문제를 최종적으로 다루는 정책법원이어야 하고, 거기서 구체적 사건의 적법한 또는 적정한 해결은 비중 있는 덕목이 될 수 없다. 따라서 굳이 세 번의 법원 판단을 바라는 일반 국민들의 희망을 무시할 수 없다면, 후자의 기능은 그를 위한 별도의 조직, 예를 들면 고등법원에 설치되는 「상고부」 아니면

별도의 「상고법원」 등에 맡기고 대법원은 전자의 역할에 충실하도록 극히 제한된 중요 법문제의 판단을 담당하도록 하여야 한다."

Ⅲ. 사회의 변화와 법의 대응—성전환의 경우

1. 새로운 사회 현상과 법·판례

(1) 우리 사회가 지난 몇 십 년 동안 엄청난 변화를 겪었음은 주지하는 대로이다.

그것은 옛부터 줄곧 행하여져 오던 종류의 생활, 예를 들면 가족생활에서도 그러하다. 내가 적절한 기회가 있을 때 흔히 드는 예로,[14] 멀리 갈 것도 없이 우리 집안으로 말해 보자. 할머니는 1892년생이고, 어머니는 1927년생, 처는 1955년생, 딸은 1980년생으로, 이 4세대가 거의 1세기에 걸쳐 태어났다. 그러나 이들 네 사람의 삶은 내가 관찰하는 바로는 확연히 다른 모습을 보이고 있다. 할머니는 초등교육조차 받지 못하였고 변호사인 할아버지의 '압제' 밑에 살면서 고향인 제주 섬을 떠난 일이 없다. 반면에 딸은 대학을, 그것도 미국의 노스 캐롤라이너 대학을 영문학 전공으로 졸업하여 외교관인 남편과 같이 워싱톤DC에서 살다가 지난 9월에 남편, 그리고 아들과 함께 서울로 돌아왔는데, 그 중 누가 누구의 '압제' 밑에 있다고 말하기 어렵지 않은가라고까지 여겨진다(혹은 나는 아버지로서 그렇게 말하기 어렵다고 말하고 싶다).

(2) 한편 사회의 급격한 변화는 무엇보다도 특히 그 변화가 현저하기 전에 형성된 많은 '판례'들의 재검토를 요구한다. 나는 대법원

---

14) 예를 들면, 앞의 주 1에서 든 "버클리대학교 한국법센터 학술회의에서 한 말(Ⅰ)", 법원사람들 2014년 5월호(349호), 18면 이하를 보라.

이 하여야 할 일에서 가장 중요한 것의 하나는 여기에 있다고 생각한다. 나에게는 종전 판례에 대한 검토는, 그 판례가 애초 문제가 있거나 심지어는 '틀렸다'고 평가할 만한 것을 걸러내는 데도 의미가 있겠으나, 그보다는 오히려 그 판례의 배경을 이루는 사회 사정의 변화를 어떻게 법적으로 평가할 것인가에 달려 있는 경우가 많다고 여겨졌던 것이다.

(가) 이러한 작업에 있어서 직면하게 되는 문제는 우리 사회가 급격하게 변화하였다고 하여도 옛날의 모습도 아직 여전히 강하게 남아 있는 경우가 대부분이라는 점이다. 앞의 (1)에서 가족생활을 예로 들었지만, 우리 사회의 일부에는 아직도 여성은 한 번 결혼하면 남편에 종속되며 남편의 '집'의 일부가 된다는 관념 아래 사는 사람들이 있는 반면에, 결혼은 남자와 여자 개인 사이의 계약이고 그 각각의 '집' 또는 '가족'과는 전혀 관련이 없다는 관념 아래 사는 사람이 늘어나고 있다. 그렇다고 해서 예를 들어 이러한 혼인관계의 종료 사유로서의 이혼이 문제되는 경우에는 전자의 경우와 후자의 경우에 각각 다른 법규칙을 적용할 수는 없는 노릇이다. 우리 법은 이 문제에 관하여 일반적으로 보면 —일부 법률가들의 강력한 주장에도 불구하고— 아직도 이른바 '유책주의'를 취하고 있고 다른 많은 나라에서 보편적으로 택하여지고 있는 '파탄주의'를 취하지 않고 있다. 사실을 말하자면 내가 대법관으로 있는 동안 이 문제에 대하여 전원합의체에서 몇 차례 논의를 한 바 있다. 그러나 많은 대법관들이 "아직은 아니다"라는 현실 인식에 좇아 판례의 변경은 행하지 않기로 하였었다.

내가 대법원을 나온 후에 대판(전) 2015. 9. 15, 2013므568(집 63 민·특, 273)에서 다수의견은 다음과 같이 설시하면서 여전히 기본적으로 종전의 태도를 유지한다는 입장을 취하였다.

"이혼에 관하여 파탄주의를 채택하고 있는 여러 나라의 이혼법제는 우리나라와 달리 재판상 이혼만을 인정하고 있을 뿐 협의상 이혼을 인정하지 아니하고 있다. 우리나라에서는 유책배우자라 하더라도 상대방 배우자와 협의를 통하여 이혼을 할 수 있는 길이 열려 있다. 이는 유책배우자라도 진솔한 마음과 충분한 보상으로 상대방을 설득함으로써 이혼할 수 있는 방도가 있음을 뜻하므로, 유책배우자의 행복추구권을 위하여 재판상 이혼원인에 있어서까지 파탄주의를 도입하여야 할 필연적인 이유가 있는 것은 아니다.

우리나라에는 파탄주의의 한계나 기준, 그리고 이혼 후 상대방에 대한 부양적 책임 등에 관해 아무런 법률 조항을 두고 있지 아니하다. 따라서 유책배우자의 상대방을 보호할 입법적인 조치가 마련되어 있지 아니한 현 단계에서 파탄주의를 취하여 유책배우자의 이혼청구를 널리 인정하는 경우 유책배우자의 행복을 위해 상대방이 일방적으로 희생되는 결과가 될 위험이 크다.

유책배우자의 이혼청구를 허용하지 아니하고 있는 데에는 중혼관계에 처하게 된 법률상 배우자의 축출이혼을 방지하려는 의도도 있는데, 여러 나라에서 간통죄를 폐지하는 대신 중혼에 대한 처벌규정을 두고 있는 것에 비추어 보면 이에 대한 아무런 대책 없이 파탄주의를 도입한다면 법률이 금지하는 중혼을 결과적으로 인정하게 될 위험이 있다.

가족과 혼인생활에 관한 우리 사회의 가치관이 크게 변화하였고 여성의 사회 진출이 대폭 증가하였더라도 우리 사회가 취업, 임금, 자녀양육 등 사회경제의 모든 영역에서 양성평등이 실현되었다고 보기에는 아직 미흡한 것이 현실이다. 그리고 우리나라에서 이혼율이 급증하고 이혼에 대한 국민의 인식이 크게 변화한 것이 사실이더라도 이는 역설적으로 혼인과 가정생활에 대한 보호의 필요성이 그만큼 커졌다는 방증이고, 유책배우자의 이혼청구로 인하여 극심한 정신적 고통을 받거나 생계유지가 곤란한 경우가 엄연히 존재하는 현실을 외면해서도 아니 될 것이다.

이상의 논의를 종합하여 볼 때, 민법 제840조 제6호 이혼사유에 관하여 유책배우자의 이혼청구를 원칙적으로 허용하지 아니하는 종래의 대법원판례를 변경하는 것이 옳다는 주장은 **아직은** 받아들이기 어렵다."(고딕체에 의한 강조는 인용자가 가하였다. 다른 지적이 없는 한 이하에서도 같다)

그러나 이에는 파탄주의의 채택을 주장하는 대법관 6인의 소수의견이 있다. 종전 판례의 입장을 그대로 유지하자는 의견은 단 1인의 우위를 가질 뿐이다.

(나) 한편 넓은 의미에서의 사회 변화를 반영하여 종전의 판례를 변경한 예는 적지 않게 있으나,[15] 하나의 예만을 들어보기로 한다. 종전에 부부의 이혼시에 행하여지는 재산분할(민법 제839조의2 참조)에 있어서 부부의 일방이 이혼 당시에 이미 수령하는 퇴직연금 또는 장차 수령하게 될 퇴직연금 자체를 분할하여 줄 것을 청구할 수 있는지에 관하여 대판 1995. 5. 23, 94므1713(공보 1995, 2265); 대판 1997. 3. 14, 96므1533(공보 1997, 1107) 등의 판례는 "부부 일방이 아직 퇴직하지 아니한 채 직장에 근무하고 있을 경우 그의 퇴직일과 수령할 퇴직금이 확정되었다는 등의 특별한 사정이 없다면, 그가 장차 퇴직금을 받을 개연성이 있다는 사정만으로 그 장래의 퇴직금을 청산의 대상이 되는 재산에 포함시킬 수 없고, 장래 퇴직금을 받을 개연성이 있다는 사정은 민법 제839조의2 제 2 항 소정의 분할의 액수와 방법을 정하는 데 필요한 '기타 사정'으로 참작되면 족하다"는 태도를 취하였고, 이는 퇴직 후 정기적·연속적으로 수령하게 되는 퇴직연금의 경우에도 다를 바 없었다.

그러나 대판(전) 2014. 7. 6, 2012므2888 및 같은 날 선고 2013므2250(집 62민, 308 및 337)은 태도를 바꾸어, 이혼 당시 퇴직연금을 수

15) 뒤의 2.에서 보는 성전환자가 강간죄의 대상이 될 수 있는가에 관한 재판례들도 그런 관점에서 이해될 수 있을지 모른다.

령하는 경우에 대하여는 "재산분할제도의 취지에 비추어 허용될 수 없는 경우가 아니라면, 이미 발생한 공무원 퇴직연금수급권도 부동산 등과 마찬가지로 재산분할의 대상에 포함될 수 있다고 봄이 상당하다. 그리고 구체적으로는 연금수급권자인 배우자가 매월 수령할 퇴직연금액 중 일정 비율에 해당하는 금액을 상대방 배우자에게 정기적으로 지급하는 방식의 재산분할도 가능하다"고 판시하였고, 장차 퇴직연금을 수령하게 될 것인 경우에 대하여는 "비록 이혼 당시 부부 일방이 아직 재직 중이어서 실제 퇴직급여를 수령하지 않았더라도 이혼소송의 사실심 변론종결 시에 이미 잠재적으로 존재하여 경제적 가치의 현실적 평가가 가능한 재산인 퇴직급여채권은 재산분할의 대상에 포함시킬 수 있으며, 구체적으로는 이혼소송의 사실심 변론종결 시를 기준으로 그 시점에서 퇴직할 경우 수령할 수 있을 것으로 예상되는 퇴직급여 상당액의 채권이 그 대상이 된다"고 판시하였다.

내 생각으로는, 이러한 「판례의 변경」은 종전 판례의 태도가 이해되지 않는다거나 틀렸다는 데서 연유한다기보다는, 그 사이에 수명이 길어지는 등으로 부부가 이혼하고 난 후에도 일반적으로 상당한 기간(만일 55세에 퇴직한다면 대체로 80세 전후의 여명 기간까지 약 25년 동안) 생존하게 되는데, 이혼 후 이혼 당사자 일방은 퇴직 전의 고정 급료에 대하여 일정한 비율로 정하여지는 것이 통상인 퇴직연금을 수령하여 그 한도에서 수명을 마칠 때까지의 기간 동안 생활의 필요를 상당 부분 충족함으로써 '안정된 생활'을 유지할 수 있게 되는 데 비하여 연금 등과 같은 고정적 수입이 없는 상대방은 이혼 당시 수령한 재산분할일시금으로 잔존 수명 동안 생활하여야 하게 되어서 결국 통상 비교적 짧은 기간이 경과한 후에는 곤경에 처하게 된다는 사정이 적지 않게 고려된 것이라고 할 것이다.

(3) 그리고 새로운 사회활동, 새로운 거래형태, 새로운 범죄가

지난 몇 십 년 사이에 숨돌릴 사이도 없이 생겨났다. 이러한 새로운 사회양상은 당연히 그에 대하여 법적 판단 또는 평가를 요구한다. 앞으로도 이러한 법적 작업은 계속될 것이다.

그러나 흥미로운 것은 같은 사회적 행위라도 종전에는 별로 법적으로 문제되지 아니하여 법원의 이에 대한 판단을 찾아볼 수 없다가 근자에 들어 법원에서 이를 판단하여야 하는 사항이 이것저것 생겨났다는 것이다. 그와 같이 말하자면 그늘에 가려져 있어서 많은 사람의 눈에 보이지 않다가 이제 한낮의 햇빛 아래 드러나게 된 사태도 있다. 우리처럼 타부가 많은 사회에서 이러한 일은 잘 생각해 보면 의미심장한 뜻이 있는 경우가 대부분이다.

2. 성전환에 대한 법적 처리—주로 강간죄의 대상이라는 관점에서

그 하나의 예로 이른바 성전환性轉換이 있다.

(1) 우선 얼마 전까지 강간죄의 대상은 여자만에 한정되어 있었다.[16] 그런데 원래 남성으로 태어난 사람이 여자로 이른바 '성전환'하였다면(이하에서 '성전환'이라고 하면 이러한 경우만을 말하고 여성이 남자로 성전환한 경우는 포함하지 않는다), 그(이하 '그'란 여자도 포함하여 가리키는 대명사이다)는 강간죄의 대상이 될 수 있는가?

---

16) 주지하는 대로 2012년 12월 18일의 법률 제11574호로 형법상 강간죄의 대상은 '부녀'에서 '사람'으로 변경되었다(아울러 제32장의 제목도 '정조에 관한 죄'에서 '강간과 추행의 죄'로 바뀌었다). 위의 개정법률은 그 외에 강간죄를 친고죄로 정하였던 제306조를 삭제하였고, 이미 헌법재판소에서 위헌 결정이 있었던 혼인빙자간음죄에 관한 제304조도 그 기회에 삭제하였으며, 그와 아울러 음행매개죄에 관한 제242조에서 '음행淫行의 상습 없는 부녀'만을 대상으로 하던 것을 역시 '사람'으로 바꾸었다. 이와 같이 1953년에 제정된 우리 형법에서 가장 많은 변화를 겪은 것이 강간죄나 혼인빙자간음죄를 비롯하여 성과 관련된 범죄에 관한 규정들이다. 여기에도 성에 관한 우리 사회의 의식 내지 행태의 변화가 반영되었다고 보아야 하지 않을까?

(2) 법은 기본적으로 사람의 성性을 남성과 여성의 둘로 나누어 진다는 태도를 취한다. 헌법 제36조 제 1 항은 “혼인과 가족생활은 개인의 존엄과 양성兩性의 평등을 기초로 성립되어 유지되어야” 한다고 정하고 있다. 여기서의 ‘양성의 평등’이라는 것이 반드시 남성과 여성만이 아니라 만일 제 3 의 성이라는 것이 있다면 그것까지 포함하여 모든 사람을 성적인 이유로 차별하여서는 안 된다는 뜻이라고 굳이 보지 못할 바도 아닐 것이다. 그러나 예를 들면 ‘모든 국민’에게 법률이 정하는 바에 따라 병역의 의무를 지도록 한 헌법 제39조 제 1 항을 받아서, 「병역의무」라는 표제를 붙이고 있는 병역법 제 3 조는 그 제 1 항에서 “대한민국 국민인 남성은 헌법과 이 법이 정하는 바에 따라 병역의무를 성실히 수행하여야 한다. 여성은 지원에 의하여 현역 및 예비역으로만 복무할 수 있다”고 정하여 남성/여성의 대비를 선명하게 한다.[17)]

(3) 그렇다면 ‘성전환’을 한 사람은 남성인가, 여성인가? 다른 법적 맥락에서의 문제는 별론으로 하고, 강간죄에 관한 종전 규정에서 그 대상으로서의 여성에 해당하는가?

이 점에 대하여 지금부터 20년 전의 대판 1996. 6. 11, 96도671(집 44-1형, 1049)은 그러한 사람은 강간죄의 대상이 되는 여성이라고 할

---

17) 참고로 덧붙이자면, 헌법재판소 2010. 11. 25. 결정 2006헌마328 사건(헌법재판소판례집 제22권 2집, 446면)은 남성에게만 이러한 병역의무를 부과하는 것이 헌법상 보장된 평등권을 위반하는 것인지의 문제에 대하여 헌법에 위반되지 아니한다는 합헌 판단을 한 바 있다. 그 이유는 대체로, 우선 집단으로서의 남자는 집단으로서의 여자에 비하여 전투에 적합한 신체적 능력을 갖추고 있으며 개개인의 신체적 능력에 기초한 전투적합성을 객관화하여 비교하는 검사체계를 갖추는 것이 현실적으로 어렵고 여성은 신체적 특성상 병력자원으로 투입하기에 부담이 큰 점 등에 비추어 남자만을 징병검사의 대상이 되는 병역의무자로 정한 것이 자의적인 차별 취급이라고 보기 어렵다는 것, 나아가 비교법적으로 보아도 징병제가 존재하는 70여개 나라 가운데 여성에게 병역의무를 부과하는 국가는 이스라엘 등 극히 일부 국가에 한정되어 있으며 그러한 국가도 남녀의 복무의 내용 또는 조건을 다르게 규정하고 있다는 점에서 병역법이 자의적 기준에 의한 것이라고 볼 수 없다는 것에 있다.

수 없어서 그를 범하였다고 하여도(공소사실에 의하면, 통상의 강간 사건에서와 같이 '피해자의 음부에 자신의 성기를 삽입'하였다)에게 강간의 죄책을 물을 수는 없다고 판시하였다. 이 판결은 우선 강간죄의 대상인 '부녀'의 뜻에 대하여 다음과 같이 말한다.

> "형법 제297조는 '폭행 또는 협박으로 부녀를 강간한 자'라고 하여 객체를 부녀에 한정하고 있고 위 규정에서 부녀라 함은 성년이든 미성년이든, 기혼이든 미혼이든 불문하며 곧 여자를 가리키는 것이다. 무릇 사람에 있어서 남자·여자라는 성의 분화는 정자와 난자가 수정된 후 태아의 형성 초기에 성염색체의 구성(정상적인 경우 남성은 xy, 여성은 xx)에 의하여 이루어지고, 발생과정이 진행됨에 따라 각 성염색체의 구성에 맞추어 내부생식기인 고환 또는 난소 등의 해당 성선性腺이 형성되고, 이어서 호르몬의 분비와 함께 음경 또는 질·음순 등의 외부성기가 발달하며, 출생 후에는 타고난 성선과 외부성기 및 교육 등에 의하여 심리적, 정신적인 성이 형성되는 것이다. 그러므로 형법 제297조에서 말하는 부녀, 즉 여자에 해당하는지 여부도 위 발생학적인 성인 성염색체의 구성을 기본적인 요소로 하여 성선, 외부성기를 비롯한 신체의 외관은 물론이고 심리적·정신적인 성, 그리고 사회생활에서 수행하는 주관적·개인적인 성역할(성전환의 경우에는 그 전후를 포함하여) 및 이에 대한 일반인의 평가나 태도 등 모든 요소를 종합적으로 고려하여 사회통념에 따라 결정하여야 한다."

이러한 판단 기준은 그럴 듯하게 들린다. 그런데 그 기준에 비추어 구체적으로 문제의 '성전환자'는 어떤가? 위 판결은 다음과 같이 판단하여 결국 여자가 아니라고 한다.[18]

---

18) 원심법원도 피해자가 여성이 아니어서 강간죄는 성립하지 않지만 형법에서 강간죄 바로 다음에 위치하는 강제추행죄(형법 제298조: "폭행 또는 협박으로 사람에 대하여 추행을 한 자")에 해당한다고 판단하여 결국 피고인에게 유죄의 판결을 하였다. 강제추행죄는 형법 제정 당시부터 그 대상을 '사람'이라고 하여

"피해자가 어릴 때부터 정신적으로 여성에의 성귀속감을 느껴 왔고 성전환 수술로 인하여 남성으로서의 내·외부성기의 특징을 더 이상 보이지 않게 되었으며 남성으로서의 성격도 대부분 상실하여 외견상 여성으로서의 체형을 갖추고 성격도 여성화되어 개인적으로 여성으로서의 생활을 영위해 가고 있다 할지라도, 기본적인 요소인 성염색체의 구성이나 본래의 내·외부성기의 구조, 정상적인 남자로서 생활한 기간, 성전환 수술을 한 경위·시기 및 수술 후에도 여성으로서의 생식능력은 없는 점, 그리고 이에 대한 사회 일반인의 평가와 태도 등 여러 요소를 종합적으로 고려하여 보면 그를 사회통념상 여자로 볼 수 없다."

피해자에 대하여 원심판결이 인정한 사실은 다음과 같은 것이었다. 피해자는 1958년생으로서 남성 성기 구조를 갖춘 남자로 태어나 남자 중학교까지 졸업하였다. 그러나 어릴 때부터 여자 옷을 즐겨 입거나 고무줄놀이와 같이 여자가 주로 하는 놀이를 즐겨하는 등 여성으로서의 생활을 동경하고 여성으로서의 성에 귀속감을 느낀 나머지 1989년경부터 수년간 여장남자로서의 행세를 하여 오다가 1991년과 1992년 일본에 있는 병원에서 자신의 음경과 고환을 제거하고 그곳에 질을 만들어 넣는 방법으로 여성으로의 성전환 수술을 받음으로써 여성으로서의 질 구조를 갖추고 있고 유방이 발달하는 등 외관상으로는 여성적인 신체구조를 갖추게 되어 보통의 여자와 같이 남자와 성생활을 할 수 있으며 성적 쾌감까지 느끼고 있으나 여성의 내부성기인 난소와 자궁이 없기 때문에 임신 및 출산은 불가능한 상태이다. 그리고 위 피해자는 본래 남성으로서, 달리 여성의 성염색체 구조를 갖추고 있다거나, 성염색체는 남자이면서 생식선의 분화가 비정상적으로 되어 고환과 난소를 겸비한 진성반음양眞性半陰陽 또는 고

남자도 포함되었다. 그런데 강간죄는 형법에서 정하여진 형(「법정형」)이 3년 이상의 유기징역인 데 반하여 강제추행죄의 그것은 10년 이하의 징역 또는 1,500만 원 이하의 벌금이므로, 그 차이는 적다고 할 수 없다.

환이나 난소의 발육이 불완전한 가성반음양假性半陰陽이라고는 인정되지 아니한다는 것이다.

(4) 그러나 강간죄와 관련하여서 '성전환자'를 위와 같이 파악하는 법원의 태도는 그렇게 오래 유지되지 못하였다. 대판 2009. 9. 10, 2009도3580(공보 2009하, 1701)은 위 1996년 판결의 태도를 실질적으로 뒤집었다고 하여도 과언이 아니다.

강간죄의 대상인 '여자'란 무엇인가에 대한 추상적인 판시는 크게 변한 것이 없고, 단지 그 판단에 있어서는 "근자에는 [성염색체 등 생물학적 요소 외에도] 개인이 스스로 인식하는 남성 또는 여성으로의 귀속감 및 개인이 남성 또는 여성으로서 적합하다고 사회적으로 승인된 행동·태도·성격적 특징 등의 성역할을 수행하는 측면, 즉 정신적·사회적 요소들 역시 사람의 성을 결정하는 요소 중의 하나로 인정받게 되었으므로, 성의 결정에 있어 생물학적 요소와 정신적·사회적 요소를 종합적으로 고려하여야 한다"고 하여 후자의 요소에 종전보다 더 큰 비중을 두는 듯한 태도를 보인다.

그러면 '성전환자'는 법적으로 과연 어떠한 성으로 볼 것인가? 우선 위의 2009년 판결은 다음과 같이 말하는데, 이는 그 전에 대결(전) 2006. 6. 22, 2004스42(집 54-1가, 290)[19]이 성전환자의 호적 정정 신청을 기각한 원심의 결정을 파기하면서 판시한 것을 그대로 이어받은 것이다.[20]

---

19) 이 전원합의체 결정에서는 2인의 대법관이 반대의견을 개진하였다. 그 논지는 당시 효력을 가지던 호적법(이 법률은 주지하는 대로 2007년 5월의 「가족관계의 등록 등에 관한 법률」로 대체되었고, 이로써 호적제도 자체가 없어지게 되었다)에서 호적의 정정에 관하여 정하던 제120조 이하의 규정에 비추어 성전환자와 같이 출생 당시에는 그 성별이 명확하였던 경우에는 호적의 정정은 허용되지 아니한다는 것이다.

20) 본문에서 말한 대법원의 2006. 6. 22. 전원합의체 결정은 외국의 예에 대하여 다음과 같이 말하고 있다. "외국의 사례를 보더라도, 유럽의 경우 초기에는 성전환자의 성 변경을 인정하지 않았으나 현재 유럽의 거의 모든 국가에서는 입법이나 판례를 통하여 이를 허용하고 있고, 특히 독일은 1978년에 선고된 연방

"성전환증을 가진 사람의 경우에도 남성 또는 여성 중 어느 한 쪽의 성염색체를 보유하고 있고 그 염색체와 일치하는 생식기와 성기가 형성·발달되어 출생하지만, 출생 당시에는 아직 그 사람의 정신적·사회적인 의미에서의 성을 인지할 수 없으므로, 사회통념상 그 출생 당시에는 생물학적인 신체적 성징에 따라 법률적인 성이 평가된다. 그러나 출생 후의 성장에 따라 일관되게 출생 당시의 생물학적인 성에 대한 불일치감 및 위화감·혐오감을 갖고 반대의 성에 귀속감을 느끼면서 반대의 성으로서의 역할을 수행하며 성기를 포함한 신체 외관 역시 반대의 성으로서 형성하기를 강력히 원하여, 정신과적으로 성전환증의 진단을 받고 상당 기간 정신과적 치료나 호르몬 치료 등을 실시하여도 여전히 위 증세가 치유되지 않고 반대의 성에 대한 정신적·사회적 적응이 이루어짐에 따라, 일반적인 의학적 기준에 의하여 성전환수술을 받고 반대 성으로서의 외부 성기를 비롯한 신체를 갖추고, 나아가 전환된 신체에 따른 성을 가진 사람으로서 만족감을 느끼며 공고한 성정체성의 인식 아래 그 성에 맞춘 의복·두발 등의 외관을 하고 성관계 등 개인적인 영역 및 직업 등 사회적인 영역에서 모두 전환된 성으로서의 역할을 수행함으로써 주위 사람들로부터도 그 성으로서 인식되고 있으며, 전환된 성을 그 사람의 성이라고 보더라도 다른 사람들과의 신분관계에 중대한 변동을 초래하거나 사회에 부정적인 영향을 주지 아니하여 사회적으로 허용된다고 볼 수 있다면, 이러한 여러 사정을 종합적으로 고려하여 사람의 성에 대한 평가 기준에 비추어 사회통념상 신체적으로 전환된 성을 갖추고 있다고 인정될 수 있는 경우가 있다. 이와 같은 성전환자는 출생

헌법재판소의 판례가 나온 후 1981년에 성전환자의 성 변경을 인정하는 입법이 마련되었으며, 유럽인권재판소가 2002년 만장일치로 성별 변경을 인정하는 판례를 남긴 것은 특히 주목할 일이다. 미국의 경우에도 상당수의 주에서 이를 허용하는 입법을 두고 있으며, 일본의 경우에도 종래 하급심에서 서로 엇갈리는 판결을 하다가 현재는 입법(2003년 제정되어 2004. 7. 16.부터 시행 중인 '성동일성 장해자의 성별 취급의 특례에 관한 법률')을 통하여 허용하고 있는 실정이다. 결국 성전환자의 법률적 성을 출생시와 다르게 고치는 것을 허용하는 것이 세계적인 대세이고 법리적으로도 설득력을 얻고 있음을 충분히 확인할 수 있다."

시와는 달리 전환된 성이 법률적으로도 그 성전환자의 성이라고 평가받을 수 있다."

정작 중요한 것은 이 사건에서 결론적으로 성전환자에 대한 강간죄가 인정되었다는 것이다. 그 피해자인 각 성전환자에 관한 구체적인 사정들이 도대체 어떻게 다르다는 것인가? 뒤의 판결은 1950년생의 피해자가 그 사이에 행한 성전환에 관한 여러 차례의 수술 등 여러 가지 사정을 구구하게 열거하고 있다[21](위 판결을 공간한 『판례공보』의 편집자는 그 사정을 "피해자가 성장기부터 남성에 대한 불일치감과 여성으로의 성 귀속감을 나타냈고, 성전환수술로 인하여 여성으로서의 신체와 외관을 갖추었으며, 수술 이후 30여 년간 개인적·사회적으로 여성으로서의 생활을 영위해 가고 있는 점 등을 고려할 때, 사회통념상 여

---

21) 제 1 심이 인정한 사실을 원심도 그대로 인용하였는데, 그에 의하면 다음과 같다. 남자로 태어난 피해자는 성장기부터 남성에 대한 불일치감과 여성으로서의 귀속감을 나타내면서 따돌림을 당하였고, 사춘기에 이르러 여성으로서의 분명한 성정체성이 형성되기 시작하면서 이를 감당하지 못하여 집을 떠나게 되었다. 피해자는 24세이던 1974년경 성전환수술을 결심하고 정신과 병원에서 정밀진단과 심리치료·관찰을 거쳐 성전환증(transsexualism)이라는 확진을 받았다. 그 후 그는 성형외과에서 남성의 성기와 음낭을 제거하고 여성의 질 등 외부성기를 형성하는 수술을 받고 이후 상당기간 호르몬 요법의 시술을 받았으며, 2차로 일본 오사카현 이마사토에 있는 한 성형외과병원에서 가슴형성수술을 받은 바 있고, 3차로는 1998년 2월 부산에 있는 성형외과에서, 2000년경에 이르러 태국의 한 병원에서 각 가슴보강수술과 질확장술을 받았다. 피해자는 남성 또는 여성으로서 자녀를 출산한 경험이 없고 생식기능 또한 존재하지 아니하나, 성전환수술 후 여성으로서의 성생활에 전혀 지장이 없다. 특히 피해자의 사정을 이해하는 남성과 과거 10여 년간 동거하며 지속적으로 성관계를 영위함에 아무런 문제가 없었고, 성적 만족도 또한 이상이 없었다. 피해자는 여성으로서의 신체와 외관을 갖추고 있을 뿐만 아니라 여성으로서의 성적 정체성도 확고하고 자신이 여성임에 만족하고 있으며, 피해자의 가족들과도 가출 후 10년이 지나면서부터 소식을 주고받으며 관계가 유지되어 왔고, 현재 살아 있는 가족들이 피해자의 처지와 사정을 잘 이해하여 관계가 개선되었다. 피해자는 성전환수술 후 30여 년간 여성 무용수로서 국내와 국외를 오가며 활동하여 왔는데, 피해자가 국내에 거주할 때는 주로 부산시 소재 일정 지역에 30년 가까이 주거를 정하여 살면서 주민들과는 여성으로서 오랜 세월 동안 친분을 유지하여 왔다는 것이다.

성으로 평가되는 성전환자로서 강간죄의 객체인 '부녀'에 해당한다"고 요약한다). 세상에는 모든 점에서 똑같은 일이 두 번 다시 일어나지는 않는 법이므로, 두 사건의 피해자 사이에 예를 들면 사회적으로 여자로 지낸 기간 등과 같이 차이가 전혀 없는 것은 아니다. 그러나 그것이 1996년 판결에서의 피해자와 법의 적용을 달리하는 것을 정당화할 정도는 아니라고 해도 좋다는 생각이 든다.

그러면 둘 중 하나는 형법 규정을 잘못 적용한 것으로 법의 의도적인 '왜곡'이라고 평가할 것인가? 그렇다기보다는 대법원은 강간죄의 대상이라는 법문제를 앞서 본 2006. 6. 22.의 전원합의체 결정이 판단·제시한 시각에 좇아서 접근함으로써 위와 같이 성전환자도 강간죄의 대상이 될 수 있음을 긍정하기에 이르렀다고 설명하는 것이 보다 적절할 것이다.

그리고 보다 일반적으로 보면, 이와 같이 성전환자에 대한 법적 시각이 전환하는 데에는 분명히 '소수자少數者의 인권에 보다 적절하게 배려한다'라는 관점이 작용하였다고 생각된다. 각도를 달리하여 말하면, 그러한 관점이 성전환자라는 소수자를 '발견'하게 했다고 큰 잘못은 아닐 것이다. 이러한 「문제의 발견」은 아무리 그 중요성을 강조하여도 지나치지 않다는 생각이다. 바로 그것이 사회 변화에 대한 법의 대응의 중요한 측면의 하나라고 할 수 있지 않을까?

(5) 기회에 하나 덧붙여 두자.

앞서 대법원이 2006. 6. 22. 전원합의체 결정으로 성전환자에 대하여 호적부(요즈음은 '가족관계등록부')에 기재된 '남자'라는 성의 기재를 '여자'로 바꾸는 것(당시 「호적의 정정」라고 불린 것. 요즈음은 「가족관계등록부의 정정」이라고 부른다)이 일정한 요건 아래서 허용된다는 태도를 취하였다고 말한 바 있다.

이는 성전환자가 현재 혼인 중이거나 미성년인 자식이 있는 경우에도 다를 바 없는가? 대결(전) 2011. 9. 2, 2009스117(집 59-2, 337)은 이를 부정하여 성전환자가 현재 혼인 중인 경우 또는 미성년인 자식이 있는 경우에는 그는 여성일 수 없다고 판단하였다.

이에 대하여 이 자리에서 깊이 논할 수는 없으나, 나는 미성년인 자식이 있는 경우에 대하여는 소수의견을 냈는데 위 전원합의체 결정의 그 부분 판시에는 여전히 찬성할 수 없다.

Ⅳ. 과거사의 청산

1. 과거사의 청산에 관한 여러 법률들

(1) 우리 사회는 짧은 기간 내에 민주화와 산업화를 이룩한 역사적으로 드문 경우에 해당한다고 한다. 그러나 그 사이에 우리 사회는 식민 지배·분단·이념 대립·전쟁·독재·가난 등으로 인하여 많은 상처를 안게 되었다는 것도 부인할 수 없다.

이와 같은 이른바 과거사를 진상의 규명이나 특히 본인 또는 유족들에 대한 보상 또는 배상 등으로 처리하는 것은 뒤의 Ⅴ.에서 살펴보는 바대로 정치적 판단으로 처리하는 것이 훨씬 나았을 것이다. 우선 실제로도 예를 들면 6·25전쟁 중의 거창 등에서의 양민학살사건에 대하여는 「거창사건 등 관련자의 명예회복에 관한 특별조치법」[22](1996. 1. 5. 법률 제5148호), 5·18광주민주항쟁에 대하여는 「5·18민주화운동 관련자 보상 등에 관한 법률」(1990. 8. 6. 법률 제4266호로 제정할 당시에는 그 법률명의 처음이 「광주민주화운동」이었다), "1964년

22) 이 법률은 단지 거창양민학살사건의 피해자만을 구제하는 것이 아닌 것이, 동법 제2조 제1호에서 "[위 법률이 적용되는] '거창사건 등'이라 함은 공비토벌을 이유로 국군병력이 작전수행 중 주민들이 희생당한 사건" 일반을 가리키는 것으로 정하고 있는 것이다.

3월 24일 이후 자유민주적 기본질서를 문란하게 하고 헌법에 보장된 국민의 기본권을 침해한 권위주의적 통치에 항거하여 헌법이 지향하는 이념 및 가치의 실현과 민주헌정질서의 확립에 기여하고 국민의 자유와 권리를 회복·신장시킨 활동"에 대하여는 「민주화운동 관련자 명예회복 및 보상 등에 관한 법률」(2000. 1. 12. 법률 제6123호)이 각 제정·시행되어 그 법규정에 따른 사실의 규명과 보상금의 지급 등이 행하여졌던 것이다.

(2) 그런데 2005. 5. 31.의 법률 제7542호로 제정된 「진실·화해를 위한 과거사 정리 기본법」(이하 '과거사정리법'이라고 한다)은 적용범위를 보다 일반화하여, 제 2 조는 그 법률에서의 '과거사'를 "일제 강점기 또는 그 직전에 행한 항일독립운동"(제 1 호)부터 "1945년 8월 15일부터 한국전쟁 전후의 시기에 불법적으로 이루어진 민간인 집단 희생사건"(제 3 호) 및 "1945년 8월 15일부터 권위주의 통치시까지 헌정질서 파괴행위 등 위법 또는 현저히 부당한 공권력의 행사로 인하여 발생한 사망·상해·실종사건, 그 밖에 중대한 인권침해사건과 조작의혹사건"(제 4 호)도 그 대상으로 한다. 실제로 위 법률에 기하여 「진실·화해를 위한 과거사정리위원회」(이하 '과거사위원회'라고 한다)가 조직되어 '진상 규명 작업'을 행하였다.

문제는 위 법률이 거기서 더 나아가 '화해를 위한 국가와 위원회의 조치'(위 법률 제 4 장의 제목이기도 하다)로 정하고 있는 것, 구체적으로 말하면 「국가의 의무」라는 표제 아래 "국가는 진실규명사건 피해자의 피해 및 명예의 회복을 위하여 노력하여야" 한다(제34조), 또한 「피해 및 명예회복」이라는 표제 아래 "정부는 규명된 진실에 따라 **희생자, 피해자 및 유가족의 피해 및 명예를 회복시키기 위한 적절한 조치**를 취하여야 한다"는 법의 명령(제36조 제 1 항)을 국가 또는 정부가 실제로는 전혀 이행하지 아니하였다는 점이다.

이러한 상황에서 억울하게 피해를 입었다고 위 법률에 따라 「진상이 규명」된 피해자측에서 국가 등을 상대로 하여 민사소송을 제기하는 것도 무리한 행태라고는 하기 어려울 것이다.

2. 과거사 관련 민사소송에서의 시효소멸 주장의 신의칙 위반 여부

(1) 위와 같이 과거사정리법이 정하는 과거사와 관련하여 국가 등을 상대로 손해배상을 구하는 피해자측의 민사소송[23](이하 '과거사 민사사건'이라고 한다)이 하급심법원을 거쳐 대법원에 올라오기 시작한 것은 내 기억으로는 2012년쯤이었다.

과거사민사사건에서 우선 문제되는 것은 과거사위원회에서 작성한 조사보고서 등이 얼마만큼 증거로서 유효한가 하는 점이었다. 그 결정은 많은 경우에 50년도 더 전의 일에 대한 관계자의 증언을 바탕으로 하였기 때문이다. 그러나 이 점에 대하여는 더 들어가지 않기로 한다.[24]

---

23) 여기서는 과거사에 관련한 형사사건에 관하여 재심 등을 청구한 사건에 대하여는 나의 전공이 민법인 것 등의 사정도 있어 일단 논의를 유보하기로 한다. 그 대표적인 것은 아마도 조봉암 등에 대한 이른바 진보당사건에 대한 재심을 결정한 대결(전) 2010. 10. 29, 2008재도11(집 58-2형, 266), 그리고 그 재심결정에 기하여 행하여진 본안판결인 대판(전) 2011. 1. 20, 2008재도11(집 59-1형, 389)일 것이다. 그 결과 조봉암 등에 대하여는 극히 사소한 부분(무기소지죄)을 제외하고는 무죄가 확정되었다.

24) 이에 대한 대법원의 판단에 대하여는 우선 대판(전) 2013. 5. 16, 2012다202819(집 61민(상), 160) 참조: "과거사정리법에 의한 과거사위원회의 조사보고서에서 대상 사건 및 시대상황의 전체적인 흐름과 사건의 개괄적 내용을 정리한 부분은 상당한 신빙성이 있다 할 것이지만, 국가를 상대로 민사적인 손해배상을 청구하는 사건에서는 그러한 전체 구도 속에서 개별 당사자가 해당 사건의 희생자가 맞는지에 대하여 조사보고서 중 해당 부분을 개별적으로 검토하는 등 증거에 의하여 확정하는 절차를 거쳐야 한다. 따라서 그 절차에서까지 정리위원회의 조사보고서나 처분 내용이 법률상 '사실의 추정'과 같은 효력을 가지거나 반증을 허용하지 않는 증명력을 가진다고 할 수는 없다. 더구나 조사보고서 자체로 개별 신청대상자 부분에 관하여 판단한 내용에 모순이 있거나 스스로

(2) 나로서는 다른 사항과 아울러 피고측이 제기하는 소멸시효 완성의 항변을 어떻게 판단할 것인가에 관심이 적지 않게 쏠렸다. 이 점은 결국 일정한 사안유형에서는 시효소멸의 주장이 신의칙상 허용되지 않는다는 것을 들어 상당한 수의 사건에서 그 청구를 인용하는 것으로 귀착되었다.[25] 나는 지금도 이 부분 판단에 대하여는 마음이 평온하지 못하다는 것을 이 자리에서 솔직하게 고백하고자 한다.[26]

(가) 우리나라에는 소멸시효제도의 「합리성」 또는 「정당성」에 대하여 기본적으로 비판적인 의견을 가진 법률가가 적지 않은 것으로 여겨진다. 그러한 태도의 밑바탕에는 어느 실무가가 말하는 대로 "소멸시효제도는 거래관계의 근저에 놓여 있는 사회·경제적 대가관계의 균형을 깨뜨릴 수 있어 일반 국민의 정의관념 또는 도덕의식과 갈등을 일으킬 수 있다"는 이해[27]가 깔려 있다. 또한 시효제도 일반에 대하여 어느 학자는 "극단적으로 말하면 빌린 돈을 갚지 않아도

전제한 결정 기준에 어긋난다고 보이거나, 조사보고서에 희생자 확인이나 추정 결정의 인정 근거로 나온 유족이나 참고인의 진술 내용이 조사보고서의 사실 확정과 불일치하거나, 그것이 추측이나 소문을 진술한 것인지 또는 누구로부터 전해 들은 것인지 아니면 직접 목격한 것인지조차 식별할 수 없도록 되어 있는 등으로 그 진술의 구체성이나 관련성 또는 증명력이 현저히 부족하여 논리와 경험칙상 조사보고서의 사실 확정을 수긍하기 곤란한 점들이 있다고 보이는 경우에는, 조사관이 조사한 내용을 요약한 조사보고서의 내용만으로 사실의 존부를 판단할 것은 아니다. 그 경우에는 참고인 등의 진술 내용을 담은 정리위원회의 원시자료 등에 대한 증거조사 등을 통하여 사실의 진실성 여부를 확인하는 것이 필요하고, 이는 사법적 절차에서 지켜야 할 기본적인 사실 심리의 자세이다. 물론 그러한 심리의 과정에서 정리위원회의 조사자료 등을 보관하고 있는 국가 측에서 개별 사건의 참고인 등이 한 진술 내용의 모순점이나 부족한 점 등을 구체적으로 지적하고 그에 관한 자료를 법원에 제출하여 다투는 것이 바람직하다 하겠고, 그러한 적절한 대응을 하지 못한 때에는 민사소송의 심리구조상 국가에 불리한 평가를 하는 요소로 작용할 수는 있겠지만, 그렇다고 하여 바로 상대방의 주장 사실이 증명되었다고 단정할 것은 아니다."

25) 바로 앞의 주에서 인용한 대법원 전원합의체 판결 참조.

26) 이하의 서술은 이 학술대회의 취지에 맞지 않을 것이다. 그러나 내 마음의 '불편'을 그나마 덜기 위하여 굳이 부가하였다. 양해를 바란다.

27) 張哲朝, "소멸시효 항변의 소송상 취급", 法曹 48권 1호(1999), 32면 이하(민사실무연구회, 민사재판의 제문제, 제10권(2000), 667면 이하에 再錄).

무방하다든가 타인의 소유물을 자기의 소유물이다라고 하는 것이 시효제도이기 때문에, 한편으로 보면 **인간의 도덕률에 반하는 것**으로 생각된다"라는 발언도 행하여지고 있다.[28)]

이러한 태도에 따르게 되면 소멸시효의 완성으로 인한 권리 소멸의 주장을 신의칙에 반한다거나 권리남용에 해당한다는 등의 이유로 가능한 한 넓은 범위에서 배척하려는 입장으로 귀결되기 쉽다.

(나) 그러나 소멸시효는 그와 같이 막연한 '일반 국민의 정의관념'을 들어 그 합리성이 의심될 수 있을 만큼 허술한 제도가 아니다.

우선 역사적으로 로마법 이래 오늘날에 이르기까지 일관되게, 나아가 대륙법계·영미법계를 불문하고 세계의 주요한 나라에서 아무런 예외도 없이 보편적으로 인정되고 있다. 독일의 가장 중요한 법학자인 사비니는 소멸시효를 로마법에서 "가장 중요하고 유익한 법제도의 하나"라고 평가하고 있다. 그에 의하면, 장기간 지속된 사실상태는 법률상태와 일치할 가능성이 큰데,[29)] 설사 그렇지 않다고 하더

28) 高翔龍, 民法總則, 제 3 판(2003), 656면. 그는 이 저서의 제 2 판(1999), 665면 이하에서는 "스스로 채무를 지고 있다는 것을 자각하고 있는 채무자를 면책하고, 또는 무권원의 점유자도 소유자로서 보호받는 경우를 발생케 한다는 것은 부도덕 나아가 법률상 약탈 이외에 아무것도 아니라는 비판도 충분히 생각해 볼 수도 있다"라는 의견을 피력한 바 있다. 본문에서 인용한 바를 포함하여 그의 이와 같은 견해는 그의 박사학위 논문 지도교수인 일본의 星野英一이 1969년부터 1974년의 5년 동안 발표한 논문 "時效に關する覺書 — その存在理由を中心として"(그 後 星野英一, 民法論集, 제 4 권(1978), 171면 이하에 再錄)에서 인용하고 있는 일본구민법의 기초자 보아소아드의 발언(Boissonade, *Projet de Code civil pour l'Empire du Japon*, Nouvelle Edition, Tome V, n°. 252)을 보다 단정적으로 바꾸어(보아소아드는 "부도덕한 제도라고 할 것이 아닌가?"라고 의문형으로 말하고 있다) 반복하는 것으로 추측된다.

29) 이에 대하여는 우선 빈트샤이트의 다음과 같은 고전적인 설명이 중요한 참조가 된다. Windscheid, *Lehrbuch des Pandektenrechts*, 9. Aufl.(1906), § 105(S. 544): "소멸시효법은 이러한 효력[권리를 행사하지 아니한 상태가 지속되면 이제 이를 법적으로 공격할 수 없도록 하는 효력]을 인정함으로써 하나의 진리—이는 단순히 법적 영역에서만 타당한 것이 아니다—를 승인한다. 시간은 사람의 所爲로써는 어쩔 수 없는 힘이다. 오래 존재하는 것은 그 오랜 존재 자체에 의하여 확고한 것, 불가변의 것으로 우리에게 여겨진다. 이 기대가 저버려진다

라도 법적 평화, 즉 시간의 경과와 함께 기하급수적으로 증가하는 「불명확성」을 배제하기 위하여 장기간 행사되지 아니한 권리의 추급을 인정하지 아니함으로써 이제 분쟁이 종국적으로 해결되어야 한다(로마법의 가장 중요한 법원法源인 학설휘찬學說彙纂의 표현에 의하면 "어떻게든 쟁송을 종결짓기 위하여" *ut aliquis litium finis esset* [D. 41. 10. 5 pr.])는 것이다.[30] 요컨대 소멸시효는 채권자라고 주장하는 사람이 스스로 일정한 기간 동안 소의 제기나 압류·가압류 등과 같은 적극적인 권리 행사를 하지 아니하였다면 채무자가 그 사이에 자신의 채무를 스스로 인정하는 행태를 취하지 아니한 한 채권 그 자체의 소송상 행사를 아예 부인함으로써 분쟁을 종식시키고자 하는 —역사적·비교법적으로 이미 그 합리성 내지 정당성이 확증된— 제도이다.

또한 더욱 중요한 것으로, 우리 민법에 중요한 영향을 미친 대륙법계의 여러 나라, 특히 독일과 프랑스는 최근에 그들의 민법에 심중한 의미가 있는 개정을 가하였다. 이들 국가는 모두 소멸시효제도를 오히려 강화하는 방향으로 —가장 현저한 예로서는 시효기간을 대폭적으로 단축하는 내용으로[31]— 나아갔다.

이는 개별 국가의 입법 동향에서뿐만 아니라, 통합된 유럽에서의

면 이는 **하나의 악**이다. … 대체 그렇게 긴 시간이 경과한 후에 실제의 법상태를 확실하게 인식하는 것이 가능한 것인가? 시간이 흐름으로써 사태가 밝혀지는 일도 있지만, 그것을 불명확하게 만들기도 하는 것이다."

30) 이상에 대하여는 우선 양창수, "사비니의 消滅時效論", 민법산책(2006), 59면 이하 참조. 오늘날 독일에서 소멸시효제도의 「목적론적 기초」에 관하여는 사비니의 설명이 '변함없이 기준적'이라고 평가되고 있다. 무엇보다도 이를 정면에서 다룬 문헌으로 Hartmut Oetker, *Die Verjährung. Strukturen eines allgemeinen Rechtsinstituts*(1994), S. 33에서의 설명 참조. 기타 표준적인 민법 교과서의 설명으로 예를 들면 Larenz/Wolf, *Allgemeiner Teil des Bürgerlichen Rechts*, 8. Aufl.(1997), § 17 Ⅰ 1(S. 335 f.)도 소멸시효제도의 근거로 같은 취지를 말한다.

31) 예를 들면 독일민법은 2002년의 대개정에서 일반소멸시효기간을 종전의 30년에서 3년으로 대폭 감축하였다(제195조). 물론 그 기간의 기산점은 종전에 '청구권의 성립시'라고 정하였던 것(개정 전 제198조)과는 달리 "채권자가 청구권을 발생시키는 사정 및 채무자의 신원을 **알았거나 중대한 과실 없이 알았어야 하는** 해가 끝나는 때"로 정하여졌다(제199조 제 1 항).

법 통일 작업의 차원에서도 명백히 간취되는 바이다. 예를 들어 그 가장 중요한 성과의 하나인 「유럽계약법원칙」(Principles of European Contract Law. 통상 PECL로 약칭된다)은 그 제 3 부에서 소멸시효(prescription)에 관한 규정을 포함하고 있다. 그에 의하면, 소멸시효제도는 "개별 사안에서 가혹한 결과를 낳을 가능성이 있기는 하지만, 일반적으로 현대의 법체계에서 불가결한 장치로 이해되고 있다"는 것이다.[32] 그리하여 이는 소멸시효기간을 3년으로 현저하게 단축하고 있다(제14:201조).[33]

심지어 2015년 상반기에 그들의 중의원에 제출되어 계류 중인 일본의 민법개정안[34]도 ―채권의 소멸시효기간을 종전의 「'권리를 행사할 수 있는 때'(통상 「객관적 기산점」이라고 한다)로부터 기산하여 10년」으로 하는 규정은 그대로 두었으나― "채권자가 권리를 행사할 수 있음을 안 때(「주관적 기산점」)로부터 5년"이 경과한 경우에는 소멸시효가 완성된다는 새로운 규정을 제안한다(제166조 제 1 항 제 1 호

32) Ole Lando et al.(eds.), *Principles of European Contract Law. Part* Ⅲ, prepared by The Commission on European Contract Law(2003), p. 160. 소멸시효제도의 「정당성」과 관련하여서, 위 책, p. 194는 다음과 같이 말하기도 한다: "우리는 다시 한 번 다음과 같은 사실을 기억하여야 할 것이다. 우리는 채권자가 오랜 세월에 흐른 후에도 자신의 채권을 입증할 수 있음에도 불구하고 소멸시효에 의하여 그 행사를 저지당하는 가혹함만을 염두에 두고, 소멸시효제도가 부당한 채권의 추급을 막은 수많은 경우들에 대하여는 잊어버리기 쉽다는 것이다."

33) 이에 대하여는 우선 양창수, "「유럽계약법원칙」의 소멸시효규정 ― 우리 민법에의 시사를 덧붙여", 동, 민법연구 제 8 권(2005), 131면 이하, 특히 137면 이하 참조. 다만 이러한 소멸시효기간의 단축에 대한 균형추(counterbalance)로서 채무자 및 채권 발생의 원인 사실을 알지 못하고 또한 알지 못하는 데 합리적인 이유가 있는 동안에는 시효기간의 진행이 정지된다고 한다(제14:301조). 이들 규정의 번역으로는 양창수, 위 책, 176면 참조.

34) 이 개정안은 그 사이에 일본 의회(중의원)가 이른바 안보법안(집단적 자위권에 대한 제한을 철폐하는 것을 주된 내용으로 하는 도합 11개의 법률안) 등 정치적으로 매우 민감하면서 중요한 법안의 강행 처리 및 그 후속 여파로 인하여 그 처리가 지연되고 있다. 그러나 본인이 일본의 유력한 교수들에게 탐문한 바에 의하면 그 내용에 대하여 논란이 되는 점은 거의 없어서 국회의 일정이 「안정」되는 대로 그 무난한 통과가 예측된다고 한다.

의 신설). 그리하여 위의 두 경우 중 어느 하나라도 충족하는 경우에는 소멸시효가 완성된다는 것이어서, 소멸시효의 완성이 인정되는 범위는 종전보다 현저히 확대되는 것이다.

더욱 주목하지 않으면 안 되는 것은, 후자의 「주관적 기산점」 규정에 대하여 이번 일본민법의 개정작업에서 핵심적인 역할을 담당하여 민법개정위원회의 「대변인」 역할을 하고 있는 일본 교토대학의 민법 교수 시오미 요시오(潮見佳男)는 **"거래로부터 생기는 채권 중 주된 급부에 관한 것에 대하여는** 통상 그 주관적 기산점은 앞서 본 객관적 기산점과 일치한다고 생각하여도 좋다"고 설명하고 있다는 점이다.[35] 즉 그러한 채권에 대하여는 다른 특별한 사정이 없는 한 행사할 수 있는 때로부터 5년의 소멸시효에 걸린다는 것이다.[36]

이상에서 개관한 바와 같은 외국법, 나아가 법 통일 작업의 일치된 동향 내지 추세는 소멸시효제도의 합리성을 무엇보다도 생생하게 보여 주는 것이라고 하겠다.

(다) 소멸시효제도의 중요한 목적은 위에서도 본 대로 분쟁을 조기에 종식시켜서 법적 평화를 이룩하겠다는 것이다. 그러므로 소멸시효에 관한 법규정이나 그 해석·적용의 양상 자체가 구체적인 사건에서 시효의 완성으로 인한 권리의 소멸 여부 및 그 법적 주장의 허용 여부를 둘러싸고 빈번하게 분란을 일으키는 원인이 되어서는 안 될 것이다. 그리하여 예를 들면 앞서 본 「유럽계약법원칙」도 소멸시효제도는 되도록 단순하고 명확하며 통일적이어야(simple, straight-forward and uniform) 한다고 분명히 밝힌다.[37]

---

35) 潮見佳男, 民法(債權關係)の改正法案の概要(2015. 8), 41면. 여기서 그는 「部會資料」에 나타난 발언, 즉 심의과정에서 표명된 견해를 인용하고 있다. 그 전에 潮見佳男, 民法(債權關係)の改正に關する要綱假案の概要(2014. 12), 23면 이하도 본문에서와 같은 취지를 밝히고 있었다.

36) 그리하여 우리 상법에서와 같이 5년의 상사시효를 정하는 일본상법 제522조는 위 민법 개정과 함께 폐지하는 것으로 제안되었다.

그 사이 여러 외국의 법, 나아가 소멸시효에 관한 법통일 작업도 이러한 방향으로 진행되었다. 단지 하나의 예만을 들면, 독일민법에서는 우리 민법 제163조, 제164조에서 대응하는 단기소멸시효제도에 관한 제196조(2년의 소멸시효) 및 제197조(4년의 소멸시효)는 2002년의 대개정에서 모두 삭제되었다. 이와 같이 복잡한 시효기간을 정하는 태도를 폐지하는 것은 앞서 본 일본의 민법개정안에서도 같은 이유로 마찬가지이다.[38] 나아가 「유럽계약법원칙」도 그와 같은 단순성의 고려에서 '다원적 시효기간' 대신에 '일원적 시효기간'을 정하였다.[39]

(라) 물론 신의성실의 원칙은 논의의 여지 없이 민법의 여러 제도 전반에 두루 적용될 수 있는 범용성 있는 법리이다. 그리고 대법원도 여러 차례에 걸쳐 "채무자의 소멸시효에 기한 항변권의 행사도 우리 민법의 대원칙인 신의성실의 원칙과 권리남용 금지의 원칙의 지배를 받는 것"임을 전제로 하면서, 구체적으로는 "① 채무자가 시효완성 전에 채권자의 권리행사나 시효중단을 불가능 또는 현저히

---

37) Lando(주 32), p. 162.

38) 우선 潮見佳男(주 35. 2015), 42면: "개정 전 민법이 정하고 있던 직업별의 단기소멸시효는 폐지된다. 개정 전 민법 아래서의 직업별 단기소멸시효는 그 분류·시효기간 구분의 점에서 합리적인 설명이 이루어지는 것이 아닐 뿐더러, 현대 사회의 거래유형과 거래의 실태를 적확하게 반영한다고는 말할 수 없는 것이었다. 개개의 개념의 사정射程에도 의논을 불러일으키는 것이 적지 않고, 예측가능성의 점에서 문제가 있었다. 나아가 복잡한 분류 위에 성립하는 단기소멸시효의 제도는 일반 시민에 있어서 알기 어려운 것이 되었다. 그리하여 개정 후의 민법은 개정 전 민법 제170조부터 제174조까지의 단기소멸시효 규정을 삭제하고, 이들 장면을 채권의 소멸시효에 관한 일반규정으로 처리하는 것으로 하였다."

39) 그 이유는 다음과 같다. Lando(주 32), p. 164: "이와 같이 다원적 시효기간을 택하게 되면 결국 채권자나 채무자가 자신의 법적 지위를 정확하게 알고 또 그에 따라 적절한 조치를 취하게 하는 것이 어렵게 된다. 그보다는, 모든 채권에 일률적으로 적절하다고 할 수는 없지만 그래도 위와 같은 어려움을 피할 수 있는 일원적 시효기간을 정하는 것이 상대적으로 낫다. 그리고 이것이 그 사이의 국제적인 경향에도 보다 잘 들어맞는다." 나아가 위 곳은, 각종의 소멸시효기간 사이에 광범위한 차이를 두는 것은 위헌적인 차별에 해당할 수 있다는 벨기에 헌법재판소의 견해를 인용하고 있다.

곤란하게 하였거나 그러한 조치가 불필요하다고 믿게 하는 행동을 하였거나, ② 객관적으로 채권자가 권리를 행사할 수 없는 장애사유가 있었거나, ③ 일단 시효완성 후에 채무자가 시효를 원용하지 아니할 것 같은 태도를 보여 권리자로 하여금 그와 같이 신뢰하게 하였거나, 또는 ④ 채권자보호의 필요성이 크고, 같은 조건의 다른 채권자가 채무의 변제를 수령하는 등의 사정이 있어 채무이행의 거절을 인정함이 현저히 부당하거나 불공평하게 되는 등의 특별한 사정이 있는 경우에는 채무자가 소멸시효의 완성을 주장하는 것이 신의성실의 원칙에 반하여 권리남용으로서 허용될 수 없다"고 밝힌 바 있다(이하에서는 이상의 네 기준을 각각 「① 기준」, 「② 기준」 등으로 부르기로 한다).[40]

(마) 한편 앞의 (나) 및 (다)에서 말한 바와 같은 관점에서 보면, 이를 특히 위와 같은 목적을 추구하여 구상된 소멸시효제도에 끌어들여서, 법이 정하는 소멸시효 완성의 요건이 모두 충족되었음에도 그로 인한 채권 소멸의 주장을 신의칙에 기하여 배제하는 것을 인정하는 것은 매우 신중하게 이루어지지 않으면 안 된다.

신의칙의 특징은 무엇보다도 그 내용이 명확하지 아니하다는 점에 있다. 그리하여 신의칙 위반(또는 그 하나의 범주로서의 권리남용)

---

40) 한편 이 기회에 나는 대법원이 본문에서 본 대로 신의칙에 기하여 시효소멸의 주장을 배척하는 것에 관하여 제시하는 ① 기준 내지 ④ 기준 중에서 특히 ② 기준에 대하여는 심중한 의문이 있음을 밝혀 두기로 한다. 여기서는 상세히 논하지 않기로 하나, 간략하게 말하면, 위의 ② 기준은 민법 제166조 제1항에서 소멸시효의 기산점으로서 규정된 '권리를 행사할 수 있는 때'의 판단과 관련하여 우리 판례가 일찍부터 채택한 이래 현재까지 한결같이 취하고 있는 '법률상 장애사유'와 '사실상 장애사유'의 구별을 실제로 무의미하게 할 우려가 크다는 것이다. 다시 말하면 위의 ② 기준은 한편으로 소멸시효의 진행을 막지 못하는 사유가 그와 같이 하여 시효가 완성된 경우에는 돌연 그 완성의 주장을 하지 못하게 하는 사유로 원용할 수 있게 되는 말하자면 평가모순評價矛盾에 빠지게 된다. 이를 피하려면 ② 기준을 충족하는 바의 '장애사유'라는 것을 뚜렷한 경계를 가진 일정한 유형의 예외적 사유에 한정하지 않으면 안 될 것이다.

을 인정할 것인지를 판단함에 있어서는 거의 예외 없이 당해 사건에 관련되는 많은 사정들을 광범위하게 심리·판단하지 않으면 안 되며, 그때 심리·판단되어야 할 '사정'이란 대체로 법에서 일정한 법률효과를 발생시키기 위하여 충족되어야 할 요건으로 규정되어 있지 아니한 것들이다. 그리고 신의칙 위반 여부는 —그 한 범주로서의 권리남용에 대하여 언명된 바에 의하면— "당사자가 소송에서 이를 주장하지 아니하였더라도 현출된 증거자료로부터 이를 인정할 수 있는 경우에는 법원은 이를 직권으로 판단할 수 있다. … 판례는 권리남용의 원칙을 정한 민법 제2조 제2항은 강행규정이므로 당사자의 주장이 없더라도 직권으로 판단할 수 있다고 하고 있다."(점선 부분은 인용자가 생략한 부분을 가리킨다)[41]

오히려 신의성실의 원칙은 이와 같이 일반적인 법률요건의 틀을 벗어나 있기 때문에 실제의 사건 처리에 융통성을 불어넣을 수 있는 중요한 법적 수단이 된다. 그리고 이는 일정한 제한적인 경우에 사건의 공평한 처리에 대한 감정적 지향을 만족시킬 수 있을 것이다.[42]

그러나 앞서 본 바와 같이 소멸시효는 「불명확성의 배제」라는 가치에 의하여 정당화되는 제도로서, 무엇보다도 「단순하고 명확하며 통일적인 것」이 추구되어야 한다. 이러한 소멸시효의 제도에 위와 같

---

41) 民法注解 [Ⅰ](1992), 233면(尹容燮 집필부분).

42) 이 점에 관하여는 우선 뒤의 V. 1. (2)에서 보는 이른바 통상임금 사건에 대한 대판 2013. 12. 18, 2012다89399(집 61민(하), 337)을 보라. 또한 무엇보다도 대판 2014. 3. 13, 2013다34143(공보 2014상, 842) 참조. 이 판결은, 계약 해제에 따른 원상회복의무의 이행으로서 매매대금 기타 급부의 반환을 구하는 경우에 계약 해제의 원인이 된 채무불이행에 관하여 해제자가 그 '원인'의 일부를 제공하였다는 등의 사유로 일반적으로 신의칙 또는 공평의 원칙에 따라 과실상계에 준하여 원상회복의무의 내용이 제한되는가 하는 문제에 대하여 "실정의 법제도는 대체로 오랜 세월의 정련된 사고思考와 구체적인 적용 및 이에 대한 반성을 거쳐 신중하게 마련된 것으로서, 실제로는 내용이 막연한 신의칙 등보다 거의 예외 없이 더욱 현명하고 '공평'하다고 할 것"이라는 등의 이유를 들어 부정한다. 그리고 원심이 계약 해제로 인한 원상회복으로 매도인에게 반환되어야 할 금액을 매매대금의 40%로 제한한 것을 파기환송하였다.

은 의미에서의 자유자재의 '융통성'을 일반적으로 인정하는 것은 채권관계 당사자들의 법적 지위에 심중한 불명확성을 개입시키는 것이 되어, 결국 "어떻게든 분쟁을 종결짓는다"는 제도 목적을 충족하기 어렵게 하는 것이 됨은 명약관화한 일이라고 하겠다.

(3) 우리 대법원도 이와 같이 소멸시효 완성의 주장을 신의칙을 들어 허용하지 아니할 것인지는 매우 신중하게 판단되어야 한다는 태도를 거듭하여 명확하게 밝히고 있다.

(가) 우선 대판 2005. 5. 13, 2004다71881(공보 2005상, 950)이 그러하다. 이 판결은 우선 국가가 소멸시효를 주장하는 것을 신의칙에 의하여 제한하는 데는 일반 채무자의 경우와 마찬가지로 특별한 사정이 필요하다고 판시한 다음, 다음과 같은 신의칙 적용에 관하여 일반적으로 음미되어야 할 태도를 설시한다. 즉 "신의성실의 원칙과 같은 일반적 원칙을 적용하여 법이 두고 있는 구체적인 제도의 운용을 배제하는 것은 법해석에 있어 또 하나의 대원칙인 법적 안정성을 해할 위험이 있으므로 그 적용에는 신중을 기하여야 한다"는 것이다.

이는 일견하여 신의칙을 구체적 법제도 일반의 해석·운용에 고려함에 있어서 주의하여야 할 점으로 읽히기도 한다. 그러나 그 설시는 우선 바로 피고가 주장한 소멸시효 완성의 적법 여부를 판단하는 맥락에서 나온 것이다. 나아가 이 사건에서 원고는 1950년 11월에 학도의용군으로 입대하였는데 나라(피고)가 1959년에 이르러서야 제대를 시켰으므로 그로 인한 손해의 배상을 구하였다. 원심은 피고의 시효소멸 주장에 대하여 원심은 "피고가 그러한 주장을 하는 것은 신의칙상 또는 형평의 원칙상 도저히 허용될 수 없으므로 이 사건 청구에 대한 소멸시효는 피고가 원고의 학도의용군 복무사실을 공식적으로 확인하여 준 1999. 3. 11.부터 그 기간이 개시되는 것이라고 봄이 상당하다"고 판단하여 위 주장을 배척하였다. 그러나 대법원은 이 사건에서 드러난 사정은 앞의 (라)에서 본 ① 기준부터 ④ 기준의 어느 것도 충족한다고 할 수 없다고 판단하여 원심판결을 파기하였다.

(나) 나아가 대판 2010. 9. 9, 2008다15865(공보 2010하, 1876)은 시효소멸의 주장을 신의칙에 기하여 배척할 것인지에 관하여 보다 구체적으로 다음과 같이 판시한다.

> "채무자가 소멸시효의 완성으로 인한 채무의 소멸을 주장하는 것에 대하여도 신의성실의 원칙이 적용되므로, 그러한 주장을 하는 것이 신의칙 위반을 이유로 허용되지 아니할 수 있다. 그러나 실정법에 정하여진 개별 법제도의 구체적 내용에 좇아 판단되는 바를 신의칙과 같은 법원칙을 들어 말하자면 당해 법제도의 외부로부터 배제 또는 제한하는 것은 법의 해석·적용에서 구현되어야 할 기본적으로 중요한 법가치의 하나인 법적 안정성을 후퇴시킬 우려가 없지 않다. 특히 **법률관계에는 불명확한 부분이 필연적으로 내재하는바 그 법률관계의 주장에 일정한 시간적 한계를 설정함으로써 그에 관한 당사자 사이의 다툼을 종식시키려는 것을 취지로 하는 소멸시효제도에 있어서는, 애초 그 제도가 누구에게나 무차별적·객관적으로 적용되는 시간의 경과가 1차적인 의미를 가지는 것으로 설계되었음을 고려하면, 위와 같은 법적 안정성의 요구는 더욱 선명하게 제기된다.** 따라서 소멸시효에 관하여 신의칙을 원용함에는 신중을 기할 필요가 있다. 특히 채권자에게 객관적으로 자신의 권리를 행사할 수 없는 장애사유가 있었다는 사정을 들어 그 채권에 관한 소멸시효 완성의 주장이 신의성실의 원칙에 반하여 허용되지 아니한다고 평가하는 것은 소멸시효의 기산점에 관하여 변함없이 적용되어 왔던 법률상 장애/사실상 장애의 기초적인 구분기준을 내용이 본래적으로 불명확하고 개별 사안의 고유한 요소에 열려 있는 것을 특징으로 하는 일반적인 법원칙으로서의 신의칙을 통하여 아예 무너뜨릴 위험이 있으므로 더욱 주의를 요한다."

이 재판례는 직접적으로는 신의칙의 적용이 아니라 소멸시효기간의 기산점인 "권리를 행사할 수 있을 때"에 관한 것이기는 하다.

종전에 국공립 대학교원의 임용권자가 임용기간이 만료된 교수 등에 대하여 재임용을 거부하는 취지로 한 임용기간 만료의 통지가 행정소송의 대상이 되는 '처분'에 해당하는지가 문제된 바 있었다. 대법원은 그 전에는 그 처분성을 부정하다가 전원합의체 판결을 통하여 이를 긍정하는 것으로 견해를 변경하였었다.

이 사건에서 원고는 국립대학의 조교수로서 받은 재임용거부처분이 불법행위임을 원인으로 하여 국가를 상대로 손해배상청구소송을 제기하면서 대법원의 위와 같은 종전 견해는 '법률상 장애사유'에 해당하므로 원고의 손해배상청구권에 대하여는 재임용심사에 관한 규정이 신설된 때 등으로부터 소멸시효가 진행된다고 주장하였다.

그러나 대법원은 그 주장을 받아들이지 아니하고 위 판결에서 전원합의체 판결로 종전의 견해를 변경한 것은 원고가 이 사건에서 주장하는 바의 손해배상청구권을 행사하는 데 있어서의 '법률상 장애사유'에 해당하지 아니한다고 판시하고 결국 소멸시효의 완성을 인정하였다. 그러면서 위에서 인용한 바와 같이 방론으로 소멸시효 완성의 주장이 신의칙에 위반되는지에 대한 판단에 관하여 설시하였던 것이다.

(다) 또한 대판 2014. 5. 29, 2011다95847(공보 2014하, 1300)도 앞의 (a)에서 본 대판 2005. 5. 13.을 인용하면서 "채무자의 소멸시효 완성 주장이 신의칙에 반하고 권리남용에 해당한다고 하려면 앞서 본 바와 같은 특별한 사정이 인정되어야 할 것이고, 또한 위와 같은 일반적 원칙을 적용하여 법이 두고 있는 구체적인 제도의 운용을 배제하는 것은 법해석에 있어 또 하나의 대원칙인 법적 안정성을 해할 위험이 있으므로 그 적용에는 신중을 기하여야 할 것이다"라고 판시하고 있다.

(4) 아마 여러분은 시효소멸 항변이 신의칙에 반하는가 하는 점에 대하여 위와 같이 생각하면서 당신은 어떻게 해서 과거사민사사

건에서 그 점을 긍정하는 판단을 적지 않게 내렸느냐고 물을 것이다. 여기서 그 상세를 다 말할 수는 없으나,[43] 다만 한 가지 국가 내지 정부가 앞서 본 과거사정리법 제34조, 제36조에서 정하여진 자신의 책임에 관하여 전적으로 손을 놓고 있었다는 점을 무겁게 고려하였다는 것만은 밝혀도 좋다고 생각한다. 다시 말하면, 과거사민사사건에서 시효소멸 항변을 신의칙을 내세워 상당한 범위에서 배척한 것은 그것이 과거사민사사건인 한에서만, 또한 그것도 일정한 사안유형에서 일정한 기간[44] 안에 제기된 소송에서만 예외적으로 인정된다는 것이다.

---

43) 그것은 적지 않은 무게로 내가 퇴임사에서 다음과 같이 말한 부분과 관련된다. "대법관의 일과 관련하여서 제가 깨닫게 된 것의 하나는 대법관이 갖추어야 할 중요한 덕목이 개별 사건 중에서 일반적인 의미가 있는 것을 알아차리는 능력이라는 것입니다. 어떠한 사건이 대법원에서 이렇게 저렇게 처리되었다는 사실은 이제 하나의 전범성典範性을 가져서 '같은 사건'은 이제 같이 처리되어야 하는 '구속력'을 가지게 됩니다. 그것은 하급심법원은 물론이고 대법원에 대하여도 마찬가지입니다. 대법원도 '같은 것은 같이, 다른 것은 다르게'라는 정의正義의 제 1 차적 요구에 묶이는 것입니다. 그리고 그것은 **심리불속행으로 상고기각되는 사건**이라고 해도 크게 다르지 않습니다." 일반적으로 법관에게는, 특히 대법관에게는, 자신의 사건 처리 결과를 —그야말로 예외적으로 특별한 사정이 없는 한— 그 후에도 여전히 옳다고 주장하게 되는 말하자면 관성慣性의 법칙이 작용한다. 그러니까 어떤 유형의 사건이 소리소문도 없이 심리불속행으로 상고기각된 경우에 특히 다른 부의 대법관이 그 사건에서 문제된 법리가 보다 면밀하게 검토되어야 한다고 보고 이를 전원합의체의 심리·판단에 회부하였다고 하더라도 그 전원합의체의 심리에 있어서 위와 같이 하여 상고기각된 사건의 적어도 주심 대법관이 종전과 다른 견해를 취할 것은 거의 기대할 수 없다. 대법원에는 오래 판사 일을 한 사람이 아닌 사람도 적지 않게 있어야 한다는 주장을 정당화하는 것은 바로 이러한 점이다.

44) 앞의 주 24에서 인용한 대판(전) 2013. 5. 16, 2012다202819에 의하면 "신의성실의 원칙을 들어 시효 완성의 효력을 부정하는 것은 법적 안정성의 달성, 입증곤란의 구제, 권리행사의 태만에 대한 제재를 이념으로 삼고 있는 소멸시효 제도에 대한 대단히 예외적인 제한에 그쳐야 할 것이므로, 위 권리행사의 '상당한 기간'은 특별한 사정이 없는 한 민법상 시효정지의 경우에 준하여 단기간으로 제한되어야 한다. 그러므로 개별 사건에서 매우 특수한 사정이 있어 그 기간을 연장하여 인정하는 것이 부득이한 경우에도 불법행위로 인한 손해배상청구의 경우 그 기간은 아무리 길어도 민법 제766조 제 1 항이 규정한 단기소멸시효기간인 3년을 넘을 수는 없다"는 것이다.

Ⅴ. 법적 쟁점과 정책 판단[45]

1. 입법적인 해결이라는 것

(1) 대법원에서 일하면서 절실하게 느낀 것 중의 하나는 국회에서 입법으로 처리하면 훨씬 더 좋지 않았을까 하는 법문제가 소송사건으로 법원에 와서 과거의 법규정을 해석·적용하여 처리되는 경우가 적지 않다는 것이다.

앞의 Ⅳ.에서 본 과거사민사사건의 경우는 법률로 국가 내지 정부가 일정한 조치를 취하도록 의무를 부과하였음에도 국가 등이 그 의무를 소홀히 한 것과 관련되므로, 지금 언급한 문제와는 우선은 차원이 다르지만, 그 경우에도 과거사정리법이 피해·명예 등의 회복에 대하여도 보다 구체적인 조치에 관한 규정을 두었다면 과연 정부가 그렇게 손을 놓고 있지는 않았을 것이라는 생각이 드는 것이다.

(2) 하나의 예를 들면, 일반적으로 통상임금 사건으로 알려진 대판(전) 2013. 12. 18, 2012다89399(집 61민(하), 337)이 그러하다. 이 판결에서 대법원은 단체협약에서 기업주 측도 근로자 측도 모두 일정한 상여금이 통상임금에 포함되지 아니함을 전제로 상여금을 지급하는 것으로 정하여졌는데 그 후 근로자 측에서 그 상여금이 포함되어 산정된 통상임금과의 차액을 지급할 것을 구하는 경우에 대하여 그러한 단체협약이 무효이고 따라서 원칙적으로 근로자 측은 위와 같은 청구를 할 수 있음을 전제로 하면서도 —일부의 논자들이 지적하는 바에 따른다면 '구차하게도'— 신의칙을 끌어들여 일정한 경우에는 그 청구가 허용되지 않는다고 판단하였다.

---

45) 이 문제에 대하여는 오늘 다른 분들의 주제 발표에 맡기는 것이 낫다고 생각되어 간단히 언급한다.

이 판결에 대하여는 깊이 논의할 여유가 없다. 그러나 나는 이 사건에 관여하면서, 또 통상임금을 둘러싸고 뜨겁게 벌어진 법적 논의를 보면서, 그것은 사실 장기간에 걸쳐 행하여진 임금 결정의 실태 또는 이해관계의 중대성이나 복잡성에 비추어 국회에서 논의하여 타협·결정되어야 할 문제가 아니었나, 법원이 이미 있는 법규정의 해석으로 다루어질 문제라기보다는 국회가 이해당사자들인 기업가 측과 근로자 측의 의견을 잘 듣고 그들이 각자의 의견을 뒷받침하는 것으로 제시하는 자료들을 면밀히 검토한 다음 수긍할 만한 부분을 추려내어 —아마도 양측 모두 어느 정도의 양보가 불가피할 것이다— 결정되었어야 할 사항이 아니었나 하는 생각을 떨칠 수가 없었다.

2. 법치주의에서 입법의 역할

(1) 민주주의의 역사가 긴 다른 나라들을 보면, 국민들 사이의 사회적 또는 경제적 갈등 또는 이를 둘러싼 의견의 충돌이 노출되면 통상 그 내용을 정치권에서, 쉽게 말하면 의회 또는 정당에서 파악하고 —때로는 냉각기간을 포함하여 장기간의 타협과정을 거쳐서— 조정하여 그 해결책을 법률의 제정 또는 개정의 형태로 제시한다. 이로써 갈등은 일단락된다. 그리고 법원은 그 법률에서 제시된 기준을 구체적인 사안에 적용한다. 그런데 우리의 경우는 그러한 의회 또는 정당의 조정적 활동이 매우 저조한 것이 아닌가 하는 생각을 하게 된다.

정치가들은 새로운 기준을 마련하거나 또 각 기준의 내용이나 그것이 적용되어야 할 국면을 그 이해관계의 성질이나 당사자의 지위 기타 사정에 맞추어 다르게 또 세부적으로, 말하자면 창조적·전진적으로 정할 수 있다. 그러나 이른바 법관의 법 해석은 그 점에서 분명히 한계가 있다. 그것은 아무래도 지금 효력을 가지는 법률(이것은 과거에 과거의 사정들을 배경으로 하여 마련된 것이다)에서 이미 정하여져 있는 것, 종전의 사건에서 내려진 판단—흔히 '판례'라고 부르는 것— 또는 법률가들이 은연중에 품어 왔던 또는 경우에 따라서는 공공연히 피력하는 법적 통념으로부터 비약적으로 자유로울 수 없는 것이다. 그리고 우리 법은 이러한 입법권과 사법권의 역할 분담을 당연한 전제로 하고 있는 것이 아니겠는가?

(2) 그렇게 보면, 우리가 이미 달성하였다고들 자랑스럽게 말하는 '민주화'가 소극적으로 독재체제의 종식이라는 것에 그쳐서는 안 될 것이다. 그것만이 아니라 적극적으로 국민들의 의사를 법률로 수렴하고 구체화하여 갈 수 있는 정당정치의 내실의 개조가 불가피하다고 하겠다. 민주화의 틀은 마련됐지만, 그 틀에 들어갈 내용은 아직 충실하게 채워지지 않았다고 할 수밖에 없지 않을까?

이는 다른 관점에서 보면 민주화의 내용을 적극적으로 채우려면 법이라는 그물을 더 촘촘히 짜야 한다는 말이 된다. 그런데 그 그물이 성긴 채로 있으니까 과연 어떠한 문제에 대하여 법은 무어라고 정하고 있는지가 명확하지 않은 채로 남게 되고, 이것이 또한 국민들 사이의 갈등의 원인이 되고 있다는 생각을 할 때도 없지 않다. 결국 이미 있는 법의 해석만으로는 충분히 설득력 있는 해결을 줄 수 없는 갈등이 매우 많이 법원으로 넘어오고 있는 것이다. 재판을 하다 보면 이런 문제는 이렇게 저렇게 해결되면 좋겠는데 하는 생각이 들기도 하지만, 법관이 새로운 법리를 선언하는 데에는 당연히 내재적 한계가 있음은 물론이다.

Ⅵ. 맺으면서

대법원에서 보낸 6년을 되돌아볼 때에 그것이 나의 삶 전체에서 어떠한 의미를 가지는 것으로 평가될는지 나는 아직 확신할 수 없다. 그렇지만 내가 그 짧지 않은 시간 동안 하나의 사람으로서도, 법학자로서도 많은 것을 배웠음은 부인할 수 없다.

그러나 다른 측면도 있다. 흉악한 범죄를 추급하는 형사사건 기록을 들추면서 사람의 잔인함이나 추악함에 떨다가 집으로 돌아가면 나는 재판 일로, 대법원으로 다시 돌아가고 싶지 않았다. 또한 기록에 첨부된 '존경하는 대법관님'으로 시작하는 그 절절한 호소의 서면들이, 대법원이 그 최종의 의지처이므로, 어디에 있든 무엇을 하든 머리 한쪽에 항상 들러붙어 있었다. 나는 퇴임을 앞두고 어느 친지에게 보낸 편지에서 "마음이나 몸을 크게 상하지 않고 학교로 돌아갈 수 있어서 정말 기쁘다"라고 썼었다.

다시 학교로 돌아온 지 2년이 넘었는데, 이러한 학술대회에서 개별 주제의 발표는 아니지만 '기조강연'이라는 것을 할 수 있어서, 그것도 대법원에서의 일을 돌아보는 기조강연을 할 수 있어서 기쁘다.

(법학연구(연세대학교 법학연구원) 제27권 1호(2017. 3), 1면 이하 所載)

[후　　기]

1. 이 글은 2016년 11월 11일에 연세대학교 법학연구원 주체로

열린 '사법통치와 법치주의'라는 주제의 학술회의에서의 '기조강연'을 위하여 작성된 원고를 수정·보충한 것이다. 그런 만큼 어느 정도는 구어체의 자취가 남아 있을 듯도 하고, '금년', '얼마 전' 또는 '오늘' 등의 시간 표시도 위 학술회의를 기준으로 한다.

2. 이 글 집필 당시에는 2015년까지의 사건수만이 공적으로 공개되어 있었다(본문 Ⅱ.1. 참조). 그 후 대법원에 접수된 본안사건의 수는 2016년에 43,694건, 2017년에 46,412건이다(법원행정처 편, 2017년도 사법연감, 553면 및 2018년도 사법연감, 545면). 후자는 본문의 Ⅱ.1.에서 기준으로 삼은 2006년의 22,946건을 100.0으로 잡으면 202.2에 해당하는 것, 즉 10년 남짓 사이에 배 이상 증가하였다는 것이다. 그 외에 본안외사건도 2017년에 15,663건이 대법원에 접수되었다.

아직 2019년도 사법연감이 발간되지 않아서 2018년의 사건 추이는 알 수 없으나, 필자가 탐문한 바에 의하면 증가의 추세는 변함이 없다고 한다.

3. 대법원이 제 역할을 하기 위하여 상고심 구조의 새로운 편성이 요구되어서 필자가 대법관 퇴임사에서 이를 지적하였음은 본문의 Ⅱ.4.1.에서 쓴 바 있다. 퇴임사의 그 부분을 여기 옮겨 적는다.

> "다만 저는 이 자리를 빌어, 종전에 별로 말씀되지 아니하였던 것을 몇 가지 말씀드리고자 합니다.
>
> 우선 대법원이 제도적 차원에서 시급히 해결하여야 할 과제로 무엇보다도 두 가지를 들고 싶습니다. 첫째가 헌법재판소와의 관계이고, 둘째는 상고사건 부담의 경감입니다.
>
> … 한편 대법원에의 상고는 본안사건만 하더라도 2013년에 3만6천 건에 이르렀습니다. 제가 대법원에 온 2008년에는 그것이 2만8천 건으로 그동안에도 증가 일로에 있었으나, 사건처리의 부담도 이 수

준에 이르면 이미 한계를 넘어선 것입니다. 더 이상의 '무리'가 있기 전에 이쯤에서 상고심의 지위와 기능에 대하여 본원적인 반성·검토를 하고, 이를 바탕으로 무엇보다도 현실적인 대응책이 구체적으로 마련되기를 간절히 바랍니다.

말씀드린 이 두 가지의 제도적 문제는 더 이상 법원만의 문제가 아니라 법치주의의 원만한 실현 및 국민들의 권리보호의 신장이라는 나라의 기본 과제와 관련됩니다. 그러므로 이들에는 모든 국민이 관심을 기울여야 할 것이고, 따라서 국회 기타 정치권도 이 문제를 더 이상 방치하여서는 안 될 것입니다."

4. 한편 본문 Ⅳ.에서 논의한 과거사 사건에 대한 소멸시효의 적용에 관하여, 헌법재판소 2018. 8. 30. 결정 2014헌바148사건(헌집 30-2, 237)은 "민법 제166조 제1항, 제766조 제2항 중「진실·화해를 위한 과거사 정리 기본법」제2조 제1항 제3호 및 제4호에 규정된 사건에 적용되는 부분은 헌법에 위반된다"고 판단하였다(다만 3인의 재판관은 이 사건 심판청구는 이미 법원에서 행하여진 위 민법 조항들에 대한 해석·적용이나 재판 결과를 다투는 경우에 해당하여 부적법하므로 모두 각하되어야 한다는 이유로 반대의견을 냈다).

위 결정에 의하면, "과거사정리법 제2조 제1항 제3호 및 제4호에 규정된 '민간인 집단 희생사건'과 '중대한 인권침해사건·조작의혹사건'은 사인간 손해배상 내지 일반적인 국가배상 사건과 다른 특성이 있다. 이러한 사건들은 국가기관이 국민에게 억울한 누명을 씌움으로써 불법행위를 자행하고, 소속 공무원들이 이러한 불법행위에 조직적으로 관여하였으며, 사후에도 조작·은폐 등으로 진실규명활동을 억압함으로써 오랜 동안 사건의 진상을 밝히는 것이 사실상 불가능한 경우가 많았다. 이후에 과거사정리법이 제정되고 '진실·화해를 위한 과거사정리 위원회'(이하 '위원회'라 한다)의 활동으로 비로소 사건의 진상이 밝혀지게 되었으나, 이미 불법행위 성립일로부터 장기간 경과한 후에야 진상규명 및 이를 기초로 한 손해배상청구가 이루어짐에 따라 일반 불법행위와 소멸시효의 법리로는 타당한 결론을 도출하기 어려운 문제들이 다수 발생하게 되었다"고 하면서, 그럼에도 일반의 소멸시효에 관한 규정을 이에도 적용한다면 "국가는 개인이 가지는 불가침의 기본적 인권을 확인하고 이를 보장할 의무를 진다"고 정하는 헌법 제10조 제2문에 반하는 것으로서 "도저히 받아들일 수 없"다는 것이다.

여기서 위 결정에 대하여 상세히 논의할 수 없다. 그러나 필자로서는 그와 같이 민법 규정을 일정한 法定의 사건유형 전체에 관하여 '적용되는' 한도에서 헌법에 위반된다고 선언하는 것은 한정위헌 판단의 우회적 관철에 불과하고, 구체적으로도 그 사건유형 중에는 역시 일반 불법행위에서와 크게 다르지 않은 많은 사건들이 있는데 이에 대하여는 소멸시효의 적용을 배제하는 것이 되는 등으로 부당하므로 그에 도저히 찬성할 수 없다는 것만을 밝혀두기로 한다.

5. 또한 본문 Ⅳ. 1. (3)(나)에서 언급한 일본민법의 개정에 관하여는, 정부에서 제안한 그대로 동 개정법률이 2017년 6월 2일에 공포되었다. 그 시행은 공포일로부터 3년 내에서 시행령(「政令」)에서 정하는 날에 하기로 정하여져 있었는데, 2017년 12월 20일의 정령 제309호로 2020년 4월 1일부터 시행하는 것으로 정하여졌다.

따라서 본문에서 말한 소멸시효제도에 관한 개정도 그대로 행하여진다.

5. 민법학에서 법철학은 무엇인가?

— 개인적 점묘 —

Ⅰ.

1. 제가 「한국민사법학회」나 「민사판례연구회」 등 학회의 회장을 맡으면서 학술대회를 조직하는 데 관여하고, 또 예를 들면 『민법주해』와 같이 여러 집필자의 글을 모아 출간하는 문헌자료의 편집을 맡아서 일해 보면, 우리 법학계, 여기서는 무엇보다도 제가 전공하는 민법학에 당연히 한정하는 것이 되어야 할는지도 모르겠지만, 저의 관찰로는 민법학 외의 실정법학은 물론이고 법철학과 같은 이른바 기초법학에 대하여도 대체로 크게 다르지 않다는 인상을 받고 있으므로 과감하게 일반화하여 봅니다만, 우리 법학계 일반의 여러 모로 어려운 형편상 어떤 분에게 글이나 발표를 '주문'하는 것에는 말하자면 資源의 발굴 내지 발견과 그 적정한 분배라는 시각이 아무래도 긴요한 것으로 여겨졌습니다. 한국법철학회에서 「법철학과 민법」이라는 흥미로운 대주제로 열리는 이번 학술대회를 주최하면서 저에게 '기조발표'라는 일을 맡긴 데에서 분명 그러한 시각이 작용하지 않았을까 추측하여 봅니다.

2. 저는 민법해석학에 뜻을 둔 사람으로서, 사실은 법학방법론에 관심이 없지 않습니다. 그런데 우리나라에서 어느 시기까지 열렬히 숭앙된 법철학자의 말에 따르자면 "방법론에 집착하는 학문은 병든

학문이다"이라고 하였으므로, 이것을 핑계 삼아 오늘은 조금 다른 것을 말해보려고 합니다.

오늘 제가 여러분께 말씀드리고자 하는 것은 굳이 법철학에 가져다 붙이자면 법가치론과 조금 관련이 있는지 모르겠습니다.[1] 저는 법철학 연구가 민법에서 가질 수 있는 의미를 상기하여 보는 것으로 제 소임을 부족하나마 마칠까 합니다(Ⅱ, Ⅲ). 그리고 끝으로 우리나

---

1) 라드브루흐는 다음과 같이 말합니다. "법은 그 근저에 있어 권력이나 승인을 토대로 하고 있는 것이 아니라, 보다 높은 또는 가장 높은 당위, 즉 초현실적인 가치를 토대로 하고 있는 것이다."(라-드부룻흐, 桂哲淳·鄭熙喆 역, 法學入門(1957), 3면). 이 추억 깊은 번역서에 대하여 이 자리를 빌어 한말씀 드리겠습니다.

아마도 어느 헌책방에서 구하여 저는 위 책을 대학 시절에 열심히 읽었습니다(밑줄이 낭자합니다). 그 역자 두 분은 모두 위 책이 출간될 때에 경북대학교 법과대학에 재직하고 있었습니다. 계철순이 쓴 '머릿말'은 이렇게 인상적인 말로 시작됩니다. "수년 전, 우리가 좀 더 젊었을 때, 따라서 우리가 모든 것에 대하여 좀 더 정열을 가졌을 때, 그리고 우리나라 저서에 더 많은 불만을 가졌을 때, 우리는 번역부터 시작하자는 생각으로 이 번역을 뜻하였다."

정희철은 그 '머릿말'에다가 '추기'를 써 덧붙였는데, 그것은 또 다음과 같은 겸손한 말로 시작됩니다. "이 변변치 못한 번역이 완성되기까지 3년의 시일을 요한 것이 譯出의 정확·신중을 기함에 있었다고 하면, 그것은 과분한 변명일 것이며, 어학력의 부족과 원서의 난해는 내용을 완전 이해하여 역출하기에는 3년도 부족한 감이 없지 않았습니다."(명백한 오식을 제외하고는 원문대로. 이하의 인용에서도 같습니다)

위의 책은 1952년에 나온 츠바이게르트(Konrad Zweigert)에 의한 보정판을 번역한 것인데, '文星堂'이라는 지금은 누구의 기억으로부터도 사라진 출판사에서 발행되었습니다. 그러나 이 문성당이란 사실은 1950년부터 숨가쁘게 번역·출간된 我妻榮의 『民法總則』부터 『債權各論』까지의 '민법강의 시리즈'를 6·25 전쟁이 발발한 후에 '哲也堂'으로부터 이어받아 출간한 출판사로서, 우리나라 민법학 역사의 처음을 장식하는, 제가 '번역법학'이라고 부르는 시기에 있어서는 지우기 어려운 자취를 남겼습니다. 그러나 그 후에 어떻게 되었는지는 아직 잘 알 수 없습니다.

한편 정희철은 1969년에 나온 역시 츠바이게르트 보정판(제12판)을 1971년에 이르러 田源培와의 공역으로 『法學原論』이라는 이름으로 박영사에서 출간하였습니다. 그 '譯者 序文'에는 위 『법학입문』에 대하여 아무런 언급이 없으나 내용을 보면 이는 명백히 그 번역서의 개정판이라고 할 수 있습니다. 그리고 츠바이게르트에 의한 '보정'은 대체로 참고문헌, 그리고 주로 독일의 실정법을 다루고 있는 부분에 집중되고 있으므로, 우리의 논의맥락과는 별다른 관련이 없습니다.

라에서 법학을 수행하는 데 있어서 출발점이 되는 자세라고나 부를 수 있는 것에 대하여도 덧붙여 보겠습니다(Ⅳ). 아무래도 조금 오래 전의 얘기, 그리고 직접 인용이 많은 것을 양해하여 주시기 바랍니다.

이렇게 하는 것이 저에게 '기조발표'를 맡긴 뜻에 부합하는 것인지 알 수 없습니다. 그리고 글의 제목도 "민법학에서 법철학은 무엇일 수 있는가?"로 하는 것이 더 잘 어울릴는지도 모르겠습니다.

Ⅱ.

1. 다음과 같은 일을 생각하여 보기로 합니다.

여러분도 잘 아시는 민법상 제도로 '선의취득'이 있습니다.

전형적으로 말하면 다음과 같은 경우입니다. 갑이 자기 소유의 물건, 예를 들면 노트북을 친구인 을에게 잠시 쓰라고 빌려 주었습니다. 을이 이것을 가져다 쓰다가 돈이 급하게 되어 이것을 병이 운영하는 중고품 가게에 팔고서, 받은 돈을 다 써 버렸습니다. 갑은 병에게 그 물건이 자기 것이니 돌려달라고 할 수 있을까요?

법적으로 보면, 이 문제는 대체로 병이 을과의 매매로 물건의 소유권을 취득하였는가에 달려 있습니다. 이러한 경우 민법은 주지하는 대로 병이 "善意이며 過失 없이" 그 물건을 점유하게 되었으면 "즉시 소유권을 취득한다"고 정합니다(제249조). 이와 같은 경우의 권리취득을 '선의취득'이라고 부른다는 것은 잘 아시는 대로입니다. 권리를 양도받으려면 양도하는 사람이 당해 권리의 보유자이어야 하는 것이 원칙인데,[2] 위와 같은 경우에는 권리자 아닌 사람과의 거래로도 권리를 취득할 수 있음을 예외적으로 인정하는 것입니다.[3]

그런데 아무리 병이 선의임은 물론이고 나아가 과실이 없다고 하더라도, 즉 병이 通常의 社會人에게 요구되는 주의를 기울였음에도 을이 소유자가 아닌 것을 알지 못하였다고 하더라도, 그래서 병이 위 법규정에 따라서 소유자가 되었다고 하면 이제 물건의 소유권을 잃은, 따라서 물건을 되찾을 수 없게 된 갑으로서는 —흔히들 말하는 대로— '억울'하지 않을까요? 갑에게 무슨 잘못이 있나요? 친구를 혹은 이웃을 믿은 것이 잘못인가요? 물건을 잠깐 쓰고 돌려주겠다는 친구 혹은 이웃의 청을 들어주지 말았어야 했을까요? 그처럼 친구 혹은 이웃의 청을 거두어 주지 않는 사람을 우리는 '매몰차다'고 하지 않나요? 그렇게 해서 '매몰차지 않은' 갑, —다시 한 번 과실의 판단기준을 여기에 끌어 쓰자면— 역시 통상의 사회인인 갑이 을에게 물건을 빌려 준 것에 무슨 '잘못'이 있나요? 아무런 잘못도 없는 갑에게서 소유권을 빼앗아 간다면 갑은 아주 억울하지 않을까요?

2. 만약에 병이 소유권을 취득하지 못하여 갑에게 돌려주어야 한다면, 병으로서도 필경은 '억울'하다고 해야겠습니다. 그때 병이 물건을 갑에게 돌려주고 나면, 그는 무엇보다도 을로부터 자기가 매매대금으로 준 돈만큼을 도로 찾아와야 할 것입니다.[4] 그런데 우리의

---

2) 이것은 "누구도 자신이 가지는 권리 이상의 것을 남에게 양도할 수 없다(Nemo plus iuris ad alium transfere potest, quam ipse habet)"(Ulpianus D. 50, 17, 54)는 법문에서 보는 대로 로마법의 원칙이고(간단하게 "누구도 자신이 가지지 않은 것을 줄 수 없다(Nemo dat, quod non habet)"라고도 합니다), 그 이래 민법, 나아가 법 일반의 불변의 기초를 이루고 있습니다.

3) 그 예외성은 민법 제249조가 "… 경우에는 **양도인이 정당한 소유자가 아닌 때에도** 즉시 그 동산의 소유권을 취득한다"(고딕체에 의한 강조는 다른 언급이 없는 한 인용자가 가한 것입니다. 또한 점선 부분은 인용자에 의하여 생략된 부분을 가리킵니다. 이하 본문·각주를 통하여 모두 통하여 같습니다)라는 문언에 표현되어 있다고 생각합니다.

4) 물론 다른 손해가 문제될 수 있는 경우도 있을 것입니다. 예를 들면, 병이 산 값보다 더 비싸서 정에게 팔았다면 그 차액 같은 것을 들 수 있습니다. 그러나 여기서는 이에 대하여는 논의를 생략하기로 합니다.

예에서처럼 친구로부터 빌린 물건을 남에게 팔아넘기는 사람이라면 대부분의 경우에는 재산이 별로 없고 빈털털이입니다. 그러니 병은 을을 횡령죄[5] 같은 것으로 고소하여 혼내줄 수 있을는지는 몰라도, 그로부터 돈을 받기는 어려울 것입니다. 그에게 민사소송을 제기하여 승소판결을 얻고 이것을 바탕으로 강제집행을 걸고자 해도 집행의 대상이 될 재산이 없고, 또 설령 있다고 해도 거기에는 저당권 등 담보권이 설정되어 있어서 선순위로 채권의 만족을 얻을 채권자가 있거나 그게 아니라도 담보 없는 채권자가 여럿 있어서 그에게 실제로 돌아오는 배당금은 거의 없을 것이니까요. 이렇게 보면 병으로서도 최종적으로 의지가 되는 것은 자기 손 안에 있는 매매목적물 그 자체밖에 없습니다. 이걸 놓아야 한다면 그로서는 억울한 일 되기가 십상이겠지요.

이와 같이 '최종적으로 의지가 되는 것'이 문제의 물건 그 자체밖에 없게 되는 것은 갑의 경우도 마찬가지입니다. 물건을 돌려받지 못한다면 을에 대하여 손해의 배상 또는 부당이득의 반환을 구할 수밖에 없고,[6] 이들은 모두 금전 지급의 청구를 내용으로 하는 채권인데, 을은 돈이 없어서(흔히 법률가들은 '무자력'이라고들 하지요) 결국 갑은 그 권리를 실제로 실현하기가 거의 無望이이서 빈손으로 돌아

---

5) 형법 제355조 제1항: "타인의 재물을 보관하는 자가 그 재물을 횡령하거나 그 반환을 거부하는 때에는 5년 이하의 징역 또는 1,500만 원 이하의 벌금에 처한다."

6) 민법 제609조 이하에서 정하는 「사용대차」의 법리에 좇아 使用借主인 을이 부담하는 목적물반환의무를 이행하지 못하는 책임(민법 제390조) 또는 갑의 소유권을 상실시킴으로 인한 불법행위책임(민법 제750조)은 모두 그 내용이 무엇보다도 손해배상의무이고, 또 우리 법에서 손해배상은 원상회복이 아니라 금전으로 塡補하는 것(민법 제394조)임은 잘 아시는 대로입니다. 나아가 갑은 을을 상대로 을이 병으로 받은 매매대금에 대하여 "법률상 원인 없이 타인의 재산으로 인하여"(민법 제741조) 얻은 이익, 즉 부당이득임을 이유로 반환을 청구할 수 있겠습니다.

가게 될 테니까요.

3. 이와 같이 보면 소유권을 인정받지 못하면 모두 억울하게 되는 두 사람이 여기 있습니다. 갑과 병의 이해는 극명하게 대립됩니다. 법은 둘 중 어느 한 사람의 손을 들어줄 수밖에 없습니다. 그것은 다른 어느 한 사람의 '억울함'을 뻔히 알면서도 감히 감수하고서 하는 일입니다.[7)]

이와 같이 '곤란한 경우'에 원래의 소유자와 양수인 둘 중 누구의 손을 들어 줄 것이냐를 결정하는 기준은 무엇이어야 할까요? 물론 민법은 앞서 본 대로 민법 제249조 이하에서 그것을 정하고 있습니다. 민법 제249조에서 정하는 바대로 '양수'나 '양도'는 물론이고, '선의', '과실 없이' 또는 '동산을 점유한 경우' 등이 바로 그것이지요. 그런데 그 법률요건의 문어적인 해석만으로 충분할까요? 그 법률요건을 제대로 해석하기 위하여서는 어떤 다른 시각이 필요하지 않을까요?

4. 민법교과서를 보면, 동산의 선의취득제도에 대하여 다음과 같은 설명이 행하여지고 있습니다.

> "을은 무권리자이므로 본래는 병이 을로부터 소유권을 취득할 수는 없는 것이지만, 을의 점유 즉 권리외관(Rechtsschein)을 신뢰하

7) 법실무는 흔히 이런 긴장관계 속에서 행하여집니다. 본문에서 든 예로 말하면, 물건의 반환을 구하는 원고 갑도, 그 상대방인 피고 병도 생생하게 살아 있는 하나의 사람으로서 법관에게 자신의 '억울함'을 호소하며 울상을 짓고 있는 것입니다. 많은 경우 법관(judge)은 그 팽팽한 대립 가운데서 판단(judgement)을 하여 어려운 선택을 하여야 합니다. 그런데 실정법학은 물론이고, 특히 기초법학은 이와 같은 실제 분쟁으로부터 결정적인 거리를 두고 작업이 이루어집니다. 이러한 거리가 자칫 무책임 또는 무분별로 이어지지 않도록 항상 자신이 발언하는 바의 '현실적 성격'에 유념하고 또 —진부한 표현입니다만— 겸손해져야 한다고 저는 생각합니다.

였다면 특히 병은 소유권을 취득한다는 것이다. 오늘날 동산의 거래는 빈번히 행하여지고, 하나의 물건에 관하여 동시에 또는 繼起的으로 다수인이 관련을 맺는다. 그런데 거래를 할 때마다 그때 그때 소유권의 유무를 확인하여야 한다면, 그것은 쉬운 일이 아닐 뿐만 아니라, 시간과 비용을 요하며, 거래의 안전과 신속은 방해된다. 여기서 일일이 소유권의 유무를 확인하지 않더라도 前主의 점유, 즉 권리외관을 신뢰하면 보호된다고 한다면 거래의 안전과 신속을 꾀할 수 있게 된다. 이와 같이 거래의 안전을 위하여 동산의 점유에 공신력을 인정하는 제도를 일반적으로 「선의취득」이라고 한다. … [우리 민법에서와 같이] 근대법의 선의취득제도는 관념적인 근대적 소유권이 확립되어, 점유를 떠난 소유권도 강력한 보호를 받게 된 단계에 있어서의 산물이며, **소유권의 보호보다 더 고차적인 법원리라고 할 수 있는 「거래의 안전·보호」**, 이른바 「動的 安全」의 요청에 기하는 것이다."[8]

아하, 그렇군요. 또는 그렇다는군요. 뒤에서 보는 것처럼 통상 『민법총칙』 교과서에서 다루어지는 '민법 일반의 기본원리'와 관련하여서도 이러한 입장은 반복되고 있고, 오히려 더욱 강조되었다고 해도 좋을 것입니다.

5. 그런데 위와 같은 설명에 다음과 같은 의문이 슬그머니 고개를 쳐드는 것입니다.

첫째, 만일 '거래의 안전'이라는 것이 민법에서 그처럼 중요한 가치라면 어째서 우리 민법은 부동산이나 채권에 대하여는 선의취득을 인정하지 않을까요? 앞서 말씀드린 민법 제249조부터 제251조까지의 선의취득에 관한 규정은 그 목적물을 동산에 한정하고 있으며, 부동산이나 통상의 채권은 그 규율에서 전혀 등장하지 않습니다. 위의 선

8) 곽윤직, 물권법, 신정판(1992), 214면 이하. 곽윤직 선생님은 그 후에도 위 교과서를 손보아 새로운 판을 몇 차례 출간하였습니다. 그러나 위 신정판에 이어지는 판본은 모두 설명이 간략하게 되어 있고 면수도 상당히 줄었습니다.

의취득 규정을 부동산이나 채권에 준용하는 규정도 없습니다. 오히려 부동산에 관하여 우리는 그 권리관계에 관한 공시방법으로서 등기부라고 하는 공적인 장부의 제도를 마련하고 있어서 그것이 동산에서의 점유보다 훨씬 강력한 '권리외관'을 낳고 있는데 말입니다. 오히려 입법자료 중에서는 이른바 '등기의 공신력'을 부정하여(보다 정확하게 말하면 이를 긍정하는 규정의 도입을 거부하여) 선의취득제도를 부인하는 방향으로 결단한 어렴풋한 자취를 찾을 수 있습니다. 그리고 채권 중에서는 이른바 증권적 채권, 즉 지시채권·무기명채권에 관하여 선의취득을 정면에서 인정하는 민법 제514조, 제524조를 찾을 수 있을 뿐이고, 통상의 채권, 즉 증권의 교부가 그 권리의 성립이나 양도 또는 소멸과 체계적인 관련이 없는 일반적인 채권에서는 이를 인정하는 규정이 없습니다. 이러한 실정의 법규정 아래서는 우리는 현재 소유자로 등기되어 있는 사람을 소유자라고 믿고 그 명의인과의 사이에 이를 매수하는 계약을 체결하여 매매대금을 깨끗하게 지급하고 등기, 나아가 점유를 이전받은 사람이라고 하여도, 그에게 부동산의 소유권 취득을 인정할 수는 없을 것입니다. 등기부의 기재가 사실이라고 믿는 데에는 일반적으로 과실이 없다고 인정되고 있습니다. 게다가 그가 목적 부동산을 점유까지 하고 있다면 그가 목적물의 소유자라고 믿은 것에 대하여 그야말로 극히 예외적인 특별한 사정이 없는 한 아무런 과실도 없다고 해야 할 것입니다. 그렇게 되면 그는 '억울하기 그지없게 된다'고 하더라도 말입니다.

둘째, 민법은 동산의 선의취득을 소유자의 의사에 기하여 소유물의 점유를 남에게 넘긴 경우(이른바 점유위탁물)에만 인정하고 도품 또는 유실물과 같이 소유자가 자신의 의사에 기하지 아니하고 그 점유를 상실한 경우(이른바 점유이탈물)에는 이를 현저히 제한하고 있습니다(민법 제250조).[9] 그런데 동산을 거래하는 상대방의 입장에서 보면, 권리외관에 대한 그의 신뢰에 대한 법적 보호가 그 목적물이 점유이탈물인지 점유위탁물인지에 따라 이렇게 현격하게 달라져야 할 이유는 없을 것입니다. 양도인이 목적물을 점유하기에 이른 양태가 양수인 기타 제3자가 보기에 양자 중 어느 것인지를 가려낼 수는 없는 것이기 때문입니다. 그리하여 곽윤직 선생님도 민법 제250조에 대하여 "선의취득제도를 근대법적으로 이해한다면, 이와 같은 도품·유실물에 대한 특칙은 거래의 안전을 해하는 것으로서 합리적 근거가 없는 것이 된다", "우리 민법의 선의취득제도는 다른 외국의 입법례와 마찬가지로 아직 前記의 게르만법적인 생각에서 깨끗이 벗어나지 못하고 있다"고 비판적으로 설명하고 계십니다.[10] 저는 뒤에서도 보는 것처럼 여기서 —포퍼가 비판적으로 고찰한 바[11]의— 그 역사주의(historicism)적인 태도, 쉽게 말하면 역사의 법칙적 진보의 발걸음에 뒤늦어서는 결코 안 되므로 우리도 하루빨리 '근대적'(또는 19세기적), 나아가 '현대적'(또는 20세기적) 법리·법제도를 이룩하여야 한다는 태도를 읽을 수 있다고 생각합니다. 그런데 과연 무엇이 '근대적'이고 무엇이 '현대적'인가요?

셋째, 우리의 법원실무를 살펴보면, 동산의 선의취득을 웬만하면 인정하지 않는다는 느낌을 받습니다.

우선 판례는 일찍부터 그 선의취득의 인정에 관건이 되는 법률요건인 '양수인의 무과실'에 관하여 그 입증책임이 선의취득을 주장하는 측에 있다는 태도를 취하여 왔습니다.[12] 특히 민법 제200조가

---

9) 정확하게 말하면, 점유이탈물에 대하여 민법은 양수인이 선의무과실로 인도를 받았어도 소유자가 점유 이탈시로부터 "2년 내에 그 물건의 반환을 청구할 수 있다"고 규정하여, 선의취득을 아예 인정하지 않는다고 하기보다는 선의취득의 인정을 현저히 제한하고 있습니다.

10) 곽윤직(주 8), 222면 이하.

11) 칼 포퍼, 이한구 외 역, 역사법칙주의의 빈곤(2016) 참조. Karl Popper, *The Poverty of Historicism*(1957)의 번역본은 원래 1983년에 이석윤 역, 『역사주의의 빈곤』으로 출간되었습니다.

12) 대판 1981. 12. 22, 80다2910(공보 1982, 176)은 그와 같이 판시하면서, 선행 재판례로 대판 1959. 8. 27, 4291민상678(미공간); 대판 1960. 2. 25, 4292민상804(미

"점유자가 점유물에 대하여 행사하는 권리는 적법하게 보유한 것으로 추정한다"고 규정하고 있어서, 자신이 점유하는 동산의 소유권을 양도한 사람은 그 소유권을 '적법하게 보유하는 것'으로 추정한다는 것입니다. 그렇다면 이에 관한 다수의 학설이 비판하는 대로, 선의의 양수인은 양도인에게 소유권이 없음을 몰랐다는 것에 대하여 무과실로 추정되어, 그 점에 관한 입증책임은 상대방, 즉 선의취득을 부인하는 측에 있다고 하는 것이 순리일 것입니다. 결국 위와 같은 판례의 태도는, 선의취득을 쉽사리 인정하지 않겠다는 입장을 애초 취하고 있다는 것이 아니면 이해하기가 어렵다고 하여야 하지 않을까요?

나아가 대법원의 많은 재판례는, 양수인의 선의취득을 인정하여 그 소유권을 긍정한 원심판결을 그의 과실을 의심할 만한 정황이 있다는 점을 들어 파기하고 있습니다. 앞의 각주 12에서 본 5개의 대법원판결 중에서 법원의 재판례 등 재판자료를 스스로 전자파일로 모은 「법고을」에서 검색할 수 있는 3개는 모두 그와 같이 원심판결을 파기하고 선의취득을 부인하는 취지로 판결한 것입니다.[13]

이러한 경향은 근자에도 그대로 이어지고 있습니다. 예를 들면, 대판 2010. 2. 11, 2009다93671(공보 2010상, 565)은, 소유권유보약정이 있는 동산매매계약의 매수인이 대금을 모두 지급하지 아니한 상태에서 목적물을 다른 사람에게 양도한 사안에서, 양수인에게 통상적으로 요구되는 양도인의 양도권원에 관한 주의의무를 다하지 아니한 과실이 있음을 이유로 선의취득이 인정되지 않는다고 한 원심판결을 그대로 수긍하였습니다. 또 형사판결이지만 대판 2011. 5. 13, 2009도3552(법고을)는 피고인이 도난차량인 미등록 수입자동차를 취득하여 신규등록을 마친 후 이를 양도한 사안에서, 원심이 피고인의 선의취

공간); 대판 1962. 3. 22, 4294민상1174(집 10-1, 244)의 셋을 인용하고 있습니다. 그 후에도 대판1999. 1. 26, 97다48906(집 47-1, 1) 등은 같은 취지를 밝힙니다.

13) 그 외에도 그 사이에 나온 대판 1968. 9. 3, 68다169(집 16-3, 1)도 그러합니다.

득 주장을 배척하고 장물양도죄(형법 제362조 제1항)를 인정한 것을 그대로 수긍하여 피고인의 상고를 기각하였습니다.

이러한 우리의 법원실무를 보면, 통상의 동산에서 앞서 말한 대로 원래의 소유자와 양수인 중 어느 한 쪽은 '억울하지 않을 수 없다'고 한다면 원래의 소유자를 보호하고 오히려 양수인으로 하여금 그 억울함을 감수하도록 하는 것이 타당하다는 어떠한 正義感覺이 여기서 작동하고 있는 것은 아닐까요?[14] 그렇다고 하면, "소유권의 보호보다 더 고차적인 법원리라고 할 수 있는 「거래의 안전·보호」"라는 민법학자의 설명은 다시 한 번 비판적으로 음미해 볼 필요는 없을까요? 아니면 우리 실무가들이 근대법의 이념에 역행하고 있는 것인가요?

Ⅲ.

1. 민법총칙 교과서들의 첫머리에는 대체로 「우리 민법의 기본원리」가 독립된 장으로 다루어지고 있습니다. 이에 관하여 일반적으

14) 우리 법관들의 '정의감각'이라는 것은 의외로 강력한 힘을 발휘한다고 느껴지는 경우가 많습니다. 그 전형적인 예로는 '손해배상법의 이념으로서의 손해의 공평한 부담'이라는 것을 내세워서 광범위하게 행하여지는 손해배상액 감경의 법리를 들 수 있을 것입니다. 민법에 명문의 규정이 있는 과실상계 법리(제396조: "채무불이행에 관하여 채권자에게 과실이 있는 때에는 법원은 손해배상의 책임 및 그 금액을 정함에 이를 참작하여야 한다". 민법 제763조는 이 법규정을 불법행위로 인한 손해배상에 준용하고 있습니다)의 그야말로 한계를 모르는 적용, 나아가 어떠한 의미에서도 피해자의 '과실'을 운위할 수 없는 그의 체질적 素因 또는 기왕증 등을 이유로 하는 또 손해의 발생에 대한 자연력의 加功을 이유로 하는 배상액 감경, 그러한 사유 없이도 그냥 '공평의 원칙'을 내세워 행하여지는 회사 이사 등의 책임이나 심지어 경찰관의 직무집행상 과실 등에서의 배상액 감경(예를 들면 대판 2007. 10. 25, 2006다16758(집 55-2, 85); 대판 2007. 10. 11, 2007다34746 판결(공보 2007, 1750); 대판 2016. 4. 15, 2013다20427(공보 2016상, 641) 등 참조) 등이 그것입니다.

로 행하여지고 있는 설명은 대체로 다음과 같은 내용을 가집니다.15)

우선, '근대 민법'(또는 19세기 민법, 또는 개인주의적 민법)의 기본원리와 '현대 민법'(또는 20세기 민법)의 기본원리가 서로 대립적으로 파악됩니다. 근대 민법의 기본원리로서 사유재산권(또는 소유권)의 존중, 계약자유(또는 사적 자치), 그리고 과실책임이 그 "구체적인 원칙"으로 제시되는데, 현대 민법에 있어서는 이들 원칙이 「수정」되어 "근대 민법의 소유권 절대의 원칙은 공공복리를 위하여 제한될 수 있는 소유권 상대의 원칙으로" 변하고, 계약 자유의 원칙은 계약 공정의 원칙으로 바뀌며, 또 과실책임의 원칙은 수정되어 무과실책임도 가미하게 된다는 것입니다.

그런데 위와 같은 근대 민법과 현대 민법의 기본원리를 대립적으로 파악하는 것에는 앞에서도 말한 대로 '역사주의'의 냄새가 풍깁니다. 즉 근대로부터 현대로의 이전은 단지 그 간의 역사에 대한 설명에 그치지 않으며, 거기서 파악된 바의 '현대'는 하나의 당위적 요청으로, 심지어는 법학자로서의 도덕적 요청으로까지도 제시되고 있습니다. '현대'의 원리는 그 자체 바람직한 것이거나 적어도 '근대'의 원리보다는 더 나은 것이며, 지금부터라도 노력하여 '현대'의 달성에 있어서는 서구의 '선진국'에 뒤떨어지지 않도록 하여야 한다는 것입니다. 이러한 「뒤쫓아가기(또는 뒤쫓아가서 앞지르기)」의 논법에 의하

15) 여기서 교과서를 일일이 인용할 필요는 없을 것입니다. 단지 그 저자만을 든다면 곽윤직, 고상룡, 김상용, 김용한 등입니다. 한편 민법안이 정부안으로서 국회본회의에 상정됨에 있어서 정부측의 제안설명(제 3 대 국회 제26회 정기회의 속기록, 제29호(1957년 11월 5일자), 15면 이하 소재)도 참조할 만합니다: "본 민법안이 대체 어떠한 기본원칙에 입각한 것이며 또 현행법과 비교하여 어떠한 특색을 가졌느냐에 대하여 말씀드려야 하겠습니다. … 재산편에 있어서 … 둘째 극단한 개인주의사상의 지양 발전입니다. … 其 근본내용을 말씀드리면 종래의 소유절대의 사상을 권리남용의 사상으로써 제한하고 계약자유의 원칙을 신의성실의 원칙으로써 환치하고 과실책임의 원칙을 원인책임의 원칙으로 보충하려는 것입니다. … 우리의 경제생활질서의 근본을 규정하는 본법안의 기본입장은 전술 세계법률사조에 입각하여 개인주의를 지양 발전시키고 공공복리라는 국민의 경제도의에 적응시킴에 있음은 물론입니다."

면, 우리는 역사의 방향을 깨달아 하루 빨리 서구가 도달한 지점에 우리도 도달하여야 하므로, 서구가 이미 벗어난 바의 '근대'란 어차피 우리의 관심이 아닙니다. 이러한 사고방식이 가령 독일에서 단지 독일민법전 시행 후 독일민법의 '계속형성(Fortbildung)' 또는 '발전경향(Entwicklungstendenzen)'이라고 설명되는 것들을[16] 「원리의 대립」으로

---

16) 가령 Karl Larenz, *Allgemeiner Teil des deutschen Bürgerlichen Rechts*, 7. Aufl.(1988)은, 그 서론(Einleitung)의 제 3 장에서 "현재에 이르기까지의 독일민법의 계속형성(Fortbildung)"을 논하면서, 제 1 절에서 "일반적 발전경향들"을 지적하고, 제 2 절 이하에서 "계약법에서의 사회적 요소의 강화", "무과실책임", "소유권의 사회적 구속", "친족법의 변화"를 각각 논하고 있습니다. 또한 Franz Wieacker, *Privatrechtsgeschichte der Neuzeit*, 2. Aufl.(1967), § 27(S. 514 ff.)은 "[독일민법전 제정 후의] 독일민법의 계속발전(Fortentwicklung)"이라는 제목을 달고 있는데, 그 내용을 개관한 후에 「일반적 발전경향」을 다루는 그 제 3 절(S. 539 ff.)은 다음과 같은 문장으로 시작됩니다. "민법에 대한 판례와 입법의 전체상은 [바이마르 공화국에서 수립된 이른바 주석학파의 시대, 비아커의 표현에 의하면 법률실증주의의 시대가 끝나는] 1918년 이래 국가형태와 이데올로기의 변화와 세계관의 분열 속에서도 여전히 공통적인 특질들을 드러내 보인다. 이러한 점에 비추어 보면, 그 간의 민법발전의 밑바탕에 있는 정신을 종합적으로 서술하여 보려는 이하의 시도도 잘못은 아닐 것이다. 그 일반적인 발전경향은, 독일기본법의 잘 알려진, 그러나 다의적인 표현에 좇아, 시민적·자유주의적 법치국가에서 사회적 법치국가로의 발전(Entwicklung vom bürgerlich-liberalen zum sozialen Rechtsstaat)에 그 원인을 돌릴 수 있다. 여기서 사회적 법치국가란, 사회가 법의 독자성을 보존하고 또한 개인의 권리를 존중하면서도, 그 구성원의 사회적·경제적·도덕적 존립에 대한 책임을 실현하는 것을 의미한다. 그러한 변화의 주된 징표는, 사권이 그 사회적 기능에 의하여 상대화되는 것, 이들 제반 기능의 사회윤리적 구속성, 그리고 19세기의 고전적 민법체계의 형식주의로부터의 탈피의 셋이다." 이 점에 대한 비아커의 견해는 그 외에도 그의 논문 Das Sozialmodell der klassischen Privatrechtsgesetzbücher und die Entwicklung der modernen Gesellschaft(1953)과 Das bürgerliche Recht im Wandel der Gesellschaftsordnungen(1960)에서 보다 상세히 진술되고 있습니다(이들 논문은 그 후 Franz Wieacker, *Industriegesellschaft und Privatrechtsordnung*(1974)에 수록되었습니다).

한편 여기서 본 라렌츠와 비아커는 모두 나치시대에 독일법의 '改新' 운동에 나선 바 있는데, 그 점과도 관련하여 라렌츠 등의 위와 같은 견해에 대하여 보다 자유주의적인 입장에서의 비판도 행하여지고 있음을 부기하여 둡니다(우리나라의 문헌으로는 우선 김동훈, "칼 라렌쯔와 나찌시대의 법학", 법과 사회 11호(1995), 249면 이하 참조. 또한 보다 일반적으로 강진철, "나찌법학에 대한 조망", 법사학연구 12호(1991), 99면 이하도 참조).

질적으로 전화시키는 것이나 아닐까요. 사람이 성장하여 가는 것처럼 변하기는 하여도 그래도 여전히 동일한 것을 마치 별개의 개체가 된 것으로 보는 것은 실제로 다름아닌 역사의 이해로서는 적절하지 않다고 하여야 하지 않을까요?

우리가 서양법사를 읽을 때 확연히 느끼는 것은 로마법 이래 면면히 내려오는 바로 그 전통입니다.[17] 물론 변합니다. 그러나 그것은 굳건한 전통을 배경으로 하여 다양한 사상적·사회적 諸力의 영향을 받으면서 시대의 새로운 과제들을 해결하여 가는 과정입니다. 우리는 거기서 어떠한 침착성과 묵중함을 느낍니다. 아마도 '역사법칙'을 소리높여 외치는 유물사관은 무의식적으로 우리 학자들에게 깊은 영향을 끼치고 있는 것인지도 모릅니다.[18]

2. 그리고 나아가 우리 민법의 기본원리가 제시됩니다. 그 예를 하나 들어보면 다음과 같습니다.[19]

> "이와 같이 헌법정신을 이어받아서, 민법도 자유·평등을 그 이념으로 강조하고, 한편으로는 그것을 공공복리의 원칙으로써 조절하고 조화하려고 한다. 즉 민법은 모든 사람에게 법인격을 인정하고(3조 참조), 사유재산권을 보장하고(211조 참조), 사적 자치를 인정하며

---

17) 무엇보다도 Harold J. Berman, *Law and Revolution. The Formation of Western Legal Tradition*(1983); 또한 보다 근자의 문헌으로는 Reinhard Zimmermann, *Roman Law, Contemporary Law, European Law. The Civil Tradition Today*(2001) 참조. 민법상의 여러 제도의 역사적 형성에 대하여는 우선 Helmut Coing, *Europäisches Privatrecht*, Bd. I: Älteres Gemeines Recht(1985); Bd. 2: Überblick über die Entwicklung des Privatrechts in den ehemals gemeinrechtlichen Ländern(1989) 등 참조.

18) 이는 우리 민법학으로 보면 결국 「와가츠마 사카에(我妻榮)에 있어서의 바이마르좌파적 요인」이라는 문제로 환원된다는 것이 저의 생각입니다. 일본민법학, 특히 1930년대의 일본민법학, 나아가 보다 일반적으로 그 시대의 사회사상은 끈질기게 우리에게 영향을 미치고 있습니다.

19) 곽윤직, 민법총칙, 신정판(1992), 78면 이하.

(103조·105조 참조), 과실책임을 원칙으로 한다(750조 참조). 그러나 한편으로는, 이른바 3대원칙[앞서 본 근대민법의 3개의 원칙을 가리킵니다]의 제약원리 또는 수정원리로서 작용한 신의성실의 원칙과 권리남용금지의 원칙을 보편적 원칙으로서 민법전의 첫머리에 선명하고 있다. … 이것은 필경 공공복리라는 존재원리의 실천원리 또는 행동원리로서 신의성실과 권리남용금지의 원칙을 든 것에 틀림없다. 바꾸어 말하면, 민법은 우리의 헌법과 마찬가지로 **공공복리를 그의 최고원리로 하면서, 그의 행동원리를 앞에 내세워 이른바 3대원칙은 이들 행동원리의 제약 내에서 승인된다**는 것을 명백히 하고 있는 것이다. 따라서 신의성실·권리남용금지, 그리고 거래의 안전·사회질서 등의 여러 원칙들은 3대원칙을 적극적으로 제약하는, 그리고 **3대원칙보다 고차의 상위원칙**이며, 그것은 공공복리라는 최고원칙의 구체화이다."

그러나 이와는 다른 견해도 있습니다. 가령 다음과 같이 주장되기도 합니다.[20]

"우리 민법은 사적 자치의 원칙을 최상의 이념·원리로 하면서, 필요한 범위에서 신뢰보호 및 사회적 형평의 이념에 기하여 이를 수정 혹은 제한한다. … 사적 자치의 원칙은 인간의 자유에 대한 기본적 가치판단에 기한 것으로서 이 안에는 인격의 존중이 침전되어 있다는 점, 사적 자치 원칙은 각인의 인격의 자유로운 전개를 가능케 해 주는 것이라는 점, 각자는 자신의 이해관계를 가장 잘 통찰하고 자신의 관계를 적절하게 규율하는 데 가장 적합한 위치에 있기 때문에 그에게 자신의 생활관계를 규율토록 하는 것이 가장 적절하고 실제적이라는 점, 그리고 특히 이 원칙이 이룩해 놓은 경제발전에 대한 경험에 입각하여,[21] 오늘날에도 대부분의 국가는 여전히 이를 기본원리로 삼으면서, 이것이 낳은 폐단을 시정하기 위하여 종래 당사자에

20) 김증한·김학동, 민법총칙, 제 9 판(1995), 29면 내지 33면. 또한 이영준, 송덕수 등의 교과서도 유사한 뜻을 말합니다.

21) 이상을 곽윤직(주 19), 74면의 "근대 자본주의의 폐해" 또는 "공허한 형식적 평등" 등에 대한 설명을 비교하여 보기 바랍니다.

게 일임하였던 생활관계에 국가가 직접 개입하는 방법을 택하였다. … 오늘날 사적 자치의 원칙은 19세기의 그것과 같이 절대적인 것은 아니다. 그러나 사적 자치의 원칙은 여전히 민법의 가장 최상의 기본 원리이다."(인용문 안의 주는 모두 인용자가 붙인 것입니다. 아래에서도 꺾음괄호 안을 포함하여 같습니다)

이와 같은 입장의 대립은 그것이 다름아닌 '기본원리'에 대한 것이니만큼, 쉽사리 보아 넘길 수 있는 성질의 것이 아니라고 생각됩니다.

3. 여기서는 당연히 이 문제를 상론할 수 없으나, 다음과 같은 몇 가지의 착안점은 지적될 수 있을 것입니다.

첫째, 1948년 이래 우리가 가지고 있는 헌법이[22] 사법에 대하여 어떠한 의미를 가지고 있는가를 명확하게 하지 않으면 안 됩니다.

쉽게 떠오르는 문제로서는 헌법학에서 '기본권의 私人 간의 효력' 내지 '국가의 기본권보호의무'라는 표제 아래 이루어지고 있는 논의(가령 상대방의 종교나 인종 등을 이유로 하여 계약의 체결을 거부하는 것은 어느 범위에서 허용되는가 등등)입니다. 우리 헌법학의 통설에 의하면, 기본권규정은 사인 간에 직접 적용될 수는 없고, 신의성실의 원칙(민법 제 2 조 제 1 항)이나 반사회적 법률행위를 무효로 하는 민법 제103조의 '반사회질서' 등을 해석·적용함에 있어서 헌법의 기본권 규정이 어떻게 발현되어야 할 것인지가 논하여지는 것을 기대하는 것은 당연하다고 하겠습니다.[23] 그러나 실제로는 이러한 논의는 별로

22) 저는 우리 민법학이 일본민법학으로부터 받은 나쁜 영향 중의 하나가 헌법적 視座의 결여라고 생각합니다. 어느 시점의 우리 민법학에 결정적인 영향력을 미친 와가츠마 민법학에 있어서 헌법이란 어떠한 의미를 가졌던가, 그것은 제 2 차 세계대전을 전후하여 어떻게 변화하여 갔는가 하는 문제는 흥미로운 테마라고 하겠습니다. 우선 我妻榮, 民法硏究 Ⅷ(1970), はしがき 참조.

23) 독일에서의 논의와 관련하여서는 우선 민법학자인 카나리스의 저술들이 주목됩니다. Claus-Wilhelm Canaris, Grundrechte und Privatrecht, in: *AcP* 184(1984),

행하여지지 않고 있습니다.[24)]

그러나 민법의 기본원리와 관련하여 더욱 중요한 것은, 우리 법질서 전체의 뼈대를 이루는 「자유민주적 기본질서」(헌법 전문)의 일부로서의 사법질서는 어떠한 내용을 가져야 하는가, 어떠한 내용의 사법질서가 보다 더 잘 헌법의 이념을 실현할 것인가 하는 점입니다. 앞서 본 민법의 기본원리에 대한 견해의 대립은 결국 국가권력이 私法上의 법률관계에 어느 만큼 개입할 수 있는가, 또는 어떠한 모습으로 개입하여야 할 것인가 하는 문제로 환원될 수 있고, 이와 같은 국가권력과 개인(의 자유)과의 갈등이야말로 헌법의 원초에 놓인 문제이기 때문에 민법학도 헌법논의로부터 많은 시사와 자양을 얻을 수 있다고 생각되는 것입니다. 그리고 이상에서의 '헌법'을 '법철학'으로 바꾸어 놓더라도 큰 잘못은 없다고 할 것입니다.

둘째, 여기서 민법의 '기본원리'라고 할 때에는 어떠한 원리를 의미하고 있는가를 명확하게 할 필요가 있습니다. 앞서 본 곽윤직 선생님의 언명에는 '최고원리'(또는 '최고원칙'), '제약원리', '수정원리', '존재원리', '실천원리', '행동원리', '상위원칙', 그리고 '신의성실·권리남용 금지, 그리고 거래의 안전·사회질서 등의 여러 원칙들', '사유재산권 존중의 원칙, 계약자유의 원칙, 과실책임의 원칙의 3대원칙' 등과 같은 용어가 쓰여지고 있습니다. 그러나 잘 들여다보면, 서로 동일한 차원에서 논하여질 수 있는 것들이 병렬되고 있는 것이 아닌가 하는 생각이 들기도 합니다. 가령 「거래의 안전」은 민법이 그 제도의

S. 201 ff.; ders., Verstöße gegen das verfassungsrechtliche Übermaßverbot im Recht der Geschäftsfähigkeit und im Schadensersatzrecht, in: *JZ* 1987, S. 993 ff.; ders., Grundrechtswirkungen und Verhältnismäßigkeitsprinzip in der richterlicher Anwendung und Fortbildung des Privatsrechts, in: *JuS* 1989, S.161 ff. 등 참조. 또한 공법학 또는 법철학의 입장에서는 제가 살펴본 좁은 범위에서 보면 Robert Alexy, *Theorie der Grundrechte*(1986)도 유용한 듯합니다.

24) 이에 대하여는 기껏해야 思考上의 단서에 그치는 것이기는 하나, 우선 민법주해[Ⅰ](1992), 95면 이하(양창수 집필) 참조.

설계나 해석을 통하여 발현하고 도모하여야 할 가치라고 할 수 있을 것인데, 「과실책임의 원칙」은 민법의 개별규칙(rule)이 거기로부터 연역될 수 있는 또는 그 개별규칙들로부터 귀납된 실정의 보다 일반적인 법리입니다(우리가 '거래안전의 원칙'이라는 말은 쓰지 않는 것도 이와 관련되지 않을까요?). 물론 경우에 따라서 이들 양자의 측면은 서로 관련되고 교차될 수도 있을 것이나, 적어도 사고상으로는 이를 구분하는 것이 논의의 대상을 명확하게 하기 위하여서도 합목적적이라고 생각됩니다. 그러한 관점에서 보면, 공공복리가 민법의 '최고원리'라고 하는 것은 어떠한 의미에서일까요? 곽윤직 선생님은 "공공복리란 무엇을 뜻하는가"를 자문하고, 다음과 같이 답합니다.[25)]

> "공공복리는 Bentham이 말하는 「최대다수의 최대행복」을 의미한다고도 말할 수 있다. 이를 좀더 풀어서 적는다면, … 개인의 사회적 활동의 자유와 사권의 절대적 보장 하에서 개인이 누리고 있었던 사적 이익의 자유로운 추구는 이제는 무제한으로 허용되지 않으며, 약한 지위에 있는 자를 돕고 강한 지위에 있는 자의 양보를 요구함으로써 국민 모두의 행복을 추구하려는 것[이상의 명제를 아래에서는 ① 이라고 부르기로 합니다]이 현대국가의 이념으로서의 공공복리인 것이다."

그렇다고 하면, 공공복리가 민법의 '최고원리'라고 하는 것과 사적 자치의 원칙이 민법의 '기본원리'라고 하는 것은 차원이 다른 언명이고, 서로 충돌하거나 모순되는 것은 아니라고 할지도 모릅니다. 사적 자치의 원칙이란, 앞서 본 과실책임의 원칙과 마찬가지로, 민법의 개념규칙들이 거리로부터 연역될 수 있는 또는 그 개별규칙들로부터 귀납된 실정민법의 —아마도 가장— 일반적인 법리라고 이해할 수도 있다면, 이러한 의미의 원칙과 「최대다수의 최대행복」, 즉 공공

25) 곽윤직(주 19), 79면 이하.

복리라는 가치가 실현된다는 '이념'과는 아무런 문제 없이 양립할 수 있다고 하지 않을까요. 그렇게 본다면 사적 자치의 원칙에 의하여 공공복리를 실현하고자 한다는 언명도 충분히 성립할 수 있지 않을까요. 물론 어떠한 이념이나 가치는 어떠한 실정의 제도의 설계나 운용방향을 정당화하는 근거가 되기도 합니다. 예를 들면 '거래의 안전'이라는 가치는 물권변동에서의 공시원칙의 정당화근거로 원용됩니다. 그러나 공시원칙 자체와 공시원칙의 정당화근거는 서로 엄연히 다른 것입니다.

추측건대 앞서 본 곽윤직 선생님의 말씀의 언명은, 그 ①에서 드러나듯이, 私權의 이른바 사회적 구속성을 강조하고 그것이 선생님이 이해하는 바의 이른바 '개인주의적' 민법들에서는 별로 중요한 기능을 하지 못하였음을 지적하려는 데 그 진의가 있을 것이고, 이 점은 수긍할 만합니다. 그러나 앞서 본 의미에서의 사적 자치의 원칙과 이러한 사권의 사회적 구속성은 반드시 서로 '제약'하는 관계에 있어야 하는 것일까요? 또 그러한 사회적 구속성에 의하여 사적 자치의 원칙이 '수정'되고 '제약'되는 것이라고 하여, 반드시 전자가 후자의 '상위원칙'이라고 하여야 할까요? 도대체 어떠한 의미의 '원칙'또는 '원리' 간의, 어떠한 기준에 의한 위계인가요?

4. 이상에서 면면치 않게 말하여 본 바에서도 법철학을 연구하시는 여러분은 그 연구의 성과가 민법학에도 현저한 의미를 가질 수 있음은 이를 쉽게 엿볼 수 있지 않을까 생각합니다. 앞으로 많은 가르침을 바랍니다.

Ⅳ.

마지막으로 하나만 덧붙이겠습니다.

1. 장영민 교수님은 한국법철학회가 그의 정년퇴임을 기념하여 마련한 강연을 다음과 같은 말로 끝맺고 있습니다.[26]

> "이러한 점을 고려할 때 우리가 현시점에서 할 일은, 학문적 독립선언이라는 이름의 미성년자 '가출'이 아니라, 더 배우고 질적으로 높은 수준의 형법과 형법학을 가꾸어 나감으로써 스스로 성년자가 되는 일일 것이다. 괴테도 말했다. 외국어를 배우는 일은 모국어를 더 잘 이해하는 길이라고."

여기서 저를 놀라게 한 것은 현재의 자신(즉 우리 형법학)을 미성년으로 규정하고 있다는 것입니다. 그리고 성년이 되는 길은 외국의 형법학으로부터 더 배우는 데 있다고 합니다.

그런데 장 교수님도 그 강연문에서 하이네의 입을 통하여 독일식 '혁명'의 수행자로 들고 있는 칸트[27]는 「계몽이란 무엇인가?」라는 글에서 다음과 같이 말합니다.[28]

---

26) 장영민, "형법학의 위기? — 하나의 자화상 그리고 자기비판", 법철학연구 제21권 2호(2018. 8), 81면.

27) 장 교수님은 앞서 본 강연문에서 "독일은 (프랑스나 영국, 미국과 같은) 시민혁명을 거치지 못하고 현대 국가가 된 나라이다. 독일은 혁명을 통해서가 아니라 철학을 통해서, 말하자면 '머리로' 근세 절대주의 국가를 청산한 나라인 것이다"라고 하면서, 거기에 단 각주에서 "시인이자 철학자인 Heinrich Heine의 유명한 말 "독일은 혁명을 철학으로, 머리로 행하였다. 칸트의 순수이성비판이 그것이다""를 인용하고 있습니다(前註의 글, 80면 및 주 62).

28) Kant, Beantwortung der Frage: Was ist Aufklärung?, in: *Kants Werke in Zwölf Bänden*[=*Theorie-Werk Ausgabe*, Suhrkampf], Bd. XI(1964), S. 53.

> **"계몽이란 인간이 스스로에게 책임이 있는 미성년상태로부터 벗어나는 것을 말한다.** 여기서 **'미성년'**이란 타인의 지도 없이는 자신의 이성을 사용할 수 없는 상태이다. 그 상태에 대하여 **'스스로에게 책임이 있다(selbstverschuldet)'**고 함은, 그 상태에 놓인 원인이 이성을 갖추지 못하였다는 데 있는 것이 아니라, 타인의 지도 없이도 자신의 이성을 사용하려는 결의와 용기가 없다는 데 있기 때문이다. 그리하여 '현명하기에 과감하라(Sapere aude)!',[29] 즉 '너 자신의 **고유한** 이성을 발휘할 용기를 가져라!' — 이것이 계몽의 표어이다."(강조는 원문대로입니다)

물론 저도 괴테가 말한 대로 "외국어를 배우는 일은 모국어를 더 잘 이해하는 길"이라고 생각합니다.[30] 그러나 우리 법은 여러분이 잘 아시는 대로 각자가 자신의 삶을 독자적으로 스스로 꾸려나갈 수 있는 능력을 가진다는 전제로 하고 있는데, 그 법을 '학문'하는 법학자는 더욱 그러한 능력을 발휘하여야 하지 않을까요?

2. '외국'과 자신 사이의 긴장에 대하여는 터키의 소설가 오르한 파묵이 말하는 바에도 귀기울일 만한 점이 있을 것입니다. 오르한 파묵은 터키 최초의 노벨상 수상자인데, 그 수상 연설에서 다음과 같이 말하고 있습니다.[31]

---

29) 이는 원래 기원전 1세기의 로마 시인 호라티우스의 서간 형식의 글 모음에 나오는 말입니다(Horatius, *Epistolae*, I, 2, 40). 즉 "현명하기에 과감하라. 바르게 살아갈 때를 쓸데없이 늦추는 것은 강물의 흐름이 멈추기를 기다리는 시골 사람이 하는 짓이다. 그러나 강물은 여전히 흘러가고 문득 흐름을 멈추는 일은 영구히 없다."

30) 괴테의 이 유명한 발언은 특히 17세기와 18세기 중에 독일에서 열렬하게 주장된 이른바 「독일어순수주의(Deutscher Sprachpurismus)」(우리의 '배꽃계집큰배움터'의 주장에도 통하는 바가 아주 없지는 않은)를 배경으로 하여 이해되어야 하지 않을까 생각합니다. 어쨌거나 그 영향에서인지 독일에서는 그 후로 주지하는 대로 예를 들면 Fundament가 아니라 Grundlage가, Zivilrecht가 아니라 Bürgerliches Recht라는 용어가 범용되기에 이르렀습니다.

31) Orhan Pamuk, My Father's Suitcase, in: *The New Yorker*, 2006년 12월 25일

"세상에서의 나의 지위에 대하여. 삶에서 나는, 문학에서와 마찬가지로, 기본적으로 나는 '중심에' 있지 않다고 느꼈다. 세상의 중심에는 우리 것보다 풍부하고 자극적인 삶이 있는데, 이스탄불[=파묵이 낳고 자라고 지금도 살고 있는 곳] 전체, 터키 전체와 마찬가지로 나는 그 바깥에 있었다. 마찬가지로 세계 문학이 있었고, 그 중심은 나로부터 멀리 떨어져 있었다. 사실 이때 내가 생각하였던 것은 세계 문학이 아니라 西歐(Western) 문학이었고, 우리 터키 사람들은 분명 그 바깥에 있었다. … 쓰는 것, 읽는 것은 하나의 세상을 다른 세상의 다름(the otherness) 속에서, 그 낯섬과 놀라움 속에서 위안을 찾기 위하여 떠나는 것과 같았다."

"내가 [서구의 것을 모방한 詩 등의 원고로 가득 찬] 아버지의 여행 가방을 닫고 치워버리면서 느낀 것은 두 가지였다. 변방에 버려져 있다는 느낌, 그리고 내가 진짜가 아니라는 두려움. … 내가 진정성(authenticity)의 문제와 변방에서의 삶(life on the periphery)의 문제에 대하여 보다 깊이 이해할 수 있게 된 것은 오로지 책을 씀으로써였다. 나에게 있어서 작가로 있다고 함은 우리가 우리 안에 있는, 그러나 우리 자신이 거의 알지 못하는 비밀의 상처들을 인정하는 것이다. 작가란 그것들을 끈질지게 탐색하고, 알고, 드러내고, 가지고, 또 그것들을 우리의 정신과 저술의 의식적인 부분으로 만드는 것이다."[32)]

"바깥에 버려질지도 모른다는 공포, 아무런 가치도 없는 것으로 치부될 수 있다는 두려움, 그리고 그러한 공포들에 동반되는 무가치하다는 느낌 … 종종 우리는 서구 세계 밖의 사람, 사회 그리고 나라들—나는 이들과 쉽사리 동질감을 느낀다—이 이러한 공포에 꺾

號 所載. 이하 위 잡지에 실린 Maureen Freely의 英譯으로부터 중역한 것입니다.

32) 파묵은 또 "나는 경험상 이 세상의 대다수가 비진정성(unauthenticity)과 체홉적인 주변성(provinciality)의 느낌을 가지고 살고 있다는 것을 안다"고도 합니다. '비진정성'이라고 하면 얼핏 무슨 뜻인지 어려울 수도 있을 듯한데, 결국 "나는 가짜다", 내 삶은 남을 흉내 내는 것으로 채워져 있다"는 의미라고 생각됩니다. provinciality는 '변방성'이라고 번역될 수도 있겠지요.

여서 어리석은 짓을 하기에 이르는 것을 종종 목격한다. 또한 나는 —내가 마찬가지로 쉽사리 동질감을 느끼는— 서방의 나라와 사람들이 그들의 富에, 그리고 우리에게 문예부흥을, 계몽을, 그리고 모더니즘을 가져다 준 것에 지나친 자부심을 가져서 때때로 거의 그만큼 어리석은 자기만족에 빠진다는 것을 알고 있다."

"이제 나는 내가 소년으로서 또는 청년으로서 느끼던 것의 반대를 느낀다. 그것은 단지 내가 거기서 내 평생을 살았기 때문만이 아니라, **내가 지난 33년간 이스탄불의 거리, 다리, 거기 사는 사람들, 개, 집, 회교사원, 噴水, 괴이한 영웅, 상점, 유명한 인물, 어두운 곳, 낮, 밤을 그려 와서, 이제 그것들을 나의 일부로 만들고, 그것들 전부를 껴안았기 때문이다."**

파묵이 말하는 '주변성'과 '비진정성'의 문제를, 그리고 일생을 통하여 '자신의 것' 전부를 껴안고 자신의 일부로 만들었기에 드디어 그 문제들을 청산할 수 있었다는 것을 우리의 법학을 수행하는 데 있어서도 매우 무겁게 여겨야 하지 않을까요? 저는 그 문제가 '우리나라에서 법학자로서 살아가는 방식'에 있어서 하나의 실존적 상황을 의미한다고 생각하게 되곤 합니다.

(법철학연구(한국법철학회) 제22권 1호(2019.4), 7면 이하 소재)

[후　　기]

1. 이 글은 2018년 12월 8일에 중앙대학교에서 있었던 한국법철학회 2018년 하반기 정기학술대회에서 행하여진 기조강연의 원고에 약간 손을 댄 것이다. 위 학회는 그 전부터 헌법이나 형법 등 주요한 실정법에서 법철학이 무엇을 의미하는지를 주제로 하는 학술대회를

순차로 열어 왔었다.

2. 한편 이 글은 本書 제2의 글에서 다룬「우리 민법학의 특수성 또는 문제점」(“우리 민법학 70년의 성과와 앞으로의 과제”의 VI. 참조)과 관련하여 그 하나의 항목인 ‘이념 내지 원리에의 攻究 부족’과 밀접한 관련을 가진다고 할 수 있다. 본서, 71면, 주 96에서 쓴 대로 위 항목에 대하여는 그 상세를 이 글에 미루고 위 제2의 글에서는 상세히 다루지 않았다.

6. 이자 등 지급의 시기·방법 등에 관한 새로운 약정과 민법 제163조 제1호의 단기소멸시효

Ⅰ. 들어가기 전에

1. 민법 제163조 제1호는 "이자, 부양료, 급료, 사용료 기타 1년 이내의 기간으로 정한 금전 또는 물건의 지급을 목적으로 한 채권"은 이를 "3년간 행사하지 아니하면 소멸시효가 완성한다"고 정한다. 이 법규정은 통상의 채권에 관하여 정하여진 10년의 소멸시효기간(바로 그 앞의 민법 제162조 제1항)에 대한 예외로서, 거기서 정하여진 일정한 채권에 대하여는 이를 3년으로 단축하는 내용인 것, 그리하여 이는 특별히 3년의 단기소멸시효를 정하는 규정인 것으로 이해된다.

민법 제163조 제1호의 해석에 대하여는 판례, 나아가서는 학설이 매우 안정된 상황에 있는 것처럼 보이기도 한다.

2. 그런데 다음과 같은 경우는 어떠한가?

예를 들어 가장 전형적으로, 금전소비대차의 당사자들이 대여금에 이자를 붙이기로 하고 대여금 원본의 반환기일까지 1개월마다 그 월말에 일정한 이율의 이자를 지급하기로 약정하였었다. 그런데 얼마 후 당사자들은 위의 이자에 관하여 그 반환기일까지의 이자액 전부를 원본의 반환기일에 원본과 함께 한꺼번에 지급하기로 새로 약정하였다. 이로써 이자의 지급에 관한 채권의 내용이 변경됨에는 의문이 없는데, 과연 이 새로운 이자채권은 어떠한 소멸시효기간의 적용을 받는가?

위의 예에서 원래의 이자채권이 민법 제163조 제 1 호에서 정하는 '1년 이내의 기간으로 정한 금전의 지급을 목적으로 한 채권'에 해당하여서 3년의 단기소멸시효가 적용됨은 물론이다. 다른 한편 새로 약정된 내용의 이자채권이 위 민법 규정에서 정하는 채권에 해당하지 아니한다는 점에도 논의의 여지가 없다. 뒤의 Ⅲ. 1. (2)에서 보는 대로, 만일 당사자들이 위의 예에서 애초부터 그러한 내용으로, 즉 원본의 반환기일에 한꺼번에 이자 전부를 지급하는 것으로 약정하였다면, 그 이자채권에 대하여는 민법 제163조 제 1 호의 적용이 없다고 할 것이다.

그러므로 여기서 제기한 법문제에서 논의되어야 할 것은, 애초 긍정되던 민법 제163조 제 1 호의 적용이 이자의 지급에 관한 새로운 약정으로 배제된다고 할 것인가 하는 점이다.

3. 위와 같은 법문제에 대하여는 지금까지 별다른 논의가 이루어진 형적을 찾을 수 없다. 그러나 이하에서 상세히 논의하는 대로 위의 법문제는 긍정적으로 답하여져서 위의 예에서 새로 약정된 바의 이자채권에 대하여는 민법 제163조 제 1 호는 적용되지 아니한다고 하여야 한다.

아래 Ⅱ.에서는 우선 민법 제163조 제 1 호의 입법경과와 아울러 그 구체적 의미에 대한 판례의 태도를 요약한다. 이어서 Ⅲ.에서 위의 법문제는 어떻게 처리되어야 하는가를 논의한다. 그리고 나아가 Ⅳ.에서 소멸시효제도에 대한 주요한 외국의 근자의 입법동향을 살펴봄으로써 Ⅲ.에서의 논의를 다른 각도에서 보충하고자 한다.

Ⅱ. 민법 제163조 제 1 호의 입법 경과 및 그에 관한 판례의 태도

1. 입법의 경과

(1) 우리 민법 제163조의 입법과정으로부터는 위의 법문제에 대하여 직접적으로 참고할 수 있는 입장은 얻어지지 아니한다.[1)]

그 전의 입법자료는 유감이나 찾을 수 없다. 민법안에 대한 국회의 심의내용을 담은 『민법안심의록』에서는[2)] 위 법규정에 대하여 "현행법[依用民法, 즉 일본민법] 제170조, 제171조, 제172조, 제173조를 합하여 단일 조문[으로] 한 것이다. 단 제 4 호, 제 5 호, 제 6 호, 제 7 호는 현행법은 소멸시효[기간이] 2년인 것을 초안은 3년으로 하였다"는 설명이 행하여지고 있다(꺾음괄호 안은 인용자가 부가한 것이다. 이하 같다). 그리고 「외국입법례」로 독일민법 제196조, 제197조,[3)] 스위스채무법 제128조[4)]와 함께 중화민국민법 제126조,[5)] 제127조를 들고,

1) 이하에서는 민법 제163조에서 정하여진 여러 채권 중 그 제 1 호 소정의 채권에 집중하여 살펴보기로 한다.

2) 민의원 법제사법위원회 민법안심의소위원회 편, 민법안심의록, 상권(1957), 104면 하단 이하. 아래에서 이 자료는 단지 『민법안심의록』으로만 인용한다.

3) 당시의 독일민법 제197조는 "연체된 이자 및 원본을 순차 상각하기 위하여 이자에 부가하여 지급되는 금전의 연체액에 대한 청구권, 제196조 제 1 항 제 6 호에 해당하지 아니하는 사용임대차와 용익임대차의 연체 차임에 대한 청구권과 정기금, 은퇴농민부양료급부, 급료, 휴직수당, 퇴직연금, 부양료 및 기타 정기적으로 회귀하는 급부(regelmäßig wiederkehrende Leistungen)의 연체액에 대한 청구권은 4년의 소멸시효에 걸린다"라고 규정하고 있었다. 이와 같이 제197조가 4년의 단기소멸시효를 정하는 데 비하여 바로 앞의 독일민법 제196조는 2년의 단기소멸시효에 걸리는 채권들을 열거하고 있는데, 예를 들면 그 제 1 호 본문은 "상인, 제조업자, 수공업자, 공예업자의 물품공급, 노무제공, 타인 사무의 처리로 인한 청구권"을 든다. 한편 뒤의 Ⅳ. 1.에서 보는 대로 단기소멸시효에 관한 위의 규정들을 포함하여 독일민법의 소멸시효규정은 2002년의 대개정에서 전면적으로 수정되었다.

4) 스위스채무법 제128조 제 1 호는 다음과 같이 규정하고 있다.

특히 만주국민법에 대하여는 "만주국민법 제155조, 제156조"를 들면서,[6] 이는 "초안과 同旨이다"라고 명확하게 밝히고 있다.[7] 『민법안심의록』에서는 「외국입법례」로 들어지지 아니하였으나, 아마도 2008년에 삭제되기 전의 프랑스민법 제2277조도 참고가 될 것이다.[8]

(2) 한편 2017년 개정 전의 일본민법[9] 제169조는 "年 또는 이보다 짧은 시기로써 정한 금전 기타의 물건의 급부를 목적으로 하는 채권은 5년간 이를 행사하지 아니함으로써 소멸한다"고 정하고 있다.

"다음 각 호의 채권은 5년의 소멸시효에 걸린다.

1. 사용임대차, 용익임대차 및 원본의 사용료, 그리고 기타의 定期給付를 내용으로 하는 것(für Miet-, Pacht- und Kapitalzinse sowie für andere periodische Leistungen)"

5) 중화민국민법 제126조는 "利息[『민법안심의록』의 인용으로는 '이식의'라고 되어 있으나, 여기서 '의'는 잘못 들어간 것이다], 이익배당금, 임대차료, 부양료, 퇴직금 기타 1년 또는 1년이 못 되는 정기급부의 채권(利息、紅利、租金、贍養費、退職金及其他一年或不及一年之定期給付債權)에 관하여서는 그 各期의 급부청구권은 5년간 행사하지 아니함으로 인하여 소멸한다"고 규정하고 있다.

6) 만주국민법 제155조 제 1 호는 다음과 같이 규정하고 있다.

"아래의 채권은 5년간 이를 행사하지 아니함으로 인하여 그 소멸시효가 완성한다.

1. 이자, 부양료, 급료, 임대료 기타 1년 이내의 기간으로 정한 정기급부의 채권."

7) 민법안심의록, 105면 하단.

8) 구 프랑스민법 제2277조는 다음과 같이 규정하고 있다.

"다음의 지급에 관한 訴權은 5년의 소멸시효에 걸린다.

賃金;

영구 및 종신의 정기금, 그리고 부양정기금의 지분금;

借賃 및 정액소작료;

대차금의 이자;

그리고 일반적으로 年 또는 그보다 단기의 定期로(à des termes périodiques) 지급되어야 하는 모든 것."

9) 2017년 개정 일본민법에서의 단기소멸시효 등에 대한 규율태도에 대하여는 뒤의 Ⅳ. 2. 참조.

2. 판례의 태도

(1) 판례에 의하면, 민법 제163조 제 1 호의 "이자, 부양료, 급료, 사용료 기타 1년 이내의 기간으로 정한 금전의 지급을 목적으로 한 채권"[10]이라고 함은 1년 이내의 정기로 지급되는 금전채권을 의미하는 것이고, 변제기가 1년 내로 정하여진 채권을 말하는 것이 아니라고 한다.[11] 다시 말하면, 이는 일정한 기간을 정하여 그 기간이 도래할 때마다 반복적으로 지급하기로 하는 채권, 즉 이른바 정기금채권定期金債權 중에서 그 기간이 1년 이내로 정하여진 것을 가리킨다.

(가) 이러한 정기금채권 일반에 관하여는 —흔히 이자채권에 관하여 논의되듯이— 기본적 정기금채권과 지분적 정기금채권을 구분하여 생각할 수 있다. 즉 정기금으로 이자나 부양료 또는 급료 등을 지급하기로 하는 애초의 약정에 기하여 인정되는 하나의 원천으로서의 정기금채권을 '기본적 정기금채권'이라고 한다면, 그 약정에 기하여 매 기간마다 발생하는 개별적인 채권을 '지분적 정기금채권'이라고 할 수 있을 것이다. 채무자가 실제로 지급할 의무를 부담하는 것은 기간이 도래하여 구체적으로 발생한 이자 등의 지급채무, 즉 지분적 정기금채무이므로, 소멸시효의 완성 여부가 문제되는 것도 바로 이러한 지분적 채무이다.

(나) 민법 제163조 제 1 호의 해석과 관련하여서는 우선 기본적

---

10) 제163조 제 1 호는 금전의 지급 이외에도 '물건의 지급을 목적으로 한 채권'도 규정하고 있다. 그러나 이하에서는 편의를 위하여 금전의 지급을 목적으로 하는 채권, 즉 금전채권에 한정하여 논의하기로 한다. 따라서 이하의 논의는, 다른 별도의 지적이 없는 한, 물건의 '지급'을 목적으로 하는 채권에도 타당함은 물론이다.

11) 이에 대하여는 일찍부터 많은 재판례가 있다. 우선 이하의 논의와도 관련이 되는 것으로서, 대판 1980. 2. 12, 79다2169(공보 1980, 12649); 대판 1993. 9. 10, 93다21705(공보 1993, 2735); 대판 1996. 9. 20, 96다25302(공보 1996, 314); 대판 2013. 7. 12, 2013다20571(공보 2013, 1480) 등을 들어두기로 한다.

정기금채권과 지분적 정기금채권의 구분이 필요하다는 점이 지적될 필요가 있다. 다시 말하면, 위 민법규정이 적용되려면 무엇보다도 먼저 소멸시효의 완성 여부가 문제되는 지분적 정기금채권이 위와 같은 기본적 정기금채권에 기하여 발생하는 것이어야 한다.[12)]

이 점에 대하여는 예를 들면 대판 1993. 9. 10, 93다21705(공보 1993, 2735)이 이를 명확하게 하고 있다. 이 사건에서는 원고(이른바 낙찰계의 稧主)가 피고(이미 계금을 수령한 稧員)에 대하여 이행을 구하는 계불입금채권이 민법 제163조 제 1 호 소정의 채권에 해당하는가가 다투어졌다. 대법원은 피고의 소멸시효 항변을 배척한 원심판결을 유지하여 상고를 기각하면서 다음과 같이 판시하였다.

> "낙찰계는 계주의 개인사업으로 운영되는 상호신용금고법 제 2 조 소정의 상호신용계에 유사한 무명계약의 일종인데 매월 낙찰받아 계금을 수령한 계원이 불입할 불입금을 공제한 나머지를 균등분할한 금액을 계불입금으로 불입하는 것은 계주로부터 대여받은 금원에 해당하는 계금에 관한 원리금 변제의 성질을 가지고 있다고 새겨야 할 것이고, 따라서 계불입금채권은 채권관계가 일시에 발생하여 확정되고 변제방법에 있어서 매월 분할변제로 정하여진 것에 불과하여 **기본이 되는 정기금채권에 기한 채권이라고 할 수 없기 때문에 3년의 소멸시효가 적용되는 채권이라고 할 수 없고,** 계불입금채권을 원금 부분과 이자 부분으로 나누어 이자 부분에 관하여만 3년의 소멸시효가 적용된다고 할 것도 아니다."(고딕체에 의한 강조는 인용자가 가하였다. 이하 같다)

이 판결은, 민법 제163조 제 1 호에서 정하는 바의 채권은 '기본이 되는 정기금채권에 기한 채권'이어야 함을 전제로 하여서 이 사건에서 문제된 채권이 그에 해당하지 아니한다고 판단한 것이다. 즉 어

12) 거기에 더하여, 그 기본적 정기금채권에 기하여 지분적 채권이 앞서 본 대로 1년 이내의 기간마다 발생하는 것이어야 한다.

떠한 채권에 대하여 위 민법규정에 기하여 3년의 단기소멸시효가 적용되려면, 그 채권이 '기본이 되는 정기금채권', 즉 기본적 정기금채권에 '기하여 발생한' 채권, 즉 지분적 정기금채권이어야 함을 명확하게 하였다고 하지 않을 수 없을 것이다.

그리고 나아가 소멸시효의 완성 여부가 문제되는 것은 기본적 정기금채권 자체가 아니라, 지분적 정기금채권이라는 것도 적어도 간접적으로 판시되었다고 볼 수 있을 것이다.[13]

이상의 두 가지 점에 대하여는 중화민국민법 제126조(이미 위의 주 5에서 인용한 바 있다)가 가장 명확하게 규정하고 있다. 즉 그 규정은 "이자, 이익배당금, 임대차료, 부양료, 퇴직금 기타 1년 또는 1년이 못 되는 정기급부의 채권에 관하여서는 그 各期의 급부청구권은 5년간 행사하지 아니함으로 인하여 소멸한다"고 정하여, 위의 규정이 적용되는 기본적 정기금채권("1년 이내의 정기급부의 채권")과 소멸시효의 완성으로 소멸하는 지분적 정기금채권("그 각기의 급부청구권")을 구분하여 규정하고 있는 것이다.

(다) 이에 대하여는 이미 대판 1980. 2. 12, 79다2169(공보 1980, 12649)에서도 시사되었다고 할 수 있다.

이 사건에서 원고 은행은 피고 회사에 대하여 대출금의 변제기

---

13) 이 점과 관련하여서는, 민법 제163조 제 1 호가 아니라 동조 제 6 호("생산자 및 상인이 판매한 생산물 및 상품의 대가")가 문제된 사건이기는 하나, 대판 1978. 3. 28, 77다2463(공보 1978, 10757)도 지적하여 두는 것이 필요할지 모르겠다. 원심은 —대법원이 인용하는 바에 의하면— "본건 주류외상대금채권이 계속적인 거래관계로 인하여 발생하였음을 이유로, 원·피고 간에 위 외상거래가 끝난 후에는 말할 것도 없고 나아가 그 후에 이루어진 현금거래관계가 끝날 때부터 비로소 본건 외상대금 전체에 대한 동법 소정의 단기소멸시효가 진행된다"고 판시하여 그 외상대금채권 전부에 대하여 단기소멸시효가 완성되지 아니하였다고 판단하였다. 그러나 위 대법원판결은 "단기소멸시효의 기산점은 계속적인 거래관계로 인하여 발생한 채권인 경우 변제기에 관한 특약이 없는 한 각 외상대금채권이 발생한 때로부터 개별적으로 진행한다"고 판시하여 원심판결을 파기하였던 것이다.

이후의 기간에 관한 연체이자(지연손해금)의 지급을 구하였다. 이에 대하여 피고가 민법 제163조 제1호에서 —또는 어음법 제70조에서— 정하는 3년의 단기소멸시효가 완성되었다고 항변하였다. 이에 대하여 원심은 "민법 제163조 제1호 소정의 '1년 이내의 기간으로 정한 채권'이라 함은 그 변제기가 1년 이내의 채권이라는 뜻이 아니고, **1년 이내의 정기로 지급되는 정기적 급부채권**을 뜻한다"는 등의 이유를 들어[14] 피고의 항변을 받아들이지 아니하였다. 대법원은 원심의 사실 인정이나 판단의 과정에 소론과 같은 법리 오해가 있다고 할 수 없다고 판단하여 피고의 상고를 기각하였던 것이다.

(라) 그 후의 대판 2001. 6. 12, 99다1949(집 49-1, 424)도 같은 취지를 밝힌다.

이 사건에서 원고(리스금융회사)는 피고에 대하여 그가 보증한 리스료의 지급을 청구하였다. 이에 대하여 피고는 그 리스료채무에 대하여 단기소멸시효가 완성되었다고 주장하였는데, 원심은 그 주장을 배척하였다. 이에 대하여 대법원은 다음과 같이 판시하여 이에 관한 피고의 상고이유를 받아들이지 않았다.

> "이 사건과 같은 이른바 금융리스에 있어서 리스료는 리스회사가 리스이용자에게 제공하는 취득자금의 금융 편의에 대한 원금의 분할변제 및 이자·비용 등의 변제의 기능을 갖는 것은 물론이거니와, 그 외에도 리스회사가 리스이용자에게 제공하는 이용상의 편익을 포함하여 거래관계 전체에 대한 대가로서의 의미를 지닌다. 따라서 **리스료채권은 그 채권관계가 일시에 발생하여 확정되고 다만 그 변제방법만이 일정 기간마다의 분할변제로 정하여진 것에 불과하기 때문에 (기본적 정기금채권에 기하여 발생하는 지분적 채권이 아니다) 3년의 단기 소멸시효가 적용되는 채권이라고 할 수 없고,** 한편 매회분의 리

14) 그 외에도 물론 원고가 이 사건에서 피고에 대하여 이행을 구하는 채무는 지연손해금채무로서 이자채권에 해당하지 아니한다는 점도 판시되었다.

스료가 각 시점별 취득원가분할액과 그 잔존액의 이자조로 계산된 금액과를 합한 금액으로 구성되어 있다 하더라도, 이는 리스료액의 산출을 위한 계산방법에 지나지 않는 것이므로 그 중 이자부분만이 따로 3년의 단기 소멸시효에 걸린다고 할 것도 아니다."

(2) 판례는 일관되게, 민법 제163조 제 1 호에서 정하는 '이자의 지급에 관한 채권'이란 엄밀한 의미에서의 이자채권에 한정된다고 한다.

그리하여 우선 금전채무의 이행지체로 인한 지연손해금의 성질을 가지는 것은 비록 그것이 '지연이자'라고 불리더라도 그에 관한 채권은 위 법규정에 의한 단기소멸시효가 적용되지 아니한다.[15]

나아가 타인의 토지를 권원 없이 사용함으로 인한 차임 상당의 부당이득반환채권도 민법 제163조 제 1 호에서 정하는 바의 '사용료의 지급에 관한 채권'에 해당하지 아니하므로, 위 법규정이 적용될 여지가 없다.[16] 다른 한편 대법원판결 중에는, 갑 주식회사와 을이 체결한 정수기대여계약에 기한 월 대여료 채권의 소멸시효 기간이 문제된 사안에서, 제반 사정에 비추어 위 대여계약은 금융리스에 해당한다고 볼 수 없고 정수기의 대여료는 정수기의 '사용료'에 해당한다고 판단하고 정수기대여료채권에 대하여는 위 법규정상의 단기소멸시효기간이 적용된다고 판단한 예도 있다.[17]

---

15) 대판 1979. 11. 13, 79다1453(공보 1980, 12344); 대판 1980. 2. 12, 79다2169(공보 1980, 481); 대판 1989. 2. 28, 88다카214(공보 1989, 525); 대판 1991. 5. 14, 91다7156(공보 1991, 1638) 등.

16) 대판 1969. 10. 28, 69다1247(판례총람 민법 제163조, 15번).

17) 대판 2013. 7. 12, 2013다20571(공보 2013, 1480). 원심이 단기소멸시효의 적용을 부인한 것을 위와 같이 이유로 파기환송한 드문 예이다.

Ⅲ. 지급의 시기·방법 등에 대한 새로운 약정과 민법 제163조 제 1 호

1. 설 례

(1) 다음과 같은 예를 염두에 두고 논의하여 보기로 한다.

예를 들어, 갑이 을에게 금전을 대여하면서 을과의 사이에 그에 대한 이자를 지급받기로 한 경우에 당사자들이 그 대여기간에 관한 이자를 월 몇 % 등으로 정하고 그 이자의 이행기를 매월 말로 정한 것이 아니라 그 대여기간 전체에 대한 이자로서 일정한 비율로 산정한 확정적인 액수를 정할 수도 있다는 점에 대하여는 논의의 여지가 없다.[18] 이러한 경우의 이자채권에 대하여 민법 제163조 제 1 호가 적용될 수 없음에도 의문의 여지가 없다고 하겠다.

(2) 또한 설사 이자를 일정한 기간마다에 대하여 정기적으로 지급하기로 약정하였다고 하더라도, 즉 이자를 정기금으로 약정하였다고 하더라도, 그 기간을 1년 넘는 것으로 정하였다면, 마찬가지이다.

이 점에 대하여는 대판 1996. 9. 20, 96다25302(공보 1996, 3145)은 "이자채권이라고 하더라도 1년 이내의 정기에 지급하기로 한 것이 아닌 이상 위 규정[민법 제163조 제 1 호] 소정의 3년의 단기소멸시효에 걸리는 것이 아니다"라고 명확하게 판시하고 있다.[19] 이어서 대법

18) 하나의 문헌만을 들어두기로 한다. 송덕수, 채권법총론, 제 4 판(2018), 84면: "지속적으로['반복적으로'라는 의미이다] 지급되는 것만이 이자인 것은 아니다. 전체의 사용기간에 대한 이자금액이 사전에 계산되어 원본 교부시 원본으로부터 이것이 공제될 수도 있다."

19) 이 대법원판결은 그에 바로 이어서 같은 취지를 밝힌 대법원판결로서, 대판 1965. 4. 13, 65다220; 대판 1977. 1. 25, 76다2224 및 대판 1980. 2. 12, 79다2169(마지막의 판결에 대하여는 앞의 주 11, 15 및 본문 Ⅱ. 2. (1)(다) 참조)의 셋을 인용하고 있기까지 하다. 앞의 두 대법원판결은 「법고을」에서 검색되지 아니하

원은, 이 사건에서 문제된 금 17,160,000원의 이자에 관하여는 "이 이자가 1년 이내의 정기에 지급하기로 한 이자이었다는 점을 인정할 아무런 증거가 없으므로, 위 이자채권의 소멸시효가 완성되었다고 볼 수 없다"고 판시하고 있는 것이다. 이는 민법 제163조 제1호에 의한 단기소멸시효를 주장하는 자는 그 문제의 채권이 그 규정의 요건을 갖추었음을 입증하여야 한다는 판단을 보이는 것으로 읽어야 할 것이다.

또한 일본민법의 해석으로는, 예를 들면 이자채권에 있어서 —우리 사회에서 빈번하게 행하여지는 바와 같이— 그 이자를 1년 이내의 기간으로 정하여 정기적으로 급부하는 것이 아니라, —우리에 있어서는 드물기는 하지만— 원본의 변제기(=반환기)에 원본과 함께 일괄하여 지급하는 것으로 약정된 경우에는 위 단기소멸시효에 관한 규정(=제169조)이 적용되지 아니하고 이 이자채권에 대하여도 일반 소멸시효의 적용을 받는다고 한다.[20]

(3) 그런데 위의 예에서 만일 다음과 같은 일이 일어난 경우에는 어떻게 될 것인가? 애초에는 1년 이내의 기간으로 정하여 이자를 지급하는 것으로 약정하였다가 후에 이러한 이자 지급의 시기 내지 방식을 변경하여 원본의 변제기에 일괄하여 지급하는 것으로 약정하는 것이다. 물론 이와 같은 새로운 약정이 행하여진 시기는 아직 이자채권의 일부에 대하여라도 민법 제163조 제1호에서 정하는 단기소멸시효의 기간이 경과하지 아니한 때이었다고, 즉 이자채권은 지분적 이자채권이라고 할지라도 그에 대하여 전혀 소멸시효가 완성하지 아니한 경우라고 가정하기로 한다.

이와 같은 새로운 약정에 있어서도 그러한 약정이 있는 때부터의 기간에 대하여만 일괄하여 원본과 함께 지급한다고 약정하는 경

여 아마도 미공간인 듯하다.

20) 注釋民法(5)(1967), 339면(平井宜雄 집필).

우가 있을 수 있고, 그것이 아니라 이미 경과한 기간에 대한 것을 포함하여 그와 같이 지급한다고 약정하는 경우가 있을 수 있을 것이다. 그러나 여기서는 문제를 간단하게 하기 위하여, 원본의 반환채무를 지는 이가 이자를 전혀 지급하지 아니하였다고, 그리하여 원본의 변제기에 원본과 함께 지급되어야 할 것이 이자액 전부라고 가정하기로 한다.

2. 문제의 해결

(1) 이 경우에는, 애초의 약정에 따라 실제로 발생한 지분적 이자채권이 위 새로운 약정 당시에 이미 민법 제163조 제 1 호에서 정하는 단기소멸시효가 완성되지 아니한 한, 이제 위 단기소멸시효는 적용될 수 없고 그 이자채권에 대하여는 통상의 소멸시효기간, 즉 민법 제162조 제 1 항에 의한 10년의 소멸시효기간이 적용된다고 할 것이다.

(2) 우선 민법 제163조 제 1 호는 '1년 이내의 기간으로 정한'이라고 규정하고 있다. 이러한 문언에 비추어 보면, 1년 이내의 기간으로 정한 것이 사후적으로 아니게 되었다고 하여서 애초부터 1년 이내의 기간으로 정한 것이 아니었던 경우와 달리 볼 이유는 없을 것이다.

(3) 나아가 이자채권에 관하여 소멸시효(단기소멸시효를 포함한다)가 완성되지 아니하여 그대로 존속하는 경우에 당사자들이 위의 예에서와 같이 이행의 기한 또는 방법 등을 변경하는 것, 특히 채무자가 그러한 변경에 동의하는 것은 그 행위의 성질상 당연히 자신의 채무를 '승인'하는 것에 해당하여[21] 그것으로써 시효의 진행은 중단

---

21) 이에 관한 재판례는 쉽사리 찾을 수 없으나, 근자의 대판 2016. 8. 29, 2016다208303(공보 2016, 1497)은 "회생절차 내에서 이루어진 변제기 유예 합의도 채

된다(제168조 제3호). 이 점에는 의문을 제기할 여지가 없다.

(가) 이와 같이 시효가 중단된 경우에, 주지하는 대로 그 채무에 대하여는 "중단까지에 경과한 시효기간은 이를 산입하지 아니하고" 소멸시효는 "중단사유가 종료한 때로부터 새로이 진행한다"(제178조 제1항). 이와 같이 소멸시효가 새로이 진행하는 채권채무에 관하여 그 당사자들이 이행의 기한이나 방법 등을 정하는 것은 애초부터 새로이 이행기 등을 정하는 것과 법적으로 달리 평가할 이유가 없다고 할 것이다. 비유적으로 말하면, 일단 소멸시효의 진행이 중단된 채권채무는 시효의 관점에서는 전혀 시효가 진행된 일이 없었던 것, 즉 아직 시효가 기산되지 아니한 것과 마찬가지로 되는 것이다. 그러한 단계에서 채무 이행의 시기 등에 관하여 당사자들이 별도의 약정을 하였다면, 그 약정은 소멸시효법의 관점에서는 처음부터 그러한 내용의 채무이었던 경우와 달리 볼 이유는 없다고 할 것이다.

(나) 이와 관련하여서는, 대판 2013. 5. 23, 2013다12464(공보 2013, 1110)의 태도에도 주의할 필요가 있을 것이다.

위 판결은, "원금채무에 관하여는 소멸시효가 완성되지 아니하였으나 이자채무에 관하여는 소멸시효가 완성된 상태에서 채무자가 채무를 일부 변제한 때에는 액수에 관하여 다툼이 없는 한 원금채무에 관하여 묵시적으로 승인하는 한편 이자채무에 관하여 시효완성의 사실을 알고 그 이익을 포기한 것으로 추정된다"고 판시하여, 원본채무에 관하여는 시효가 중단되고, 이자채무에 대하여는 시효이익이 포기

무에 대한 승인이 전제된 것이므로 [소멸시효 중단사유로서의] 채무 승인의 효력이 있는 것"이라고 설시하고 있다. 이는 일반적으로 변제기 유예의 합의가 소멸시효 중단사유로서의 채무 승인에 해당함을 당연한 전제로 하면서, 나아가 그것이 회생절차 내에서 이루어진 경우에도 마찬가지라는 취지로 이해된다. 학설 중에서 예를 들면 송덕수, 민법총칙 제4판(2018), 497면은 '기한 유예의 청구'를 소멸시효의 중단사유로서의 승인을 묵시적으로 하는 경우의 예 중의 하나로 들고 있다. 그렇다면 기한 유예의 합의는 더욱 그러할 것이다.

된 것으로 판단하고 있다(위 판결은 나아가 그와 같이 "채무자의 변제가 채무 전체[이 사건에서는 원본 및 이자의 채무 전부]를 소멸시키지 못하고 당사자가 변제에 충당할 채무를 지정하지 아니한 때에는 민법 제479조, 제477조에 따른 법정변제충당의 순서에 따라 충당되어야 한다"고 덧붙인다).

일부 변제에 소멸시효와 관련하여 그와 같은 효력이 주어진다면, 기한의 유예에 관한 합의에 대하여도 특별한 사정이 없는 한 마찬가지라고 할 것이다. 그렇다면 이자채무의 소멸시효가 완성한 후에 기한의 유예에 관한 합의를 한 경우에는 이자채무에 관하여도 일반적으로 소멸시효 완성의 이익이 포기되었다고 볼 것이다(민법 제184조 제 1 항).

이와 같이 기한의 유예에 관한 합의가 **이미 완성된 소멸시효에 대해서조차** 그 효력을 무로 돌릴 수 있는 성질의 것이라면, 그러한 합의를 포함하여 지급의 시기나 방법 등에 관한 새로운 합의는 소멸시효기간의 적용에 관하여서도 그 합의의 내용에 따라 변경된 채권에 맞추어 행하여짐을 요구한다고 할 수 있으리라 믿는다.

(다) 근자의 대판 2017. 4. 13, 2016다274904(공보 2017, 963)은 우리가 다루는 문제에 심중한 의미를 가진다.

이 판결은 그 상고이유 중 하나인 '분양대금 잔금 채권의 소멸시효 완성 여부'에 관하여 다음과 같이 판시하고 있다.

> "민법 제166조는 '소멸시효는 권리를 행사할 수 있는 때로부터 진행한다'라고 규정하고 있으므로, **기한이 있는 채권의 소멸시효는 이행기가 도래한 때부터 진행하지만, 그 이행기가 도래한 후 채권자와 채무자가 기한을 유예하기로 합의한 경우에는 그 유예된 때로 이행기가 변경되어 소멸시효는 변경된 이행기가 도래한 때부터 다시 진행한다.** 이와 같은 기한 유예의 합의는 명시적으로뿐만 아니라 묵시적으로도 가능한데, 계약상의 채권관계에서 어떠한 경우에 기한 유예의 묵시적

합의가 있다고 볼 것인지는 계약의 체결경위와 내용 및 이행경과, 기한 유예가 채무자의 이익이나 추정적 의사에 반하는지 여부 등 제반 사정을 종합적으로 고려해서 판단하여야 한다."

그리고 이어서 이 판결은, 이 사건에서 문제된 분양대금 잔금 채권에 관하여 애초에 이행기는 애초에 2009년 10월 25일로 정하여졌지만 여러 가지 사정을 들어 그 이행기가 도래한 후인 2010년 3월 19일경에 당사자들이 이행기를 같은 해 4월 30일로 변경하는 것으로 묵시적으로 합의되었다고 인정하고, 따라서 소멸시효의 중단사유인 이 사건 지급명령이 신청된 2015년 3월 9일에는 아직 5년의 상사소멸시효가 완성되지 않았음이 역수상 명백하다고 판단하고 있다. 그럼에도 원심은 그 판시와 같은 사정만으로 이 사건 분양대금 잔금 채권에 대하여 소멸시효가 완성되었다고 판단하였는데, 이러한 원심판결에는 소멸시효 기산점에 관한 법리를 오해하여 판결에 영향을 미친 잘못이 있다고 결론맺고 있다.

이러한 대법원의 태도는 기한이 있는 채권의 소멸시효의 기산점에 관한 것으로서, 이행기에 관한 당사자 사이의 새로운 약정은 비록 그것이 원래의 이행기가 도래한 후에 행하여진 것이라고 하더라도, 새로 합의된 이행기가 도래한 때로부터 다시 진행한다고 하여서, 그 사이에 이미 진행된 기간은 소멸시효기간의 진행에 관한 한 無로 돌아가는 것을 시인한다. 이와 같이 채권의 이행기에 관한 당사자 사이의 합의가 소멸시효에 미치는 영향을 시인한다면, 단기소멸시효의 적용에 있어서 이를 부인할 이유는 없을 것이다.

(라) 한편 대판 2014. 6. 12, 2011다76105(공보 2014, 1375)도 우리의 문제와 관련하여 일정한 의미를 가질 수 있다고 생각된다.

이 판결은, 주채무자에 대한 확정판결에 의하여 민법 제163조 각 호의 단기소멸시효에 해당하는 주채무의 소멸시효기간이 10년으로 연장된 후에 제 3 자가 주채무를 보증한 사안에 있어서, "특별한 사정이 없는 한 그 보증채무에 대하여는 민법 제163조 각 호의 단기소멸시효가 적용될 여지가 없다"고 판단하였다. 그리고 그 보증행위의 성질에 따라서 보증인에 대한 채권이 민사채권인 경우에는 10년, 상사채권인 경우에는 5년의 소멸시효기간이 적용된다고 한다.

이 대법원의 판단은, 비록 주채무자가 아니라 보증인이 새로 보증계약을 체결한 경우에 대한 것이기는 하지만, 이러한 새로운 계약으로부터 발생하는 채권에 대하여는 그 새로운 계약의 성질에 좇아서 그 소멸시효기간이 판단되어야 하고, 주채무자가 원래 체결한 계약으로부터 발생하는 채권의 내용에 따라[22] 결정되어서는 안 된다는 태도를 밝히고 있다는 점에서 우리가 논의하는 문제와 일정한 연관이 있다고 할 수 있지 않을까?

(4) 혹자는, "소멸시효는 법률행위에 의하여 이를 배제, 연장 또는 가중할 수 없으나, 이를 단축 또는 경감할 수 있다"고 정하는 민법 제184조 제 2 항에 비추어 보면, 이 새로운 약정에 따라 정하여지는 채권의 내용·성질에 좇아 소멸시효기간이 정하여져야 한다는 위와 같은 결론은 채택될 수 없다고 할는지도 모른다.

그러나 이와 같은 관점에는 도저히 수긍할 수 없다.

(가) 위와 같은 입장에서 선다고 하더라도, 위의 예에서 애초 행하여진 이자에 관한 약정이 대여기간 전체에 대한 이자 전액을 대여금 원본의 반환기일에 지급하기로 하는 것이었다가 후에 이를 매월 말에 지급하는 것으로 변경하였다고 가정한다면, 이 새로운 약정에 기한 이자채권은 민법 제163조 제 1 호의 적용을 받아야 할 것으로서 이는 소멸시효를 '경감'하는 것으로서 위의 민법 제184조 제 2 항에

---

22) 이 사건의 사안에서는 주채무자에 대한 채권은 원래는 단기소멸시효에 걸리는 것이었다.

반하지 아니하여 허용된다고 할 것이다.

그런데 위와 같은 입장은, 그와 반대의 경우, 즉 애초 행하여진 이자약정이 '1년 이내의 정기로 지급하는 것'이었다가 후에 원본반환기일에 한꺼번에 지급하기로 새로 약정한 경우에는 이 새로운 약정에 기한 이자채권은 위의 민법 제184조 제 2 항에서 정하는 '소멸시효의 가중'에 해당하여 소멸시효기간은 애초와 같이 3년의 단기소멸시효기간이 적용되어야 한다는 —약정의 선후관계에 따라 허용 여부가 달라지는— 납득할 수 없는 결과가 되는 것이다.

(나) 민법 제184조 제 2 항은, 당사자들이 정면에서 소멸시효에 관하여 법이 정하는 바와 달리 약정하는 경우, 예를 들어 원래 10년의 일반소멸시효기간이 적용되는 채권에 대하여 30년의 기간을 정한다든가 하는 경우에 한정하여 적용되어야 한다.

그리고 계약당사자들이 사적 자치의 원칙, 그 한 내용으로서의 계약 자유의 원칙에 기하여 이자채권에 관하여 그 지급의 시기·방법 등을 애초와는 달리 약정하였기 때문에 그 새로운 내용에 따른 법의 적용으로 소멸시효기간이 늘어나는 결과가 되었다고 하여 이에 대하여 위 민법 규정을 적용하여서는 아니 된다. 다른 관점에서 말하면, 이러한 경우에는 채권·채무의 당사자들이 소멸시효를 '법률행위에 의하여' 가중한 것이 아니라, 그들은 채권의 내용을 새로운 약정으로 변경하였을 뿐이며, 이 새로운 내용의 채권에 대한 '법의 적용에 의하여' 소멸시효기간이 늘어나게 되었을 뿐인 것이다.

앞의 (3) (다)에서 본 대로 대판 2017. 4. 13, 2016다274904(공보 2017, 963)도, 기한의 정함이 있는 채권에 있어서 원래 정하여진 이행기가 도래한 후에 당사자들이 새로 이행기를 뒤로 늦추는 약정을 한 경우, 즉 기한 유예의 합의가 있는 사안에 관하여, 민법 제184조 제 2 항에는 전혀 언급이 없이 그와 같이 새로 합의된 기일부터 소멸시효가 다시 진행하기 시작한다는 점을 인정하고 있는 것이다.

(다) 민법 제184조 제 2 항은 의용민법에는 그러한 내용의 규정이 없었고, 민법안에서도 마찬가지이다. 그리하여 민법안에는 현행 민법 제184조 제 1 항("소멸시효의 이익은 미리 포기하지 못한다")에 해당하는 규정이 그 제175조로서 포함되어 있었다. 그런데 국회의 심의과정에서 현행 민법 제184조 제 2 항과 같은 규정을 두자는 제안이 행하여졌다. 그 이유는 "독민[독일민법] 제225조의 예에 준하여" 그렇게 하는 것이 가하다는 것이다.[23] 민법 제정작업 당시의 독일민법 제225조는 "소멸시효는 법률행위에 의하여 이를 배제 또는 가중할 수 없다. 소멸시효의 경감, 특히 시효기간의 단축은 허용된다"고 정하고 있었던 것이다.[24]

그러한 내용을 담은 법제사법위원회의 민법개정안이, 그 개정안 일반에 대하여 항용 그러한 대로, 국회 본회의에서 그대로 채택됨으로써 우리 민법이 된 것이다.

(라) 그런데 위의 독일민법 제225조는 독일에서의 2002년 대개정에서 삭제되었다.

그러나 그 삭제 전의 위 제225조에 대하여도 그 규정은 직접 소멸시효의 가중을 내용으로 하는 법률행위에 대하여만 적용되고, "소멸시효의 완성을 단지 간접적으로만 어렵게 하는 법률행위, 즉 단지 그 부수적 효과로서(als Nebenfolge) 소멸시효기간의 연장을 야기하는

23) 민법안심의록, 116면 상단 이하.

24) 『민법안심의록』은 「외국입법례」로서 독일민법의 위 규정 외에도 중화민국민법 제147조("시효기간[『민법안심의록』의 원문에는 '시효와 기간'으로 되어 있다]은 법률행위로써[위 원문에는 '로서'라고 되어 있다] 이를 연장하거나 또는 단축할 수 없으며 또한 미리 시효의 이익을 포기할 수 없다." 그 원문은 時效期間、不得以法律行爲加長或輕短、并不得先拋棄時效之利益)를 인용하고 있다. 이와 같이 위의 중화민국민법 규정은 법률행위에 의하여 시효기간을 연장하는 것 외에 단축하는 것도 금지하고 있어, 위 독일민법의 규정과는 내용을 달리한다.

법률행위"는 그 규정에서 정하는 '법률행위'에 해당하지 아니한다고 해석되고 있었다. 그 대표적인 예가 기한 유예의 합의(Stundung)이었다.[25)]

위의 (나)에서 본 우리 민법 제184조 제 2 항에 대한 해석은 이와 같이 독일민법 규정에 대한 해석에 의해서도 뒷받침되는 것이다.

Ⅳ. 소멸시효제도에 관한 최근의 입법동향과 우리나라에서의 입법작업

1. 독일과 프랑스

(1) 우리 민법에 많은 영향을 미친 주요한 외국의 민법들에 관한 최근 입법동향을 살피면, 우선 눈에 띄는 것이 소멸시효에 관한 규정이 전폭적으로 개정되었다는 점이다. 즉 독일은 2002년의 대개정에서 「소멸시효(Verjährung)」라는 표제의 제1편 제 5 장(제194조 내지 제225조)을 완전히 새로운 규정으로 교체하였다. 마찬가지로 프랑스에서도 2008년의 대개정에서 「소멸시효(prescription extinctive)」에 관한 제2219조 이하의 규정을 전면적으로 새로 마련한 것이다.[26)]

(2) 소멸시효 규정에 대한 이러한 대폭 개정의 요점 중의 하나는 개정 전에 다양한 모습으로 존재하던 단기소멸시효에 관한 여러 규정들을 거의 모두 삭제하고 약간의 예외[27)]를 제외하고는 단일하게

---

25) 이상에 대하여는 *Münchner Kommentar zum BGB*, Bd. 1, 4. Aufl.(2001), § 225, Rd. 4(S. 2038 f.)(Grothe 집필)(다수의 판례를 인용하고 있다) 참조.

26) 프랑스에서의 소멸시효제도 전면 개정에 대하여는 우선, 남궁술, "프랑스 채권법 및 시효법 개정시안에서의 시효와 점유", 민사법학(한국민사법학회) 제45권 2호(2009. 6), 377면 이하 참조.

27) 예외는 다양하게 인정된다. 예를 들어 독일민법은 부동산(토지)에 관한 권리(소유권양도청구권, 부동산에 대한 권리의 설정·양도·소멸의 청구권 및 그 반

—종전의 30년보다 현저하게 단축된— 3년(독일민법 제195조) 또는 5년(프랑스민법 제2224조)의 소멸시효제도를 관철하였다는 데 있다. 우리의 관심사항인 민법 제167조와 관련하여서 그러한 입법동향의 이유를 잘 제시하여 주는 것은 오히려 '정기급부를 내용으로 하는 채권'에 관하여 5년의 단기소멸시효를 정하는 스위스채무법 제128조 제1호에 대한 다음과 같은 평가이다.[28]

> "이 단기의 시효기간에 관한 규정은 이 유형에 속하는 채권이 거래관행상 신속한 처리를 요구하는 계약들, 또한 계약서면이나 영수증의 발행이 통상적이지 아니한 계약들로부터 발생한다는 것으로 설명된다. 그러나 오늘날의 거래 양상에 의하여 이제 이러한 근거 제시는 넓은 범위에서 극복되었다. [스위스의] 연방대법원이 이 규정은 좁게 해석되어야 한다는 태도를 밝힌 것은 이러한 이유에 기한 것이다. [많은 스위스연방대법원 재판례 및 문헌 인용]"

2. 일 본

2017년 6월에 의회를 통과하고[29] 2020년 4월 1일부터 시행되는[30] 개정 일본민법도 소멸시효제도에 심중한 변화를 가져왔다. 그것은 무엇보다도 —채권의 이른바 일반소멸시효기간을 종전의 '권리를 행사

대급부의 청구권)는 10년(제196조), 생명·신체·건강·자유 등에 대한 고의적 침해로 인한 청구권 및 기판력 있게 확정된 청구권은 30년(제197조 제1항 제1호, 제3호)이다. 그러나 주의할 것은 이러한 특별한 기간이 정하여진 것은 우리 또는 일본과는 달리 말하자면 직업 활동에 따라 상이한 소멸시효기간은 일절 인정되지 않는다는 점이다. 사정은 프랑스에서도 크게 다를 바 없다.

28) *Basler Kommentar zum OR*, Bd. 1, 6. Aufl.(2015), Art. 128 Rn. 1(S. 761) (Robert K. Däppen 집필).

29) 개정법률안은 그보다 2년도 훨씬 전인 2015년 3월에 일본의 국회(중의원)에 제출되었다.

30) 민법 개정법률의 시행시기는 공포시부터 3년 이내의 기간을 政令으로 정하도록 되어 있다. 그런데 2017년 12월 20일 정령 제309호로 그 시행시기를 본문과 같이 정하였다.

할 수 있는 때로부터 10년' 외에도 '권리를 행사할 수 있음을 안 때로부터 5년'으로 정함으로써[31][32] 이것이 단축될 가능성을 널리 인정함과 아울러[33]— 단기소멸시효·상사소멸시효 등의 '특수소멸시효제도'를 전면적으로 폐지하였다. 그리하여 종전의 민법에서 단기소멸시효를 정하던 일본민법 제169조 내지 제174조[34]를 모두 삭제하였던 것이다.[35] 이는 다음과 같이 설명되고 있다.[36]

---

31) 개정 일본민법은 아래와 같이 규정하고 있다.

제166조(채권 등의 소멸시효) ① 채권은 다음의 경우에는 시효에 의하여 소멸한다.

1. 채권자가 권리를 행사할 수 있음을 안 때로부터 5년간 행사하지 아니한 때.
2. 권리를 행사할 수 있는 때로부터 10년간 행사하지 아니한 때.

32) 그리하여 전자의 기산점을 '객관적 기산점', 후자의 기산점을 '주관적 기산점'이라고 부른다. 소멸시효의 기산점에 대하여 2002년 대개정 후의 독일민법은 "채권자가 청구권을 발생시키는 사정 및 채무자의 신원을 알았거나 중대한 과실 없이 알았어야 하는 年度가 끝나는 때"로(제199조 제 1 항 제 2 호), 2008년 대개정 후의 프랑스민법은 "그 권리를 행사할 수 있다는 사실을 알았거나 알 수 있었을 때"로(제2224조) 정하여, 모두 일률적으로 주관적 기산점에 의하는 것으로 한다.

33) 일본민법의 개정작업에 깊이 관여한 潮見佳男(시오미 요시오. 京都大學 민법교수)의 『民法(債權關係)の改正法の概要』(2017), 46면 이하는 "거래로부터 생기는 채권 중 주된 급부에 관한 것에 대하여는 통상 이 주관적 기산점은 본조 제 1 항 제 2 호의 기산점과 일치한다고 생각하여도 좋다"고 설명한다. 이 설명에 좇는다면 이 부분은 실무적으로 중요한 귀결을 낳는 개정이라고 할 것이다. 그리하여 같은 곳에서 潮見는 이 부분 개정을 "개정 전 민법의 규율에 拔本的 변경을 가하였다"고 평가한다.

34) 개정 전 일본민법은 우리보다 더욱 복잡하게 5년, 3년, 2년, 1년의 단기소멸시효를 각기 인정하였다. 예를 들면 우리 민법 제167조 제 1 호 소정의 채권("이자 … 기타 1년 이내의 기간으로 정한 금전 또는 물건의 지급을 목적으로 한 채권")은 앞의 Ⅱ. 1. (2)에서 본 대로 3년이 아니라 5년의 단기소멸시효에 걸리는 것으로 정하여져 있었다(제169조).

35) 이에 보조를 맞추어, 우선 5년의 상사소멸시효에 관한 일본상법 제522조(우리 상법 제64조에 대응한다)를 삭제하고, 나아가 일본의 제조물책임법 제 5 조, 광업법 제115조, 대기오염방지법 제25조의4, 수질오탁방지법 제20조의3, 토양오염대책법 제 8 조, 부정경쟁방지법 제15조 등 특별법상의 소멸시효 규정을 위와 같이 개정되는 민법규정과 조화되도록 정비하였다.

36) 潮見佳男(주 33), 42면. 潮見는 여기서 제170조 이하의 규정이 삭제되는 것으로 설명하나, 그에 앞선 제169조도 이번 개정에서 삭제되었다.

"개정 전 민법에서의 직업별 단기소멸시효는 그 분류·시효기간의 구별의 점에서 합리적으로 설명될 수 있는 것이 아닐 뿐 아니라, 현대 사회의 거래 유형과 거래의 실태를 적확하게 반영하고 있다고도 말할 수 없는 것이었다. 개개의 개념의 射程에도 의논을 불러일으키는 것이 적지 아니하고, 예측가능성의 점에서 문제가 있었다. 나아가 복잡한 분류 위에 성립되어 있는 단기소멸시효의 제도는 일반 시민에 있어서 알기 어려운 것으로 되어 있었다. 그리하여 개정 후의 민법은 개정 전 민법 제170조부터 제174조까지의 단기소멸시효의 규정을 삭제하고, 이들 국면을 채권의 소멸시효에 관한 일반규정으로 처리하는 것으로 한다."

3. 우리나라에서의 입법작업 내용 및 민법 해석에의 시사

(1) 이와 같이 우리 민법의 모습에 많은 영향을 끼친 주요한 외국의 입법동향은 입법론으로서는 물론이고 우리 민법의 관련 규정의 운용에도 영향을 미치지 않을 수 없을 것이다.

장래의 입법과 관련하여서는 무엇보다도 2013년에 완성·발표된 법무부 민법개정위원회의 개정안이 단기소멸시효에 관한 현행 민법 제163조 및 제164조의 삭제를 제안하고 있다는 것만을 지적하여 두기로 한다.[37]

(2) 그리고 우리가 다루는 법문제에 대하여도 우리 민법에 중대한 영향을 미친 주요한 외국의 최근 민법 개정이 위와 같이 일치하여 단기소멸시효의 제도를 폐지하는 방향을 취하고 있다는 사실은 일정한 기본방향을 시사한다고 하여도 좋을 것이다. 그것은 가능하면 그 제도의 적용범위를 축소하는 것이 바람직하다는 것이 아닐까 여

---

37) 우선 법무부 민법개정자료발간팀 편, 2013년 법무부 민법개정시안: 조문편(2013), 83면 참조. 위 개정위원회에서의 논의 경과에 대하여는 동 편, 2013년 법무부 민법개정시안: 총칙편(2013), 560면 이하 참조.

겨진다.

V. 소　　결

이상에서 논의한 바와 같이, 애초 민법 제163조 제 1 호에서 정하는 단기소멸시효기간의 적용을 받는 이자 등 정기금채권이라고 하더라도, 이자 등 지급의 시기·방법 등에 관한 당사자들의 새로운 약정에 의하여 그 이자 등 정기금채권이 만일 애초에 그와 같이 정하였다면 위 규정 소정의 단기소멸시효기간이 적용되지 아니할 것이 되었다면, 이제 이에 대하여는 위 규정은 적용되지 아니하고, 이에 원래 적용되어야 할 바의 소멸시효기간, 즉 10년의 일반소멸시효기간에 따른다고 할 것이다.

(사법(법원도서관) 43호(2018. 3), 339면 이하 所載)

[후　　기]

1. 본고는, 필자가 사모투자전문회사 업무집행사원의 보수금채권과 관련하여 그 보수금을 분기별로 지급받기로 하였다가 후에 일정한 조건이 성취되면 한꺼번에 지급하기로 새로 약정한 경우에 그 보수금채권에 어떠한 소멸시효기간이 적용되는지에 관하여 근자에 문의를 받은 것을 계기로, 거기서 제기되는 바의, 보다 일반적인 의미가 있으면서도 그동안 별로 논의된 일이 없는 법문제에 흥미를 느낀 것에 연유한다. 문제가 된 보수금채권에 애초 3년의 단기소멸시효가 적용되는 것인지부터 먼저 논의되어야 할 것이지만, 위와 같은 이

유로 이에 대하여는 천착하지 아니하고, 본고는 이자 등 지급의 시기·방법 등에 관한 새로운 약정이 있는 경우에 여전히 단기소멸시효가 적용되는지에 대해서만 살펴보기로 하였다.

2. 대판 2018. 2. 28, 2016다45779(공보 2018, 632)은 위 글이 발표된 후에 공간되었다. 이 판결도 본문 Ⅱ. 2.에서 살펴본 바 있는 민법 제163조 제 1 호에 관한 종전 판례의 태도를 그대로 이어받고 있다. 즉, 위 법규정은 "기본 권리인 정기금채권에 기하여 발생하는 지분적 채권의 소멸시효를 정한 것으로서, 여기서 '1년 이내의 기간으로 정한 채권'이란 1년 이내의 정기로 지급되는 채권을 말한다"는 것이다. 여기서는 기본적 정기금채권과 지분적 정기금채권을 명백하게 구별하여 논하고 있다는 점도 흥미를 끈다.

위 판결의 사실관계에서, 원고는 피고에게 원고의 작곡저작권의 해외 관리를 위임하면서 양 당사자는 피고가 해외로부터 지급받는 저작권 사용료를 매년 6월 말 및 12월 말에 정산하여 그 일정 비율의 금액을 원고에게 지급하기로 약정하였다. 대법원은 "원고는 1년 이내의 기간인 6개월마다 저작권 사용료 분배청구권의 지분적 청구권을 가지게 되었다"고 한 다음, "이러한 청구권은 민법 제163조 제 1 호에서 정한 바와 같이 3년의 단기소멸시효가 적용된다"고 판단하였다. 그 결과 이 사건에서 청구하는 원고의 2008년 하반기에 관한 저작권 사용료 분배청구권은 이 사건 소가 제기된 2013년 7월 15일에는 이미 그 소멸시효가 완성되었다고 결론짓고, 원고의 상고를 기각하였던 것이다.

7. 민법 제197조 제 2 항의 "본권에 관한 소에서 패소한 때"의 해석에 대하여

Ⅰ. 서

1.

(1) 문제가 되는 전제적 사례 : 소유자가 점유자에 대하여 물건 자체의 인도와 함께 그 점유기간 중에 얻은 사용이익의 반환을 부당이득으로 청구하는 경우

(2) 판례는 그 인도청구소송에서 원고의 **승소판결이 확정된 때**에 비로소 점유자의 악의의제의 소급효(민법 제197조 제 2 항 : "선의의 점유자라도 본권에 관한 소에 패소한 때에는 그 소가 제기된 때로부터 악의의 점유자로 본다")가 발생한다고 한다.

또 인도청구와 동시에, 그 승소 확정을 전제로 그에 의하여 악의의제될 점유자에 대한 사용이익반환청구를 미리 할 수 있다고 한다.

(3) 만일 원고의 소유권이 소송의 진행 중에 제 3 자에게 이전됨으로써 결국 인도청구가 기각되는 경우는 어떠한가? 악의의제에서 '승소판결의 확정'이라는 요건이 이 경우에도 관철되어야 하는가?

2. 민법 제749조 제 2 항과 관련하여

(1) 민법 제749조 제 2 항은 부당이득에 관하여 "선의의 수익자가 패소한 때에는 그 소를 제기한 때부터 악의의 수익자로 본다"고

정한다.

의용민법 시행 당시에는 선의의 수익자라도 **반환청구의 소**에 패소한 때는 그 소송이 계속된 때에 소급하여 악의의 수익자로서의 책임을 질 것인가에 관하여 다툼이 있었다. 이는 결국 의용민법 제189조 제 2 항(앞서 본 우리 민법 제197조 제 2 항과 같은 내용이다)을 부당이득반환의무에 확장하여 적용할 것인가에 귀착되는 문제이었는데, 당시의 판례나 다수의 학설은 오히려 부정설(이에 의하면, 부당이득반환채무는 이행의 기한이 없는 채무의 일종으로서 반환청구를 받은 때로부터 지체책임을 질 뿐이고, 별도로 의용민법 제189조 제 2 항을 유추할 필요는 없다고 한다)을 취하는 것으로 이해되고 있었다.[1] 그런데 우리 민법 제749조 제 2 항은 의용민법 당시의 소수설에 좇아 만주국민법 제731조와 같이 그리고 아마도 독일민법 제819조 제 1 항의 영향을 받아 의용민법 제189조 제 2 항과 같은 취지의 규정을 정면에서 둔 것이다.

(2) 여기서 「소」란 무엇인가에 대하여 대판 1974. 7. 16, 74다525(집 22-2, 203)은 "민법 제197조 제 2 항의 규정과 관련시켜 볼 때 부당이득을 이유로 그 반환을 청구하는 소송"을 가리키는 것이라고 판시한다. 이 부분 판시가 당해 사건의 사실관계에 비추어 과연 先例로서의 의미를 가지는 것인가에 대하여는 의문의 여지가 있다.[2] 그러나 그 후의 대판 1987. 1. 20, 86다카1372(공보 795, 306)도 同旨의 판시를 하고 있으며, 이로써 판례의 태도는 정하여졌다고 해도 좋을 것이다.[3]

---

1) 이에 대하여는 우선 新版 注釋民法(18)(1991), 646면 이하(福地俊雄 집필) 참조.

2) 이에 대하여는 梁彰洙, "本權의 訴에서 敗訴한 占有者의 使用利益返還義務", 民法硏究, 제 2 권(1991), 71면 이하 참조.

3) 한편 대판 1978. 10. 10, 78다1273(總覽 2-1(A), 452-26)은 소유권이전등기말소소송에서 수익자가 패소한 경우에 그 소송의 제기시부터 악의의 수익자로 의제된다고 판시한다. 그러나 이는 민법 제197조 제 2 항에 의하여 점유자의 악의가 의제됨으로써 선의점유자가 가지는 果實收取權(민법 제201조 제 1 항)을 이

나아가 대판 1979. 8. 31, 78다858(대법원판례요지집 민 I-2, 1129)은, 부당이득반환청구소송을 제기하면서 당해 소송이 선의수익자의 패소로 확정되는 것을 전제로 하여 애초부터 그 소제기시부터 악의수익자로서의 부당이득의 반환을 청구할 수 있다고 한다.

(3) 이상을 여기서 다루는 문제에 대입하여 다음과 같이 생각할 수는 없을까?

원고는 물건의 반환청구와 **동시에**, 그러나 그와는 별개의 청구로 사용이익의 반환을 부당이득으로 청구하고 있으므로, 후자의 부당이득청구에 대하여 애초부터 그 소 제기부터 악의수익자로서의 책임을 물을 수 있다. 이는 전자의 물건반환청구가 종국적으로 인용될 것인지 여부와는 무관하며, 설사 그 청구가 가령 원고가 변론종결 당시 소유권을 상실하였음을 이유로 기각되더라도 마찬가지라는 것이다.

3. 이하에서는 위의 2. (3)과는 무관하게, 즉 민법 제749조 제2항의 규정에 좇은 문제해결을 전혀 염두에 두지 않고 논의하기로 한다.

Ⅱ. 민법 제197조 제2항의 연혁과 입법례 및 규정이유

1. 민법 제정과정

민법안이유서, 상권(1957), 125면 상단

"초안 제2항은 현행법[의용민법을 가리킨다] 제189조 제2항에 대응하는 것인바 현행법 제189조 제2항은 동조 제1항의 과실취득자로서의 선의점유자이라는 특정한 효과에 대한 반대인 악의의 경우

제 주장할 수 없게 된다는 취지로 이해할 것이다.

를 규정하였던 것을 초안은 과실취득에 관한 것만이 아니라 기타의 경우에 있어서 즉 선의 일반에 대한 반대관념인 악의에 관한 규정을 하는 취지에서 본조의 규정은 입법상 진보이다."

2. 일 본

(1)

民法修正案理由書 170면(안 제189조 제 2 항에 대하여)

"점유자는 본권의 소를 제기당하였으나 패소의 판결 있는 때까지 여전히 점유물은 자기에게 속한다고 믿은 경우에, 소송제기의 때로부터 판결에 이르기까지 긴 시일이 경과하였음에도 불구하고 그 사이에 있어서의 果實이 점유자에게 속한다고 한다면, 점유자의 보호에 기울고 상대방의 보호에 소홀하다고 말하지 않을 수 없다. 나아가 만일 패소의 판결에 이르기까지 점유자가 과실을 취득할 수 있다고 한다면, 여러 가지의 수단을 써서 더욱 소송을 끌어서 부당의 이익을 탐하는 일이 없다고 할 수 없다. 이들의 폐해를 고치려면, 가령 선의의 점유자라고 하여도 본권의 소에서 확정적으로 패소한 때에는 소송제기의 시점으로부터 악의의 점유자로 보아 그 이후의 과실반환의 의무를 지게 할 필요 있다고 인정하고, 또한 이러한 사항은 법률의 명문이 있지 않으면 할 수 없는 것이므로, 本案도 기성법전 [재산편] 제194조 제 3 항 末文의 규정에 좇아 본조 제 2 항을 設한 것이다."

(2)

일본구민법 재산편 제194조

"① 정권원正權原 및 선의의 점유자는 천연의 과실 및 산출물에 대하여는 자신 또는 代人으로 하여금 토지로부터 분리한 때에 이를 취득하고 법정의 과실에 대하여는 용익자에 관하여 규정한 바대로 일할日割로 이를 취득한다.

② 점유자가 정권원 없으면서 사실 또는 법률의 착오로 인하여 악의 없는 때에는 그 소비한 과실에 대하여 이익을 얻지 아니한 증거를 든 경우에는 이를 반환할 책임을 지지 아니한다.

③ 점유자가 그 점유하는 물건 또는 권리가 자기에 속하지 아니함을 각지覺知한 때에는 장래를 향하여 과실반환의 책임을 진다. 또 **소송에서 확정적으로 패소한 때에는 그 출소의 시부터 그 책임을 진다** (訴訟ニ於テ確定ニ敗訴シタルトキハ其出訴ノ時ヨリ此責ヲ生ス)."

(3) 위 일본구민법 규정에 대한 이유 설명

Code civil de l'empire du japon, accompagné d'un exposé des motifs, tome second: exposé des motifs du livre des biens, 1891, p. 198 et suiv.(이 公定理由書의 서술은 Boissonade의 私的 理由書의 서술(Gustave Boissonade, *Projet de Code civil pour l'empire du japon, accompagné d'un commentaire*, Nouvelle édition, Tome premier: Des droits réels, 1890, p. 424 et suiv.)과 완전히 일치한다).

> "사람들은 점유자에 대한 재판상 청구(demande en justice)는 그를 악의로 만드는 효력이 있다고 항용 말하곤 한다. 그러나 이러한 표현은 좋지 않으며, 법문은 이를 피할 필요가 있다. 실제로 선의의 점유자는 자신의 권리에 대하여 확신하고 있어서 그 訴求가 그 의견을 변화시키지 않는 일이 빈번하게 있다. 그러나 진정한 소유자 또는 기타 정당한 권리자의 소구와 열심(diligence)에도 불구하고 점유자가 절차 진행 중에 취득한 과실을 얻을 수 있다는 것은 정의롭지 못하다. 그 절차는 오래 끌 수도 있는 것이다. 법률은 이 두 가지 생각을, 점유자에게 악의라는 성질을 부과하지 않으면서도 점유자로부터 선의라는 데서 오는 이익을 앗음으로써 만족시킨다. 그리고 그 조건으로 —이는 당연히 전제된다고 말할 수 있을 것인데(qui, de toute façon, aurait été sous-entendue)— 그 소구가 종국적으로 받아들여진다는 것을 덧붙인다."

3. 프 랑 스

(1) 선의의 점유자의 과실수취권

제549조: "단순한 점유자는 선의인 경우가 아니면 과실을 자신의 것으로 하지 못한다. 반대의 경우에 그는 그 물건의 반환을 요구하는 소유자에게 그 물건과 함께 그 산출물을 반환할 의무를 진다. 당해 산출물이 현물로 존재하지 아니하는 경우에는 그 가액은 상환시를 기준으로 평가된다"

제550조: "① 점유자는, 소유권이전명의(titre translatif de propriété)에 기하여 또 그 하자를 알지 못하고 소유자로서 점유하는 때에는, 선의이다.

② 점유자는 그 하자를 안 때로부터는 더 이상 선의가 아니다."

(2) 반환청구소송의 경우

(가) 프랑스민법에는 우리 민법 제197조 제 2 항과 같은 명문의 규정은 존재하지 아니한다. 그러나 1840년 12월 23일의 파기원 민사부 판결(Cass. civ. 23 déc. 1840, S. 41. 1. 136) 이래로, 판례[4]와 통설은 소유자가 소유물반환청구소송을 제기한 날로부터 점유자는 비록 자신이 소송의 제기 후에도 여전히 선의임을 주장·입증하더라도 과실을 수취할 권리를 가지지 못하며, 그 날 이후의 과실을 반환하여야 한다는 태도를 취하여 왔다.

(나) 그 이유는 대체로 두 가지 관점에서 설명되고 있는 듯하다. 하나는, "그때로부터 점유자는 과실을 반환하여야 하게 될 수도 있음을 예기하여야 하기 때문"이라는 것이다.[5] 다른 하나는, "법관이 준

---

4) 그 외의 재판례에 대하여는 *Juris Classeur Civil*, Propriété(Art. 515 à 577), Art. 547 à 550, Fasc. D(1990), n. 36(Jacques Audier 집필) 참조.

5) Terré/Simler, *Droit civil. Les biens*, 5e éd.(1998), n. 178(p. 140)("점유자는 자신의 권원의 하자를 알게 된 때로부터 선의가 아니게 된다. 그리하여 그 순간부터 과실수취권을 상실한다. 또한 소유자가 그를 상대로 반환청구소송을 제기

수하여야 할 소송상의 원칙에 의하면, 법관은 당사자들의 권리를 판단함에 있어서 소송의 지연이 당사자들에게 불이익을 주지 않도록 소송의 개시시점을 기준으로 하여야 한다"는 것이다.[6)]

한편으로 소유물반환청구소송에서의 판결의 선언적 성격(caractère déclaratif)을 중시하고, 그 효력이 소송의 제기시로 소급한다는 설명도 있다.[7)]

(3) 이 맥락에서 소유자가 소유물반환청구소송에서 승소하는 것이 점유자의 과실반환의무의 발생요건이라고 정면에서 언급하는 것은 오히려 예외에 속한다.[8)]

4. 독　　일

(1) 독일에서의 소유물반환관계에서 惡意의 점유자 및 訴訟係屬 후의 점유자의 과실반환의무는 선의의 점유자에 비하여 가중되어 있다. 그러나 선의의 점유자라고 해서 과실수취권이 인정되어 그 수취한 과실을 아예 반환하지 않아도 되는 것은 아니고, 원칙적으로 "부당이득의 반환에 관한 규정에 따"른 반환의무, 즉 현존이익의 반환의무(독일민법 제818조 제 3 항 참조)를 부담할 뿐이고 "그 외에 그는 수익반환이나 손해배상의 의무를 지지 아니한다"(독일민법 제993조 제 1 항). 이에 비하여 소송계속 후의 점유자는 그 후에 수취한 수익을 소유자에게 반환하여야 하며(독일민법 제987조 제 1 항), 이는 악의의 점

한 날로부터 그 권리를 상실한다. 왜냐하면 이 날로부터 그는 [과실의] 원상회복의 가능성을 예기하여야만 하기(à dater de ce jour, il doit s'atteindre à l'éventualité d'une restutution) 때문이다").

6) Jean Carbonnier, *Droit civil, T.3: Les biens*, 19e éd.(2000), [208], p. 326. 한편 Terré/Simler(前註)는 이 두 가지 관점을 병렬적으로 열기한다.

7) *Juris Classeur Civil*(주 4), n. 36.

8) 필자가 찾아 본 문헌 중에서는 Mazeaud/Chabas/Juglart/Giantivi, *Leçons de droit civil*, T. 2, 2e vol., 6e éd.(1984), n. 1578(p. 270)("소유물반환청구가 성공하는 것을 조건으로")가 유일한 예이다.

유자도 마찬가지이다(독일민법 제990조 제 1 항 제 1 문).

(2)

독일민법 제정과정에서의 이유 설명(*Mugdan* Ⅲ, S. 978)

"물건반환청구권의 소송계속 후에는 점유자는 비록 그가 점유할 권한이 있다는 점에 대하여 선의라고 할지라도 권리쟁송에서 그에게 불리한 결과가 나올 가능성을 예기하여야 하고, 따라서 말하자면 타인 소유 물건의 관리자로 취급되어야만 한다. 그리하여 [수정안] 제971조[=현행 제987조]는 소송계속 후에 수취한 수익(Nutzungen)을 소유자에게 반환하여야 하고, 소송계속 후에 정상적인 경영의 규칙에 따라 수취할 수 있었으나 과책에 기하여 수취하지 아니한 수익에 대하여는 소유자에게 상환할 의무를 지는 것으로 정한다."

(3)

로마법의 소송제기(정확하게는 「쟁점결정 litis contestatio」)를 전후한 다른 취급(이에 대하여는 民法注解[Ⅳ](1992), 353면 이하(최병조 집필) 참조)

"소송이 係屬한 후라면 선의의 점유자라도 소송의 결과가 그에게 불리한 것을 예기하지 않으면 안 되고, 그러므로 말하자면 타인의 물건의 관리인으로 보아야 한다"

(4) 「소송계속(Rechtshängigkeit)」과 관련하여서는 다음과 같이 해석되고 있다.

Staudinger/Gursky(12. Aufl.(1989)), § 987 Rn. 2

"소의 취하나 기판력 있는 패소판결은 책임을 가중시키는 효력을 소급적으로 소멸시키는데, 다만 **소가 사후적으로 이유 없게 된 경우**(die Klage erst nach nachträglich unbegründet geworden ist), **예를 들면 물건이 과책 없이 멸실함으로써 本案이 종결되거나 점유자가 사후적으로 점유할 권리를 취득한 경우에는 그러하지 아니하다.**"

5. 스 위 스

ZürchKom/Homberger, Bd. 4: Sachenrecht, Abt. 3: Besitz und Grundbuch(1938), Art. 938 Rn. 9(S. 121)

스위스에서는 소송계속으로 인한 점유자의 책임가중을 정하는 규정은 없으며, 이는 입법과정에서 독일민법과 같은 제도를 의도적으로 부인한 데서 연유한다. 다만 "많은 경우에 소송의 제기로 인하여 피고가 자신이 점유할 권리가 없음을 알게 됨으로써 그의 선의가 부인된다."

Ⅲ.

1. 민법 제197조 제 2 항에서의 「패소한 때」란, 소유자가 점유자를 상대로 제기한 소유물반환청구 등의 「본권에 관한 소송」에서 법원이 점유자가 반환청구의 대상인 과실 또는 사용이익을 수취할 당시에 점유자에게 점유할 권원이 없어 목적물을 반환하여야 하는 상태(즉 소유물반환관계 Vindikationslage)에 있었음을 종국적으로 확인하는 것을 의미한다고 해석할 것이다. 그러므로 비록 그 인도청구소송에서 패소하는 경우라도 애초에는 그 청구가 이유 있다가 소송이 계속하는 중에 사후적으로 이유가 없게 된 때에도 악의의제의 효과는 발생한다고 하겠다.

통상적으로는 그 「본권에 관한 소송」에서 소유자의 승소판결이 확정되는 경우가 그에 해당할 것이다. 그리고 종전의 대판 1974. 6. 25, 74다128(집 22-2, 125) 등이 민법 제197조 제 2 항의 「패소한 때」란 점유자의 패소가 확정되는 때를 말한다고 판시한 본래의 의미라고 생각된다. 즉 그 판결의 설시는 통상의 경우에 그렇다는 취지라고 할 것이다.

2. 악의의제의 규정은 선의의 추정을 받는 점유자에 대하여 그 보호의 한계를 정하는 것이다. 소유자가 점유자에 대하여 재판상으로 자신의 권리를 행사함으로써 하여야 할 바를 다하였다면, 이제 점유자의 선의를 이유로 하는 방어는 허용하지 않겠다는 것이다.

이러한 취지는 소유자가 「본권에 관한 소」를 제기한 후에 그 소유권을 상실한 경우에도 관철되어야 할 것이다.

3. 보다 실질적으로 보면:

첫째, 점유자는 소유권이 제 3 자에게 이전되었다는 그와는 전혀 무관한 우연한 사정에 의하여 과실수취권 또는 그 반면으로서의 과실반환의무에 관하여 더욱 유리한 지위에 놓일 이유가 없다.

둘째, 만일 위와 같이 해석하지 않으면, 점유자는 소의 제기로부터 위와 같은 소유권 이전이 있을 때까지의 기간 동안의 과실수취에 대하여 선의의 점유자로서의 추정(민법 제197조 제 1 항 참조)을 받게 된다. 그리하여 그 기간 동안 소유자였던 사람은 일일이 점유자의 악의를 주장·입증하지 않으면 안 된다. 그런데 이제 새로이 소유자가 된 사람은 점유자에 대하여 그 점유물의 반환과 아울러 자신이 소유권을 가지는 기간에 대하여 과실이나 사용이익의 반환을 청구함에 있어서, 동조 제 2 항에 의한 악의의제를 원용할 수 있다. 이와 같이 종전의 소유자와 현재의 소유자를 다르게 취급하는 것은 형평에 맞지 않는다. 그 두 사람이 공동원고가 되어 점유자를 상대로 소송을 제기하는 경우(이러한 공동소송이 허용됨에는 의문이 없다. 민사소송법 제65조 제 1 문 제 2 경우: “소송목적이 되는 권리나 의무가 사실상 또는 법률상 같은 원인으로 말미암아 생긴 경우”)를 상정하여 보면 이를 쉽사리 이해할 수 있을 것이다.

셋째, 소유자의 소유물반환청구 및 부당이득반환청구가 소의 제기 당시에는 그 요건을 다 갖추지 못하였으나 나중에 비로소 그 이유를 갖추어 그 한도에서 인용되기에 이른 경우(예를 들어 소유자가 소 제기 후에야 피고인 전세권자에게 전세금을 반환한 경우)에는 그 악의의제의 효과는 소의 제기 당시로 소급하는 것이 아니라 그 소유물반환청구의 요건이 모두 갖추어진 때에 비로소 발생한다고 할 것이다(적어도 독일의 통설. *MünchKomm*/Medicus, § 987 Rn. 8(Bd. 6, 3. Aufl. (1997), S. 1003) 등). 그렇다면 반대로 그 반환청구가 소의 제기 당시에는 이유 있었으나 나중에 비로소 그 이유를 갖추지 못하게 된 경우에는 그 이유를 갖추지 못하게 된 때까지는 악의의제의 효과가 있다고 하여야 하지 않을까?

넷째, 소유자의 소유물반환청구에 대하여 단지 원고에게 변론종결 당시 소유권을 가지지 아니함을 이유로 해서 이를 기각할 수 있는데, 만일 위와 같이 해석한다면 법원이 그 청구권의 다른 요건에 대한 심리도 해야 하므로 번거롭다는 반론을 예상할 수 있다. 그러나 어차피 소유물반환청구와 부당이득반환청구는 별개의 청구로서 각각 그 권리의 발생요건의 존부를 따로 심리하여 그 인용 여부를 정하여야 하는 것이므로, 위와 같은 반론은 크게 고려할 것이 못 된다.

(서울대학교 법과대학 「두뇌한국21 세계 속의 한국법의 발전」 연구단 법제도비교연구센터 주최 2002년 정기 학술대회 「법치주의 발전을 위한 과제」[2002년 11월 8일, 서울대학교 법과대학 백주년기념관 소강당] 발표 자료집, 39면 이하)

[후 기]

1. 이 글을 쓰게 된 연유는 어느 대법관으로부터 본문 I. 1. (1)과 같은 문의를 받은 데 있다. 나는 전에 그와 같은 문제를 상상조차 하여 본 일이 없었다. 그리하여 바로 흥미를 느끼고 바로 자료를 조사하는 등으로 연구에 착수하였다. 그 결과를 메모한 것이 이 글이다.

물론 이것은 제대로 된 논문이라고 하기 어렵고, 또 위 학술대회에서의 발표 후에 다른 법 관련 정기간행물 등에 공간도 한 일이 없다. 그러나 법에 관한 논의가 반드시 그러한 형식을 갖추어야 한다고 볼 이유는 없기 때문에, 이 자리에 싣기로 하였다.

2. 이 글에서 다룬 법문제에 대하여는 결국 대판 2002. 11. 22, 2001다6213(공보 2003상, 141)이 다음과 같이 이 글에서 주장된 견해를 취하여, 그와 다른 전제에 선 원심판결을 파기하였다.

> "가. 기록에 의하면, 원고는 이 사건 청구원인으로 원고가 이 사건 부동산의 소유자임을 내세워 피고들을 상대로 각 점유 부분의 명도 및 인도를 구함과 동시에 부당점유로 인한 이득의 반환을 구하였고, … [중략]
>
> 나. 한편 민법 제201조 제 1 항에 의하면, 선의의 점유자는 점유물의 과실을 취득한다고 규정되어 있고, 민법 제197조 제 1 항에 의하면, 점유는 선의인 것으로 추정되도록 규정되어 있으나, 같은 조 제 2 항에는 선의의 점유자라도 본권에 관한 소에 패소한 때에는 그 소가 제기된 때로부터 악의의 점유자로 본다고 규정되어 있는바, 위 민법 제197조 제 2 항의 취지와 부당이득반환에 관한 민법 제749조 제 2 항의 취지 등에 비추어 볼 때, 여기서의 본권에 관한 소에는 소유권에

기하여 점유물의 인도나 명도를 구하는 소송은 물론 부당점유자를 상대로 점유로 인한 부당이득의 반환을 구하는 소송도 포함된다고 해석할 것이다.

그런데 기록에 의하면, 이 사건에서 원고는 이 사건 부동산의 소유자임을 내세워 피고들을 상대로 각 점유 부분의 명도 및 인도를 구함과 동시에 부당점유로 인한 이득의 반환을 구하는 소송을 제기하였음이 명백하므로(소 제기일은 1998. 12. 3.이다), 원심에서와 같이 이 사건 부당이득반환청구에 민법 제201조 제 1 항, 제197조 제 1 항을 적용함에 있어서는, **비록 소유권에 기한 명도 및 인도 청구가 변론종결 전에 소유권이 상실되었음을 이유로 배척된다고 하더라도, 법원으로서는 소유권 상실 이전 기간의 부당이득반환청구와 관련하여 원고의 소유권의 존부와 피고들의 점유 권원의 유무 등을 가려서 그 청구의 당부를 판단하고, 원고의 부당이득 주장이 이유 있는 것으로 판단된다면 민법 제201조 제 1 항, 제197조 제 1 항에도 불구하고 적어도 그 소 제기일부터는 피고들의 점유를 악의로 의제하여 피고들에 대하여 부당이득의 반환을 명하여야 할 것**이다.

다. 그럼에도 원심은 피고들이 이 사건 부동산을 점유할 권원이 있는지 여부에 대하여는 아무런 판단을 하지 아니한 채 바로 피고들의 명시적인 주장도 없는 민법 제201조 제 1 항, 제197조 제 1 항을 적용하여 피고들의 과실수취권을 인정하였을 뿐 아니라, 위 민법 규정들의 적용에 있어서도 원고의 소유권에 기한 부당이득반환청구의 당부에 대하여 아무런 심리·판단을 하지 아니한 채 만연히 소제기일 이후의 부당이득반환에 대하여도 원고 청구기각의 판결을 하였으니, 이는 민법 제201조 제 1 항, 제197조 제 1 항, 제 2 항에 관한 법리를 오해하여 심리를 다하지 아니한 위법을 저지른 것이라 할 것이다."

3. 이 기회에 한 가지 덧붙인다면, 우리 재판실무는 타인 소유의 물건을 권한 없이 사용함으로 인한 이익을 부당이득으로 반환하여야 하는 경우에 그 요건을, 위 2.에서 본 대법원판결에서도 알 수 있는

바와 같이, 단지 피고가 목적물을 점유하는 것으로써 충분하다는 것처럼 꾸준히 설시하여 왔다.

최근에도 대판 2019. 2. 14, 15다244432(공보 2019, 728)는, 위와 같은 부당이득반환청구를 받아들이는 판결 주문에서 그 종료시점으로 ‘원고의 점유 상실일’을 기재하는 것은 문제가 없지만 그와 선택적으로 ‘원고의 소유권 상실일’을 적는 것은 “바람직하지 않다”고 직권으로 설시하고 있는 것이다(이와 같이 명백히 하급심의 재판실무를 ‘지도’하려는 의도에서 나온 대법원의 직권 판단은 주지하는 대로 매우 드문 일이다).

그러나 타인 물건의 권한 없는 점유만으로는 차임 상당 부당이득의 반환청구는 인정되어서는 안 된다(이에 대하여는 이미 民法注解 [XVII](2005), 277면 이하(양창수 집필)에서 서술한 바 있다).

우선 점유와 사용은 항상 동시에 일어나는 사태가 아니다. 타인의 토지를 무단으로 통행하는 것과 같이 점유 없이 사용할 수도 있고, 또한 타인의 토지 경계를 따라 벽을 둘러놓고 남의 출입을 막는 것과 같이 사용하지 않으면서 점유할 수도 있는 것이다. 후자의 경우를 민법은 예를 들어 목적물의 점유가 그 발생의 요건인 유치권과 관련하여 제324조 제 2 항에서 “유치권자는 채무자의 승낙 없이 유치물의 사용…을 하지 못한다. 그러나 유치물의 보존에 필요한 사용은 그러하지 아니하다”라고 정하여 정면에서 인정하고 있다.

나아가 차임 상당의 부당이득은 사용 또는 수익을 전제로 하여 인정되는 것이고 사용 등이 없이 점유만 하는 경우에는 인정될 수 없다. 위의 부당이득은 타인의 배타적 권리에 속하는 이익 내용을 권한 없이 객관적으로 침해한 경우를 지칭하는 이른바 침해부당이득의 유형에 속한다(이러한 부당이득의 유형론은 이제 확고한 판례에 속한다. 우선 대판 2018. 1. 24, 2017다37324(공보 2018, 489) 참조). 그런데 침해부당이득에서 침해자, 즉 부당이득반환의무자가 타인의 물건을 점유만

하는 경우에 대하여 민법은 주지하는 대로 소유물반환청구권(제213조)으로써 소유자를 보호하고 있으므로, 여기서의 점유를 따로 부당이득의 대상으로 할 필요가 없다(침해부당이득에서 「점유의 부당이득」은 이를 부정하는 것이 독일의 확고한 통설이기도 하다). 점유는 대체로 이른바 급부부당이득의 경우, 예를 들어 매도인이 매수인에게 매매목적물을 인도하였으나 그 계약의 무효·취소·해제·해제조건의 성취 등 효력불발생으로 말미암아 계약의 이행으로 급부한 것을 상대방에게 반환하여야 하는 경우에는 물론 부당이득 반환의 대상이 될 수 있다. 이때 매도인은 여전히 가지는 소유권에 기하여 앞서 본 소유물반환청구권을 가지는 경우가 대부분일 것이다. 그러나 가령 타인 물건의 매매에서와 같이 매도인이 애초 소유자가 아니었던 경우에는 위와 같은 물권적인 소유물반환청구권은 가지지 못하지만, 매수인에 대하여 부당이득으로 원상회복, 즉 계약의 이행이 없었던 상태의 회복을 위하여 목적물의 반환을 —채권적으로— 청구할 수 있는 것이다(임대차 종료의 경우에서와 같이 계약에 기한 채권적 목적물반환청구권도 인정된다).

다행히 재판례에서 권한 없는 '점유'로 인한 차임 상당의 부당이득을 긍정하는 경우는 예외 없이 피고가 원고의 물건을 점유하면서 사용하는 사실관계에 대한 것이기는 하다. 그러나 앞서 본 대로 대법원이 그 반환의무의 종료시점에 대하여 꼼꼼하게 지적을 할 정도라면, 위와 같은 설시에도 역시 세심한 주의를 기울여야 할 것이다.

8. 獨自的인 債務不履行類型으로서의 履行拒絶 再論

―判例의 形成 및 法律效果를 중심으로―

Ⅰ. 머 리 말

1. 필자는 20년 가까이 전에 "獨自的인 債務不履行類型으로서의 履行拒絶"이라는 제목의 논문(이하 '前稿'라고 한다)을 발표한 바 있다.[1] 그 논문은 기본적으로 당시의 통설이 채무불이행의 유형으로 이행지체, 이행불능 및 불완전이행의 셋만을 인정하는 것(이른바 '폐쇄적 3유형론')에 대한 의문에서 출발한 것으로서, 그 논문의 앞머리에서 "本稿는 요컨대 「독일민법학의 압도적인 영향」이라는 것으로써만 설명될 수 있는 「채무불이행의 객관적 유형의 閉鎖的 三分論」을 돌파하고자 하는 의도에서 쓰인 것"이라고 하고 있다.

2. 채무불이행에 관한 우리 법의 기본규정인 민법 제390조는 채무불이행의 객관적 요건에 대하여 "채무자가 채무의 내용에 좇은 이행을 하지 아니한 때"라고 정하고 있다. 이는 채무불이행이 되는 경우를 포괄적·일반적으로 규정한 것으로서, 민법 제750조가 불법행위가 되는 경우를 "고의 또는 과실로 인한 위법행위로 인하여 타인에

1) 梁彰洙, "獨自的인 債務不履行類型으로서의 履行拒絶", 民法學論叢·第二: 郭潤直 博士 古稀紀念論文集(1995), 162면 이하(그 후 同, 民法硏究, 제 4 권(1997), 121면 이하 所載. 이하 후자에 의하여 인용한다).

게 손해를 가한 것"이라고 포괄적·일반적으로 정하는 것과 좋은 짝을 이룬다. 우리 민법의 이러한 태도는 프랑스민법이나 스위스민법 또는 영미법 등과 궤를 같이하는 것이고, 비교법적으로도 긍정적으로 평가되고 있다.[2] 그리고 애초의 민법전에서 불능·지체의 이분체계로 채무불이행을 규정하였다가 민법전 시행 직후에 주장된 바의 이른바 '적극적 계약침해' 법리를 학설 및 판례가 수용함으로써 채무불이행의 3분체계를 수립하여 오랫동안 유지하였던 독일에서도 2002년의 민법 대개정을 통하여 채무불이행에 대하여 우리와 같은 일반조항주의 내지 포괄규정주의로 전환하였던 것이다.[3]

우리 민법이 이와 같이 채무불이행의 객관적 요건에 관하여 "채무의 내용에 좇은 이행을 하지 아니한 때"라는 일반조항주의를 취한다면, 우리는 그 요건을 종전의 통설이 말하는 바와 같은 폐쇄적 3유형에 한정하여 파악할 이유가 없다. 민법이 물론 정면에서 인정하고 있는 채무불이행유형, 즉 法定類型으로서의 이행지체 및 이행불능 등을 포함하여 이를 합목적적으로 다양하게 포착할 수 있는 것이다. 종

2) 그리하여 가령 Zweigert/Kötz, *Einführung in die Rechtsvergleichung*, Bd. 2, 2. Aufl.(1984), 梁彰洙 譯, 比較私法制度論(1991), 344면은, 종전의 독일민법전이 우리 민법과는 달리 "귀책사유 있는 객관적 불능과 주관적 불능, 그리고 지체를 구별함으로써 계약 위반의 태양을 분열시킨 것은 … 그의 불행한 선천적 결함"(점선은 인용자에 의하여 생략한 부분을 가리킨다. 본문을 포함하여 이하 같다)이라고 평가한다.

3) 교과서 차원에서는 우선 Fikentscher/Heinemann, *Schuldrecht*, 10. Aufl.(2006), Rn. 357(S. 183) 참조("이러한 약점들은 입법자로 하여금 채무불이행법의 체계를 재구축하도록 이끌었다. 채권법쇄신법을 통하여 종전의 법에서 인정되는 채무불이행의 3개의 주요유형, 즉 불능, 이행지체 및 불완전이행을 채무불이행이라는 단일한 개념으로 통합하려는 시도가 행하여졌다"). 그리고 그 법개정의 주도자의 한 사람인 카나리스 교수의 글, 특히 Claus-Wilhelm Canaris, Die Reform des Rechts der Leistungsstörungen, in: *JZ* 2001, S. 499 ff.; ders., Einführung in das Schuldrechtsmodernisierungsgesetz, in: Canaris(Hrsg.), *Schuldrechtsreform 2002*(2002), S. Ⅶ ff.(이상의 글은 Canaris, *Gesammelte Schriften*, hrsg. von Jörg Neuner und Hans Christoph Grigoleit, Bd. 3: Privatrecht(2012), S. 451 ff. 및 S. 559 ff.에 각 수록되어 있다) 참조.

전의 통설은 그 3유형 중 '불완전이행'을 "이행지체·이행불능 이외의 모든 채무불이행"이라고 정의하나 그 외에 이를 다른 유형과 구분하는 적극적 징표나 공통된 법률효과 등에 대하여는 별다른 설명이 없다. 이 점이야말로 이른바 폐쇄적 3유형론의 理論的 不毛性을 웅변으로 증명하는 것이다.

민법 제390조와 같은 일반조항은, 신의칙에 관한 민법 제 2 조나 반사회질서의 법률행위에 관한 민법 제103조 등에서와 마찬가지로, 다양한 채무불이행의 모습에 일정한 질서를 부여하고 공통된 점이 있는 사안들을 포괄하여 그에 공통된 법리를 수립할 수 있는 類型化의 작업을 통하여 이를 보다 구체적으로 파악할 수 있다. 그리고 그러한 유형으로 종전에 별로 주목되지 아니한 것이 바로 이행거절이라고 생각된다.[4]

3. 이러한 생각을 바탕에 두고 前稿는 이행거절이 이행지체나 이행불능 등 종전의 유형에 포괄되지 아니하는 독자적인 채무불이행 유형으로서 인정되어야 하고, 실제로 외국의 입법례는 물론이고 우리 판례도 읽기에 따라서는 이를 인정한다고 할 수 있으며 민법의 법문에도 그 단서가 될 만한 것을 찾을 수 있다는 주장을 펼쳤었다.

그와 같은 논지는 뒤의 Ⅱ.에서 보는 대로 우리의 재판실무에서 받아들여졌다. 그리하여 '이행거절'은 이제 독자적인 채무불이행유형으로 인정되고 있고, 그에 관한 재판례는 상당수에 이른다.

그런데 전고는 앞서 말한 대로 이행거절의 법리를 주로 폐쇄적 3유형론 또는 폐쇄적 3분론을 '돌파'하는 것을 주안으로 하여 수립하려고 한 것이다. 그리하여 특히 그 법률효과에 대하여는 간략하게 의견을 제시하는 데 그쳤다.

---

4) 필자의 채무불이행 유형론 일반에 대하여는 우선 郭潤直 편집대표, 民法注解 [IX](1995), 221면 내지 229면(梁彰洙 집필) 참조.

本稿는 전고를 보완하려는 의도에서 쓰여진 것이다. 우선 전고 이후에 나온 재판례를 살펴본 후 그 의미를 확인·평가하고(Ⅱ), 나아가 2002년 독일민법에서 채무불이행법이 근본적으로 개정되었는데 거기서 이행거절이 정면에서 규정되기에 이르렀음을 살피고(Ⅲ), 이어서 이행거절의 법률효과에 대하여 종전에 상대적으로 덜 주목되었던 전보배상청구권을 중심으로 보다 상세하게 논의하기로 한다(Ⅳ). 그리고 끝으로 이상을 통하여 우리 민법학의 어떠한 양상에 대한 감상을 결론 삼아 덧붙이기로 한다(Ⅴ).

Ⅱ. 履行拒絶에 관한 近來의 裁判例 概觀

1. 出發點이 되는 裁判例 — 대판 1993. 6. 25, 93다11821

(1) 우선 이행거절에 관한 판례 또는 재판례[5]를 고찰함에 있어서는 전고에서도 언급한 대판 1993. 6. 25, 93다11821(집 41-2, 138)을 살펴보지 않을 수 없다. 이 판결은 채무자의 이행기 전 이행거절에

---

5) 필자는 우리나라에서 '판례'라는 말이 지나치게 광범위한 의미를 가지는 것으로 쓰이고 있다고 생각한다. 여러 법률에서 채택되고 있는 '대법원판례'(「상고심절차에 관한 특례법」 제 4 조 제 1 항 제 3 호, 소액사건심판법 제 3 조 제 2 호 등)라는 말이 모든 법해석이 그렇듯이 엄밀한 定義로부터 출발하여 해석되어야 하는 것은 물론이다. 그러나 일반적으로 법학교수를 포함하여 법률가들이 '판례'라고 말할 때에도, 그것이 예를 들면 단순히 이와 같은 재판이 행하여진 일이 있다는 것("차도를 무단으로 횡단하던 사람을 자동차로 쳐서 부상케 한 사건에서 피해자의 과실을 인정하여 피고가 배상하여야 할 손해액을 60% 감경한 **판례**가 있다")과 법원이 구체적인 사건에 대한 재판을 통하여 행한 법에 대한 公定의 해석으로서 장래의 재판에 지침이 되는 것(혹은 법원조직법 제 7 조 제 1 항 단서 제 3 호: "대법원이 판시한 헌법·법률·명령 또는 규칙의 해석적용에 관한 의견"이라는 의미의 '판례')이 같은 단어로 지칭되어야 할 것인가? 필자는 전에 '판례'는 후자만을 가리키고(또는 이를 '선례'라는 말로 부르고), 전자와 같은 경우는 '재판례'라고 할 것을 제안한 바 있다. 梁彰洙, 民法入門, 제 6 판(2015), 154면 이하 참조.

대한 것으로서, 이를 이유로 채권자가 **이행기 도래 전이라도** 계약을 해제할 수 있다는 태도를 취하는 것이다. 비록 '이행거절'이라는 용어를 명백하게 채택하는 것은 아니라고 하더라도("뚝배기보다 장맛이지!") 이행거절에 관한 판례의 전개에 있어서 그야말로 획기적인 것이다.[6)][7)]

1991년 7월 7일 원고와 피고가 피고 소유의 부동산을 1억8천만원에 매매하는 계약을 체결하고 당일 계약금 2천만원을 수수하였다. 그 후 매수인(원고)이 중도금지급기일인 같은 달 30일에 매도인(피고들)을 만나 중도금 8천만원을 제공하였으나 매도인이 토지거래허가를 받아야 한다는 등의 이유를 내세워 그 수령을 거절하고 그 후에도 한 차례 수령을 거부하자, 매수인이 다음달 3일 내용증명우편으로 위 매매계약을 해제하는 의사표시를 하였다. 그런데 이는 매도인의 소유권이전등기 소요 서류 교부 및 그와 상환으로 하는 매수인의 잔대금 지급의 기일로 정하여진 동년 8월 25일이 되기 전이었던 것이다. 이 사건에서 원고는 아마도 —위약금과 함께— 이미 지급한 계약금의 반환을 청구한 것으로 추측되는데, 주된 쟁점은 위의 해제가 적법한가 하는 것이었다. 결국 대법원은 원심판결과 마찬가지로 그 해제를 적법한 것으로 판단하였다. 그 이유는 다음과 같다.

> "권리의 행사와 의무의 이행은 신의에 좇아 성실히 하여야 하는 바, 민법은 채권자가 목적물의 수령을 지체하는 경우 채무자가 이를

6) 이 판결이 『대법원판례집』에 수록된 것도 심상하게 볼 것이 아니라고 생각된다. 주지하는 대로 『대법원판례집』에 수록될 재판을 선정하기 위하여 대법원에 대법원장이 위원장이고 대법관 전원이 위원에 포함되는 '판례심사위원회'를 두고 있다. 그러므로 비록 그 실제의 편집을 그 위원회에 소속되어 있는 조사위원들이 담당한다고 하더라도(판례심사위원회규칙 제4조의3 참조) 여기에 수록된 재판은 적어도 대법관들 자신의 의식에서는 다른 재판들보다 더욱 중요한 것이라고 일단 말할 수 있다.

7) 그 전에 이미 대판 1976.11.9, 76다2218(집 24-3, 316)이 중요하다. 이 판결에 대하여는 前稿, 133면 이하 참조.

공탁하거나 자조매각할 수 있는 제도를 마련하고 있지만(제487조, 제490조 참조), 이는 채무자가 계약내용을 유지하려고 할 때에만 사용할 수 있을 뿐이어서 이 제도들만으로는 채무자의 보호에 불충실하므로, 채권자에게 계약을 이행할 의사가 전혀 없고 채무자로서도 그 계약관계에서 완전히 벗어나기를 원한다면 특별한 사정이 없는 한 채무자의 이러한 의사를 존중함이 신의성실의 원칙에 비추어 타당하다고 할 것이다.

돌이켜 이 사건을 보면 원심이 인정한 대로 피고들은 중도금의 수령을 거절한 데다가 이 사건 매매계약을 이행할 의사가 없음이 분명한데, 만약 원고가 피고들의 중도금 수령거절과 계약이행의 의사가 없음을 이유로 이 사건 매매계약을 해제할 수 없다고 해석한다면, 원고로서는 중도금을 공탁한 후 잔대금 지급기일까지 기다렸다가 잔대금의 이행제공을 하고 피고들이 자기들 의무인 소유권이전등기의무의 이행제공을 하지 아니한 때에야 비로소 위 계약을 해제할 수 있다는 결론에 이르게 되는바, **어차피 피고들이 위 소유권이전등기의무의 이행을 제공하지 아니할 것이 분명한 이 사건에서, 원고에게 위와 같은 방법을 취하라고 요구하는 것은 불필요한 절차를 밟고 또 다른 손해를 입도록 강요하는 게 되어 오히려 신의성실에 어긋나는 결과를 초래할 뿐이라고 여겨지므로** 원심이 원고로서도 위와 같은 사유를 내세워 이 사건 매매계약을 해제할 수 있다고 판단하였음은 옳고 거기에 소론과 같이 채증법칙 위배, 이유 모순, 계약해제에 관한 법리오해의 위법이 있다고 할 수 없"다는 것이다.(고딕체는 인용자에 의한 강조이다. 각주를 포함하여 이하 같다)

위의 판결이 이행거절이라는 것을 하나의 채무불이행유형으로 정면에서 의식하고 있었는지에는 의문이 있다. 그리하여 그 법리를 '신의성실의 원칙'으로부터 정당화하고 있다. 그러나 이는 법관이 자신의 판단을 뒷받침하는 법규칙(rule)을 쉽사리 발견할 수 없을 경우에 법원칙(principle)을 근거로 제시함으로써 그럼에도 불구하고 그것이 여전히 '법에 의한 판단'임을 제시하는 흔히 보는 法的 論證의 한 모습에 불과하다고 할 것이다.[8] 만일 일반적인 법추론의 방식대로 가령 교과서 등의 문헌이나 재판례에서 질서 있게 설명되는 등으로 오히려 이행거절의 법리가 보다 객관적인 모습으로 先在하고 있었다면 그 법리는 오히려 위 판결에 의하여 공인되었다고 할 수 있을 것이다. 요컨대 위 판결 이전에는 이행거절의 법리라는 것이 학설 또는 판례 등에 의하여 그러한 방식으로 의식되지 않고 있었다는 것뿐이므로, 위의 판결은 그야말로 이행거절의 법리를 선언한 것이라고 해도 좋을 것이다.[9]

(2) 그 후 한동안 채무불이행으로서의 이행거절에 관한 재판례는 보이지 않는다. 이와 관련하여서는 토지거래허가를 받아야 하여서 이른바 유동적 무효상태에 있는 토지거래계약에서 당사자 일방이 토지거래허가절차의 이행에의 협력을 명시적으로 거부하는 경우에 과연 그 계약이 확정적으로 무효가 되는지에 관한 일련의 재판례를 찾을 수 있을 뿐이다.[10]

한편 이미 대판 1980. 3. 25, 80다66(집 28-1, 194) 이래 대판 1991.

---

8) 이에 대하여는 우선 Chaïm Perelman, *Logique juridique*, 2e éd.(1979), n. 40 (p. 75 et suiv.) 참조. 다른 한편 일반조항으로서의 신의칙과 관련하여 '신의칙의 내용을 확정한다는 형태로 행하여지는 새로운 법의 형성'에 대하여 간단히 다룬 것으로서 우선 郭潤直 편집대표, 民法注解[Ⅰ](1992), 102면 이하(梁彰洙 집필) 참조.

9) 이상에 대하여는 前稿, 136면 이하에서 이미 살핀 바 있다.

10) 대판 1993. 6. 22, 91다21435(공보 2091) 및 대판 1995. 6. 9, 95다2487(공보 2381) 등은 "유동적 무효상태 아래서 **당사자 일방**이 허가신청협력의무의 이행거절의사를 명백히 표시한 경우에는 허가 전 거래계약관계 즉 계약의 유동적 무효상태가 더 이상 지속한다고 볼 수는 없고 그 계약관계는 확정적으로 무효라고 인정되는 상태에 이르렀다"고 판시한다. 한편 대판 1995. 12. 12, 95다28236(공보 1996, 368) 및 대판 1998. 3. 27, 97다36996(공보 1180) 등은 "어느 일방이 허가신청 협력의무의 이행거절 의사를 분명히 하였다 하더라도 그 상대방은 소로써 허가신청절차에 협력해 줄 것을 청구할 수 있음은 당연하다 할 것이고, 다만 **당사자 쌍방**이 허가신청을 하지 아니하기로 의사표시를 명백히 한 경우에는 유동적 무효 상태의 계약은 확정적으로 무효가 되는 것"이라고 한다.

3. 27, 90다8374(공보 1256)를 거쳐 대판 1997. 11. 28, 97다30257(공보 1998, 74)[11] 등에 이르기까지 "계약당사자의 일방은 상대방이 채무를 이행하지 아니할 의사를 미리 표시한 경우에는, 최고 없이 그 계약을 해제할 수 있는 것이고, 이런 경우 그 계약이 이 건과 같이 쌍무계약이라고 하더라도 위 당사자의 일방은 자기의 채무의 이행의 제공 없이 적법하게 그 계약을 해제할 수 있다"는 판시는 거듭되고 있다. 그런데 여기서 계약해제권을 발생시키는 채무불이행이 어떠한 유형의 것인지는 명확하지 아니하다.

그런데 대판 1981. 11. 24, 81다633(공보 672, 70)이 "쌍무계약의 당사자 일방이 자기 채무의 이행제공을 하여도 상대방이 그 채무를 이행하지 않을 의사를 명백히 한 경우에는 그 일방은 자기 채무의 이행제공 없이도 **상대방의 이행지체를 이유로 하여** 계약을 해제할 수 있다고 해석함이 상당"하다고 설시하는 것을 보면,[12] 이행기의 도래 및 채무자의 이행지체가 있은 후에 채무자가 채권자의 이행제공이 있어도 자신의 채무를 이행하지 아니할 의사를 밝힌 사안인 것으로 추측된다. 그렇다고 하면 과연 위의 재판례들은 종국적으로는 이행지체를 이유로 한다고 할 것이 아닌가 억측하게 되고, 이행거절을 독자적인 채무불이행유형으로 인정하였는지는 의문이라고 하지 않을 수 없다.[13]

이러한 의문은 그 후의 대판 1991. 11. 26, 91다23103(공보 1992, 286)이 "동시이행관계에 있는 쌍무계약에 있어서 상대방이 채무를 이

11) 이 대법원판결에 대하여는 뒤의 2. (4)에서 자세히 살피기로 한다.

12) 대판 1984. 7. 24, 82다340(공보 1429)에서도 마찬가지이다.

13) 뒤에서 보는 이주원(주 16), 328면도 다수의 재판례를 인용하면서 "'쌍무계약에 있어서 당사자 일방이 미리 그 채무를 이행하지 아니할 의사를 명백히 표시한 경우에는 상대방은 그 이행최고나 자기 채무의 이행제공 없이도 계약을 해제할 수 있다'는 것이 확립된 판례인바, 이러한 판례들은 **이행기 경과 후에** 채무자가 이행거절의 의사를 밝힌 사례들이기 때문에 직접적으로 이행거절을 채무불이행의 유형으로 파악한 것이라고 단정하기는 어렵"다고 한다.

행하지 않음을 이유로 계약을 해제하려면 … 자기 채무의 이행을 제공하여 상대방을 지체에 빠지게 하여야 하고, 다만 당사자 일방이 자기 채무의 이행을 제공하여도 상대방이 그 채무를 이행하지 않을 의사를 미리 표시한 경우에는 최고나 자기 채무의 이행의 제공이 없이도 **상대방의 이행지체를 이유로** 계약을 해제할 수 있다"(점선은 인용자가 생략한 부분을 가리킨다. 이하 같다)고 설시하고, 또한 대판 1992. 9. 14, 92다9463(공보 2872)이 "쌍무계약인 부동산매매계약에 있어 매수인이 **이행기일을 도과한 후에** 이르러 매도인에 대하여 계약상 의무 없는 과다한 채무의 이행을 요구하고 있는 경우에는 매도인으로서는 매수인이 미리 자신의 채무를 이행할 의사가 없음을 표시한 것으로 보고 자기 채무의 이행제공이나 최고 없이도 계약을 해제할 수 있다"고 설시하는 것에 의하여서도 뒷받침된다고 할 것이다.[14)]

그리고 이는 『대법원판례집』에 실린 대법원판결로서 그 후에 나온 대판 1995. 4. 28, 94다16083(집 43-1, 232)이 "쌍무계약에서 당사자 일방이 그 채무를 이행하지 아니할 의사를 명백히 표시한 경우에 있어서 계약해제 주장에 필요한 주요사실은 **상대방이 이행지체한 사실**, 채무자가 미리 이행하지 아니할 의사를 명백히 표시한 사실 및 계약해제의 의사를 표시한 사실이라고 할 것"이라고 전제하고 있는 데서 명백하게 확인된다.[15)] 다시 말하면 그때까지만 해도 이행지체와 결부되지 아니하고 그 자체로서 해제를 포함한 채무불이행책임을 발생시

14) 대판 1992. 11. 27, 92다23209(공보 1993, 253)도 참조.

15) 나아가 위 판결은, 그러므로 "당사자가 계약의 해제를 주장하면서 상당한 기간을 정하여 계약이행을 최고하였으나 그 기간 내에 채무를 불이행하였다고만 주장하는 경우에 당사자가 주장하지도 아니한 채무자가 미리 이행하지 아니할 의사를 명백히 표시하였다는 사실을 인정하여 계약해제가 적법하다고 판단하는 것은 변론주의에 위배된다고 할 것이나, 당사자의 이러한 주장은 직접적으로 명백히 한 경우뿐만 아니라 당사자의 변론을 전체적으로 관찰하여 간접적으로 주장한 것으로 볼 수 있는 경우에도 주장이 있는 것으로 보아 적법한 계약해제가 있었다고 판단하여도 무방하다"고 덧붙이고 있다.

키는 요건으로서의 '이행거절'이란 관념되지 아니하였다고 할 것이기 때문이다.

2. 獨自的 債務不履行類型으로서의 履行拒絶에 관한 判例法理의 定立 — 대판 2005. 8. 19, 2004다53173

결국 판례가 이행거절을 독자적인 채무불이행유형으로 인정하고 명시적으로 그에 고유한 법률효과를 부여하는 데에는 느지막하게 대판 2005. 8. 19, 2004다53173(공보 하, 1498)을 기다리지 않으면 안 되었다.[16]

(1) 위 판결은 다음과 같은 사안에 대한 것이다.

원고는 처와의 이혼에 대비하여 처의 재산분할 등 청구를 회피하고자 원고 소유의 이 사건 토지에 관하여 피고 앞으로 실제의 채무 없이 명목상의 근저당권설정등기를 경료하였다. 그런데 피고는 자신의 채권자인 갑에게 위 근저당권에 관하여 채권양도를 원인으로 근저당권 이전의 부기등기를 경료하였고, 그 후 갑의 임의경매신청으로 개시된 이 사건 토지에 대한 임의경매절차에서 을이 이를 경락받아 대금을 완납하였다.

원고는 이와 같이 하여 이 사건 토지에 대한 소유권을 상실하게 되자 피고에게 그 책임을 추궁하였다. 이에 피고는 원고와의 금전거래과정에서 아직 변제받지 못한 돈이 남았다고 주장하고 나와서 서로 옥신각신하다가, 결국 2002년 11월에 이르러 원고에게 위와 같은 사실을 인정하면서 "2006년까지 이 사건 토지를 매입하여 원고에게

16) 이 판결에 대한 재판연구관의 판례해설로는 이주원, "이행기 전의 이행거절과 채무불이행", 대법원판례해설 제57호(2006), 318면 이하 참조. 이 글은 재판에 종사하는 실무가들의 종전 관련 재판례에 대한 이해를 엿볼 수 있다는 점에서도 흥미롭다. 위 판결에 대하여는 또한 양창수, "2006년 민사판례 관견", 서울대학교 법학 제47권 1호(2006. 6), 297면 이하(그 후 동, 민법연구, 제 9 권(2007), 283면 이하 소재. 이 판결에 대하여는 특히 동소 317면 이하) 참조.

소유권이전등기해 준다"는 내용의 각서를 교부하였다.

그러나 그 후 피고는 위 각서가 원고의 강요에 의하여 작성된 것이어서 무효이고 이 사건 토지에 관한 피고 명의의 근저당권은 원고에 대한 실재의 채권을 담보하기 위한 것이라고 주장하였다. 그리고 2003년 2월에는 자신의 유일한 재산인 다른 부동산에 관하여 시누이 앞으로 근저당권을 설정하여 주고, 나아가 2004년 3월 이후에 그 부동산을 제 3 자에게 매도하고 소유권이전등기를 해 주었다.

원고는 이 사건에서 이 사건 토지가 제 3 자에게 경락된 것으로 인한 손해배상 또는 위 각서상의 소유권이전등기의무에 관한 채무불이행을 이유로 하는 손해배상을 청구하였다.

원심판결은, 위 각서의 교부로써 원고와 피고는 더 이상 이 사건 토지가 제 3 자에게 경락된 것으로 인한 손해배상을 문제삼지 않고 그 대신 피고가 원고에 대하여 2006년까지 위 토지를 매수하여 소유권이전등기를 경료해 줄 의무를 새로이 부담하기로 합의한 것이고, 따라서 원고로서는 피고에게 위 각서에 기한 소유권이전등기의무의 이행청구 내지 그 의무의 불이행에 따른 손해배상청구를 할 수 있을 뿐이지, 이 사건 토지가 제 3 자에게 경락된 것에 대한 시가 상당의 손해배상청구를 할 수는 없다고 판단하였다. 이 판단은 대법원판결에서도 긍정되었다.

나아가 원심법원은 위 각서상의 의무에 기한 손해배상청구에 대하여, "피고가 원심 소송 계속 중에 그 소유의 부동산을 제 3 자에게 매도하여 소유권을 이전해 준 사실 및 피고가 위 각서의 작성이 강요에 의한 것이거나 원고에 대하여 실질적인 채권이 있다는 취지로 원고의 청구를 다투었다는 사정만으로 이행기인 2006년에 이르러서도 원고에게 소유권이전등기의무를 이행할 의사가 없음을 명백히 하였다고 보기 어렵고 달리 이를 인정할 증거가 없다"고 판단하여, 원고의 손해배상청구를 배척하였다. 그러나 대법원은 이 판단에 관하여는 원심판결을 파기하고, 사건을 원심법원에 환송하였다.

(2) 대법원은 우선 다음과 같은 추상적 설시를 하고 있다.

> "계약상 채무자가 계약을 이행하지 아니할 의사를 명백히 표시한 경우에 채권자는 신의성실의 원칙상 이행기 전이라도 이행의 최고 없이 **채무자의 이행거절을 이유로** 계약을 해제하거나 채무자를 상대로 손해배상을 청구할 수 있다."

그리고 "채무자가 계약을 이행하지 아니할 의사를 명백히 표시하였는지 여부는 계약 이행에 관한 당사자의 행동과 계약 전후의 구체적인 사정 등을 종합적으로 살펴서 판단하여야" 하는데, 구체적으로 이 사건에서 인정되는 피고의 행태에 비추어 보면, "이 사건 각서상의 채무를 이행할 의사가 없음을 명백하고도 종국적으로 밝혔다고 봄이 상당하므로, 원고는 그 이행기 전이라도 피고를 상대로 채무불이행을 원인으로 한 손해배상청구를 할 수 있다"는 것이다.

(3) 이 판결의 사안에서 문제된 각서상의 채무는 '2006년까지' 이 사건 토지에 관하여 소유권이전등기를 원고 앞으로 경료한다는 것이다. 그러므로 위 대법원판결 당시에도 아직 그 채무의 이행기가 도래하였다고 할 수 없음은 물론이다. 그러나 채무자가 그 전에라도 계약을 이행하지 아니할 의사를 명백히 표시한 경우에는 채무자의 '이행거절'을 이유로 채무자를 상대로 손해배상을 청구할 수 있다는 것이다. 특히 그것이 '이행거절'에 해당함을 명확하게 지적하고, 또 바로 그것을 이유로 해서 해제는 물론이고 손해배상을 청구할 수 있다(주지하는 대로 이상의 둘이 채무불이행에 대한 일반적 구제수단이다)는 취지를, 더욱이나 이행기 전의 이행거절에 대하여 명시적으로 밝힌 대법원 판단은 필자가 아는 한도에서는 이것이 처음이 아닌가 한다.[17] 그리고 이는 앞의 1. (2)에서 본 대로 종전의 재판례들이 "이행

지체를 이유로 하여" 운운하여 온 것과는 현저한 대조를 이룬다.

그리고 손해배상청구를 부인한 원심판결을 이러한 법리를 적용하여 파기하고 사건을 환송함으로써 이제 판례상으로도 이행거절의 법리는 확립되었다고 해도 좋을 것이다. 그러한 의미에서 이 판결은 매우 중요한 의미가 있음은 명백하다. 다만 위와 같은 법리는 앞에서 본 대로 민법 제390조의 해석으로부터 얼마든지 도출될 수 있는 것이며, 이를 인정하기 위하여 앞의 1. (1)에서 본 대판 1993. 6. 25.에서와 같이 '신의성실의 원칙'을 끌어들일 필요는 없다고 할 것이다.

(4) 위 대법원판결이 여기서 앞서 본 대판 1993. 6. 25.을 인용하는 것은 당연하다고 하겠다.

그 외에 위 판결은 대판 1997. 11. 28, 97다30257(공보 1998상, 74)을 인용한다. 그러나 앞의 1. (2)에서 본 대로 이 대법원판결은 재판실무가 종전부터 설시하여 왔던 바의 "계약당사자의 일방은 상대방이 채무를 이행하지 아니할 의사를 미리 표시한 경우에는, 최고 없이 그 계약을 해제할 수 있는 것이고, 이런 경우 그 계약이 이 건과 같이 쌍무계약이라고 하더라도 위 당사자의 일방은 자기의 채무의 이행의 제공 없이 적법하게 그 계약을 해제할 수 있다"는 법리를 그대로 반복하고 있는 데 그친다. 또한 그 사안도, 비록 채무자인 원고 측의 반계약적 행태, 즉 피고측의 대출금채무를 대신 상환할 의무를 이행하지 아니하였고 나아가 피고측으로부터 계약목적물을 임차한 사람과의 임대차관계 승계를 부인하는 등의 행태가 잔대금지급기일인 1995년 2월 28일이 도래하기 전에 있었기는 하였지만, 채권자인 피고측이 원고측에 대하여 "[원고측이 부담하는] 잔대금지급채무를 그 이행기일까지 이행할 것을 촉구하면서 원고측이 그때까지 이를 이행하지 않을 경우 이 사건 매매계약을 해제하겠다"(꺾음괄호 안은 인용자

17) 이주원(전주), 330면도 같은 취지를 밝힌다.

가 가한 것이다. 이하 같다)는 내용증명우편을 보내고, 또한 원고 측이 잔대금을 기일에 지급하지 아니하자 피고측이 그 후 계약 해제의 의사표시가 담긴 내용증명우편을 보낸 것으로서, 대법원이 정면에서 수긍한 원심판결에 의하면 위 매매계약은 잔대금지급기일이 지난 1995년 3월 8일 무렵 적법하게 해제되었다고 한 것이다. 그렇게 보면 위의 대판 1997.11.28.은 위 대판 2005.8.19.이 채무불이행의 법리 일반의 차원에서 개척한 새로운 지평과는 큰 연관이 없다고 보아야 할 것이다.

3. 履行拒絶에 관한 近者의 裁判例

그 이후 대법원의 재판례에서 위 2.의 (2) 및 (3)에서 본 바의 "이행거절을 이유로 하여 계약해제 또는 손해배상청구를 할 수 있다"는 판시(이하 '이행거절 판시'라고 부르기로 한다)는 쉽사리 찾아볼 수 있게 되었다.

(1) 우선 대판 2007.9.20, 2005다63337(공보 하, 1626)을 들 수 있다.

(가) 이 판결은 이행거절 판시를 그대로 반복하여 그것이 대판 2005.8.19.에서 우발적으로 설시된 것에 그치는 것이 아니고 확고한 판례법리로 자리하는 것임을 확인하여 준다. 그리고 그에 바로 이어서 다음과 같이 적지 않은 의미가 있는 판시를 한다.

> "한편 이행지체에 의한 전보배상에 있어서의 손해액 산정은 본래의 의무이행을 최고하였던 상당한 기간이 경과한 당시의 시가를 표준으로 하고, 이행불능으로 인한 전보배상액은 이행불능 당시의 시가 상당액을 표준으로 해야 할 것인바(대법원 1990.12.7. 선고, 90다5672 판결; 대법원 1997.12.26. 선고, 97다24542 판결 등 참조), 채무자의 이행거절로 인한 채무불이행에서의 손해액 산정은, 채무자가 이

행거절의 의사를 명백히 표시하여 최고 없이 계약의 해제나 손해배상을 청구할 수 있는 경우에는, 이행거절 당시의 급부목적물의 시가를 표준으로 해야 할 것이다."

여기서 이행거절은 이행지체나 이행불능 등의 유형과 어깨를 나란히 하는 채무불이행유형으로서 그의 독자적 의미를 당연한 전제로 하여 이행지체 및 이행불능과 전적으로 동등한 지위에서 그로 인한 '손해액의 산정'이 논하여지고 있는 것이다. 그리고 그 손해액은 이행불능에 있어서와 마찬가지로 급부목적물의 시가를 기준으로 산정되고, 그 산정의 기준시는 역시 이행불능에 있어서와 같이 이행거절 당시라고 한다.

(나) 이 사건에서 피고 회사는 가죽 구두나 가방을 제조·판매하는 기업인데, 그에 관하여 상품권을 발행하여 왔다. 그런데 피고 회사의 어느 백화점 지점장이 직접 또는 상품권유통업체를 통하여 원고들을 비롯한 상품권 도소매업자들에게 정상가보다 약 10% 할인한 가격에 피고 회사의 상품권을 판매하였다. 그 후 원고들은 피고 회사에 상품권을 제시하면서 상품권 기재대로의 물품의 제공을 요구하였으나 피고 회사는 그 상품권이 도난된 것이라는 이유로 그 제공을 확정적으로 거부하였다. 원심[18]은 다음과 같이 판단하고 원고의 청구를 인용하였다.[19]

"위 인정사실에 의하면, 피고는 이 사건 상품권의 발행인으로서 그 소지인이 피고에게 상품권을 제시하며 상품권에 기재된 내용에 따라 피고 제품의 공급을 요구할 경우 그 소지인에게 그 액면금 상당의 제품을 공급할 의무가 있다고 할 것인데, 피고가 이 사건 상품권을 구입한 실수요자들로부터 상품권을 제시받고도 그 의무 이행을

18) 대구고법판결 2005. 9. 15, 2005다7719(법고을 검색).

19) 그 외에 원심은 원고들이 이 사건 상품권을 중대한 과실로 취득하였다는 피고의 주장을 배척하였다.

거절하였으므로, 이 사건 상품권의 최종 소지인인 원고들은 발행인인 피고에 대하여 제품제공의무에 대한 이행의 최고 없이 곧바로 그 이행에 갈음한 손해배상을 청구할 수 있다고 할 것이고, 한편 피고가 위 의무를 이행하지 아니함으로써 그 소지인인 원고들이 입은 손해는 통상의 경우 이 사건 상품권의 액면금 상당이므로, 피고는 특별한 사정이 없는 한 원고들에게 위 의무의 이행에 갈음한 손해배상으로 그 각 액면 합계 금액을 지급할 의무가 있다."[20]

즉 원심은 피고 회사의 이행지체 등을 따로 인정하지 아니하고 곧바로 이행거절에 기하여 상품권의 액면 상당액, 즉 전보배상의 배상을 명하였던 것이다. 그리고 피고 회사가 상고한 데 대하여 대법원은 위의 (가)에서 본 바와 같이 판단하여 상고를 기각하였다.

(2) 그리고 공간되지 아니한 대판 2008. 5. 15, 2007다37721(법고을)은 앞의 (1)에서 본 대판 2007. 9. 20.와는 달리 이행거절 판시를 포함하고 있지 않으나, 앞의 (1) (가)에서 본 —이행지체 · 이행불능에서의 각 전보배상액 산정에 관한 법리와 아울러— 이행거절에서의 손해배상액 산정에 관한 앞서 본 대법원판결의 설시를 그대로 반복한 것에 바로 이어서 다음과 같이 덧붙이고 있다.

"한편 반환의무 이행거절의 목적물이 외화표시채권인 신주인수권부 사채인 경우에는 그에 관한 객관적 교환가치가 적정하게 반영된 정상적인 거래의 실례가 있는 때에는 그 거래가격을 시가로 보아 그 사채의 가액을 평가하여야 할 것이다."

이 사건 상고심에서는 피고 회사가 배상하여야 할 손해액의 산정만이 다투어졌고 결국 피고의 손익상계 관련 상고이유가 받아들여져서 원심판결을 파기하였다. 그러나 뒤집어 생각하면 이제 이행거절

---

20) 나아가 위 대법원판결은 지연손해금에 대한 판단을 포함하는 듯하나, 이에 대하여는 뒤의 Ⅳ. 3. (5)에서 보기로 한다.

로 인한 전보배상청구권의 인정은 별도의 설시가 필요 없을 만큼 법의 세계에서 시민권을 얻었다고 해도 좋을 것이다.

(3) 또한 우리는 대판 2009. 3. 12, 2008다29635(법고을)도 주목하지 않을 수 없다.

(가) 이 사건에서 원고는 매매계약이 해제되었음을 주장하여 매수인인 원고가 매도인인 피고에게 이미 지급한 계약금 등의 반환을 청구하고 있다. 원심은 "원고는 이 사건 매매계약에 따른 잔대금지급의무의 이행을 제공한 반면 피고는 이 사건 매매계약에 따른 매도인의 의무를 지체하였다고 할 것이나 원고가 피고의 이행지체 이후 상당한 기간을 정하여 이행을 최고하지 아니하였을 뿐만 아니라 피고가 미리 자신의 채무를 이행할 의사가 없음을 표시하였다고 할 수 없어서 이 사건 매매계약의 해제권이 발생하지 아니하였다"는 이유로 원고가 이 사건 소장에 의하여 한 계약 해제의 의사표시는 효력이 없다고 판단하고, 원고의 청구를 기각하였다. 대법원은 다음과 같은 이유로 원고의 상고를 받아들여 원심판결을 파기하였다.

> "원심이 인정한 사실에 의하면, 피고는 위와 같이 원고가 잔금지급을 제공하였음에도 자신의 의무에 관하여 스스로 이행지체에 빠진 후에 이 사건 계약이 오히려 원고의 귀책사유로 피고에 의하여 해제되었다고 주장하면서 자신이 수령하였던 계약금 상당액을 공탁하였다는 것이다. 그렇다면 다른 특별한 사정이 없는 한 피고는 원고가 이행을 최고하더라도 자신의 의무를 이행하지 아니할 의사를 미리 표시하였다고 할 것이다. 그리고 그러한 경우에 원고는 민법 제544조 단서에 의하여 이행의 최고 없이도 이 사건 매매계약을 해제할 수 있다."

(나) 여기까지는 계약해제권의 발생요건으로 채무불이행 외에 이행의 최고를 원칙적으로 요구하는 것에 대하여 예외를 인정하는 민

법 제544조 단서와 관련한 사실인정의 문제라고 할 수도 있다. 그러나 위에 이어지는 다음의 설시가 주목된다.

> "원심은 위와 같은 사실을 인정하고도 피고가 자신의 채무를 이행할 의사가 없음을 확정적·종국적으로 표시하였다고 하기 어렵다고 판단하여 원고의 계약해제 주장을 배척하였다. 그러나 **이행지체 등과 대등하게 채무불이행의 한 유형으로서 민법 제390조에 기하여 손해배상청구권 등을 발생시키는 요건으로서의 이행거절**(대법원 2005. 8. 19. 선고, 2004다53173 판결 참조)과 이미 이행지체 등에 빠진 채무자에 대하여 이행의 최고 없이 계약 해제권이 발생하기 위한 요건으로서의 '미리 이행하지 아니할 의사를 표시한 경우'를 반드시 동일하게 볼 이유는 없는 것이다."

우선 이 대법원판결은 그때까지 채무불이행의 객관적 요건으로서의 이행거절에 관하여 판례가 도달한 바를 "이행지체 등과 대등하게 채무불이행의 한 유형으로서 민법 제390조에 기하여 손해배상청구권 등을 발생시키는 요건으로서의 이행거절"이라고 요약하고 있다. 이상은 위의 Ⅱ. 이하에서 논의한 바에 비추어서도 의문의 여지가 없다고 하겠다.

(다) 나아가 이 판결은 채무불이행유형으로서의 이행불능과 민법 제544조 단서에서 채권자가 해제권을 가지려면 원칙적으로 요구되는 이행최고가 예외적으로 필요 없다고 하는 "채무자가 미리 이행하지 아니할 의사를 표시한 경우"의 양자를 같은 의미라고 이해하여서는 안 된다고 말하고 있는 것이다.

필자는 이 부분을 다음과 같이 이해하여야 할 것이라고 생각한다. 채무불이행유형으로서의 이행거절이란 定義的으로 말하면 채무자가 채무의 이행이 가능함에도 이를 행할 의사가 없음을 채권자에 대하여 진지하고 종국적으로 표시하여 객관적으로 보아 채권자로 하여금 채무자의 임의의 이행을 더 이상 기대할 수 없게 하는 행태를 말한다.[21] 이는 채권 실현의 가능성이 채무자의 反債務的 의사 속에서 종국적·불가회복적으로 좌절한다는 점에서 그것이 급부실현의 객관적이고 영구적인 장애사유에서 존재하는 이행불능과 다를 뿐이다. 채권자가 뒤에서 보는 대로 이행거절의 법률효과로 무엇보다도 곧바로 전보배상을 청구할 수 있고 또한 최고는 물론이고 반대채무의 이행제공이 없이도 계약을 곧바로 해제할 수 있는 것[22]은 채무자의 행태가 법공동체의 선량한 일원으로서의 채무자에게는 상정될 수 없을 만큼 중대하고 현저하게 법이 요구하는 바에 반하는 것이어서 채권자로 하여금 원래 채무의 이행을 채무자에게 청구하도록 요구하는 것, 따라서 그것을 요구하는 것을 전제로 하는 법적 구제수단만을 채권자에게 부여하는 것이 오히려 가혹하기 때문이다.[23]

그러나 채권자가 법이 정하는 바의 해제권을 취득하기 위하여 이미 가령 이행지체에 빠지는 등으로 채무불이행을 범한 채무자에게 기간을 두어 이행최고를 할 필요가 있는지는 이와 같이 채무불이행 책임 자체를 인정할 것인지와는 차원을 달리하는 문제이다. 이는 계약해제가 계약관계의 성질·내용을 본질적으로 변화시키는 것이니만큼 이를 신중하게 허용할 필요가 있으므로, 이미 채무불이행을 범한 채무자에게도 다시 한 번 기회를 주어 재고를 촉구하는 취지에서 마련된 것이다. 따라서 채무자가 그러한 촉구에도 불구하고 이에 응하지 아니할 태도를 이미 밝혔다면 그와 같이 재고를 촉구하는 것은 의미가 없으므로 이를 요구하지 아니한 것이다.

이와 같이 兩者는 논의의 차원을 달리하는 것이고, 그 법률효과

21) 이미 前稿, 121면 이하 참조.

22) 여기서 해제제도는 쌍무계약에서 비로소 진정한 존재이유를 가진다는 것을 상기할 필요가 있다. 즉 해제는 채권자가 쌍무계약에 기하여 부담하는 자신의 반대채무로부터 해방되는 데 그 실제의 의미를 가지는 것이다.

23) 뒤의 Ⅳ. 3. (4)도 참조.

의 면에서도 중대한 차이가 있으므로, 그 요건 충족 여부를 동일한 기준으로 하여서는 안 됨은 당연한 것이라고 할 것이다.[24]

(라) 이미 대법원은 그 자체 채무불이행에 해당하는 이행거절은 예외적 최고 불요의 요건으로서의 "채무자가 미리 이행하지 아니할 의사를 표시한 경우"에 대하여 상대적으로 보다 신중하게 인정되어야 한다는 태도를 취하고 있다.

(a) 이미 대판 2006. 11. 9, 2004다22971(법고을)은 원심이 이행거절을 이유로 계약해제를 인정한 것을 파기하였다.

이 사건의 사실관계는 쉽사리 파악하기 어렵다.[25] 아마도 원고가 피고에게 주택건설사업권과 건설회사의 주식을 유상으로 양도하기로 하는 계약을 체결하고, 다시 그 계약을 보충·수정하는 1997년 11월 17일자 합의각서를 주고 받은 듯하다. 그런데 피고는 양도잔금을 다 지급하기 전에는 위 건설회사의 대표이사 외에는 임원변경등기를 하지 아니하기로 약정하였음에도, 위 회사 주식의 55%를 양도받은 피고는 양도대금 잔금을 이행하지 아니하고 원고의 그 이행 최고에도 응하지 아니한 채 주주권을 행사하여 임원을 개임하고 임원변경등기를 마쳤다.

원심은 피고가 양도대금 잔금 지급의무를 이행하지 아니하여 원고가 그 이행을 최고하였음에도 위 원래의 계약 및 합의각서에 의한 약정을 위반하여 임원을 마음대로 변경한 것은 피고가 그의 채무를 이행하지 아니할 의사를 명백히 표명한 것에 해당하므로 원고의 이

24) 독일에서 Fikentscher/Heinemann(주 3), Rn. 466(S. 236)도 전보배상청구권의 발생요건으로서의 이행거절에 대하여 "이는 엄격하게 해석되어야 한다. 거절은 채무자의 '최종적 의사(letztes Wort)'이어야 하는 것이다"라고 말하고 있다. Volker Emmerich, *Das Recht der Leistungsstörungen*, 6. Aufl.(2005), § 18 Rn. 42(S. 290)도 같은 뜻을 말한다("엄격한 요건이 부과되어야 한다").

25) 「법고을」에서 원심판결(부산고판 2004. 3. 19, 2002나9240)이 검색되지 아니한다.

사건 소장 부본의 송달로써 양도계약이 적법하게 해제되었다고 판단하였다.

그러나 위의 대법원판결은 우선 "이행지체시의 계약해제와 비교할 때 계약해제의 요건이 매우 완화되어 있으므로, 명시적으로 이행거절의사를 표명하는 경우 이외에 계약 당시나 계약 후의 여러 사정을 종합하여 묵시적 이행거절의사를 인정함에 있어서는 이행거절의사가 명백하고 종국적으로 표시되어야 할 것이다"라는 법리를 내세우고 있다.

나아가 위 판결은 피고가 양도 잔금을 지급하지 아니한다는 명시적인 의사를 표명한 바는 없다는 것을 전제로 한 다음, (i) 양도 잔금의 일부는 지급되었고 또한 나머지를 지급하지 않은 것에는 원고 측에도 그 이유가 있어서 그 不支給을 나머지 잔금 전체를 지급하지 아니할 의사를 묵시적으로 표시한 것으로 해석되지 않는다는 것, (ii) 한편 임원변경등기에 관하여 보면 "그 의무는 이 사건 양도계약의 전체 내용에 비추어 보면 단지 부수적 채무에 불과하여 이러한 부수적 채무를 불이행한 사정만으로 피고가 주된 채무인 양도대금 잔금의 지급의무를 이행하지 아니할 의사를 명백히 표시한 것으로 볼 수 없다"는 것이다.

이 판결의 결론은 타당하다고 여겨진다. 그리고 특히 위 (ii) 부분은 여러 모로 주의해도 좋은 판단이라고 하겠다. 요컨대 계약 해제는 일반적으로 그 계약관계에서의 부수적 채무를 위반한 것만으로는 인정되지 아니한다는 것이 확고한 판례의 태도이다.[26] 그렇다면 뒤에

26) 일찍이 대판 1968. 11. 5, 68다1808(집 16-3, 160)이 "부수적 의무의 불이행으로는 채권자가 계약목적을 달성할 수 없거나 특별한 약정 있는 경우를 제외하고는 해제할 수 없다"고 판시한 이래, 대판 1976. 4. 27, 74다2151(집 24-1, 248); 대판 1992. 6. 23, 92다7795(공보 2256); 대판 1996. 7. 9, 96다14364(공보 하, 2453); 대판 2005. 11. 25, 2005다53705등(공보 2006상, 30) 등 동일한 취지의 재판례는 일일이 열거할 필요가 없을 정도이다.

서 보는 대로 그 법률효과로 무엇보다도 ―전보배상청구권과 아울러 ― 계약해제가 인정되는 이행거절에 있어서도 그 취지는 관철되어야 할 것이다. 물론 진지하고 종국적인 이행거절의사를 묵시적으로 표시하는 것도 인정될 수 있으므로 그 판단에 있어서는 부수적 채무에 관련한 채무자의 反法的 容態도 당연히 고려될 수 있을 것이기는 하나, 그것이 다른 사정들과 합하여서 보면 계약 자체를 해소하는 채권자를 정당화할 정도인가의 판단은 신중하게 행하여지지 않으면 안 될 것이다.

(b) 또한 최근의 대판 2011. 2. 10, 2010다77385(공보 상, 558)도 마찬가지이다.

이 사건에서 원심은 합의해제인지 이행거절을 이유로 한 법정해제인지는 불분명하지만 원고와 피고 사이에 체결된 부동산매매계약의 해제를 인정하였으나, 대법원은 이를 파기하였다.

이 판결도 추상적인 법리라는 관점에서 보면 기본적으로 위 (a)에서 본 판례법리의 연장선 위에 있다. 다만 이 판결은 이행거절의 묵시적 인정에 대하여 "그 거절의사가 **정황상 분명하게** 인정되어야 한다"고 설시하면서 위 대판 2006. 11. 9.를 인용하고 있다.

그리고 구체적으로는 부동산매수인 원고가 매도인 피고로부터 토지와 건물의 소유권을 이전받는 대가로 토지에 설정된 근저당권의 피담보채무 등을 인수하기로 약정하였으나, 피고가 토지에 관하여 동생 명의로 소유권이전등기청구권가등기를 경료한 채 위 약정에 따른 소유권이전등기를 지체하자 원고가 토지에 관한 가압류를 신청하였다. 대법원은 원고와 피고 사이에 약정을 해제하기로 하는 합의가 성립하였다거나 원고에게 계약을 실현할 의사가 없거나 계약을 포기할 의사가 있다고 볼 수 없고, 또한 원고가 가압류신청에 이르기까지의 여러 사정[27)]을 감안하면 가압류신청서를 제출한 사실만으로 갑의 이행거절의사가 명백하고 종국적으로 표시되었다고 할 수 없다고 판단한 것이다.

(4) 한편 대판 2009. 9. 24, 2009다32560(법고을)도 이행거절을 긍정하고 있으나, 판단의 중점은 오히려 불법행위를 긍정하는 데 있다고 여겨지기도 한다.

원고가 피고 회사가 운영하는 學院의 '가맹점사업'에 참여하는 가맹계약을 체결하였는데, 그 후 원·피고 사이에 분쟁이 발생하여 피고가 위 가맹계약 해지의 의사표시를 하였다. 그런데 피고가 그 계약에 적용되는 「가맹사업거래의 공정화에 관한 법률」의 제14조에서 정하는 해지의 선행절차("2월 이상의 유예기간을 두고 3회 이상 해지사유를 기재한 문서로 시정을 요구하는 것")를 밟지 아니하였고 또 그 유예기간 중 가맹계약상 급부의 제공을 거절하는 등의 행태를 보였다.

원심은 "피고가 해지통고 후에도 원고의 주문을 받아들여 배송하였다"는 등의 사실을 인정한 다음 "이 사건 해지통고만으로 피고

27) 위 대법원판결에 의하면, ① 원고는 2006년 7월에 피고의 농협 대출금 4,100만 원을 변제하고 이 사건 토지에 설정된 근저당권과 지상권을 모두 말소하였고, 피고는 같은 달 이 사건 건물의 건축주명의를 원고로 변경해 주었으며, 원고는 2006년 9월 위 건물에 관한 소유권보존등기를 마쳤는데, 피고가 같은 달 갑자기 동생인 피고 1 명의로 이 사건 토지에 관하여 2006. 9. 6.자 매매예약을 원인으로 한 소유권이전등기청구권가등기를 마친 사실, ② 이러한 상황에서 위 약정을 해제하기 위하여는 위 대출금의 반환, 건물의 소유권이전 등의 문제가 논의·결정됨이 순리인데, 원고와 피고 사이에 이에 관하여 아무런 협의가 없었고, 오히려 쌍방은 이 사건 약정의 내용부터 다투고 있는 사실, ③ 원고는 2007년경부터 이 사건 건물을 임대하는 방법 등으로 사용하고 있고, 2008년 10월 이 사건 약정에 기해 이 사건 이전등기소송까지 제기하는 등 위 약정의 존속과 이행을 원하는 것으로 보이는 사실, ④ 원고와 피고가 구두로 이 사건 약정을 체결한 관계로 위 약정의 내용에 관해 다툼의 여지가 있었고, 실제로도 쌍방이 서로 자신에게 유리한 주장을 하고 있는 사실, ⑤ 원고는 피고가 이 사건 가등기를 마친 채 위 약정에 따른 소유권이전등기를 지체하자 2007. 3. 20. 이 사건 토지에 관한 가압류를 신청하였으나, 위 신청서에 자신의 채무이행의 거절의사를 표명한 내용은 포함되어 있지 아니하고, 그 후 본안소송으로 금전지급청구소송이 아닌 소유권이전등기소송을 제기한 사실, ⑥ 원고가 법원에 위 부동산가압류신청서 내지 이 사건 소장을 제출할 무렵까지 피고가 원고의 이행거절을 이유로 해제통지를 하였음을 인정할 아무런 자료도 찾아볼 수 없는 사실 등이 그것이다.

가 이행거절의 의사를 명백히 하였다고 볼 수 없"다고 판단하여 이행거절을 부인하고, 나아가 위 제14조를 거치지 않았어도 그 위반의 정도가 경미하고 원고에게 손해가 발생하였다고도 볼 수 없다고 하여 불법행위책임을 인정하지 않았다.

대법원은 여러 가지 사정을 인정한 다음 "피고의 위법한 계약해지 및 이행거절 등으로 인하여 피고의 귀책사유에 기하여 해지된 것으로 봄이 상당하고, 이와 같이 피고가 위법하게 계약을 해지함과 아울러 채무를 이행하지 아니할 의사를 명백히 표시한 이상 원고가 피고의 이와 같은 이행거절의 채무불이행 내지 위 법률 제14조를 위반한 불법행위를 이유로 손해배상을 청구할 수 있다"고 판단하여 원심판결을 파기하였다.

이 판결은 이행거절의 채무불이행과 불법행위와의 類緣性을 생각하여 보게 하는 점이 없지 않다. 그러나 그 판시상으로는 위 법률 제14조 위반과 관련하여 그 법률효과로서의 불법행위를 긍정하고 있으므로,[28] 함부로 그 의미를 여기서 다루는 문제에 연결시킬 것은 아닐 것이다.

---

28) 위 판결은 이 점에 관하여 "[위 법률 제14조는 강행규정이므로] 가맹본부로서는 위 규정이 정하는 유예기간 중에는 가맹점사업자에게 가맹계약상의 급부제공을 거절할 수 없고, 이에 위반하는 행위는 불법행위가 될 수 있다"고 판단하고 있는 것이다. 그러나 이러한 불법행위 구성은 뒤의 Ⅳ. 3.에서 보는 지연손해금청구와 관련하여서는 중요한 의미를 가질 수 있다. 불법행위로 인한 손해배상청구권에 대한 지연손해금에 있어서는 그것이 불법행위시로부터 기산된다는 것이 확고한 판례의 태도이기 때문이다.

Ⅲ. 독일의 2002년 債權法 大改正과 履行拒絶

1. 들어가기 전에

앞서 말한 대로 前稿를 발표한 것이 1995년으로 이제 20년이 다 되었다. 그 발표 후 무엇보다도 독일민법이 2002년에 크게 개정되었다.[29] 우리 민법이 이른바 폐쇄적 3유형론을 취한 것이 기본적으로 독일민법 또는 독일민법학에 그 연유가 있다고 할 것인데, 개정된 독일민법은 채무불이행에 대한 입법태도를 근본적으로 전환하였으므로, 그 개정 이후 독일에서 이행거절에 대하여 어떠한 태도를 취하는지 궁금하지 않을 수 없다. 이에 대하여는 특히 2005년 이후에 이행거절에 관하여 발표된 우리나라의 문헌자료에서 상세하게 다루어진 바 있으므로[30] 여기서는 간략한 개요만을 보이기로 한다.

---

29) 이미 前稿, 125면 이하에서 밝힌 대로 2002년 개정 전에도 독일의 학설과 판례는 특히 이행기 전 이행거절의 경우에 전보배상청구권과 계약해제권을 인정하였다. 다만 이 유형을 '적극적 채권침해'의 한 경우로 보는가, 아니면 이행지체에 관한 규정으로 처리할 것인지에 대하여는 견해가 대립되었었다. 전자의 예로는 Karl Larenz, *Lehrbuch des Schuldrechts*, Bd. 1, 14. Aufl.(1987), § 24 I Anm. 8(S. 365): "이 경우에는 거절 그 자체가, 그것이 부당하고 유책한 것이라면, 심중한 의무위반이 되므로, 그에 상응하는 제재가 가하여지는 것이 정당하다. … 이 경우는「先取된 契約違反(antizipierter Vertragsbruch)」[즉 이행기 전의 계약위반]이라고 부를 수 있는데, 내 생각으로는 이는 별 문제 없이 적극적 계약침해의 특수한 경우라고 할 수 있다." 한편 후자의 예로는 Dieter Medicus, *Bürgerliches Recht*, 16. Aufl.(1993), Rn. 308(S. 180) 참조. 그러나 Emmerich(주 24), §22 Rn. 7(S. 332)은 "종전부터 적극적 채권침해의 특별히 비중 있는 경우로 다루어져 왔다"고 잘라 말한다. 나아가 Fikentscher/Heinemann(주 3), Rn. 476(S. 241)도 "이행거절 또는 계약부인은 舊法[2002년 대개정 전의 법을 가리킨다] 아래서 통설에 의하면 지체가 아니라 적극적 채권침해의 한 유형으로 다루어졌다"고 한다.

30) 이주원(주 16), 326면 이하; 성승현, "한국민법에서의 이행거절제도와 그 비교법적 고찰", 민사법연구(대한민사법학회) 15집 1호(2007), 39면 이하; 위계찬, "채무불이행의 독자적 유형으로서의 이행거절", 한양법학 24권 1집(2013), 399면 이하 등 참조.

2. 2002년 改正에서의 履行拒絶

2002년 개정 후 독일의 채무불이행법은 제280조[31]를 우리 민법 제390조와 같은 근본규정(Grundnorm)으로 내세우고 이에 다양한 법조항들을 덧붙이고 있다. 그리고 우리의 문제 관심에서 다음과 같은 점이 주의를 끈다.

첫째, 제281조는 "채무자가 이행기가 도래한 급부를 실행하지 아니하거나 채무에 좇아(wie geschuldet) 실행하지 아니한 경우"에 대하여 채권자가 채무자에게 "급부 또는 추완을 위하여 상당한 기간"을 주었음에도 채무자가 이에 좇지 아니한 때에는 전보배상을 청구할 수 있다고 정하는데(제 1 항 제 1 문), 그러한 기간설정이 필요 없는 경우로서 "채무자가 급부를 진지하게 또한 종국적으로 거절한 때(wenn der Schuldner die Leistung ernsthaft und endgültig verweigert)"를 명문으로 정하고 있다(제 2 항 제 1 경우).

둘째, 제286조는 채무자가 지연손해를 배상하여야 하는 '추가적 요건'에 대하여 정하고 있는데,[32] 그것은 "이행기 도래 후 최고를 하였음"에도 이행을 하지 아니하였다는 것이다(제 1 항 제 1 문). 그런데 "채무자가 급부를 진지하게 종국적으로 거절한 때"에는 최고가 요구되지 아니한다(제 2 항 제 3 호).

셋째, 쌍무계약[33]의 불이행을 이유로 하는 해제권의 발생요건에

---

31) 제280조 [의무 위반으로 인한 손해배상] 제 1 항: "채무자가 채권관계상의 의무를 위반하는 경우에는 채권자는 그로 인한 손해의 배상을 청구할 수 있다. 채무자가 그 의무위반에 대하여 책임이 없는 경우에는 그러하지 아니하다." 그리고 제 2 항은 지연배상이 인정되려면 제286조의 추가적 요건이, 제 3 항은 전보배상이 인정되려면 제281조 내지 제283조에서 정하는 추가적 요건이 충족되어야 함을 정한다.

32) 前註 뒷부분 참조.

33) 독일민법은 계약불이행으로 인한 법정해제를 쌍무계약에 관하여서만 규정한다. 본문에서 보는 제323조 등은 채권편 제 3 장("계약상의 채권관계")의 제 2 절("쌍무계약")에 정하여져 있다.

관하여 제323조는 원칙적으로 "급부 또는 추완을 위하여 상당한 기간"을 주는 것을 요구하는데(제 1 항), 역시 "채무자가 급부를 진지하게 종국적으로 거절한 때"에는 그러한 기간설정이 요구되지 아니한다(제 2 항 제 1 호).

넷째, 앞서 본 제323조의 제 4 항은 "해제의 요건이 충족됨이 명백한(offensichtlich) 경우에는 채권자는 급부의 이행기가 도래하기 전이라도 계약을 해제할 수 있다"고 정한다. 여기서 이행기 전에 채무불이행이 확실하게 예견되는 사정에 이행기 전의 이행거절이 포함된다는 데 異論이 없다.[34]

이에 대하여는, 앞의 첫째부터 셋째는 모두 이행기가 도래한 후의 채무불이행에 대한 것으로서 이행기 전의 이행거절에 대하여 — 해제권이 발생하는 것은 앞의 넷째에서 본 대로 제323조 제 4 항에 의하여 의문의 여지가 없다고 하더라도— 전보배상청구권이 인정되지 않았으므로, 이와 같이 단정할 수는 없지 않은가 하는 의문이 들지 모른다. 2002년의 개정에서 이행거절로 인한 전보배상청구권이 명문으로 정하여지지 않았음은 옳은 지적이다. 그러나 그 개정 전에도 그러한 법률효과는 인정되어 왔고, 개정과정에서 그것이 부인되었다는 흔적은 찾을 수 없다. 그리고 개정 후의 해석으로도 이행기 전의 이행거절로 전보배상청구권이 발생한다고 일치하여 해석되고 있다.[35]

따라서 이제 이와 같은 명문의 규정들로써 이행거절(Erfullüngs-verweigerung)[36]이 독자적인 채무불이행 유형으로 독일민법전에 자리

34) 우선 위계찬(주 30), 418면 주 75에 열거된 다수의 독일 문헌 참조.

35) 우선 *MünchKomm*/Ernst, § 281 BGB, Bd. 2: Schuldrecht Allgemeiner Teil, 5. Aufl.(2007), Rn. 62 ff.(S. 871 f.)를 보라. 여기서는 제281조 제 1 항, 제 2 항(앞의 본문 "둘째" 참조)의 '준용'을 법적 근거로 든다. 또한 Emmerich(주 24), § 22 Rn. 13 f.(S. 335 f.)도 동일한 취지로 이행기 전의 이행거절이 전보배상청구권 및 계약해제권의 법률효과를 가진다고 한다.

36) 독일에서는 의미심장하게도 계약관계를 더 이상 지속하지 아니할 뜻의 통고라는 의미로 「契約否認(Vertragsaufsage)」이라는 용어도 '이행거절'과 함께 쓰여

잡게 되었다는 점은 명백하다고 하겠다.[37]

그리고 시야를 넓혀서 살펴보면, 국제물품매매에 관한 국제연합협약(United Nations Convention on Contracts for the International Sale of Goods. 통상 CISG로 약칭된다), UNIDROIT(정식 명칭은 「사법통일국제협회(International Institute for the Unification of Private Law)」이다)의 국제상사계약원칙(Principles of International Commercial Contracts. 통상 PICC로 약칭된다)[38] 등과 같은 私法의 통일을 지향하는 귀중한 작업에서는 물론이고, 유럽계약법원칙(Principles of European Contract Law. 통상 PECL로 약칭된다),[39] 나아가 이른바 유럽민사법 공통참조안(Draft Common Frame of Reference. 통상 DCFR로 약칭된다)[40]과 같이 유럽통

져 왔다. 이와 관련하여서는 앞의 주 29에서 인용한 Fikentscher/Heinemann(주 3), Rn. 476(S. 241)에서의 언명 참조. 또한 영미법에서도 「이행거절」에 해당하는 repudiation이라는 용어는 원래 계약관계의 부인을 의미한다.

37) 무엇보다도 2002년 채권법 개정의 주역 중 한 사람인 카나리스 교수의 다음과 같은 언명(Canaris(주 3. Die Reform), S. 512) 참조: "[개정된 독일 민법의 채무불이행 관련 규정들에서는] 다양한 기본유형(unterschiedliche Grundtypen)이 선명하게 부각된다: 지체, 불이행, 이행거절, 불완전급부, 급부와 관련 없는 부수의무 내지 보호의무의 위반 및 불능." 한편 Emmerich(주 24), § 22 Rn. 8(S. 333)도 "2001년의 채권법쇄신법에 의하여 이행거절은 그 중대한 실제적 의미(große praktische Bedeutung)로 말미암아 처음으로 부분적으로 규율되게 되었다"고 한다. 여기서 '부분적'이라고 하는 것은 본문에서 본 대로 계약해제와 관련하여서는 명문의 규정을 두었으나, 전보배상청구권에 대하여는 그것이 없다는 사정을 가리키는 것이다.

38) 1994년 5월 발표되었다. UNIDROIT는 1926년 국제연맹의 부속기구로 설립되었다가 1940년에 다자간협약에 의하여 다시 새출발을 한 독립적인 정부간 국제기구이다. 우리나라는 1981년에 가입하였다.

39) 이에 대하여는 우선 양창수, "「유럽계약법원칙」에서의 채무불이행법리", 저스티스 34권 2호(2001. 4), 24면 이하(후에 동, 민법연구, 제 6 권(2001), 285면 이하 소재)(유럽계약법원칙 조문의 번역이 글 말미에 붙어 있다) 참조.

40) DCFR은 EC현행사법유럽연구모임(European Research Group on Existing EC Private Law)과 유럽민법전연구모임(Study Group on a European Civil Code)의 공동작업으로 장차의 '유럽계약법'의 원칙을 천명한 것이다. 이에 대하여는 김상중, "「유럽계약법 공통참고기준 초안(Draft Common Frame of Reference)」에 따른 채무불이행법과 그 시사점", 법학연구(부산대학교 법학연구소) 50권 2호(2009), 37면 이하; 김영두, "「Common Frame of Reference 초안」 중 채무의 불이행에 관한 규정의 고찰", 외법논집 33권 1호(2009), 91면 이하 참조.

합의 일환으로 활발하게 진행되고 있는 사법, 특히 계약법 통일을 시야에 둔 성과에서도 이행거절은 독자적인 계약위반 유형으로 확고한 지위를 차지하고 있다.[41]

Ⅳ. 履行拒絶의 法律效果 — 塡補賠償請求權을 중심으로

1. 序

채무자의 이행거절이 있으면 채권자는 —채무자가 그에게 귀책사유가 없음을 주장·입증하지 아니한 한— 이행최고 없이, 나아가 —쌍무계약에서라면— 자신의 반대급부에 대한 이행제공을 할 필요 없이 계약을 해제할 수 있다. 이 점에 대하여는 앞서 본 대로 판례도 같은 태도를 취하고 있다.

나아가 그 경우 채권자가 전보배상청구를 할 수 있다는 점 자체에 대하여는 별다른 의문이 없다. 그러나 이와 관련하여서는 다음과 같은 몇 가지 점이 검토될 필요가 있다고 생각된다.

첫째, 이행거절에 있어서 '이행에 갈음하는 손해배상'을 산정하는 기준시점은 이행기인가 아니면 이행거절시인가? 특히 이행기 전의 이행거절에 있어서 이행거절시를 기준으로 배상할 손해액을 산정하는 것은 채권자가 이행기에 비로소 급부를 청구할 수 있는 것과 상충되는 것이 아닌가? 예를 들면 매매계약에서 매수인이 청구하는 전보배상액은 매매목적물의 시가를 기준으로 산정되는 것이 통상인데, 그것은 채권자가 급부를 청구할 수 있게 되는 이행기를 기준으로 산정되어야 하는 것이 아닌가?

둘째, 이행거절에서 채권자가 가지는 전보배상청구권에 대하여

---

41) 이에 대하여는 우선 위계찬(주 30), 412면 이하 참조.

지연손해를 청구할 수 있는가? 이를 청구할 수 있다면, 그것은 언제부터인가?

2. 履行拒絶로 인한 塡補賠償額 算定의 基準時

이 점에 대하여는 판례가 명확한 태도를 밝히고 있다. 즉 앞의 Ⅱ. 3. (1) 및 (2)에서 본 대로, 대판 2007. 9. 20.은 "채무자의 이행거절로 인한 손해액 산정은, 채무자가 이행거절의 의사를 명백히 표시하여 최고 없이 계약의 해제나 손해배상을 청구할 수 있는 경우에는 이행거절 당시의 급부목적물의 시가를 표준으로 해야 할 것"이라고 판시하였고, 이는 그 후의 대판 2008. 7. 15.에서도 반복되었던 것이다.

이에 비추어 보면 비록 이행기 전의 이행거절이라고 이를 달리 취급할 이유는 없다고 할 것이다. 이에 대하여는 독일에서도 마찬가지로 해석되고 있다. 예를 들면, 에른스트 교수는 『뮌헨 코멘타르』에서 다음과 같은 견해를 피력하고 있다.

> "때로 채권자는 원래 채권의 이행기가 도래한 때에 비로소 손해배상청구권을 취득하고 그는 그때서야 전보배상의 권리를 가진다는 견해가 때로 주장되고 있다. 이러한 견해는 좇을 수 없다. 채무자가 이행거절의 의사를 표시함으로써 채권자는 해제를 할 권리 그리고 전보배상을 청구할 권리를 취득한다. 손해배상청구권 역시 그 시점에서 채권자에게 돌아가지 않아야 할 아무런 이유가 없다. 채권자가 대체거래를[42] 하였다면 그는 이를 이유로 즉시 (구체적으로 입증된) 손해배상을 청구할 수 있는 것이다."[43]

---

42) 여기서 '대체거래(Deckungsgeschäft)' 운운하는 것은 특히 이행기 전에 채무자의 이행거절이 있었던 경우에는 채권자가 이행기를 기다리기 전에 다른 곳으로부터 계약의 목적이 된 물자 등을 공급받음(이와 같이 원래 계약에 갈음하는 것이 「대체거래」이다)으로써 원래 채무자의 원만한 급부를 전제로 세워 놓은 재산적 계획을 제대로 실현할 수 있게 되는 것을 말한다.

43) *MünchKomm/Ernst*(주 35), § 281 BGB, Rn. 63(S. 872). Ulrich Huber, *Lei-*

이 점에 관하여는 우리나라의 학설도 대체로 같은 견해를 취하는 것으로 여겨진다. 예를 들면 위계찬 교수는 "이행기 전 이행거절이 있는 경우, 채권자에게 이행기를 기다려서 강제이행과 지연손해의 배상을 청구하도록 하는 것은 채권자의 입장에서 보면 무의미할 수도 있을 것이다. 그러나 현행법상 이행기 전 이행거절을 이유로 한 전보배상에 관하여는 근거규정이 없다. 이에 민법 제395조와 제544조의 규정을 유추적용하여 채권자는 채무자의 이행기 전 이행거절을 이유로 전보배상을 청구할 수 있다고 할 것이다. 그렇다면 채권자는 이행기를 기다렸다가 강제이행 및 지연손해배상을 청구할 것인지 아니면 이행기 전에 전보배상을 청구할 것인지 선택할 수 있다고 본다"고 한다.[44] 이는 이행기 전의 이행거절에서 그 당시를 기준으로 산정된 바의 전보배상액을 청구할 수 있음을 당연한 전제로 하는 견해라고 할 것이다.

3. 塡補賠償請求權에 대한 遲延損害金請求

(1) 전보배상청구권은 다른 특별한 사정이 없는 한 금전채권이므로(민법 제394조. '금전배상의 원칙'), 그 불이행에 대하여는 이른바 '금전채무 불이행에 대한 특칙'을 정하는 민법 제397조가 적용된다. 그에 의하면 그 손해배상액은 법정이율에 의한다(동조 제 1 항 본문). 그런데 이는 언제부터 기산되어야 하는가?

이에 대하여는 종전에 별다른 논의가 없다. 일반적으로 채무불이행으로 인한 손해배상청구권은 이른바 '채무이행의 기한이 없는' 채권 또는 '기한의 정함이 없는 채권'이라고 한다. 그러므로 채무자는

---

stungsstörungen, Bd. 2(1999), § 53 Ⅲ 2(S. 633 f.)도 전적으로 같은 취지를 밝힌다.

44) 위계찬(주 30), 425면. 이는 이미 民法注解[Ⅸ](주 4), 342면(梁彰洙 집필)에서 주장한 바로서, 이 글에서는 상세히 다루지 않기로 한다.

이행청구를 받은 때로부터 지체책임을 진다(민법 제387조 제2항 참조)고 할는지도 모른다. 그러나 문제는 그렇게 간단하지 않다.

(2) 판례는 이행불능으로 인한 전보배상청구권에 대하여, 그 배상액은 이행불능 당시의 목적물의 가격을 기준으로 정하여지고 그 배상액의 지급을 지연한 경우에는 이행불능 당시부터 배상을 받을 때까지의 법정이자를 청구할 수 있다는 태도를 일찍부터 취하고 있다.

(가) 우선 대판 1967. 11. 28, 67다2178(집 15-3, 332)을 살펴보자.

(a) 이 사건에서는 갑이 원고에게 부동산을 매도하였는데 갑은 원고 앞으로 소유권이전등기를 경료하지 아니하고 1965년 6월에 을 등 앞으로 소유권이전등기를 경료하였다. 그 후 1966년 1월에 이르러 그 중 일부의 지분에 관하여 을이 다시 병 앞으로 지분이전등기를 경료하여 주었다. 원고의 손해배상청구에 대하여 원심은 1966년 1월 당시의 목적 부동산의 시가를 기준으로 산정된 배상액의 지급을 명하였다. 대법원은 다음과 같이 판시하고 원심판결을 파기하였다.

> "부동산 매매에 있어서 판 사람이 그 목적물을 제3자에게 양도하여 소유권이전등기를 경유한 때에는 위 매매에 환매특약 또는 재매매의 예약 등 제3자로부터 그 목적물의 소유권을 회복하여 이를 산 사람에게 이전할 수 있는 특별한 사유가 없으면 판 사람의 산 사람에 대한 소유권이전의무는 이행불능의 상태에 있다고 보아야 하며, 이러한 경우 산 사람은 판 사람의 이행불능으로 인하여 통상 발생하는 손해를 청구할 수 있는 것이므로 그 배상의 액은 특별한 사정에 인한 손해배상을 청구할 수 있는 경우를 제외하고는 이행불능케 된 당시의 가격에 의하여 정하여지며 **배상액의 지급을 지연한 경우에는 이행불능케 된 당시부터 배상을 받을 때까지의 법정이자를 청구할 수 있다**고 할 것"이다.

그렇다면 갑의 원고에 대한 소유권이전의무는 1965년 6월에 이미 이행불능이 되었다고 할 것인데 원심이 1966년 1월 당시의 부동산 시가를 기준으로 배상액을 정한 것은 "이행불능에 관한 법리와 그에 따른 손해배상책임에 관한 법리를 오해한 위법이 있다"는 것이다.

(b) 여기서 '이행불능케 된 당시부터 배상을 받을 때까지의 법정이자'[45]를 청구할 수 있다고 판단한 부분은, 전보배상액을 급부목적물의 시가로 산정하면서 그 기준시점을 청구 당시나 판결 당시 등으로 하지 않는 것에 대한 衡平錘라고 이해될 수 있을 것이다. 일반적으로 물가는 상승하는 것이므로, 만일 채무자가 '채무의 내용에 좇아' 이행을 하였다면 채권자는 그 급부를 원래의 이행기부터 제대로 보유하면서 사용·수익하는 외에도 나아가 —일반적으로 부동산 등과 같이 사용 등으로 인한 磨損 기타 감가상각을 상정하기 어려운 경우에는— 목적물의 가격상승분을 누리면서 경우에 따라 때로는 더 높은 가격으로 양도 기타 처분할 수 있었을 것이다. 이는 그리고 이러한 말하자면 '보유이익'을 제대로 채권자에게 확보하여 주는 것이 손해배상법의 임무라고 하여도 좋을 것이다.[46]

45) 원래 '법정이자'란 법에 의하여 지급의무가 발생하는 이자를 가리키는 것이다. 예를 들면, 공동면책을 얻은 연대채무자의 구상권에 관한 민법 제425조 제2항("면책된 날 이후의 법정이자")(이는 민법 제441조 제2항에 의하여 수탁보증인의 구상권에 준용된다), 계약해제의 경우 수령한 금전에 대하여 그 받은 날로부터 '이자'를 가하여야 한다는 민법 제548조 제2항, 수임인이 지출한 필요비의 상환청구권에 관하여 "지출한 날 이후의 이자"를 청구할 수 있음을 정하는 민법 제688조, 악의의 부당이득수익자에 "그 받은 이익에 이자를 붙여 반환"할 것을 정하는 민법 제748조 제2항 등이 그것이다. 그런데, 위 판결의 사안에서는 이자가 아니라 지연손해금이 문제되고 있음이 명백하므로, 여기서 '법정이자'를 운위할 것이 아니다. 이는 아마도 '법정이율로 산정되는 지연이자'라는 의미라고 선해될 수 있을 것이다. 그리고 '지연이자'도 엄밀히 말하면 '이자'가 아니라 금전채무의 불이행을 이유로 민법 제397조에 의하여 산정되는 지연손해금을 가리키는 것이나, 종전부터 이와 같이 불려 왔다.

46) 이에 대하여는 물론 그러한 '보유이익'이 손해배상의 범위에 관한 민법 제393조의 요청을 충족하는 것을 전제로 한다. 그리고 급부목적물의 시가를 전보배상액으로 하는 입장을 취하는 한 이 점은 부정될 수 없을 것이다. 여기서의

그렇다면 전보배상액을 이행불능 당시의 급부목적물의 시가로 산정한다는 입장을 취하는 한, 그에 대한 이행불능시부터의 법정이율에 의한 지연손해금을 가산하는 것은 균형 잡힌 태도라고 평가하지 않을 수 없다. 그것이 '채무의 내용에 좇은 이행'이 채권자에게 주는 급부목적물 자체 이외의 이익, 즉 급부목적물의 보유가 채권자에게 말하자면 '時系列에 있어서' 부여할 수 있었던 이익을 그나마 고려하는 것이기 때문이다.[47]

그리고 전보배상액을 이행불능 당시의 급부목적물의 시가로 산정한다는 입장은 나름대로 일정한 합리성이 있다고 해도 좋을 것이다. 이행불능은 이제 —계약해제로 채권관계 자체를 소멸시키는 것이 아닌 한— 채권자의 이행청구를 좌절시키고 금전으로 하여야 하는 '이행에 갈음하는 손해배상'으로 전환시킴으로써 채권관계에 결정적인 변화를 가져온다. 따라서 그 전환이 일어나는 때를 기준으로 그 당사자들의 법률관계의 내용을 말하자면 '고정'시키는 것이, 우선 예측가능성의 측면에서도 바람직할 수 있고, 나아가 그러한 배상내용을 전제로 채권자로 하여금 이제 제 3 자로부터의 조달을 위한 대체거래와 같은 '방책'을 고안·준비하는 등으로 합리적인 재산적 결정을 하도록 하여야 하는 것이다.

(c) 이상의 설명은 앞의 2.에서 본 대로 이행기 전의 이행불능에 있어서 그로 인한 손해배상을 이행불능 당시의 급부목적물의 시가를 기준으로 산정하는 한 이행거절에서도 크게 다를 바 없고, 그대로 적용될 수 있다. 물론 채권자는 이행기에 비로소 채무자로부터 급부를 얻는 것이 원칙이지만, 그 전에 채무자의 이행거절이 있고 또 그를 이유로 하는 전보배상을 그 당시의 급부목적물의 시가를 기준

문제는 그보다는 오히려 기준시점인 것이다.

47) 앞의 주 45에서 본 이른바 '법정이자'에 관한 민법의 여러 규정들도 사실은 이러한 고려가 적어도 일부에서는 그 바탕에 깔려 있다고 생각된다.

으로 산정하여야 한다면 앞의 (b)에서 말한 바와 같이 그때로부터 이에 대한 지연손해금을 지급하는 것으로써 채권관계 당사자들 사이의 이해관계의 형평을 기할 수 있는 것이다.

(나) 위와 같이 이행불능을 이유로 하는 전보배상을 「이행불능 당시의 급부목적물의 시가+이행불능시부터 법정이율로 하는 지연손해금」으로 하는 방식은 그 후 대판 1975. 5. 27, 74다1872(공보 518, 8542)에서도 그대로 정면에서 유지되고 있다.

(a) 이 판결은 다음과 같이 판시한다.

"부동산 매매에 있어서 매도인이 그 목적물을 2중으로 제 3 자에게 양도하여 그 소유권이전등기를 경유해 주었다면 특별한 사정이 없는 한 매도인의 매수인에 대한 소유권이전등기의무는 이행불능의 상태에 있다고 보아야 하며 이러한 경우 매수인은 매도인의 이행불능으로 인하여 통상 발생하는 손해를 청구할 수 있는 것이므로 그 배상액은 특별한 사정에 인한 손해배상을 청구할 수 있는 경우를 제외하고는 이행불능케 된 당시의 가격에 의하여 정하여지며 배상액의 지급을 지연하는 경우에는 그 이행불능케 된 당시로부터 배상을 받을 때까지의 법정이자를 청구할 수 있는 것이라 해석함이 상당하다 할 것인바(대법원 1967. 11. 28. 선고, 67다2178 판결 참조) 본건에 있어서 피고가 원고에 대하여 본건 부동산(대지와 건물)에 관한 1944. 9. 4.자 매매계약에 인한 소유권이전등기의무를 이행하지 않고 있던 중 1965. 8. 9. 이를 제 3 자 갑에게 2중으로 양도하여 그 소유권이전등기를 경유해 주었으므로 원고에 대한 위 소유권이전등기의무는 그날로 이행불능이 되었다 할 것이고, 그날 현재의 본건 부동산의 시가를 확정하여 피고에게 동액 상당의 손해배상 책임이 있다고 판시한 원판결은 정당하"다는 것이다.

(b) 이 사건은 앞의 (가)에서 본 대판 1967. 11. 28.의 사안과 대체로 유사한 사안에 대한 것이다. 그런데 이 판결에서 상고인인 원

고는 상고이유로 전보배상액이 매매목적물인 이 사건 부동산의 "본건 제소 당시의 시가 상당액"을 기준으로 하여 산정되어야 한다고 주장하였다. 이 판결은 이러한 주장을 '독자적 견해'라고 배척하면서 위와 같은 판시를 내세우고 있다. 이러한 상고이유의 배경에는, 만일 매도인인 피고가 목적 부동산을 이중매도하지 않고 원래의 매수인인 원고 앞으로 소유권이전등기를 경료하여 양도하였다면 원고는 이를 계속 보유함으로써 시가 차액 등 보다 많은 이익을 얻었으리라는 원고 나름의 판단이 있었던 것으로 추측된다. 그리고 이러한 이익액의 배상을 인정하지 아니하는 것에 대한 '보상' 또는 앞서 말한 바의 '형평추'가 바로 '이행불능시부터의 법정이자'로 나타났지 않았을까?

(3) 이 문제와 관련하여서는 최근에 나온 대판 2013. 12. 12, 2013다14675(공보 2014상, 161)이 전보배상에 관하여 직접 판단한 것은 아니나 적지 않게 흥미를 끈다.

(가) 이 사건의 사실관계는 다음과 같다. 피고는 원고(복수이나 이렇게 적기로 한다)로부터 이 사건 토지를 매수하여 2005년 12월에 피고 앞으로 소유권이전등기를 마쳤고, 그 후 이를 갑에게 매도하고 2006년 3월 그에 관한 소유권이전등기를 경료하여 주었다. 그런데 피고가 원고에게 매매대금을 완불하지 아니하였고, 원고가 피고를 상대로 매매대금의 지급을 청구하는 이 사건 소를 제기하였음에도 피고가 명시적으로 그 이행거절의 의사를 표시하자 원고가 2011년 3월의 제 1 심 변론기일에서 매매계약을 해제한다는 의사표시를 하여 위 매매계약은 적법하게 해제되었다.

이 사건에서 원고는, 피고가 원고에게 계약해제로 인한 원상회복으로 이 사건 토지에 관한 피고 명의의 소유권이전등기를 말소하여 줄 의무가 있는데 이 사건 토지가 이미 갑에게 처분되어 원물반환이 불가능하게 되었으므로 그 가액의 배상 및 그에 대한 지연손해금을 청구하였다.

원심은 그 가액배상은 위와 같이 원물반환이 불가능하게 된 당시의 매매목적물 가액 상당이라고 하고, 그 당시의 이 사건 토지의 시가 상당액인 5,680만 원, 그리고 이에 대하여 위 매매계약 해제 다음날부터의 지연손해금을 지급할 의무가 있다고 판단하였다.

(나) 대법원은 다음과 같이 판단하고 원심판결을 파기하였다.

> "계약이 해제된 경우에 각 당사자는 민법 제548조에 따라 상대방에 대하여 원상회복의 의무를 지며, 원상회복의무로서 반환할 금전에는 그 받은 날부터 이자를 가산하여 지급하여야 한다. 이와 같이 계약해제의 효과로서의 원상회복의무를 규정한 민법 제548조는 부당이득에 관한 특별규정의 성격을 가진 것이므로, 그 이익 반환의 범위는 이익의 현존 여부나 선의·악의에 불문하고 특단의 사유가 없는 한 받은 이익의 전부이다(대법원 1998. 12. 23. 선고, 98다43175 판결 등 참조). 따라서 매도인으로부터 매매 목적물의 소유권을 이전받은 매수인이 매도인의 계약해제 이전에 제3자에게 목적물을 처분하여 계약해제에 따른 원물반환이 불가능하게 된 경우에 매수인은 원상회복의무로서 가액을 반환하여야 하며, 이때에 반환할 금액은 특별한 사정이 없는 한 그 처분 당시의 목적물의 대가 또는 그 시가 상당액(대법원 1995. 5. 12. 선고, 94다25551 판결 등 참조)과 **처분으로 얻은 이익에 대하여 그 이득일부터의 법정이자를 가산한 금액**이다. …
>
> 기록에 의하면 피고가 이 사건 토지를 대금 6,600만 원에 갑에게 처분한 자료들이 나타나 있음을 알 수 있고, 그에 의하여 인정되는 대금이 시가를 벗어나 정하였다는 등의 특별한 사정이 없다면, 위에서 본 법리에 따라 피고가 원상회복의무로서 반환할 가액은 위 대금 및 **이에 대하여 그 지급일**[엄밀하게는 '그 수령일'이라고 할 것이다] **부터의 법정이자를 가산한 금액**이라고 할 것이다."

원심이 이와 달리 원상회복의무로서 위 처분일에 근접한 시점의 이 사건 토지의 시가 및 위 매매계약 해제 다음날부터의 지연손해금만을 지급할 의무가 있다고 판단한 것은 “계약해제로 인한 원물반환이 불가능할 경우의 원상회복의무의 범위에 관한 법리를 오해하여 필요한 심리를 다하지 아니”하였다는 것이다.

(다) 계약해제로 인한 원상회복의무가 제 3 자에의 양도(민법 제548조 제 1 항 단서: “[계약해제로 인한 원상회복의무는] 그러나 제 3 자의 권리를 해하지 못한다”) 등으로 이행할 수 없게 되었을 경우에 그 급부의 가액을 배상하여야 한다는 점에는 의문이 없다. 판례는 위 판결에서도 보는 대로 계약해제로 인한 원상회복의무에 관한 민법 제548조가 부당이득반환의무의 특별규정이라고 일관하여 보고 있으므로,[48] 원상회복의무가 이행할 수 없게 된 때에는 그 가액을 배상하여야 하는 것이다(민법 제747조 제 1 항: “수익자가 그 받은 목적물을 반환할 수 없는 때에는 그 가액을 반환하여야 한다”). 여기서의 ‘가액’에 대하여 판례는 그 반환불능 당시의 시가 또는 그 반환불능이 급부수령자의 양도에 기한 경우에는 특별한 사정이 없는 한 그 양도대가의 액이라는 태도를 취하여 왔음은 주지하는 대로이다.

그런데 이와 같이 원물반환에 갈음하는 가액배상이 그 급부목적물의 시가 또는 양도대가를 기준으로 산정되는 경우에, 위 대법원판결은 원심과 같이 계약해제 다음날부터가 아니라 그 양도대가를 받은 날로부터의 ‘법정이자’를 지급하여야 한다고 판단한 것이다. 이로써 앞의 (2)에서 본 대로 채무불이행법에서 이행불능으로 인한 전보배상을 「이행불능 당시의 급부목적물의 시가+그에 대하여 이행불능 시부터 법정이율에 의한 지연손해금」으로 산정한다는 解決方式은 이제 계약해제로 인한 원상회복의무의 실현불능으로 인한 가액반환에

48) 대판 1962. 3. 29, 61다1429(집 10-1, 281) 이래 대판 1997. 12. 9, 96다47586(공보 1998상, 213); 대판 1998. 12. 23, 98다43175(공보 1999상, 228) 등에 이르기까지 변함없는 판례의 태도이다.

도 확장된 것이다.

만일 위와 같은 가액반환의무에 대하여 기한의 정함이 없는 채무인지 아니면 그 정함이 있는 채무인지라는 사고틀을 적용한다면 위와 같은 판단은 나올 수 없었을 것임이 명백하다. 바꾸어 말하면, 최근에 나온 위의 대법원판결은 앞의 (3)에서 살핀 대로 위와 같은 이행불능에서의 해결방식이 다른 문제유형에도 적용될 수 있을 만큼 보편적인 타당성을 가지고 있음을 말하여 주는 것이라고도 할 수 있다. 그러면 과연 채무불이행법에서 이행거절의 경우는 어떠할까?

(4) 필자는 前稿에서 이행거절의 법률효과는 대체로 이행불능에 준하여 생각될 수 있다는 견해를 표명한 바 있다.[49]

그리고 앞의 2.에서 본 바와 같이 이행거절로 인한 전보배상이 이행거절시를 기준으로 하여 산정된 급부의 시가를 그 본체로 하는 것이라면, 그에 대한 지연손해금도 이행거절시부터의 법정이율 상당액으로 산정되어야 한다고 할 것이다. 또는 앞의 (1) 및 (2)에서 살펴본 판례의 표현을 빌린다면 "그 이행거절이 있은 당시로부터 배상을 받을 때까지의 법정이자를 청구할 수 있는 것"이다.

그 이유는, 무엇보다도 이행거절이라는 불이행유형이 이행불능, 특히 이른바 주관적 불능과 매우 유사하다는 것을 들 수 있다. 이에 대하여는 전고에서 밝힌 바를 그대로 여기에 인용할 수 있을 것이다.

> "채무자가 이행을 하지 아니할 것임을 진지하고 종국적으로 밝혔다면, 이제 채권자로서는 그의 임의의 이행을 기대할 수 없게 된다. 또는 그와 같이 기대하는 것은 무의미하다. 말하자면 채무자의 임의의 적법한 이행은 「채무자 자신의 의사에 의하여」, 그러나 客觀的으로 좌절된 것이다. 이와 같이 채무자 스스로에 의하여 초래된 履行障碍는 원칙적으로 강제이행의 방법에 의하여 제거될 수 있다는 점에

49) 前稿, 166면 이하.

서 이행불능과는 엄격하게 구별되어야 한다고 하여도, 역시 임의이행의 불실현이라는 점에서는 돌이킬 수 없는 최종적인 것으로서, 그 한도에서 履行不能(그 중에서도 主觀的 不能)과 유사성을 가진다. 예를 들어 양복을 지어 주기로 계약을 체결한 사람이 그에 필요한 기능을 갖추지 못하여서 양복을 짓지 못하는 것과 그가 계약 체결의 사실을 어디까지나 부인하고 양복 짓기를 거절하는 것과의 사이에는, 그 이행장애가 채무자 자신의 능력[의 缺如]에, 후자에서는 그 자신의 의사에 있다는 점 외에는, 크게 다른 것이 없다. … 그리고 그 법률효과에 있어서도 쌍무계약에서 채무자가 자기 채무의 이행을 종국적으로 거절하는 경우에 그 상대방에게는 그 채무가 이행불능이 된 것과 같은 구제수단이 부여되어도 좋을 것이다."[50]

그리고 나아가 앞의 (2) (가) (b)에서 살펴본 전보배상을 「이행불능 당시의 급부목적물의 시가+이행불능시부터 법정이율로 하는 지연손해금」으로 하는 방식을 취하는 이유에 대한 설명은 이행거절에 대하여도 크게 다르지 않게 적용할 수 있는 것이다. 특히 앞서 본 대로 이행거절에서의 전보배상이 이행거절 당시의 급부목적물의 시가를 기준으로 산정되는 한에서는, 그와 달리 예를 들어 민법 제387조 제 2 항을 들어 이행청구를 받은 때로부터 지연손해금을 산정하여야 한다는 것은 이 경우의 당사자들 사이의 이해관계를 균형 있게 평가하는 것이라고 하기 어렵다.

또한 이행거절에서는 일반적으로 채무자의 故意가 개재됨은 우리가 재판례를 통하여 쉽사리 확인할 수 있는 바이다. 그리고 이행거절은 통상 채무자의 행태로 말미암아 당사자 사이의 원만한 계약관계의 회복을 종국적으로 불가능하게 하는 '중대한' 계약위반이라고 할 것이다.[51] 이는 대부분의 경우에 —그것이 비록 계약관계의 맥락

50) 前稿, 143면 이하.

51) Emmerich(주 24), § 18 Rn. 44(S. 290 f.)는 "채무자가 당사자 사이의 신뢰 기초를 흔들어 이제 더 이상 그 회복을 어떠한 사정 아래서도 기대할 수 없게 하는

에서 일어나기는 하였으나— 고의의 불법행위에 준하여 처리되어야 할 중대한 위법의 행태라고 하겠다. 그렇다면 이에 대한 법적 책임도 그만큼 무거워야 하지 않을까 하는 점도 고려될 만하다고 여겨진다.

한편 독일에서도 특히 이행기 전의 이행거절로 인한 손해배상의 문제에 대하여는 "이행기 전에 일어난 이행불능과 같이 처리된다"고 설명되고 있는 것이다.[52]

(5) 이에 대하여는 앞의 Ⅱ. 3. (1)에서 본 대판 2007. 9. 20, 2005다63337(공보 하, 1626)이 다음과 같이 설시하는 바를 들어 판례가 이 문제에 대하여 다른 태도를 취하고 있다고 할는지도 모른다.

> "상품권 발행인이 상품권의 내용에 따른 제품제공이행의무를 이행하지 않음으로 인하여 그 소지인에게 그 이행에 갈음한 손해배상책임을 지게 되는 경우에도 이중지급의 위험을 방지하기 위하여 공평의 관념과 신의칙상 발행인의 손해배상의무와 소지인의 상품권 반환의무 사이에 동시이행관계가 인정된다 할 것이나, 이는 민법 제536조에 정하는 쌍무계약상의 채권채무관계나 그와 유사한 대가관계가 있어서 그러는 것이 아니므로, 발행인의 손해배상의무에 관하여는 그 이행의 최고를 받은 다음부터 이행지체의 책임을 진다고 할 것이다(대법원 1999. 7. 9. 선고, 98다47542, 47559 판결 참조)."

(가) 그러나 이 판시는, 피고가 그 부분 상고이유로서 피고의 이 사건 손해배상의무와 원고들의 이 사건 상품권 반환의무가[53] 동시이행관계에 있으므로 이른바 '동시이행항변권의 당연효'에 의하여 원고

경우에 이는 종전부터 빈번하게 채무자의 다른 **중대한 의무위반**(schwere Pflichtverletzung)의 한 경우로서 이행거절과 同視되어 왔다"고 한다(위의 고딕체 부분은 원문에서도 강조하는 기울임체로 쓰여져 있다). 앞의 주 36에서 본 「계약부인(Vertragsaufsage)」의 표현도 참조.

52) MünchKomm/Ernst(주 35), § 281 BGB, Rn. 63 Anm. 71(S. 872): "이행기 전에 일어난 불능의 경우와 다를 바 없다."

53) 이 사건의 사실관계에 대하여는 앞의 Ⅱ. 3. (1)의 (나) 부분 참조.

가 상품권 반환의무에 관하여 그 이행의 제공을 하지 아니한 한 피고의 손해배상의무는 이행지체에 빠지지 아니한다고 주장한 것에 대하여, 이를 배척하여 동시이행관계가 유지되고 있는 경우에도 이행지체에 빠질 수 있다고 판단하는 것에 주안이 있음이 명백하다.[54] 그러므로 이를 가지고 이행거절에서의 전보배상청구권에 관한 지연손해에 대하여 판단한 것이라고 할 수 없다.[55]

(나) 이는 위 대법원판결에서 인용하고 있는 대판 1999. 7. 9, 98다47542등(공보 1587)에 비추어서 보다 분명하게 된다. 이 판결은 원인채무를 위하여 어음이 발행된 경우에 원인채무에 관한 이행지체책임이 그와 동시이행관계에 있는 어음반환의무의 이행제공 여하에 영향을 받는가 하는 문제에 대하여 판단한 것이다. 그리고 종전의 판례대로[56] 위 대법원판결은 단지 "채무자가 어음의 반환이 없음을 이유로 원인채무의 변제를 거절할 수 있는 권능을 가진다고 하여 채권자가 어음의 반환을 제공하지 아니하면 채무자에게 적법한 이행의 최고를 할 수 없다고 할 수는 없고, 채무자는 원인채무의 이행기를 도과하면 원칙적으로 이행지체의 책임을 지는 것"이라고 판단하고 있을 뿐이다. 즉 이 대법원판결은 원인관계상의 채무자가 어음반환청구권에 기하여 동시이행항변권을 가지고 있다는 것만으로 그 채무에 관하여

54) 이 대법원판결은 위에서 인용한 부분에 이어서 다음과 같이 설시한다. "위 법리에 비추어 원심판결 이유를 살펴보면, 원심이 피고의 이 사건 손해배상의무와 원고들의 이 사건 상품권의 반환의무가 동시이행관계에 있으나, 이는 이중지급의 위험을 방지하기 위함에 그 목적이 있는 것이라고 하여 피고에게 손해배상의무의 이행최고를 받은 다음부터는 이행지체의 책임이 있다고 판단한 것은 정당한 것으로 수긍이 간다."

55) 또한 확언할 수는 없으나, 원고가 소장 송달 이후의 지연손해금만을 청구하였다면 그것과도 관련이 있지 않을까 추측하여 본다. 그리고 원심판결에 대하여 피고만이 상고하였으므로, 이행거절시부터 지연손해금이 지급되어야 하는지 등의 문제에 대하여는 대법원이 이를 판단할 여지가 없었을지도 모른다(민사소송법 제431조: "상고법원은 상고이유에 따라 불복신청의 한도 안에서 심리한다").

56) 대판 1993. 11. 9, 93다11203등(공보 1994상, 65) 참조.

지체책임을 면하게 되지 않음을 밝히는 데 그치고, 나아가 그 지체책임이 언제부터 발생하는지에 대하여는 아무런 언급이 없는 것이다.

V. 글을 맺으면서 — 우리 民法學의 어떠한 樣相에 대하여

1. 이상에서 쉽사리 확인할 수 있는 대로 '이행거절'은 우리 판례에서 고유의 법률효과를 가지는 독자적인 채무불이행유형으로 확고히 자리잡게 되었다. 근자 우리 학설의 이행거절에 관한 서술을 읽어 보면, 대다수의 관련 문헌이 이러한 법발전을 긍정적으로 평가하고 그 판례법리에 찬성하고 있음을 알 수 있다.[57)]

그러나 그 중에는 아직도 종전의 「폐쇄적 3유형」의 사고틀에서 다 벗어나지 못한 견해도 주장되고 있다. 그 하나의 견해에 의하면, "채무불이행의 유형으로는 이행지체 · 이행불능 · 불완전급부, 「기타의 행위의무」의 위반의 네 가지가 있으며, 그 외의 것은 없다"고 한다. 그리고 이행불능 등을 독자적 유형으로 파악하는 입장에 대하여는 "그러한 태도는 기본적으로 망라적인 채무불이행 유형의 분류를 포기하는 것이고, 그로 인하여 법적 문제해결에 있어서 응용력을 떨어뜨리는 결과를 가져올 우려가 있다"고 한다.[58)]

그러나 위의 견해도 민법 제390조가 채무불이행에 관한 일반조항이라고 하는 것을 부인하지 않는다면,[59)] 그와 같은 일반조항에 관

57) 이에 대하여는 일일이 문헌을 인용하지 않기로 한다. 지금까지 이 글에서 인용한 논문들은 모두 그러하다.

58) 송덕수, 채권법총론(2013), 110면.

59) 송덕수(전주), 107면은 "민법의 입법자는 채무불이행을 포괄적으로 규율하려고 하였으나, 실질적으로는 그 규율을 포기하였거나 능력의 부족으로 그에 대한 초보적인 규정(390조)만을 두는 데 그치고 말았다고 할 수 있다. 그렇기는

한 '유형화'의 작업은 그 방법론적 성질상 '망라적인 분류'를 포기하는 것임은 물론이다.[60]

그리고 종전에 지체·불능 이외의 채무불이행을 모두 쓸어담던 이른바 「불완전이행」의 유형을 단지 불완전급부와 「기타의 행위의무」의 위반으로만 나누는 것이야말로 오히려 '법적 문제해결에 있어서 응용력을 떨어뜨리는 것'이라고 생각한다. 위의 견해는 「기타의 행위의무」의 예로 설명의무, 안전배려의무, 보호의무를 들면서도[61] "이것

하지만 입법자의 의도를 감안하여 제390조가 채무불이행을 일반적으로 규율하려고 했다고 선의로 해석을 해 주어도 무방하다"고 한다. 그 앞부분의 '선의로 해석을 해 주기' 전에 관한 서술은, 첫째, 민법 제390조 본문의 '이행을 하지 아니한 때'라는 문언을 함부로 그 바로 앞에 오는 '채무의 내용에 좇은 이행'이라는 부분과 절단하여 파악한 다음 이는 이행지체에만 적합한 표현이라고 근거 없이 단정한 점에서, 둘째, 그럼에도 "모든 채무불이행을 표현하려면 「채무의 내용에 좇은 이행이 없는 때」라고 하였어야 한다"고 하여서 그것이 마치 민법 제390조의 '채무의 내용에 좇은 이행을 하지 아니한 때'라는 문언과 크게 다르기라도 한 것처럼 이해하는 것(쉬운 예로 '법에 따른 행동을 하지 아니하였다'고 말하는 것은, 적법한 행동을 아예 하지 아니한 경우뿐만이 아니라 '법에 따르지 않은 행동'을 한 경우를 논리적으로 포함한다고 할 것이다)에서 기이한 오류를 범하고 있다. 그리고 입법자에 대하여 '능력의 부족'을 운위하는 것에는 물론이거니와, 특히 '선의로 해석을 해 준다'는 서술 내지 태도에는 필자로서는 놀라움을 금할 수 없다. *法典*은, 그리고 그 안의 법규정은 법해석의 바탕으로서 그 가능성을 다 가늠할 수 없는 영원한 *母性*으로 여겨 귀중하게 여겨야 하고 이를 함부로 폄하하여서는 안 될 것이다.

60) 위의 견해를 주장하는 이는 예를 들면 반사회질서의 법률행위에 관한 민법 제103조에 대하여 다음과 같이 말하고 있다. 송덕수, 민법총칙, 제2판(2013), 244면: "판례는 유형화를 언급하는 모든 판결에서 위와 같은 다섯 가지의 유형을 제한적인 것으로 파악하여 그 외의 사회질서 위반행위는 없는 것으로 단정하고 있다. … 생각건대 어떤 법률행위가 사회질서에 반하는지 여부는 법률행위 전체에 관하여 여러 가지 사정을 고려하여 판단하여야 한다. 그리고 **그 유형이 완전하다고 여겨, 거기에 해당하지 않으면 사회질서에 반하지 않는다고 하는 것은 지극히 위험한 발상이다.** 그러한 유형은 사회질서 위반의 모습을 이해하고 판단하는 데 참고하기 위한 것으로 보아야 한다. 그러한 점에서 유형을 닫힌 것으로 보고 성립과정상의 불법을 당연히 배제하는 근래의 판례의 태도는 바람직하지 않다." 이 발언을 그대로 민법 제390조에 대한 위의 견해에 대하여 돌리고자 한다.

61) 「기타의 행위의무」의 위반 유형의 법률효과로서 드는 것도 단지 그냥 '손해배상청구권'과 "일정한 요건 하에 계약을 해제할 수 있다"는 것뿐이고, 손해배상청구권의 구체적인 내용이나 계약해제가 인정되는 '일정한 요건'에 대하여는

이 그 전부가 아님을 주의"하여야 한다고 덧붙인다.[62] 그렇다면 위에서 든 4유형 "외의 것은 없다"고 단정하는 것이 과연 법적 문제해결에서의 응용력을 높이는 것인가?[63] 아니면 우리 사회의 계약관계 전개에서 쉽사리 찾아볼 수 있고[64] 「폐쇄적 3유형」론의 모국인 독일을 비롯하여 많은 외국, 그리고 법통일작업의 성과들에게도 긍정되고 있으며 그리고 무엇보다도 독자적인 법률효과가 귀속될 수 있는 이행거절의 유형을 정면에서 수긍하는 것이 법적 문제해결에서의 응용력을 높이는 것인가?

이와 관련하여 더욱 흥미로운 것은, 위의 견해가 "저자는 이행거절을 독립한 채무불이행 유형으로 인정하지 않아야 한다는 입장"이라고 하면서도 바로 이어서 "그런데 이행거절에 해당하는 판례를 살펴보는 일은 유익할 수 있다. 그리하여 아래에서 이를 정리하여 두기로 한다"고 하여 그 작업을 수행하고 있다는 점이다.[65] 과연 이행거절에 관한 판례를 살펴보는 일의 '유익함'이란 필경 무엇이며, 그것은 도대체 어디에서 오는 것인가?

2. 필자는 약 30년 전에 연구생활을 시작할 즈음에 "다른 나라

아무런 언급이 없다. 이야말로 이 유형화의 不毛性을 단적으로 말하여 주는 것이다.

62) 이상 송덕수(주 58), 153면.

63) 참고로 독일에서 에메리히는 불능·지체 외에도 「기타의 의무위반(sonstige Pflichtverletzungen)」이라는 제목 아래 우선 불완전급부, 그리고 「급부충실의무(Leistungstreuepflicht)와 기타의 부수의무」로 나눈 다음, 다시 후자를 급부충실의무 위반으로서의 「이행거절」, 나아가 「부수의무 위반」, 「협력의무 위반」 및 「餘後效 있는 충실의무(nachwiktende Treuepflichten)」로 나누어 설명한다. Emmerich(주 24), 5. Teil(S. 310 ff.) 참조(그의 책은 모두 7개의 부(Teil)로 나뉘어져 있는데, 그 중 제5부 전체가 「기타의 의무위반」에 돌려져 있는 것이다). 이와 같이 다양한 '유형화'에 비교하면 위와 같은 견해가 오히려 채무불이행법이 제 기능을 할 수 없도록 크게 위축시키고 있는 것이다.

64) 이는 前稿 및 이번 글에서 든 수많은 재판례는 물론이고, 우리 주변의 생활관계를 관찰함으로써도 쉽사리 수긍될 수 있을 것이다.

65) 송덕수(주 58), 111면 이하.

의 특수한 사정을 배경으로 하는 法理論의 도입"을 쉽사리 주장하여서는 안 되고 "이러한 擬似問題(Scheinproblem)의 배제라고 부를 수 있는 작업이야말로 '문제'의 해결을 위하여 필요한 제 1 차적 과제"라고 말한 바 있다. 그리고 우리는 우리의 '현재 있는 법' 또는 '행하여지고 있는 법', 즉 쉽게 말하면 民法典과 判例法을 정확하게 인식하는 데서 출발하여야 한다고 하였었다.[66] 필자는 이제 다시 학자로서의 생활로 돌아와 책상 앞에 앉았는데, 그러한 출발점이 아주 틀리지 않았다는 생각을 새삼 하게 된다.

(법조 2015년 1월호(통권 700호), 5면 이하 所載)

[후 기]

1. 이 글이 발표된 후에 나온 관련 재판례로서는 우선 **영국법**상의 이행거절(repudiation)의 법리에 관한 대판 2017. 5. 30, 2014다233176(공보 하, 1352)이 있다.

위 판결에 의하면, "이행거절은 계약이 성립한 후 이행기 전에 당사자 일방이 계약상 중요한 의무를 이행할 의사와 능력이 없음을 표명하는 말이나 행위를 함으로써 상대방으로 하여금 채무자의 계약상 의무 이행을 더 이상 기대할 수 없게 하는 것을 의미한다". 나아가 "이행거절의 의사를 표시했는지 여부는 객관적으로 판단하여야 할 사실확정의 문제로서, 합리적인 사고를 하는 계약 상대방의 입장에서 볼 때 채무자가 자신의 계약상 채무의 이행을 완전히 거절하고

---

66) 양창수, "한국사회의 변화와 민법학의 과제", 서울대학교 법학 제28권 1호(1987), 4면 이하(후에 동, 민법연구, 제 1 권(1991), 1면 이하 소재. 본문의 인용은 동서, 21면 이하 및 18면 등).

이를 저버리려는 의도를 표명하였다는 결론에 이를 수밖에 없는 경우에 인정할 수 있다". 보다 구체적으로 보면 "이행거절의 의사표시는 반드시 명시적으로 하거나 특정 행위나 말로 하여야 하는 것은 아니고, 외부적으로 드러나는 행위나 일련의 행동을 통하여 묵시적으로 할 수도 있다. 그러나 이행거절은 명확하고 분명하며 확정적이어야 한다. 당사자가 계약의 이행에 부정적이거나 소극적인 태도를 보인다고 하더라도, 전체적인 상황을 고려하지 않고 이를 명백하고 확정적인 거절의 의사표시로 단정하여서는 안 된다"고 한다.

이와 같이 영국법상의 이행거절 법리가 우리 판례가 인정하는 그것과 크게 다를 바 없음을 알 수 있다. 한편 대법원은 원심이 결론적으로 이행거절을 인정하지 아니한 것을 긍정하여 피고의 상고를 기각하였다.

2. 또한 대판 2015. 2. 12, 2014다227225(공보 상, 462)도 흥미를 끈다.

이 판결은 "이행거절이라는 채무불이행이 인정되기 위해서는 채무를 이행하지 아니할 채무자의 명백한 의사표시가 위법한 것으로 평가되어야 한다"는 추상적·일반적 법리를 설시하고 있다. 그러나 대판 2002. 12. 27, 2000다47361(공보 2003상, 495); 대판 2014. 11. 27, 2011두2477(공보 2015상, 23) 등 판례는 채무불이행책임의 성립에 위법성의 요건을 요구하는 태도를 취하고 있다("채무불이행에 있어서 확정된 채무의 내용에 좇은 이행이 행하여지지 아니하였다면 그 자체가 바로 위법한 것으로 평가되는 것이고, 다만 그 이행하지 아니한 것이 위법성을 조각할 만한 행위에 해당하게 되는 특별한 사정이 있는 때에는 채무불이행이 성립하지 않을 수 있다"). 따라서 위와 같은 판시가 새로운 것이라고는 할 수 없다.

그런데 이 사건의 쟁점은, 매수인 교회(피고)로부터 매매목적물변경 요청이 있어 이에 관한 논의가 매도인 SH공사(원고)와의 사이에 행하여지고 있던 상황에서 원고가 피고의 잔대금 지급 지연을 이유로 계약을 해제한 것이 이행거절에 해당하는가이었다. 원심판결은 당사자 사이에 잔대금 지급 연기의 묵시적 합의가 있었다고 인정하여 계약 해제의 효력을 부인하고, 나아가 원고의 이행거절을 긍정하였다. 이에 대하여, 대법원은 그러한 합의가 인정되기 어렵다는 등의 사정을 들어 오히려 원고의 계약 해제가 적법하고 원고의 이행거절을 인정할 수 없다고 판단하였다. 그렇다면 이행거절의 법리가 문제되었다고 하기는 어려울 것이다.

3. 그 외에 대판 2017. 9. 26, 2015다11984(법고을)는 본문 Ⅱ. 3.에서 본 '이행거절 판시'를 포함하나, 구체적인 사건의 해결과 직접적인 관계가 있지는 않은 것으로 이해된다.

9. 한국의 제조물책임법

Ⅰ. 서

1. 제조물의 결함을 이유로 그로 인하여 발생한 손해에 대한 제조자의 배상책임을 「제조물책임」이라고 부른다면,[1] 우리나라에서 이는 처음부터 불법행위책임으로 논의되어 왔다. 그것은 피해자가 제조자와의 사이에 직접적 계약관계(privity of contract)가 없는 경우가 거의 전부이고, 따라서 계약불이행책임으로 이를 묻는 것은 적어도 전통적으로는 인정되지 않는다고 요해되어 있었다는 이유에 의한 것이다. 또 만일 이들 사이에 매매와 같은 직접적 계약관계가 있는 경우라면 바로 매도인으로서의 하자담보책임(민법 제580조 이하)이 문제될 수 있고,[2] 그만큼 제조물책임이라는 독자적 책임유형을 논할 필요를 덜 느꼈을 것이라고 추측할 수 있다. 종래 민법 기타의 법률에는 제조물책임을 별도로 규정하는 바가 없었다. 그리하여 일반적으로 우리나라에서 제조물책임이 문제될 수 있는 사례는 일반불법행위에 관한 민법 제750조("고의 또는 과실로 인한 위법행위로 타인에게 손해를 가한 자는 그 손해를 배상할 책임이 있다")를 적용하여 처리되어 왔다. 그리고 그 과정에서 점차로 일정한 특유의 법리가 형성되었다.

---

1) 물론 거기서 「제조물」이나 「결함」이나 「제조자」 등의 개념은 반드시 명확한 것은 아니나, 논의의 전개를 위하여 이와 같이 우선 전제하여 둔다.

2) 하자담보책임의 발생요건으로서의 「하자」와 제조물책임에서 문제되는 「결함」의 異同에 대하여는 주지하는 대로 논의가 있는 바이나, 여기서는 문제삼지 않는다.

2. 우리나라에서 제조물책임이 독자적인 책임영역으로서 논의되기 시작한 것은 1970년대 후반부터인 것으로 여겨진다. 그 전에도 미국이나 독일·일본 등의 외국에서 논의되고 있던 제조물책임 법리는 당연히 학자들에 의하여 주목되고 있는 소재이었다.[3] 그러나 이에 대한 관심이 현저히 높아진 계기가 된 것은 아무래도 뒤의 Ⅱ.1.(1)에서 보는 대법원의 1977년 1월 25일 판결이라고 할 것이다. 이 판결에 대하여는 당시로서는 보기 드물게 학자와 실무가 모두에 의하여 판례연구가 행하여졌다.[4]

그 후 오늘날에 이르기까지 꾸준히 제조물책임을 주제로 한 박사 또는 석사의 학위논문[5] 기타 연구문헌이 줄을 이어 나왔고,[6] 실

---

3) 이에 대한 아마도 최초의 문헌이라고 생각되는 李英秀, "美國에 있어서의 製造品責任", 서울대학교 법학 제23호(특별호 제 1 권)(1971), 46면이 제조물책임(products liability)의 「모국」인 미국의 법리를 상세하게 소개하는 내용인 것은 우연이 아닐 것이다. 그 외에 초기의 문헌으로 崔栻, "製造物責任", 法曹 제21권 8호(1972), 10면 이하; 權龍雨, "製造者責任", 同, 不法行爲論(1974), 271면 이하; 金顯泰, "製造物責任에 관한 硏究", 社會科學論集(연세대) 제 7 집(1975), 57면 이하 등이 있다.

4) 鄭萬朝, "過失에 기한 製造物責任과 그 證明問題", 民事判例硏究 제 1 집(1980), 153면 이하(이 글은 1977년 11월 21일에 행하여진 민사판례연구회 제 8 회 연구발표회의 원고에 기한 것이다); 金亨培, "不法行爲責任과 因果關係 立證", 법률신문 제1436호(1982년 3월 8일자), 12면; 同, "生産者責任", 판례연구(고려대학교) 제 1 집(1982), 85면 이하 등. 그러나 예를 들면 韓琫熙, "製造物責任에 관한 考察", 사법행정 1977년 8월호, 37면 이하는 이 판결에 전혀 언급하지 않는다.

5) 박사학위논문만을 들면 다음과 같다. 徐圭錫, 제조물책임보험연구, 전북대학교 1979년; 洪天龍, 소비자피해구제에 관한 연구, 경희대학교 1980년; 權英俊, 결함제조물의 민사책임연구, 동국대학교 1986년; 片智娘, 제조물책임, 조선대학교 1987년; 丁海雲, 제조물책임의 법리에 관한 연구, 단국대학교 1987년; 金成倬, 제조물책임에 관한 비교법적 연구, 연세대학교 1992년; 崔秉祿, 제조물책임의 법리와 입법방향에 관한 연구, 경북대학교 1994년; 李震容, 제조물책임의 비교법적 고찰, 영남대학교 1995년; 李正植, 제조물책임의 법리구성과 입법론, 중앙대학교 1995년; 李致泳, 제조물책임입법에 관한 연구, 성균관대학교 1995년; 이정세, 제조물책임소송에 관한 연구, 중앙대학교 1996년 등.

6) 우리나라의 제조물책임법리에 관한 문헌을 포괄적으로 열거하는 자료로서는 우선 延基榮, 생산물손해배상책임법(1999), 377면 이하 참조.

무에서도 일정한 독자적인 법리를 꾸준히 발전시켰다.

그리고 2000년 1월 12일의 법률 제6109호로 「제조물책임법」이 제정되어 2002년 7월 1일부터 시행될 예정으로 있다. 그러므로 현재로서는 아직 이 법이 시행되지 않고 있으며, 여전히 적어도 형식적으로는 민법 제750조가 적용되고 있는 것이다.

3. 이하에서는 우선 제조물책임법이 제정되기까지 특히 판례가 전개된 바의 제조물책임에 관련한 법리를 간단히 살펴보고(Ⅱ), 이어 제조물책임법의 내용을 개관하기로 한다(Ⅲ). 그리고 끝으로 앞으로 남은 과제라고 할 것들에 대하여 덧붙임으로써(Ⅳ) 이 글을 끝맺고자 한다.

Ⅱ. 製造物責任法理의 展開 — 製造物責任法의 制定에 이르기까지

1. 裁判例의 發展

이하에서는 최상급심인 대법원의 판결 중에 주요한 것만을 보기로 한다.

(1) 대판 1977. 1. 25, 77다2092(집 25-1, 21)[7)]

(a) 제조물책임법리의 일정한 특성이 최초로 인정된 대법원 재판례로 알려진 이 판결은, 養鷄業을 운영하는 원고가 피고 경영의

7) 그 전에 대판 1975. 7. 22, 75다844(LX 검색)은, 콜라병 속에 비닐조각이 들어 있다고 이를 확인하려고 들여다 보는 순간 그 병이 폭발하여 부상한 사안에서, 법원은 콜라병 안에 탄산가스를 과다하게 주입한 과실을 인정하여 콜라회사의 책임을 인정한 바 있다. 그러나 이 판결은 통상의 과실불법책임에 관한 일반적 판단틀에 의한 것이다.

사료공장에서 생산된 닭사료를 매입하여 자신이 기르는 닭에게 먹였는데, 그로부터 3, 4일 후부터 "닭들이 심한 탈모현상과 더불어 난소가 극히 위축되고 복강내 침출이 충만되는 등 심한 중독현상을 일으키고 鷄舍당 매일 약 80%에 달하던 산란율이 급격히 저하되기 시작하여 약 10일이 경과한 무렵부터는 약 30% 이하로 떨어져 양계의 경제성이 완전상실되어[자] 끝내는 모두 폐계처분하기에 이른" 사안에 대하여 판단하였다. 원고는 이 사건에서 피고에 대하여 ―계약불이행이 아니라― 불법행위를 이유로 하여 손해배상을[8] 청구하였다.

피고는 다른 점과 아울러 특히 (i) 원고가 피고로부터 구입한 사료에 닭의 생육이나 산란에 유해한 물질이 포함되어 있었다는 점과 (ii) 이 사건 닭의 질환이 피고의 사료에 의하여 일어났다는 점에 대하여 이를 인정할 증거가 없다고 다투었다.

대법원은 이들 점에 대하여 다음과 같이 판단하였다. 즉, "[앞서 본 바와 같은] 사실이 인정된다면 비록 위 사료에 어떠한 불순물이 함유되어 있고 또 그것이 어떤 화학적, 영양학적 내지는 생리적 작용을 하여 이를 사료로 한 닭들이 위와 같은 난소협착증을 일으키게 되고 산란율을 급격히 현저하게 저하케 한 것인지 구체적으로 밝혀지지는 않았지만 적어도 그 사료에 어떤 불순물이 함유된 것이 틀림없어 제조과정에 과실이 있었고 이로 인하여 원고가 사육하던 닭들이 위와 같은 현상을 초래하게 된 것이라는 인과관계는 입증되었다 할 것"이라는 것이다. 그리고 결론적으로 원고의 청구를 인용하였다.

(b) 이 판결은 "그 후의 대법원 및 하급심판례에 지도적 의미를 가지는 것"이라고 평가되고 있다.[9]

이 판결은 무엇보다도 피고의 제조물에 「결함」("어떤 불순물")

---

8) 보다 정확하게 말하면 원고는 이 사건 급식 전의 닭의 시가와 폐사시킨 후 식용 닭으로서의 시가의 차액에 대하여 손해배상을 구하였다.

9) 李英俊, "한국 判例에 있어서 製造物責任", 韓獨法學 제 8 호(1990), 160면.

이[10] 있는 것에[11] 기하여 그 제조자에게 제조과정에 있어서의 「과실」을 인정하고 있다는 점에서 주목된다. 엄밀하게 말하면 그 결함이 제조과정의 어떠한 단계에서 누구의 행위에 의하여 야기되었는지 확정되지 아니하고서는 그 행위자가 「사회생활상 필요한 주의」를 다하였는지 아닌지를 판단할 수 없을 것이다. 이 판결이 과실에 관하여 "입증을 상당히 완화"한 것이라는 이해도 적지 않은데,[12] 여기서는 다른 나라의 예를 보아도 제조물책임법리가 일반적인 불법행위요건의 입증의 완화 또는 입증책임의 전환을 그 중요한 내용의 하나로 하여 전개되었음을 상기하게 된다.[13] 나아가 이 판결은, 그 「결함」이 어떠한 구체적 과정을 거쳐 닭의 질환을 발생시켰는지는 밝혀지지 않았어도 거기서 인정된 사정 아래서는 그 인과관계가 인정된다고 하는데, 이 점도 같은 관점에서 논의될 수 있다.

(c) 이 판결이 제기한 "제조물에 결함 있으면 제조자의 과실이 인정된다"는 논리는 그 후의 재판례에서도 그대로 유지되고 있다.

예를 들면 대판 1983. 5. 24, 82다390등(공보 708, 1008)은, 위 대판 1977. 1. 25.과 유사하게 닭사료를 먹인 결과 닭에게 질환이 발생하여 이들을 폐사시킬 수밖에 없었다는 사안에 대한 것이다. 원심은 피고의 불법행위책임을 인정한 데 반하여, 대법원은 이를 기각하였는데,

10) 구체적으로 어떠한 「결함」이 있었는지가 확정되지 아니하고도 "어떤 불순물"이 있음을 인정함으로써 족하다는 것도 주의할 만하다.

11) 그리고 그 「결함」의 존재를 인정함에 있어서도, 다른 원인을 발견할 수 없기 때문에 「결함」이 인정되지 않을 수 없다는 消去法的 설시를 하고 있다.

12) 李玲愛, "製造物責任法理의 動向", 민사재판의 제문제 제 8 권(1994), 407면(개연성에 입각하여 과실 및 인과관계를 인정하였다고 한다). 그 외에 鄭萬朝(주 4); 金亨培(주 4. 법률신문) 등도 기본적으로 이와 같이 이해하고 있다.

13) 가령 독일에서는 제조물책임에서 입증책임의 전환을 정면으로 인정한 독일연방대법원의 1968년 11월 26일 판결(BGHZ 51, 96) 이전에도, 적어도 외견상으로는 일반불법행위의 판단틀을 유지하면서, 한편으로 소송법상의 「일응의 증명」 또는 표견증명의 이론과 다른 한편으로 실체법상의 거래안전의무, 특히 "제조과정상의 조직을 적합하게 할 의무"의 위반을 결합시킴으로써 문제를 해결하여 왔던 것으로 생각된다.

양자의 결론이 다르게 된 분기점은 피고가 제조·공급한 물건에 「결함」이 있었는가 여부이다.[14] 요컨대 결정적인 쟁점은 「결함」이 인정되는가 여부이고, 민법 제750조에서 요구하고 있는 「과실」은 과격하게 말하면 하나의 가장이유에 불과하다고까지 말할 수 있을 것이다.

한편 대판 1979. 3. 27, 78다2221(LX 검색)은, 피고가 산소통으로 오해될 수 있는 용기에 질소를 넣어 병원에 공급하여 법원이 이를 산소로 오인하여 환자에게 마시게 함으로써 환자가 사망한 사안에서 법원이 가스통의 도색과 글씨가 산소와 질소를 구분하기 어렵게 되었다는 것을 들어 원고의 청구를 인용하였다. 이 판결은 통상 다른 재판례에서 문제된 제조상의 결함만이 아니라 표시상의 그것도 「결함」의 한 유형으로 인정한 것으로 이해되고 있다.

(2) 대판 1979. 12. 26, 79다1772(판례월보 119, 17)

이 판결은 만 6세의 어린이가 문방구점에서 구입한 교육용 주사기를 가지고 놀다가 주사기의 바늘구멍이 막히자 눈 앞에 대고 주사기를 압축하는 순간 공기압력에 의하여 바늘이 튕겨 나와 왼쪽 눈이 손상된 사안에 대한 것이다.

원고 측의 손해배상청구는 결국 인용되었는데, 주목할 것은 법원이 "제조업자가 결함 없는 제품을 만들어 그 주사기 사용으로 인하여 발생하는 사고를 미연에 방지할 주의의무가 있"음을 정면으로 설시하였다는 점이다. 결국은 이는 민법 제750조에서 요구되는 「과실」을 인정하기 위한 전제가 되는 주의의무를 「결함」에 직결시키는 것으로서, 이에 의하여 종전에 단지 과실의 입증을 완화한다는 말하자

14) 그 이전에 대판 1976. 9. 14, 76다1269(공보 546, 9350)은 원고 측이 병원균에 오염된 채혈병에 담긴 혈액을 수혈받던 중 그 병원균으로 말미암아 쇼크사하였다고 주장한 것을 그 채혈병이 원래 오염되어 있었다고 인정할 증거가 없고 또 원고 측이 주장하는 병원균이 당해 쇼크사를 일으킬 만한 것인지도 인정할 수 없다는 이유로 청구를 기각한 것은 이와는 다른 관점에서 이해되어야 할지 모른다.

면 소송법적 장치와는 별도로 실체법상으로도 독자적인 제조물책임을 인정하기 위한 전제를 갖추게 되었다고 평가할 수 있다.[15)]

(3) 대판 1992. 11. 24, 92다18139(집 40-3, 158)

(a) 이 판결은 변전소 내에 설치된 변압변류기가 폭발하여 화재를 일으킨 사안에 대한 것이다. 여기서 대법원은 "물품을 제조하여 판매하는 제조자는 제품의 구조, 품질, 성능 등에 있어서 현대의 기술수준과 경제성에 비추어 기대가능한 범위 내의 안전성과 내구성을 갖춘 제품을 제조하여야 할 책임이 있고, 이러한 안전성과 내구성을 갖추지 못한 결함 내지 하자로 인하여 소비자에게 손해가 발생한 경우에는 계약상의 배상의무와는 별개로 불법행위로 인한 배상의무를 부담한다"는 법리가 그 일반적 모습으로 정면에서 판시되기에 이르렀다.

위의 판단은 이미 민법 제750조에서 불법행위책임의 요건으로 정하고 있는「과실」등에는 전혀 언급하지 아니한다. 이 판결은 종전에 법원실무가 행하여 왔던 제조물의 결함으로 인한 책임에 대하여 그 발전의 종국적인 모습을 보여주는 것이라고 할 수 있다.

그리고 이 판결은「결함」의 존재 여부를 판단함에 있어서, 변압변류기에 있어서 기술적으로 가능한 최적의 기능상태에서의 내구연

---

15) 이에 대하여는 이미 梁彰洙, "제조물책임", 서울대학교 법학연구소 제 3 기 사법발전연구과정(1990년 4월) 강의원고(同, 民法散考(1998), 294면 이하 所收)에서 밝힌 바 있다. 즉 "결국 대법원의 태도는 다음과 같이 요약될 수 있을 것이다. 제조물에 결함이 있다고 있다는 것이 확정되는 한, 그리고 그 결함이 손해발생의 원인임이 인정되는 한, 그 제조자인 피고의 불법행위책임은 긍정된다. … 이 결함의 입증 자체에 관련하여서도 그 결함이 구체적으로 어떠한 것인가를 밝힐 필요는 없으나, '어떠한 결함(etwas Fehlerhaftes)'이 있다는 것은 일응 증명될 것이 요구된다. 이와 같이 대법원의 태도를 솔직하게 정면에서 관찰하면, 실질적으로는「결함」의 존재 여부가 사건 처리의 결론을 좌우하고 있다는 점을 우선 확인하여 둘 필요가 있는 것이다. 그리고 이 점이 —다른 나라의 경우에도 그러하였거니와— 우리나라에서 제조물책임의 법리가 독자적으로 형성되어 갈 수 있는 출발점을 이룬다고 하겠다."(위 民法散考, 306면)

한이 얼마인가를 파악한 다음 그 내구연한이 경과하기 전에 그 기능 부전으로 사고가 발생하였다는 것으로부터 결함의 존재를 「추정」하고 있는 점도 결함의 입증과 관련하여 주의를 끈다.

(b) 그리하여 제조물책임에 관한 그 때까지의 법원실무에 대하여 "우리나라의 판례[는] … 제조물책임에 관한 한 결함 없는 제품을 만들어 사고를 미연에 방지할 의무를 부여하고 일정한 경우에 결함은 물론 결함과 손해발생과의 인과관계의 추정을 인정하는 방향으로 법을 운용함으로써 사실상 제조물책임에 관하여 엄격책임의 기틀을 형성하[였]다"(점선은 생략부분, 꺾음괄호는 인용자가 부가한 부분을 가리킨다. 이하 같다)고 요약하는 발언이 행하여질 수 있었던 것이다.[16] 그로부터 제조물책임법의 입법까지는 실제로 별로 멀리 떨어진 것은 아니라고 할 수 있을 것이다.

(4) 대판 2000. 2. 25, 98다15934(공보 2000상, 785)

이 판결은 텔레비전이 시청 중 발화·폭발하여 주택 내부를 소실시킨 사안에 대한 것이다.[17] 원고 측은 그 텔레비전을 약 6년 전에 신품으로 매입하여 아무런 변개를 가한 바 없이 사용하여 왔는데, 그 품종에 대하여 그 내구연한이 구입일로부터 5년으로 제조자에 의하여 정하여졌다는 것이다.

대법원은 앞의 (3)에서 본 대판 1992. 11. 24.의 제조물책임에 관한 추상론을 반복한 다음, 특히 결함의 입증과 관련하여 다음과 같이 설시한다.

"텔레비전이 정상적으로 수신하는 상태에서 발화·폭발한 경우

---

16) 李玲愛(주 12), 408면.

17) 이 판결을, 일본에서 사무실의 화재가 텔레비전의 발화로 인한 것인가가 문제되어 결국 텔레비전의 결함, 나아가 그 제조자의 불법행위책임이 인정된 大阪地判 1994(平成 6). 3. 29(判例時報 1493, 29)과 대비하여 읽어보는 것은 흥미로운 일이다.

에 있어서는, 소비자측에서 그 사고가 제조업자의 배타적 지배하에 있는 영역에서 발생한 것임을 입증하고, 그러한 사고가 어떤 자의 과실 없이는 통상 발생하지 않는다고 하는 사정을 증명하면, 제조업자측에서 그 사고가 제품의 결함이 아닌 다른 원인으로 말미암아 발생한 것임을 입증하지 못하는 이상, 위와 같은 제품은 이를 유통에 둔 단계에서 이미 그 이용시의 제품의 성상이 사회통념상 당연히 구비하리라고 기대되는 합리적 안전성을 갖추지 못한 결함이 있었고, 이러한 결함으로 말미암아 사고가 발생하였다고 추정하여 손해배상책임을 지울 수 있도록 입증책임을 완화하[여야 한다.]"[18]

결국 이 판결은 피해자에게 보험금을 지급하여 그의 손해배상청구권을 보험자대위로 취득한 보험회사의 청구를 인용하였다.[19] 이 판결은 우리나라에서 법원실무가 취하는 제조물책임에 대한 태도를 종국적으로 보여주는 것이라고 할 수 있다.

18) 이와 같이 입증의 완화가 인정되어야 하는 이유를, "물품을 제조·판매한 자에게 손해배상책임을 지우기 위하여서는 결함의 존재, 손해의 발생 및 결함과 손해의 발생과의 사이에 인과관계의 존재가 전제되어야 하는 것은 당연하지만, 고도의 기술이 집약되어 대량으로 생산되는 제품의 경우, 그 생산과정은 대개의 경우 소비자가 알 수 있는 부분이 거의 없고, 전문가인 제조업자만이 알 수 있을 뿐이며, 그 수리 또한 제조업자나 그의 위임을 받은 수리업자에 맡겨져 있기 때문에, 이러한 제품에 어떠한 결함이 존재하였는지, 나아가 그 결함으로 인하여 손해가 발생한 것인지 여부는 전문가인 제조업자가 아닌 보통인으로서는 도저히 밝혀 낼 수 없는 특수성이 있어서 소비자측이 제품의 결함 및 그 결함과 손해의 발생과의 사이의 인과관계를 과학적·기술적으로 완벽하게 입증한다는 것은 지극히 어[렵다]"라고 설명하고 있다. 이러한 입증의 완화는 그 전에 대판 1984. 6. 12, 81다558(집 32-3, 53) 등이 공해소송에서, 대판 1995. 2. 10, 93다52402(집 43-1, 51) 등이 의료과오소송에서 각 인정하는 바이다.

19) 이 판결은 내구연한의 경과와 관련하여서는, 텔레비전과 같이 널리 보급되고 통상 위험한 물건으로 인식되지 않는 가전제품에 대하여는 제조업자가 "그 내구연한이 다소 경과된 이후에도 제품의 위험한 성상에 의하여 소비자가 손해를 입지 않도록 그 설계 및 제조과정에서 안전성을 확보해야 할 고도의 주의의무를 부담한다"고 판단하고 있다.

2. 立法化의 움직임

2000년 1월에 제정되기 전에도 제조물책임에 관한 입법이 필요하다는 주장이 꾸준히 제기되었고, 특히 소비자보호원을 중심으로 하여 입법제안도 여러 차례에 걸쳐 행하여졌다.[20] 그리고 실제로 1982년 초에는 국회에 議員立法案으로 제조물책임법이 제안되었으나,[21] 이는 입법화가 되지 못하였었다.

그런데 앞서 말한 대로 2000년 1월에 제조물책임법이 제정되었고 그 시행시기는 2002년 7월 1일로 정하여졌다(동법 부칙 제1항). 그 입법작업은, 우리나라가 우루과이라운드의 타결과 함께 창설된 세계무역기구(WTO)에 가입함으로써 시장이 전면적으로 개방된 1996년부터 상품과 용역의 거래가 국제화됨으로써 우리의 주된 교역대상국인 미국, 일본 또는 유럽의 여러 국가에서 인정되고 있는 제조물책임법리가 우리나라에서도 명확하게 법으로 정하여질 필요가 제기됨에 따라 급속하게 진전된 것이다.[22] 그리고 실질적으로는 위의 1.에서 본 대로 이미 법원실무가 독자적인 제조물책임법리를 확고하게 인정하고 있었으며, 따라서 이 입법은 당시 이미 존재하던 제조물책임법리의 성문화로도 이해될 수 있다.[23]

---

20) 李相程·朴仁燮, 제조물책임에 관한 연구, 소비자보호원 연구보고서 89-03(1989); 康昌景·崔秉祿·朴熙主, 제조물책임법의 제정에 관한 연구, 소비자보호원 연구보고서 94-03(1994) 등.

21) 1982년 2월 19일 제110회 임시국회에 議案 제231호로 제안되었다고 한다. 그 案의 내용은 康昌景 등(前註), 281면 이하에 수록되어 있다.

22) 제조물책임법이 제정되기까지의 직접적 경과(단 법안의 입법예고까지)에 대하여는 우선 강창경·박성용·박희주, 제조물책임법의 입법방향 —설문조사와 입법논의—, 소비자보호원연구보고서 99-03(1999.9) 참조.

23) 그리하여 실무가 중에는 제조물책임은 법원실무가 운용하는 선에서 처리하는 것이 바람직하고 이에 관한 별도의 법률은 적어도 당장은 이를 제정할 필요가 없다는 견해도 있었다. 예를 들면 李玲愛(주 12), 409면 이하는, 종전의 입법제안이 소비자보호에 치우친 나머지 산업정책과의 조화를 이루는 데에는 무관심함을 드러내고 있는데 우리의 경제사정 아래서는 "기업의 국제경쟁력 제고가 보다 높은 우선순위를 점하고 있"어야 하며, 또 "우리 현실을 토대로 한 법

Ⅲ. 製造物責任法의 內容

1. 製造物責任法의 骨格

그 주요한 내용은 다음과 같다.

(i) 제조자의 과책의 유무 및 그와 피해자 간의 계약관계의 존부를 묻지 않고 「결함」만을 책임발생요건으로 하여, 제조자는 손해배상책임[24]을 진다(법 제3조 제1항).

(ii) 이 법의 규율대상이 되는 「제조물」이란 "제조 또는 가공된 동산"이라고 정하고 있으며, 그러한 동산이 "다른 동산이나 부동산의 일부를 구성하는 경우를 포함"한다고 한다(제2조 제1호).

(iii) 결함은 종국적으로는 "통상적으로 기대할 수 있는 안전성이 결여되어 있는 것"으로 정의되고 있다(법 제2조 제2호).

그리고 그에 앞서서 결함의 개별유형으로 "제조상의 결함", "설계상의 결함", "표시상의 결함"을 열거하고 그 각각을 다음과 같이 정의하고 있다.

> 가. "제조상의 결함"이라 함은 제조업자의 제조물에 대한 제조·가공상의 주의의무의 이행여부에 불구하고 제조물이 원래 의도한 설계와 다르게 제조·가공됨으로써 안전하지 못하게 된 경우를 말한다.
>
> 나. "설계상의 결함"이라 함은 제조업자가 합리적인 대체설계를

률이론이 발전할 수 있도록 기회를 주어야 한다"는 등의 이유로, "제조물책임에 관한 입법의 시기에 관하여 … 아직 그 때가 이르지 않았다고 본다"고 결론짓는다. 한편 일본에서는 제조물책임법의 입법과정에서, 종래의 과실개념에 갈음하여 「결함」의 개념을 도입하는 것만으로는 판례에서 인정되는 태도와 결론적으로 크게 다를 바 없어서 그 법이 법상태에 큰 변화를 가져온다고 하기는 어렵지 않은가 하는 견해가 피력된 바 있다. 內田貴, "管見 「製造物責任」(1)-(4·完)", NBL 494호 내지 497호(1992) 참조.

24) 다만 당해 제조물 자체에 대한 손해는 이 법의 적용을 받지 아니한다(법 제3조 제1항).

채용하였더라면 피해나 위험을 줄이거나 피할 수 있었음에도 대체설계를 채용하지 아니하여 당해 제조물이 안전하지 못하게 된 경우를 말한다.

다. "표시상의 결함"이라 함은 제조업자가 합리적인 설명·지시·경고 기타의 표시를 하였더라면 당해 제조물에 의하여 발생될 수 있는 피해나 위험을 줄이거나 피할 수 있었음에도 이를 하지 아니한 경우를 말한다.

(iv) 이 법에 의한 책임을 지는 자("제조업자")는, ① 제조물의 제조·가공 또는 수입을 업으로 하는 사람 및 ② 제조물에 성명·상호·상표 기타 식별가능한 기호 등을 사용하여 자신을 위 ①의 사람으로 표시한 사람 또는 그러한 사람으로 오인시킬 수 있는 표시를 한 사람이다(법 제2조 제3호).

그런데 위와 같은 제조업자를 알 수 없는 경우에는 보충적으로 "제조물을 영리 목적으로 판매·대여 등의 방법에 의하여 공급한 자"가 책임을 지게 될 수도 있다. 이 보충적 책임은, 그가 "제조업자 또는 제조물을 자신에게 공급한 자를 알거나 알 수 있었음에도 불구하고 상당한 기간 내에 그 제조업자 또는 공급한 자를 피해자 또는 그 법정대리인에게 고지하지 아니"하였던 때에 인정된다(법 제3조 제2항). 이는 피해자가 제조물의 유통과정의 단초에 있는 제조업자를 탐색해 내지 못한 경우에 대비하여 인정되는 중간자들의 간접적 책임으로 이해될 수 있을지 모른다.

(v) 면책사유로는, ① 제조업자가 당해 제조물을 공급하지 아니한 것, ② 제조업자가 당해 제조물을 공급한 때의 과학·기술수준으로는 결함의 존재를 발견할 수 없었던 것,[25] ③ 소위 강제규정 준수

25) 이는 이른바 「개발위험의 항변」을 정한 것으로 설명되고 있다. 延基榮(주 6), 371면 참조. 同所는, "당해 결함의 유무의 판단에 필요하게 되는 입수가능한 최고 수준의 지식에 비추어 결함이라는 것을 인식할 수 없었음을 증명하는 것이 필요하다"고 한다.

의 항변, 즉 “제조물의 결함이 제조업자가 당해 제조물을 공급할 당시의 법령이 정하는 기준을 준수함으로써 발생”한 것, ④ 원재료 또는 부품의 결함으로 인한 책임이 문제된 경우에 관하여 그 결함이 당해 원재료 또는 부품을 사용한 제조물 제조업자가 행한 설계 또는 제작에 관한 지시로 말미암아 결함이 발생하였다는” 것의 넷을 정하고 있다(법 제 4 조 제 1 항).

다만 이 법에 의한 책임을 지는 사람이 제조물의 공급 후에 결함의 존재를 알거나 알 수 있었음에도 그 결함에 의한 손해의 발생을 방지하기 위한 적절한 조치를 취하지 아니한 때에는 위의 ②부터 ④까지의 면책사유를 주장할 수 없다(법 제 4 조 제 2 항).

(vi) “동일한 손해에 대하여 배상할 책임이 있는 자가 2인 이상인 경우에는 연대하여 그 손해를 배상할 책임을 진다”(법 제 5 조).

(vii) 이 법에 의한 책임을 면제하거나 제한하는 약정은 일반적으로 금지된다(법 제 6 조 본문). 다만 “자신의 영업에 이용하기 위하여 제조물을 공급받은 자가 자신의 영업용 재산에 대하여 발생한 손해에 관하여 그와 같은 특약을 체결한 경우”는 예외이다(동조 단서).

(viii) 이 법이 정하는 청구권은, 우선 제조물을 공급한 때로부터 10년 내에 행사되어야 하는데(법 제 7 조 제 2 항 본문),[26] 나아가 피해자나 그 법정대리인이 손해 및 제조물책임을 지는 사람을 안 날부터 3년간 이를 행사하지 아니하면 “시효로 인하여 소멸한다”(동조 제 1 항).

(ix) “제조물의 결함에 의한 손해배상책임에 관하여 이 법에 규정된 것을 제외하고는 민법의 규정에 의한다”(법 제 8 조).

---

26) 한편 그 기간의 기산점에 대하여는 “신체에 누적되어 사람의 건강을 해하는 물질에 의하여 발생한 손해 또는 일정한 잠복기간이 경과한 후에 증상이 나타나는 손해에 대하여는 그 손해가 발생한 날부터 기산한다”는 규정을 두고 있다(법 제 7 조 제 2 항 단서).

2. 약간의 附加的 說明

아래에서 몇 가지 사항에 대하여 부가적으로 설명하기로 한다. 우리나라의 제조물책임법은 일견하여 알 수 있는 대로 EC입법지침(이하 단지 「지침」이라고만 한다)[27] 및 그에 좇아 입법된 유럽 여러 나라의 제조물책임법, 나아가 일본의 제조물책임법의 영향을 받은 바 적지 않으므로, 그 설명에 있어서는 그 지침 또는 그들 제조물책임법(특히 독일, 프랑스,[28] 일본)과 대비하여 보는 경우가 적지 않다.

(1) 제조물책임법에 의하여 제조물책임을 발생시키는 제조물의 범위에 대하여.

(a) 우리나라의 제조물책임법에서는 "제조 또는 가공된 동산"이기만 하면 이 책임을 발생시킨다. EC입법지침 제2조에서는 원칙적으로 책임이 배제되고 있는[29] "토지의 산출물, 축산물, 수렵물 및 수산물"도 그것이 가공된 것인 한 우리 법에서는 이에 해당한다. 원재료나 부품의 제조자도 그 원재료나 부품에 존재하는 결함으로 발생한 손해에 대하여 이 법에 의한 배상책임을 진다(법 제4조 제1항 제4호도 참조). 또한 전기나 가스 등과 같은 "관리할 수 있는 자연력"(민법 제98조)도 동산으로 생각되고 있으므로, 역시 이에 해당한다. 다만 미가공의 농산물·축산물·수산물·임산물 등은 이 책임을 발생시키지 않는다.

해석론적으로 특히 논의될 여지가 있는 것은, 혈장·혈액이나 장

---

27) 「결함제조물의 책임에 관한 회원국의 법률, 규칙 및 행정규정의 조정을 위한 1985년 7월 25일의 이사회지침」. 이에 대하여는 우선 韓琫熙, 제조물책임법론(1997), 131면 이하 참조(同書, 597면 이하에 EC입법지침의 英語原文이 번역과 함께 수록되어 있다).

28) 특히 그동안 우리나라에서 별로 소개되지 않는 프랑스의 제조물책임입법에 대하여는 梁彰洙, "프랑스의 새로운 製造物責任立法", 人權과 正義 제278호(1999. 10), 64면 이하 참조.

29) 다만 그 제15조 제1항 (a)호에서 회원국이 이들을 제조물의 개념에 포함시키는 입법을 할 수도 있다고 정하고 있다.

기 등과 같은 인체의 구성부분이나 인체로부터의 산물에 대하여도 제조물책임법이 적용되는가 하는 점일 것이다.[30]

(b) 한편 부동산에 대하여도 특히 분양주택에 대하여는 이 법이 적용되어야 한다는 주장이 있었으나,[31] 이는 채택되지 않았다.

(2) 이 법에 의하여 책임을 지는 사람(책임주체) 또는 그 책임을 물을 수 있는 사람('피해자')에 대하여.

(a) 완제품뿐만 아니라 원재료 및 부품의 제조자, 나아가 "제조물에 스스로를 제조자로 표시한 자"(이른바 표시상의 제조자)를 책임주체에 해당하도록 하는 것은 EC입법지침과 일치한다(지침 제3조 제1항, 제2항. 독일의 제조물책임법 제4조 제1항, 제2항도 같다). 그런데 프랑스의 제조물책임법은 그 외에 "매도인, 임대인, 기타의 모든 사업적 공급자"에게도 제조물책임을 부담시키며(프랑스민법 제1386조의7 제1항),[32] EC입법지침이나 독일법에서는 제조자를 앞서 본 기준에 의하여 확정할 수 없는 경우에는 말하자면 보충적으로 "공급자"가 제조자로 간주된다고 정한다(지침 제3조 제3항 제1문, 독일법 제4조 제3항 제1문).

우리 법은 이와 관련하여 "제조물의 제조업자를 알 수 없는 경우 제조물을 영리 목적으로 판매·대여 등의 방법에 의하여 공급한

30) 프랑스의 제조물책임법에서는 이들에 대하여도 그 법의 적용을 정면에서 긍정하고 있다(프랑스민법 제1368조의12 제1항 참조).

31) 康昌景 등(주 20), 43면("부동산 중 대량으로 공급되는 분양주택의 경우에는 우리나라의 공급관행이나 거래실태에 비추어 공급받은 자가 일일이 그 결함 여부를 판단하기 어렵기 때문에 이를 [법의 적용을 받는] 제조물에 포함시켜야 할 것으로 생각된다"). 한편 李相程 등(주 20), 85면은, 부동산을 포함시키는 것에 반대한다("부동산의 결함은 … 건축한 자의 시공상의 과오나 결함 있는 물건을 사용하여 건축한 자의 자재선택상의 과오 혹은 결함 있는 물건을 공급한 자의 책임(제조물책임)을 물음으로써 해결이 가능하다. 또 동산의 경우와 같이 제조자와 사용자 간의 계약관계의 단절도 생각하기 힘들다").

32) 제외되는 것은 리스업자 또는 그와 유사한 임대인뿐으로, 그들은 단지 資金供給機關일 뿐이고 물건의 제조나 판매와는 무관하다는 고려에 의한 것이다.

자는 제조물의 제조업자 또는 제조물을 자신에게 공급한 자를 알거나 알 수 있었음에도 상당한 기간 내에 그 제조업자 또는 공급한 자를 피해자 또는 그 법정대리인에게 고지하지 아니한 때"에는 그 공급자가 제조물책임을 져야 한다고 규정한다(법 제 3 조 제 2 항). 즉 제조자를 알 수 없는 때에는 공급자가 원칙적으로 제조물책임을 지도록 하는 것이[33] 아니라, 일정한 적극적 요건이 갖추어진 경우에 한하여 책임을 지도록 한 것이다. 여기서 "대여 등의 방법에 의하여 공급한 자" 중에 예를 들어 리스업자가 포함될 것인지는 문제이나, 아마도 부정되어야 하지 않을까?

(b) 한편 우리 법은 그에 기한 책임을 지는 사람을 제조물의 제조 등을 "업으로 하는 자"에 한정하며, 또 그 책임주체를 「제조업자」라고 부른다.[34] 이 용어법은 일본법과 태도를 같이하는 것인데, 내용적으로는 프랑스도 "사업적으로(à titre professionnel) 활동하는" 제조자를 책임주체로 하고 있다(프랑스민법 제1368조의6 제 1 항). 또 독일도 지침 제 7 조 (c)호에 좇아 면책사유의 하나로 "제조자가 매도 또는 경제적 목적을 갖는 기타 형태의 판매를 위하여 제조물을 제조한 것이 아니며 또한 경영활동의 범위 내에서 제조하거나 유통시킨 것이 아닌 경우"를 정하여(제 1 조 제 2 항 제 3 호) 크게 다를 바 없는 취지를 정하고 있다. 여기서 「업으로」란 제조 등의 행위를 영리를 얻을 목적으로 계속적으로 반복하는 것을 의미할 것이다.

그런데 우리 법은 일본법에서와는 달리 "당해 제조물의 제조, 가공, 수입 또는 판매에 관련한 형태 기타의 사정에 비추어 당해 제조물에 그 실질적인 제조업자라고 인정할 수 있는 성명 등의 표시를

33) 국회에 제안된 製造物責任法案은 그러한 태도를 취하고 있었다(법안 제 3 조 제 2 항 본문). 그리고 同項 단서는 "다만 상당한 기간 내에 피해자 또는 그 법정대리인에게 제조물의 제조자 또는 제조물을 자기에게 공급한 자를 고지한 경우에는 그러하지 아니하다"라는 예외를 정하고 있었던 것이다.

34) 일본의 제조물책임법 제2조 제3항도 같은 태도를 취한다.

한 자"(일본법 제 2 조 제 3 항)를 따로 책임주체로 규정하지 않았다. 이는 제 2 조 제 3 호 나목의 제 2 경우("[동호 가목의 제조업자로] 오인시킬 수 있는 표시를 한 자")에 의하여 처리될 수 있다고 보았기 때문인지도 모른다.

(c) 한편 우리 법은 그 법의 적용을 받는 피해자를 「소비자」나 「최종 소비자」나 「자연인」이나 「非商人」 등으로 한정하지 아니한다. 따라서 재판매 등 영업을 위하여 또는 영업용 설비로 사용하기 위하여 물품을 구매한 사람도 —법인을 포함하여— 이 법에 의하여 제조자에게 책임을 물을 수 있다. 그렇게 보면 이미 우리의 제조물책임법이, 예를 들면 「약관의 규제에 관한 법률」 제 1 조와는 달리, 그 법목적으로 '소비자의 보호'를 들지 않는 것도 이유가 없지는 않은 것이다.

(3) 제조물책임의 요건의 입증책임에 대하여.

이에 대하여는 별도의 규정을 두지 아니하였다. 지침 제 4 조나 프랑스민법 제1386조의9는 손해, 결함 및 인과관계의 입증책임을 원고에게 부담시키는 것으로 정하고 있고, 우리나라의 입법제안 중에는 오히려 결함의 존재와 인과관계에 대하여 이를 추정하는 것에 관한 규정을 두자는 것이 있었으나,[35] 그 어느 방향도 택하지 아니한 것이다.

이는 우리나라의 책임법규정이 일반적으로 입증책임에 관련한 규정을 두는 것에 소극적이라는 것과 연관이 있을지도 모른다. 그러

35) 예를 들면 康昌景 등(주 20), 214면 이하, 284면은, 우선 결함의 존재에 대하여는 예를 들면 "제조물을 적정하게 사용하였음에도 그 사용에 의하여 손해가 발생한 경우에는 그 손해가 적정한 사용에 의하여 통상 생길 성질의 것이 아닌 때" 등의 경우에, 나아가 인과관계에 대하여는 "제조물에 결함이 있는 경우에 그 결함으로 인하여 생길 수 있는 손해와 동일한 손해가 발생한 때"에 각각 이를 추정하도록 하는 규정을 제안하고 있다. 이는 일본의 私的인 연구모임인 제조물책임연구회가 1975년 10월에 제안한 「제조물책임법요강시안」(韓琫熙(주 27), 672면 이하 所載)의 제 5 조 및 제 6 조와 동일한 내용이다.

나 이에 대한 별도의 규정이 없어도, 우리나라의 법원이 이에 관련하여 취하고 있는 태도(앞의 Ⅱ. 1. (1)이나 (4) 참조), 즉 일정한 내용의 입증완화는 이 법의 규정을 운용함에 있어서도 여전히 유지되리라고 생각된다. 그러므로 위 입법제안과 같은 입증책임의 전환은 아니라도, 법원의 자유심증에 기한 사실인정의 범위 내에서 그 내용은 그대로 실현되는 경우가 적지 않을 것이다.

(4) 면책사유에 대하여.

(a) 지침 제 6 조, 독일의 제조물책임법 제 1 조 제 2 항 제 2 호, 프랑스민법 제1368조의11 제 1 항 제 2 호 등이 정하는 면책사유, 즉 "제반 사정을 고려할 때, 손해를 발생시킨 결함이 제조자가 제조물을 유통시킬 당시에 존재하지 아니하였다고 또는 그 결함이 그 후에 발생하였다고 평가할 이유가 있는 것"을 우리 법은 면책사유로 정하지 아니하였다. 그러나 이는 제조자가 「공급」한[36] 후에 발생한 결함에 대하여도 책임을 진다는 취지는 아니라고 할 것이다.

(b) 우리 법 제 4 조 제 2 항은 4가지의 면책사유(앞의 1. (v) 참조) 중 제조자가 공급하지 아니하였다는 것을 제외한 나머지 셋은, "제조물의 공급 후에 결함의 존재를 알거나 알 수 있었음에도 그 결함에 의한 손해의 발생을 방지하기 위한 적절한 조치를 취하지 아니한 때"에는 이를 주장할 수 없다고 정한다(법 제 4 조 제 2 항). 이와 같은 규정은 지침이나 독일법·일본법에는 없고, 프랑스법에서는 "제조물이 유통된 때로부터 10년 내에 결함이 드러난(révélé) 경우에, 제조자가 그 결함으로 인한 유해한 결과발생을 방지하기 위한 적절한 조치를 취하지 아니하였던 때"에는 개발위험의 항변 및 강제규정 준수의 항변을 할 수 없다고 정하고 있다(프랑스민법 제1368조의12 제 2 항).

---

36) 이 「공급」의 의미 또는 그 구체적인 시점에 대하여는 더욱 논의를 요한다.

위 규정은 ① 그 기간을 제한하지 않고, 특히 ② 결함의 존재를 알게 된 경우뿐만 아니라 "알 수 있었"을 때, 즉 過失로 알지 못한 경우에도 면책사유를 주장할 수 없다고 정하는 점에서 매우 특색 있는 것이라고 생각된다. 이로써 예를 들면 독일의 제조물책임법리에서 일반불법행위법에 의하여 인정되나 그 범위에 대하여는 극히 다양한 견해가 제시되고 있는 이른바 제조물계속감시의무 내지 제조물관찰의무(Produktbeobachtungspflicht)[37]가 법정된 것이라고 할 수 있다. 여기서 「손해의 발생을 방지하기 위한 적절한 조치」에는 우선 결함의 존재를 주지시키고 이에 대처하는 방법을 알리는 것 등이 우선 생각되고, 경우에 따라서는 이른바 리콜(recall)을 통하여 무상수리를 하거나 결함 없는 물건으로 교체하는 것도 포함될 것이다. 이 규정은 그 운용에 따라서는 산업계에 심대한 부담을 줄 가능성이 있는 것으로, 앞으로의 전개가 주목된다.

(5) 책임의 내용에 대하여.

(a) EC입법지침은 결함제조물로 인한 손해배상의 내용과 관련하여, 人損은 당연히 그 책임범위에 포함되는 것으로 하고 있으나 (제 9 조 (a)호), 物損에 대하여는 그 물건이 통상적으로 또는 주로 개인적 용도에 쓰여지는 것인 경우에 한하여 이를 그 배상범위에 포함시키고, 영업적 용도에 이용되는 것인 경우에는 이를 배제하고 있다 (동조 (b)호).[38] 또한 그 지침은 500ECU[39]를 넘는 物損에 대하여만 제

37) 이에 대한 독일문헌으로 우선 *Michaelski*, Produktbeobachtung und Rückrufpflicht des Produzenten, *BB* 1988, 961 참조. 그 전에 나온 독일연방대법원의 기준적 판결로 BGHZ 80, 199; BGHZ 99, 167도 참조.

38) 이러한 손해에 대하여는 일반적 불법행위책임에 의한 救濟를 예정하고 있는 것이다.

39) 이는 European Currency Unit의 약어로서, 1979년 3월 13일에 유럽공동체가 회원국 공통의 계산단위로 채택한 가상의 통화이다. 이는 1999년 1월 1일에 이르러 실제의 화폐인 「유로」와 1:1 비율로 교체되었다. 따라서 본문의 500ECU는 대체로 500유로 정도라고 생각될 수 있다.

조물책임을 인정한다(동호).[40)]

그러나 우리 법은 이러한 제한을 전혀 두지 아니하여 법 제3조 제1항은 인손은 물론이고 물손에 대하여도 제한 없이 엄격한 제조물책임을 과한다("생명, 신체 또는 재산에 손해를 입은 자에게 …"). 그리고 "자신의 영업에 이용하기 위하여 제조물을 공급받은 자"가 물건을 구입하였는데 그 하자로 손해를 입은 경우에도 제조물책임법에 의하여 배상되도록 하는데(이에 대하여는 앞의 (2)(c) 참조), 다만 그 경우에 그 자가 입은 영업용 재산에 대한 손해에 관하여는 책임제한약정을 하는 것을 허용하였다(법 제6조 단서). 이는 프랑스법(프랑스 민법 제1368조의2, 제1368조의15 제2항 참조)이나 일본법과 태도를 같이하는 것이다.

(b) 나아가 우리 법은 책임최고액의 제한을 정하지 않는다. EC입법지침 제16조는 회원국이 동일한 제품의 동일한 결함으로 인한 손해에 대하여 인손의 경우에는 도합 7천만ECU의 한도에서만 책임을 지도록 규정할 수 있는 입법재량을 인정하였다. 그리하여 예를 들면 독일 제조물책임법은 이에 좇아 책임최고액을 1억6천만마르크로 제한하고 각 피해자의 배상청구권액의 총계가 이를 넘을 때에는 각자의 액에 비례하여 안분하도록 하는 규정을 두고 있다(동법 제10조). 이러한 총액제한을 우리 법은 규정하지 않았다. 전통적으로 위험책임의 영역에서 책임액 제한을 인정하지 않았다고 하는 프랑스법은 물론이고 일본법도 같은 입장이다.

(c) 이 법에 기한 청구권의 소멸시효 등에 대하여.

우선 법 제7조 제1항이 "피해자 또는 그 법정대리인이 손해 및 제3조의 규정에 의하여 손해배상책임을 지는 자를 안 날로부터 3년"의 단기소멸시효기간을 정하고 있는 것은 불법행위로 인한 손해

---

40) 이러한 지침규정에 좇아 가령 독일의 제조물책임법 제11조는 1125마르크까지의 物損에 대하여는 피해자 스스로 부담하도록 정한다.

배상청구권 일반에 대한 민법 제766조 제 1 항의 규정과 같은 내용이라고 할 것이다.

나아가 법 제 7 조 제 2 항 본문은 공급 후 10년 내에 그 권리를 "행사하여야 한다"고 정한다. 민법 제766조 제 2 항은 "불법행위를 한 날로부터 10년을 경과한 때에도 **전항과 같다**"고 정하고 있어서, 학설상 반대의 견해가 없는 것은 아니지만, 적어도 판례는 확고하게 그 기간의 성질을 소멸시효라고 한다.[41] 그러나 일반적으로 우리 법에서 권리의 행사기간을 정하면서 「시효」라는 문언이 쓰여지지 않고 단지 일정한 기간 내에 "행사하여야 한다"고 정하는 경우에는 이를 제척기간으로 보고 있으므로,[42] 위의 법 제 7 조 제 2 항의 기간은 역시 이를 제척기간으로 보아야 하는가 의문이 제기된다.

또한 동항 단서는 "신체에 누적되어 사람의 건강을 해하는 물질에 의하여 발생한 손해 또는 일정한 잠복기간이 경과한 후에 증상이 나타나는 손해"에 대하여는 그 손해가 발생한 날로부터 기산한다고 정한다. 이 규정은 人損에[43] 한정하여 특칙을 정하는 것으로 보이기도 한다. 그러나 이러한 단서규정이 없어도 적어도 대판(전) 1979. 12. 26, 77다1894등(집 27-3, 238) 이후의 확고한 판례는 앞서 본 민법 제766조 제 2 항의 기간의 기산점인 "불법행위를 한 날"에 대하여 손해가 「현실적으로」 발생한 때를 말한다는 태도를 취하고 있다.[44] 그러러

41) 대판(전) 1979. 12. 26, 77다1894등(집 27-3, 238); 대판(전) 1996. 12. 19, 94다22927(집 44-2, 392) 등.

42) 이에 대하여는 우선 民法注解[Ⅲ](1992), 402면 이하(尹眞秀 집필) 참조.

43) 제조물의 결함으로 인한 물손도 그 원인이 누적되거나 점차로 진행되어 일정한 잠복기간이 경과한 후에 비로소 현실화하는 경우를 얼마든지 상정할 수 있다.

44) 단지 하나의 재판례를 들어 보면, 대판 1998. 5. 8, 97다36613(공보 1998, 1578)은 "가해행위와 이로 인한 현실적인 손해의 발생 사이에 시간적 간격이 있는 불법행위에 기한 손해배상채권의 경우, 소멸시효의 기산점이 되는 '불법행위를 한 날'의 의미는 단지 관념적이고 부동적인 상태에서 잠재적으로만 존재하고 있는 손해가 그 후 현실화되었다고 볼 수 있는 때, 다시 말하자면 손해의 결과

므로 이 단서규정은 현행의 법에 어떠한 변경을 가하는 것은 아니라고 할 것이다.

Ⅳ. 小 結

1. 이상에서 본 바와 같이 우리의 제조물책임법리는 1970년대부터 학설과 판례에 의하여 꾸준히 발전되어 왔다. 그리고 2000년 1월에 입법된 제조물책임법은 대체로 당시 이미 인정되던 제조물책임법리("현재 있는 법")를 성문화한 것이라고 볼 수도 있다. 그리고 특히 그 새로운 법 아래서 문제되는 「결함」이나 인과관계의 입증에 대하여는 종전의 실무처리방식은 그 법의 운용에서도 여전히 중요한 의미를 가질 것이다.

2. 그렇다고 해서 우리의 제조물책임법이 그 전의 법상태와 모든 면에서 연속적인 것만은 아니다. 비연속적인 면을 몇 가지 들면 다음과 같다.

(i) 책임주체가 현저히 확장되었다. 종전의 법원실무에서는 제조자만이 문제되었으나, 이제는 가공자나 수입자는 물론이고 그 외에 이른바 「표시상」의 제조자 등도 같은 책임을 진다. 나아가 제조자를 알 수 없는 경우에는 일정한 요건 아래서 피해자에게 그 물건을 공급한 자에게도 제조물의 하자로 인한 책임을 보충적으로 물을 수 있게 되었다.

(ii) 면책사유가 보다 명확하게 정하여졌다. 종래 민법 제750조의 적용 아래서 면책은 아마도 제조자가 그 결함에 대하여 과실이 없음

발생이 현실적인 것으로 되었다고 할 수 있는 때로 보아야 한다"고 판시한다.

을 주장·입증하는 것으로 행하여질 수 있었고, 일체의 사정은 그 한 요건의 판단에서 고려될 수 있는 사유이었다. 그러나 위 법은 면책사유를 보다 명확한 내용을 가진 4개의 사정으로 제시하고 있다. 그리고 특히 주목할 것은 앞의 Ⅲ. 2. (4)(b)에서 규정되고 있는 제조자 등의 제조물계속감시의무이다. 이 규정은 앞서도 언급한 대로 그 운용 여하에 따라서는 폭발적인 영향력을 미칠 수 있다.

(iii) 면책특약을 제한하는 법 제6조도 종전의 법상태에서는 인정되기 어려운 새로운 규율을 도입하였다. 일반적으로 면책특약은 고의에 의한 행위에 대한 면책을 정하는 경우에만 무효라고 새겨지고 있는 것이다.[45]

이렇게 보면 제조물책임법의 의의도 가볍게 볼 것은 아니라고 생각된다. 설사 위와 같은 새로운 규율의 도입이 없다고 하더라도, 민법 제750조의 틀을 벗어나 새로운 책임의 요건과 내용을 명문의 규정으로 명확하게 정하였다는 것 자체가 한편으로 그 책임의 특성을 정면으로 인정하는 것으로서 그 성질이나 체계적 지위 등 새로운 법학적 문제를 제기하고, 다른 한편으로 실제로도 제품의 안전성에 대한 기업의 의식, 나아가 결함 있는 제품으로 손해를 입은 소비자의 권리의식을 높이는 계기가 될 것이다. 이와 같은 새로운 내용을 담은 제조물책임법을 중심으로 제조물책임법리가 앞으로 구체적으로 어떻게 전개되어 갈 것인지 흥미로운 일이 아닐 수 없다.

3. 한편 제조물책임법은 당사자의 실체적 권리관계에 대하여만 규율한다. 그러나 특히 설계상 결함이 있는 제품의 경우에는 다수의 피해자가 발생할 여지가 있다. 만일 그 손해가 통상 소액에 그치는

45) 郭潤直, 債權總論, 新訂(修正)版(1999), 100면 등 통설. 그러나 중과실 있는 행위에 대한 면책약정도 그 효력을 부인하여야 한다는 견해도 충분히 상정될 수 있다(약관의 규제에 관한 법률 제7조 제1호도 참조).

것이라면, 피해자 각각은 대부분의 경우에 제조자의 책임을 소송의 제기 등에 의하여 법적으로 추궁할 이유를 가지지 못하게 될 수 있다. 결함 있는 물건을 제조하여 전체적으로 보면 다액의 손해를 입도록 한 사람이라도 그로 인하여 법적으로 책임을 추궁당할 가능성이 별로 높지 않다고 생각하게 된다면, 그는 제품을 미리 안전하게 제조하도록 하는 데 그만큼 주의를 덜 기울이게 될 것이다.[46]

그러므로 제조물의 안전성을 도모한다는 목표를 달성하기 위하여는, 피해자로 하여금 소송제기 등 권리행사의 유인을 제공하는 절차적 장치(예를 들면, 집단적 당사자의 소송제도나 재판외 분쟁처리기구의 정비, 손해배상액 또는 최소한의 손해배상액의 법정, 소송비용의 감면 또는 보조 등과 같은)를 아울러 공구할 필요가 있다고 생각된다. 나아가 피해의 확실한 전보를 위하여 또 제조업자의 위험분산을 위하여 제조물책임보험제도 등을 어떠한 내용으로 구상할 수 있는지도 검토하여 보아야 할 것이다.

(서울대학교 법학 제42권 2호(2001. 7), 90면 이하)

[후 기]

1. 이 글은 2001년 봄에 서울대학교 법학연구소의 주최로 제조물책임을 주제로 하여 행하여진 국제 학술대회에서 발표된 원고를 수정·보완한 것이다. 그 학술대회에서는 일본·중국 및 독일의 학자가 각자 자국의 제조물책임 법리를 소개하였고, 그 발표문은 후에 위

---

46) 이 점에 대하여는 이미 梁彰洙, "獨占規制法에서의 損害賠償", 공정경쟁 제37호(1998. 9), 9면 이하(그 후 同, 民法硏究, 제 5 권(1999), 223면 이하 所收) 참조.

본문 말미에 적은 대로 서울대학교 법학 제42권 2호에 수록되었다.

2. 필자는 제조물책임에 대하여 관심이 없지 않아서, 이 글 외에도 "프랑스의 새로운 제조물책임 입법", 人權과 正義 제278호(1999. 10), 64면 이하(그 후 民法硏究, 제 6 권(2001), 483면 이하에 수록되었다. 여기에는 프랑스의 「결함 제조물로 인한 책임에 관한 1998년 5월 19일의 법률 제98-389호(Loi no 98-389 du 19 mai 1998 relative à la responsabilité du fait des produits défectueux)」가 부록으로 번역되어 있다), 그리고 "제조물책임", 민법산고(1998), 294면 이하(이는 1990년 4월 2일에 서울대학교 법학연구소의 제 3 기 사법발전연구과정을 위하여 행한 강의의 원고를 바탕으로 한 것이다) 등을 발표한 바 있다.

필자는 이 글을 작성·발표한 후에 새로 시행되는 제조물책임법의 구체적인 적용예들(이에 대하여는 뒤의 4.에서 보는 이봉민의 글 참조) 등을 반영하여 전달력 있는 글로 만들어 보고자 생각하였었다. 그러나 그렇게 할 수 있게 되기 전에 대법원으로 일터를 옮기게 되어 기회를 잃었다. 그러나 이 글은 우리나라에서 제조물책임법의 제정에 이르기까지의 경과와 위 법률을 둘러싼 논의를 개관함에 있어서는 아직도 유용할 수 있다고 생각되었다.

3. 우리의 제조물책임법은 본문에서 말한 대로 2002년 7월부터 시행되었고, 그 후 2013년 5월의 법률 제11813호 및 2017년 4월의 법률 제14764호(후자 법률의 시행은 그 1년 후부터)로 두 번에 걸쳐 개정되었다.

그 개정의 내용은 예를 들면 후자의 개정에 있어서 '결함 등의 추정'에 관한 제 3 조의2를 신설하는 등으로 중요한 의미를 가지는 것이 적지 않다.

4. 위 3.에서 본 개정 내용을 제시하고, 나아가 제조물책임에 관한 최근까지의 재판례, 특히 대법원의 재판례를 제조물책임법 시행의 전후를 통하여 망라적·포괄적으로 수집·분석·평가한 자료로는 무엇보다도 이봉민, "제조물책임에 관한 판례의 전개와 동향", 민사판례연구회 제41회 하계 심포지엄 자료집(2018.8), 117면부터 175면까지가 있다(나중에 민사판례연구 제41집(2019.2), 1147면부터 1232면까지에 수록되었다).

10. 은행에 예입 중인 등록금 등에 대한 압류의 허용 여부

Ⅰ. 서

1. 대법원은 1998년 3월 16일에 행하여진 결정(사건번호: 97마966호)에서 사립대학교의 회계 또는 재산과 관련하여 흥미로운 판단을 내렸다(그 결정의 전문은 법원행정처에서 간행하는 『판례공보』의 1998년도 상반기, 1126면 이하에 수록되어 있다).

판단내용을 요약하여 말하자면, 사립대학교를 운영하는 학교법인에 대하여 채권을 가지는 사람은 그 학교법인이 은행에 예입해 놓고 있는 입학금, 수업료, 기성회비, 학생회비 등(이상을 합하여 「등록금」이라고 부르기로 하자)에 대하여 압류하는 것이 허용된다는 것이다.

그렇게 되면 결국 등록금은 채권자들의 차지가 되고, 더 이상 학교의 운영에 사용할 수 없게 되는 결과가 된다.

2. 이 결정에 대하여 『교수신문』은 "재정난에 시달리고 있는 대학을 상대로 채권단이 마음먹기 따라 대학등록금이 압류될 수 있는 길이 열리게 돼 대학사회에 큰 파문을 던져 주고 있다"고 보도하고 있다(1998년 6월 15일자 2면). 여기서 말하는 '큰 파문'에 대하여 우리는 어떻게 생각하고 어떠한 태도를 가져야 할 것인가.

이 글은 일차적으로 법에 밝지 않은 분들에게 이번 대법원결정의 내용을 설명하는 것을 목적으로 한다. 그렇게 하여 가능한 한 위 결정의 의미를 정확하게 이해할 수 있는 자료를 제공함으로써 관계자들로 하여금 불필요하게 당황하거나 감정적이 되게 함이 없이 차분하게 그에 대한 대처방안을 생각할 수 있는 기초를 제공하자는 것이다.

그리고 각각 다른 근거에서 제기되는 공적 요청이 서로 대립하여 동시에 모두 충족될 수 없는 경우에 법이 이러한 어려운 문제를 합리적 고려에 기하여 적정하게 해결하려고 노력하고 있음을 보여주고자 하는 것도 이 비전문적인 글을 쓰는 부차적 이유이다.

3. 이하에서는 우선 앞서 본 대법원결정의 배경이 된 사실관계와 그 소송에서 각 당사자들에 의하여 다투어진 논점들을 살펴본다(Ⅱ).

나아가 이 대법원결정을 이해하기 위한 배경지식으로 채권의 강제적 만족과 압류 기타 강제집행 일반에 대하여 극히 간략하게 살펴보기로 한다(Ⅲ). 그리고 사립학교법상 등록금에 대하여 어떠한 규율이 행하여지고 있는지를 본다. 이를 통하여 여기서 쟁점이 되는 문제에 대한 법규정상의 배경을 알 수 있을 것이다(Ⅳ).

또한 그 대법원결정이 판시한 내용은 이미 대법원이 몇 차례에 걸쳐서 유사한 사건에서 판단한 바와 같은 것이다. 다시 말하면 위와 같은 대법원의 판단은 그 전에도 반복하여 행하여졌던 것이다. 그러므로 그 전에 같은 내용으로 판단한 대법원의 재판과 비교하여 볼 때 이번의 사건이나 판단이 어떠한 의미를 가지는가를 다룬다(Ⅴ). 그리고 마지막으로 이러한 법원의 판단에 대한 평가와 함께 다른 대응방도는 없는지를 음미하여 보기로 한다(Ⅵ).

Ⅱ. 대법원결정의 사실관계와 쟁점

이번의 대법원결정의 사실관계는 오히려 단순하다.

B 학교법인은 甲 대학교 그리고 그 외에 고등학교·중학교를 운영하고 있는데, A라는 사람이 이 학교법인에 대하여 채권을 가지고 있었다. 학교법인이 그 채무를 이행하지 아니하자 A는 법원에 소송을 제기하여 승소의 확정판결을 받았다. 그리고 그 채권을 강제로 실현하기 위하여 이 확정판결을 가지고 B 학교법인이 충북은행에 대하여 가지는 예금채권[1](이 예금은 그 은행의 甲 대학교 출장소에서 행하여진 것이다)에 관하여 법원으로부터 압류 및 추심의 명령을 얻음으로써 강제집행을 실시하였다. 그리고 그 예금의 상당 부분은 학생들이 납입한 등록금이었다.

그러자 B 학교법인은, 그러한 등록금은 채권자가 강제집행에 부칠 수 없는 것인데도 법원이 이를 허용하여 압류 및 추심의 명령을 발한 것은 법에 위반되는 것이라고 하여 불복하였다. 그러나 하급심인 청주지방법원, 나아가 대법원은 모두 그 명령이 적법한 것이라고 판단한 것이다.

그러므로 이 사건에서 문제된 것은, 채무자의 재산이라고 해서 예외 없이 당연히 채권의 만족에 충당할 수 있는 것은 아니라고 한다면, 이 사건에서 문제된 등록금 같은 것이야말로 바로 거기에 속한다고 할 것이 아닌가 하는 점이다.

---

1) 실제 이 예금은 B 학교법인의 명의로 행하여진 것이 아니라, 甲 대학교를 비롯한 각급 학교의 명의로 행하여진 것이다. 따라서 A가 B 학교법인에 대한 확정판결에 기하여 법인 자신의 명의가 아니라 그 법인이 경영하는 학교 명의의 예금에 대하여 압류 등을 할 수 있는가 하는 법적 문제가 제기된다. 이는 종국적으로는 B 학교법인이 각급 학교 명의로 된 예금에 대한 권리자인가에 달려 있는 문제인데, 대법원은 이를 긍정하였다. 이 점에 대하여는 이 글에서 깊이 다루지 않는다.

Ⅲ. 채권의 강제적 실현과 압류

1. 어떤 사람이 다른 사람에 대하여 금전을 지급하여야 한다든가 물건을 인도하여야 한다든가 일정한 정보를 제공하여야 한다든가 하는 등의 내용으로 법적인 의무를 부담하고 있는 경우에, 우리는 그러한 의무를 채무라고 하고, 그러한 의무의 이행을 청구할 수 있는 권리를 채권이라고 한다. 그리고 그러한 의무를 부담하는 사람을 채무자라고 하고, 그 사람에 대하여 그러한 의무의 이행을 청구할 수 있는 사람을 채권자라고 한다. 그러므로 채권과 채무 또 채권자와 채무자는 동전의 양면과 같이 항상 대립적으로 공존하는 것이다.

채권의 가장 기본적인 특성은, 그 실현이 일차적으로 채무자 자신의 능력과 의사에 달려 있다는 점이다. 그것은 채무자에 대하여 채무를 이행하라고 청구할 수 있는 것뿐이지, 채무의 내용(가령 금전의 지급이나 물건의 인도 등)이 이미 현실적으로 실현되어 있지는 않다. 말하자면 채권자가 채권으로써 얻고자 하는 실제의 이익은 장차 채무자가 이를 실현하여 줌으로써 비로소 채권자에게 속하게 되며 또 그로써 채권은 그 목적을 달성하여 소멸하게 된다.

2. 채무자가 채무를 이행할 능력 또는/및 의사가 없는 경우에는 어떻게 되는가?

그 때에는 채권자는 국가의 힘을 빌어 강제로 채무의 내용을 실현할 수 있다. 채권을 그와 같이 강제적으로 만족시키는 절차가 바로 강제집행이다(강제집행의 구체적 내용에 대하여는 민사소송법에서 규정하고 있다). 강제집행의 방법은 금전의 지급을 내용으로 하는 채권, 즉 금전채권에 관한 것과 그 이외의 채권에 관한 것의 두 가지로 크게 나누어 볼 수 있는데, 여기서 문제되는 것은 전자이다.

금전채권에 기한 강제집행은 대체로 채무자가 가지는 재산을 금전으로 바꾸어서 그것을 채권자들에게 나누어 주는 방법으로 행하여진다. 그 중에서 개별적 재산을 금전으로 바꾸는 것(즉 환가절차)은 통상은 경매나 입찰에 의하여 목적물을 제 3 자에게 매각하여 그 대금을 받음으로써 행하여진다.

그런데 강제집행의 대상이 된 개별적 재산이 부동산이나 동산 등이 아니고 특히 금전채권인 경우에는[2] 예외적으로 다음의 두 가지 방법에 의하도록 정하여져 있다.

하나는, 이 사건에서 문제된 추심명령이라고 불리는 것인데, 강제집행을 하고자 하는 채권자(이를 '집행채권자'라고 한다)에게 채무자가 가지는 금전채권을 행사할 수 있는 권한을 주는 것이다. 그 명령을 받으면, 집행채권자는 채무자를 상대로 하여 채무의 이행을 청구하고(필요하면 소송도 제기할 수 있다) 또 채무자로부터 채권금을 유효하게 수령할 수 있다. 그리고 이것을 법원의 명령에 의하여 일정한 다른 채권자들과 함께 나누어 가지게 되는 것이다.

다른 하나는, 전부명령이라고 불리는 것인데, 이 경우는 집행의 대상이 된 채권이 채무자로부터 집행채권자에게로 아예 그 귀속이 변하게 되고, 그 대신에 채무자의 집행채권자에 대한 채무는 소멸하는 것으로 간주된다.

그런데 이상과 같은 다양한 집행절차에 앞서서 행하여지는 것이 바로 압류이다. 그 중에서 채무자의 금전채권이 압류된 경우에는, 그 채권의 채무자, 즉 제 3 채무자는 이제는 채무자에게 채무를 이행하거나 기타 채무의 운명이 변경되는 무슨 처분(예를 들면 상계 등)을 하여서는 아니된다. 그리고 그러한 행위를 하더라도 그것을 가지고 집

---

2) 이 사건에서 문제되고 있는 B 학교법인의 「예금」은 그 법적 성질이 B 학교법인이 충북은행에 대하여 가지는 예금반환채권으로서, 금전 지급의 청구를 내용으로 하는 채권, 즉 금전채권에 해당한다.

행채권자의 위와 같은 강제집행을 막을 수 없게 된다.

그러므로 이 사건에서 B 학교법인에 대하여 채권을 가진 A가 법원에 문제의 예금에 대한 압류 및 추심명령을 신청하여 이것이 발하여진 것은, 바로 위와 같이 자신의 채권을 강제적으로 실현하기 위하여, 채무자인 B 학교법인이 가지는 제 3 자(충북은행)에 대한 금전채권에 강제집행을 행한 것이다.

3. 위와 같이 채권자는 채권의 강제적 만족을 얻기 위하여 채무자의 재산에 대하여 강제집행을 할 수 있다. 그것이 채무자에게 속하는 것이면 채권자는 이에 대하여 강제집행을 할 수 있고 채무자는 강제이행을 거부할 수 없는 것이 원칙이다. 뒤집어 말하면, 채무자의 재산은 총체적으로 채권 만족의 담보가 되어 있다고 할 수 있다. 이것은 실로 핵심적 의미가 있는 법의 원칙으로 매우 중요하다. 무엇보다도 계약과 같은 장래의 이행약속이 이 사회에서 모든 거래의 근간을 이루는 것은 궁극적으로는 그 약속의 실현이 당사자의 재산 전체에 의하여 보장되기 때문이며, 만일 그러한 보장이 없다면 사람들은 재화를 바로바로 서로 바꾸는 물물교환거래만을 하게 될 것이다.

그러나 아무리 채권 만족의 확보에 중요한 의미가 있는 것이라고 하여도, 그것에 의하여 채무자의 생존 또는 생활 자체를 불가능하거나 현저하게 곤란하게 할 수는 없다. 예를 들면 동산 중에서 의복·침구, 식료품·연료, 농가의 농기구·비료·종자, 인장·간판·문패, 안경·보청기·의수족, 교과서·학습도구 같은 것이 이에 해당하고, 채권 중에서 봉급이나 퇴직금의 2분의 1 상당액 등이 그것이다. 그리고 채무자의 인격이나 명예 또는 정신활동에 주로 관련되는 것이로되 재산적 가치는 별로 없는 것, 가령 훈장, 위패·영정, 족보·사진첩 같은 것을 과연 다른 사람에게 양도함으로써 환가하여 채권의 만족을 도모하는 것이 과연 바람직한가도 의문이다. 그러므로 민사소송법은 **예외적으로** 채무자의 재산 중에서 이러한 의미가 있는 것은 강제집행의 대상으로부터 제외하고 있다(제532조, 제579조 참조). 그리하여 채권자라도 이것을 압류할 수 없게 하는 것이다.

그 외에 법률은 채무자가 가지는 재산 중 일정한 것에 대하여는 채권자가 이를 압류할 수 없다고 정하는 것이 있다. 예를 들면 근로재해로 인한 보상청구권 또는 보험급여청구권(근로기준법 제89조, 선원법 제124조), 생명, 신체의 침해로 인한 국가배상법청구권(국가배상법 제 4 조), 형사보상청구권(형사보상법 제22조), 연금을 받을 권리(국민연금법 제54조, 공무원연금법 제32조, 군인연금법 제 7 조, 사립학교연금법 제40조) 등이 그러하다. 이들 규정이 주로 기본적인 생활의 유지를 도모하거나 재해로 인한 피해를 확실하게 구제하고자 하는 내용의 사회보장적 권리에 집중되고 있음은 주목할 만하다.

앞서 말한 대로 이 사건에서의 문제는 바로 학교법인의 예금 중 등록금도 이와 같이 채권자가 강제집행에 부칠 수 없는 재산에 속한다고 할 수 있는가 하는 점이다.

4. 일반적으로 채무자의 재산 중에서 압류할 수 있는 것이 무엇인지에 대하여는 법률의 규정을 요하며, 또 그러한 법률 규정이 있더라도 이는 엄격하게 해석하여야 한다고 이해되고 있다. 그 이유는 무엇보다도, 압류의 배제는 채권자의 권리 실현이라는 중대한 이익을 희생으로 하여 채무자의 최저생활의 보장 등이라는 이익을 달성하고자 하는 것으로서 그 경계를 어디로 정할 것인가는 거래에 관여하는 당사자 전원에게 중대한 이해관계가 있으므로 이를 명확하게 법률로 정할 필요가 있다는 것이다. 그 외에 앞서 본 대로 압류금지를 인정하는 것은 어디까지나 예외인데 “예외는 엄격하게 해석되어야 한다”는 법해석상의 요청이 여기에도 적용되어야 하고, 또한 집달관과 같이 집행에 직접 관여하는 실무자에게 그 경계에 대한 판단을 맡기는

것은 위험하고 바람직하지 않다는 이유도 제시되곤 한다.

Ⅳ. 등록금의 학교법인 회계상의 지위와 압류 금지

1. 우선 사립학교법 제28조은 다음과 같이 정한다.

> "① 학교법인이 그 기본재산을 매도·증여·교환 또는 용도변경하거나 담보에 제공하고자 할 때 또는 의무의 부담이나 권리의 포기를 하고자 할 때에는 관할청의 허가를 받아야 한다. [단서규정 생략]
>
> ② 학교교육에 직접 사용되는 학교법인의 재산 중 대통령령이 정하는 것은 이를 매도하거나 담보에 제공할 수 없다."

이 사건 예금이 여기서 「기본재산」(제 1 항의 경우) 또는 「학교교육에 직접 사용되는 학교법인의 재산 중 대통령령이 정하는 것」(제 2 항의 경우)에 해당한다면, 나아가 이 규정에 의하여 채권자에 의한 압류까지도 금지되는 것이 아닌지를 논하여 볼 필요가 있을 것이다. 그러나 학교법인의 재산 중 어느것이 「기본재산」에 해당하는지에 대하여는 사립학교법 시행령 제 5 조 제 1 항이 규정하는데, 이에 의하면 이 사건 예금과 같은 등록금이 「기본재산」에 속하지 않음은 명백하다. 나아가 위 법 제 2 항에서 말하는 대통령령 규정이란 같은 법 시행령 제12조 제 1 항을 가리키는 것인데, 역시 이 사건 예금은 거기에 열거된 항목의 어디에도 해당하지 않는다. 설사 이 사건 예금이 「학교교육에 직접 사용하는」 재산이라고 하더라도, 사립학교법 시행령에서 위 법 제28조 제 2 항의 적용을 받는 것으로 정하여져 있지 않은 이상, 그것만으로 「매도 및 담보제공의 금지」를 인정할 수 없는 것이다.

그러므로 이 사건 예금에 대한 압류가 금지된다고 하는 근거로 사립학교법 제28조를 내세우는 것은 설득력이 약하다고 할 수밖에 없다.

2. 다른 한편 문제의 예금은 B 학교법인 이름으로 된 것도 있지만, 그 중에는 甲 대학교를 비롯한 각급 학교의 이름으로 된 것도 포함되어 있었다.[3] 그것은 각급 사립학교나 사립학교법인의 재산과 회계에 대하여 규정하고 있는 사립학교법 제29조 제 1 항이 "학교법인의 회계는 그가 설치·경영하는 학교에 속하는 회계와 법인의 업무에 속하는 회계로 구분한다"고 정하고 있는 것에 따른 것이다.

법은 이와 같이 학교법인의 업무에 속하는 회계(이하 「법인회계」라고 부르기로 한다)와 학교에 속하는 회계(이하 「학교회계」라고 부르기로 한다)를 구분하여 놓고, 후자의 학교회계에 대하여는 여러 가지 제약을 가하고 있다. 예를 들면 학교회계는 "당해 학교의 예산·결산자문위원회의 자문을 얻어 학교의 장이 편성하여 학교법인의 이사회가 심의·의결하고 학교의 장이 집행한다"고 해서(사립학교법 제29조 제 4 항), 학교회계에 대하여는 통상 「재단」이라고 불리우는 법인 측의 관여를 제한하고 학교의 장에게 편성과 집행의 권한을 주고 있다.

그런데 이 사건과 관련하여 더욱 의미가 있는 것은 사립학교법 제29조 제 6 항이다. 학교회계는 다시 교비회계(校費會計)와 부속병원회계로 나누어지는데(동조 제 2 항 참조), 위에서 말한 제29조 제 6 항은 이 중 교비회계에 속하는 수입은 "다른 회계에 전출하거나 대여할 수 없다"고 정한다.[4] 이 사건에서 문제되고 있는 등록금은 바로

3) 소위 금융실명제에 관한 제반 관련 규정에 의하더라도, 각급 학교는 부가가치세법의 규정에 의하여 고유번호를 부여받으면 그에 의하여 법인과는 별도로 학교 자체를 예금명의자로 하여 예금거래를 할 수 있다. 이 사건에서 甲 대학교나 기타 단위 학교는 이에 의하여 각급 학교 명의로 예금구좌를 개설한 것으로 보인다.

이러한 교비회계에 속한다(사립학교법 시행령 제13조 제 1 항 제 1 호). 그리고 이러한 교비회계를 지출하는 것은, 학교운영에 필요한 인건비 및 물건비, 학교교육에 직접 필요한 시설·설비를 위한 경비, 교원의 연구비·학생의 장학금·교육지도비·보건체육비나 기타 "학교교육에 직접 필요한 경비"에 한정되어야 하고, 이러한 교비회계의 세출에 충당하기 위한 차입금을 상환하는 것을 제외하고는 그 외의 용도에 지출되어서는 안 된다(사립학교법 시행령 제13조 제 2 항).[5]

이러한 규정들을 얼핏 액면 그대로 이해하면, 학생들의 등록금을 이 사건에서와 같이 학교법인이 제 3 자에 대하여 부담하는 채무를 이행하기 위하여 지출하는 것은 그것이 "학교교육에 직접 필요한 경비"에 해당한다고 할 수 없어서 위 법규정에 위반하는 것이라고 생각되기도 하는 것이다.

V. 대법원의 종전 재판례들

1. 그런데 대법원은 그 전에 이미 이 사건에서 문제된 쟁점들에 대하여 자신의 태도를 밝힌 바 있다.

우선 벌써 25년 가까이 전에 나온 대법원 1974년 7월 16일 선고 73다1741 판결(법원공보 496호, 7986면)(이하 법원의 재판은 '대판 1974. 7. 16, 73다1741(공보 496, 7986)'과 같은 방식으로 인용하기로 한다)은, "사립학교법 제29조가 사립학교의 건전한 발달을 도모할 목적으로

---

4) 사립학교법 제73조의2에 의하면, 이 규정에 위반한 학교법인의 이사장 등에 대하여는 2년 이하의 징역이나 2천만원 이하의 벌금에 처하게 된다.

5) 그 외에, 사립학교법 제33조의 위임에 의하여 정하여진 「사학기관 재무·회계 규칙」(교육부장관령)은 학교법인과 학교의 모든 수입은 각각 세입세출예산에 편입하여야 하며 이를 직접 사용하지 못하고(제 6 조), 학교에 속하는 회계의 세출예산은 이를 목적 외에 사용하지 못한다(제21조 제 2 항)고 정하고 있다.

… 학교회계에 속하는 수입은 학교회계 이외의 회계에 전입하거나 유용함을 금지하고 있으나 이는 어디까지나 당해 학교법인 내부관계를 규율함에 불과하고 대외관계에 있어서도 강행성을 갖는 효력규정이라고는 볼 수 없다고 해석되므로 학교회계에 속하지 아니하는 당해 학교법인에 대한 채무명의[확정판결을 말한다]로써 학교회계에 속하는 재산에 대하여 한 강제집행을 무효라고 할 수 없는 바”(꺾음괄호 안은 인용자가 부가한 것이다)라고 판시하고 있다. 다시 말하면 위의 Ⅳ. 2.에서 본 규정들은 학교법인이나 그 운영의 학교가 자신의 재산과 회계를 운용함에 있어서 지켜야 할 규칙인 것이지, 그러한 규칙이 있다고 하여 학교법인이나 학교가 아닌 제 3 자, 특히 학교법인에 대한 채권자가 학교회계에 속하는 재산을 채권의 강제적 만족을 위하여 강제집행에 부치지 못한다고 할 것은 아니라는 취지이다. 그 사건에서도 어느 학교법인이 서울특별시 교육위원회에 대하여 가지는 “1971년도 무시험진학지원자 입학등록금예치금의 지급채권”이 압류되었던 것이므로, 이번에 새로 나온 판결과 크게 다르지 않은 내용임을 알 수 있다.

2. 그 후 대판 1987. 3. 24, 86다카2389(공보 800, 725)은, 학교법인에 대한 퇴직금청구채권의 확정판결에 기하여 학교법인의 예금에 대하여 압류 및 추심명령을 받은 사건에서, 이 예금채권은 사립학교법 제28조에서 정하는 「기본재산」 등에 해당하지 않으며, 또한 동법 제29조는 제 3 의 채권자의 강제집행을 금지하는 효력은 없다고 판시하였다.

또 대결 1991. 5. 20, 91마229(공보 901, 1894)도, 학교법인이 운영하는 대학교의 총장 명의로 개설되어 총장이 운용·집행하는 예금이 강제집행의 대상이 된 사건에서 동일하게 판시하고 있고, 나아가 대결 1996. 12. 24, 96마1302등(공보 97상, 528)도 마찬가지로 판시하고 있다.

3. 이렇게 보면 이번에 나온 대법원결정은 별달리 새로운 점이 없는 것이며, 종전부터 해 오던 사립학교법 제28조 및 제29조에 대한 해석을 반복한 것에 불과하다. 그러므로 앞서 본 대로 「교수신문」이 "재정난에 시달리고 있는 대학을 상대로 채권단이 마음먹기 따라 대학등록금이 압류될 수 있는 **길이 열리게 돼** 대학사회에 큰 파문을 던져 주고 있다"(고딕체에 의한 강조는 인용자가 가한 것이다)는 보도는 정확하다고 할 수 없다.

Ⅵ. 대법원의 태도에 대한 평가와 법적 대응

1. 사립학교법 제29조에 대하여는 다음과 같은 주장도 가능하다.

즉 사립학교의 교비회계 수입금을 학교교육 이외의 다른 용도로 사용한다면 학교운영에 긴요한 인건비나 시설·설비를 위한 경비 등의 지출자금마저도 부족할 수 있고, 그 경우에는 학교교육업무가 파탄되거나 마비될 우려가 있다. 그것을 막고자 하는 것이 그 제 2 항과 제 6 항의 취지인 것이다. 그러므로 교비회계의 수입에 대하여 동법 시행령 제13조 제 2 항에서 정하는 세출사항 이외의 사유로 생긴 채무명의에 기하여 강제집행을 하는 것은 허용될 수 없다는 것이다.

이러한 취지의 하급심판결로 서울민지판 1971. 4. 7, 71가310(판례월보 11, 62); 서울고판 1972. 9. 15, 72나1186(판례월보 26, 45); 앞의 Ⅴ. 1.에서 본 대법원 1974년 7월 16일 판결의 원심판결인 서울고판 1973. 10. 4, 73나882 등이 있고, 그러한 취지의 견해도 없지 않다.[6]

2. 그러나 역시 대법원의 태도가 타당하다고 생각된다.

---

6) 李俊相, 금융판례연구 1966-1972(1973), 75면 이하; 黃永穆, "예금에 대한 강제집행", 법원행정처, 재판자료 35집(1987), 394면 등 참조.

사립학교법 제29조 제 2 항이나 제 6 항의 주요한 입법취지는, 학교 자체의 재무회계의 자주적이고 건전한 운영을 도모하기 위하여 학교법인의 경영자로 하여금 부당하게 학교의 재정(교비회계)에 간섭하지 못하도록 하는 데에 있는 것이다. 또한 교비회계의 세출항목에 관한 동법 시행령 제13조 제 2 항도 교비회계상의 세입을 지출할 항목을 정함으로써 학교회계의 편성·집행을 담당하는 학교의 장이 다른 항목으로 지출하는 것을 막고자 하는 것이라고 생각된다. 이러한 회계운영에 대한 규정을 들어, 그와는 무관하며 또 학교법인 내부의 회계구분을 알 수도 없는 채권자의 권리 행사가 제약된다고는 할 수 없을 것이다.

학교법인의 재산을 유지하고 그것을 학교교육의 건전한 운영에 돌리고자 하여 마련된 규정은 바로 앞의 Ⅳ. 1.에서 본 사립학교법 제28조이다. 이 규정은 그 취지에 비추어 당연히 학교법인의 재산처분이나 그에 대한 강제집행에 관하여 제 3 자에게도 효력을 가지는 것이다. 그런데 거기서 정하는 「기본재산」이나 「학교교육에 직접 사용되는 학교법인의 재산 중 대통령령이 정하는 것」 속에는 이 사건에서 문제된 등록금과 같은 것이 포함되어 있지 않은 것이다.

그러므로 채권자는 사립학교법 제28조에 정하여진 재산에 해당하지 않는 재산에 대하여 원칙적으로 강제집행을 할 수 있다고 할 것이며, 동법 제29조나 동법 시행령 제16조 제 2 항, 「사학기관 재무·회계규칙」 제 6 조, 제21조 제 2 항 등을 들어 이를 막을 수는 없다고 생각된다. 만일 이러한 규정들이 압류금지도 의도하는 것이었다고 한다면, 앞의 Ⅲ. 4.에서 말한 대로 보다 명확하게 이를 규정하였어야 했을 것이다.[7)]

---

7) 따라서 앞으로 어떻게 입법을 하여야 할 것인가의 문제가 제기될 것이다.

3. 이 사건에서 또 하나 문제되는 것은, 압류의 대상이 금융기관에 행하여진 예금이고 그 중에는 등록금뿐만 아니라 B 학교법인의 다른 세입금도 함께 혼합되어 있다는 점이다. 이에 대하여는 상세하게 논할 수 없으나, 앞의 V. 2.에서 본 대법원 1996년 12월 24일 결정은 이와 관련하여, 비록 채무자의 어떠한 채권이 압류금지된 것이라고 하여도, 그 "목적물이 채무자의 예금계좌에 입금된 경우에는 그 채권은 채무자의 당해 금융기관에 대한 예금채권으로 변하여 종전의 목적물과의 동일성을 상실하고, … 압류명령 발령 당시 당해 예금으로 입금된 금전의 성격이 압류금지된 목적물인지 아닌지, 두 가지 금전이 혼입되어 있다면 예금액 중 압류금지액이 얼마인지를 가려낼 수 없으므로, 신속한 집행을 실현하기 위하여는 압류 단계에서는 피압류채권을 형식적·획일적으로 판단하여야 할 것이어서, 압류금지된 목적물이 채무자의 예금계좌에 입금된 경우에는 채무자의 제 3 채무자에 대한 예금채권에 대하여는 압류금지의 효력이 미치지 아니한다고 봄이 상당하다"고 판시하고 있다. 이 판단도 수긍될 수 있다고 여겨진다.

그러므로 설사 등록금 그 자체는 위 규정에 의하여 압류가 금지되는 재산에 해당한다고 가정하더라도, 이 사건에서 그것이 금융기관에 예입되어 다른 금전과 합하여져서 구별할 수 없게 된 이상, 압류금지의 효력은 그러한 예금채권에는 미치지 않는다고 할 것이다.

4. 사정에 따라서 등록금 또는 그것을 은행에 예입한 경우의 예금이 채권자에게 강제집행을 당하는 경우에는 학교교육이 당장 위태롭게 되는 경우도 없지 않을 것이다. 이러한 경우에 대비하여 민사소송법은 1990년의 개정에서 제533조를 수정하고, 또한 제579조의2를 신설하였다. 그에 의하면, "법원은 신청에 의하여 채권자와 채무자의 생활상황 기타의 사정을 고려하여" 압류명령의 전부나 일부를 취소

할 수 있다는 것이다. 이는 그야말로 채권자와 채무자 양측에 존재하는 모든 사정을 고려하여 강제집행상의 형평을 달성하고자 하는 규정으로서, 이 사건과 같은 경우는 그 구체적인 모습을 시험하기에 꼭 알맞는 것이라고 생각된다.

(대학교육 제95호(1997. 9), 65면 이하)

[후 기]

1. 이 글은 특히 대학 운영에 종사하는 사람들을 위한 정기간행물 『대학교육』의 청탁에 기하여 쓰여진 것이다. 그러므로 아무래도 법 전문가가 아닌 사람들에게 대법원이 한 재판의 내용을 보다 알기 쉽게 설명하는 데 주안이 있다.

2. 이 글은 1997년에 쓰인 것으로서, 본문에서 인용된 법규정은 모두 당시의 것이다. 그 후 민사소송법의 강제집행에 관한 규정은 모두 새로 제정된 민사집행법(2002년 법률 제6627호)으로 옮겨졌는데, 내용적으로는 여기서 다룬 문제, 특히 Ⅲ.에서 본 '채권의 강제적 실현과 압류'에 관한 한 별로 달라진 것이 없다. 예를 들면 압류 금지 재산(Ⅲ. 3. 참조)은 현행의 민사집행법 제195조, 제246조에서 종전과 크게 다르지 않은 내용으로 규정되고 있다(의미 있는 개정은 2011년 법률 제10539호로 새로 신설된 제246조 제 2 항으로서, 이는 압류 금지 채권의 금전이 "금융기관에 개설된 채무자의 계좌에 이체되는 경우 채무자의 신청에 따라 그에 해당하는 부분의 압류명령을 취소하여야 한다"고 규정한다. 이 규정은 Ⅵ. 6.에서의 설명에 대하여는 일정한 의미를 가질 수 있다). 그리고 특별법상의 압류 금지 규정도 내용적으로는 마찬가지

이다.

그리고 이 글의 말미에 인용한 종전의 민사소송법 제533조, 제579조의2는 현행의 민사집행법 제196조, 제246조 제 3 항으로 같은 내용이 옮겨졌다.

한편 사립학교법 제28조, 제29조 또는 동법 시행령 제12조, 제13조나 「사학기관 재무·회계규칙」(Ⅳ. 1., 2. 및 주 5 등 참조)은 이 글에서 다룬 대법원판결이 나온 후로 세부에 있어서 개정되기도 하였다. 그러나 이 글의 논지와 관련된 부분은 그대로이다.

11. [번역] 遺言相續의 初期 歷史
— 메인, 고대법(Ancient Law) 제6장

[해　　제]

1. 아래는 Henry Sumner Maine, *Ancient Law*, Chapter Ⅵ: The Early History of Testament Succession의 번역이다.

2. 헨리 섬너 메인(1822-1888)의 『고대법(Ancient Law)』은 1861년에 출간되어 1884년에 제10판이 나왔는데, 프레데릭 폴록이 서문의 맨 앞에서 선언하는 대로, 이미 고전의 반열에 올라 있다(폴록의 서문은 반드시 읽을 만한 가치가 있다). 그리고 고전이 항용 그러한 대로, 별로 읽히지 않게 되었다.

그러나 이 책을 읽어 보면, 역시 고전이 항용 그러한 대로, 오늘날에도 그 효력을 잃지 않는 예리한 통찰과 식견이 생생하게 살아 있어, 학문하는 것의 즐거움과 또한 무서움을 알게 한다.

3. 『고대법』에서 널리 알려진 것은 「신분에서 계약으로(from Status to Contract)」(p. 174. 이 번역의 원본인 프레데릭 폴록의 서문과 주가 붙은 1906년의 John Murray 출판사의 판본에 의하였다)라는 말이 아닐까 한다.

이는 촌철살인의 명구로서 그 후로도 줄곧 인구에 회자되고 있다. 예를 들어 1996년에 츠바이게르크와 쾨츠 공저의 『비교법입문

(*Einführung in die Rechtsvergleichung*)』의 제 3 판이 출간되어서(종전에 2권으로 되어 있던 것이 합본되었다. 우리나라에도 그 중 제 2 권에 대하여는 졸역이 『비교사법제도론』(1991)이라는 이름으로 나와 있다), 새로이 손을 많이 댄 부분을 중심으로 들추어 보면, 계약자유원칙의 발전을 서술하면서 "많이 인용되는 공식"으로서 어김없이 이 말이 인용되어 있었다(동서, S. 315).

그런데 이 말이 나오는 전후의 문맥을 보면, 그것은 「人法(Law of Persons)」, 우리로 말하면 친족법을 주요한 내용으로 하는 신분관계의 법의 발전에 대하여 서술하면서 이를 요약한 표어로서 쓰여진 것을 알 수 있다. 그에 의하면, "사람(Persons)의 모든 관계가 가족(Family)의 관계로 축약되는 사회상태로부터 출발하여, 우리는 모든 그러한 관계가 개인의 자유로운 합의로부터 발생하는 사회질서의 단계에로 꾸준히 전개되어 온 것으로 보인다"는 것이다(p. 172). 그리하여 그 예로, 노예가 사라지고 주인과 종복 간의 계약관계가 대신하고, 여성이 항상 후견을 받아야 하던 단계에서 여성도 합의에 의하여 인적 법률관계를 맺을 수 있는 단계로 나아가며, 성년의 자까지도 지배하던 가장권은 소멸된다는 것 등을 들고 있다.

따라서 그 외에 소유권 기타의 재산권이나 계약의 역사적 전개에 있어서 「신분으로부터 계약으로」라는 표어가 구체적으로 어떠한 내용을 가지고 있는가는 보다 상세한 검토를 필요로 한다고 생각된다.

4. 나아가 메인은 법학을 "과학적으로 다룰" 필요를 강조하고, 이전에 행하여진 작업은 대부분 "자연상태(state of nature)에 대한 억측에 기초를 둔" "추측의 무더기(a set of guesses)"에 불과하다고 평가한다(p. 123). 그에 의하면, 영국의 정치이론을 양분하여 온 로크와 홉스의 이론도 "인류의 상태에 대한 비역사적이고 검증불능한 기본

가정”에 터잡고 있다는 점에서는 일치한다고 한다.

메인의 서술의 특징은, 이와 같이 ‘자연법’에 기한 해석을 배척하고 일관하여 역사적인 시각에서 각 제도의 발전을 설명하고자 시도하는 점이다. 그리고 그것은 법해석론의 역사가 아님은 물론 법제도 자체의 역사가 아니다. 법의 배후에 있으면서 법의 내용을 규정하고 있는 ‘사회’의 전개양상이라는 관점에서 법의 발전을 설명하는 것이다. 그러므로 『고대법』이 비단 법학뿐만 아니라, 인류학·사회학 등 광범한 사회과학의 주의를 끄는 것도 당연하다고 하겠다. 또한 그러한 점에서 메인은 몽테스키외의 계승자라고 할 것이고, 스스로도 그를 선구자로 인용하고 있다(p. 127 ff.).

메인의 궁극적인 관심은, 오히려 법의 역사적 설명에 있다기보다는, 『고대법』의 부제(그것은 「사회의 초기 역사에 대한 [고대법의] 관련과 [고대법의] 오늘날의 사상과의 관계(*Ancient Law: Its Connection with the Early History of Society and its Relation to Modern Ideas*)」라는 것이다)에서 나타나는 것처럼, ‘오늘날의 사상’의 관점에서 바라본 역사 및 사회의 발전양상에 대한 재해석이고 법은 단지 그 소재가 된 데 그치는 것이 아닌가 하는 생각이 들기도 한다. 예를 들어 얼마 전에 콕스가 캠프리지 대학의 영국법사 총서 중 하나로 저술한 『헨리 메인 경』(R.C.J. Cocks, *Sir Henry Maine*, 1988)은, 『고대법』을 빅토리아조에 영국의 지식층이 가졌던 과학, 역사, 정치 그리고 법에 대한 관념이라는 관점에서 설명하고 있다. 거기서 그는 “그가 무엇을 논하였는가만큼 중요한 것은 그가 문제를 논의한 방식이다. … 오늘날 『고대법』의 내용으로 이해되고 있는 사상에만 주의를 집중시키는 것은 잘못일지도 모른다. 물론 진보적 여러 사회에서 신분으로부터 계약으로의 변화를 발견한 것은 메인 자신이나 당시의 독자들에게 매우 중요하였다. 그러나 메인의 업적을 전체적으로 관찰한다면, 이런 일은 그 책이 쓰여진 방식보다는 훨씬 덜 눈에 뜨인다. 즉 메인은 역사, 과학, 진보, 정치 및 진보에 관한 여러 관념들에 대응하고자 일정한 주장을 하였는데, 그 주장 속에 방대한 소재 또는 자료가 통합되었던 것이다"(p. 76)라는 이해를 보이고 있다.

5. 이와 같이 메인의 『고대법』은 법, 특히 민법은 더 말할 것도 없고, 사회학이나 인류학 등 사회과학의 역사에서도 극히 주목되는 저술이다. 역자는 1995년에 우리나라 친족법의 과거와 현재를 조망하는 논문("家族關係의 變化와 親族法", 民事判例硏究 제18집(1996), 481면 이하 = 梁彰洙, 民法硏究, 제 4 권(1997), 205면 이하)을 준비하면서 그 준거점을 획득하기 위하여 이 책을 읽을 때 차올랐던 흥분을 아직도 생생하게 기억하고 있다. 그 후에도 헨리 메인에는 계속 관심을 기울여 관련 자료나 문헌을 읽고, "메인의 「古代法」"이라는 짤막한 글(오늘의 法律, 105호(1997. 11), 3368면 이하 = 梁彰洙, 民法散考(1998), 24면 이하)을 쓰기도 했다. 그럼에도 이러한 고전적 저술이 아직 우리말로 번역되지 아니하였다는 것이 몹시 아쉽고, 우리나라 학문의 현상을 알게 하는 또 하나의 서글픈 사실이 아닌가 한다. 여기에 그 책의 일부를 소개하는 것은 이를 통하여 이 책의 '매력'을 보임으로써 그 공백을 메우려는 의욕을 자극하고자 하려는 것이다.

6. 원문에는 주가 전혀 없으며, 이 번역에서의 각주는 모두 역자가 붙였다. 그리고 여기서 고딕체로 강조한 것은 원문에 이탤릭체로 된 것이다(다만 원문에 이탤릭체로 된 라틴어는 번역에서 고딕체를 쓰지 않았다). 한편 메인은 여기서 로마법을 많이 원용하고 있는데, 서울대학교의 崔秉祚 교수로부터 12표법의 번역에 관하여(주 16 참조), 그리고 「언명(nuncupatio)」(주 36 및 그 본문부분 참조)의 번역 및 그에 관련한 法源에 관하여 귀중한 도움을 받았다. 이 자리를 빌어 깊은 謝意를 표한다.

[번 역]

제6장 유언상속[1]의 초기 역사

영국에서 유행하고 있는 법학의 여러 연구방법들보다 역사적 연구방법이 우월하다는 점을 증명하려고 시도하는 경우에, 遺言보다 더 적절한 법분야는 없을 것이다. 그러한 적절성은 유언이 시간적으로 아주 오랫동안, 또 매우 지속적으로 행하여졌다는 점에 연유한다. 유언의 역사는 사회가 그 요람기에 있을 때부터 시작된다. 그 시기는 우리가 그것의 고대적 형태를 인식하려면 일정한 학문적 천착을 필요로 하는 개념들에 둘러싸여 있었다. 한편 그 발전과정의 다른 한 끝인 오늘날 우리는 일정한 법관념들의 한복판에 서 있는데, 이들 법관념은 종전과 다름없는 개념들 이외의 아무것도 아니나, 다만 이 개념들은 오늘날의 용어법과 사고습관으로 채색된 것이다. 그러므로 이들은 다른 종류의 어려움, 즉 우리의 일상적인 정신적 자산의 일부분을 형성하고 있는 생각들이 필요한 분석과 검토를 진정 무사히 통과할 수 있다고 믿는 것의 어려움을 보여준다. 이러한 양 극단 사이에서 유언법이 어떻게 발전해 왔는가는 매우 명확하게 추적될 수 있다. 이 법은 다른 법분야와 비교하면 봉건제도의 출현에 의한 그 역사의 단절의 정도가 매우 경미하였다. 사실 법의 모든 개별 분야에 있어서 고대와 근대를 구분하는 것에서 표현되는 역사의 단절, 다른 말로 하면 로마제국의 해체에 의하여 야기된 단절은 매우 과장되어 왔다. 많은 저술가들은 게으름으로 말미암아 파란 많은 6세기 간의 여러 혼란으로 얽히고 설키어 모호해진 관련성의 실마리를 찾는 작업을 수

1) 유언상속(testamentary succession)이란 무유언상속(intestate succession)과 대비되는 용어로서, 상속재산이 망인이 행한 유언에 의하여 상속되는 것을 말한다. 유언이 없으면 망인의 상속재산은 법이 정한 바에 의하여 상속되는데, 이를 무유언상속 또는 법정상속이라고 한다.

행하기를 주저하여 왔다. 또 다른 연구자들은, 천성적으로 인내와 노력이 부족한 것은 아니었지만, 자기 나라의 법체계에 대한 안이한 자존심에 의하여, 그리고 그 결과로 그 법체계가 로마의 법제도에 진 빚을 인정하기를 꺼리는 마음에 의하여 오도되어 왔던 것이다. 그러나 이와 같은 받아들이고 싶지 않은 영향은 유언법의 영역에서는 다른 영역과 비교하여 볼 때 거의 없었다고 할 수 있다. 비문명 부족들은 명백히 유언과 같은 관념을 알지 못하였다. 가장 권위 있는 학자들은, 그들의 성문법전의 관련된 부분들에서 그러한 관념의 흔적을 찾을 수 없다는 점에 일치하고 있는데, 이들 성문법전은 그들 부족이 그 원래의 정착지와 그에 이어진 로마제국의 주변에서의 정착생활에 있어서 행하여진 관습들을 수록하고 있다. 그러나 그들이 로마제국의 지배를 받는 사람들과 뒤섞이게 되자 얼마 되지 않아서 그 제국의 법제도로부터 유언의 개념을 차용하였는데, 그것은 초기에는 부분적이었지만 후에는 전반적인 것이었다. 기독교의 영향은 이러한 재빠른 융화와 밀접한 관계가 있다. 교회의 권력은 몇몇의 이교의 사원이 행사하고 있던 유언장의 보관 및 등록의 특권을 넘겨받았다. 초기에 종교단체가 세속적 재산을 보유하게 되는 것은 거의 전적으로 그와 같이 私人의 유증에 기한 것이었다. 그리하여 극히 일찍부터 각 地方公議會(Provincial Councils)의 포고들은 유언의 유효성을 다투는 자는 파문에 처한다는 내용을 항구적으로 포함하고 있었다. 그러나 여기 영국에서는 법의 다른 영역에서는 존재한다고 종종 믿어지고 있는 단절을 유언법의 경우에는 발견할 수 없다고 일반적으로 인정되고 있는데, 그 주요한 원인은 분명히 바로 교회의 영향이었다. 어느 한 종류의 유언에 대하여는 그 관할이 교회법원으로 이관되었는데, 여기서는 항상 현명하게는 아닐지라도 로마법의 원칙을 적용하였다. 그리고 보통법 법원이나 형평법 법원은 교회법원에 따라야 하는 적극적 의무를 부담하지 않았음에도 불구하고 그 법적용의 과정에서 교회법원에 의하여 정착된 규칙들의 체계가 가지는 강한 영향력에서 벗어날 수 없었다. 동산(personalty)에 관한 유언에 의한 상속에 관한 영국의 법은 로마 시민의 상속재산이 규율을 받던 법체계의 변형된 형태가 되었다.

이 주제에 대하여 역사적 접근방법에 의할 때 우리가 얻는 결론과 이에 대하여 역사의 도움이 없이 일차적인 인상들을 분석하려고 할 때 우리가 도달하게 되는 결론 사이의 극단적인 차이를 지적하는 것은 어려운 일이 아니다. 유언에 대한 대중적인 개념 또는 나아가 법적 개념에서 출발하는 경우에서 그것에 필연적으로 결부되어 있는 일정한 특성들을 생각하지 않을 사람은 없을 것이라고 생각한다. 예를 들면, 유언은 반드시 **사망시에만** 효력을 발생하고, 그것은 그 내용에 이해관계를 가진 사람에게는 당연히 알려지지 않는다는 의미에서 **비밀**이며, **철회가능**한 것, 즉 언제라도 새로운 유언에 의하여 대체될 수 있다고 사람들은 말할 것이다. 그러나 나는 이러한 특성들이 전혀 유언에 대하여 인정되지 않았던 시기가 있었음을 보여줄 수 있다. 오늘날의 유언의 직접적인 선조가 되는 유언제도에 있어서는 이를 작성하는 즉시 효력이 발생하였고, 비밀이 아니었으며, 철회가능하지도 않았다. 서면으로 작성된 사람의 의사표시가 그의 재산에 대한 사후처분(死後處分. posthumous disposition)을 규율하는 법적 장치들만큼 복잡한 역사적 작용의 산물인 것은 별로 없다. 유언은 아주 천천히 그리고 매우 점진적으로 내가 앞서 말한 특성들을 갖추기에 이르렀다. 그리고 그것은 다양한 원인에 기하여, 또 우연적이라고 불러도 좋을 여러 가지 상황의 압력에 의하여 그와 같이 되었는데, 그러한 원인이나 상황들은 오늘날에는 그것이 법의 역사에 영향을 주었다는 점을 것을 제외하고는 어쨌든 우리와 상관이 없는 것이다.

법이론이 현재보다 더 많이 존재하였던 때가 있었다. 그 이론들은 근거가 부족하고 미성숙한 것이 대부분이었지만, 그럼에도 불구하고 일반화와 같은 것은 거의 행할 염두를 내지 못하고 법은 단순한 경험적인 일로만 여겨졌던, 우리가 알고 있는 그보다 조악한 상태로부터 법을 구해내기는 하였다. 그 당시에는, 우리가 유언의 일정한 특질들에 관하여 가지는 평이하면서도 우선은 직관적인 관념을, 그것들이 유언에 자연히 따르는 것이라든가 또는 보다 상세히 말한다면 자연법에 의하여 유언에 부착된 것이라고 설명하는 일이 널리 행하여졌다. 그러나 그러한 특성들이 모두 역사적인 事象 안에 그 기원을 가진다는 점이 확인되었으므로, 이제는 그러한 주장을 그대로 유지하려고 하는 사람은 아무도 없을 것이라고 생각한다. 그러나 동시에, 그러한 믿음의 기원이 되는 이론까지는 모두 사라지지 않았고, 그것은 우리 모두가 아직도 사용하고 있고 또 그것에 대체할 수 있는 수단을 잘 알지 못하는 표현형식들 안에 여전히 남아 있다. 나는 17세기의 법률문헌에서 보편적이었던 어떠한 견해에 대하여 논함으로써 이 점을 예증할 수 있다. 그 당시의 법률가들은 유언의 권한 자체를 자연법의 소산으로 이해하여 그것은 자연법에 의하여 주어진 것이라고 주장하는 것이 매우 일반적이었다. 이러한 주장에는, 모든 사람이 이들 설명 사이의 연관성을 이해한 것은 아니었지만, 재산의 사후처분을 형성하거나 규율할 권리는 재산권 그 자체의 필연적인 또는 본성적인 귀결이라는 설명이 뒤따랐다. 그리고 법학을 전공으로 익히는 학생들은 모두, 이 법분야의 전문용어를 쓴다면, 유언상속(sucession *ex testamento*)이 망인의 재산이전이 일차적으로 그에 좇아 행하여져야 하는 재산승계의 방법으로 다루고, 무유언상속(succession *ab intestato*)은 사망한 재산권의 보유자가 게으름이나 불행한 사고로 인하여 행하지 못하고 남겨둔 일을 보완하기 위하여 입법자가 마련한 부차적인 법제도로 설명하는 것에 접하게 되었다. 이것은 같은 생각이 조금 다른 학파의 언어로 포장된 것일 뿐이다. 즉 이러한 견해는 단지 유언에 의한 재산처분이 자연법상의 제도라는 훨씬 간결한 이론의 확장된 형태에 불과한 것이다. 물론 지성 있는 오늘날의 사람들이 자연, 그리고 그의 법에 대하여 숙고할 때 품는 관념의 내용에 대하여 독단적으로 말하는 것은 분명 공격받기 쉬울 것이다. 그러나 나는 유언의 권한이 자연법의 성질을 가진다고 주장하는 사람은 거의 예외 없이 은연중에 그 권한이 사실상 보편적으로 인정된다고 주장하는 것이거나 국가가 그 권한을 원초적인 본능과 충동에 기하여 승인·실행하기에 이른다고 주장하는 것이라고 믿는다. 이 중에서 그것이 보편적인 것이라는 첫번째 주장이 명시적으로 행하여진다면, 유언의 권한에 대하여 나폴레옹법전[2]이 엄격한 제한을 가한 바 있고 또 그러한 프랑스의 태도가 하나의 모범으로 존중되어 이에 뒤좇는 나라가 꾸준히 증가하는 것을 목격한 우리의 시대에서는 그러한 주장을 진지하게 옹호하는 것은 불가능할 것이다. 다음으로 국가가 그 권한을 인간의 본능에 의거하여 인정한다는 주장에 대하여는, 그것이 초기의 법의 역사에서 이미 잘 확인된 바 있는 사실과 배치된다는 점을 들어 이의를 제기하지 않을 수 없다. 또한 나는 모든 토착사회에서는 재산권자의 단순한 의사표시가 다소간의 제한 아래서 그의 혈족의 권리주장에 우선하는 것으로 인정된 후기의 법발전단계에 앞서서 유언의 권한이 법적으로 허용되지 **않거나** 아예 생각조차 되지 않았던 시대가 있었다고 감히 일반화하여 확언하고자 한다.

유언의 개념은 독자적으로 관념될 수 없다. 이는 일련의 개념들 중 하나에 불과하며 그 개념들 중 최우선적인 것도 아니다. 유언은 그 자체로 보면 단지 유언자의 의도가 표시되는 수단에 불과하다. 나는 그러한 도구가 논의의 대상이 되기 전에 검토되어야 하는 몇 가지 사전적인 고려사항이 분명히 있다고 생각한다. 예를 들어, 사망의 시점에 망인으로부터 이전되는 것은 무엇인가, 어떠한 종류의 권리

2) 1804년의 프랑스민법전을 가리킨다.

또는 이익이 이전되는가, 그것이 누구에게 어떠한 방식으로 이전되는가, 그리고 어떻게 해서 망인이 그의 재산에 대한 사후처분을 규율하는 것이 허용되는가 하는 문제가 그것이다. 기술적인 용어를 사용한다면, 유언이라는 개념에 기여한 다양한 관념들의 상호의존성이 이렇게 하여 드러나는 것이다. 즉 유언은 상속재산의 이전을 정하는 하나의 수단이다. 상속은 포괄승계의 한 형태이다. 포괄승계란 포괄적 재산(*universitas juris*),[3] 즉 권리와 의무의 포괄적 일체가 승계되는 것이다. 그러므로 우리는 순서를 바꾸어, 포괄적 재산이란 무엇인지, 포괄승계란 무엇인지, 상속이라고 불리는 포괄승계의 방법은 무엇인지를 탐구하여야 한다. 그리고 유언의 문제에 대한 논의가 종결되기 전에 해결이 요청되는 것으로서 내가 방금 지적한 논의사항들과 어느 정도 관련이 있는 두 개의 다른 문제가 있다. 즉 어떻게 해서 유언자의 의사에 의하여 상속재산이 규율되게 되는가, 또 그것을 규율하는 그 수단은 어떠한 성질을 가지는가 하는 것이 그것이다.

첫번째 질문은 권리와 의무의 포괄적 일체(또는 그 꾸러미)라는 포괄적 재산의 개념과 관련된다. 포괄적 재산이란 일정한 시점에서 어느 한 사람에게 귀속되고 있다는 단순한 사정에 의하여 결합된 권리와 의무의 집합이다. 이는 어느 한 개인을 법적으로 표상하는 그의 법적 의상이다. 그것은 단지 **어떠한** 권리라도 또 **어떠한** 의무라도 이들을 함께 모음으로써 형성되지 않는다. 그것은 오직 어느 개별적인 사람의 모든 권리와 모든 의무를 포함함으로써만 구성될 수 있다. 소유권, 통행권, 상속권, 특정이행의 의무, 금전채무, 손해배상의무와 같은 권리와 의무를 모두 연결하여 하나의 포괄적 재산으로 만드는 고리는 이들 권리의무를 행사할 수 있는 어느 개인에게 귀속한다는 **사실**이다. 그 **사실**이 없다면 권리와 의무의 포괄적 일체란 없다. 「포괄

3) 이는 원래는 「권리의 총체」라는 의미이다.

적 재산」이라는 표현은 고전시대에 유래하는 것은 아니다. 그러나 그 관념은 전적으로 로마법에 영향을 받은 것으로서, 파악하기 어려운 것이 아니다. 우리는 하나의 개념 아래 우리들 각자가 세상에 대하여 가지는 법률관계들의 총체를 모으려고 노력하고 있는 것이다. 그러한 것들이 그 성격이나 내용이 무엇이든지에 상관없이 모여서 하나의 포괄적 재산을 구성하는 것이다. 만약 우리가 단지 권리만이 아니라 의무도 이 개념에 포함된다는 것이라는 점을 유의하여 기억한다면, 그 개념의 형성에 있어서 잘못을 범할 위험은 거의 없다. 의무가 권리를 능가하는 경우도 있을 수 있다. 그의 적극재산보다 더 많은 빚을 져서 어떠한 자산가치가 그의 집합적인 채무관계들에 충당되어야 한다면, 그는 도산이라고 불리는 상태에 빠진 것이다. 그러나 그럼에도 불구하고 그에게 귀속되는 권리와 의무의 총체는 여전히 포괄적 재산에 다름아니다.

다음으로 "포괄승계(universal succession)"를 다루어야 할 차례이다. 포괄승계는 포괄적 재산의 승계이다. 이는 어떤 사람이 다른 사람의 법적 의상을 입게 되어서 그 타인의 모든 책임을 지고 동시에 그의 모든 권리를 가지게 되는 경우에 일어난다. 포괄승계가 진정으로 또 완전하게 행하여지려면, 그 이전이 법률가의 표현을 빌자면 단번에(*uno ictu*) 일어나야 한다. 물론 연달아 매수를 반복하는 경우에서와 같이, 타인의 권리와 의무 전부를 그 시기를 달리하여 취득하는 것도 가능하다. 또 일부는 상속인으로서, 일부는 매수인으로서, 그리고 일부는 수유자[4]로서 하는 것과 같이 서로 다른 자격에서 그것 전부를 취득할 수도 있다. 그러나 이와 같이 하여 취득된 권리와 의무가 사실상 어느 특정인의 법적 인격 전부에 상당하는 것이라고 하더라도, 그러한 취득은 포괄승계가 되지 못한다. 진정한 포괄승계가 있

4) 受遺者(legatee)란 유증(legacy), 즉 유언으로 행하여지는 특히 인적 재산(이에 대하여는 뒤의 주 6 참조)의 증여에 의하여 권리를 취득하는 사람을 말한다.

으려면, 그 이전이 **동일한** 순간에, 그리고 수령자에 있어서 **동일한** 법적 자격에서 일어나야 한다. 포괄승계의 개념은, 비록 영국의 법에서 권리가 취득되는 자격의 다양한 양태들에 의하여, 또 무엇보다도 그 물권법에서 "부동산"[5]과 "동산"[6]이라는 두 영역 사이의 차이에 의하여 모호하게 되었음에도 불구하고, 포괄적 재산의 개념과 마찬가지로 항상 존재하는 것이다. 그러나 파산재산양수인[7]이 파산자의 재산 전부를 승계하는 것은 포괄승계에 해당한다. 다만 파산재산양수인은 단지 적극재산의 범위에서 채무를 이행할 뿐이어서 그 한도에서 원래의 포괄승계의 개념은 수정을 받는다. 어떤 사람이 다른 사람의 **모든** 적극재산을 그의 **모든** 채무를 지급하는 것을 조건으로 이전받는 일이 우리들 사이에서 흔하게 행하여진다고 하면, 이는 로마법에서 일찍부터 인정되었던 바의 포괄승계와 매우 닮은 것이 될 것이다. 로마의 시민이 아들을 **자권자입양**[8]하는 경우, 즉 가장권[9]에 복종하지 않는 어떤 남자를 양자로 들이는 경우에 양부는 입양자의 재산을 **포괄**

5) realty. real property와 동의어로서, personalty와 대를 이룬다. 물적 재산이라고 번역할 수도 있다. real property란 원래 중세의 영국에서 손해배상이 아니라 물건 자체의 인도를 내용으로 하는 real action(물적 소송)의 구제를 받을 수 있었던 재산권을 의미하였었다. 무엇보다도 부동산(토지)에 관한 재산권이 그에 속하였다. 그리하여 real property는 부동산 그 자체 또는 easement(지역권)나 leasehold(부동산임차권)와 같은 부동산에 관한 물권적 권리를 의미하기에 이르렀다.

6) personalty. personal property라고도 하며, 인적 재산이라고 번역할 수도 있다. 전주에서 본 real property에 속하지 않는 재산권을 가리킨다.

7) assignee in bankruptcy. 우리 법에서 파산관재인에 유사한 지위에 있는 사람을 말한다. 파산자의 재산을 관리하기 위하여 파산채권자들에 의하여 선임된다. creditor's assignee라고도 부른다.

8) 自權者入養은 로마법의 adrogatio의 역어로서, 또는 자주권자입양(自主權者入養)이라고도 한다. 자권자는 그 입양에 의하여 양부의 家子가 되어 신분이 타권자로 변경되고, 독자적으로 재산을 보유할 수 없게 된다. 로마법의 자권자입양에 대하여는 우선 玄勝鍾, 曺圭昌 증보, 로마법(1996), 933면 이하를 참조하라.

9) 家長權(patria potestas)이란 로마법에서 가장이 家子에 대하여 가지는 포괄적 지배권을 말한다.

적으로 승계하여, 그의 모든 적극재산을 취득하고 그의 모든 의무에 대하여 책임을 지게 된다. 그 외에 포괄승계의 다른 몇 가지 방식이 초기의 로마법에서 발견된다. 그러나 그 중에서 가장 중요하고 가장 영속적이었던 것은 우리가 바로 직접적으로 관심을 두고 있는 상속(*hereditas*)의 경우이다. 상속은 사망시에 일어나는 포괄승계이다. 이 경우의 포괄승계인는 상속인(*heres*)이다. 그는 망인의 모든 권리와 의무를 한꺼번에 이전받는다. 그는 즉각적으로 망인의 법적 인격 전부의 의상을 취득하게 된다. 여기서 나는 상속인이 유언에 의하여 지명되었는지 아니면 무유언상속으로 상속을 받았는지에 상관없이 그의 그러한 특별한 성질에는 다름이 없다는 것을 굳이 지적할 필요를 느끼지 않는다. 어떤 사람이 어떠한 방법에 의하여 상속인이 되었는가는 그가 가지는 법적 성격과 아무런 관련이 없으므로, 상속인이라는 용어는 그가 유언상속인이든 무유언상속인이든 마찬가지로 사용된다. 즉 망인의 포괄승계인은 그가 유언에 의하여 그렇게 되었든 유언 없이 그렇게 되었든 상관없이 그의 상속인인 것이다. 그러나 상속인은 반드시 한 사람일 필요는 없다. 일단의 사람들이 상속재산을 **공동상속인**으로 승계할 수도 있는데, 그들은 법적으로 하나의 단위로 간주된다.

이제 상속에 대하여 로마법에서 통상 행하여지는 정의를 인용하고자 한다. 독자들은 그 용어 하나하나에 유의하여 음미하는 자세를 취하여야 할 것이다. *Haereditas est successio in universum jus quod defunctus habuit*("상속이란 망인의 법적 지위 전부를 승계하는 것이다"). 이러한 파악은 망인의 물리적 인격은 소멸하지만 그의 법적 인격은 살아남아서 그 전과 다름없는 상태로 그의 상속인 또는 공동상속인들에게 계승되어 그의 정체성이 적어도 법에 관한 한 상속인에게 계승된다는 것을 의미한다. 우리의 현재의 법은 유언집행자[10] 또는 상속재산관리인[11]을 선임하여 망인의 재산에 관한 대리인으로 인정하는데, 이는 위와 같은 법리에서 연유하는 것으로서 위와 같은 이론에 대한 예증이 될 수 있다. 그러나 그것은 어디까지나 예증일 뿐, 설명은 결코 아니다. 후기 로마법에서는 망인의 지위와 상속인의 지위 사이에 엄밀한 대응관계가 요구되었는데, 이것은 영국법의 위와 같은 대리적 파악에서는 찾을 수 없는 모습이다. 원시법제에서는 모든 것이 승계의 연속성에 의존하고 있다. 유언에 유언자의 권리의무가 즉시 상속인에게 이전된다는 조항이 포함되지 않으면, 그 유언은 아무런 효력도 발휘하지 못하였던 것이다.

오늘날의 유언법은 후기 로마법과 마찬가지로 1차적으로 중요한 목표를 유언자의 의사의 실현에 둔다. 고대의 로마법에 있어서 이에 대응하는 신중한 고려의 대상은 포괄적 승계를 이룩하는 것이었다. 이들 두 법 중 전자는 우리에게 상식이 명하는 바의 법리라고 생각되고, 후자는 쓸모없는 변덕의 소산으로 느껴질 것이다. 그러나 후자가 없었다면 전자도 역시 존재하지 않았을 것이라는 것은 이에 관한 다른 명제만큼이나 확실한 바이다.

이와 같이 역설처럼 보이는 문제를 해결하고 또한 내가 지금까지 제시하려고 노력해 왔던 일련의 사상들을 보다 명백하게 하기 위하여, 내가 제 5 장의 앞부분에서 행한 논의의 결과를 여기서 가져오려고 한다. 우리는 사회의 요람기를 명확하게 특징짓는 하나의 특수한 성격을 관찰한 바가 있다. 그것은 인간이 개인으로서가 아니라 항상 어떤 개별적인 집단의 구성원으로 파악되고 그러한 것으로 취급

---

10) 유언집행자(executor)란 상속재산의 관리를 위하여 원칙적으로 유언자에 의하여 유언에서 명시적 또는 묵시적으로 지정된 인격대표자(personal representative)를 말한다. 유언집행자는 유언자의 장례비용이나 상속재산관리비용의 지급, 채권의 회수, 채무의 지급, 수유자에의 분배 등의 업무를 집행할 권리와 의무를 가진다. 그는 「지정상속재산관리인」이라고 부를 수도 있다.

11) 상속재산관리인(administrator)은 무유언상속의 경우 또는 유언이 있어도 유효한 유언집행자의 지정이 없는 경우에 유언집행자(앞의 주 참조)와 같은 업무의 수행을 위하여 법원에 의하여 선임된다.

된다는 점이다. 모든 사람은 우선 시민이고, 그리고 시민으로서 그는 그가 속하는 계층의 구성원으로서, 귀족제 또는 민주제에서 귀족 또는 평민계층에 속하여, 로마로 말하면 귀족(patricii) 또는 평민(plebei)의 일원이 된다. 혹은 발전의 과정에서 특별한 변고를 당하는 불행한 운명을 지니는 사회에 있어서는, 어떤 세습신분계급(caste)에 속하게 된다. 그 다음으로 그는 일정한 씨족, 가단(家團), 부족의 구성원이고, 마지막으로 그는 그의 **가족**의 일원이다. 이 마지막의 것이 사람이 위치하였던 가장 좁고 가장 개인적인 관계이었다. 그리고 매우 역설적으로 비춰질지도 모르나, 그는 결코 **그 자신**, 즉 한 사람의 특유한 개인으로는 간주되지 않았다. 그의 개인성은 그의 가족에 흡수되어 삼켜지고 말았다. 나는 앞서 제시하였던 원시사회의 정의를 반복하고자 한다. 그 사회는 그 구성단위가 개인이 아니라, 실제의 또는 의제적인 혈연관계에 의하여 결합된 사람들의 집단이었던 것이다.

우리가 포괄승계의 최초의 모습을 찾을 수 있는 것은 미개사회의 그러한 특성들 속에서이다. 근대 국가의 조직과 비교하여 미개시대의 국가를 묘사한다면, 이는 몇 개의 작은 전제정체(專制政體)로 구성되어 있는데, 그 각각은 그 외의 것들과는 완전히 구별되고 또 단일한 우두머리의 대권에 의하여 완벽하게 통제되고 있다고 할 수 있을 것이다. 그 전제정체의 우두머리를 로마법에서 말하는 가부(pater familias)라고 부르기는 시기상조이므로 그를 가주(patriarch)라고 하기로 하는데, 가주는 그 권한이 무척 광범위한 것이기는 하였어도 동시에 그와 동일한 정도의 의무를 가지고 있다는 점에는 의문의 여지가 없다. 그가 가족을 통솔하고 있다면, 그것은 가족의 이익을 위해서이다. 그가 가족재산의 주인이라고 해도, 그것은 그의 자식들과 혈족들을 위한 수탁자로서이다. 그는 그가 통솔하고 있는 그 작은 공동체와의 관련에서 그에게 주어진 것 외에는 어떠한 특권이나 지위도 가지고 있지 않았다. 가족은 사실 하나의 사단이었고, 그는 그 대표자이었다. 또는 그 공무담임자라고 해도 과언이 아니다. 그는 권리를 향유하고 의무를 부담하였으나, 그 권리와 의무는 동료 시민들의 관념상으로 그리고 법적으로 그 자신의 것임과 동시에 그 집합체의 것이기도 하였다. 이제 그러한 대표자의 죽음이 어떠한 결과를 가져오는지를 생각해 보기로 하자. 법의 관점에서 볼 때, 그리고 민사재판관의 입장에서 볼 때, 가정을 통솔하는 자의 사망은 전적으로 사소한 의미를 가지는 것일 수 있었다. 이는 가족이라는 단체를 대표하고 관할 재판권과 관련하여 1차적으로 책임을 지는 사람이 이제 교체되어 그 이름이 달라진다는 것, 그것이 전부이었다. 사망한 가(家)의 우두머리에게 속하였던 권리와 의무는 그 연속성의 단절 없이 그의 계승자에게 귀속된다. 왜냐하면 그것은 실제로는 가족의 권리와 의무인데, 가족은 사단에 특징적인 그 성질, 즉 소멸하지 않는다는 성질을 가지기 때문이다. 채권자들은 종전의 우두머리에 대한 것과 같은 법적 구제수단을 새로운 우두머리에 대하여 가진다. 책임은 여전히 존재하는 가족이 지는 것으로서 결코 변하지 않기 때문이다. 가족이 행사할 수 있었던 권리는 모두 우두머리의 사망 전과 마찬가지로 그 사후에도 행사할 수 있었다. 다만 그 사단은 이제 조금 달라진 이름[즉 상속인의 이름]으로 — 만일 그처럼 오래 전의 시대에도 이와 같이 정확한 전문용어를 적절하게 쓸 수 있었다고 한다면 — **소송을 제기**하여야 한다는 것만은 달라진다.

사회가 얼마나 점진적으로 그리고 서서히 오늘날의 원자적 구성단위들[즉 개인]로 해소되어 갔는지, 어떠한 눈에 띄이지 않는 점차적 이행을 거쳐서 개인과 그의 가족의 관계 및 가족과 가족의 관계가 사람과 사람의 관계에 의하여 대체되어 갔는지를 이해하려면, 우리는 반드시 법의 역사의 전체적인 과정을 추적하여야 한다. 여기서 우리가 주의를 기울여야 할 점은, 혁명이 일응 성취되어 재판관이 많은 점에서 가장(*pater familias*)의 지위를 떠맡게 되고 민사재판이 가족 내부의 심판을 대신하게 되었다고 하여도, 그 사법권(司法權)에 의하여 운용되는 권리와 의무의 전체적 틀은 여전히 이제는 사라져 버린 특권의 영향을 받아 형성된 채로 남아 있고, 모든 부분에서 그것의 반영으로 얼룩져 있다는 것이다.

로마법이 그렇게도 끈질기게 유언상속 또는 무유언상속의 제1조건으로 고수하여 온 포괄적 재산(universitas juris)의 이전이라는 사고는 보다 낡은 사회형태의 한 특징임에는 거의 의문의 여지가 없다. 그럼에도 불구하고 사람들은 그것이 보다 새로운 사회와 진정하거나 적절한 관련성이 없게 되었음에도 그것을 새로운 사회형태와 결별시킬 수 없었던 것이다. 사실은 어떤 사람의 법적 존재를 상속인 또는 공동상속인에게서 그대로 연장하는 것은 바로 **가족**의 어떠한 특성이 어떠한 의제에 의하여 **개인**에게로 전이한 것, 그 이상도 이하도 아니다. 사단에서의 승계의 형태는 필연적으로 포괄적일 수밖에 없은데, 가족은 바로 하나의 사단이었다. 사단은 결코 죽지 않는다. 그 구성원 개인의 사망은 단체의 집단적 존재에 영향을 주지 않으며, 그의 법적 조건, 그의 능력이나 책임에 결코 영향을 미치지 않는다. 이와 같이 해서 로마의 포괄승계의 관념에는 사단의 이러한 성질 모두가 개개의 시민에게 이전된 것이다. 그의 육체적 사망은 그가 지녔던 법적 지위에 대하여 어떠한 영향도 미칠 수 없도록 되었다. 이는, 그 법적 지위가 그 단체로서의 성질에 기하여 당연히 육체적 차원의 소멸이란 있을 수 없는 가족에 가능한 한 근접하게 유추되어 조정되어야 한다는 원리에 근거하여 일어났다.

많은 유럽대륙의 법학자들은 포괄승계에 포함되어 있는 여러 관념들 사이의 관계가 어떠한 성질의 것인지를 이해하는 데 어려움을 겪고 있음을 나는 안다. 그리고 그들이 행한 논의가 일반적으로 이처럼 별다른 가치를 가지지 못하는 법철학상의 논점도 아마 없을 것이다. 그러나 영국법을 공부하는 사람들은 우리가 여기서 다루고 있는 관념을 다룸에 있어서 좌절할 위험이 없다고 하여야 할 것이다. 모든 영국의 법률가들에게는 친숙한 영국법에서의 의제라는 법적 도구에 의하여 이러한 관념에 대하여 많은 깨달음을 얻을 수 있기 때문이다. 영국의 법률가들은 사단(社團)을 집합사단[12]과 단독사단[13]으로 분류한다. 집합사단은 진정한 의미의 사단이고, 단독사단은 일정한 속성이 있는 일단의 그룹에 속하는 개인으로서 의제에 의하여 사단의 성질을 가지게 되는 것이다. 그 예로 왕이나 어떤 교구의 교구장이 있음을 굳이 지적할 필요가 없을 것이다. 여기서 그 능력이나 직무는 그때그때 그 지위를 가지는 사람 개인과는 별도인 것으로 간주되고, 그 직위는 항구적인 것이어서 이를 보유하는 일련의 개인들은 사단의 대표적인 속성, 즉 항구성을 갖추고 있다. 이제 고대 로마법의 법리에서 개인은 가족에 대하여 영국법에서 단독사단의 집합사단에 대한 관계와 바로 동일한 관계에 있었던 것이다. 그 각 관념의 연유 및 상관관계가 정확하게 서로 일치한다. 사실 로마에서 유언법과 관련하여서는 각각의 개별 시민이 단독사단이었다고 하면, 우리는 상속의 개념을 온전하게 깨달을 수 있을 뿐만 아니라, 그 개념이 유래하는 전제적 이해에 대하여도 실마리를 찾을 수 있게 된다. 즉 왕은 단독사단으로서 결코 사망하지 않는다는 명제가 그것이다. 그의 법적 지위는 지속적으로 그의 계승자에 의하여 채워져서, 통치의 연속성은 중단되지 아니한 것으로 간주되는 것이다. 로마인들에게 권리와 의무의 이전에서 사망이라는 사건을 고려하지 않는 것은 단순하고도 자연스러운 과정으로 여겨졌다. 유언자는 그의 상속인이나 공동상속인 속에서 계속 살아 있는 것이다. 그는 법적으로 상속인과 동일한 사람

12) 집합사단(corporations aggregate)이란 복수의 구성원으로 이루어진 사단을 말한다.

13) 단독사단(corporations sole)이란 단독의 구성원으로 이루어진 사단을 말한다. 법으로 정하여진 승계자의 지위에 있는 사람에게 자연인은 가질 수 없는 일정한 법적인 자격과 영속성을 부여하고자 하는 경우에 인정된다.

이다. 만약 어떤 사람이 그의 유언에 의한 재산처분에 있어서 그의 현실적 존재와 사후적 존재의 통합을 가능하게 하는 원칙에 반하는 내용을 포함시킨다면, 법은 그와 같이 흠이 있는 법적 수단의 효력을 부인하고, 상속재산을 혈연관계에 있는 사람에게 넘겨주게 된다. 이 경우 상속인이 될 수 있는 그 사람들의 자격은 법에 의하여 주어진 것이고, 만에 하나라도 잘못 작성될 수도 있는 어떠한 문서에 의하여 인정되는 것이 아니었다.

로마의 시민이 유언을 남기지 않고 죽거나 그가 남긴 유언이 효력이 없는 경우에, 그의 자손들이나 친족들은 다음에서 설명되는 기준에 좇아 그의 상속인이 된다. 이렇게 상속인이 되는 사람 또는 일단의 사람들은 단지 망인을 **대리할** 뿐만 아니라, 방금 설명한 이론에 따라서, 그의 민사적 생명, 즉 그의 법적 존재를 **지속한다**. 이러한 결과는 상속의 순위가 유언에 의하여 지정된 경우에도 마찬가지이다. 그러나 망인과 상속인의 동일성의 이론은 어떠한 유언방식 또는 어떠한 시대의 유언법보다도 분명 오래된 것이다. 여기서 우리는 이 주제를 파고들면 들수록 우리를 압박하는 다음과 같은 의문을 제시하기에 적절한 순간을 맞이하게 된다. 즉 포괄승계에 관한 이러한 주목할 만한 관념들이 없었다면, 과연 **유언**이라는 것이 존재하게 되었을까 하는 의문이다. 유언법은 그럴 듯하기도 하면서도 근거가 없어 보이기도 하는 다양한 철학적 가설들에 기초하여 설명될 수 있는 어떠한 원칙의 한 적용례이다. 이는 근대 사회의 모든 영역과 관련을 맺고 있고, 일반적인 목적에 기여할 수 있는 극히 광범위한 근거제시에 기하여 옹호될 수 있다. 그러나 다음과 같은 점에 주의를 환기하는 것은 몇 번이나 반복되어도 좋을 것이다. 즉 우리가 법의 문제를 바라봄에 있어서 잘못을 범하게 되는 중대한 이유는, 우리가 바로 이 시대에 현행의 법제도를 다룸에 있어서 동원하는 바로 그 근거들이 필연적으로 그 제도가 애초 거기서부터 기원한 그 감정과 어떠한 공통점을 가지고 있다고 오해하는 데 있다는 것이다. 상속에 대한 고대 로마법에서 유언의 관념은 망인이 사후에도 그의 상속인 속에 존재한다는 이론과 분리불가능하게 섞여 있다, 또는 — 보다 과감하게 말한다면 — 혼동되어 있다는 것은 확실하다.

비록 포괄승계의 관념이 법에 굳건히 뿌리박게 되기는 하였지만, 그것이 법의 틀을 여러 방면에서 마련한 사람들에게 저절로 나타난 것은 아니다. 오늘날 그것이 어디에서 발견되든지 간에, 그것은 언제나 로마법에서 유래하는 것으로 생각될 수 있다. 그리고 그와 함께, 오늘날의 실무가들이 그 모이론(母理論)과의 연관성을 파악하지 못한 채로 적용하고 있는 유언과 유증에 관한 일련의 법리들도 전승되어 왔다. 그러나 순수한 로마법에서는 유언상속과 무유언상속에 관한 법이 어떤 사람이 그의 상속인 속에서 계속 삶을 유지한다는 원칙, 다시 말하면 — 이렇게 말하는 것이 허용된다면 — 죽음이라는 사실의 제거를 중심에 두고 그 주위에 형성되었음은 오해의 여지 없이 명확한 것이다. 로마법이 그 지도적 이론을 전혀 동요하지 않고 완고하게 관철한다는 사실은 그 자체로써 그 이론이 로마 사회의 고대적 기본구조상의 어떤 것에서 유래하여 발전한 결과임을 시사한다. 그러나 나아가 우리는 단순한 추측을 넘어서는 증거를 제시할 수도 있다. 로마의 초기 유언제도로부터 유래하는 몇 개의 기술적인 표현이 우연히 우리에게까지 보존되어 남아 있는 것이다. 우리는 가이우스[14]의 저작으로부터 포괄승계자의 지정에 관한 방식을 알고 있다.[15] 우리는

14) 가이우스(Gaius)는 기원 후 130년부터 180년 사이에 활동한 로마의 법률가이다. 그의 생애는 거의 알려져 있지 않다. 그러나 그가 저술한 법학개론서 『法學提要(Institutiones)』가 1816년에 이태리의 베로나에서 우연히 원문대로 발견됨으로써 그의 이름은 로마법학의 역사에서 불멸의 지위를 차지하게 되었다.

15) Gai. 2, 117(가이우스, 법학제요, 제 2 권, 제117절): "정식의 지정은 다음과 같은 것이다. "티티우스는 상속인이 되어라." 그러나 "티티우스가 상속인임을 나는 명한다"고 하는 문언도 이미 승인된 것으로 인정된다. 이에 반하여 "티티우스가 상속인임을 나는 바란다"고 하는 것은 승인되지 않았다. 또한 "나는 티티

나중에 상속인으로 불리게 된 사람의 옛 명칭을 알고 있다. 나아가 우리는 12표법[16]에서 유언의 권한을 명백하게 인정하고 있는 유명한 조항의 원문을 알고 있으며, 무유언상속을 규율하는 조항들도 보존되어 있다.[17] 이러한 고대의 문구들은 모두 하나의 현저한 특징을 가지고 있다. 그것들은 유언자로부터 그 상속인에게 이전되는 것이 **가족**, 즉 가장권(patria potestas) 속에 포함되어 있고 또 그로부터 도출되는 권리와 의무의 집합임을 시사한다. 세 경우에는 물질적인 재산에 대하여는 언급조차 없고, 다른 두 경우에 그것은 명백히 가족의 부속물 또는 종속물로 언급되어 있다. 그러므로 유언은 본래 **가족**의 이전이 문서에 의하여 규율되는 하나의 방법 또는 — 처음에는 아마도 문서로 행하여지지 아니하였을 것이므로 — 하나의 과정이었다. 이는 유언자에 이어서 가족의 우두머리가 되는 사람이 누구인지를 선언하는 하나의 방식이었다. 이처럼 유언이 그것을 본래의 목적으로 하는 것이라면, 우리는 그것이 고대의 종교와 법의 가장 흥미로운 유물의 하나인 사크라(*sacra*), 즉 가족제식(家族祭式)과 어떻게 연관되는지를 바로 알 수 있게 된다. 이 가족제례는 사회가 그 원시적 상태에서 완전히 벗어나지 못하였을 때에는 언제나 나타나는 제도의 로마적 형태

우스를 상속인으로 지정한다" 또는 "나는 [티티우스를] 상속인으로 한다"는 것도 역시 대부분의 학자에 의하여 부인되었다."

16) 12표법(*Lex Duodecim Tabularum.* 단지 Duodecim Tabulae라고도 한다)은 로마법의 기초를 이루는 가장 귀중한 로마법원(法源)의 하나이다. 기원 전 449년에 최종적으로 완결되어, 12개의 동판(어떤 사람에 의하면 상아판)에 새겨져 로마의 광장에 세워져서 누구라도 읽을 수 있게 하였다. 그러나 원문은 전해오지 않으며, 학자들이 이를 인용한 각종의 저작에서 찾아낸 단편들을 조합하여 그 원래의 모습을 대체로 알 수 있다. 12표법의 개요에 대하여는 우선 崔秉祚, "十二表法(對譯)", 서울대학교 법학 제32권 1·2호(1991), 157면 이하를 참조하라.

17) 예를 들어 12표법의 제 5 표 제 4 조는 "만일 그가 무유언으로 사망한다면, 그에게 家內相續人(suus heres)이 없는 경우에는 가장 가까운 宗親이 가산(familia)을 상속한다(Si intestato moritur, cui suus heres nec escit, adgnatus proximus familiam habeto)"고 정한다.

이다. 그것은 가족의 유대를 기리며 그 영원성을 맹세하고 승인하는 희생공양과 제의(祭儀)를 말한다. 그것의 성격이 무엇이든지, 즉 그것이 어떤 경우에나 일정한 신화적인 조상을 숭배한다는 것이 사실이든 아니든 상관없이, 그것은 가족관계의 신성함을 확인하기 위하여 어디서나 행하여진다. 그러므로 그것은 그 우두머리의 교체로 말미암아 가족의 연속성이 위협받게 되는 때라면 당연히 그 심중한 의미와 중요성을 새삼 획득한다. 그리하여 우리는 가족의 통솔권을 가진 사람의 사망과 관련하여서 그에 대하여 가장 많이 듣게 된다. 힌두교도에 있어서는 망인의 재산을 상속할 수 있는 권리는 그의 장례를 행할 의무와 정확하게 공존한다. 만약 그 예식이 마땅한 인물에 의하여 마땅하게 행하여지지 않거나 전혀 행하여지지 않은 경우에는, 망인은 살아 있는 사람들 누구와의 사이에서 어떠한 관계도 형성되지 아니한 것으로 간주된다. 그러므로 상속법은 적용되지 않으며, 누구도 그의 재산을 상속하지 못한다. 힌두인의 삶에서 모든 중요한 사건은 이 의식에 귀착되고 그와 관련을 가지는 것으로 여겨진다. 그가 결혼을 하는 것은 그의 사후에 그 의식을 행할 자식을 가지기 위한 것이다. 그에게 자식이 없다면, 그는 다른 가족으로부터 양자를 들여야 할 매우 강력한 의무가 있는데, 어느 힌두교의 석학이 이르기를, 이는 "장례용 빵, 물, 그리고 신성한 희생물을 마련하기 위한 것"이다. 키케로 시대의 로마에서의 사크라도 그 의미에 있어서 이보다 덜하지 않았다. 그것은 상속과 입양을 포괄하였다. 어떠한 입양도 양자가 떠나게 되는 가족의 사크라에 관한 적절한 정함이 없이는 이루어지지 않았다. 그리고 어떠한 유언도 이들 예식으로 발생하는 비용을 공동상속인 사이에서 분담하는 비율을 엄밀하게 정하지 아니하고서 상속을 분배하는 것은 허용되지 않았다. 우리가 사크라라는 제례를 살펴본 그 시대의 로마법과 현재 존재하는 힌두제도 사이의 차이는 매우 교훈적이다. 힌두인들에게 법에 존재하는 이러한 종교적 요소는 완전한 우월성을 지닌다. 가족 예식은 모든 인법 및 대부분의 물법에서 핵심이 된다. 가족 예식은 크게 확장되기까지 해서, 남편의 장례식에서 과부도 자신을 희생하여 함께 매장되는 관습은 힌두교도들에 의하여 역사시대에까지 계속된 것으로서, 몇몇의 인도유럽족의 전통 안에 자리를 잡고 있다. 그것이 사람의 피가 모든 봉헌물 중에서 가장 값진 것이라는 — 희생의 관념에는 항상 수반하는 — 생각의 영향에 의하여 원시적인 사크라에 주입된 하나의 부가물이라는 견해는 설득력이 있는 것이다. 반대로 로마인들에 있어서 법적 의무와 종교적 의무는 이제 구별되기 시작하였다. 사크라를 행할 필요는 시민법의 법리의 어떠한 부분도 구성하지 않으며, 사제단(司祭團)의 별도의 관할 하에 있게 되었다. 키케로가 아티쿠스[18]에게 보낸 편지는 사크라에 대한 시사로 차 있으며, 그것이 상속재산에 참을 수 없는 부담을 지우고 있음을 명확하게 드러내고 있다. 그러나 법이 종교로부터 처음 분리의 발걸음을 내딛은 시기를 거쳐 이제 우리는 사크라가 후기의 법에서 완전히 사라진 것을 확인할 수 있다.

힌두법에는 진정한 의미에서의 유언과 같은 것이 없다. 유언이 차지할 자리는 입양에 의하여 채워졌다. 이제 우리는 유언의 권한이 입양의 능력과 어떠한 관계에 있는지, 또 이 둘 중 어느 것에서도 그 실행에 사크라라는 祭式에 대한 특유한 열정이 요청되는 이유가 무엇인지를 알게 되었다. 유언과 입양 양자는 모두 가족 계통의 정상적인 흐름을 왜곡할 우려가 있으나, 이들은 가계를 이어갈 혈친이 없는 경우에 그 계통이 완전히 끊어지는 것을 막을 수 있는 장치인 것이다. 이 두 가지 방법 중에서 입양은 혈연관계의 의제적 창조로서, 이

18) 티투스 폼포니우스 아티구스(Titus Pomponius Atticus)(기원전 110년? – 35년?)는 로마의 문예애호가, 은행가이다. 그는 키케로의 절친한 친구로서, 키케로의 『우정론(De Amicitia)』은 그에게 헌정되었다. 이 두 사람 사이의 서한은 키케로의 비서인 마르쿠스 툴리우스 티로(Marcus Tullius Tiro)가 편찬한 『아티우스에의 서한집(Epistulae ad Atticum)』에 수록되어 있다.

것만이 고대의 많은 사회들에서 존재한다. 힌두교도들은 고대의 관행에서 분명히 한 걸음 더 나아갔으니, 그것은 남편이 생전에 이를 게을리하였을 경우에 입양할 수 있도록 허용하였던 것이다. 그리고 벵갈의 지방 관습에는 유언권의 희미한 자취가 남아 있다. 그러나 유언을 발명한 공적은 분명히 로마인들에게 돌아간다. 이 제도는 인간사회를 변화시키는 데 계약 다음으로 큰 영향을 미쳤다. 그러나 우리는 이 제도의 초기적 형태에 그것이 오늘날 담당하고 있는 기능들을 부여하지 않도록 주의하여야 한다. 이는 원래는 망인의 재산을 분배하는 방법이 아니라 가(家)를 대표하는 기능을 새로운 우두머리에게 이전하는 여러 방법 중의 하나이었다. 물론 재산은 상속인에게 승계되지만, 이는 단지 가족의 통솔권이 이전하면 그와 함께 그 공동의 재산을 처분할 수 있는 권한도 수반되기 때문이다. 우리는 유언법의 역사에서 유언이 그 후 재산의 유통을 자극하고 재산권이 보다 가소적(可塑的)인 내용으로 형성될 수 있도록 함으로써 사회 개조의 강력한 도구가 되었던 단계까지는 아직 한참 거리를 두고 있는 시대를 말하고 있는 것이다. 사실 후기의 로마법학자조차도 이러한 결과들은 유언과 관련되는 것으로 이해하지 못하였다. 로마사회에서 유언은 재산과 가족을 서로 분리시키거나 혹은 일련의 잡다한 이익들을 창출해내는 방법이 아니라, 가의 구성원에 대하여 무유언상속에 관한 법규칙에 의하여 보장되는 것보다 나은 법상태를 만들어내기 위한 수단으로 생각되고 있었다. 사실 유언 작성의 일에 대하여 로마인이 품고 있던 연상은 오늘날 우리가 흔히 품는 그것과는 매우 달랐을 것임을 쉽사리 추측할 수 있다. 입양과 유언을 가족을 지속시키는 방법으로 보는 습관은 불가피하게 황제권의 승계에 관한 로마적 관념의 기묘한 융통성과 관계가 있다. 초기의 로마제국에서 황제의 자리를 계승하는 것은 합리적으로 정규적인 것으로 생각되었고, 비록 온갖 불미로운 일이 일어나기는 하였어도, 테오도시우스[19]나 유스티니아누스[20]

와 같은 황제가 자신을 카에사르나 아우구스투스라고 칭한다고 하여도 이에는 무슨 부조리도 없다는 점을 우리는 놓칠 수 없는 것이다.

이와 같이 원시사회의 여러 상태가 밝혀졌으므로, 무유언상속이 유언상속보다 더욱 고대로 거슬러 올라가는 제도라는 명제는, 비록 17세기의 법학자들은 이를 의심하였지만, 논의의 여지가 없는 것이 되었다고 생각된다. 이 문제가 해결되면, 이제 유언이 어떻게 해서 또 어떠한 조건 아래서 가족에 대한 통솔권의 이전, 그리고 이에 따라 死後의 재산분배를 규율하게 되었는가 하는 매우 흥미로운 문제가 저절로 제기된다. 이를 해결하는 것은 고대의 사회에서 유언권의 행사가 드물었기 때문에 어려운 일이다. 로마를 제외하고 다른 원시사회가 진정한 유언권의 행사를 알고 있었는지는 의심스럽다. 그 초보적 형태가 여기저기 산견되기는 하나, 그 대부분은 로마에 기원을 두고 있다는 혐의를 벗기 어렵다. 아테네의 유언제도는 의심의 여지 없이 토착의 것이다. 그러나 그것은 나중에 보는 바와 같이 아직 단서적인 것에 불과하다. 로마제국을 정복한 야만족들의 법전으로서 우리에게까지 전해지는 법에 의하여 인정되는 유언제도는 로마의 것이라고 거의 확실하게 말할 수 있다. 최근에 극히 예리한 독일의 비판적 연구가 이들 「야만족의 법전(*leges Barbarorum*)」[21]에 대하여 행하여졌다. 그 연구의 중요한 목적은 그 종족들의 법체계에서 각 종족이

19) Theodosius. 379년부터 395년까지 동서로 분리되기 전 로마제국의 마지막 황제로서 기독교를 로마의 국교로 정한 테오도시우스 1세, 아니면 408년부터 450년까지 동로마제국의 황제로서 「테오도시우스법전(Codex Theodosianus)」으로 역사에 이름을 남긴 테오도시우스 2세 중 한 사람을 가리킬 것이다.

20) Justinianus. 527년부터 565년까지 동로마제국(비잔틴제국)의 황제. 그 제국의 가장 영광스러운 시대를 대표하는 황제로서, 「유스티니아누스법전」, 즉 「로마법대전(Corpus iuris civilis)」을 편찬하는 사업을 수행하였다.

21) 5세기부터 9세기 사이에 라틴어로 정리·편찬된 게르만족의 여러 부족의 법률. 그 주요한 예는 「부르군드법전(Lex Burgundionum)」, 「살리카법전(Lex Salica)」, 「리푸아리아법전(Lex Ripuaria)」, 「서고트법전(Lex Visigothorum)」 등이 있다.

원래의 거주지에서 행하던 고유한 관습을 이루는 부분을 로마법에서 차용한 외래적인 부분으로부터 분리하는 것이었다. 그 연구의 과정에서 그 법전의 고대적인 핵심은 유언에 관하여 어떠한 흔적도 포함하고 있지 않다는 점이 한결같이 밝혀졌다. 유언법이 존재한다면 그것은 어떤 것이든 로마법에서 유래한 것이었다. 마찬가지로 유태인의 랍비법[22]이 정하고 있는 초보적 유언제도는 — 내가 들은 바에 의하면 — 로마와의 접촉에서 발생한 것이다. 로마나 헬레니즘의 문화에 속하지 않은 유언제도로서 고유의 것으로 판단될 만한 근거가 있는 유일한 것은 벵갈 지역의 관습으로 인정되는 것인데, 어떤 사람들은 벵갈의 유언제도를 앵글로-인도 법학자의 창작물로 생각하고 있다. 어쨌거나 이는 기껏해야 단지 초보적인 수준의 것에 불과하다.

그러나 유언은 처음에는 단지 실제의 또는 의제의 혈연에 의하여 상속을 받을 권리를 가지는 사람이 없는 경우에 한하여 효력을 가질 수 있었다는 결론이 입증될 수 있을 것이다. 따라서 아테네의 시민들이 솔론의 법률들[23]에 의하여 최초로 유언을 행할 수 있게 되었을 때에 그들이 직계의 남자 후손에게 상속을 거부하는 것은 허용되지 아니하였다. 또한 벵갈지방에서도 유언은 그것이 가족의 일정한 우선적 권리를 만족시키는 한도에서만 상속을 규율할 수 있었다. 마찬가지로 유태인의 원래 제도는 유언자의 특권을 전혀 인정하지 않았다. 후기의 랍비법은 모세법[24]이 정하지 않는 사항만을 보충하였던

22) 유태인의 랍비법(Rabbinical Jewish Law). 유태인의 고유법은 종교적 색채를 가지며 통상 할라카(Halakha)라고 총칭되는데, 이는 구약성서(모세법), 탈무드 등에서 유래하는 요소도 있으나, 유태사회의 정신적 지도자인 랍비들의 전승된 가르침에서 오는 것도 있다. 이를 랍비법이라고 하는데, 이는 직접 유태교와 관계되는 것 외에 일상생활의 다양한 측면을 규율한다.

23) 솔론(Solon. 기원전 638년경-558년경)은 아테네의 정치가이다. 그는 아테네 민주정치의 초석을 놓은 사람으로서 아테네의 정치적, 경제적, 도덕적 퇴락을 저지하기 위한 여러 법률을 제정하도록 한 것으로 알려져 있다. 2세기에 『그리스 여행기』를 저술하여 유명한 파우사니아스는 그를 7현인의 하나로 들고 있다(Pausanias, 10. 24. 1).

것으로 보이는데, 모세법에 의하여 상속자격이 있는 혈친이 전혀 존재하지 아니하거나 이를 발견할 수 없는 경우에만 유언이 활용될 수 있도록 정하였다. 옛 게르만법이 그 안에 포함되어 있는 유언에 관한 법규칙에 가하고 있는 제한들 역시 흥미로운 바인데, 동일한 방향을 지시하고 있다. 우리가 유일하게 그 모습을 알 수 있는 게르만법들에서는 대부분의 경우에, 자유지(*allod*),[25] 즉 각 가의 자유소유지와 함께, 몇 가지의 종속적인 성질 또는 단계의 재산권을 인정한다는 특색을 보이고 있다. 그 각각의 재산권은 아마도 로마법의 원칙이 게르만족의 원시적 체제에 개별적으로 침투하였음을 보이는 것이다. 원시게르만의 재산권 또는 자유지소유권은 엄격하게 그 혈족에게 유보되었다. 유언에 의한 처분이 허용되지 않을 뿐 아니라 생존한 사람들 사이에서 이를 양도하는 것도 거의 불가능하였다. 힌두법에서와 마찬가지로, 옛 게르만의 법에서는 남자 자식들은 아버지와 공동의 소유자가 되었고, 가산(家産)은 가족 구성원 전원의 동의 없으면 가족으로부터 분리될 수 없었다. 그러나 자유지의 소유보다 더욱 근대적인 기원의 것이고 또한 그보다 단계가 낮은 종류의 재산들의 경우에는 더욱 쉽게 처분될 수 있어서, 훨씬 덜 엄격한 재산이전법에 좇았다. 여자 및 그 자손은 분명히 그들은 남계친관계(男系親關係)의 신성한 영역 밖에 있다는 기본관념에 기초하여서만 이를 승계할 수 있었다. 그리고 로마로부터 차용한 유언제도가 처음에 활용된 것은 바로 이러한 종류의 재산들에 대해서이었고, 또 단지 이 재산들에만 적용되었다.

이러한 몇 가지 지적사항은 그 자체로 초기 로마의 유언제도에 관하여 확인된 사실에 대한 가장 그럴 듯한 설명과 관련하여 그 설득력을 더욱 높이는 데 기여할 것이다. 우리는 고대 로마의 시기 동

---

24) 모세법에 대하여는 앞의 주 22를 보라.

25) 自由地(allod)라 함은 중세의 게르만법에서 봉건관계상의 부담을 지지 않는 자유소유권의 대상이 되는 토지를 말한다.

안 유언이 특별소집민회(Comitia Calata), 다시 말하면 귀족시민들로 구성된 로마의 의회인 쿠리아민회[26]에서 그 회의가 사적인 사항을 처리하기 위하여 소집되었을 때 행하여졌다는 것을 풍부한 전거를 들어 말한 바 있다.[27] 이러한 유언의 방식은 로마의 어느 시대에는 모든 유언은 엄숙한 입법행위이었다는 주장의 근거가 되고 있는데, 이는 유럽대륙의 시민법학자들이 세대를 이어서 주장하는 바이다. 그러나 이러한 설명은 고대 의회의 의사진행에 지나친 정밀성을 인정하는 흠이 있으므로, 반드시 그에 의존할 필요는 없다. 유언이 특별소집민회에서 했다고 하는 사실의 적절한 설명은 의심의 여지 없이 **무유언**상속에 대한 最古의 로마법에서 찾아야 한다. 제반 지위의 상속을 규율하는 古로마법의 기본원칙은 그것이 후에 告示에 의한 법무관법[28]에 의하여 수정되기 전의 상태에서는 다음과 같은 내용이었다.[29] 첫째, 자권상속인, 즉 해방되지 아니한 직계의 후손이 승계한다. 둘째, 자권상속인이 없는 경우에는 가장 가까운 남계친, 즉 망인

---

26) 로마의 시민은 3개의 부족(tribus)으로 구성되었고, 각 부족은 10개의 쿠리아(curia)로 성립하였다. 각 쿠리아민회(comitia curiata)는 최초에는 귀족만으로 편성되었으나, 후기에는 평민도 그 성원이 될 수 있었다.

27) 로마의 초기에 유언은 그것을 위하여 특별히 소집된 민회에서 행하여지는 이른바 민회유언(testamentum calatis comitis)과 싸움터로 나가면서 행하여지는 출정유언(t. in procintu)의 둘만이 인정되었다고 한다. Gai. 2, 104 참조.

28) 로마에서 법무관(praetor)은 민사재판을 관장하였는데, 그 업무집행의 지침을 告示(edictum)로 알렸다. 이 고시는 법무관의 임기 중에만 유효한 것이었으나, 후임 법무관은 전임자의 고시가 별다른 문제가 없는 경우에는 통상 이를 그대로 답습하였다. 이와 같이 하여 장기간에 걸쳐 고시의 내용이 된 사항은 사실상 법의 효력을 가지는 것으로서, 이러한 법무관법(ius praetorium)을 엄격한 의미의 법, 즉 시민법(ius civile)과 대비하여 명예법(ius honorarium)이라고 부르기도 한다. 로마법학자 파피니아누스는 법무관법을 다음과 같이 정의한다: "법무관법은 법무관이 공익을 위하여 시민법을 뒷받침하고, 보충하고, 개량할 목적으로 도입한 법이다. 그것은 또한 법무관이라는 명예로운 직책으로 해서 명예법이라고도 불린다"(D. 1. 1. 7.1).

29) 그 내용은 12표법 제 5 표 제 4 조(앞의 주 17 참조)와 제 5 조("그러한 종친이 없을 경우에는 씨족원들이 가산을 상속한다(Si adgnatus neg escit, gentiles familiam [habento])")에 규정되어 있다.

과 동일한 가장권 아래 있었거나 있었을 혈친 중에서 가장 가까운 사람이 자권상속인에 갈음한다. 셋째이자 마지막은, 상속재산이 씨족원(*gentiles*), 즉 망인이 속하는 **씨족**(*gens*)의 구성원에게 돌아가는 단계이다. 씨족은 이미 설명한 바와 같이 가족의 의제적인 확장으로서, 동일한 이름을 가지고 또 그 동명인 것에 기초하여 공동선조의 후손으로 추정되는 모든 로마 귀족 시민으로 구성된다. 쿠리아민회라고 부르는 귀족들의 의회는 씨족들이 대표되는 입법기관으로서, 이는 씨족이 국가를 구성하는 단위라는 전제에 근거한 로마인민의 대표의회인 것이다. 그러므로 쿠리아민회에서의 유언의 승인은 불가피하게 씨족원의 제반 권리와 연결되어 있으며, 궁극적인 상속의 특권으로 그 권리들을 보호하려는 의도를 가지고 있다는 추론은 필연적인 것으로 여겨진다. 민회에서 유언을 승인한다는 것은 일견 변칙적인 것으로 보인다. 그러나 유언자가 어떠한 씨족원도 찾을 수 없거나 그들이 권리를 포기하였을 때에만 유언이 행하여질 수 있다는 것, 그리고 유언은 그에 포함된 재산처분에 의하여 불이익을 입은 사람들이 원한다면 거부권을 행사를 할 수 있는 기회를 주기 위하여 — 만일 이를 하지 않고 유언이 통과되는 것을 허용하였다면 이는 자신들이 얻을 수 있었을 권리를 포기한 것으로 간주될 수 있을 것이다 — 로마 씨족들의 일반의회에 회부된다는 것을 생각한다면 그러한 인상은 모두 제거된다. 12표법의 공표 직전에는 이러한 거부권이 극도로 제한되거나, 단지 가끔씩 우발적으로 행사되었을 가능성이 있다. 그러나 특별소집민회에 위탁된 권한의 기원과 의미를 지적하는 것이 그 민회의 점차 발전하거나 점진적으로 소멸하여 간 과정을 추적하는 것보다는 훨씬 쉽다.

모든 근대적인 유언제도가 그에서 연원한다고 할 수 있는 유언은 특별소집민회에서 행하여진 유언이 아니라, 그와 경쟁하도록 구상되어 결국 이를 압도하게 된 다른 유언제도이었다. 내가 그에 대하여 이하에서 다소 길게 설명하는 이유를 변명하자면, 초기 로마의 그 유언제도가 역사적으로 중요하고, 또 그것이 고대적 사고의 다수를 해명하는 데 기여한다는 것이다.

유언의 권한이 처음으로 법의 역사에서 모습을 드러내게 되는 때에, 그것은 로마의 위대한 제도들의 거의 모두가 그러하듯이 귀족과 평민 간의 투쟁의 주제가 되었음을 시사하는 자취가 있다. "평민은 씨족의 구성원이 되지 못한다(*Plebs gentem non habet*)"는 정치적 격언의 효과는 전적으로 평민을 쿠리아민회에서 배제하는 것이었다. 어떤 비평가들은 따라서 평민의 유언이 귀족의회에서 읽히거나 낭송되거나 할 수 없고, 그러므로 유언을 할 수 없었다고 추측하기도 한다. 다른 비평가들은 그보다는 온건하게, 유언자가 자신의 대표자가 없어서 자신에게 적대적인 의회에 자신이 구상한 유언을 제출하는 것이 어려웠을 것이라는 점을 지적하는 것에 그치기도 한다. 이 중 어느 견해가 옳든지 간에, 어떠한 불유쾌한 책무를 면하기 위하여 쓰여지는 수단의 모든 특징을 갖춘 형태의 유언이 행하여지게 되었다. 그 유언은 생존자 간의(*inter vovos*) 소유권양도행위, 즉 유언자의 가족과 재산을 그가 상속인으로 삼으려는 사람에게 완전하게 또 철회불가능하게 이전하는 것이었다. 로마의 엄격법도 언제나 그러한 양도를 허용할 수밖에 없었는데, 그러나 그 행위가 행위자의 사망으로 효과를 가지는 것으로 의도되었을 경우에는 그것이 귀족의회의 공식적 승인이 없어도 유언의 목적을 위하여 유효한 것인지 여부에 대하여 다툼이 있었을 것이다. 만약 그 점에 관한 견해의 차이가 로마의 두 계급 사이에 존재하는 것이었다면, 다른 불평의 소재들과 마찬가지로, 그것은 법률제정십인관[30]들의 재정에 의하여 사라졌을 것이다.

---

30) 法律制定十人官(decemviri legibus scribundis). 로마의 공화정시대에 귀족계급과 평민계급의 타협으로 로마의 기본법을 성문화하기 위하여 기원전 451년부터 非常政務官으로 열 사람의 법정제정10인관이 임명되었다. 그 임기는 1년이었으나, 그 후에도 같은 직위의 임명이 있었다. 그들의 최고의 성과는 12표법

"가장이 자신의 금전 및 재물의 후견에 관하여 유증한 바 있으면, 그대로 법으로 한다(*Pater familias uti de pecunia tutelave rei suae legassit, ita jus esto*)"라고 하는 12표법의 원문[31]은 여전히 존재하고 있다. 거기서 법률이란 평민의 유언을 합법화하는 것 이외의 목적은 거의 가질 수 없을 것이다.

학자들이 잘 알고 있는 대로, 귀족의회가 로마의 입법기관으로 기능하지 않게 되어서 여러 세기가 지난 후에도 그것은 여전히 사적인 사항의 처리를 위하여 규칙대로 집회를 계속하고 있었다. 그리하여 12표법의 공표 후의 긴 시기 동안에 쿠리아민회가 여전히 유언의 유효화를 위하여 소집되었는 것은 믿을 만한 이유가 있는 일이다. 그것이 수행하였을 기능은, 그것은 하나의 등록기관이었는데, 다만 그 등록은 작성된 유언이 장부에 **기재**됨으로써가 아니라 단지 그 유언이 구성원들에게 낭독되어 그들이 그 취지를 인식하고 기억함으로써 등록의 실질이 달성된다는 의미에서 등록소이었다고 하면 가장 잘 설명될 수 있다. 이러한 형태의 유언이 서면방식으로 제한된 일은 없었던 것으로 보이는데, 만일 유언이 원래 서면으로 작성되었다고 하더라도, 민회의 일은 분명히 단지 그것이 소리높여 낭독되는 것을 듣는 데 한정되고, 그 서면은 후에 유언자가 보관하거나 일정한 종교기관에 기탁되었음이 틀림없다. 유언의 공시성(公示性)이 그와 같은 방법으로 달성되는 것이 민회에서 행하여진 유언이 사람들로부터 환영받지 못한 이유의 하나일 것이다. 로마제국의 초기에는 민회가 집회를 계속하였지만 그것들은 결국 단순한 형식에 그치게 되었고, 유언이 정기적인 집회에 제출되는 일은 거의 없거나 전혀 없었을 것이다.

(앞의 주 16 참조)의 완성이다. 그러므로 여기서 「법률제정십인관의 裁定」이라고 함은 바로 12표법의 작성을 의미한다.

31) 이는 12표법의 제 5 표 제 3 조를 가리킨다. 그런데 국제적으로 통용되는 표준적인 교정본에 의하면 그 원문은 Ulpianus, Tituli ex corpore Ulpiani, 11, 14에 좇아 "uti legassit super pecunia tutelave suae rei, ita ius esto"이다.

방금 서술한 유언의 대용물이라고 할 수 있는 고대의 평민유언은 그것이 훨씬 후대에 미친 영향을 통하여 근대 세계의 문명에 심중한 수정을 가하였다. 그것은 로마에서 민회에 제출되는 유언이 상실한 것으로 보이는 대중성을 획득하였다. 그것의 특성을 이해하는 열쇠는 그것이 고대 로마의 소유권양도행위인 악취행위(*mancipium*)[32]에서 유래하였다는 데 있다. 근대사회는 계약과 유언의 제도가 없었다면 거의 조직될 수 없었을 것인데, 이들 두 거대한 제도는 바로 악취행위에서부터 연유하였다고 주저없이 말할 수 있다. 악취행위는 라틴어의 후기 형태에서는 mancipatio라는 용어로도 등장하는데, 우리는 그 관련내용으로 말미암아 문명사회의 요람기로 되돌아가게 된다. 그것은 문자 사용의 기술이 발명되기 전이라고까지는 말할 수 없다고 한다면 그것이 보편화되기 훨씬 전에 일어난 것이다. 거기서는 몸동작, 상징적 행동, 장중한 어구가 서면방식의 역할을 대신하며, 길고도 복잡한 의식(儀式)은 당사자들로 하여금 거래의 중요성을 의식하도록 하고 또 증인들의 기억 속에 각인하려고 의도된 것이다. 서면증거와 비교해서의 구두증언의 불완전성은 증언과 보조자를 후대에서라면 적절하다거나 납득할 만하다고 생각하였을 한계를 넘어서 다수 요구하도록 만들었다.

로마법의 악취행위는 무엇보다도 당사자인 매도인과 매수인, 근대적인 법률용어를 사용한다면 양도인과 양수인의 임석을 요구하였다. 그리고 적어도 5인의 증인, 나아가 저울잡이(*libripens*)[33]라고 불리는 기이한 인물이 있어야 한다. 저울잡이는 옛 로마에서 화폐로 쓰이던 주조되지 않은 구리조각의 무게를 재는 데 쓰는 한 쌍의 저울

32) 握取行爲. 또는 장악행위라고도 번역한다. 이는 로마법에서 手中物(res mancipi. 농토, 노예, 가축과 같이 중요한 재산은 대체로 이에 속하였다)의 소유권이전행위로서, 시민법상의 요식행위이었다.

33) 리브리펜스(libripens)는 원래 저울(libra)로 무게를 재는(pendo) 사람이라는 뜻이다.

을 가지고 와야 한다.[34] 우리가 논의하는 — 오랜 동안 전문적으로 불려온 것처럼 — "구리와 저울로써 하는" 유언, 즉 銅衡遺言(testamentum *per aes et libram*)은 방식이나 문언에 있어서 통상의 악취행위와 거의 아무런 변화가 없다. 유언자는 양도인이었고, 5인의 증인과 저울잡이가 입회하였다. 그리고 양수인의 지위는 기술적으로 가산매수인(familiae emptor)[35]이라고 기술적으로 불리는 사람이 맡게 된다. 그리고 악취행위의 통상적인 儀式이 진행된다. 일정한 형식을 갖춘 일정한 몸짓이 행하여지고, 문구들이 읊어진다. 가산매수인은 구리조각으로 저울을 치는 것으로 대금의 지급을 모사한다. 마지막으로 유언자는 그때까지 행하여진 바를 유언자는 일련의 미리 정하여진 말로써 승인하는데, 이는 언명(nuncupatio)이라고 불린다.[36] 그 문언은

---

34) 가이우스는 『법학제요』에서 악취행위의 방식을 다음과 같이 묘사하고 있다. "악취행위는 다음과 같이 행하여진다. 로마시민으로서 성숙자인 5인 이상의 사람을 증인으로 하고, 같은 자격을 갖춘 다른 한 사람, 즉 구리의 저울을 가지고 저울잡이라고 불리는 사람을 입회시킨 다음 그의 권력 내에 물건을 받아들이는 사람[양수인]이 구리[또는 물건]를 잡고 다음과 같이 말한다. "나는 이 노예가 시민법에 의하여 나의 소유임을 선언한다. 그리고 이것은 구리, 그리고 구리저울에 의하여 나에게 매수되는 바이다." 그런 다음 구리조각으로 저울을 치고, 그 구리조각을 대금으로서 그가 그 권력 내에 물건을 수령하는 행위의 상대방에게 준다"(Gai. 1, 119).

35) 이는 가족매수인이라고 번역될 수도 있다. 뒤의 주 39의 본문부분을 참조하라.

36) 이상 동형유언의 형식에 대한 설명은 이에 관한 최상의 史料인 가이우스의 『법학제요』 제 2 권, 제104절의 내용을 그대로 따온 것이다. 그 부분을 우리말로 옮기면 다음과 같다. "이 절차는 다음과 같이 행하여진다. 즉 유언작성자는 다른 악취행위와 마찬가지로 성숙로마시민 5인의 증인과 1인의 저울잡이를 입회시키고 유언서를 작성한 후에 형식상 자신의 가산을 악취행위에 의하여 공여한다. 그 절차에서 가산매수인은 다음의 문언을 행한다. '나는 너의 가산 및 금전이 나의 수탁 및 보관 아래 있음을 선언한다. 그리고 네가 공적인 법률에 좇아 유효하게 유언을 작성할 수 있도록 이 구리조각[어떤 이는 「구리저울」도 가한다]으로써 나에게 매득되게 하라.' 이어서 구리조각으로 저울을 치고, 그 구리조각을 마치 대금인 것처럼 유언자에게 준다. 그러면 유언자는 유언서를 들어 다음과 같이 말한다. '나는 이것들을 이 왁스판에 쓰여진 대로 공여하고 유증하고 유언한다. 너희 로마시민들이여, 나를 위하여 증언하라.' 이는 언명이라고 불린다. 왜냐하면 언명하는 것은 공개적으로 선언하는 것이고, 유언자는 명

유언법에서 긴 역사가 있는 것이어서, 내가 여기서 법률가에게 그것을 상기시킬 필요는 없으리라. 한편 가산매수인이라고 불리는 사람의 성질에 특별히 주의할 필요가 있다. 처음에는 그것이 상속인 자신이었음은 의심의 여지가 없다. 유언자는 그에게 그의 가산 전부, 즉 그가 가족과 관련하여 또 가족을 통하여 향유하는 모든 권리들, 그의 재산, 그의 노예, 그가 선조로부터 물려받은 모든 특권들을 그의 의무 및 책임 전부와 함께 양도하는 것이다.

이제 이러한 자료들을 살펴볼 때 우리는 악취행위에 의한 유언이 그 원초적 형태에 있어서 오늘날의 유언과 다른 몇 가지 주목할 만한 점들을 지적할 수 있다. 그것은 유언자의 재산 전부의 **완전한** 양도이고, 그것은 **철회**할 수 없었다. 그리고 한 번 행사되면 그 권한은 다시 행사할 수 없게 된다.

나아가 그것은 비밀성이 없었다. 가산매수인은 그 자신이 상속인으로서 그의 권리가 무엇임을 알고, 이제 그가 다시 되돌릴 수 없게 상속재산에 대하여 권한이 있음을 알았다. 그것은 가장 질서를 갖춘 고대사회에조차 항상 따라다니는 폭력성으로 인하여 매우 위험스러운 지식이었다. 그러나 아마도 유언과 악취행위의 이러한 관계에서 나오는 가장 놀라운 결과는 상속재산이 그 상속인에게 즉각적으로 귀속된다는 점이다. 이는 적지 않은 유럽대륙의 시민법학자들에게 믿기지 않았기 때문에, 그들은 유언자의 재산이 그의 사망을 조건으로 하여 이전하는 것이라거나 어떤 불확정한 기한에, 즉 양도인이 사망한 때에 양도되는 것이라고 말하였다. 그러나 조건에 의하여 직접적으로 수정되는 것 또는 일정한 기한까지만이라거나 일정한 기한부터라는 제한 아래 효력을 가지는 것을 결코 용납하지 않는 일정한 종류의 거래행위가 로마법의 최말기에까지 존재하였다. 기술적인 용어

확하게 유언서에 상세히 쓰여 있는 것을 일반적인 표현으로 선언하고 또 확인하는 것으로 여겨지기 때문이다."(Gai. 2, 104)

로 표현하자면 그것들은 조건이나 기한을 허용하지 아니한 것이다. 악취행위도 그 중의 하나였다. 따라서 기이하다고 생각될지 모르나, 우리는 부득이 초기 로마의 유언은 즉시 효력을 발생하여서 유언의 효력 발생이 유언자의 사망 전일 수도 있다는 결론을 내릴 수밖에 없다. 물론 로마시민은 원래 유언을 죽음이 임박한 때에만 행하였고, 삶의 전성기에 있는 사람이 가의 계속을 위한 조치를 취하는 경우에는 유언이 아니라 입양의 형태를 취하였다는 것이 아마 사실에 가까울 것이다. 그러나 우리는 유언자가 유언을 행한 후 죽음의 위험으로부터 회복한 경우에 그의 가를 계속 지배하려면 그 상속인의 승낙 아래서만 이를 할 수 있었다고 하지 않을 수 없다.

이러한 문제점이 어떻게 치유되고 유언이 오늘날 보편적으로 인정되고 있는 특성들을 지니게 되었는지를 설명하기 전에, 나는 두세 가지 사항에 대하여 언급하고자 한다. 유언은 반드시 서면으로 행하여질 필요가 없었다. 처음에 이는 일률적으로 구두로 행하여졌을 것이며, 후기에 이르러서도 유증을 선언하는 서면은 단지 우연적으로만 유언과 결합하였고 그 핵심적인 부분을 이루는 것은 아니었다. 사실 그 서면의 유언에 대한 관계는 古영국법에서 유스권설정증서의 소송양도(fines and recoveries)에 대한 관계[37] 그리고 봉토양도증서의 봉토양도(feoffment)에 대한 관계[38]와 동일한 것이었다. 사실 12표법 이전

37) 유스(use)는 토지보유자 A가 그 권리를 B에게 양도하고 이를 A가 지명하는 사람(C)의 이익을 위하여(to the use of C) 보유할 것을 명하는 것에 의하여 설정된다. 이는 신탁의 전신이라고 할 수 있는데, 커먼로상으로는 보호되지 않았으나 15세기 초에 대법관(Chancellor)이 B에 대하여 use 설정시의 조건에 좇아 토지를 사용수익하여야 한다는 대인적 명령을 발함으로써 C의 지위가 보호되기에 이르렀다. 그런데 여기서 필자는 그 토지권의 양도에 fine(화해양도) 또는 common recovery(통정부동산회복소송)의 절차가 이용되었음을 지적하는 것이다. 이들은 모두 의도적으로 양도계약의 이행을 위하여 제기된 소송에서 쌍방 당사자가 화해를 하거나 고의로 패소함으로써 양도의 목적인 부동산권을 양수인에게 취득시키는 것이다.

38) feoffment(봉토양도)는 중세 영국법에서 free tenure(자유로운 봉사의무를 조건으로 한 토지보유)로 있는 토지에 대한 freehold interest(자유토지보유권)을

에는 어떠한 서면은 별다른 효용이 없었는데, 유언자는 유증을 할 어떠한 권한도 없었고 유언에 의하여 이익을 얻을 수 있는 유일한 사람은 상속인 또는 공동상속인에 한정되었던 것이다. 그러나 12표법의 조문의 극단적인 일반성에 의하여 곧 상속인은 유언자가 그에게 주는 지시에 의하여 부담을 안는 대로 상속재산을 취득하여야만 한다는 법리, 즉 이를 유증의 부담에 종속되는 상태로 취득하여야 한다는 법리가 생기게 되었다. 그러자 서면에 의한 유언은 상속인이 受遺者[에게 상속재산에 속하는 권리를 이전함으로써 그]를 만족시켜야 한다는 것을 알면서 악의적으로 이를 거부하는 것을 막는 보장책으로서 새로운 가치를 가지게 되었다. 그러나 종국적으로 [서면에 의하지 아니하고] 증인의 증언에 전적으로 의지하는 것 또는 가산매수인으로 하여금 그가 이행하여야 할 유증의 부담을 구두로 선언하게 하는 것은 유언자의 형편에 좇아 임의로 정할 수 있는 바이었다.

한편 가산매수인(*emptor familiae*)이라는 표현은 주의를 요한다. "매수인(emptor)"이라는 용어는 유언이 문자 그대로 하나의 매매임을 시사하는데, 또 가산(또는 가족. familia)이라는 말은 이를 12표법의 유언에 관한 조항에서의 용어법과 비교하면 우리는 일정한 유익한 결론에 도달하게 된다. familia는 고전 라틴어에서는 언제나 어떤 사람이 가지는 노예들을 의미한다. 그러나 여기서 그리고 고대 로마법에서 이는 일반적으로 가장권에 복종하는 모든 사람을 포함한다. 그리고 유언자의 물적 재산은 그의 가에 속하는 부속물 또는 종속물로서 이전되는 것으로 이해되었다. 돌이켜 12표법을 보면, "자신의 재물의 후견(*tutela rei suae*)"이라고 말하고 있음을 알 수 있다.[39] 이는 방금 살펴본 문구와 바로 반대로 되어 있다. 따라서 비교적 후기인 12표법

창설 또는 이전하는 통상적인 방식을 말한다. 처음에는 서면을 필요로 하지 않았으나, 점차 서면을 동반하게 되어 종국적으로는 정교한 charter(부동산양도날인증서)가 만들어졌다.

39) 앞의 주 31 및 그 본문을 참조하라.

이 제정될 시기에서조차 "가산(또는 가족)[familia]"과 "재물[res]"이라는 말이 용어의 사용에 있어서 뒤섞여 있었다고 하는 결론을 피할 수 있는 방법은 없을 듯하다. 만약 어떤 사람의 가족들이 그의 재산이라는 의미로 말하여진 것이라면, 우리는 그 표현을 가장권의 범위를 가리키는 것으로 설명할 수 있을지 모른다. 그러나 그러한 용어가 상호 교환적으로 쓰이는 것인 이상, 이 표현방식은 재산이 가족에 의하여 소유되고 그 가족은 시민에 의하여 통솔되며, 공동체의 구성원은 그의 재산 및 가족을 소유하는 것이 아니라 오히려 가족을 통하여 그 재산을 소유하였던 원시적 시기를 가리킨다고 해야 할 것이다.

또 정확하게 그 시기를 정하는 것은 용이하지 않으나, 어느 시기에 이르러 로마의 법무관들은 엄숙한 형식이 갖추어진 유언을 법의 문언보다는 그 정신에 긴밀하게 합치되도록 처결하는 것을 관행으로 하게 되었다. 그때그때 행하여진 처리가 눈에 보이지 않는 사이에 확립된 관행이 되고, 나아가 결국에는 유언이 완전히 새로운 방식으로 성숙되어서 정기적으로 법무관고시에 오르게 되었다.[40] 이와 같은 새로운 유언 또는 **법무관**유언은 로마의 형평법(equity)이라고 할 수 있는 명예법[법무관법][41]에 의하여 그 견실한 효력을 얻게 되었다. 어떤 특정한 해의 법무관은 자신의 직무수행의 지침을 밝히는 취임 초의 고시에 이러저러한 형식을 갖춘 유언은 모두 유효한 것으로 보겠다는 그의 의사를 표명하는 조항을 포함시킨다. 그리고 유익한 것으로 판단되는 개혁이나 그와 관련된 조항들은 그 다음 법무관에 의하여 다시 고시에 포함되고 후임자에 의하여 반복된다. 이와 같이 연속적으로 행하여지는 채택으로 인하여 영구고시[42]라고 불려서, 공식적

40) 이에 대하여는 앞의 주 28 참조.

41) 앞의 주 28 참조.

42) 永久告示(edictum perpetuum). 한편 하드리아누스 황제는 법학자 율리아누스에게 명하여 『永久告示錄』을 편찬하도록 하였다. 그 편찬연대는 분명하지 않으나, 대체로 125년부터 138년 사이에 완성되었을 것으로 추측된다.

으로 인정된 법의 일부분을 형성하게 되는 것이다. 유효한 법무관유언의 요건을 검토하여 보면, 이들 요건이 악취행위로 행하여지는 유언에 필요한 요건에 좇아서 정하여진 것을 분명히 간취할 수 있으며, 그것을 개혁하려고 하는 법무관도 전래된 형식들이 사기적 행태에 대하여 순수성이나 안전함의 보장책이 되므로 명백히 이를 그대로 유지하였던 것이다. 악취행위적 유언을 행함에는 유언자 외에 7인이 입회하였다. 따라서 법무관유언에서도 7인의 증인은 필수적이었다. 그 중 2인은 저울잡이와 가산매수인에 상당한데, 여기서는 상징적 성격은 전혀 가지지 않게 되어서 단지 증언을 보충하기 위하여 입회하는 것이었다. 어떠한 상징적인 예식도 행하여지지 아니하였고, 유언은 단순히 구술되었다. 그러나 이 때 — 절대로 확실하다고는 할 수 없으나 — 서면이 유언자의 처분의 증거를 영구히 확보하기 위하여 필요했을 가능성도 있다. 어찌되었든 서면이 어떠한 사람의 최종적인 유언으로 읽혀지고 열람되었을 때에는, 그 7인의 증인 각각이 그 외부에 자신의 봉인(封印)을 하지 아니한 한, 법무관에 의하여 소집된 법정은 이에 특별히 개입을 하여 그 효력을 인정하려고 하지 않았다는 것을 우리는 분명히 알고 있다. 이것이 바로 법의 역사에서 **봉인**(sealing)이 문서의 진정성을 담보하는 방법으로 등장하는 최초의 장면이다. 그러나 단순한 밀폐의 수단으로서의 봉인의 사용은 의심할 여지 없이 훨씬 오래된 것이다. 이는 히브리민족에게도 알려져 있던 것으로 보인다. 로마에서 유언 또는 다른 중요한 문서들의 봉인은 단지 서명자의 실재 또는 그의 동의를 확인할 수 있는 지표로서만 기능한 것이 아니라 문자 그대로 그 문서가 열람되려면 깨뜨려야 하는 밀폐의 방법이었다는 것을 우리는 알 수 있다.

따라서 고시법[43]은 유언자의 처분이 악취행위의 형식으로 상징

43) 告示法(the edical law). 앞의 주 28 참조.

적으로 행하여지지 아니하고 단지 7인의 증인의 봉인에 의하여 증명되는 경우에도 그것에 효력을 부여하려고 하였다. 로마의 소유권은 그 시민법과 발생의 시기를 같이하는 일정한 절차에 의하지 아니하면 그 주요한 권능들이 양도되지 못한다는 것은 로마법의 일반적인 명제로서 제시될 수 있다. 따라서 **상속재산**을 법무관이 어떤 사람에게 이전되도록 할 수는 없었다. 그는 상속인이나 공동상속인을 유언자가 자신의 권리와 의무에 대하여 가지는 관계와 같은 지위에 위치시킬 수 없었다. 그가 할 수 있는 것은 상속인으로 지명된 사람이 유증된 재산을 사실상 향유할 수 있도록 하고 그가 유언자의 채무를 지급한 것에 대하여 법적인 해방효를 주는 것이 전부이었다. 법무관이 이러한 목적으로 그의 권한을 행사하는 경우에, 그는 전문용어로는 상속재산점유[44]를 수여하는 것이라고 말하여졌다. 특별히 이러한 상황에 놓이게 된 상속인은 상속재산점유자가 되어, 시민법상의 상속인이 누리는 모든 재산적 권한을 가졌다. 그는 과실을 취득하고 양도할 수 있었다. 다만 위법행위의 보정을 위하여 법적 구제를 받으려면 그는 시민법을 원용할 수가 없고, 법무관법정이 제공하는 형평법적 구제수단에 의지하여야 했다. 그가 상속재산에 대하여 **형평법상의** 소유권[45]을 가진다고 말하여도 그리 크게 틀린 설명이라고는 할 수 없을 것이다. 그러나 이러한 유비에서 오는 착각을 방지하기 위하여, 상속재산점유에 대하여는 사용취득[46]이라고 부르는 로마법제도가 적

44) 상속재산점유(*bonorum possessio*). 「유산점유」라고도 한다. 법무관의 재결에 의하여 상속재산의 전부 또는 일부에 인정되는 것으로서, 시민법상의 상속인이 아닌 사람에게 사실상 상속인으로서의 지위를 부여하였다. 상속재산점유를 가지는 사람을 상속재산점유자(*bonorum possessor*)라고 한다.

45) 형평법상의 소유권(equitable estate). 영국법에서 형평법상으로 강제력을 가지는 소유권 기타 재산권을 말한다. 필자는 여기서 로마법무관법상의 상속재산점유를 설명하기 위하여 영국법에서 쓰여지는 커먼로상의 소유권(legal state)과 형평법상의 소유권(equitable estate)의 구분을 차용하고 있다.

46) 使用取得(usucapio). 로마법에서 인정된 취득시효제도의 하나로서, 일반적으로 정당한 원인(justa causa)에 기하여 선의로 물건을 점유하는 사람에게 1년

용되며, 따라서 유산점유자는 1년의 경과로 그 유산을 구성하는 모든 재산에 대하여 시민법상의 소유권을 가지게 된다는 점이 상기되어야 한다.

우리는 법무관의 법정이 제공하는 다양한 종류의 구제수단들 사이에 존재하는 장점과 단점을 판단하여 평가를 내릴 수 있을 만큼 고대의 민사절차법에 대하여 많이 알지 못한다. 그러나 결점이 많이 있기는 하지만, 포괄적 재산(*universalis juris*)이 즉각적으로 또 원래 그대로 승계되는 수단인 악취행위적 유언이 새로운 유언방법에 의하여 완전히 대치된 일은 결코 없었다는 것은 확실하다. 그리고 고대적 형식에 덜 집착하고 아마도 그 의미에 그렇게 민감하지 않은 시기가 되면 법학자들의 재능은 대체로 보다 유서가 깊은 문서를 개선하는 것에 쏟아진 것으로 생각된다. 안토니누스 황제[47]가 통치하던 가이우스의 시대에는 악취행위적 유언의 현저한 흠들이 제거되었다. 우리가 본 바와 같이, 처음에는 그 형식의 핵심적 성격은 상속인 자신이 가산의 매수인이 되어야만 한다는 데 있었고, 그 결과로 그는 즉시 유언자의 재산을 취득할 뿐만 아니라, 나아가 자신의 권리를 명확히 알게 되었다. 그러나 가이우스의 시대에는 반드시 별다른 관계가 없는 사람이 가산의 매수인의 직무를 담당하는 것이 허용되었다. 그리하여 상속인은 자신이 상속한다는 사실을 알게 될 필연성이 없게 되어서, 그 후로는 유언은 **비밀성**을 가졌다. 실제의 상속인이 아닌 제 3 자가 「가산매수인」의 기능을 맡을 수 있다는 것은 그 외에도 간접적인 귀결을 낳았다. 그것이 합법화되면서, 이제 로마의 유언은 두 부분 또는 두 단계로 이루어지게 되었다. 즉 순수한 형식인 양도, 그리고 언명(nuncupatio), 즉 공표가 그것이다. 그 절차의 후자의 부분에서 유언

또는 2년의 경과로 소유권의 취득이 인정되었다.

47) 안토니누스 피우스 황제(86년-161년). 138년부터 사망까지 로마제국의 황제의 자리에 있었다. 이른바 五賢帝 중 네번째이다.

자는 입회자들에게 그가 사망 후에 실행되어야 하는 그의 희망사항을 구두로 선언하든지 아니면 그의 희망을 구체화한 서면을 작성하였다. 유언이 비로소 **철회가능**하게 된 것은 아마도 사람들의 관심이 가공적인 양도행위로부터 어느 정도 떨어져 나가서 그 거래의 핵심적 부분인 공표로 옮겨간 때일 것이다.

나는 이와 같이 해서 유언의 계보를 법의 역사에서 밟아 내려 왔다. 그 기원은 "구리와 저울을 가지고" 행하여진 고대의 유언으로서, 이는 악취행위 또는 양도행위에 기초를 둔 것이었다. 그러나 이 고대의 유언은 많은 결점을 가지고 있었는데, 이들 결점은 비록 간접적이기는 해도 법무관법에 의하여 시정되었다. 한편 시민법상의 유언, 즉 악취행위적 유언에 대하여도 로마법학자들의 재능은 법무관이 같은 시기에 형평법적으로 이루어낸 것과 같은 개선들을 실현하는 것을 가능하게 하였다. 그러나 이 개선들은 보다 더욱 법적인 기교에 의존하는 것이었고, 따라서 가이우스 또는 울피아누스[48]의 시대의 유언법은 단지 과도적인 것으로 생각된다. 그러나 그 시대에 이어서 어떠한 변화가 일어났는지 우리는 알지 못한다. 그러나 종국적으로 유스티니아누스 황제에 의하여 법학이 재건되기 바로 전의 시대에 우리는 동로마제국의 백성들이 그 연원을 한편으로 법무관유언으로, 다른 한편으로 "구리와 저울을 가지고" 하는 유언으로 추적할 수 있는 유언의 방식을 이용하였음을 알 수 있다. 법무관유언에서와 마찬가지로, 이는 어떠한 악취행위도 요구하지 않으며, 7인의 증인에 의하여 봉인되지 않으면 효력을 가지지 못하였다. 악취행위적 유언에서와 마찬가지로, 이는 상속재산을 이전시키고 단지 상속재산점유만의 이전에 그치지 않는다. 그러나 그 가장 중요한 특징의 몇몇은 적극적인 입법에 연유하는 것이다. 그리하여 유언법은 법무관의 고시, 시민법 및 제국

48) 3세기 초, 대체로 211년부터 222년 사이에 활동한 유명한 로마법학자. 228년에 사망하였다.

법률의 세 가지 원천으로부터 도출되는 것이기에, 유스티니아누스 황제는 그 당시의 유언법을 三元法(*Jus Tripertitum*)이라고 불렀던 것이다. 일반적으로 로마의 유언으로 알려져 있는 유언은 이 새로운 유언방식에 의한 유언이다. 그러나 그것은 동로마제국만의 유언제도였다. 그리고 사비니의 연구가 제시하는 대로, 유럽 서부에서는 고대의 악취행위적 유언이 구리와 저울이라는 소유권양도의 수단을 모두 갖추어서 행하여지고 있었고, 이는 중세시대에서까지 이어져 왔다.

(서울대학교 법학 제49권 3호(2008. 9), 502면 이하 所載)

[후 기]

위 본문의 번역이 공간된 후에 우리도 정동호·김은아·강승묵 역, 고대법(세창출판사, 2009. 12)을 가지게 되었다. 그러나 위 역서를 살펴보면, 여기에 실은 위 제 6 장의 번역은 여전히 그 의미를 잃지 않는다고 여겨진다.

위 번역서의 일부에 대한 嚴酷한 비판 내지 훈계로, 최병조, “고대 로마십이표법의 번역과 관련하여 — 정동호·김은아·강승묵 역, Henry Sumner Maine, 「고대법」(Ancient Law), 부록에 대한 촌평”, 서울대학교 법학 제51권 3호(2010), 1면 이하도 참조.

12. 토지저당권에 기한 방해배제와 건물신축의 중지청구

— 대법원 2006년 1월 27일 판결 2003다58454사건(판례공보 2006상, 316면)

[사실관계]

1. A 회사는 이 사건 토지 위에 지하 6층, 지상 20층 규모의 오피스텔 건물을 건축하여 분양할 계획을 세우고, 1996년 4월 건축허가를 받아 동년 9월 공사를 시작하였다. A는 동년 12월 위 토지의 소유권을 취득한 직후 B 은행으로부터 위 건물의 건축자금으로 180억원을 차용하고, 그 담보로 B를 위하여 위 토지에 근저당권을 설정하여 주었다.

2. A 회사는 1998년 1월 그 중 지하실 공사를 진행하다가 부도를 냈다. 그러자 위 오피스텔을 개별적으로 분양받은 수분양자들이 피고 조합을 결성하였다. 피고는 동년 2월에 A로부터 위 건축사업의 시행권을 양수하고 공사를 재개하여, 아래 4.의 가처분이 있을 때까지는 지하 6층부터 지하 1층에 대하여 대체로 공사를 완료하였다.

3. 원고 회사(유동화전문회사)는 2000년 12월 B로부터 위 대여금채권과 근저당권을 양수하였다. 그리고 2001년 3월 그 근저당권의 실

행을 위한 임의경매를 신청하여 그 경매가 진행되었다. 그런데 경매법원은 위 지하의 구축물(평가액 196억원)을 토지의 부합물이라고 잘못 보고 이것도 경매목적물에 포함시켰다(민법 제358조 참조). 그리하여 토지와 지하구축물을 포함하여 도합 252억원에 낙찰되는 것을 내용으로 하는 경락허가결정이 있었지만, 위와 같은 잘못으로 말미암아 이 결정은 결국 2003년 7월에 종국적으로 취소되었다.

4. 한편 2002년 4월 원고의 신청으로 위 근저당권에 기한 방해배제청구권을 피보전권리로 하는 공사중지가처분이 내려졌다. 그리고 동년 5월에 그 본안으로 이 사건 공사중지청구의 소가 제기되었다.

5. 제 1 심법원은 원고의 청구를 기각하였으나, 항소심은 이를 인용하였다. 대법원도 다음과 같이 판시하여 피고의 상고를 기각하였다.

[판결요지]

대법원은 우선 추상적으로 "저당권은 … 저당부동산의 소유자 또는 그로부터 점유권원을 설정받은 제 3 자에 의한 점유가 전제되어 있으므로 소유자 또는 제 3 자가 저당부동산을 점유하고 통상의 용법에 따라 사용·수익하는 한 저당권을 침해한다고 할 수 없다. 그러나 저당권자는 저당권 설정 이후 환가에 이르기까지 저당물의 교환가치에 대한 지배권능을 보유하고 있으므로 저당목적물의 소유자 또는 제 3 자가 저당목적물을 물리적으로 멸실·훼손하는 경우는 물론 그 밖의 행위로 저당부동산의 교환가치가 하락할 우려가 있는 등 저당권자의 우선변제청구권의 행사가 방해되는 결과가 발생한다면 저당권자는 저당권에 기한 방해배제청구권을 행사하여 방해행위의 제거를 청구할 수 있다"고 설시한다.

나아가 구체적으로 이 사건에서와 같이 "대지의 소유자가 나대지 상태에서 저당권을 설정한 다음 대지상에 건물을 신축하기 시작하였으나 피담보채무를 변제하지 못함으로써 저당권이 실행에 이르렀거나 실행이 예상되는 상황인데도 소유자 또는 제3자가 신축공사를 계속한다면 신축건물을 위한 법정지상권이 성립하지 않는다고 할지라도 경매절차에 의한 매수인으로서는 신축건물의 소유자로 하여금 이를 철거하게 하고 대지를 인도받기까지 별도의 비용과 시간을 들여야 하므로, 저당 목적 대지상에 건물신축공사가 진행되고 있다면 이는 경매절차에서 매수희망자를 감소시키거나 매각가격을 저감시켜 결국 저당권자가 지배하는 교환가치의 실현을 방해하거나 방해할 염려가 있는 사정에 해당한다"고 판단하고, 이 사건에서 "원고의 신청에 의하여 임의경매절차가 개시되었음에도 공사를 강행한 사실" 등을 들어 원심의 판단은 정당하다고 결론지었다.

[평　　석]

1. 이 판결은 나대지의 저당권자가 저당권설정자의 건축상 권리를 인수하여 그 대지 위에 건물을 신축하는 이에 대하여 그 신축행위의 중지를 청구하는 것을 저당권의 방해배제청구권에 기하여 긍정한 것이다. 이는 부동산금융의 실무라는 관점에서도, 또한 저당권에 관한 이론의 관점에서도 극히 흥미롭다. 그리고 위와 같은 내용의 방해배제청구를 인정한 최초의 판결로서, 앞으로 이러한 유형의 사건해결에 결정적인 영향을 미칠 것으로 예상되는 매우 중요한 판단을 담

고 있다.[1)]

2. 그러나 이 판결의 태도에 대하여는 그 추상적인 법리의 점에서도, 구체적인 사건해결의 결론에서도 찬성할 수 없다. 이 두 측면을 엄밀히 구별하기는 어려울지도 모르지만, 여기서는 일단 전자에 한정해서 논의하기로 한다.

후자와 관련해서는 이 사건 근저당권의 피담보채권이 바로 이 사건 건물의 신축을 위하여 제공된 대여금채권이었다는 것, 그러므로 근저당권자는 애초부터 당해 공사가 진행되어서 장차 건물이 이 사건 토지 위에 존립하리라는 것을 알았을 뿐만 아니라 적극적으로 그 자금을 제공하였다는 것, 그리고 이 사건에서 피고는 저당권 설정 당시 이미 공사가 진행 중이었고 그 후에도 원래의 계획대로 공사를 진행하였을 뿐이라는 것만을 지적하여 두기로 한다.

한편 전자와 관련하여 대상판결은 저당토지의 소유자가 그 지상에 건물을 신축하는 것이 저당권의 위법한 침해가 되는지를 논한 우리나라 종전의 문헌[2)]이 주장하는 바와 궤를 같이한다. 이 문헌에 의하면, "저당토지에 건물을 신축하면 토지에 대한 저당권의 실행이 곤란하게 된다. 저당권을 실행하는 단계에서 건물의 존재는 저당권의 담보가치를 손상할 수 있다. 따라서 이러한 경우에는 원칙적으로 저당권 침해를 이유로 공사금지청구를 할 수 있다고 생각된다. 적어도 저당권에 기한 경매절차가 개시된 경우에는 저당권자의 환가권을 침해했다고 볼 수 있을 것"이라고 한다.[3)] 그러나 그 주장에 대하여는

---

1) 이 판결에 대한 평석 기타 관련 연구에 대하여는 尹眞秀, "2006년도 주요 민법 관련 판례 회고", 서울대학교 법학 제48권 1호(2007), 411면 주 80 및 주 83에 게기되어 있다.

2) 金載亨, "抵當權에 기한 妨害排除請求權의 認定範圍", 저스티스 제85호(2005. 6), 101면 이하.

3) 김재형(전주), 121면.

뒤의 4.에서 보는 대로 의문이 적지 않다.

3. 저당권에 기한 방해배제청구권은 민법 제370조(이하 민법조항은 법명의 제시 없이 인용한다)에서 소유물방해배제청구권을 규정하는 제214조를 준용함으로써 명문으로 인정되는 바이다. 문제는 과연 저당권에 대한 「방해」를 어떠한 요건 아래서 인정할 것인가이다. 이를 생각함에 있어서 출발점이 되는 것은, 방해배제청구권을 발생시키는 바의 저당권에 대한 「방해」는 위법한 것, 즉 법질서 전체의 입장에서 허용되지 않는 것이어야 한다는 점이다(뒤의 8.도 참조). 민법은 소유물반환청구권에 관하여 제213조 단서에서 점유자에게 「점유할 권리」가 있는 때에는 소유자가 그에 대하여 소유물반환청구를 할 수 없다고 규정함으로써 이를 표현하고 있다. 이는 다른 물권적 청구권의 경우에도 비록 정면에서 규정하지는 않지만 다를 바 없다.

4. 저당권(이 사건에서는 근저당권이 설정되었으나 여기서 다루는 논점에 관한 한 양자 사이에 차이를 둘 것은 아님은 물론이다)이 설정되었더라도 그 저당목적물을 사용·수익할 권능은 저당권설정자에게 귀속된다. 그리고 저당권자도 그러한 용익을 전제로 해서 그 목적물에 저당권을 설정받는다. 이 사건에서와 같이 저당목적물이 나대지인 경우에 저당권설정자, 즉 토지소유자가 스스로 그 위에 건물을 신축하거나 또는 제 3 자에게 이를 허용하는 것은 그 용익권의 행사에 기한 것이고, 따라서 특별한 사정이 없는 한 적법하다. 나대지 위에 건물이 신축되면 후에 행하여지는 토지저당권에 기한 경매에서 매각대금이 건물이 없는 경우보다 하락하는 것이 대부분일지 모르나, 그 신축행위가 위와 같이 위법하지 아니한 이상 저당권자가 방해배제청구권을 가질 수는 없다. 나아가 그것은 저당권자가 애초부터 예기하였거나 적어도 예기할 수 있었던 바의 사정이기도 하다. 또 그것만을

이유로 방해배제청구를 인정한다면, 이는 저당토지소유자의 법적 지위를 부당하게 약화시키는 것으로서 납득하기 어렵다. 이상은 저당권을 양수한 사람에 있어서도 다를 바 없다.

이에 대하여는 "저당권이 설정된 토지 상에 건물을 신축하게 되면 그 토지의 담보로서의 가치가 떨어지게 된다"고 하면서, 그러므로 "저당권이 실행되거나 그 실행이 예상되는 상황이라면 건물의 신축행위는 저당권을 침해하는 것이라고 보아 그 방해배제를 청구할 수 있다고 보아야 한다"고 하여 위 대법원판결을 지지하는 견해가 있다.[4] 그러나 다시 강조하지만 저당목적물의 담보가치가 떨어지게 된다는 것만으로 저당물소유자의 목적물 이용이 위법하게 되는 것이 아님은 再論을 요하지 않는다. 그리고 나대지에 저당권을 설정받은 사람에게 그 소유자의 건물 신축이라는 나대지의 가장 전형적인 이용형태가 당연히 예상되고 예상되어야 하는 것이며, 그 담보물의 가치는 애초부터 그러한 건물의 존재를 전제로 하여 정하여져야 한다.[5] 그러므로 나대지 상에 건물이 신축됨으로써 **비로소 새삼스럽게** 그 토지의 담보로서의 가치가 떨어지게 된다고는 말할 수는 없다.[6] 그로 인하여 나대지의 담보로서의 가치가 현저히 감소된다고 하더라도 이는 일반적으로 건물을 토지의 일부가 아니라 별도의 물건으로 다루는 우리 법의 기본적 선택의 부득이한 결과이다. 또한 나대지를 담보물로 제공받는 당사자로서는 뒤의 5.에서 보는 대로 지상권을 설정받

---

4) 尹眞秀(주 1), 411면 이하.

5) 저당채권자가 저당목적물인 나대지의 이용에 간섭할 권한을 가지고자 하는 경우에는 뒤의 5.에서 보는 대로 담보거래 실무에서 흔히 저당권 외에 지상권을 설정받는 것이다. 그러한 권리를 스스로 확보하지 아니한 저당권자가 애초 허용되었던 저당목적물의 이용을 이제는 막을 수 있게 된다고 할 근거가 없는 것이다.

6) 이 관련에서 저당권설정자의 가치유지의무가 운위되기도 한다(예를 들면 尹眞秀(주 1), 411면 및 아래의 본문 9.에서 보는 원심판결의 판시 참조). 그러나 저당물소유자가 그의 적법한 권한에 기하여 행위가 설사 저당물의 가치를 저락시킨다고 해도 그것이 그 의무위반이 되는 것은 아님을 물론이다.

는 것으로써 그 나대지의 용익에 법적 영향력을 행사할 방도를 손에 넣어서, 나대지의 담보가치를 지킬 수 있는 것이다.

위 견해는 "일단 건물 신축이 적법하였다고 하더라도 위와 같은 상황[즉 저당권이 실행되거나 그 실행이 예상되는 상황]이 발생하여 건물 신축 공사를 계속하는 것이 저당권자의 이익을 해치게 되는 경우까지 그 적법성이 유지된다고 말할 수는 없을 것이다. 가령 돼지 여러 마리에 관하여 집합동산 양도담보를 설정하였다고 하는 경우에, 양도담보설정자는 양도담보의 목적물을 이루는 돼지를 반출하는 등의 행동이 허용되지만, 일단 채무불이행상태가 된 이후에까지 그 돼지를 반출하는 것이 허용된다고 하기는 어려울 것"이라고 한다.[7] 그러나 거기서 든 집합동산양도담보의 경우에 채무불이행이 있다고 해도 양도담보설정자는 일반적으로 여전히 통상의 영업 또는 생활의 범위 내에서는 그 목적물을 반출·처분할 수 있는 것이다. 그것은 채무불이행이 있기 전이라도 일반적으로 통상의 영업 등의 범위를 넘은 반출·처분이 허용되지 아니하는 것과 다를 바 없다. 다만 집합동산양도담보권을 실행하려면 먼저 그 목적물을 특정하지 않으면 안 되는데, 이러한 이른바 집합물의 「고정固定」은 채무불이행이 있다는 것만이 아니라 양도담보권자의 실행통지가 있는 때에 비로소 일어나며, 그 후에는 그와 같이 고정된 목적물을 이제 반출·처분할 수 없게 되는 것뿐이다.[8] 그러므로 위의 견해는 우선 그 집합동산양도담보에 관한 설명이 정확한지 의문이 있을 뿐만 아니라, 무엇보다도 담보의 목적물이 집합물이 아니어서 이른바 「고정」이 문제되지 아니하는 일반의 저당권의 경우에 집합동산양도담보에 관한 설명을 끌어들이는 것은 적절하지 아니하다고 할 것이다. 이와 같이 보면 위와 같은

7) 尹眞秀(주 1), 412면.

8) 이에 대하여는 일본의 문헌으로 우선 道垣內弘人, 擔保物權法(2004), 328면, 331면 이하 참조.

견해는 저당권 실행의 상황이 되면 돌연 그 적법성이 유지된다고 말할 수 없게 되는 이유에 대하여 납득할 만한 설명이 있다고 할 수 없다.

5. 한편 우리나라의 금융실무에서 나대지를 담보로 취득할 때에 저당권 외에 지상권도 설정받는 일이 적지 않게 행하여진다. 그리고 그것은 일반적으로 나중에 나대지 위에 건물이 신축되는 사태에 대비하기 위해서이다. 대법원도 대결 2004. 3. 29, 2003마1753(공보 상, 781)에서 "토지에 관하여 저당권을 취득함과 아울러 그 저당권의 담보가치를 확보하기 위하여 지상권을 취득하는 경우, 특별한 사정이 없는 한 당해 지상권은 저당권이 실행될 때까지 제 3 자가 용익권을 취득하거나 목적 토지의 담보가치를 하락시키는 침해행위를 하는 것을 배제함으로써 저당 부동산의 담보가치를 확보하는 데에 그 목적이 있다고 할 것"이라고 설시하고 있다. 그리하여 그 사건에서 제 3 자가 토지소유자로부터 신축 중의 지상 건물에 관한 건축주 명의를 그 앞으로 변경해 받았어도 지상권자에게 대항할 수 있는 권원이 없는 한 지상권자로서는 제 3 자에 대하여 그 건물 축조의 중지를 구할 수 있다는 결론을 내렸다. 이와 같이 담보의 목적이 된 나대지 위에 저당권과 아울러 지상권을 취득한 경우에 채권자는 그 목적물의 용익에 대하여 간섭할 수 있는 법적 가능성을 가지게 된다.

이와 관련하여 이번의 대법원판결의 태도를 지지하는 견해는 "저당권자가 지상권을 같이 취득하지 않은 경우라고 하여 저당권자에게 저당 부동산의 담보가치를 확보하려는 의사가 없었다고는 말할 수 없을 것이다. 다른 한편 저당권설정자도 저당권자의 이러한 목적을 위한 지상권 설정 요구에 대하여 특별히 거부할 사유는 없다. 그렇다면 구태여 저당권과 더불어 지상권을 취득한 경우에만 저당권에게 그러한 보호를 부여할 이유는 없고, 저당권만을 취득한 경우에도 같은 보호를 하여 주는 것이 지상권 설정으로 인한 비용을 절감한다

는 면에서 더 합리적이라고 생각된다"고 주장한다.[9)]

그러나 이는 쉽사리 납득하기 어려운 발상이다. 법이 자신의 이익을 보호할 수 있는 법제도를 마련하여 두었음에도 이를 이용하지 아니한 사람에게, 이를 이용하고자 하였다면 이용할 수 있었고 또 그 제도를 이용하지 아니함으로써 비용을 절감할 수 있다는 논법으로 그 법제도에 의한 이익이 주어질 수 있는가? 예를 들어 부동산매수인이 자기 앞으로의 등기를 게을리하고서는, "그 부동산을 보유할 의사가 없었다고는 말할 수 없고, 매도인도 그 등기 요구를 거부할 사유가 없었으며, 등기를 하지 않음으로써 비용을 절감할 수 있다"고 주장해서 물권적 청구권과 같은 부동산소유자로서의 법적 구제수단이 주어져야 한다고 말할 수 있는가? 부동산임대차계약을 체결한 사람이 확정일자를 받지 아니하고서는, "그 목적물의 용익을 확보하려는 의사가 없었다고는 말할 수 없고, 확정일자를 받지 못할 이유가 없으며, 확정일자를 받지 않음으로써 그 비용을 절감할 수 있다"고 주장하는 임차인에게 주택임대차보호법 제 3 조의2에서 정하는 우선변제권을 인정할 수 있는가?

6. 나대지에 저당권이 설정된 후 그 토지 위에 건물이 신축된 경우에는 민법 제366조에서 정하는 법정지상권이 인정되지 않는다. 그 경우 건물의 신축으로 생길 수 있는 저당권자의 불이익에 대처하기 위하여 민법은 제365조에서 일괄경매청구권을 규정하고 있다. 그 법문은 "토지를 목적으로 저당권을 설정한 후 그 설정자가 그 토지에 건물을 축조한 때"를 그 요건으로 규정한다.[10)] 그런데 위 규정의

9) 尹眞秀(주 1), 413면. 金載亨(주 2), 120면 이하도 유사한 취지를 말한다.

10) 한편 토지저당권 설정 후에 건물이 축조되었으면 그 축조자가 누구인지를 불문하고 일괄경매를 인정하는 2004년 개정 후의 일본민법 제389조에 대하여는 梁彰洙, "最近 日本의 擔保物權法 改正", 同, 民法硏究, 제 8 권(2005), 192면 이하, 특히 198면 이하 참조.

취지에 대하여 대결 1994. 1. 24, 93마1736(공보 788); 대결 1999. 4. 20, 99마146(공보 하, 1235); 대결 2001. 6. 13, 2001마1632(공보 하, 1678); 대판 2003. 4. 11, 2003다3850(공보 상, 1178) 등은, 한편으로 저당권자에게 저당토지상의 건물의 존재로 인하여 생기게 되는 경매의 어려움을 해소하려는 것, 다른 한편으로 "후에 저당권의 실행으로 토지가 제 3 자에게 경락될 경우에 건물을 철거하여야 한다면 사회경제적으로 현저한 불이익이 생기게 되어 이를 방지할 필요"에 대응하는 것이라고 파악한다.

이러한 취지를 살리기 위하여 대법원은 일괄경매청구의 요건을 완화하는 방향으로 위 규정을 해석하여 왔다. 예를 들어 대결 1998. 4. 28, 97마2935(공보 상, 1481)는 "토지와 그 지상 건물의 소유자가 이들에 대하여 공동저당권을 설정한 후 건물을 철거하고 그 토지 상에 새로이 건물을 축조하여 소유하고 있는 경우에는 건물이 없는 나대지 상에 저당권을 설정한 후 그 설정자가 건물을 축조한 경우와 마찬가지로 저당권자는 민법 제365조에 의하여 그 토지와 신축 건물의 일괄경매를 청구할 수 있다"고 판시하였다. 또한 대판 2003. 4. 11, 2003다3850(공보 상, 1178)은, 저당권설정자로부터 저당토지에 대한 용익권을 설정받은 자가 건물을 축조하였어도 그 후 저당권설정자가 그 건물의 소유권을 취득한 경우에는 그것을 인정하여야 한다고 판시하였다. 특히 후자의 판결에 비추어 보면, 저당권설정자 자신뿐만 아니라 저당토지의 제 3 취득자, 나아가 저당권설정자로부터 저당 토지의 용익권능을 취득한 사람이 건물을 축조하여 소유하는 경우에도 일괄경매를 인정하는 것은 그리 먼 걸음이 아니다.

일본에서는 앞의 주 9에서 본 개정이 있기 전의 일본민법 제389조의 해석에 있어서, 그 요건을 크게 완화하여, 토지저당권 실행 당시 건물이 저당토지상에 존재하는 것 및 저당토지에 대한 임의경매로 토지를 경락받은 사람에 대항할 수 있는 당해 건물의 소유를 목적으로 하는 토지이용권이 존재하지 않는 것의 두 요건이 충족되면 토지저당권자는 일괄경매를 신청할 수 있다고 이해되고 있다.[11] 우리나라에서도, 그렇게까지 넓게는 아니지만, "저당권설정자와 건물신축자의 사이에 특수한 관계가 있어서 양자를 동일시할 수 있는 경우 등 개별적인 사정에 따라서는 제 3 자가 건물한 건물에 대하여도 일괄경매를 인정할 수 있을 것이고, 또한 경매신청시에 토지·건물이 동일한 소유자에 속하고 있어야 한다는 요건 등을 완화하여 해석함으로써 일괄경매의 범위를 확대하는 쪽으로 그 요건에 대한 재검토가 필요하다"는 견해가 유력하게 주장되고 있다.[12]

돌이켜 이 사건의 사안에서는 원래의 저당권설정자인 A 회사가 애초의 계획대로 오피스텔 건축공사를 진행하다가 부도를 내자 그 오피스텔을 개별적으로 분양받은 수분양자들이 피고 조합을 결성하여 A로부터 위 건축사업의 시행권을 양수하고 공사를 재개하였던 것으로서, 위의 견해가 말하는「저당권설정자와 건물신축자를 동일시할 수 있는 경우」에 해당하는 전형적인 경우일 것이다. 그렇다면 이 사건에서 토지저당권자는 저당토지와 그 지상의 건물에 대하여 일괄경매를 신청함으로써 건물의 존재로 인한 저당권 실행상의 불이익을 회피할 수 있었다고 할 것이다.

7. 이번의 대법원판결에 의하면, 나대지의 저당권자는 그 피담보채무의 불이행이 있으면 그 토지 상에서 행하여지는 건물신축행위의 중지를 청구할 수 있다는 것으로 이해된다.[13] 그런데 피담보채무의

---

11) 우선 新版 注釋民法(9)(1998), 595면 이하(生熊長幸 집필) 및 동소 인용의 문헌 참조.

12) 李均龍, "共同抵當權의 目的인 建物을 再建築한 경우에 法定地上權의 成否와 民法 제365조의 一括競賣의 可否: 일괄경매의 요건과 절차상의 문제에 대한 검토를 포함하여", 司法論集 제32집(2001), 41면 이하 참조.

13) 즉 거기서 "저당권이 실행에 이르렀거나 실행이 예상되는 상황"이라고 하는 설시는 그 바로 앞에 있는 "피담보채무를 변제하지 못함으로써"를 꾸미는 말

불이행을 전후하여 저당권자(및 저당물소유자, 나아가 그로부터 목적물의 용익을 허용받은 이)의 법적 지위가 그처럼 현격하게 달라져야 하는가?

필자는 그 근거가 무엇인지 쉽사리 납득할 수 없다. 피담보채무의 불이행이 있으면 저당권자는 그 권리를 실행하여 자신의 채권의 우선적 만족을 도모할 수 있을 뿐이고, 그것이 저당물소유자의 용익 등에 영향이 있음을 시사하는 규정은 찾아보기 어렵다.[14] 한편 예를 들어 일반적으로 건물이 저당목적물인 경우에 그 저당권의 피담보채무가 불이행상태에 빠지면 이제 건물소유자는 그 건물을 용익할 수 없게 되어 가령 이를 제 3 자에게 임대하여서는 안 되는가? 오히려 그는 이를 임대하여 얻은 수익으로써 자신의 재산상태를 개선하여 저당권의 피담보채무를 이행할 수 있게 되어야 하지 않는가? 나대지상의 건물신축행위라고 해서 달리 볼 이유는 없지 않을까? 반대로 피담보채무가 불이행상태에 빠지기 전이라도 저당물소유자 또는 그의 승인을 얻은 제 3 자의 용익이 — 뒤의 8.에서 보는 대로 — 저당권의 실현을 방해할 목적으로 행하여지는 것이라면, 저당권자는 저당권에 기하여 이를 막을 수 있다고 하여야 할 것이다.

8. 다른 한편으로 저당권설정자에게 객관적으로 저당목적물의 용익권이 있다고 하여도 예를 들어 그 권능이 저당권의 실현을 방해할 목적으로 행사된다면 이를 쉽사리 허용할 것은 아니다. 이는 가령 제 3 자의 채권침해의 문제와 관련하여 害意 등의 주관적 비난가능성의 정도에 좇아 채권침해행위의 「위법성」을 판단하는 것과 같은 관점에서 설명될 수 있다.

이라고 이해된다.

14) 이 관련에서는 오히려 "抵當不動産에 대한 押留가 있은 後"에 수취한 果實에 대하여 저당권의 효력이 미친다고 정하는 민법 제359조 본문이 의미가 있을지 모른다.

그리하여 이번의 대법원판결이 나오기 전에 저당권에 기한 방해배제청구권의 문제를 추상적 법리의 차원에서 다룬 대판 2005. 4. 29, 2005다3243(공보 상, 837)이 그 요건에 관하여 "저당부동산에 대한 점유가 저당부동산의 본래의 용법에 따른 사용·수익의 범위를 초과하여 그 교환가치를 감소시키거나, 점유자에게 저당권의 실현을 **방해하기 위하여** 점유를 개시하였다는 점이 인정되는 등, 그 점유로 인하여 정상적인 점유가 있는 경우의 경락가격과 비교하여 그 가격이 하락하거나 경매절차가 진행되지 않는 등 저당권의 실현이 곤란하게 될 사정이 있는 경우에는 저당권의 침해가 인정될 수 있다"(인용문 중의 강조는 인용자가 가한 것이다. 이하 같다)고 설시한 것은 그나마 수긍하지 못할 것도 아니었다. 비록 위의 뒷부분에서 객관적으로 「저당권의 실현이 곤란하게 될 사정이 있는 경우」만을 그 기준으로 내세운 것으로 오해될 소지가 있기는 하지만 말이다.

그리고 일본의 最判 2005(平成 17). 3. 10(民集 59-2, 356)도, 소유자로부터 점유권원을 설정받아 저당부동산을 점유하는 사람이라도 "그 점유권원의 설정이 저당권설정등기 후에 이루어진 것이고, 그 설정에 저당권의 실행으로서의 **경매절차를 방해할 목적**이 인정되며, 그 점유에 의하여 저당부동산의 교환가치의 실현이 저해되어 저당권자의 우선변제청구권의 행사가 곤란하게 되는 상태가 있는 경우"에는 저당권에 기한 방해배제청구가 인정된다고 판시한 것도 이러한 입장에 선 것이라고 하겠다(구체적으로는 그 사안에서 그러한 목적을 인정하여 방해배제청구를 인용하고 있다).

한편 위에서 본 대로 위 대법원판결을 지지하는 견해는 "일반적으로 물권적 청구권의 행사에 있어서는 상대방의 고의나 과실 등 귀책사유는 요건이 아니므로 이러한 주관적 요건을 도입하는 것은 이론상으로도 문제일 뿐만 아니라 실제의 심리에 있어서도 불확실성을 증가시키므로 바람직하다고 할 수 없다"고 한다.[15] 그러나 물론 일반론으로서는 그 견해에 수긍할 수 있다. 그러나 그렇다고 해서 물권적 청구권의 발생요건을 판단함에 있어서 주관적 요건을 고려하는 것이 언제나 배제되어야 하는 것은 아니다. 이것은 앞서 말한 대로 제 3 자의 채권침해에서의 **위법성** 판단[16]에서 주관적 요건이 고려되는 것을 보아도 바로 알 수 있는 바이다.

위와 같이 제한적인 범위에서 저당권에 기한 방해배제청구를 인정한다고 하더라도, 저당물소유자 또는 그에 의하여 승인된 제 3 자의 목적물 용익행위가 「부적절」한 것이라면, 이를 통제할 가능성은 일정 부분 확보된다고 할 수도 있을 것이다. 실제로 나대지에 새로운 건물의 신축이 행하여지는 경우에 그 건물의 존속을 위한 법정지상권 등 토지이용권이 성립할 여지가 애초 없고 나아가 일괄경매 등을 통하여 적정한 환가를 얻을 길도 봉쇄되어 있어서 그 건물이 종국적으로 철거되지 않을 수 없는 것이라면, 그럼에도 불구하고 신축을 강행하는 것은 사안에 따라서는 위와 같은 토지저당권의 실현을 방해할 목적을 가지는 것이라고 사실인정될 여지도 없지 않은 것이다.[17]

9. 한편 원심판결은 일단 경매목적물에 대한 압류가 이루어지면 처분행위가 금지되는데 경매목적물의 가격을 감소시키는 사실적 처분행위에 대하여는 저당권에 기한 방해배제청구로써 이를 막을 수 있어야 한다고 한다. 그리고 "채무자 또는 경매목적물의 점유자로서

---

15) 尹眞秀(주 1), 412면 註 84면.

16) 이는 물론 불법행위의 성립요건으로서의 위법성이 문제되는 것이나, 물권적 청구권의 발생요건으로서도 「위법성」이 요구되는 것은 물론이다. 이 점에 대하여는 무엇보다도 民法注解[Ⅴ](1992), 246면(梁彰洙 집필); 李英俊, 物權法, 新訂 2 版(2004), 529면 참조. 그 한도에서는 논리적 판단구조에 있어서 양자를 구별할 이유가 없다.

17) 吳賢圭, "抵當權에 기한 妨害排除請求權과 建物新築行爲의 中止請求", 民事判例硏究 제29집(2007), 519면 이하, 특히 555면 이하는 이번 대법원판결의 사안에 대하여 경매 방해의 목적을 긍정할 수 있다고 한다.

는 경매의 목적에 위반되거나 경매목적물의 가치를 감소시키는 사실행위를 하여서는 아니 되는 일종의 부작위의무를 부담하고 있다고 할 것이고, 따라서 채무자나 부동산의 점유자가 그러한 의무를 무시하고 위반행위를 하게 되면 저당권자로서는 저당권에 근거한 방해배제청구를 할 수 있다"고 한다.

그러나 민사집행법은 "압류는 부동산에 대한 채무자의 관리·이용에 영향을 미치지 아니한다"고 정한다(제83조 제 2 항).[18] 이 사건에서는 압류시는 물론이고 그 저당권 설정 전부터 이미 문제의 건축이 행하여지고 있었을 뿐만 아니라, 압류 전후로 그 건축공사의 내용이 변경된 흔적을 찾을 수 없다. 물론 경매개시결정 후에 경매법원은 '침해행위를 방지하기 위하여 필요한 조치'(민사집행법 제83조 제 3 항)나 '부동산의 가격을 현저히 감소시키거나 감소시킬 우려가 있는 행위'의 금지조치(민사집행규칙 제44조 제 1 항)를 할 수 있다. 그러나 이것이 압류 전부터 행하여지고 있던 위와 같은「채무자의 관리·이용」을 제한하는 근거가 될 수는 없는 것이다.

(경영법무 2007년 여름호(통권 제133호), 8면 이하)

[후　　기]

1. 원래 대상판결에 대한 평석은 같은 제목으로『법률신문』제3479호(2006. 8. 7.), 15면에 게재되었다. 그 후 특히 반대견해에 대한

---

18) 이 규정에 상응하는 일본의 민사집행법 제46조 제 2 항에 대한 설명으로 中野貞一郎, 民事執行法, 新訂四版(2000), 363면 이하 및 378면 註 8 참조. 예를 들면 임차권이 이미 설정되어 있는 목적물에 대하여 우리 민법 제639조, 주택임대차보호법 제 6 조 등에서와 같이 갱신거절이 제한을 받는 경우에는 압류 후라도 법정갱신을 포함하여 계약갱신이 허용된다고 한다.

의견을 포함하여 위 글을 수정·보충하여 위의 『경영법무』에 실렸다.

2. 대상판결 이후에 나온 대판 2007. 10. 25, 2007다47896(법고을)은 대상판결과는 취지를 달리하는 것으로 이해되어 주목할 만한다.

이 판결은 우선 "저당권을 담보로 제공한 부동산의 소유자로부터 점유권원을 설정받은 제 3 자의 점유가 통상의 용법에 따라 부동산을 사용·수익하는 한 저당권을 침해한다고 볼 수 없다"고 설시하면서 대상판결을 인용한다. 나아가 이 판결은 "그와 같이 **점유권원을 설정받은 제 3 자의 점유가 저당권의 실현을 방해하기 위한 것**이고, 그 점유에 의해서 저당권자의 교환가치의 실현 또는 우선변제청구권의 행사와 같은 저당권의 실현을 방해하는 특별한 사정이 있는 경우"에는 저당권의 위법한 침해로 인정될 수 있다고 판시하고, 대판 2005. 4. 29, 2005다3243(공보 837)을 이 부분 판시에 대한 참조판결로 인용한다. 그리고 결론적으로 원심이 토지 저당권자(원고)가 그 저당권의 설정 후 건물 신축에 착수하여 이를 완공한 토지 임차인(피고)에 대하여 저당권에 기한 건물철거청구를 기각한 것을 확정하였다.

위 참조판결인 대판 2005. 4. 29.는 "저당부동산에 대한 제 3 자의 점유가 저당부동산의 본래의 용법에 따른 사용·수익의 범위를 초과하여 그 교환가치를 감소시키거나 점유자에게 저당권의 실현을 방해하기 위하여 점유를 개시하였다는 점이 인정되는 등 그 점유로 인하여 정상적인 점유가 있는 경우의 경락가격과 비교하여 그 가격이 하락하거나 경매절차가 진행되지 않는 등 저당권의 실현이 곤란하게 될 사정이 있는 경우에는 저당권의 침해가 인정될 수 있다"고 판시할 뿐이고, 대상판결에서와 같이 「저당권의 실행 또는 그 실행의 예상」을 방해배제청구와 연결하지 않고 있다.

13. 채무자의 시효이익 포기는 그 후의 저당부동산 제 3 취득자에 대하여도 효력이 미치는가?

— 대법원 2015년 6월 11일 판결 2015다200227 사건(판례공보 2015상, 976면)

[사실관계]

1. 소외 갑은 1992년 5월에 이 사건 토지를 취득하고 같은 해 8월에 피고에 대한 차용금채무(이하 '이 사건 차용금채무'라고 한다)의 담보로 그 위에 피고를 위하여 채권최고액 6천만 원의 근저당권을 설정하였다. 그 후 2004년 5월에 이르러 갑은 그 간의 미지급이자 등을 3천만 원으로 정한 다음, 이를 원본으로 하는 채무의 담보로 다시 피고에게 채권최고액 4천만 원의 근저당권을 설정하여 주었다.

2. 갑은 2011년에 피고를 상대로 위 각 채무의 변제소멸 또는 소멸시효의 완성을 이유로 하여 위 각 근저당권설정등기의 말소를 구하는 소를 제기하였다. 2013년 11월에 이 소송은 그 원고의 청구를 기각한 원심판결에 대한 갑의 상고를 기각하는 대법원판결로 종결되었다. 이 글에서 다루어지는 시효소멸 여부와 관련하여 그 이유의 핵심은 이 사건 차용금채무는 소멸시효가 완성되었으나 그 후 위 제 2의 근저당권 설정으로 시효완성의 이익이 포기되었다는 것이다.

3. 위와 같이 전소가 종결된 다음 달인 2013년 12월에 원고가 갑으로부터 이 사건 토지를 매수하여 양도받고, 2014년 초에 근저당권의 말소를 구하는 이 사건 소송을 제기하였다. 원고의 주요한 주장은, 갑이 한 시효이익의 포기는 상대적인 효력이 있을 뿐이어서 이 사건 토지의 제 3 취득자인 원고에게는 효력이 없고, 원고는 소멸시효의 완성을 원용할 수 있다는 것이다.

[소송의 경과]

1. 제 1 심(부산지법 2014. 7. 3. 판결 2014가단124079 사건)은 뒤에서 보는 대법원의 판단과 같은 이유를 들어 원고의 청구를 기각하였다.

2. 제 2 심(부산지법 2014. 12. 5. 판결 2014나44352 사건)은 제 1 심판결을 인용하여 원고의 항소를 기각하였다.

[대법원의 판단]

대법원은 다음과 같이 판시하여 원고의 상고를 기각하였다.

“소멸시효 이익의 포기는 상대적 효과가 있을 뿐이어서 다른 사람에게는 영향을 미치지 아니함이 원칙이나, 소멸시효 이익의 포기 당시에는 그 권리의 소멸에 의하여 직접 이익을 받을 수 있는 이해관계를 맺은 적이 없다가 나중에 시효이익을 이미 포기한 자와의 법률관계를 통하여 비로소 시효이익을 원용할 이해관계를 형성한 자는 이미 이루어진 시효이익 포기의 효력을 부정할 수 없다. 왜냐하면, 시효이익의 포기에 대하여 상대적인 효과만을 부여하는 이유는 그 포기 당시에 시효이익을 원용할 다수의 이해관계인이 존재하는 경우 그들의 의사와는 무관하게 채무자 등 어느 일방의 포기 의사만으로 시효이익을 원용할 권리를 박탈당하게 되는 부당한 결과의 발생을 막으려는 데 있는 것이지, 시효이익을 이미 포기한 자와의 법률관계를 통하여 비로소 시효이익을 원용할 이해관계를 형성한 자에게 이미 이루어진 시효이익 포기의 효력을 부정할 수 있게 하여 시효완성을 둘러싼 법률관계를 사후에 불안정하게 만들자는 데 있는 것은 아니기 때문이다."

[평 석]

1. 소멸시효가 완성한 후에는 시효소멸 이익을 포기할 수 있음은 물론이다(민법 제184조 제 1 항의 반대해석). 그런데 이러한 시효이익의 포기는 그 포기를 한 사람에 대한 관계에서만 유효하고 그 이외의 사람에게는 효력이 없다는 이른바 '시효이익 포기의 상대효'가 판례 및 학설에서 일관되게 인정되고 있다. 그리고 뒤의 5.에서 보는 대로 그러한 법리의 한 예로, 저당권 내지 근저당권(이하에서는 편의상 단지 저당권만을 들어 서술하기로 한다)의 피담보채무가 시효로 소멸한 경우에 그 채무자가 시효이익을 포기하였더라도 저당부동산의 제 3 취득자는 여전히 시효이익을 주장할 수 있다고 이해되어 왔다.

그런데 이 평석의 대상이 되는 대법원판결(이하 '대상판결'이라고 한다)은 이에 제한을 가하여, 저당부동산의 취득이 시효이익의 포기 전후인지에 좇아서 달리 취급되어야 함을 밝히고 있다. 즉 포기 이전에 이미 저당부동산을 취득한 사람은 여전히 시효이익을 주장할 수 있지만, 포기 후의 제 3 취득자는 "소멸시효 이익의 포기 당시에는 그 권리의 소멸에 의하여 직접 이익을 받을 수 있는 이해관계를 맺은 적이 없다가 나중에 시효이익을 이미 포기한 자와의 법률관계를 통하여 비로소 시효이익을 원용할 이해관계를 형성한 자"에 해당하여 시효이익 포기의 효력이 그에게도 미침을 부정할 수 없는 것이어서 이제 따로 시효이익을 원용할 수 없다는 것이다. 여기에는 제3취득자의 선의·악의 또는 기타의 사정은 구별의 기준으로 들어지지 않고 있다. 그 판시에는 하다못해 "다른 특별한 사정이 없는 한"과 같이 예외를 허용하는 탈출구에조차 언급하지 않는 것이다. 그 판시는 대상판결의 主理由(ratio decidendi)에 해당하는 판결이유로서 이른바 선례에 해당하여, 판례변경의 절차를 거치지 않는 한 앞으로의 하급심 및 대법원 실무를 구속하는 힘을 가진다.

2. 그런데 대상판결의 위와 같은 판시는 비단 저당부동산을 양수하는 등으로 그 소유권을 사후적으로 취득한 원래의 의미의 '제3취득자'(이에는 저당권의 실행으로 행하여진 경매절차에서 목적물을 취득한 경락인도 포함된다. 저당권에 기한 경매개시결정 전에 그 피담보채권의 소멸시효가 완성된 경우에 시효의 원용이 그 결정 후에 있었어도 경락인이 경매목적물의 소유권을 취득할 수 없다고 판시한 대판 1966. 1. 31, 65다2445(집 14-1, 56)의 사실관계 참조)뿐만 아니라, 나아가 저당부동산에 대하여 후순위저당권이나 담보가등기 등의 담보권을 설정받은 사람, 또 지상권·전세권 또는 대항력 있는 임차권을 취득한 사람 등의 법률관계에도 영향을 미치지 않을 수 없을 것이다. 왜냐하면 그 판시는 '시효이익 포기의 상대효'가 긍정되는 근거와 특히 그 한계를 지극히 일반적으로 설명하고 있기 때문이다. 따라서 이제 든 후순위저당권자 등도 그가 예를 들어 이제 그 권리를 이미 시효이익을 포기하였던 채무자 등과의 계약에 기하여 취득하였다면, 이 역시 '시효이익의 포기 후에 시효이익을 이미 포기한 자와의 법률관계를 통하여 비로소 시효이익을 원용할 이해관계를 형성한 자'에 해당하여, 대

상판결이 표명하는 법리에 의하면, 시효이익 포기의 효력이 그에게 미침을 부인할 수 없고 별도로 시효이익을 주장할 수는 없다고 하기 쉬울 것이다.

그렇게 보면 대상판결은 그야말로 시효이익의 포기와 관련하여 의미가 심중한 판례를 새로 만들어냈다고 하지 않을 수 없다.

3. 물론 이 사건의 사실관계에서 원고가 이미 前訴에게 저당부동산의 피담보채무의 시효소멸을 주장하였으나 그 패소가 확정되었던 갑으로부터 그 패소 확정 직후에 그 부동산을 양수하여 여전히 그 시효소멸을 주장하는 소를 제기하였다는 점을 소송신탁 또는 신의칙, 나아가 혹은 가장양도 등의 관점에서 법적으로 어떻게 평가할 것인가 하는 점은 분명 음미의 여지가 있을 것이다. 그러나 여기서는 이를 논의하지 않기로 한다.

그리고 필자는 '시효이익 포기의 상대효'를 그와 같이 일반적으로 광범위하게 제한하는 대상판결의 태도에 찬성할 수 없다.

4. 대상판결은 시효이익의 포기에 상대효가 인정되는 이유를 "그 포기 당시에 시효이익을 원용할 다수의 이해관계인이 존재하는 경우 그들의 의사와는 무관하게 채무자 등 어느 일방의 포기 의사만으로 시효이익을 원용할 권리를 박탈당하게 되는 부당한 결과의 발생을 막으려는 데 있다"는 것으로 설명한다.

그러나 이러한 이유 제시가 시효이익 포기의 상대효를 납득시키기에 충분한지에는 의문이 있다. 뒤의 8.에서 보는 대로 이제 재판례의 주류적 태도라고 하여도 크게 문제가 없을 소멸시효 완성의 효과에 관한 상대적 소멸설을 전제로 한다면, 시효이익의 포기는 각자의 시효원용권을 포기하는 것이고, 따라서 시효의 원용이 그 권리자 각자에게 상대적인 것과 마찬가지로 그 이익의 포기도 상대적인 것이라고 설명되고 있다. 그렇다면 저당부동산의 제 3 취득자가 그 부동산을 피담보채무의 채무자가 시효이익을 원용할 권리를 가진다고 하는 이상(이 점에 대하여는 이제 異論의 여지가 없다), 자신이 가지는 그 권리의 포기도 일반적으로 그의 자유로운 의사에 좇아 할 수 있고, 그가 저당부동산을 다른 시효원용권자의 시효이익 포기 후에 그 자와의 법률관계를 통하여 취득하였다고 해서 이제는 그 포기에 구속되어야 할 이유가 없다고 하는 것이 자연스럽다.

그리고 이른바 절대적 소멸설에 의하더라도, 시효이익의 포기는 요컨대 소멸시효 완성의 이익 또는 채무의 시효소멸을 소송상 주장할 수 있는 지위를 포기한다는 의사표시로 파악하고 그 효력은 의사표시 일반에 관한 원칙대로 그 주체에만 미쳐서 상대적인 것이라고 설명될 수 있다. 그렇다면 그러한 이익 또는 지위에 대한 처분이 각자의 자유로운 의사에 좇아야 한다는 점은 다를 바 없을 것이다.

5. 다른 한편 저당권이 설정되어 있는 부동산을 그 소유자와의 사이의 계약에 기하여 취득하거나 그에 제한물권을 설정받거나 기타 이해관계를 맺었다면 이는 물론 저당권의 부담을 인수한 것이다. 그리고 통상의 경우에는 그러한 부담의 인수로 인한 '비용'(넓은 의미에서의)에 관하여 이미 소유자와의 계약관계에서 어떠한 약정, 쉽게 말하면 그 비용의 '전가'가 행하여지거나 그 부담에 대한 승인을 전제로 하여서 계약관계가 형성·체결될 것이다. 이 점을 중시하게 되면, 저당부동산의 제 3 취득자에게는 시효원용권 자체를 부정하는 결론에 이르기 쉽다.

실제로 소멸시효 완성의 효과에 관하여 처음부터 이른바 상대적 소멸설을 취하는 일본에서 판례는 어느 시기까지 저당부동산의 제 3 취득자는 시효원용권을 가지지 아니한다는 태도를 취하였다(日大判 1900. 1. 25(民錄 16, 22); 同 1935. 5. 28(新聞 3853, 11) 및 同 1938. 11. 14

(新聞 4349, 7) 등 다수의 재판례가 있다). 처음에는 학설도 이에 동조하였으나 어느 학자의 예리한 비판(我妻榮, "抵當不動産の第三取得者の時效援用權", 民商法雜誌 제 3 권 1호(1936), 1면 이하[그 후 同, 民法硏究 Ⅱ : 總則(1966), 199면 이하 소재]. 독일법 및 프랑스법에 대한 검토를 포함한다) 이후로 학설은 대체로 판례의 대토에 반대하기에 이르렀다(이에 대하여는 우선 注釋民法(5)(1967), 46면 이하(川井健 집필부분) 참조). 그 후 최고재판소는 1973년 12월 14일의 판결(民集 27-11, 1586)로 저당부동산 제 3 취득자의 시효원용권을 긍정하는 태도를 취하기에 이르렀고, 이는 오늘날에도 그대로 이어지고 있다(기타의 관련 재판례를 포함하여 우선 山本敬三, 民法講義 I : 總則, 제 3 판(2011), 600면 참조).

우리의 경우 학설은 애초부터 저당부동산 제 3 취득자의 시효원용권을 긍정하여 왔다. 그리고 판례도 적어도 담보가등기가 이미 경료되어 있는 부동산을 양수한 자가 그 피담보채권을 소멸시효를 원용할 수 있다고 판시한 대판 1995. 7. 11, 95다12446(공보 2761)에 의하여 이를 긍정하였다고 보아야 할 것이다(응소행위의 시효중단효를 긍정하는 대판 2007. 1. 11, 2006다33364(법고을)는 비록 방론이나 "담보가등기가 설정된 부동산의 제 3 취득자나 물상보증인 등 시효를 원용할 수 있는 지위에 있으나 직접 의무를 부담하지 아니하는 자가 제기한 소송에서의 응소행위"라고 설시하고 있다. 그 외에 뒤의 7.에서 보는 대판 2010. 3. 11, 2009다100098도 참조).

이와 같이 저당부동산 제 3 취득자의 시효원용권이 긍정되는 실질적인 이유는, 비록 그는 피담보채무의 채권자(즉 저당권자)와 직접의 법률관계에 있는 것은 아니지만, 그 채무가 불이행되어 저당권이 실행되면 자신의 소유권을 잃게 되는 지위에 있으므로, 피담보채무(나아가 저당권)의 소멸사유로서의 시효완성을 주장하여 자신의 법적 이익을 지킬 수 있어야 한다는 것이다(앞서 본 일본문헌들 참조). 이 글의 맥락에서 중요한 점은 이러한 사정은 그가 종전의 저당부동산 소유자로부터 소유권 등을 취득한 것이 그 소유자가 시효이익을 포기하기 전인지 그 후인지에 의하여 영향을 받지 아니한다는 것이다.

그리하여 저당부동산의 원래 소유자와 제 3 취득자 사이에 존재하는, 그 취득원인이 되는 계약관계에서 저당권의 부담이 고려되었는지 또는 어떻게 고려되었는지 등을 불문하고 제 3 취득자의 시효원용권이 긍정되어야 하는 것이라면, 그 포기, 즉 시효이익의 포기에 관하여도 같은 태도를 취하는 것이 온당할 것이다.

또 덧붙여 말한다면, 시효이익의 포기는 그 성질이 의사표시라고 이해되고 있는데, 이는 실제에 있어서는 간접사실을 통하여 묵시적 의사표시로 인정되는 것이 통상이다(우선 송덕수, 민법총칙, 제 3 판(2015), 551면 인용의 재판례 및 근자의 대판 2013. 7. 25, 2011다56187(공보 하, 1583) 참조). 그러한 종류의 사정을 법률관계의 명료성을 내세우는 시효제도에서 시효이익 포기의 인적 효력범위 여하, 나아가 다른 시효원용권자의 시효소멸 원용의 적법 여부를 판단하는 기준으로 세우는 것이 바람직한지에도 의문이 없지 않다.

6. 대상판결은 채무자의 시효이익 포기 후에 저당부동산을 취득한 제 3 취득자가 그 포기의 효력을 부정할 수 있게 하면 "시효완성을 둘러싼 법률관계를 사후적으로 불안정하게 만들 우려가 있다"는 점도 들고 있다.

그러나 무엇보다도 그것이 어떠한 점에서 시효완성과 관련된 법률관계를 불안정하게 만드는지 선뜻 이해되지 않는다. 만일 그 불안정함이라는 것이 앞의 5.에서 본 대로 제 3 취득자의 시효이익 주장이 저당부동산의 소유자와의 사이에 체결한 계약관계에 어떠한 영향을 미치는가 하는 점이 명확하지 않다는 점에 있다고 하면, 그것은 — 대상판결에 의하면 독자적인 시효이익 주장이 허용된다고 하는 — 채무자의 시효이익 포기 전의 제 3 취득자와의 관계에게 있어서도 마찬가지일 것이다.

그리고 예를 들어 저당권의 부담을 고려하여 감액된 대금 등은 피담보채무의 시효소멸로 말미암아 결과적으로 저당권의 부담이 없게 됨으로써 부당이득한 것이 된다는 등의 주장은, 채무가 시효소멸한 후 채권자가 채무자에게 이번에는 부당이득을 내세워 원래의 급부 또는 계약상 반대급부에 상응하는 이익의 반환을 청구하는 것이 허용되지 않는 것과 마찬가지로, '법률상 원인'의 존재, 즉 法定의 소멸시효제도를 이유로 배척되어야 하는 것이다(우선 민법주해[XVII](2005), 253면 이하(양창수 집필부분) 참조).

7. 이미 앞의 5.에서 본 대법원 95다12446 판결은 나아가 "담보가등기 있는 부동산의 양수인과 같은 직접수익자의 소멸시효원용권은 채무자의 소멸시효원용권에 기초한 것이 아닌 독자적인 것으로서 가사 채무자가 이미 포기한 것으로 볼 수 있다고 하더라도 그 시효이익의 포기는 상대적 효과가 있음에 지나지 아니하므로 채무자 이외의 이해관계자에 해당하는 담보부동산의 양수인으로서는 여전히 독자적으로 소멸시효를 원용할 수 있다"고 판시하고 있다.

나아가 비록 공간된 것은 아니나 대판 2010. 3. 11, 2009다100098(법고을)은 "시효이익의 포기는 상대적 효과가 있음에 지나지 아니하므로 저당부동산의 제 3 취득자에게는 효력이 없다"고 설시한다.

이 두 판결은 대상판결이 말하는 대로 모두 채무자의 시효이익 포기 전에 제 3 취득자가 등장한 사안에 대한 것이기는 하다. 그러나 그 점을 따로 지적하면서 시효이익 포기의 상대성을 긍정하고 있는 것은 아니다. 오히려 앞서와 같이 보아 오면, 전자 판결의 위 판시에서 제 3 취득자의 시효원용권의 독자성과 시효이익 포기의 독자성을 직결시키고 있다는 점이 오히려 주목되었어야 했을 것이다.

이상과 같이 여러 가지 점에서 그와 같이 시효이익 포기의 상대효를 제한하는 대상판결의 판시에는 찬성할 수 없다.

8. 한편 이 기회에 같이 적어둔다면, 적어도 1990년대 초까지 판례가 소멸시효 완성의 효과에 대하여 이른바 절대적 소멸설을 취하여 왔다는 점에 대하여는 이론異論이 없다(무엇보다도 민법주해[Ⅲ](1992), 479면 이하(윤진수 집필부분)(그는 상대적 소멸설을 주장한다) 참조). 그런데 그 이후 어느 사이엔가 재판실무는 상대적 소멸설로써만 이해될 수 있는 태도를 보이고 있다. 무엇보다도 무수히 많은 재판례가 "소멸시효를 원용할 수 있는 사람은 권리의 소멸에 의하여 직접 이익을 받는 사람에 한정된다는 것"을 직접 내세우거나 전제로 하여 판시하고 있다. 이는 소송상의 시효소멸의 주장을 할 수 있는 사람의 범위를 한정하는 취지가 아니라 —앞서 인용한 대법원 95다12446 판결에서도 보는 대로— 실체적으로 권리의 소멸을 주장할 권리(즉 시효원용권)에 관한 것으로 보는 것이 상당하지 않을까? 이와 같이 정규의 법절차를 거침이 없이 행하여지는 '판례의 사실상 변경'에 대한 평가 여하는 여기서는 역시 접어두기로 하자.

(법률신문 제4338호(2015. 7. 27), 11면)

[후 기]

이 글은 위 법률신문에 실린 글의 원래 버전에 해당한다. 동 신문의 편집자는 '판례평석'류의 원고량을 전혀 융통성 없게 엄격하게 제한하여서 그에 맞추어 축약하지 않으면 안 되었다.

14. 자살면책제한조항에 의한 '보험사고'의 확장?

— 대법원 2007년 9월 6일 판결 2006다55005 사건(법고을)의 射程範圍

1. 대판 2007. 9. 6, 2006다55005는, 「법고을」에서의 '판시사항'에 따르자면, "'피보험자가 고의로 자신을 해친 경우'를 '보험금을 지급하지 아니하는 보험사고'로 규정하면서 그 단서에서 '피보험자가 정신질환상태에서 자신을 해친 경우' [및 '계약의 개시일로부터 2년이 경과한 후에 자살하거나 자신을 해친 경우'] 등을 위와 같은 보험사고에서 제외한 보험계약의 약관조항이, [원심판결이 판단한 것과 같이] 보험금 지급사유가 발생한 경우를 전제로 보험자의 면책사유를 규정한 취지가 아니라 원칙적으로 보험사고에 해당하지 않는 고의에 의한 자살 등을 예외적으로 위 단서 요건에 해당하면 특별히 보험사고에 포함시켜 보험금 지급사유로 본다는 취지라고 해석한 사례(꺾음괄호 안은 인용자가 보충한 것이다)"이다. 대법원은 원심판결을 파기하고 사건을 원심인 서울고등법원에 환송하였다.

2. 위 대법원판결(이하 '대상판결')과 같이, 원칙적으로는 보험사고에 해당하지 않는 고의에 의한 자살에 대하여도 특히 '계약의 개시일로부터 2년이 경과한 후에' 자살하거나 자신을 해친 경우(이 경우로 논의를 한정하고, '정신질환상태에서' 자살 등을 한 경우는 논외로 한

다. 이하 이 부분 약관조항 또는 공제조항을 '자살면책제한조항'이라고 한다)에는 이것이 보험사고에 해당하여 보험금을 지급하여야 한다는 태도에 대하여는 의문이 적지 않다.

대상판결의 사안에서는 주계약이 교통사고로 인한 사망을 보험사고로 하는 특수재해사망보험인데, 그 주계약에 부가하여 교통사고 아닌 일반의 재해로 인한 사망을 보험사고로 하는 일반재해사망특약이 행하여졌다. 그리고 자살면책제한조항은 주계약에 포함되어 있는 것을 일반재해사망특약에서 준용하고 있다. 그러한 사안에서 계약 개시일로부터 2년이 경과한 후에 행하여진 자살에 대하여 위 특약상의 일반재해사망보험금이 지급되어야 하는가가 다투어졌던 것이다.

그러나 보험금지급사유에 관한 조항, 재해분류표와 보험금지급기준표 등 재해사망약관 전체에 나타난 약관의 목적과 체계 등에 비추어 보면, 자살면책제한조항을 포함하여 보험자와 보험계약자의 합리적 의사는 애초 '재해'로 인한 사망만을 보험사고로 하는 것이었지 성질상 당연히 그에 해당하지 않는다고 할 자살까지 그것이 일정한 기간 후에 일어나면 보험사고가 된다는 것은 아니었다고 봄이 상당하다. 이는 보험자와 보험계약자가 자살을 고려하여 보험료를 산출·납입하지 않았다는 점에서도 그러하다. 또 그렇게 보는 것이 보험단체 전체의 이해관계, 나아가 자살 등과 관련하여 일반 공공의 이익에도 부합한다.

단지 위 약관조항 중 '그러하지 아니합니다'라는 문언에 그와 같이 보험법리상 허용될 수 없는 의미를 부여하기 위하여 계약 전체의 합리적 해석을 포기할 수는 없다. 한편 위와 같은 해석은 '고객에 유리한 해석의 원칙'에 반한다고 할는지 모르나, 그것은 합리적인 해석이 두 개 이상 있는 경우에 비로소 적용되는 보충적 해석원칙이므로, 위와 같이 하나의 합리적 해석만이 도출되는 경우에는 적용의 여지가 없다.

3. 그러나 여기서는 그 타당 여부에 대하여는 상론하지 아니하기로 한다. 단지 그 후에 나온 일련의 대법원판결들이 일반적으로 대상판결로써는 쉽사리 설명될 수 없는 태도를 취하고 있어서 대상판결의 견해는 '사실상 폐기'되었다고 보거나, 그것이 아니라고 하여도 최소한 그 적용범위가 현저히 제한되었다고 이해할 것이다.

이하에서 다루는 대법원판결들은 대상판결을 포함하여 모두 생명보험계약 또는 사망을 공제사고로 하는 공제계약에 속하는 것에 관한 것임을 미리 말하여 둔다.

4. 그 후에 대법원이 유사한 법문제를 다룬 판결로는 대판 2009. 5. 28, 2008다81633(법고을)(이하 '2009년 판결')이 있다.

이 판결은 주계약이 일반의 사망(및 제1급 장해상태)을 보험사고로 하는 보험인데, 그 주계약에 부가되어 재해(교통사고는 제외)로 인한 사망을 보험사고로 하는 이른바 일반재해사망특약이 행하여진 사안에 대한 것이다. 그리고 대상판결과 마찬가지로 주계약에서 '고의로 자신을 해친 경우'는 보험사고에 해당하지 아니한다고 정하면서 이에 단서로 자살면책제한조항을 두었다. 그리고 이를 부가된 일반재해사망특약의 약관에서 "이 특약에서 정하지 아니한 사항에 대하여는 주계약 약관을 준용합니다"라고 정하고 있었다. 이 사건에서도 쟁점이 되었된 것은 계약의 책임개시일로부터 4년이 경과한 후에 피보험자가 자살하였는데 이때 위 특약에 기한 보험금이 지급되어야 하는가 하는 점이었다('사망'을 보험사고로 하는 주계약에 기하여서는 자살면책제한조항에 기하여 보험금 지급이 긍정된다).

대상판결의 태도를 그대로 받아들인다면, 이 판결의 사안도 대상판결과 별로 다를 바 없는 것으로서 자살면책제한조항에 대한 대상판결의 해석을 그대로 살려 원심판결과 같이 그 보험금청구를 인용하였어야 했을 것이다. 그러나 그렇게 한 원심판결을 대법원은 놀랍게도 파기하여 사건을 원심에 환송하였고, 물론 이는 앞의 2.에서 본 대로 타당하다.

그 이유의 핵심은 "평균적인 고객으로서는, 자살 등을 포함하여 피보험자의 사망을 폭넓게 보험사고로 보는 이 사건 주된 보험계약만으로는 소정의 사망보험금밖에 지급받을 수 없으나, 이와 달리 '재해를 직접적인 원인으로 한 사망'을 보험사고로 보는 이 사건 각 특약에 가입할 경우에는 별도의 재해사망보험금 등이 추가로 지급된다는 점을 알고 별도의 추가 보험료를 납입하면서 이 사건 각 특약을 체결한 것이므로, 이 사건 각 특약의 약관에서 정한 재해에 해당하지 않는 자살은 이 사건 각 특약에 의하여 보험사고로 처리되지 않는다는 것 정도는 위 각 특약 체결시 기본적으로 전제하고 있던 사항"이라는 것이다. 그렇다면 대상판결의 사안에서도 '평균적인 고객'이라면 거기서의 특약의 약관에서 정하는 '재해'에 해당하지 않는 바의 자살은 보험사고에 포함되지 않는다고 보았다고 할 것이 아닐까?

그런데 2009년 판결은, 원심이 원고의 보험금청구를 받아들이면서 인용하였던 대상판결에 대하여 다음과 같이 사실관계상 의미 있는 차이가 있다고 설시하여, 커먼로상 '선례'의 사정범위를 획정하는 작업의 핵심을 이루는 그 이른바 '구별(distinguish)'을 행한다. 즉 "원심이 인용한 대상판결은 이 사건과는 달리 주된 보험계약이 '재해'에 속할 수 있는 '교통재해' 등을 보험사고로 정하고 있고, 특약은 그 교통재해가 포함될 수 있는 '재해'를 보험사고로 정하고 있는 관계로, 전자[교통재해]에 관하여 보험사고의 범위를 확장한 규정이 후자[재해]에 관하여도 준용될 수 있다고 봄이 합리적인 보험약관에 관한 것으로서 이 사건과는 사안이 다르므로, 이 사건에 원용하기에 적절하지 않다"는 것이다.

그러나 다시 생각하여 보면, 대상판결의 사안에서는 주계약이 재해의 한 종류에 불과한 교통사고로 인한 사망을 보험사고로 하고 특약이 교통사고를 포함한 재해 일반을 보험사고로 하는 것이므로, ‘부분’에 대하여 보험사고의 범위를 확장한 것을 ‘전부’에 대하여도 통하도록 한 것이 논리적으로 합리적인지 쉽사리 납득이 가지 아니한다.

5. 그로부터 1년 반 후에 대판 2010. 11. 25, 2010다45777(공보 2011상, 13)(이하 ‘2010년 판결’)이 나왔다. 이 판결은 앞서 본 판결들과는 달리 판례공보에도 실렸다.

이 사건에서는 보험계약이 아니라 공제계약이 체결되었고, 주계약/특약이 아니라 하나의 공제계약에서 각기 ‘재해로 인한 1급 장해’와 ‘사망 및 재해 외의 원인으로 인한 1급 장해’가 공제사고로 정하여져서 전자의 경우에는 장해연금(1천만원씩 10회)과 유족위로금을, 후자의 경우에는 유족위로금(기납입공제료의 반환 외에 5백만원)만을 지급하기로 되어 있었다. 다른 한편 공제약관은 자살이나 자해로 인한 1급 장해를 원칙적으로 공제사고에서 제외하면서도(그 재해분류표에서 ‘목맴에 의한 의도적 자해’ 등은 아예 ‘재해’에서 제외한다) 자살 등이 계약의 책임개시일로부터 1년이 경과한 후에 발생한 때는 그 면책을 제한하였다. 이 사건 피보험자는 공제계약 체결로부터 약 5년 후에 목을 매어 자살을 시도함으로써 1급 장해가 되었는데, 이 사건에서 원고는 위의 자살면책제한조항을 들어 장해연금을 청구하였다.

원심은 그 청구를 인용하였는데, 대법원은 이를 파기하였다. 대법원은 보험약관의 일반적 해석원칙으로 “개개의 계약당사자가 기도한 목적이나 의사를 참작함이 없이 평균적 고객의 이해가능성을 기준으로 보험단체 전체의 이해관계를 고려하여 객관적·획일적으로 해석하여야 한다”는 법리를 앞세운다. 그런 다음 여러 사정(장해연금 및 유족위로금의 액수 차이, 원심과 같이 해석하면 면책기간 경과 후에는 자살 시도로 사망한 경우에 비하여 1급 장해가 된 경우가 공제급여상 훨씬 우대를 받는 점 등)을 내세워 위의 자살면책제한조항은 '재해 외의 원인으로 인한 공제사고'의 범위를 확장하려는 것일 뿐이고(따라서 유족위로금은 이를 청구할 수 있게 된다), '재해로 인한 공제사고'의 범위까지 확장하려는 규정이라고 할 수 없다고 결론지었다.

이 대법원판결의 판단은 정당하다고 생각된다(그 후에 나온, 대상판결과 같이 재해로 인한 사고만을 보험사고로 하면서 자살면책제한조항을 둔 동일한 약관에 관한 대판 2014. 4. 30, 2014다201735(미공간)도 2010년 판결과 같은 태도를 취한 원심판결에 대한 보험계약자측의 상고를 심리불속행으로 기각하였다). 그런데 우리의 문제관심에서 보면, 앞의 4.에서 본 대법원의 2009년 판결이 결국 자살면책제한조항에 의한 보험사고 범위 확장을 부정하는 이유로 대상판결에서는 주계약의 보험사고가 교통재해인 것을 특약에서 재해 일반을 보험사고로 정하였으므로 전자에 관한 보험사고 범위 확장이 후자에도 준용되는 것이 합리적이어서 그 사안이 2009년 판결의 그것과는 '구별'된다는 것을 내세우는 데에 대하여 다시금 의문을 품게 된다. 2010년 판결은 자살면책제한조항이 공제사고를 '재해 외의 원인'으로 인한 것에 확장하는 것을 재해로 인한 것에는 적용할 수 없다고 하는데, 대상판결을 2009년 판결과 같이 '부분'(교통재해)에 대하여 보험사고 범위를 확장한 것을 '전부'(일반재해)에도 인정하는 것이 합리적이라고 이해한다면, 이번에는 逆으로 범위가 훨씬 넓은 '재해 외의 원인'에 관한 보험사고 확장을 '재해로 인한 것'에도 인정하는 것이 자연스럽고 논리적이었을 것이다. 그럼에도 2010년 판결은 그렇게 하지 않고 오히려 반대의 결론을 취하였던 것이다.

6. 이상의 대법원판결들을 종합하여 합리적으로 이해한다면, 대상판결의 태도는 — 아마도 그 부당성으로 인하여 — 그 후의 판결들에 의하여 '사실상 폐기'되었다고 보아야 한다. 아니라고 하여도 그것

은 그 사안의 계약 양상 및 사고 내용과 엄격하게 일치하는 것에만 적용되는 것으로 제한적으로 이해할 것이다.

(법률신문 제4359호(2015. 10. 19), 11면)

[후　　기]

이 글도 본서 제13의 글("채무자의 시효이익 포기는 …")과 같은 사정(그 [후기] 참조)으로 축약하였던 것을 이번에 원상으로 싣는다.

15. 2007년 중요 민사판례—채권편

1. 損害賠償額의 豫定

(1) 大判 2007. 12. 27, 2006다9408(공보 2008상, 123)은, 손해배상액의 예정이 있는 경우에, 채무불이행에 관하여 채무자에게 귀책사유가 없는 경우에도 채권자가 배상예정액을 청구할 수 있는가 하는 점에 대하여 판시하였다. 위 판결은, 채무불이행책임을 인정함에 있어서 채무자의 귀책사유 유무를 묻지 아니한다는 별도의 약정을 하지 아니한 이상 채무자는 자신의 귀책사유가 없음을 주장·입증함으로써 배상예정액의 지급책임을 면할 수 있다고 판시하였다(파기환송).

이는 타당하다고 생각된다.

(2) 위의 법문제에 관하여는 학설이 대립하고 있다. 종래에는 채무자가 채무불이행이 그에게 책임이 없는 사유로 발생하였다는 것을 입증하더라도 책임을 벗어날 수 없다는 견해가 다수이었으나, 근자에는 채무자가 귀책사유가 없음을 증명하면 면책된다는 입장이 유력해지고 있다. 재판례는, 건축도급계약에서의 지체상금약정과 관련하여 수급인이 책임질 수 없는 사유로 공사가 지연된 경우에는 그 기간만큼 지체상금을 지급할 의무가 없다고 하는 것을 보면(대판 1989. 7. 25, 88다카6273(공보 1281); 대판 1995. 9. 5, 95다18376(공보 2951) 등), 오히려 후자의 견해에 따르는 것으로 이해된다. 그런데 대판 1989. 12. 12, 89다카14875(공보 1990, 259)는 원고가 하도급받은 부분에 하자가 있어 일정 기간까지 재시공하기로 하면서 이를 불이행하는 경우에는

나머지 하도급 보수를 포기하기로 약정한 사안에서 "이[=재시공채무의 불이행]에 대한 원고[=채무자]의 귀책사유나 피고의 손해발생 또는 그 액수를 묻지 아니하고"(꺾음괄호 안은 인용자가 보충한 것이다) 그 약정에 따른 효과가 발생한다는 취지로 설시하고 있다. 그러므로 판례의 태도가 어떤지 반드시 명확하다고 할 수 없는 점이 없지 않았다.

(3) 손해배상액예정약정의 내용은 귀책사유가 필요한지를 포함하여 그 약정의 해석 여하에 달려 있다(이는 民法注解[Ⅸ](1995), 640면(梁彰洙 집필)이 강조하는 바이다). 문제는 그에 관한 의사가 명확하지 아니한 경우에 무엇을 기준적인 의사 내용으로 볼 것인가 하는 점이다. 그렇다면 원칙으로 돌아가서, 채무불이행책임의 일반요건이 갖추어지는 것을 전제로 하여 배상예정액의 지급의무를 부담한다는 의사라고 할 것이다. 종전의 다수설은 "당사자의 보통의 의사는 귀책사유의 유무에 관하여 일체의 분쟁을 피하려는 취지"라고 하나, 그와 같이 채권자에게 일방적으로 유리한 내용으로 파악할 이유가 없다. 또 독일, 프랑스, 스위스 등 외국의 예를 보더라도, 채무자의 귀책사유를 요건으로 하는 데 이견異見이 없는 것이다.

2. 事情變更의 原則

(1) 대판 2007. 3. 29, 2004다31302(공보 상, 601)은 계속적 계약관계가 아닌 매매계약에서 사정변경을 이유로 계약을 해제할 수 있다고 판시하였다.

이 사건의 사실관계를 요약하면, 개발제한구역에 있다가 그 해제의 결정을 받은 피고 지방자치단체 소유의 이 사건 토지를 원고가 피고로부터 매수하여 대금을 다 지급하고 소유권이전등기를 받았는데, 그로부터 2년 남짓 지난 후에 피고는 이 사건 토지를 포함한 여러 필지에 대하여 건축개발을 할 수 없는 공공공지로 편입하기로 최종 결정하였다. 그러자 원고가 피고에 대하여 위 매매계약의 취소 또는 해제를 주장하면서, 매매대금의 반환을 청구하는 이 사건 소송을 제기하였다.

원심은 현저한 사정변경을 이유로 원고의 해제 주장을 받아들였다. 그러나 대법원은 원심판결을 파기환송하였다.

우선 일반론으로서 "이른바 사정변경으로 인한 계약 해제는 계약 성립 당시 당사자가 예견할 수 없었던 현저한 사정의 변경이 발생하였고 그러한 사정의 변경이 해제권을 취득하는 당사자에게 책임 없는 사유로 생긴 것으로서, 계약내용대로의 구속력을 인정한다면 신의칙에 현저히 반하는 결과가 생기는 경우에 계약준수원칙의 예외로서 인정되는 것"이라고 설시하고, 이어서 "여기에서 말하는 '사정'이란 계약의 기초가 되었던 객관적인 사정이고 일방당사자의 주관적 또는 개인적인 사정을 의미하는 것은 아니다. 또한 계약 성립에 기초가 되지 아니한 사정이 그 후 변경되어 일방당사자가 계약 당시 의도한 계약목적을 달성할 수 없게 됨으로써 손해를 입게 되었다 하더라도 특별한 사정이 없는 한 그 계약내용의 효력을 그대로 유지하는 것이 신의칙에 반한다고 볼 수 없다"고 덧붙인다.

나아가 대법원은 이 사건의 사실관계에 대하여, 위 매매계약 당시 이 사건 토지에 건축이 가능한지 여부를 논의하였다고 볼 자료를 찾을 수 없고, 그렇다면 이 사건 토지에서의 건축이 가능한지 여부는 원고가 이 사건 토지를 매수하게 된 주관적인 목적에 불과할 뿐 이 사건 매매계약 성립의 기초가 되었다고 보기 어려우므로, 이 사건 매매계약 후 이 사건 토지가 공공공지에 편입됨으로써 원고가 의도한 음식점 등의 건축이 불가능하게 되었어도 그것은 매매계약을 해제할 만한 사정변경에 해당한다고 할 수 없다고 결론을 내렸다.

(**2**) 종전에 계속적 계약관계에 있어서는 몰라도 매매계약 등의 일시적 계약관계에서는 사정변경을 근거로 하는 계약의 해제를 인정하지 않는다고 하는 것이 판례의 태도라는 이해가 지배적이었다. 이 판결은 사정변경으로 인한 계약 해제가 인정될 수 있음을 처음으로 명시적으로 밝힌 것으로 주목된다. 그 해제의 요건으로 내세우는 바는 종래 학설에서 주장되어 오던 바와 별로 다르지 않다.

한편 대법원은 이 사건의 구체적인 해결로서는 역시 계약의 해제를 부인하였고, 이는 대법원판결에 나타난 사실관계로 보는 한 시인될 수 있다고 생각된다. 그러나 대법원판결이 일반적인 의미가 있는 법리를 명시적이고 적극적으로 시인하는 것은 당해 사건에서 어떠한 결론을 내렸는가와는 관계없이 장래 법원실무가 법을 적용하여 사건을 구체적으로 처리함에 있어서 심중한 결과를 가져올 수 있다. 그야말로 사회적 변화가 격심한 우리 사회에서 사정변경으로 인한 계약 해제의 법리는 더욱 그러할 것이다.

3. 住宅賃貸借

(**1**) 대판(전) 2007. 6. 21, 2004다26133(집 55-1, 278; 공보 하, 1080)은 미등기주택의 임차인이 대지의 환가대금에 대하여도 우선변제권(주택임대차보호법 제 3 조의2) 및 최우선변제권(동법 제 8 조)(이하 양자를 합하여 단지 '우선변제권'이라고 한다)을 가진다고 판시하고, 종전에 미등기주택의 경우에 최우선변제권을 부정하였던 대판 2001. 10. 30, 2001다39657(공보 하, 2566)의 태도를 변경하였다.

이는 타당하다. 주택임대차보호법이 주택임차인에게 부여하는 특별한 법적 보호는 다양하고도 근본적인 점에 미친다. 그 중요한 것 중의 하나가 보증금반환채권의 우선변제권을 임대차목적물인 주택만이 아니라 그 대지의 환가대금에도 미치도록 한 것이다. 그리고 이 점, 나아가 위의 특별한 보호 일반이 임대차목적물인 주택이 등기된 것인지 여부에 의하여 달라져야 한다고 볼 근거가 없다.

위 대판 2001. 10. 30.은 동법 제 8 조 제 1 항 제 2 문에서 최우선변제권이 발생하려면 "이 경우 임차인은 주택에 대한 경매신청의 등기 전에" 동법 제 3 조 제 1 항의 대항요건을 갖추어야 한다고 규정한 것을 들고, 그 규정의 취지는 "임차주택의 경매신청인이 부동산의 등기부 기재를 토대로 삼아 그 주택과 대지의 부담을 알아 볼 수 있게 함으로써 매각의 가능성을 판단하여 경매진행 여부를 결정할 수 있도록 하려는 데" 있다고 이해하였었다. 그러나 이는 그 규정의 취지를 지나치게 확대한 것이고, 오히려 그 규정은 위 전원합의체 판결이 설시하는 것처럼 소액보증금을 배당받을 목적으로 배당절차에 임박하여 가장임차인을 급조하는 폐단 등을 방지하기 위하여 소액임차인이 대항요건을 갖추어야 하는 시기를 제한하는 것이다. 그러므로 대지에 대한 경매신청등기 전에 동법 제 3 조 제 1 항의 대항요건을 갖추도록 하는 것으로 그 입법취지를 충분히 달성할 수 있다. 위 전원합의체판결이 아무런 소수의견도 없이 일치하여 견해하여 종전의 판례를 변경한 것도 이유가 없지 않다.

(**2**) 대판 2007. 6. 28, 2004다69741(공보 하, 1146)은 주택임차인이 그 지위를 강화하고자 별도로 전세권설정등기를 마친 사안에서 "주택임대차보호법상 주택임차인으로서의 우선변제를 받을 수 있는 권리와 전세권자로서 우선변제를 받을 수 있는 권리는 근거규정 및 성립요건을 달리하는 별개의 것"이라고 하고, 그러므로 동법 제 3 조 제 1 항의 대항요건인 주민등록을 상실하게 되면 전세권등기가 여전히 존재함에도 이로써 동법 제 8 조 제 1 항의 소액보증금우선변제권을 상실하였다고 판단하였다(상고기각).

그러나 이에는 찬성할 수 없다. 주택임대차보호법은 채권적 전세에도 적용되어서(동법 제12조), 채권적 전세입자에도 주택임차인에 대한 동법의 특별한 보호가 미친다. 그 대표적인 것이 앞에서도 본 우선변제권에 관한 것으로, 그 내용으로서는 그 하나가 그 물적 범위를 임차권의 원래의 목적물이 아닌 대지에도 미치게 하는 것이고, 다른 하나가 최우선변제권을 주는 것이다. 여기서 제기되는 기본적인 문제는 전세권등기를 하여 전세권을 취득함으로써 자신의 법적 이익의 보호에 만전을 기하려고 한 주택전세권자가 그 등기를 하지 않은 채권적 전세입자보다 불리한 법적 지위에 놓이게 되는 것이 과연 타당한가 하는 것이다. 이는 주택임대차보호법의 제정 및 개정과정에서 의식되지 못한 점으로서, 평가모순을 피하기 위해서 신중히 고려되지 않으면 안 된다.

위 대판 2007.6.28. 중 앞에서 인용한 설시는 이미 대판 1993.12.24, 93다39676(공 1994, 501)에서도 보이는데, 후자의 사건에서는 전세권에 기하여 전세금을 일부 반환받았어도 주택임대차보호법에 기한 대항력을 주장할 수 있다는 결론을 내려 전세권자를 두텁게 보호하는 것으로서, 위 대판 2007.6.28.과는 사실관계의 배치를 달리한다.

위 대판 2007.6.28.은 그 외에 (i) 동법 제3조의3 제1항에서 규정한 임차권등기명령에 의한 임차권등기와 동법 제3조의4 제2항에서 규정한 주택임대차등기는 공통적으로 주택임대차보호법상의 대항요건인 '주민등록일자', '점유개시일자' 및 '확정일자'를 등기사항으로 기재하여 이를 공시하지만 전세권설정등기에는 이러한 대항요건을 공시하는 기능이 없는 점, (ii) 동법 제3조의4 제1항에서 임차권등기명령에 의한 임차권등기의 효력에 관한 동법 제3조의3 제5항의 규정은 민법 제621조에 의한 주택임대차등기의 효력에 관하여 이를 준용한다고 규정하고 있을 뿐이고 동법 제3조의3 제5항의 규정을 전세권설정등기의 효력에 관하여 준용할 법적 근거가 없는 점을 그 판단의 이유로 들고 있다. 그러나 주택임대차등기에 의한 그러한 공시 자체가 결국 임차권에 대항력을 주기 위한 것에 불과하고 그 공시사항들 자체에 법적 효력이 있는 것은 아니므로, (i)의 점은 적절하다고 할 수 없다. 또 (ii)에 관하여도, 주택임대차등기의 효력에 관한 규정을 전세권설정등기에 준용한다는 규정이 없다는 것은, 전세권설정등기를 하지 않은 전세입자에게 주어지는 소액보증금의 보호라면 전세권등기를 한 전세권자에게도 당연히 주어져야 하지 않는가 하는 정작 중요한 문제제기에는 아무런 답도 되지 못한다. 특히 주택임차권의 대항력요건으로서의 주민등록은 임차권의 공시방법이라는 것이 대판 1987. 11. 10, 87다카1573(집 35-3, 245) 등 실무의 한결같은 이해이다. 그러므로 전세권등기라는 정식의 공시방법을 갖춘 전세권자에게 말하자면 보충적 공시방법인 주민등록이 없다고 해서 그 보호를 거부할 이유는 되지 않을 것이다.

요컨대 위 판결은 여기서 제기되는 전세권과 주택임대차보호법이 적용되는 주택임차권의 관계를 어떻게 설정할 것인가 하는 어려운 문제의 전체적인 모습을 음미하지 아니하고, 단편적인 이유를 열거함에 그치고 있는 것이다.

4. 公序良俗에 반하는 利子約定에서 임의로 지급된 過剩利子의 返還請求[1)]

(**1**) 대판(전) 2007. 2. 15, 2004다50426(집 55-1, 66; 공보 상, 437)은 이자제한법이 없는 법상황에서 계약내용의 자유에 대한 일반적 통제수단인 민법 제103조에 의하여 과도한 이자약정을 규제하는 경우에

1) 이에 대하여 보다 상세한 것은 양창수, "공서양속에 반하는 이자약정에서 임의로 지급된 초과 이자의 반환청구 — 대법원 전원합의체 2007년 2월 15일 판결 2004다50426사건", 법률신문 제3542호(2007. 4. 2), 14면(동, 민법연구, 제 9 권(2007), 269면 이하에 수록) 참조.

그 법률효과에 대하여 판단하고 있다. 그리하여 금전소비대차에서 지나친 이율약정부분이 공서양속에 반하여 무효인 경우에는 그 약정에 기한 이자가 임의로 지급되었어도 차주는 그 반환을 청구할 수 있다고 한다. 그 이유는 그것이 통상 불법의 원인으로 인한 재산급여(민법 제746조)이기는 하나, 그 불법의 원인이 수익자인 대주에게만 있거나 또는 적어도 대주의 불법성이 차주의 불법성에 비하여 현저히 크다고 할 것이므로, 차주는 그 반환을 청구할 수 있다는 것이다.

(2) 필자는 전에 시행되던 이자제한법 아래서 제한초과이자를 임의로 지급하였으면 그 반환을 청구하지 못한다는 판례의 태도에 반대하고 차주가 그 반환을 청구하지 못할 이유가 없다는 의견을 가지고 있었다. 이자제한법은 과도한 이자약정을 제한하여 차주를 보호하는 것을 목적으로 하므로, 그 취지상 위와 같은 제한초과이자의 지급은 순전히 이를 수령하는 대주에게만 위법성이 있다고 할 것이기 때문이다. 그러한 입장에서는 이번의 전원합의체판결은 비록 이자제한법이 아니라 민법 제103조에 의한 이자 통제의 사안이었어도 지극히 환영할 만한 것이다. 이 점은 이자를 제한하는 법률 또는 법규정이 없고 공서양속에 의하여 과도한 이자약정을 규율하는 독일에서도 마찬가지로 이해되고 있다.

(3) 이에 대하여 소수의견(4인의 대법관)은, 이자제한법이라는 강행법규의 규정에 의해서가 아니라 공서양속이라는 일반규정에 의하여 과도한 이자가 규율되는 경우에는 그 무효 여부 및 무효의 범위를 알기 어려우므로 과도한 이자를 지급받는 대주에게 명확한 불법성의 인식이 있다고 하기 어렵고, 결국 그 급부의 불법원인은 대주와 차주에게 모두 있다고 할 수밖에 없다고 한다.

우선 대주에게 불법성의 인식이 없다고 해서 차주에게까지 불법원인이 있다고 하는 것은 논리적으로 충분히 납득이 가지 않는다.

더욱 문제가 되는 것은, 소수의견이 위와 같이 민법 제746조 단서의 적용에 있어서 수익자에게 불법의 인식이 있었는지를 고려하여야 한다는 태도를 전제로 한다는 점이다. 그러나 불법원인이 수익자에게만 있는 경우에 그가 받은 급부가 반환되어야 한다는 위 단서규정에서 그 규범목적은 재화의 귀속을 실체적 법질서에 합치하도록 바로 잡아주는 데 있으므로, 그 경우에는 수익자의 불법의 인식은 문제되지 않으며, 그의 불법성은 객관적으로 평가되어야 한다(이는 민법 제103조에서 위반자에게 공서양속 위반의 인식이 필요하지 않다는 것과 궤를 같이한다). 따라서 수익자의 급부 수령이 공서양속에 객관적으로 반하면 급부자는 그 급부의 반환을 청구할 수 있다고 할 것이다(同旨: 金亨培, 事務管理 · 不當利得(2003), 137면. 이는 독일의 통설이기도 하다. 同所는 다수의 독일문헌을 인용하고 있다).

또한 소수의견은 담보가 부족한 차주에게 자금을 대여하는 대주측의 대출위험 및 과도한 이자를 지급하여서라도 금융을 얻고자 하는 차주 측의 경제적 필요를 지적한다. 그러나 이러한 사정들은 그들 사이에 행하여진 이자약정이 공서양속에 반하는지 여부 및 어느 범위에서 반하는지를 판단함에 있어서 충분히 고려될 수 있고 또 고려되어야 하는 것이고, 일단 차주의 보호를 위하여 이자약정이 그「과도한」부분에서 공서양속에 반한다고 판단된 마당에 그 약정에 기하여 지급된 이자가 차주에게 반환되어야 하는가를 생각함에 있어서 새삼 이를 문제삼을 이유는 없다고 하겠다.

(4) 한편 2007년 3월에 제정되어 동년 6월 30일부터 시행되는 새로운 이자제한법은 그 제 2 조 제 4 항에서 "채무자가 최고이자율을 초과하는 이자를 임의로 지급한 경우에는 초과 지급된 이자 상당 금액은 원본에 충당되고, 원본이 소멸한 때에는 그 반환을 청구할 수 있다"고 정하고 있음을 부기하여 둔다.

5. 第三者의 債權侵害로 인한 不法行爲責任

(1) 이 문제는 교과서에서는 상당한 관심을 가지고 다루어지고 있으나, 얼마 전까지는 이에 관한 재판례가 별로 없었고, 특히 이를 긍정한 예는 찾아보기 어려웠다. 그러나 1990년대 말부터 특히 경쟁영업의 사안에서 이에 대한 재판례가 적지 않게 나오고 있다. 필자는 이들 중 일부를 다른 곳에서 정리한 바 있다(梁彰洙, "2006년 民事判例管見", 民法硏究, 제 9 권(2007), 396면 이하). 그리고 이러한 경향은 2007년에도 변함없이 이어지고 있다(공간되지는 않았으나, 대판 2006. 12. 7, 2005다21029(법고을)도 흥미롭다).

(2) 대판 2007. 5. 11, 2004다11162(공보 상, 868)는, 방송법에서 정하는 바에 따라 중계유선방송사업의 허가를 받은 원고가 아파트입주자대표회의와 사이에 중계유선방송공급계약을 체결하여 이를 공급하다가 이 계약의 기간을 갱신하려고 하였는데, 중계유선방송사업의 허가가 없는 피고가 이를 방해하여 자신이 그 계약을 맺음으로써 위 계약 갱신이 무산된 사안에 대한 것이다. 대법원판결은 여기서 피고의 불법행위책임을 인정하고, 원고가 수신료 수입을 상실한 만큼의 손해에 대하여 그 배상을 명하였다(상고기각).

그 이유에서 대법원은 우선 제 3 자의 채권침해로 인한 불법행위책임의 성립 여부에 관하여 이제 표준적이 된 대판 2003. 3. 14, 2000다32437(공보 상, 965)의 추상적 설시를 반복하고 있다. 즉 "일반적으로 채권에 대하여는 배타적 효력이 부인되고 채권자 상호간 및 채권자와 제 3 자 사이에 자유경쟁이 허용되는 것이어서 제 3 자에 의하여 채권이 침해되었다는 사실만으로 바로 불법행위로 되지는 않지만, 거래에 있어서의 자유경쟁의 원칙은 법질서가 허용하는 범위 내에서의 공정하고 건전한 경쟁을 전제로 하는 것이므로, 제 3 자가 채권자를 해한다는 사정을 알면서도 법규에 위반하거나 선량한 풍속 또는 사회질서에 위반하는 등 위법한 행위를 함으로써 채권자의 이익을 침해하였다면 이로써 불법행위가 성립하고, 여기에서 채권침해의 위법성은 침해되는 채권의 내용, 침해행위의 태양, 침해자의 고의 내지 해의의 유무 등을 참작하여 구체적, 개별적으로 판단하되, 거래자유 보장의 필요성, 경제 · 사회정책적 요인을 포함한 공공의 이익, 당사자 사이의 이익균형 등을 종합적으로 고려하여야 한다"는 것이다. 이 설시의 중요성은 우선 제 3 자의 채권침해가 위법한지의 문제를 경쟁질서의 관점에서 접근하고 있다는 것, 그리고 무엇보다도 종전의 학설에서와는 달리 그 판단요소로서 단지 침해자의 고의 내지 해의의 유무만이 아니라, 침해되는 채권의 내용 및 침해행위의 태양을 아울러 들고 있다는 것이다.

그리고 이어서 대법원은 이러한 법리를 이 사건에서 문제된 행위유형과 관련시켜서, 그것이 "제 3 자가 위법한 행위를 함으로써 다른 사람 사이의 계약 체결을 방해하거나 유효하게 존속하던 계약의 갱신을 하지 못하게 하여 그 다른 사람의 정당한 법률상 이익이 침해되기에 이른 경우에도 적용된다"고 한다. 나아가 이 사건에서 문제된 허가를 받은 중계유선방송사업자의 사업상 이익은 단순한 반사적 이익에 그치는 것이 아니라 방송법에 의하여 보호되는 법률상 이익이라고 하여, 제 3 자의 채권침해의 법리를 「법익」의 요소와 교차시키고 있다.

이제 점점 중요성을 더해가는 공정한 경쟁질서의 유지라는 관점에서 제 3 자의 채권침해의 논의는 더욱 심화되어 전개될 것이다. 그리고 그 논의에서는 이 판결에서 제시된 침해된 「법익」(아마도 이는 앞의 추상론에서 판단요소의 하나로 제시된 「침해되는 채권의 내용」의 다른 이름일 것이다)의 측면을 무시할 수 없는 것이다.

(3) 한편 대판 2007. 9. 21, 2006다9446(공보 하, 1649)은 제 3 자의

채권침해로 인한 불법행위책임을 부인하였다(상고기각). 이 판결은 채권추심명령을 얻은 집행채권자(원고)가 추심금청구를 하였는데 제3채무자(피고)가 집행채무자에 대하여 구 회사정리법에 의한 회사정리절차의 개시가 임박하였음을 인식하면서 그 청구에 불응하여 추심금을 지급하지 않고 있던 중에 집행채무자에 대하여 회사정리절차가 개시되어 집행채권자가 받았던 추심명령이 취소되고 집행채권이 정리계획에 따라 감액된 사안에 대한 것이다. 대법원은 여기서, 위와 같은 제3채무자의 추심금지급거절을 가리켜 위법한 행위에 해당하는 것으로 볼 수 없고, 집행채권자가 받은 추심명령의 취소 또는 정리계획에 따른 집행채권의 감액 등으로 인한 집행채권자의 손해와 상당인과관계가 있는 것으로 볼 수도 없다고 하여, 원고의 주장을 물리쳤다(상고기각).

타당하다. 추심금청구를 받은 제3채무자가 집행채무자에 대한 회사정리절차를 예기하여 그 청구에 응하지 않았다고 하여도 이는 오히려 일반적으로 법적으로 허용되는 행태로서 다른 특별한 사정이 없는 한 거기에 무슨 위법이 있다고 하기 어렵다고 할 것이다.

(법률신문 제4359호(2008. 4. 17), 12면)

16. 書信으로 쓴 讀後感

— 非正統的 書評에서조차 벗어나서

Ⅰ. 앞머리에

1. 책을 지어냈거나 글을 써 발표한 사람이 그 책이나 인쇄된 글을 다른 사람에게 증정하는 일이 언제부터 생겼는지 알 수 없다. 그러나 받는 사람의 입장에서 보면 참으로 고마운 일이 아닐 수 없다. 책이나 글은 저자의 생각과 느낌, 한마디로 하면 마음을 담는 것이다. 그러니 이것을 다른 사람에게 준다고 함은 결국 자신이 무슨 생각을 하고 있고 무엇을 느꼈는지를 상대방에게 오롯이 전하려는 것이다. 받는 사람으로서는 자신이 그 상대방이 되었다는 것이 우선 기쁘다. 무릇 글이란 말이 없으니만큼, 조용히 활자를 좇아 읽으면서 그 사람의 마음의 흐름을 따라가 보는 것은 —그 마음이라는 것이 아예 잡스럽지 않다면— 기차의 창가에 앉아 창밖으로 흘러가는 풍경을 바라보는 것처럼 즐거운 일이다. 그것이 아예 남이 아니라 내가 아는 어떤 사람의 마음이니 말이다.

이렇게 책이나 글의 증정이란 사람 사이에서 교분을 나누기로는 아주 그럴 듯한 방식이라고 여겨진다. 이는 학문적인 저술이라고 해도 크게 다르지 않다. 학문적인 저술도 단지 객관적인 정보만을 담는 것은 아니다. 학문을 함에는 문제의식이 없을 수 없다. 이 문제의식과 그것을 안게 된 배경에는 삶과 사회에 대한 그 사람의 생각과 느낌이 생생하게 담겨 있는 것이다. 번역도 크게 다르지는 않으리라.

나는 책이나 논문을 기증받으면, 그것을 잘 읽고 그에 대한 나의 「반응」을 서신에 담아 적어 보내려고 해 왔다. 그와 같이 해서 책을 보내 주신 분에 대하여 나의 고마움을 표시하고 싶었던 것이다. 요즈음은 그나마 게을러져서 편언척구片言隻句로써 때우는 일이 많지만, 한때는 꽤나 열심히 했던 듯 싶다. 번역서를 받으면, 뒤의 Ⅷ.에서 보듯, 번역이 적절한지에 대해서 용훼하기도 하고, 하다못해 오탈자라고 짐작되는 곳이라도 모아서 지적한 일이 적지 않다.

2. 아래에 실은 글들은 그렇게 해서 보냈던 서신 중에서 다른 사람에게 보여도 좋겠다고 생각되는 것의 일부이다.

사실 나는 종전에 그렇게 쓰여져서 서신으로 보냈던 것을 별도로 공표한 일도 있다. 예를 들면, 「박우동 변호사의 『변호사실 안팎』을 읽고」가 그러하다.[1] 또 포르탈리스의 『민법전 서론民法典序論』을 번역하여 출간한 책(2003년)의 「譯者 後記」에 "금년 5월에 독일의 박사학위과정의 막바지에 있는 어느 민법학도에게" 부친 서신으로 인용하고 있는 것(同書, 160면 이하)은 원래 성승현 박사(현재 전남대학교 교수)가 막 끝낸 박사학위논문(나중에 Seunghyeon SEONG, *Der Begriff der nicht gehörigen Erfüllung aus dogmengeschichtlicher und rechtsvergleichender Sicht*(2004)로 공간되었다)을 기증받고 써 보냈던 것이다.

나는 전부터 우리나라에서 법학교수들이 하여야 할 일이란 이른바 교과서를 저술하는 것만이 아닌 것은 물론이지만, 또한 법에 대한 자신들의 생각을 나눌 수 있는 매체를 훨씬 넓혀야 한다고 생각해 왔다. 그것은 반드시 법과 문학, 법과 예술 등과 같이 법과 다른 분야의 「관련」을 그리는 것에 한정될 필요는 없을 것이다. 오히려 법학자도 다른 학문분야에 종사하는 사람들처럼 법학, 특히 법해석학 고유

---

1) 이는 법률신문 제3213호(2003년 10월 23일자), 15면에 실렸다가, 그 후 양창수, 민법산책(2006), 265면 이하에 수록되었다.

의 일을 하면서도 반드시 논문이나 모노그라피가 아닌 표현형식을 얼마든지 구사해도 좋지 않을까? 나는 어느 영문학자의 다음과 같은 말[2)]에 공감하는 것이다.

> "… 세번째 잡문집을 엮어 본다. … 여기서 잡문이란 영어로 miscellaneous writings라고 칭할 수 있는 글들을 가리키는데, 난 이런 종류의 글들이 지닐 수 있는 가치를 오랫동안 신임해 온 편이다. 이는 잡문도 잘 쓰기만 한다면 학술논문 못지않게 값질 것이며 한 시대 혹은 한 공동체에서 문제가 되던 사안들의 성격을 짐작케 할 문헌으로 오래 남을 수도 있을 것이라는 믿음이 나에게 있다는 뜻이다."

여기에 옮긴 글들은 그러한 의미에서 잡문에 속한다. 법학자들 사이에서 일어나는 의견의 교환이란 다양한 형식을 취할 수 있다는 것, 그리고 이러한 서신들을 통해서 "한 시대 혹은 한 공동체에서 문제가 되던 사안들의 성격을 짐작케 할" 수 있으면 다행이겠다.

3. 이 글들은 모두 원래 나에게 책(번역서를 포함하여)을 보내 주신 분 자신이 읽을 것으로서 그 저술에 대한 「사감私感」을 적은 것이다. 그러므로 예를 들면 흔히 서평류에서 보이는 그 저술 내용의 요약이라든나 그 저술이 어떠한 배경에서 쓰였는가에 대한 설명 등은 일절 없다. 그러므로 이 글들을 굳이 「서평」이라는 관점에서 읽는다면, 이는 파격의 「비정통적」인 서평으로서 매우 불친절하다고 해도 좋을 것이다. 그러나 나로서는 이 글들이 굳이 서평의 관점에서 읽히지 않고, 앞서 말한 대로 단지 사람들 사이의 교분의 자취로서 읽히기를 희망한다.

여기에 실음에 있어서는 명백한 오류, 즉 받는 분도 알아차렸을 것이 분명한 잘못을 포함하여 필요한 최소한의 수정을 제외하고는

---

2) 이상옥, 문학 · 인문학 · 대학(2000), 머리말, iii면.

원래대로 두었다. 물론 각주는 이번에 새로 달았다.

Ⅱ. 이상돈, 『법사회학』(2000) — 2000년 12월 7일[3)]

이상돈 교수님,

먼발치에서만 교수님의 학문적 업적이 맹렬하게 분출되는 것을 지켜 보고 있었습니다마는, 이번에 다시 보내어 주신 저서 『법사회학』을 고마운 마음으로 —이미 오래 전입니다마는— 잘 받았습니다. 그리고 이 책을 읽으면서, 법해석학, 그것도 민법해석학에 전념하려고 하는 나로서도 여러 가지로 배운 바가 많았습니다. 칸트가 비꼰 대로 '아무 안장에나 쉽게 바꿔 올라타는' 법학자에 대한 경계警戒로서도 교수님의 연구 성과가 도움이 되지요. 특히 나는 이 책에서 다루어진 베버나 하버마스나 루만을 그야말로 쥐구멍으로 세상 바라보듯이밖에는 읽어 보지 못하였으므로, 이러한 종합적 서술로 그 읽은 바의 의미를 보다 잘 이해하게 되었다고 감히 말씀드릴 수 있고, 이 점 교수님에게 감사드립니다.

다만 이 서신이 단순한 인사치레가 되지 않도록 하기 위하여 굳이 덧붙이자면, 나는 이 책을 덮으면서 다음과 같은 의문을 가졌습니다.

첫째, 베버에 대한 이해나 그 비판이 너무 하버마스적 관점에서 행하여진 것이 아닌가. 특히 나는 "베버가 형식적 합리성과 실질적 합리성의 대립을 '시대의 운명'으로 파악하고, 적극적으로 해결하려는 노력을 하지 않은 점은 여전히 한계로 지적될 수 있는 부분"이라는 서술(96면)에 쉽사리 동의할 수 없습니다. 나로서는 아마도 하버마

3) 각 항목 제목의 끝에 붙인 日字는 각 서신을 완성한 날을 가리킨다.

스는 후에 잊힐지 몰라도 베버는 남을 것이라고 생각하고 있습니다.

둘째, 교수님이 전부터 말하여 온 「법모델의 3단계 발전」에 대하여서입니다. 물론 교수님 스스로 "제 1 단계와 제 2 단계의 법유형을 오늘날의 법(질서)을 구성하는 복잡한 요소들의 이념형(Idealtypus)으로 바라보아야 한다"고는 하고 있습니다(5면). 그러나 그 「단계」라거나 「발전」이라는 표현 자체가 그러한 대로, 또 이것이 19세기 후반부터 20세기 후반까지의 역사적 발전과정으로 제시되어 있는 점에서도 그러한데, 이는 결국 현재의 「서구」(이 「서구」도 웬만해서는 이렇게 하나의 단위로 쉽사리는 말할 수 없을 것인데)의 법은 그 제 1 단계의 법이 아니라 그 제 3 단계의 법으로 파악되어야 함을 말하는 것이라고 생각합니다(또는 그렇게 말한다는 인상을 받게 됩니다). 그런데 나로서는 과연 현재의 독일의 법 또는 미국의 법 또는 프랑스의 법의 성격을 전체적으로 파악할 때 과연 이를 「자유주의적」이라기보다는 「절차주의적」이라고 할 수 있는지, —베버적 의미에서의— 「형식적」이라기보다는 「반성적」이라고 할 것인지 의문입니다. 나에게는 오히려 그들 법이 여전히 기본적으로 「자유주의적」이며 또 「형식적」으로 보이고, 따라서 그들 법의 역사적 발전과정은 「모델」의 변환이라기보다는 같은 바탕색채 위에 톤이 미묘하게 다른 무늬가 부분적으로 나타난다고 표현하는 것이 적합하지 않은가 생각하는 것입니다. 예를 들면 20세기 후반에 민법에서 새로이 등장한 중요한 주제어 중의 하나인 인격권 같은 것은 「절차주의적」·「반성적」·「탈간섭주의적」의 관점으로는 잘 설명될 수 없지 않을까요.

셋째, 하버마스의 이론에 대한 것입니다. 이에 대하여는 여러 사람의 논의가 있습니다마는, 나로서도 그 이론의 중요성과 특히 우리 사회에서 가질 수 있는 중대차한 의미를 부인할 마음은 조금도 없습니다. 다만 「의사소통의 절차」나 그 「전제조건」을 일방적으로 강조하는 것으로는 아무래도 부족하다는 생각을 합니다. 182면 이하에서 든 예에 비추어 보아도, “당사자들이 종교인, 의료인 등과의 의사소통적 교류를 펼친 후에 자율적인 윤리적 성찰을 토대로 실존적 결단을 내리게 되면 그것을 ‘합법화’하는 절차만을 규정하는 식으로 법제화하자는 것”이라면, 거기서 그 이론에서 「자율적인 윤리적 성찰」이나 「실존적 결단」은 어디에 위치하여야 하는가 하는 문제가 저절로 떠오르는 것입니다. 나로서는 민법해석학을 하다 보면, 「의사소통의 전제조건」이 아무리 갖추어졌어도 스스로에게조차 납득이 잘 안 되는 양자의 해결책 중 하나를 부득이하게 선택하여야 하는 문제에 부딪치게 되는데, 교수님은 어떻습니까.

결국 나로서는 “탈근대적인 법체계의 빠른 성장은 아직 잔존해 있는 전근대적인 법문화와 연합하여 개인의 주체성이나 시민사회의 자율성을 신장시키기보다는 국가에 의존하여 사는 후견주의적 삶의 방식을 촉진시킬 가능성이 높”다는 교수님의 우려(7면)에는 전적으로 공감합니다. 그런데 “이러한 가능성이 얼마나 더 현실화될 것인지는 21세기에 본격화될 제 3 의 법모델, 즉 절차적 법모델이 어떤 형태로 전개되느냐에 따라 좌우될 것”이라는 문제 진단에는 좀 더 고민하여야 할 점이 있지 않은가 하는 생각을 하는 것입니다.

이상은 교수님의 저술에 대한 경의敬意의 표현으로 말씀드린 것임을 충분히 이해하시리라고 믿습니다.

다시 한 번 앞으로 많은 연구성과를 올리시기를 바라면서, 오늘은 이만하겠습니다.

안녕히 계십시오.

Ⅲ. 김화진, 『소유와 경영』(2003) — 2003년 9월 1일

김화진 변호사님,[4)]

보내어 주신 『소유와 경영』을 받은 지도 벌써 보름이 지난 듯합니다.

애써 책을 저술하셔서 보내 주신 것에 대하여는 책을 잘 읽고 나름대로의 감상을 말씀드림으로써 부족하나마 보답으로 삼고자 애쓰고 있습니다마는, 이번 방학 내내 쓸데없는 다른 일에 밀려다니다가 오늘 개강날을 맞이하고 말았습니다. 혹 너무 늦어지지 않을까 겁이 나서, 우선 몇 군데 들추어 본 다음 감사의 말씀을 드리고자 이 글을 씁니다. 이미 한참 전입니다마는 『M&A와 경영권』을 받았을 때에 그런 일을 저질러서, 이번에는 그런 실례를 범하지 않고자 하는 것입니다. 말이 나온 김에 섣불리 한 마디 덧붙이자면, 전에 언뜻 본 『M&A …』가 규정 기타의 소재를 모아서 나열하는 부분도 없지 않았다는 인상이 남아 있는데, 이번의 저서는 그 간의 온축蘊蓄이 구석구석 배어들어 있어서, 그야말로 학문의 「즐거움」이 읽는 사람에게도 다가오고, 아, 저기 열심히 공부하고 생각하는 사람이 한 분 있구나 하는 느낌이 뚜렷했습니다.

민법 공부를 하면서 우리나라에서 일어나는 다양한 법현상, 특히 「새로운」 사정에 대한 법적 접근이 「영역주의」의 탓인지 분야별로 분절화分節化되는 것이 매우 아쉬웠습니다. 기업의 지배와 경영, 또 그 자금조달 등에 관련한 근자의 새로운 양상은 내 생각으로는 민법 공부에 있어서 하나의 도전이면서 또한 민법 자체에 대한 이해를 넓

4) 그는 이 서신을 받을 당시에는 외국변호사의 자격을 가지고 어느 법률사무소에 근무하고 있었는데 그 후 서울대학교 법과대학의 상법 담당 교수가 되었다.

히고 깊게 할 좋은 기회이기도 하다고 생각해 왔습니다. 한편으로 기업에 관련한 일이 되어가는 모습, 나아가 세계화나 정보화 등이 우리가 사는 양상의 밑바탕을 건드리는 것이라고 한다면, 또 그것들이 모두 사람의 자유로운 발상과 자유로운 행위의 산물이라고 한다면, 그것들에 대한 법적 파악은 가장 보편적이고 기초적인 법이며 또한 뭐니뭐니 해도 「자율」의 법인 민법의 어떠한 뒷받침 없이는 혹 한계가 쉽게 오지 않을까 하는 우려도 해 봅니다. 그러면서 다른 한편으로 민법 또는 민법학이 지금까지 그러한 근본문제에 어떠한 대답을 해 왔는가, 할 일은 다해 왔는가 하는 참담한 반성을 하게 됩니다. 계약 또는 법률행위, 법인 기타의 단체, 지배의 원형으로서의 소유권, 나아가 그 바탕으로서의 인격 등과 같이 말하자면 법의 원형질原形質이라고 할 기본개념을 새롭게 음미해 볼 수 있는 소재들이 참으로 많습니다. 예를 들어 Enron 사건은 비단 기업회계의 적정만이 아니라, 법인法人의 존재이유에서부터 나아가서는 인간의 자율과 정부의 규율이라는 중요하고도 어려운 문제까지 곱씹어 보게 하는 것입니다.

또 다른 관점에서 말하자면, 우리, 적어도 나에게는 익숙한 대륙법적 사고에 대하여 법률가의 활동방식을 포함하여 「미국법」이 제기하는 도전장이라고도 할 수 있겠습니다. 이에 대하여 아마 독일과 미국에서 두루 공부한 김 변호사님으로서는 할말이 적지 않으리라고 짐작됩니다. 언제 기회가 있으면 한 번 듣고 싶습니다.

그러면 오늘은 이만 줄입니다.

앞으로도 꾸준히 좋은 연구를 쌓으시고 또 내내 건강하시기를 빕니다.

Ⅳ. 강정인, 『서구중심주의를 넘어서』(2004) — 2004년 9월 5일

강정인 교수님,[5]

이라기보다는 '정인아'라고 부르고 싶은데, 기왕 썼으니 그냥 놔둔다. 보내 준 저서 『서구중심주의를 넘어서』를 잘 받았다. 고맙다.

나는 누가 책을 보내 주면, 그것이 공들여 쓰인 것인 한에서는, 다 읽고 내 감상 같은 것을 붙여서 감사의 답장을 보내곤 한다. 이 책에 대해서도 그리 하고 싶은데 아직 다 읽지 못하고 제 1 장과 제 4 부 전부, 그리고 '책을 마치며'만을 읽어 보았다. 내 사정으로 아마 며칠 안에 이 책을 모두 다 읽는 것은 어려울 듯한데, 우선 책을 고맙게 받았다는 뜻을 알리고 싶어서 이쯤에서 감히 답장을 쓰기로 했다.

사실 요즘 읽은 것으로 이만큼 내 흥미를 돋운 책은 많지 않다. 그만큼 문제의식이 뚜렷하고, 논지가 수미일관하고, 예증이 '적실'하고, 또 자료도 풍부하다(독일어로 gut dokumentiert(이 말은 잘 번역이 안 되는데, 관련되는 문헌 기타 자료를 두루 모으고 꼼꼼히 읽어서 그 작업의 결과가 글에 잘 투영되어 있다는 정도의 의미이다)라고 하는 것). 시간 가는 줄 모르고 읽었다. 좋은 책이고, 대학원생들에게도 읽도록 해 볼까 생각 중이다. '서구중심주의'의 학문적 폐해는 아마도 특히 법학에서 현저하니까. 내가 즐겨 인용하는 대로, "[독일에는] 경제학을 낳을 실제의 기반이 결여되어 있었던 것이다. 경제학은 완제품으로 영국과 프랑스로부터 수입되어야 했다. 독일 교수들은 학생에 불

---

5) 강정인 교수는 고등학교와 대학의 후배이면서, 내 친구의 동생이다. 현재 서강대학교 정치학과에 봉직하고 있다.

과했다. 외국의 현실에 대한 이론적 표현이 그들에 의하여 교의집敎義集으로 전화되고, 그들을 둘러싼 소상업세계에 비추어 해석됨으로써 오해되었다."(마르크스, 자본론, 독어 제 2 판 후기)

그런데 몇 가지 잘 모르겠는 것 또는 의문도 있다.

첫째, "서구문물이 지닌 '소중한 자원'으로서의 성격"이란 구체적으로 무엇을 말하는 것인가? 우리는 "우리가 살고 있는 근대문명을 설명·비판·창조함에 있어서 서구인들의 사고와 해석을 '우선적'으로 참고"하여야 하는 이유는 무엇인가? 그 '우선성'은 어디에서 오는 것인가? 그 '우선성'은 "서구문명에 대해 무비판적으로 부여하는 우월적이고 보편적인 지위"와 어떻게 다른가? "우선적으로 참작하는 것이 우월적이고 최종적인 고려로 비약해서는 안 될 것"이라고 하지만, 이 둘이 크게 다른가? "서구인들이 근대문명을 **자신들의 이미지에 따라 창조**했기 때문"(강조는 인용자)에 그들의 사고와 해석이 '우선적'으로 참고되어야 한다면, 왜 그것이 「우월적이고 최종적인 고려」가 되어서는 안 되는가? (이상 558면)

둘째, 인권의 '보편성'을 둘러싼 논의에서 두드러지게 나타나는 것처럼, '동아시아적 가치'를 말하는 것은 많은 경우에 오히려 인권을 억압하는 구실이 된다(442면에도 Nussbaum의 인용과 함께 이 점이 지적되어 있다). 그렇게 보면 과연 "전통사상과 서구사상의 균형적인 섭취를 강조"하고 "양자의 융합을 추구하는 것"이라는 '필자의 궁극적인 입장'(513면)이 지나치게 단순한 것이 아닌가 하는 생각을 하게 된다. 앞서 「첫째」에서 말한 것과도 연관되지 않나 싶은데, 이 책은 "전통으로부터 물려받은 사상적 자원을 보편적인 이념이나 원칙을 중심으로 새롭게 재해석함으로써, 다시 말해 그 긍정적인 측면을 더욱 숙성시키고 부정적인 측면을 해제함으로써"라는 것을 서구중심주의 극복의 방법으로 제시하고 있다(512면). 그런데 거기서 말하는 '보편적인 이념이나 원칙'이란 무엇이고 어떻게 정하여지는 것이며, 나아가 '전통으로부터 물려받은 사상적 자원'의 긍정적인 측면/부정적인 측면은 어떠한 기준에 의해서 정하여지는 것일까?

셋째, 우리나라와 '동아시아', 특히 종전의 '중심'이었던 중국과의 관계에 대한 것이다. '동아시아의 문화적 유산'을 인류 문명의 보편적 자산으로서 이를 보존·확충·쇄신하는 것(513면)은 좋은데, 그 내용이 구체적으로는 도교, 무교巫敎, 불교 또는 유교라고 한다면(511면), 그 중에서 무교는 잘 모르겠고 나머지 도교, 불교, 유교는 중국으로부터 우리나라에 '완제품으로 수입된'(511면) 것이 아닌가? 그것들이 "한국의 정치적 지형과 풍토에 뿌리를 내린 원초적이고 내재적인 정당성"(509면)에 의하여 뒷받침된 사상 또는 종교체계인가?(언젠가 어떤 사람이 우리처럼 지배적 종교 또는 사상이 「불교 → 유교 → 기독교」로 변한 사회는 드물다고 하는 말을 들었다) 그것들이 '한국 사회가 물려받은 전통적인 사상적 자원'이라면, '서구의 급진(진보)적인 여성해방론'(511면)도 머지않아, 아니면 일정한 시간이 흐르고 나면, '전통적 사상적 자원'이 되지 못할 이유가 없지 않은가? "한국판 다문화주의적 이론구성이라고 할 수 있는 '전통의 현대화' 작업이 서구중심주의를 극복하기 위해 추구할 수 있는 유력한 학문적 대안"이라고 하는데(505면 이하), 그 전에 우선 「전통」이 무엇인지부터 논의해야 하지 않을까?

넷째, 이 책에는 '현실에 대한 적실성'이라는 말이 무수히 많이 나오는 데서도 알 수 있듯이 이론은 일반적으로 현실 또는 현실의 필요에 의하여 규정된다는 관점이 두드러진다. 그런데 예를 들어 롤스의 정의론이 "[이러저러한] 시대에, 자유주의의 기본틀 내에서 가능한 최대한의 복지정책을 정당화하기 위해 제시된 이론"이라고 단정할 수 있는가?(395면) "한국과 같은 중진국 수준에서 민주적 합의에 따라 실천할 수 있는 정의론"(396면)은 가능해도, 보편적인, 당해 사회의 필요를 넘어선, 모든 현실에 '적실한' 또는 '적실하도록 애써야 하는' 정의론은 불가능한가? 후진국에서 실현되어야 하는 정의와 선진국에서 실현되어야 하는 정의는 아예 달라야 하는가? 만일 그러한 보편이론이 불가능하다면, "현대 서구인들의 문제의식을 적어도 우리의 상황에 비추어 재맥락화"(399면)라도 하여야 할 이유는 무엇인가? 즉 위와 같은 이론의 현실규정성이 엄격히 관철된다면, 이는 「재맥락화」를 애초부터 배제하는 것이 아닌가?

다섯째, 서구중심주의로부터 혜택을 입고 있는 기득권층은 그 극복을 주장하는 입장에 대해 "그 대의에는 공감하면서도 미묘한 저항감을 느끼는 듯하다"고 한다(392면). 이러한 지적은 혹시 논의를 봉쇄하는 결과가 되지 않을까? 즉 서구중심주의가 그만한 이유가 있다고 생각하고 그 '극복'이 아니라 그로 인한 폐해의 '계기적' 시정으로 족하다고 여기는 사람에 대하여는, "너는 혜택 입는 기득권층이야. 내 개인적 이익을 보호하려고 그런 주장을 하는 거지?"라고 쉽사리 몰아붙이게 될 수 있으니까.

이상은 "옳거니!" 하고 계속 무릎을 치며 책을 읽으면서도, 얼핏 내 머리 속을 스쳐간 주제넘은 의문들이다. 이것은 나 자신이 문제로 생각하는 것이어서, 스스로에게 물어보는 것이기도 하다. 그리고 이제 책의 나머지 부분을 읽으면 이런 의문이 사라질 수 있으리라 기대해 본다.

다시 한 번 서구중심주의를 총체적으로 생각해 볼 기회를 주어서 고맙다는 말을 하고 싶다. 앞으로도 많이 가르쳐다오.

이만 줄인다. 안녕.

V. 이상돈, 『인권법』(2005) — 2005년 9월 6일

이상돈 교수님,

보내 주신 저서 『인권법』을 감사의 마음으로 잘 받았습니다. 이 교수님의 활발한 저술활동과 적실한 문제제기를 항상 경외의 마음으로 바라보던 차인데, 또 하나의 저서를 내신 것에 대하여 축하를 드립니다. 인권에 대해서는 저로서도 약간의 관심이 없지 않은 터이라, 바로 읽어 보았습니다. 이 교수님의 학문에 대한 존경, 그리고 이번에 유익하고 배울 것 많은 책읽기의 기회를 주신 데 대한 고마움을 담아 몇 가지 「느낌」을 적어 봅니다.

첫째, 제 문제관심으로 말하면 우선 「근대적 인권사상의 실천적 한계」 중에서 「문화적 소외」를 논의한 부분이 흥미를 끌었습니다(48면부터 60면). 특히 저는 59면부터 60면까지의 서술에 한참 매어 있었습니다. 그런데 저는 무엇보다도 서구도 근대도 아닌 오늘날의 한국에서 「인권」을 이 책에서 보는 바와 같이 「보편적」 가치로 논하는 것 자체가 —이 교수님의 표현에 의하면— 「인권의 보편성 개념」(60면) 없이 가능한 일인가 하는 의문이 들었습니다. 이 교수님도 "제 3 세계의 사회에서도 서구의 근대적 인권개념이 언제까지나 이방인들의 특수한 문화적 현상으로 남아 있지는 않는다. 인권개념이 다른 문화를 지닌 사회의 전통 개념과 융합하면서 서서히 그 사회 안에서도 보편성을 얻어가게 되는 것이다"(59면)라고 하고, 또 서구적 인권개념이 수행하는 문화적 소외의 정치적 의미는 인권개념 안이 아니라 밖에 있는 것으로서 그것이 "이식되는 역사의 정치경제적 현실에서 인권개념에 부가된 부정적인 속성"이어서 그것을 배제하고 또한 의식하여 경계한다면 "여전히 인권의 보편성 개념을 인정할 수 있"다고 합니다(60면). 그렇게 보면 이미 머리말에서는 "인권의 보편성은 애당초 국경을 넘어서 있는 것이며, 세계화의 흐름 속에서 초국가적인 효력으로 전환되어 가고 있다"고 한 것도 의미심장하게 들립니다(v면). 아니면 오늘날의 한국 사회에서 "선험적이거나 형이상학적인 방식이 아닌 상호적 대화를 통하여"(59면) 인권의 타당성이 이미 충분히 근거지어졌음을 전제로 하는 것인지요?

둘째, 이 교수님은 —항상 주장하듯이— "인권의 보편성은 '실체'가 아닌 '절차'의 관점에서 재구성된다"고 합니다(94면 이하). 사실 저는 이러한 「절차주의」에 대하여는 그 가치를 어느 만큼 인정하면서도 동시에 심각한 의문을 가지고 있습니다. 여기서 상세한 논의는 피하기로 하는데, 예를 들어 95면 이하에서 「여성할례」에 대하여 "할례의 문제는 … 그 문화권의 입을 통해 이야기될 수 있으며, 비판적인 자기성찰을 통하여 그 사회의 내부에서 금지의 보편성을 획득할 수 있을 것"이라고 합니다. 저는 기본적인 '실체적' 가치에 대한 합의 없이 단지 「비판적인 자기성찰」만을 통해서 할례가 금지될 수 있다고는 생각되지 않습니다. 그리고 여성할례와 '오염되지 않고 대화적으로 짜인' 의사소통절차와는 그 자체로서 결정적으로 모순된다고 생각되기 때문에 저는 여성할례가 '일정한 문화적 현상'이라는 이름으로 시인될 수는 없다고 봅니다. 오히려 그러한 의사소통절차에 대한 논의는 여성할례의 강요된 관행을 연장하는 「정치적」 수단일 위험이 있지 않을까요? 솔직히 말하면 저는 여성할례를 포경수술이나 성형수술 등과 같은 언필칭 '문화적' 차원에서 논의하는 것에 조금 놀랐습니다. 이 교수님은 "우리가 인권의 실체적인 내용이 무엇인지는 확정할 수 없다"고 하지만, 저는 비록 인권의 실체적인 내용이 구체적이고 세부적인 점에서는 '문화'에 따라 달라질 수 있다고는 해도, 「인권」이 전체적으로 개별적 '문화'의 한계에 갇힐 수는 없다고 생각합니다.

셋째, 다시 앞서 본 59면부터 60면까지에서 서술된 것과 관련되는데, 근대 서구가 아닌 '문화'에서 인권개념이 "서서히 보편성을 얻어가게 되는 것"은 어떻게 가능할까요? 왜 예를 들어 성형수술이 아니라 하필 다름아닌 인권개념이 서서히나마 「보편성을 얻게」 될까요? 여성할례는 어떠한 것이길래 보편성을 얻지 못할까요? "여성의 정숙성에 대한 폭력적 강요가 지니는 문제점이나 할례의 비위생성과 위험성, 그리고 할례시술을 받은 소녀들이 느끼는 심리적 공포와 상처 등"(95면)으로부터 일정한 '실체적' 가치를 추출할 수는 없을까요? 만일 그것이 안 된다면, 그것이 어떻게 "이성과 감성의 소통과정에서 서로를 반영하며 짜기워질"(60면) 수 있을까요? 또 보다 단적으로는, 거기서 "인권개념이 보편성을 얻는다"고 할 때에 그것은 「상호적 대화」라는 절차가 보편성을 얻는다는 의미인가요, 아니면 「이성과 감성의 소통과정에서 서로를 반영하며 짜기워지는 상호텍스트성」에 의거한 결과로 얻어지는 인권이라는 어떠한 실체적 가치가 보편성을 얻어진다는 의미인가요?

마지막으로 글쓰기의 방식과 관련된 것인데, 18면 이하와 93면 주 13, 49면 주 24와 94면 주 18과 같이 중복되는 서술이 군데군데 보입니다.

주제넘게 말이 너무 많았습니다. 아마도 이 교수님의 생각을 전체적으로 이해하지 못한 데서 오는 편협한 의문이라고 생각합니다. 부디 혜량하여 주시고, 앞으로도 변함없이 많은 연구성과를 내시기를 빕니다.

그러면 이만 줄입니다. 안녕히 계십시오.

Ⅵ. 조규창, 『比較法(上)(下)』(2006) — 2006년 4월 13일

존경하옵는 曺圭昌 교수님,

오래 소식 전하지 못하여 송구합니다. 그 동안 평안하신지요.

다름이 아니오라, 이진기 교수를 통하여 보내 주신 교수님의 저서 『比較法(上)(下)』를 잘 받았습니다. 무려 1,400면이 넘는 이 저술이 우리 법학사에 길이 남을 명저임은 의문의 여지가 없다고 생각됩니다. 비교법학 일반론이나 법계론法系論도 그러하지만, 특히 우리 법의 역사를 정리하신 것(하권, 165면 이하)을 배경으로 현재 우리 법의 위상을 서술하신 부분(하권, 344면 이하), 그리고 법계수를 일반적으로 검토하면서 우리 법사에서의 법계수의 여러 측면을 들어 밝히신 부분(하권, 422면, 427면 이하, 441면 이하, 453면 이하 등)은 저의 문제의식에 비추어 보면 이 저술의 압권이라고 여겨집니다.

저는 교수님께서 "법의 계수는 단순히 정치적 역학관계가 아니라 법제도의 문화적 우월성이 이의 존속을 승인한다는 결과가 된다. 따라서 외국법을 자발적으로 수용하였느냐 또는 식민지세력의 강제시행 이른바 강제로 계수하였느냐는 계수법의 실용적 유용성의 관점에서 문제되지 않는다"(331면), "법의 계수는 단순한 힘의 작용이 아니라 질적 가치의 문제로서 우수한 법문화가 저급한 지대로 침투·확산함이 일반적 현상이다. 법계수의 원인이 외국법제도의 문화적 우월성에 있음 …"(427면), "한국이 일본의 제국주의 지배에서 해방된 후에도 식민지시대에 적용되었던 대부분의 기본 법제도가 약간의 수정을 거쳐 신생 공화국의 실정법으로 활용될 수 있었음은 일본이 한국에 시행한 법령이 일본의 고유 법제도가 아니라 이들이 19세기 후반기에 국가 근대화와 산업화를 위하여 수용한 서구의 합리적, 보편적인 시민법제도이기 때문이다"(427면 이하)라고 말씀하신 것에는 큰 사고의 자극을 받습니다. 한편, "외국의 법규정이 계수법국가에서 법원칙으로 강화되고, 외국의 법이론이 법이념으로 미화·각색되며, 외국의 법이념이 종교적 확신으로 승화하여 교조적 광신의 대상이 된다"(454면)라고 하신 구절에서는 벌떡 일어나 춤이라도 한바탕 추고 싶었습니다.

또한 교수님께서는 "한국법에 미친 독일법의 영향을 과대평가해서는 안 된다. 왜냐하면 독일법의 영향은 한국법학에 미친 이론적 영향이지 법 실무에 미친 영향은 아니기 때문이다"(350면. 422면에서도 마찬가지로 "한국의 법문화 발전에 미친 독일법제도의 영향을 과대평가할 것은 못된다. 왜냐하면 독일법의 영향은 법학과 법이론(Rechtstheorie)상의 영향이지 입법과 법원판례인 법실무(Rechtspraxis)는 일본법의 영향권에서 벗어나지 못하고 있기 때문이다"라고 하십니다), 그리고 "한국과 일본은 서구법 수용에 의한 법 발전에 있어서 선후와 정도의 차이는 있으나 동일한 발전단계에 있음을 부인할 수 없다. … 한국과 일본은 사실상 법률공동체를 형성하고 있다 하겠다. … 한국의 법률가는 가장 안전, 확실하고 효율적인 방법으로 일본에서 채용하고 현지의 법률생활의 경험을 통하여 여과된 내용의 서구법을 간접수용하고 있다"(350면 이하)라고 하십니다. 저는 민법학을 연구하는 입장에서 교수님께서 위와 같이 말씀하신 「법이론=독일」, 「법실무=일본」의 격절隔絶을 무너뜨리는 것이 우리 민법학의 최대 과제라고 여기고 있습니다. 왜냐하면 우리의 법이론과 법실무는 긴장관계 속에서도 하나이어야 하기 때문입니다. 결국 한편으로 법이론을 공부하는 대상을 지금보다 훨씬 다양화하여, 프랑스, 영국, 미국, 일본 등의 다른 나라로도 넓히고(현금의 유럽민법 통합작업이 중요한 계기가 될 수 있지 않을까요?), 다른 한편으로 우리의 「현재 있는 법」을 엄정하게 인식·파악하여 그 문제점을 확인하고, 외국법을 그 자체 「진리」로서가 아니라 이처럼 파악된 문제점을 해결하는 방편으로 공부하는 자세가 긴요하지 않은가 하는 생각을 주제넘게도 하고 있습니다.

교수님께서 이번의 『比較法』을 통하여 저에게 주신 크나큰 가르침과 자극에 다시 한 번 진심으로 감사를 올립니다. 부디 앞으로도 더욱 찬란한 연구성과를 거두시고 저희 후학들의 영원한 지표로 남아 주시기를 바라옵니다.

오늘은 이만 줄입니다. 안녕히 계십시오.

Ⅶ. 金相瑢, 『家族法硏究 Ⅱ』(2006) 및 金疇洙·金相瑢, 『親族·相續法』, 제8판(2006) — 2006년 5월 19일

金相瑢 교수님,

그 동안 격조하였습니다. 댁내 두루 평안하시고 연구에 많은 진척이 있으리라 믿습니다.

보내어 주신 『親族·相續法』, 제8판과 『家族法硏究 Ⅱ』를 拜受한 지가 두 달이 넘었습니다. 이제서야 감사의 말씀을 드리는 것을 용서해 주기 바랍니다. 저는 저술을 잘 읽고 감상을 말씀드리는 것이 애써 저술하시고 보내 주신 분에 대한 답례라고 알아 왔습니다. 이번에는 저의 게으름으로 특히 『家族法硏究 Ⅱ』를 읽는 데 시간이 꽤 걸렸습니다.

저는 법학교수 개인의 논문집이 없는 것이 우리 법학이 안고 있는 문제점의 한 측면을 잘 보여 준다고 생각합니다. 그런 점에서 김교수님이 단행 논문집을 낸 것이 참으로 기쁩니다. 여러 모로 배우는 바가 많았고, 또 가족법의 개혁에 대한 김 교수님의 열정을 행간마다 느낄 수 있었습니다.

이번 논문집에는 특히 입법론, 나아가 정책적 제안이 많은 부분을 차지하고 있다는 것이 눈에 뜨입니다. 글 제목만 보아도 "… 대안", "… 방안", "… 개선방향", "… 제도의 필요성" 등과 같은 것이 많습니다. 민법 제4편·제5편의 규정 또는 제도와 관련하여 입법론적으로 검토되어야 할 부분이 적지 않겠지요. 그런데 한 사람의 학자가 친족법의 이렇게 다양한 중요문제에 대하여 짧은 시간 안에 이렇게 많은 입법론을 전개한 것에 대하여는, 놀라움을 금치 못합니다.

한편 예를 들어 김 교수님은 이혼에서의 유책주의와 파탄주의의 문제에 대하여 결론적으로 "실제 생활에 있어서 이미 파탄되어 존재하지 않는 혼인관계를 법의 영역에서만 존속하게 한다고 해서 혼인제도의 보호라는 기본목적이 달성될 수 있는가는 의문이다. … 우리 사회의 현실과 법감정을 고려해 볼 때 당장 유책주의를 파탄주의로 대체하는 것은 기대하기 어렵겠지만, 장래 파탄주의가 점차 확산될 가능성은 높을 것으로 전망된다"(親族·相續法, 170면. 硏究 Ⅱ, 102면 이하에 이미 동일한 취지가 쓰여 있습니다)라고 합니다. 그런데 제 생각으로는 우리나라의 현재 실정에서 혼인이 파탄되어 실제 생활에서 존재하지 않게 되었는지를 판단하는 것은 매우 어려운 문제가 아닌가 합니다. 예를 들어 부부가 10년, 20년 이상 동거하지 않고 그 중 夫가 다른 사람과 살면서 그 사이에서 아이를 낳았다고 해도, 그들이 호적 기타 공적 장부상으로 혼인관계를 엄연히 유지하고 있다면, 그러한 「외형적」 관계라도 유지할 만한 또는 유지해야만 할 실제의 어떠한 「고려」 내지 「내용」이 있기 때문이라고 보아야 하지 않을까요? 그리고 그 「고려」 등은 당사자들에게 부부 기타의 가족관계가 가지는 막중한 의미로 볼 때 매우 심각한 것으로서, 그러한 혼인관계를 단지 껍데기에 불과하다고 말해도 좋을지 잘 모르겠습니다. 흔한 예를 들어, 아이들에게 이혼한 사람의 자식이라는 말을 듣지 않게 하려고 이혼하지 않는다고 합시다. 남으로부터 "이혼한 부부의 자식이라는 말을 듣는 것" 또는 내가 "이혼한 부부의 자식이라는 것"은 우리 사회 또는 우리나라 사람에게서 어떠한 의미가 얼마만큼 있을까요? 그것이 유럽에 있는 나라들에서와 아주 같을까요? 그 의미가 보다 크다면, 그것이 우리나라의 이른바 후진성의 한 발현이기만 할까요? 어떤 사람이 위와 같은 이유로 협의이혼을 거부하고 또 재판상 이혼 청구에서도 위와 같은 점을 내세워 그 청구에 대하여 한사코 버티고 있다고 한다면, 그것은 비합리적이기만 한 주장일까요? 이혼은 안 했지만 「결딴난」 가정의 자식이라는 것과 이혼한 부부의 자식이라는 것은 별로 다를 바 없다고 해야 할까요?

김 교수님은 앞서 인용한 글에서 「우리 사회의 현실과 법감정」을 말씀하였습니다. 그런데 다른 한편 "유책배우자의 이혼청구권을 부정함으로써 파탄주의의 확대를 경계하는 학설과 판례의 태도는 혼인제도를 보호하고 사회적 약자인 배우자(많은 경우 처)의 부양청구권을 보호한다는 관점에서 설명되어 왔다"고 하였고, 「사회적 약자인 배우자의 부양청구권의 보호」라는 시각에서 논의를 전개하고 있습니다. 저는 「우리 사회의 현실과 법감정」을 부양청구권의 시각에만 한정하여서는 안 되지 않는가 하는 생각을 합니다. 보다 일반적으로 말하자면, 이미 잘 표현되고 논리적으로 정식화되어서 우리의 머리에 쉽게 다가오게 되는 서구 문헌의 문법과 논리와 전제를 잘 배우는 것도 중요합니다. 동시에, 물론 복잡하고 어렵고 미묘하고 잘 표현되어 있지도 않지만, 「우리 사회의 현실과 법감정」의 핵심적 사태를 잘 표현하고 논리적으로 정식화하고 일반적 이해틀로 설명하는 것이야말로 우리 학자들이 꼭 해야 할 일 중의 하나가 아닌가 생각하는 것입니다. 우리의 가족관계가 앞으로 서구에 비슷하게 되는 측면이 늘어날 것은 틀림이 없어도 저는 아마 영영 같아지지 않는 부분도 있지 않을까 추측해 봅니다.

언필칭 「감상」이라고 하는 것을 피력하여서 김 교수님의 취지를 오해한 점이 많을 줄 압니다. 저의 호의와 진정을 믿어 주실 줄 믿기에 솔직하게 말씀드려 보았습니다. 해용海容을 구합니다.

오늘은 이만 줄입니다. 감사의 말씀이 늦어진 것에 대하여 다시 한 번 사죄드립니다. 안녕히 계십시오.

Ⅷ. 전원열 역, 『민주주의와 법원의 위헌심사』(2006)[6] — 2006년 12월 28일

全元烈 부장님,[7]

지난주에 받은 일리의 책을 성탄절 휴일 중에 읽었습니다. 우선 그 간의 노력이 이처럼 결실을 맺은 것을 축하합니다. 요즘 읽은 것 중에 제일 재미있었습니다. 법 책으로 이만큼 재미있다는 것은 필자의 학문적 역량이 그만큼 탁월함을 말하는 것이겠지요? 이 책에는 유머도 있고, 잘 공부한 사람이 쓴 책(가령 칸트의 『순수이성비판』 같은 책)에서 흔히 그렇듯이 보다 일반적인 교시 같은 것도 담겨 있어서, 법 책인데 읽는 것이 지루하지 않습니다. 쉬운 예를 들면, "공직

6) 원저는 John Hart Ely, *Democracy and Distrust. A Theory of Judicial Review* (1980).

7) 전원열 부장판사는 현재 대법원에서 재판연구관으로 근무하고 있다. 예를 들어 김현석 판사가 역간한 『미국 기업 파산법』(2005)의 경우도 그렇거니와 판사들이 그 격무 중에 번역서를 낸다는 것은 참으로 놀라운 일이다. 그 후의 2007년에도 밀턴 프리드먼, 심준보·변동열 옮김, 자본주의와 자유(2007)가 나왔다. 이 책은 적어도 직접적으로는 법과 별다른 관련이 없는 책이고, 게다가 원저 Milton Friedman, *Capitalism and Freedom*은 45년 전의 1962년에 출간되었고 또 우리나라에서 이미 한 번 번역본이 나왔었다. 그런데도 구체적으로 우리 사회의 무엇이 그들로 하여금 이 책을 번역·출간하게 하였는지(同書, 319면은 "우리가 『자본주의와 자유』를 읽으면서 느꼈던 깨달음과 감동을 다른 사람들과 나누고 싶다는 바람이 경제학을 전공하지도 않은 … 우리 두 사람을 능력에 부치는 번역작업으로 이끌었다"고 한다), 깊이 생각해 볼 일이다.

자들은 권한을 획득하는 가장 확실한 방법 중의 하나는 그 권한이 있다고 주장하는 것[임]을 안다"든가(133면), "법조에 종사하면 여러 학문 영역과 접촉하게 되는데 이 점 때문에 우리가 그 각 영역을 마스터하였다는 환상을 종종 갖게 된다"든가(154면), "자신의 권력 유지 여부가 다른 목소리를 잠재우느냐에 따라 정해지는 사람은, 아무리 선의로 생각해도, 더 객관적인 관찰자라면 부적절하다고 할 이유를 아주 긴요한 이유라고 스스로 확신하기 쉽다"든가(253면) 하는 것입니다. 그리고 개인적인 에피소드나 속내까지 써 있습니다(189면의 비켈에 관한 서술, 245면 각주의 "필자는 … 염려했었다", 394면의 10대 때의 사형제 토론 등).

놀랄 만한 공부의 축적이고(그 배경에 있는 미국「학계」의 두터움이 부럽지요), 놀랄 만한 표현의 생생함입니다. 사태를 적확하게 파악하는 예리한 통찰은, 단지 하나의 예로 표현의 자유에 대한 설명에서 언론/행동의 구별에 관한 서술(266면 주*)에서 나타납니다. 법은 이와 같이 성질이 같은 것을 같게, 다른 것을 다르게 파악하는 통찰의 창고라고 해도 됩니다(내가 즐겨드는 예로, 선의취득에 관한 제249조 이하의 규정은, 부동산을 배제한다는 음陰의 그것을 포함하여, 이러한 종류의 통찰을 종합적으로 표현하고 있는 것입니다). 또 도덕철학과 법 해석의 관계에 관한 서술부분(156면 이하)에서는 요즈음 내가 하는 작업과도 관련해서 스스로 가슴 한쪽이 서늘해졌습니다. 아마도 미국적「법학」의 진수가 역시 가장 미국적인 그 헌법에 대한 논의를 통하여 잘 드러난 것이 아닌가 합니다. 이 책은 기본적으로 헌법해석방법론(또는 저자의 표현에 의하면, 헌법해석의「이론적 차원」at the level of theory, 342면 또는「논리적 다리」logical bridge의 문제, 343면)에 관한 것인데, 독일이나 프랑스에서는 법학방법론 논의를 이런 시각에서, 이런 방식으로 하지 않습니다. 그 전에 이사야 벌린의 책을 읽었는데, 그의 내면을 이룬 러시아, 영국, 유대의 세 문화에 대한 언급("The Three

Strands in My Life")에서 말한 영국의 「경험적 전통」을 새삼 되새겨 봅니다.

그런데 다른 한편, 가치보호적 접근방법보다는 절차지향적인 필자의 주장이 우리나라에서 어느만큼 설득력이 있는지는 검토를 요한다고 생각합니다. 미국에서는 개인의 자율이라든지, 독립성이라든지 하는 것은 논의의 여지가 없는, 그야말로 무의식적으로 공유되는 가치전제인 듯합니다. 그러나 우리는 이러한 「실체적 가치」를 법의 이름으로 강력하게 옹호할 필요를 느낍니다. 그런 의미에서 222면에 인용된 아렌트의 말에서 시사하듯이, 그것은 독일이나 프랑스 등과 같은 유럽대륙의 나라에서는 당연한 일입니다. 예를 들어 유럽에서 20개 가까운 나라는 유태인 집단학살의 사실을 부정하는 것 자체를 형사범죄로 처벌합니다(그런 법이 없는 영국의 어느 극우 교수가 아우슈비츠 가스실의 존재를 부인하는 대중연설을 하였다는 죄목으로 오스트리아에서 3년의 실형에 처해져서 복역 중이라는 기사를 읽은 일이 있습니다. 401면 이하에서 보는 대로 페리 교수가 바로 이 점을 지적했다는 것은 흥미로운 일입니다). 이는 미국식 「표현의 자유」로써는 불가해할 것이나, 나는 우리 헌법 제21조 제 4 항에서도 보듯 충분히 이해할 수 있는 일이라고 생각합니다. 요컨대 미국은 미국대로의 「맥락」에서 말하고 있는 것이고(이 책에서 필자의 미국 파악의 핵심은 "미국은 여러 소수자들로 구성된 나라이고, 따라서 우리의 사회체제의 기반이 되는 것은 어떤 주어진 이슈에 관하여 결합을 하여 다수자를 형성하도록 하는 그런 '중첩된 이해관계'를 파악해 내는 여러 다양한 집단의 능력과 적극성이다"(348면)라는 말에서 드러난다고 생각됩니다), 그러므로 우리의 맥락을 발견·이해하는 것이야말로 다른 한편의 가장 중요한 일입니다. 오늘날 우리의 적은, 나치는 물론 아니고, 단순화해서 말하면 가족(孝)이나 국가(忠)를 앞세우는 신분제 옹호의 이데올로기로서의 유교입니다. 그 반대편에 있는 바의 개인 또는 사私가 칸트적인 선험윤리를 갖추어야 할 것이지만, 그러나 우선 개인이 서지 않으면 도덕도 없습니다. 우리의 입장에서 보면 나는 자신의 이익만을 감싸는 어리석은 이기주의와 「여럿」의 뒤로 숨는 비겁한 공동체주의 사이에서 굳이 선택하지 않을 수 없다고 한다면, 오히려 전자를 택해야 하리라고 생각합니다. 왜냐하면 전자에는 적어도 자발적 생기生氣라는 것이 있고, 그것이 자신을 위하여 진정 좋은 것이 무엇인지를 반성하게 하는 도덕적 비약의 가능성을 담고 있기 때문입니다. 그것이 미지근한, 그러나 강요된 도덕성보다 낫습니다.

그러므로 나는 예를 들어 "법관이 기본적 가치를 선택함에 있어서 구조적인 편견이 있다"고 말하는 것(158면)이 일면 그럴 듯하다고 생각하면서도, 쉽사리 그에 찬성할 수 없습니다. 미국은 영국으로부터 독립하면서 인민자치를 내세워서 이른바 민주주의를 실현하는 데 주의를 기울일지 모르지만, 사실 미국과 영국은 삶에 대한 태도에 관한 정신적 뿌리(프랑스에서 mentalité라고 부르는 것)에 있어서 한 가지입니다. 그러나 우리는 1945년 해방 후로 그러한 망딸리떼를 포함하여 모든 방면에서 파라다임 전환을 수행해야 하는데(1948년에 완전한 민주화[그것이 무엇이든]가 이룩되었다고 가정해도, 우리 국민이 「실체적 가치」의 인도 없이 충분한 의사소통과 토론만으로 우리가 보는 대로의 제헌헌법, 그 중에서 시장경제의 헌법을 택하였을 가능성은 별로 없다고 할 것입니다), 법은 —우리나라에서 법의 의미가 무엇인가 하는 보다 기본적인 문제가 있지만, 우선— 그 전략적인 도구의 하나로서도 매우 중대한 의미가 있다고 생각합니다. 내 눈에는 풀러의 말에 있는 「헌법 자체의 도덕적 힘」이라는 문구(221면)가 좋아 보입니다. 물론 법관은 자신의 가치나 생각을 법의 이름으로, 또는 헌법 제103조의 「양심」의 이름으로 남에게 강요하여서는 안 되고(이 점은 우리 사법의 실제를 보면 충분히 경계되고 있는 것 같지 않아서 유감입니다), 또 객관적 법과 법 해석 사이를 명확하게 경계짓는 것이 매우 어려운 일인 줄은 잘 알지만, 그래도 우리의 객관적 법의 배후에 있는 일정한 기본적인 실체적 가치를 아주 부인할 수는 없다고 생각합니다.

기회에 번역 또는 교정과 관련된 계륵을 덧붙입니다.

1. 48면: 명문가(名文家) → 名門家
2. 142면: 1872년에 브래드웰 부인의 법률가가 되겠다는 신청 → 1873년[원문도 오류인 듯함]에 변호사가 되겠다는 브래드웰 부인의 신청
3. 143면 역주 9: 『시민의 불복종』이 “세계의 역사를 바꾼 책으로 꼽힌다”고 할 수 있을까요?
4. 170면 이하에서 conventional moral을 「실정도덕」으로 번역한 것은 아무래도 좀 이상합니다. 「재래의 도덕」 또는 「양식화된 도덕」 정도가 어떨까 합니다. 물론 재래의 도덕도 “저기 바깥에 있는 것”으로 파악된다는 의미에서는 혹 실정적이라고 해도 될는지 모르지만, 도덕이 말의 적절한 의미에서 실정적實定的일 수 있는지 우선 의문입니다.
5. 174면 주 105: 이 책 → 이 글
6. 180면 주 119: “추상적 권리를 평등한 배려와 존중에 대하여 집행하는 쪽으로 …” → “평등한 배려와 존중에 대한 추상적 권리[이것이 드워킨 법철학의 기본명제입니다]를 실현하는 쪽으로 …”
7. 185면 “자신의 얼굴 위로 자빠져 버렸다” → fall(또는 flat) on one's face는 낭패를 보다, 실패하다의 뜻
8. 188면 역주 25: 로버트 케네디가 “37대 민주당 후보로 대통령선거에 출마”하였다는 서술은 오해의 소지가 있습니다. “민주당 후보 지명전에 출마하였다”라고 되어야 하지 않을까요?

9. 243면: 린드는 연방대법관이 아니라 오레곤 주 대법원의 법관을 지냈는데, 오해의 소지는 없을까요?
10. 390면 역주 15: 미국에서 imprisonment는 징역·금고·구류를 포함해서 자유형 일반을 가리키고, 그 중에서 징역형은 imprisonment with hard labor라고 한다는 것을 어디서 읽은 기억이 나는데, 잘 모르겠습니다.
11. 보다 일반적으로, 괄호 안이나 — — 안의 문장에서는 끝을 …임, …함이라는 식으로 명사형 어미를 취한 경우가 많은데, 어색합니다.

그리고 알고 싶은 것 몇 가지.

1. 8면 관련: 인용빈도가 실린 *The Journal of Legal Studies*는 몇 권 몇 호인가요?
2. 166면 주 88, 337면 주 46 관련: 미국에서는 「변론요지서」나 「준비서면」도 일반이 접근할 수 있나요?

마지막으로, 우리나라의 법 책에 —비록 번역으로라도— 처음으로 등장한 「좆」(267면)에 대하여 경의를 표합니다.

(서울대학교 법학 제48권 4호(2007. 12), 331면 내지 350면)

[후　　기]

1. 본문 Ⅷ.의 주 8에서 대법원 재판연구관으로 있다고 적은 '전원열 부장판사는 그 전에 필자를 '지도교수'로 하여 서울대학교 대학

원에서 1995년 2월에 석사(『부동산의 점유취득시효의 효과에 관한 연구』), 2001년 8월에 박사(『언론보도로 인한 명예훼손에 관한 연구』)의 각 학위를 받은 매우 우수한 好學之士이다. 그는 필자와 공역으로 프데레릭 헨리 로슨, 大陸法入門(1994)을 출간하기도 했다.

그 후 그는 2008년에 법원을 나와서 「김앤장 법률사무소」에서 변호사로 일하다가 2015년에 건국대학교 법학전문대학원 교수로 갔다. 그리고 2018년에 서울대학교 법학전문대학원 교수가 되었다.

2. 본문의 Ⅰ. 2.에서 '그렇게 해서 보냈던 서신 중에서 다른 사람에게 보여도 좋겠다고 생각되는 것의 일부'를 실었다고 썼다. 거기에 실지 않은 서신 중 다시 일부, 그리고 그 후에 써 보낸 서신 중 일부를 이 책에서 다음에 나오는 "書信으로 쓴 讀後感 · 續"(439면 이하)에 실었다.

17. 書信으로 쓴 讀後感·續

Ⅰ. 들어가기 전에

1. 나는 "서신으로 쓴 독후감 — 비정통적 서평에서조차 벗어나서"라는 글을 『서울대학교 법학』에 발표한 일이 있다(이하 '前稿'라고 해 둔다).[1] 그것은 대체로 나에게 책을 보내주신 분들에게 쓴 편지를 모은 것이었다. 그 호의에 대한 감사의 표시로 내가 그 책을 읽고 느낀 바를 두서없이 적었었다. 그 발표 후 전고를 읽고 이에 대한 감상을 말하는 분도 아예 없지는 않았다.

그로부터 10년 이상이 흘렀다. 나는 2008년 9월부터 대법원에 6년 동안 있은 후에 대학교수의 생활로 돌아왔다. 그 10여년 동안에도 나는 기증받은 책이나 논문에 대해서는 그 전처럼 私感을 적은 편지를 보낸 일이 있다. 그러나 이제는 내가 스스로 구하여 읽은 책에 대해서도 느낀 바를 적어 그 저자에게 보내기도 하였다.

2. 나는 법학에 뜻을 둔 사람이 자신의 '생각' 또는 '마음'을 바깥으로 표현하는 방법을 더 다양하게 하는 것이 좋다, 아니 더 다양하게 해야 한다고 생각하였다. 그 생각은 지금도 달라지지 않았다.

아래는 그러한 편지 중 일부이다. 우선 Ⅱ.부터 Ⅴ.까지는 전고 발표 전에 써 보냈지만, 이것저것 생각한 끝에 전고에 넣지 않았던

---

1) 양창수, "書信으로 쓴 讀後感 — 非正統的 書評에서조차 벗어나서", 서울대학교 법학 제48권 4호(2007. 12), 331면 이하(本書, 411면 이하에 수록).

것들이다. 그리고 Ⅵ.과 Ⅶ.은 대법원에 있는 동안 쓴 것이고, 그 다음의 Ⅷ.부터 끝까지는 학교로 돌아온 후의 것이다. 한편 뒤의 XVI.부터는 필자가 구입한 문헌들에 대하여 '소감'을 적어 보낸 것도 있다. 그 경우에는 모두 답장을 받았는데, 그것은 여기에 넣지 못하였다.

여기에는 반드시 직접 법에 관련되지 아니한 것, 예를 들면 X.과 같이 화가 고흐에 대한 박찬운 교수의 저서에 대한 것도 포함되어 있다. 법학을 하는 사람도 화가에 대하여 좋은 책을 지을 수 있고, 그 책을 읽으면 자기대로의 느낌을 가질 수 있는 것이다.

3. 아래의 서신들은 전에 다른 방법으로 공개된 일이 없는 것이다. 그리하여 현재의 시점에서 언명이 필요한 사항에 대하여는 다른 글들의 경우와 같이 [후기]에서가 아니라 본문의 각주에서 처리하였음을 밝혀둔다.

Ⅱ. 박수곤, 「프랑스법에서의 손해배상책임에 대한 개관 — 채무불이행책임을 중심으로」 — 2004년 7월 23일

박수곤 박사님,[2)]

보내 주신 박사님의 서신과 논문(「프랑스법에서의 손해배상책임에 대한 개관 — 채무불이행책임을 중심으로」)[3)]을 감사의 마음으로 잘 받았습니다. 이미 받은 지 열흘이 지났지만, 그 직후에 출국하여 논문 발표를 하고 돌아오느라고 이제서야 정신을 차려 이 글월을 드립니다.

2) 박수곤 박사는 그 후 경희대학교 법과대학의 민법 담당 교수가 되었다.
3) 후에 재산법연구 제21권 1호(2004), 245면 이하.

그 논문으로 손해배상의 범위 등에 대하여 프랑스법의 태도를 포괄적으로 알 수 있고, 또한 자세한 각주를 통하여 논의의 구체적인 모습을 살릴 수 있어서 유익했습니다. 프랑스법상의「기회의 상실」법리에 대하여는 나도 언젠가 한 번 다루어 보고 싶다고 생각하던 참이었습니다. 다만「완전배상」이냐 아니면「제한배상」이냐는 ─ 만일 그것이 단지 용어상의 문제가 아니라면 ─ 그냥 어느 외국에서 자신들의 법을 어떠한 용어로써 설명하고 있는가라는 관점보다는, 우리 민법 제393조(그 중에서도 제 1 항)을 어떻게 이해할 것인지, 특히 그것을 종래의 다수설처럼 독일식의「상당인과관계」의 개념틀로 이해하는 것이 과연 바람직한지의 문제의식을 배경으로 해야만 그것을 논의하는 의미를 보다 적절하게 찾을 수 있지 않을까 하는 생각을 해 보았습니다. 다시 말하면, 적어도 이 맥락에서는 독일법과의 거리두기를 위하여 프랑스법이나 영미의 커먼로가 대칭축으로 끌어지는 측면이 있다는 것입니다. 그리고 주지의 사실이라고 해도, 우리 나라의 어느 문헌이 그에 대한 프랑스법의 태도를 제한배상주의라고 했는지도 밝히는 것이 낫지 않았나 여겨집니다.

우리 민법학의 현저한 흠의 하나인 프랑스법적 안목을 꾸준히 보충하여 주시는 박사님의 작업에 경의를 표하면서, 앞으로도 많은 연구성과를 거두시기를 바랍니다.

안녕히 계십시오.

Ⅲ. 김현석 역, 『미국 기업 파산법』(2005)[4] — 2005년 7월 31일

金賢錫 판사님,[5]

오래 만나지 못하였습니다. 그 동안 평안한지요.

다름이 아니라 판사님이 번역·출간한 『미국 기업 파산법』을 읽었습니다. 내 경험에 의하면, 번역은 힘은 힘대로 들면서 트집은 트집대로 잡히기 쉬운 아주 고약한 작업입니다. 우선 용어의 면에서만 보아도 어색한 바가 많은 미국법 문헌의 번역은 특히 그러할 것입니다. 그러나 좋은 외국문헌의 번역이 우리 법의 발전에 꼭 필요한 것은 물론입니다. 김 판사님이 이 책을 역간한 것도 그 점을 충분히 이해하고 있기 때문이라고 추측합니다. 그런 의미에서 김 판사님의 노고과 성실성에 치하를 드리고 싶습니다.

앞서 「읽었」다고 썼지만, 읽은 것은 그 전부가 아니라 앞의 3장(109면)까지입니다. 그러나 지금 내 처지에서 그 책을 언제 다 읽을 수 있을지 기약할 수 없음을 솔직히 고백해야겠습니다. 그래서 대단히 꼴사나운 모습이지만, 그 사이에 체크한 것 몇 가지를 외람되게 별첨으로 말씀드립니다. 원래 번역도 포함해서 자신의 이름으로 나온 글 기타에 어떤 내용이든 토를 달면 기분부터 언짢아지기 쉬움은 잘 알지만, 위 책이 보다 나아지기를 바라는 순수한 마음에서 보내는 것입니다. 그것은 내 개인적인 의견으로서 단지 참고를 구하는 것일 뿐

4) 원저는 Elizabeth Warren, *Business Bankruptcy*(1993). 저자는 도산 전공 교수로서 그 외에도 관련 저술이 매우 많다. 현재는 민주당 소속의 연방 상원의원.

5) 김현석 판사는 2005년 당시 서울고등법원 판사 겸 법원행정처 사법정책연구심의관의 직에 있었다. 그는 장래가 극히 유망한 법관이었는데(본서, 431면 주 7도 참조), 2019년 2월에 대법원 수석재판연구관을 끝으로 법원에서 물러나 같은 해 5월에 변호사 개업을 하였다.

이니, 보고 웃어 버려도 좋습니다.

이만 간단히 줄입니다. 안녕히 계십시오.

[별첨]

(1) 校正에 해당하는 것

21면 하 1행 승계는 파산재단이 형성된다. 또한 이 파산재판은
→ 승계하는 파산재단이 형성된다. 또한 이 파산재단은

25면 하 6행 증가시키다 → 증가시킨다

35면 하 6행 가장 최우선으로 → 최우선으로

41면 하 3행 넘겨 버릴려고 하는 → 넘겨 버리려고 하는

46면 상 3행 빚어내는 → 빚어내는

51면 주 15 하 2행 101(9)(a)(v) → 101(9)(A)(v)

57면 주 20 상 10행 제13장 파산신청 → 제11장 파산신청

60면 상 10행 괄호 안의 원어 consignment와 unexpired lease가 번역되어 있지 않음(전자는 141면 이하에서「양도」로 설명되고 있음)

75면 상 11행, 13행 공중 소유 기업 → 상장기업
소수 소유 회사 → 비상장기업

79면 하 1행 주 번호 2), 3) → 29), 30)

(2) 내용상 확인을 요하는 것

43면 하 11행 채권자로부터 경영자에게로 → 혹 "경영자로부터 채권자에게로"?

(3) 재검토해 볼 만하다고 생각되는 것

16면 상 9행의 꺾음괄호 안의 연방헌법 규정은 "연방헌법 제 1 조 제 8 호" 등으로 하는 것이 낫지 않은가?

34면 주 13, 44면 주 14와 63면 주 25 등을 비교하면, 문헌인용방

법이 통일되어 있지 않다.

44면 상 4행의 Provost Thomas Jackson에서 Provost는 대학의 직위이므로 이를 이름 앞에 붙이는 것은 이상하지 않은가?

56면 주 19의 말미와 57면 주 20의 말미 등을 보면, Collier 책의 인용방법이 통일되어 있지 않다.

89면 상 8행에서 negotiable instrument를 「양도가능 증권」이라고 번역한 것. 혹 「유통증권」?

(4) 독자의 이해를 위하여 역주 등으로 설명이 있었으면 하는 것

「비자발적」 신청(예: 67면 하 8행)이란?(아마 채권자에 의한 파산신청인 듯한데) 40면 상 5행의 「자발적 제도」란?(아마 그 반대의 경우?)

담보권의 「완성(perfection)」(예: 81면 하 7행, 83면 하 10행, 89면 상 1행, 90면 상 4행 등)에 대한 설명

U.S. trustee의 지위, 성격 등

(5) 번역해 본 경험상 말하는 것

① 복수명사의 처리는 요즈음 번잡해지고 있는데, 개인적으로는 특별한 사정이 없는 한 단수로 처리해도 우리말로서는 충분히 의미가 통하고 "…들"을 계속 반복하는 것도 어색하므로, 웬만하면 단수로 해도 무방하다. 예를 들면 41면 상 5행 이하에서는 「소유자들」과 「소유자」가 번갈아 나오는데 가능하면 이런 일은 피하는 게 낫지 않을까?

② 괄호 안에 원어를 넣은 것은 가급적 피하는 것이 좋다. 물론 번역자가 그렇게 하는 것은 「불안」하기 때문이다. 그러나 그러한 「불안」을 원어의 제시로 면하는 것은 번역 일 자체와 모순된다(③도 참조). 꼭 필요하더라도 처음 나올 때만 하면 족하다. 예를 들어 「계속기업가치」에 going concern value를 반복해서 붙여야 할 이유는 무엇일까?

③ 색인은 책의 유용성을 높이는 데 매우 중요하다. 그리고 색인에 원어를 붙이는 것이 필요한 경우가 적지 않다. 경우에 따라서는 원어색인도 필요할 수 있다.

Ⅳ. 『판사 한기택』(2006) — 2006년 7월 26일

김종훈 실장님,[6)]

그 동안 평안하신지요.

다름이 아니오라, 보내 주신 책 『판사 한기택』과 실장님의 추모사를 고맙게 잘 받았습니다. 오늘 오후 내내 그 책을 읽었습니다. 저는 제가 기증받은 책이나 글을 잘 읽고 나름대로의 「느낌」을 말씀드림으로써 부족하나마 보답으로 삼고자 애쓰고 있습니다.

제가 한기택 판사를 처음 만난 것은 1980년대 말에 민사판례연구회를 통해서였는데, 보다 가까이에서 그에 접할 수 있었던 것은 화보에도 나와 있는 2003년의 법관인사제도개선위원회에서였습니다. 사람이 다른 사람을 「알기」가 실상 여간 어려운 일이 아니고, 대개는 우연한 「스침」이나 신문 등을 포함하여 남으로부터 전문한 바에서 얻은 막연한 인상이나 이미지로 그 사람을 말하곤 하지 않습니까? 제가 겪은 바로는, 한 판사는 별로 말이 없고, 말을 해도 슬그머니, 어눌한 듯, 조심조심 하는 편이었습니다. 그런 것들을 통해서 저는 속이 매우 실하고 맑은 「인격」을 얼핏 느꼈는데, 이번에 그의 일기나 편지 기타 글을 통해서 이를 뚜렷이 확인할 수 있어서 매우 기뻤습니다. 자신을 그렇게 끊임없이 들여다 보고 또 거기서 얻은 성찰을 실천에 옮길 수 있는 사람은 쉽사리 찾기 어렵지 않은가 여겨집니다.

6) 김종훈 실장은 당시 대법원장 비서실장으로 있었다. 현재는 변호사로 일한다.

그렇다고 저는 어떠한 사람도 쉽사리 「신화」로 떠받들고 싶은 생각은 없고, 이것은 특히 가톨릭에 입신한 한 판사에 대하여는 더욱 그러해야 하리라고 생각합니다.

법률가들은 물론이고 많은 사람에게 자신을 돌아볼 기회를 주는 이 책을 만드느라고 애쓰신 실장님에게 다시 한 번 감사의 말씀을 드리며, 이만 줄입니다.

안녕히 계십시오.

V. 서태영, 『피고인에게 술을 먹여라』(2007) — 2007년 3월 3일

태영아,[7)]

네가 보내 준 책 『피고인에게 술을 먹여라』를 잘 받았다. 사실은 지난 1월 하순에 프랑스에 가 있다가 어제 밤에야 귀국하였다. 오늘 오랜만에 연구실에 나와서 그동안의 우편물을 정리하였던 것이다. 그런데 이 책을 잡고서는 놓지 못하고 내처 읽느라, 우편물 정리는 뒷전에 내몰리고 말았다.

내게는 앞부분보다 네 얘기를 쓴 뒷부분이 훨씬 좋았다. 미안한 일인지도 모르나, 네 아버지에 대한 부분이 가장 재미있었다(그 다음으로 나에게 재미있던 것이 그 필화[8)] 일인데, 그 중에서도 유태흥 대법원

---

7) 이 책의 저자인 서태영 변호사는 나와 대학 및 사법연수원의 동기이다.

8) 여기서 '필화'란 다음의 사건을 가리킨다. 위 책의 저자인 서태영이 1985년에 『법률신문』에 「인사유감」이라는 제목의 글을 실었다. 그 글에서 그는 당시의 유태흥 대법원장이 윤석명 광주고등법원 부장판사를 광주지방법원 장흥지원장(합의부가 없으니, 지원장이라고 해도 단독판사의 일을 한다)으로 발령 낸 것 등을 우회적으로 비난하였다. 그러자 그 며칠 전에 서울지방법원 동부지원(당시는 현재의 서울동부지방법원이 그렇게 불렸다)에서 서울민사지방법원으로

장과의 면담 장면이 압권이었다). 서술이 생생하여서 그 분의 인물됨이 손에 잡히는 듯하고, 여러 에피소드들이 말 그대로 재미있었다. 너는 「쓰고 나서」에서 "아버님을 비난하듯 쓴 부분은 대단히 송구스러운 일"이라고 했지만, 그 부분은 그야말로 「비난하는 듯이」 쓴 것이고 비난이 아님을 잘 알 수 있었다. 오히려 어떤 의미에서 너는 그 동안 마음 한 구석 어딘가에서 미워해 왔던 아버지와 이제 화해하였기 때문에 그렇게 터놓고 말할 수 있게 된 것이 아닌가 추측한다. 우리 세대는 누구나 아무래도 마음 한 구석에서 아버지를 미워하고 있지 않냐? 특히 우리들의 그 무한순종적이고 무한희생적이기만 한 어머니와의 관계에서 말이다. 이제 우리 나이쯤이면 그 미움을 씻을 때도 되었지.

그리고 이 책은 70학번 세대로서 법원에서 일한 경험이 사람이 자신이 겪은 판사의 일을 가장 솔직하게 적었다는 점에서도 의미가 있지 않을까? 이 책의 가장 큰 장점은 — 우리에게 항상 부족하기 쉬운 — 솔직성에 있다는 생각이다. 우리가 살아온 역정에는 솔직하기가 꺼려지는 부분이 없지 않지. 우리는 변호사에게서 밥과 술을 얻어먹는 것을 아무렇지 않게 여기는 점이 있었던 게 사실이고, 습관이란 무서운 것이라 지금도 없다고는 말할 수 없지 않나 싶다. 그런데 그것을 이 책처럼 까놓고 인정하는 경우를 보지 못했다. 또 80년대의 이른바 시국사건 재판의 일에 대해서도 마찬가지다.

그 외에도 「감상」이 적지 않지만(예를 들면 나는 表見代理가 표견대리로 읽어야 한다고 생각한다는 것 등. 87면 참조) 그걸 듣고 싶으면 언제 한 번 만나서 네가 싫어하는 술은 말고 밥이나 먹자꾸나. 시간 날 때 전화 한 번 다오. 참, 「양창수 교수」가 "대체로 교수로서 제 몫을 다하고 있으니, 갈 길을 제대로 걷고 있다"고 써 주어서 고맙다는

전보되어 왔던 서태영을 즉각 대구지방법원 울산지원(현재의 울산지방법원)으로 「유배」를 가도록 전보발령하였다.

말은 빼놓지 말아야겠다. 그리고 네가 책 보내면서 일부러 적은 "건필을 기대하며"라는 말을 곱씹어보고 있다는 것도.

Ⅵ. 심헌섭 역, 『켈젠의 자기증언』(2009)[9] — 2009년 7월 2일

심헌섭 선생님,

그 동안 편안하신지요? 학교를 떠나 법원으로 온 지가 어느새 열 달이 다 되는데, 소식을 전해 드리지 못하여 대단히 죄송합니다.

저는 대법관의 일이 많다는 말을 전부터 들었지만, 실제로 이렇게 많은 줄은 상상조차 못하였습니다. 어려운 사건들이 줄지어 서 있는데 그 줄의 끝이 보이지 않습니다. 그리고 사건이란 예외없이 당사자들에게는 어쨌거나 하루빨리 벗어나고 싶은 멍에이어서 '신속하게' 처리되어야 한다는 것이 司法的 正義의 한 내용임을 잘 알고 있으므로, 그 신속 처리에의 압박도 상당한 것입니다.

다름이 아니오라, 보내어 주신 역서 『켈젠의 자기증언』[10]을 잘 받았습니다. 그 사이에 그 중에서 자서전 부분을 읽었습니다. 저로서는 오랫만에 독서다운 독서를 하였습니다. 예슈퇴트가 서문에서 말한 대로 사적인 측면을 가급적 배제한 '학술적 자서전'인 만큼, 객관적으로, 말하자면 건조하게 써내려 간 것이 오히려 저에게는 그 함축을 돋보이게 하였습니다.

옐리네크에 대하여 "학자라기보다는 훌륭한 문필가였다"고 한

---

9) 원저는 Matthias Jestaedt (Hrsg.), *Hans Kelsen im Selbstzeugnis. Sonderpublikation anlässlich des 125. Geburtstages von Hans Kelsen am 11. Oktober 2006*(2006).

10) 이 책의 본문은 1927년에 발표된 「자기서술」과 1947년에 발표된 「자서전」의 두 부분으로 구성되어 있다.

것(58면), 자신의 교수자격논문을 심사한 멘첼 교수에 대하여 "내 교수취득자격논문의 주대상인 법이론 문제들은 그에게는 낯설었다. 그는 아마도 그 때문에 나에게 매우 유리한 의견서를 제출했다"(62면)고 한 것 등을 보면, 켈젠도 상당히 — 요즘 흔히 쓰는 표현대로 하면 — 「성질」이 있는 사람임에 틀림없는 듯합니다. 허긴 「성질」이 없는 학자를 어디다가 쓸 수 있겠습니까?

한편 그가 자신의 프랑스어(115면: "우선 나는 나의 강의를 불어로 번역했고 그리고 개개의 모든 강의를 세심하게 준비하지 않으면 안 되었다. 나는 첫해에는 어떠한 강의도 그것을 먼저 세 번 내지 네 번 나에게 소리 내어 읽어 보지 않고는 하지 않았다")와 영어(60면, 특히 127면: "나로서는 읽기는 했으나 말할 수도 또 쓸 수도 거의 몰랐던 영어로 전환한다는 것이 쉽지 않았다") 실력에 대한 말들을 보면, 그리고 존 오스틴이 자신의 학문적 선구자임을 인정한 것(60면: "나는 여러 해 후에야 비로소 이미 반 세기 전에 영국의 대 법이론가 존 오스틴이 아주 비슷하게 법학을 근거짓는 시도를 했다는 것을 발견했다")을 보면, 학자의 가장 큰 덕목이 다름아닌 솔직함임을 다시 한 번 알게 되었습니다. 그리고 그러한 솔직성은 그가 프라하대학 교수직을 수락한 이유에 대하여 "나는 오스트리아와 독일에서의 퇴직연금을 상실한 후 연금보장의 작은 가능성마저 거절해서는 안 된다고 생각했다"(120면)라고 밝히는 데서 특히 극명하게 드러납니다. 사실 저는 이 매우 자기억제적인, 짤막한 서술의 대목에서 — "여기가 아마도 유랑에 지친 자의 마지막 쉴 곳일 것이다"라는 마지막 문장에서와 마찬가지로 — 목이 메었습니다.

그런데 순수법학에 대하여 "순수법학은 하나의 특유한 오스트리아적 이론으로 간주될 수 있다"고 스스로 말한 것(86면)은, 특히 순수법학이 1930년대 일본에서 얻은 엄청난 인기, 그리고 황산덕 등을 통한 우리나라에서의 그 반향 등을 배경으로 해 보면, 생각해 볼 바가 많은 것으로 여겨졌습니다. 당시의 일본법학자들은 군국주의 및 마르크스주의(이들은 「국가」나 「사회」와 같은 말하자면 공동체를 앞세운다는 점에서 공통됩니다)의 양면 공세 속에서 자유주의적 숨통을 순수법학이 말하는, 사회학적 관점과는 준별되는 법적 관점의 독자성 속에서 찾을 수 있다고 생각했던 것이 아닐까 하는 억측을 해 보았습니다.

또 제가 20세기 전반의 ―넓은 의미에서의― 「오스트리아 문화」라는 것에 대하여 더욱 흥미를 느끼게 되었다는 것도 말씀드리고 싶습니다. 우리에게도 이러한 '지적 환경'이 아쉽습니다.

두서없이 적은 '소감'을 혜량하여 주시기 바랍니다. 언제 한 번 저녁을 모실 기회를 주시기 바랍니다. 근간 연락 올리도록 하겠습니다.

앞으로도 부디 건강하시고, 후학들의 지표가 되는 많은 성과를 변함없이 내시기를 충심으로 빌면서, 오늘은 이만 줄입니다. 다시 한 번 감사드립니다.

안녕히 계십시오.

Ⅶ. 서을오, 『물권행위론에 관한 학설사적 연구』(2008) ―2010년 1월 3일

서을오 교수님,

그동안 평안한지요.

지난번 민사판례연구회 송년회에서 주신 『물권행위론에 관한 학설사적 연구』를 잘 읽었습니다. 법원으로 일터를 옮긴 이래 차분하게 법학 책을 읽을 여유를 쉬이 찾을 수 없어서 그 사이에 끝까지 다 읽은 것이라고는 심헌섭 선생님께서 보내 주신 『켈젠의 자기증언』 중의 「자서전」 부분밖에 없었습니다. 그 후로는 이 책이 처음입니다. 사실은 그 주말에 다 읽어서 그동안 이 서신을 다 마치려고 몇 번 시도하였으나 결국 이 신정연휴를 기다려야 했습니다.

우리 민법학에 부족한 것이 한둘이 아니지만, 우리의 입장에서는 — 거친 구분으로 하면 '공간적'인 면에서의 비교법과 아울러 — '시간적'인 면에서 역사를 공부하는 것이 민법학의 토양을 풍요롭게 하는 데 긴요하고, 그 중에서도 유럽대륙법학의 요체라고 할 보통법학에 특히 주목할 필요가 있다고 생각하여 왔습니다. 특히 우리 민법학에서 결정적으로 부족한 것이 보통법학을 중심으로 한 學說史(Dogmengeschichte)입니다. 이 책과도 관련되는 예를 하나 들면, 아마도 우리 민법학계에서 titulus/modus 법리라는 것을 들어 본 일이라고 있는 사람조차 그렇게 많지 않을 것이라고 추측합니다.

나는 이 책을 읽으면서 무엇보다 기뻤던 것이 서 교수가 우리 민법학에서 그 부분을 맡아 주면, 혹은 막아 주면 어떨까 하는 희망을 가졌기 때문입니다. 나도 사실은 내 석사논문의 확대·보정판인 「원시적 불능론」 논문(민법연구, 제 3 권 수록)에서 그러한 방향을 시도하여 보았는데, 당시 『서울대학교 法學』의 편집부에서, 정확하게 말하면 법학연구소의 김철수 소장께서 그러한 연재논문은 안 된다는 방침을 통보해 왔기 때문에, 결국 완성을 보지 못하고 말았습니다. 그러나 학문으로서의 민법학을 구축함에 있어서 로마법 이래의 학설사의 온축은 불가결하다는 생각에는 지금도 변함이 없습니다. 서 교수는 — 이 책을 통해서도 잘 알 수 있다시피 우리 학계에서는 매우 드물게 — 그러한 연구에 적절한 능력이 있음은 물론이고, 더욱 중요한 것으로 거기에 「재미」를 느끼고 있음이 역연하므로 꼭 부탁을 하고 싶습니다.

또 이 책을 읽으면서 제가 위의 「불능론」 논문을 쓰면서 「誠意

契約」이 무엇인지 몰라 한참 문헌을 뒤져야 했던 생각이 났습니다. 그리고 우리 학계가 로마법상의 「성의계약」을 아직도 Berger[11]를 인용해서 설명하여야 하는 실정이라는 것이 가슴아팠습니다(34면 주 71). 「성의계약」의 개념, 나아가 성의계약에서의 불능론은, "원시적으로 불능인 급부를 목적으로 하는 계약은 무효이다"라는 법명제를 학설사적으로, 즉 하나의 역사적 산물로서, 보다 정확하게 말하면 극복하여야 할 역사적 '우연'으로 설명함으로써 그것을 채권법의 한 원칙으로서의 지위로부터 끌어내리려 한 앞서 말한 제 논문의 핵심적 주장을 버티는 기둥을 이룹니다. 즉 오늘날의 계약법은 로마법으로 말하면 성의계약적 법리를 기본으로 하는데, 로마법의 성의계약에서는 위와 같은 원시적 불능론은 부인되고 있다는 것이지요.

Berger라고 하니까 생각이 나는데, 제가 1987년 봄, 아니 1986년 가을인가요, 하여튼 그즈음에 UNDP 초청으로 미국 「구경」을 갈 때 최병조 교수가 일부러 제 연구실로 와서 미국에 가거든 Berger를 복사해 달라고 부탁을 했습니다. 사실은 그 전에는 저도 그 문헌의 가치를 모르고 있었는데, 미국에 가서 시카고의 John Marshall Law School 도서관에서 이 책을 찾아서 손에 들고 살펴보니, 이게 아주 도움이 되는 참고자료라는 것을 알게 되었습니다. 낯선 외국의 대학에서 직접 책을 복사해야 하는 번거로움, 성가심은 말로 다하기도 어려웠지만, 결국 복사뭉치를 손에 들고 귀국하게 되었습니다. 그래서 저도 그 복사본을 하나 제 연구실에 두게 되었습니다.

우리 학계에서 후배들이 믿고 의지할 수 있는 Berger와 같은 문헌자료가 거의 없다는 것만큼 하나의 「학계」로서 부끄러운 일은 없습니다. 언필칭 학계라고 하면, 후학들이 선배들이 이루어놓은 성과

11) 여기서 Berger라고만 한 것은 Adolf Berger, *Encyclopedic Dictionary of Roman Law*(1953)를 가리킨다. 이는 놀랍게도 「미국철학회(American Philosophical Society)」에서 간행한 로마법 백과사전이다.

를 기초로 자신의 작업성과를 다시 쌓아올려가면 다시 그 후학들이 이제 더 쉽게 일을 할 수 있어야 할 것입니다. 그것이 잘 되지 않아서 후학들은 매번 선배들이 시작한 그 출발점에서 다시 시작하여야만 한다면, 이것은 「학계」라는 이름이 무색하다고 할 것입니다. 그런 의미에서도 이 책은 하나의 학계로서는 존재 그 자체가 걸린 위와 같은 중대문제와 관련하여 적지 않은 의미가 있다고 여겨집니다.

또 이 책에 오탈자가 별로 없다는 것도 우리 처지에서는 주의할 만합니다. 서 교수가 원고를 작성할 때 매우 꼼꼼하게 신경을 썼거나 교정에 많은 시간을 들였을 것이라고 추측합니다. 그러나 公刊하는 글에 오탈자가 없어야 한다는 것은 단지 출판계의 덕목이 아니라 학계의 어떠한 「제작방식」, 작업하는 사람이 그 작업에 임하는 자세, 그 내적 긴장과도 관련되는 것이고, 우리는 유감스럽게도 그 점에서도 문제가 적지 않다고 하는 것이 내 생각입니다. 결국 학문적인 글에 대하여 내용적으로 어느 만큼의 논증으로써 스스로 만족 또는 납득하는가에 관한 자신에 대한 기준 설정이 문제인 것과 마찬가지로, 하나의 표현물로서 어느 만큼의 '미학'을 충족하는가 하는 역시 자신에 대한 기준 설정의 문제인 것입니다. 그것은 오탈자 또는 교정만이 아니라, 이 책에서 모범적으로 보여준 것과 같은 인용문헌의 내용이나 그 방식에서도 마찬가지입니다. 학문적 작업에서는 사소한 것 같은 것이 실은 사소하지 않은 경우가 많습니다.

나는 이 책과 관련하여 우리 학계로서는 드물게 상대방이 있다는 행운에 빚진 바가 많다는 점에 대해서도 지적하고 싶습니다. 김기창 교수가 하고 싶은 말을 확신을 가지고 당당하게 하고, 「논쟁」을 마다하지 않는 성품인 것이 이 책의 탄생을 위해서는 다행한 일이었습니다. 그리고 서 교수도 겉으로는 '얌전'한 듯하지만, 모든 학자가 그러해야 하듯 할 말은 하는 성격이지요.

마지막으로 한 가지. 이 책에 색인이 없는 것은 유감입니다. 색인은 하나의 '문헌자료'의 역할을 다하는 데 매우 중요한 점이라고 하는 것이 평소의 제 생각입니다. 그리고 그것은 저자 자신을 위해서도 도움이 많이 됩니다.

사람이 하는 모든 일이 그렇지만 학문적 작업에서도 계속한다는 것이 기본입니다. 서 교수가 앞으로도 꾸준히 정진하여 많은 성과를 내기를 기원합니다.

이제 새해를 맞이하여 서 교수가 부디 더욱 분발하고 자중자애하기를 빌면서 이만 줄입니다.

Ⅷ. 김창록 역, 『일본국 헌법의 탄생』(2010)[12] — 2010년 8월 25일

김창록 교수님,

오래 소식 전하지 못하였습니다.

그동안 간간히 교수님의 動靜은 듣고 있었고, 특히 최근에 이른바 「한국합병조약」의 무효에 관한 지식인 선언을 보도하는 신문기사에 실린 사진에서 교수님의 얼굴을 확인한 일도 있지만, 오늘 받은 『일본국 헌법의 탄생』을 통하여 교수님의 요즈음 활약을 다시 한 번 접할 수 있었습니다. 귀한 책을 보내 주셔서 대단히 감사합니다.

---

12) 원저는 古關彰一(코세키 쇼이치), 日本國憲法の誕生(2009)이다. 원래 1989년에 『新憲法の誕生』이라는 제목으로 간행되었던 것(그것이 1995년에 본문에서 말하는 中公文庫 판으로도 발간되었다)을 수정·증보한 것이다.

학교에 몸담고 있을 때에는, 책을 보내 주신 분에 대한 고마움을 전하고자 그 책을 잘 읽고 개인적인 '감상' 같은 것을 써서 보내곤 했지만, 잘 아시는 대로 법원으로 일터를 옮기고 난 후에는 끝도 없이 밀려드는 사건을 처리하는 데 밀려서 그렇게 하지 못하고 있습니다. 양해를 바랍니다.

그런데 이 책의 전신인 『新憲法の誕生』을 中公文庫 판(1995년)으로 읽은 일이 있어서 그 가치를 저 자신 부족하나마 실감하고 있었기에, 이번에 교수님께서 그 증보판이라고 할 이 책을 번역·출간하였다는 소식을 신문의 신간소개란에서 읽었을 때 매우 반가웠습니다. 방금 서재에서 위 『신헌법의 탄생』을 꺼내서 보니, 면지에 "97. 7. 22. 東京"이라고 구입에 관한 사항이 적혀 있고, 같은 면에 독서요약을 대신하여 '팔월혁명설', '혼인과 가정', '번역 또는 일본화', '일본인 12세설', '피점령국의 국법 존중' 등과 같은 표제어와 함께 丸山眞男, 宮澤俊義, 横田喜三郎, 我妻榮, 松本烝治 등과 같이 우리와 인연이 깊은 학자들의 이름이 열거되어 있고, 그 옆에는 각각 그에 관한 서술이 있는 면수가 써 있었습니다(불행하게도 위 문고판에는 색인이 없습니다. 이번 교수님의 책에 마련되어 있는 색인은 많은 도움이 될 것입니다).

그런데 이번 번역서의 원본은 2009년에 출간되었다고 하는데, 그 저자 서문을 읽어 보면 옛 판과 달라진 것을 열거하고 있습니다(제가 지금까지 읽은 것은 그것뿐입니다). 그 중에는 "'천황제'의 내실이 전쟁 책임의 추궁과 관련이 있었고, 그 책임을 회피하는 수단이 '전쟁의 방기'였다는 사실에 접하고서, 새삼 상징천황제와 전쟁 방기라고 하는 한 짝을 이루는 현실의 중요성을 깨닫게 되었다"라는 구절이 있습니다. 그런데 일찍이 일본어 역본도 나왔고 우리말로도 최근에 『패배를 껴안고』(2009년)라는 제목으로 번역·간행된 바 있는 John Dower, *Embracing Defeat*(1999)의 특히 제12장, 제13장을 보면, 바로 위와 같은 견해가 개진되고 있습니다. 예를 들면 다음과 같은 구절이 그러합니다.

> "이 시기의 상당수 문제들이 그러했듯이 헌법 문제 또한 천황과 관련된 것이었다는 데서 답을 찾을 수 있다. 맥아더는 천황을 보호하기 위해서는 자기가 반드시 주도권을 잡아야 한다고 믿었기 때문에 갑자기 행동에 나선 것이다. 즉 맥아더가 대항하려 했던 초강경 보수주의자들의 우려와 맥아더 자신의 동기는 일치하고 있던 셈이다. … 전쟁 거부나 봉건제 철폐는 이차적 문제이자 천황제와 천황을 구제하기 위한 광범위한 지지를 이끌어 내는 데 필요한 조건에 지나지 않았다. … 미군정은 '맥아더 초안'을 받아들여야 천황제의 완전 철폐를 주장할 급진적 헌법 개정안으로부터 스스로를 보호할 수 있음을 일본 정부에 거듭해서 주장했다."(위 역서, 468면 이하).

아마 다우너의 위와 같은 서술도 코세키 교수처럼 昭和 천황이 죽은 후에 비로소 접근할 수 있게 된 자료에 의하여 가능하게 되었던 것인지도 모르겠다는 생각을 했습니다.

어쨌거나 교수님의 수고로 우리나라에서 일본 헌법의 제정과정에 대한 본격적인 저서에 쉽게 접할 수 있게 된 것이 기쁩니다. 번역작업의 어려움은 저도 경험한 바 있으므로 그 노고를 위로 드리고 싶습니다.

서울에 오실 때에 연락을 주시면 식사라도 모시도록 하겠습니다. 다시 한 번 귀한 책을 보내주신 것에 대하여 깊이 감사를 드리면서, 앞으로 더욱 건승하시고 많은 연구성과를 내시기를 진심으로 기원합니다.

안녕히 계십시오.

Ⅸ. 박지향, "에릭 홉스봄을 기리며"13) — 2012년 11월 1일

박지향 교수님,

일면식도 없는 사람이 불쑥 서신을 드려 죄송합니다. 저와 같은 직장에서 일하였던 전수안 대법관님을 통하여 가끔 말씀을 들었을 뿐입니다.

그러한 처지에서 오늘 이 서신을 올리는 것은 평소에 교수님께서 쓰신 글들을 드문드문 읽으면서 역사와 사회에 대하여 배운 바가 적지 않은 터에 이번 『대학신문』에 실린 교수님의 "에릭 홉스봄을 기리며"라는 글에 대한 저의 개인적인 감상을 전하여 드리고자 하여서입니다.

저는 대학에서 역사를 전공하려고 생각했던 적이 있으나 결국 법을 공부하여, 역사는 잘 모릅니다. 그렇게 보면 여기서 말씀드리는 것은 주제넘은 일일 수 있겠습니다. 그러나 홉스봄 또는 제 1 차 세계대전 후 영국의 '좌파' 지식인들에 대하여는 개인적으로 흥미가 있어서 그 저서 등을 조금 읽은 바 있습니다.

이른바 "긴 19세기"에 관하여 쓴 홉스봄의 3부작은 학계의 평가가 높다고 들었고, 역사를 잘 모르는 저에게도 사실과 자료의 엄청난 축적 및 구사는 실로 압도적입니다. 그런데 그가 20세기, 특히 러시아혁명, 스탈린시대를 포함하여 소련 안에서 일어난 일, 헝가리 및 체코 침공과 같이 소련이 행한 일, 그리고 소련 기타 동구 공산정권

13) 서울대학교 서양사학과의 박지향 교수(2018년 8월 말로 정년퇴임하였다)는 서울대학교 교내신문인 『대학신문』에 2012년 10월 1일 사망한 에릭 홉스봄을 추모하는 글을 위의 제목으로 실은 바 있다. 한편 전수안 대법관은 상당한 기간 동안 필자와 같이 대법원에서 일하였는데, 박 교수의 고등학교 동기이다.

의 '멸망'에 대하여 그가 행한 서술이나 발언을 살펴보면, 그는 역사가가 가지는 유토피아에의 꿈 또는 정치적 신념(이 경우에는 바로 공산주의)이 역사의 서술에 어떠한 영향을 미칠 수 있는가를 오히려 잘 보여주는 —제 생각으로는 매우 바람직하지 않은— 예라고 생각되었습니다.

저는 개인의 자유와 인간으로서의 존엄을 제1의 가치로 하는 우리 법을 전공하는 사람으로서 홉스봄의 *Interesting Times*에서 다음과 같은 문장에 접하여 모골이 송연했습니다(원문을 그대로 옮김을 용서하여 주십시오).

> "The Party … had the first, or more precisely the only real claim on our lives. Its demands had absolute priority. *We accepted* its discipline and hierarchy. We accepted the absolute obligation to follow 'the lines' it proposed to us, even when we disagreed with it."(강조는 제가 했습니다)

교수님께서 말씀하신 대로, 홉스봄이 "경제적 결정론과 같은 도식을 거부했으며 인간의 의식과 문화를 경제적 조건 못지않게 중시"하였을지도, 또 "얼치기 좌파 학자들처럼 약자를 일방적으로 미화하는 짓은 하지 않았"는지도 모르겠습니다.

그렇지만 저로서는 홉스봄이 과연 어떠한 의미에서 "교조적 마르크스주의자가 아니었"는지, 그가 제대로 "공산권의 전체주의 체제를 비판"하기는 하였는지 얼핏 이해가 되지 않습니다. 위 글에서는 홉스봄의 —제 생각으로는 부인하기 어렵게— 교조적인 측면은 별로 언급되지 아니한 채로 그가 "'마르크스주의 역사학자'라는 표현을 한창 넘어선 지식인"이고 "전 지구적 역사를 꿰뚫는 통찰력을 가지고 있는" "학자로서, 지식인으로서 … 누구에게도 비견할 수 없는 거대한 존재"라고 최상급으로 찬양만 되고 있는 것에는 아무래도 고개를 갸우뚱하게 되는 것입니다.

위의 글이 혹 '추모'를 위하여 쓰여진 것이어서 또는 지면의 제약으로 말미암아 한계가 있을 수밖에 없다고 하더라도, 그럴수록 간략하더라도 全體像이 제시되어야 하지 않는가 하고 생각해 보면 더욱 아쉽다는 게 저의 느낌이라는 말씀을 덧붙입니다. 그리고 이제 "홉스봄의 영향력에서 많이 벗어나 있다"고 하신 교수님의 그 '거리'에 대하여 쓰신 글을 꼭 읽고 싶습니다.

저의 경망스러운 서신을 용서하여 주시기를 바라면서 오늘은 이만 줄입니다. 교수님께서 더욱 건승하시고 연구에 많은 성과가 있기를 기원합니다.

안녕히 계십시오.

X. 박찬운, 『빈센트 반 고흐, 새벽을 깨우다』(2015)[14] — 2015년 6월 15일

박찬운 교수님,

보내 주신 귀한 저서 『빈센트 반 고흐, 새벽을 깨우다』를 잘 받았습니다. 대단히 감사합니다.

이 책은 무엇보다도 그 짜임새가 재미있습니다. 모두 39개 꼭지

14) 이 책은 2018년 6월에 그 「개정증보판」이 출간되었다. 이 새 판본에 대한 어느 '책소개'(https://www.aladin.co.kr/shop/wproduct.aspx?ItemId=153511298)에 의하면, "이번 개정증보판은 많은 부분에서 초판과 달라졌다. 우선 새로운 디자인으로 새롭게 태어났다. 그리고 글을 추가했으며, 독자들의 편의를 위해 색인 항목 또한 추가했다. 그러나 무엇보다 초판과의 큰 차이는 초판본에 실린 독자 댓글을 삭제한 것이다. 이 책은 독자와의 교감 속에서 탄생한 것으로, 저자는 그 생생한 흔적을 남기고 싶어 독자들의 댓글 일부를 초판본에 옮겨 놓았었다. 그랬던 것을 이 개정증보판에서는 이 책을 순수한 빈센트 반 고흐 그림 에세이집으로 출판해야겠다는 고심 끝에 삭제했다는 점이다."

의 짤막한 글, 그 글에 어울리는 또는 그 글의 '대상'이라고 할 그림(들), 그리고 '페친'들의 댓글이 어우러져 있군요. 이런 구성의 책은 저에게는 처음인 듯합니다.

이 책을 통하여 저는 고흐에 대하여 더 잘 알게 되었다고 생각합니다(예를 들면, 고흐의 '에로티시즘', 가셰 박사라는 사람, 아주 다른 느낌을 주는 두 초상화가 있다는 것, '아를 원형경기장' 같은 그림도 있다는 것). 그 점에 대하여 교수님께 깊은 감사의 말씀을 올립니다.

그런데 저의 생각을 솔직히 말하는 것을 허락하여 주신다면, 고흐는 그야말로 불꽃같은 삶을 살았고(자살 시도, 귀 절단과 같은 自傷, 정신병원 입원 등뿐만 아니라 예를 들면 그 쏘아보는 자화상의 시선이 사람을 붙잡지요) 거기다가 많은 수의 편지가 남아서, 사람을 매혹합니다. 그런데 제 취향으로는 그렇게 이야기거리가 많은 삶을 산 예술가에는 크게 끌리지 않음을 고백하여야겠습니다. 또 고흐의 그림 전체를 놓고 보면 좋은 그림도 물론 아주 많지만 별로 신통치 않은 것도 없지는 않다는 느낌이 들기도 합니다.

저는 —굳이 그렇게 말하기로 하면— 평범하게 살면서도 회화적 표현의 새로운 형식을 추구하여 무한히 애쓴 세잔 같은 이에게 더 마음이 끌립니다. 뒤집어 보면 '자기'가 지나치게 전면에 드러나는 예술 작품은 조금 꺼려진다는 것입니다. 그렇게 해서 저는 오히려 고흐의 그림 修業은 어떻게 진행되었는지, 그러한 중에 고흐의 그림에게서 찾아볼 수 있는 자연이나 사람에 대한 '새로운 감수성'이라고 부를 만한 표현이 어디에서 왔는지 같은 것에 관심이 갑니다.

마지막으로 교수님에 대한 보답으로 교정 차원의 몇 가지.

○ 162면 그림 설명 색체 → 색채

○ 226면의 그림은 고흐의 것이 아니라 고갱의 것이 아닌가요? (본문 하 2행에도 '고갱의 그린 고흐의 초상화'라고 되어 있습니다)

○ 251면 하 6행부터 불어의 moulin은 영어의 밀러(miller)에서

왔다기보다는 라틴어의 molinum('방앗간'. 이 말은 다시 mola[맷돌]에서 유래한다고 합니다)에서 왔다고 합니다.

○ 263면 상 2행　　'페레' → '페르'

○ 390면 상 5행　　'근심스러운 세상' → '덧없는 세상'

** 浮世는 통상 위와 같이 옮겨지는 듯합니다.

다시 한 번 교수님의 노력, 그리고 감수성과 열정에 박수를 보내면서, 이만 간단히 줄입니다.

안녕히 계십시오.

XI. 김인섭, 『기적은 끝나지 않았다』(2016) — 2016년 3월 6일

金仁燮 변호사님,[15)]

보내어 주신 귀한 저서 『기적은 끝나지 않았다』를 잘 拜受하였고, 어제 저녁까지에 모두 읽었습니다. 대단히 감사합니다.

우리나라의 8·15해방 후 역사를 다시금 음미하고 반성하여 볼 수 있는 좋은 기회이었습니다. 사실은 저도 그동안 우리나라에서 「법」이란 무엇인가, 사람들에게 법은 무슨 의미를 가지는가를 생각하여 보아야 하는 계기를 여러 고비에서 부득이하게 가지게 되었습니다. 그 과정에서 결국 우리 역사를 어떻게 볼 것인가 하는 보다 큰 문제를 배경에 두지 않을 수 없음을 알게 되었습니다.

---

15) 김인섭 변호사는 필자가 서울민사지방법원 판사로 있던 1981년에 소속 합의부의 부장으로서 많은 가르침을 받았다. 그 해에 법관직을 사임하고 변호사 개업을 할 때에는 필자가 신문에 실리는 「변호사 개업 인사」의 글을 대신 작성한 일도 있다. 그는 주지하는 대로 우리나라의 가장 큰 로펌의 하나인 「법무법인 태평양」의 설립자이다. 그 대표직에서 물러난 후에는 시민운동을 벌이기도 하였다.

그리고 저는 —변호사님께는 처음 말씀드리는 것입니다마는— 대학에서 국사를 공부하고자 마음먹고 있었다가 법학으로 전공을 바꾼 일이 있어서(교양과정을 마치고 대학교 2학년 올라오면서 轉科願書까지 제출했었는데 결국 가지 못했습니다), 역사 공부에 대한 미련 같은 것이 항상 제 마음 저 어느 한편에 도사리고 있습니다. 제가 교수가 되어 법학의 말석을 어지럽히게 된 후에도 제 글을 읽는 사람들로부터는 그 논지의 배경 어디엔가에 '역사적'인 시각이 깔려 있다는 말도 종종 들은 바 있습니다.

저는 우선 무엇보다도 변호사님이 그 연세에 이러한 저서를 집필·발간하신 그 열정에 敬意를 표하지 않을 수 없습니다. 변호사님의 출생연도가 1936년이라고 하시므로(95면) 이제 80세를 꽉 채우셨는데, 참고문헌이, 그것도 대부분이 저서로 이루어진 참고문헌이 200개 이상 열기되어 있는, 그리고 그 참고문헌들을 충실히 인용 또는 이용하고 있는, 내용이 극히 풍부한 책을 지어 내신 것입니다. 이런 일은 —과문한 저로서는— 우리나라에서 매우 드문 일로 여겨지고, 이 한 가지 점만으로도 이미 저희 후학들은 변호사님을 따라 배우지 않으면 안 된다고 하여야겠습니다.

저는 변호사님이 이번 저서에서 전개하신 우리나라의 해방 후 역사에 대한 기본 시각에 공감하는 바 큽니다. 특히 박정희 정부에 대하여는 제가 그 아래에서 고등학교(저는 고3 때 3선개헌 반대 데모를 주도하다가 무기정학의 학사징계를 받은 일이 있습니다)와 대학(제가 대학교 3학년 때 10·17 사태, 그리하여 이른바 「10월유신」이 벌어졌고, 저희는 그 「유신헌법」이라는 것을 가지고 사법시험을 준비하여야 했습니다)을 마치면서 그 권력의 '억압'을 온몸으로 느끼는 바 있어서 박정희 대통령에 대한 개인적 증오는 오랫동안 쉽사리 사라지지 않았습니다. 그러나 돌이켜 객관적으로 생각하여 보면, 그는 그만한 커다란 역사적 과업을 수행·달성하였다고 말하지 않을 수 없습니다.

그리고 오늘날 우리나라의 혼란을 근본적으로 치유하는 방책으로 '민주시민 교육'을 강조하신 부분에 대하여도 동의하게 됩니다. 저는 작년에 인촌기념회·동아일보·고려대학교 등이「선진사회로 가는 대한민국의 과제」라는 대주제로 주최한『광복 70년·분단 70년. 건강하고 공정한 사회를 위한 심포지엄』에 참가하여「갈등을 넘어 상생으로」라는 주제의 '제2 심포지움'에서「우리 사회의 성찰과 국가 발전」이라는 기조강연을 한 일이 있습니다. 외람되오나 그 자료를 동봉하여 올리고자 합니다마는, 저는 우선 다음과 같은 의견을 피력했습니다.

① 1945년에 일본의 식민지 지배로부터 벗어나서 새로운 나라를 건설한 것은 실은 왕을 정점으로 양반만이 특권을 누리던 신분제 사회가 무너지고 각 개인이 골고루 자유와 권리를 누리도록 하는 사회구성의 원리가 근본적으로 새로 정립되는, 그야말로「혁명」의 출발이었다.

② 그런데 아쉽게도 광복 직후의 이데올로기 대립과 분단, 동족상잔의 전쟁, 그리고 가난과 그 극복을 위한 엄청난 노력으로 인하여 이 나라의 '새로움'은 생존을 둘러싼 싸움의 열기 속에 묻혀 버리고 말았다.

③ 혁명의 시대에는 반드시 새로운 윤리와 책임의식을 갖춘 革命的 人間像이 제시되고 그 실현을 위하여 교육과 프로파간다와 강제가 행하여지는 법이다. 그러나 우리는 지금까지도 '민주사회의 시민'이라는 이름에 값하는 인간 모델의 형성과 실현에 별로 주목하지 못했다. 오히려 우리 사회는 아직도 혈연·학연·지연에 억매이는 反革命的 양상을 보인다.

④ 지난 70년의 우리 역사는 한 마디로 그러한 혁명의 수행, 즉 제헌헌법에서 선언된 가치를 현실로 만드는 노력으로 규정할 수 있다. 우리의 이 혁명의 이념을 실현하여야 한다.

저는 이번의 귀한 저서로부터 배운 바를 통하여 제가 가지던 미숙하고 단편적인 생각을 더욱 견실하게 할 수 있음을 큰 다행으로 여깁니다. 저는 무엇보다도 우리 사회에서 필요한 것이 사실은 「진정한 개인의 회복」이라고나 부를 수 있는 바가 아닐까 생각하는 일이 많습니다. 민주사회의 출발점이 되어야 할 개인이 아직도 저희의 언행을 많이 규정하고 있는 조선시대의 유교적 가치관에 좇아 국가나 家 또는 회사 등의 공동체에 함몰되어서 그 고유한 기본가치를 인정받지 못하고 억제되어야 할 滅私奉公의 그 '私'에 불과한 것으로 다루어지고 있는 데서 문제의 근원이 있지 않은가? 우리 헌법은 개인이 존중받아야 한다고 말하는데("인간의 존엄과 가치") 과연 각각의 사람에게서 존중받을 만한 것은 과연 무엇이라고 할 수 있을까? 이러한 의문이 말끔히 가시지가 않습니다. 이런 점에 대하여도 앞으로 변호사님으로부터 많은 가르침을 얻기를 진심으로 앙망합니다.

이번의 책은 변호사님 개인의 일을 아울러 살핌으로써 그 설득력을 더하는 것이 또한 그 특징의 하나라고 하겠습니다. 변호사님이 나중에 「법무법인 태평양」이 된 법률 사무소에 대하여 말씀하신 바도 변호사로서의 경험이 아주 없는 저로서는 새겨볼 만한 것이었습니다. 그런데 변호사님께서 "법치주의의 파수꾼 입장에서 내가 체험한 1987년부터 2012년까지의 **민주화 시대 25년은 무정부 상태나 다름없었다**"고 말씀하신 바(325면)는 2008년에 다시 돌아와 6년 간 역시 법치주의의 최선봉이라고 하여야 할 법원에서 일한 저로서는 — 비록 법원을 직접 지칭하신 것은 아니라고 하여도 — 역시 매우 가슴아픈 것이었습니다.

마지막으로 변호사님께서 전화에서 말씀하신 분부에 따라 몇 가지 사항을 말씀드립니다.

○ 36면의 사진 설명 뒷부분에는 앞줄에 선 김규식이 문득 빠져

있으므로 "앞줄 왼쪽 둘째부터 이시영, 김구, 김규식, 조소앙, 신익희."로 하면 좋을 듯합니다.

◯ 62면 아래에서 여섯째 줄의 박은식 저서 "≪한국통사(韓國通史)≫"는 "≪한국통사(韓國痛史)≫"인 줄 압니다.

◯ 106면 아래에서 여덟째 줄에 "(후에 미국 국방부장관 역임)"이라고 되어 있는 것은 "(후에 미국 국무부장관 역임)"이라고 하겠습니다. 딘 러스크(Dean Rusk)는 미국의 국방부장관을 지낸 일은 없고, 1961년부터 1969년까지 케네디 및 존슨 대통령 아래서 국무부장관으로 있었습니다.

◯ 논지의 전개에 있어서 '네이션 빌딩(nation building)', 특히 그 '스테이트 빌딩(state building)'과의 차이 내지 구별은 매우 중요한 지위를 차지하고 있는 것으로 이해됩니다(69면 이하). 그런데 책의 뒤쪽으로 오면, 그 용어가 '국가형성(state building)/국민형성(nation building)'으로 번역되어 쓰이기도 하고(369면. 128면 위에서 여섯째 줄, 240면 아래에서 아홉번째 줄, 243면 위에서 네번째 줄에도 '국가형성' 또는 '국민형성'이라는 말이 영어의 부가 없이 나옵니다), 그와 같은 내용으로 생각되는 것이 '국가건설(state making)/국민형성(nation building)'이라는 — 현저하지는 않지만 그래도 — 조금 다른 용어 또는 對概念과 관련지어져서 설명됩니다(400면 이하). 졸견으로는, 이러한 기본개념은 가능하면 일관된 용어로 하는 것이 낫지 않을까요?

◯ 그 외에 사소한 것 몇 가지:

(i) 100면 아래에서 여덟째 줄(그리고 네번째 줄도)의 "고등문관시험이나 사법시험에 합격해"라는 부분과 관련하여서, 日帝 아래서는 「사법시험」이란 없었지 않았나요.

(ii) 120면 위에서 다섯째 줄의 "공산권 국가들의 경제협력기구인 코민포름을 창설했다"는 부분에서, 코민포름(Cominform)은 일반적으로 경제협력기구라고 성격 규정되지 않고 그 이름에서도 드러나는

대로 미국의 봉쇄 정책에 대항하여 유럽 여러 나라의 공산당이 그 활동의 조정 및 정보 교환 등을 도모하여 조직한 것으로 알려져 있습니다.

(iii) 357면 아래에서 열째 줄의 "調應", 또 390면 아래에서 여덟째 줄의 "定意"라는 한자는 아마도 "照應", 또 "定義"가 아닐지요.

(iv) 431면(참고문헌)의 '박은정·한인선'은 '박은정·한인섭'이 맞겠습니다.

전화로 말씀올린 대로 이제 저희 아이들은 모두 결혼하여 집을 떠났고, 저희 부부는 그야말로 삶의 새로운 단계를 맞이하였습니다. 변호사님께는 매우 송구한 일이오나 요즈음에 과거를 돌아보는 일도 없지 않은데, 젊은 시절에 변호사님을 모시는 영광을 얻어 애호를 받은 것은 洪福이라고 하지 않을 수 없습니다.

다시 한 번 변호사님의 귀한 저서에 감사드리면서 오늘은 이만 줄입니다.

안녕히 계십시오.

XII. 박찬운, 『경계인을 넘어서』(2016) — 2016년 4월 13일

박찬운 교수님,

보내 주신 귀한 저서 『경계인을 넘어서』를 拜受하여 잘 읽었습니다. 대단히 감사합니다.

저는 전부터 다른 분들으로부터 책을 받으면 가능한 범위에서 짤막한 소감 같은 것을 적어서 보내 드리는 것으로 감사의 뜻을 표하여 왔습니다. 물론 대법원에서는 대체로 그렇게 하지 못하였습니다마는, 그 전에는 그러한 「독서 감상문」 같은 것을 모아 법학 전문지에 싣기도 했었습니다("書信으로 쓴 讀後感 ―非正統的 書評에서조차 벗어나서 ―", 서울대학교 法學 제48권 4호(2007. 12), 331면부터 350면까지). 이제 학교로 다시 돌아왔으니 종전처럼 하면 좋겠다는 생각은 하고 있기는 하나, 쉽사리 뜻대로 되지 않습니다.

이 책은 교수님이 2년 전부터 페이스북에 올린 2백자 원고지 4천 매 이상의 글 중에서 "나와 우리, 그리고 대한민국에 관한 이야기를 뽑아 엮"은 것으로서 그 글들은 "내가 누구인지, 우리가 어떤 존재인지, 나와 우리가 모여 사는 이 대한민국의 모습은 어떤 것이고, 어떤 방향으로 나아가야 하는지에 관한 글"이라고 합니다(9면, 머리말).

그런데 우선 교수님의 그 다양한 '관심 영역'이 저로서는 오히려 생소한 부분도 없지 않아서 무엇을 어떻게 생각하고 파악하여야 할지, 말하자면 '온전한 그림'을 제대로 그리지 못하고 있음을 솔직히 고백하여야겠습니다.

또한 저는 "나는 이러저러한 사람이다(또는, 이러저러한 사람이고 싶다)", "너도 이러저러한 사람이었으면 싶다(또는, 이러저러한 사람이 되는 게 좋을 것이다)", "대한민국은 이러저러한 나라이었으면 좋겠다(또는, 이러저러한 나라이어야 한다)"고 주장하는 것은 얼핏 쉬운 것 같으면서도 실은 그 논증에 적합한 사실과 가치가 細密하고 周到하게 뒷받침되어야 하는 매우 미묘하고 어려운 문제라고 여기고 있습니다. 저는 제가 어떤 사람인지, 누구인지를 ― 자그마한 '느낌'이 없는 것은 아닙니다만 ― 잘 모르겠고, 어쩌다 그에 대하여 어떤 생각을 가지게 되었다고 하더라도 한참 지나고 나면 결국 그것이 허망한 한때의 깨달음에 불과하다는 것임을 알게 되곤 합니다. 남에 대하여서는 더더욱 그렇습니다. 물론 저도 법이나 사회나 국가에 대하여 아무 생각도 없이 공부하고 남을 가르치고 재판을 하였던 것은 아니지만, 그저 저의 전공인 민법에 대하여 일정한 攻究가 있는 정도지요. 그러니 교수님이 이 책에서 그와 같이 기본적인 의미가 있는 難問 전반에 대하여 서슴없이 발언 또는 주장(사회학자 밀즈의 표현으로 하면 'grand theories')을 하는 것이 참으로 부럽습니다.

이번에도 마지막으로 감사의 뜻으로 교정 차원 내지 의문 몇 가지.

○ 136면 아래 5행 이하: 법흥사지 7층 전탑을 신세동 7층 전탑이라고 표기한 것이 "일제가 [그] 탑을 국보로 지정하는 과정"에서 공무원들이 소재지 표기를 잘못했기 때문이라고 합니다. 그런데 일제시대에 이미 우리 문화재에 대한 「국보」의 지정이 있었던가요?

○ 210면에는 '위의 책'에서 인용한 글이 둘 있는데, 이것은 역시 누치오 오르디네의 『쓸모없는 것들의 쓸모 있음』을 가리키는 것이겠지요?

○ 230면 상 3행 이하: "Carnival의 어원은 고기라는 뜻의 carni와 금지 혹은 안녕이라는 뜻의 val의 합성어"라고 하였습니다. 그런데 val에 안녕이라는 뜻이 있다면 그것은 '건강하다' 등을 의미하는 valeo에서 온 것으로 그러한 의미에서는 우선 편지의 말미에 적는 vale!(우리말로 하면 "건강하게 잘 있거라!" 정도의 뜻)에서 쓰입니다. 그러니 말씀하신 것처럼 "고기여, 안녕"이라는 의미라고 할 수도 있을 것입니다. 그러나 학자들은 일반적으로 이 말이 중세라틴어 carnelevarium에서 온 것으로, 그 뒷부분의 원형인 동사 levare은 영어로 하면 lighten 또는 raise을 의미하는데, 이들이 합하여 cessation of flesh-eating의 뜻이 되었고, 위와 같이 "고기여, 안녕"을 의미하는 carne vale!는 이른바 「通俗語源」이라고 합니다(예를 들면, *The Shorter*

Oxford English Dictionary on Historical Principles, 3. ed(1973), p. 287; 新英和大辭典, 제 6 판(2002), 387면; 英語語源辭典(1999), 198면 등 참조).

○ 273면 하 3행 이하: 학이시습지 불역열호(學而時習之 不逆說乎)의 한자는 學而時習之 不亦說乎이겠지요?

○ 283면 상 2행 이하: 루소(1712년 생)가 『불평등기원론』을 낸 1755년에 그는 이미 43세이었습니다. 그리고 그 책의 원문에서 l'inegalite는 l'inégalité가 되는 것이 맞겠지요? 기왕 말이 나왔으니 120면 상 5행의 화가 제리코의 이름도 Jean-Louis André Théodore Géricault든지 줄이면 그냥 Théodore Géricault가 되어야겠지요.

다시 한 번 교수님이 책을 보내 주신 데 대하여 감사드리면서, 이만 간단히 줄입니다.

안녕히 계십시오.

XIII. 김도균 역, 『합법성과 정당성』(2016)[16] — 2016년 6월 15일

金度均 교수님,

그동안 積阻하였습니다. 평안하시지요?

다름이 아니라, 애써 보내 주신 역서 『합법성과 정당성』을 잘 받은 것이 벌써 한 달이 다 된 것 같습니다. 대단히 고맙습니다.

받고 나서 바로 책을 읽고 私感 같은 것을 적어 보내는 것으로 감사의 뜻을 전하려고 하였었습니다. 그런데 이제야 이 편지를 쓰게 되었습니다.

---

16) 원저는 Carl Schmitt, *Legaität und Legitimität*(1932)이다.

나이 탓인지, 대법원에서 기운이 탈진해서인지 요즈음은 마음먹은 일을 바로 '해치우지' 못하고 뭉그적거리게 되곤 합니다. 책도 술술 잘 읽히지 않습니다. 그러나 다른 한편 제 스스로는 말하자면 사물에 대한 감각이라고 할 것이 明澄해졌다고도 느낍니다. 작년 여름에 아들을 장가보내고 나니 우리 집은 처와 둘이 남았고 대법원에서도 나왔고 대학에서의 정년도 1년 반 남아서 이제 삶의 새로운 국면으로 접어들었다는 생각을 하는 듯합니다. 그것과 무슨 관련이 있는지는 잘 알 수 없으나, 주위의 사람이나 일어나는 일들이 아주 재미있고, 사랑스럽고, 그 '맥락'이 잘 잡히는 것도 같습니다(혹은 이해라는 것을 엉뚱하게 함부로 하고서는 自足하게 됩니다).

역자에 대한 소개를 보니 그 사이에 교수님은 역시 활발하게 연구 성과를 내고 계신 것을 알 수 있어서 부러웠습니다. 대법원에서 나온 후로 그 6년 사이에 소홀하지 않을 수 없었던 — 그러나 공부하는 사람으로서는 없어서는 안 되는 — 문헌 기타 자료의 조사에 힘을 써 왔지만, 아무래도 시야가 제 전공인 민법 분야에 한정된 것이어서 아직도 갈 길이 멀다는 것을 이번에 다시 확인하였습니다. 특히 독일의 역사나 정치 등에 관한 국내외의 문헌들에 대하여는 그야말로 啓發的이었습니다.

저는 힘은 힘대로 들면서 별로 빛도 안 나는 이 번역이라는 것이 우리의 법학에는 중요하고도 꼭 필요한 일이 아닌가 여겨 왔습니다. 교수님이 처음으로 번역서를 출간한 것을, 그리고 충실한 주를 달고 또 무엇보다도 원문보다 많은 「해제」를 붙여 출간한 것을 진심으로 축하드립니다. 감수성 예민한 교수님은 이 일을 하는 과정에서 여러 가지 느낌이 많지 않았을까 상상하여 봅니다.

저는 별로 알지 못하지만, 슈미트는 — 아마도 일본 학자들을 통하여 — 어느 세대의 우리 헌법학자들에게 영향을 미치지 않았나 추측합니다. 교수님은 「옮긴이의 말」에서 그를 유신헌법과도 연결지었는데, 그럴 수도 있겠다는 생각을 했습니다. 교수님이 슈미트를 이해하고 계신 대로, 법의 배후에는 분명 정치가 있지요. 그런데 저는 **우리 사회에서** 법은 그 전의 '전통 사회'에서 억눌렸던 '모든 사람'(쉽게 말하면 우선 여성, 나아가 상민·천민)에게 독립한 개인으로서의 자유를 평등하게 보장한다는 데 결정적인 의미가 있다고, 결정적인 의미를 발견하여야 한다고 믿고 있습니다. 종전의 유교 사회에서야말로 법에 앞서서 정치가 있었지요. 물론 그것은 교수님이 말하는 대로 군주의 정치이고, 인민의 정치는 아니었습니다. 그러나 거기서의 '나랏님' 이데올로기가 쉽사리 인민의 이름을 내세워 오늘날에도 힘을 쓸 수 있다는 것을 멀리 갈 것도 없이 다름아닌 유신헌법이 잘 보여 주지 않는가요? 이렇게 보면 정치, 그리고 그 대표적 표상으로서의 권력은 역시 억압되고 견제되어야 하는 것이고, 그 선봉에 바로 법이 있는 것이라고 생각합니다. 지나치게 자유주의적이고 '현실을 무시한' 태도인가요?

저는 남의 나라이지만 제가 배운 것이 아주 많았던 그 독일에서 바이마르 공화국의 그 처참한 '실패'— 그것은 결국 수많은 사람들의 무고한 생명을 앗아간 제 2 차 세계대전, 그리고 거대 국가권력에 의한 한 인종 기타의 조직적 말살에 이르게 됩니다 — 를 다시 짚어 볼 기회가 있을 때마다 가슴 한 편이 아려오는 것을 어쩔 수 없습니다. 그리고 슈미트가 그 '실패'에 적어도 — 표현이 적절한지 모르겠습니다 — 知的 책임이 있다는 것을 이번의 역서를 통하여 더 잘 알게 되었습니다. 그러한 슈미트에 대하여 "사물과 사태의 핵심을 꼭 집어 문제화하고 철저하게 현실을 염두에 두면서 냉철하게 문제를 분석하여 답을 추구하는 슈미트의 학문적 태도에, 그리고 그의 박식과 사유의 힘에 깊은 감동을 받았다. 막연하게 느끼는 것을 개념화하여 현상의 본질을 우리 눈앞에 생생하게 드러내는 슈미트의 저작들을 읽으면서 그에게 매혹당하지 않을 수 없었다"라고 하신다면(331면), 저로서는 그 '학문'이라는 것, 그 '사유'라는 것, 그 '개념'이라는 것, 그 '본질'이라는 것을 과연 어떻게 보아야 할 것인지, 이것저것을 생각해 보지 않을 수 없었습니다. 저는 교수님이 슈미트를 「魔性의 사상가」라고 부르는 것에 오히려 위안을 가졌습니다.

요즈음 아우슈비츠에서 살아나온 이태리인 프리모 레비의 책을 어쩌다 읽게 되었는데, 이 사람의 가장 큰 관심사는 사람들이 아우슈비츠를 오래 잊지 않도록 하는 것이었다고 합니다. 저에게는 그렇게 잊지 않아야 할 게 무엇이 있을까요?

그러면 오늘은 이만 줄이겠습니다. 이 편지가 더는 늦어져서는 안 된다는 데 쫓긴 탓에 함부로 뱉은 妄言을 용서하여 주십시오.

앞으로 더욱 많은 연구 성과를 거두시고 내내 건승하시기를 빕니다. 안녕히 계십시오.

XIV. 안법영·윤재왕 역, 『법학방법론』(2016)[17] — 2016년 11월 25일

윤재왕 교수님,

제가 기억하는 한에서는 교수님과 인사를 나눈 일이 없는 처지에 불쑥 서신을 드려 죄송합니다.

저는 한양대 법학전문대학원에서 일하는 양창수라고 합니다.

---

17) 원저는 Karl Engisch, *Einführung in das juristische Denken*, 11.Aufl.(2010)이다. 이 책은 초판이 1967년에 발간되었다. 저자가 제 7 판(1977)까지를 손보고 1990년에 타계한 후로 제 9 판(1996)부터 오늘날에 이르기까지(현재 제12판(2018.8)이 나와 있다) Thomas Würtenberger와 Dirk Otto가 보정 작업을 하였다("여러 가지 새로운 입법, 판결 그리고 학술 문헌을 고려하여 수정을 가했다. 그것 말고는 이미 우리시대의 고전이 된 이 책의 내용에 아무런 변경을 가하지 않았다").

이 서신을 드리게 된 직접적인 계기는 제가 교수님께서 안법영 교수님과 함께 번역한 엥기쉬의 『법학방법론』에 있습니다. 저는 2008년부터 2014년까지 6년 간 대법원에 근무하였는데, 그 기간 동안 밀려드는 사건의 처리에 쫓겨서 국내외의 법학 문헌을 제대로 추적하지 못하였습니다. 학교로 돌아오고 난 후에 하는 일 중의 하나가 그 공백을 메우는 것입니다. 우리로서는 비록 2009년 3월에 법학전문대학원 제도가 도입되어 법학교육의 양상이 많이 변하였고 교수님들의 교육 부담이 현저히 늘어났음에도 불구하고 충실한 연구 문헌이 적지 않게 나온 것을 확인하고 마음 든든하게 생각하고 있습니다.

그 중에서도 교수님께서 독일의 법이론 문헌을 많이 번역하신 것이 확연히 눈에 띄었습니다. 저는 민법을 전공하는데 우리나라에서 공부의 기본 자료가 태부족하다는 생각을 하여 이를 부족하나마 메우고자 예를 들면 츠바이게르트/쾨츠의 『비교사법제도론』, 『독일민법전』, 라렌츠의 『정당한 법의 원리』, 포르탈리스의 『민법전서론』 등을 번역 · 출간한 일이 있습니다. 그래서 저는 번역 일의 어려움 또는 성가심, 번역에 대한 우리 학계의 차가운 시선 등을 어느 정도는 안다고 스스로 생각합니다.

그러한 저로서는 여기서 교수님의 활발한 번역 작업에 감사와 찬탄의 뜻을 표하지 않을 수 없습니다. 특히 엥기쉬의 앞서 본 책은 저로서는 추억이 적지 않습니다. 벌써 40년도 더 전인 1975년으로 기억하는데, 당시 저는 사법연수원에 다니면서 서울대학교 대학원 석사과정에도 나갔습니다. 서울대가 관악산으로 옮기면서 다른 단과대학의 법학교수님들도 법대로 오시게 되었는데 그 중에 전의 상과대학에 계시던 이호정 선생님이 계셨습니다. 제가 수강 신청하였던 이 선생님 강의의 교재가 엥기쉬의 *Einführung in das juristische Denken* 이었습니다. 저는 당시 서울에서 유일하게 독일 책을 취급하던 명동의 「소피아 서점」에 가서 이 책을 구입하였습니다(1971년에 나온 제 5

판입니다). 수강생은 저 외에 지금 로마법을 하는 최병조 교수뿐이었던 것으로 기억하는데, 이 선생님 연구실의 소파에 세 사람이 옹기종기 앉아서 이 책을 조금씩 읽어가던 일이 기억에 생생합니다. 독일적인 법이론을 — 많은 경우에 잘 모르는 형법 영역으로부터의 예들도 익히면서 — 이 선생님(1960년대에 쾰른대학에 유학하여 케겔의 가르침을 받았습니다)의 설명에 의지하여 차츰 익혀갔던 것입니다.

조금 전에 서고에서 때가 잔뜩 묻은 그때의 그 책을 가져 와서 살펴보았는데 맨 앞 장에 Yang Tschang-su라고 서명한 것이 그대로 남아 있군요. 지금은 YANG Chang Soo라고 쓰는데 그때는 — 아마도 김철수 선생님이 Kim Tschol-su라고 하신 것을 어디선가 보고 본떴던 것이 아닌가 짐작합니다 — 알파벳으로는 그렇게 쓰곤 하였던 것입니다. 이 책은 본문이 서문까지 합하여 195면인데, 註(Anmerkungen)가 보다 작은 활자로 무려 90면에 걸쳐 극히 충실한 것으로서, 아무것도 모르면서 그저 건방지기만 하였던 우리를 이끌어 주신 이호정 선생님의 큰 學恩을 다시 한 번 새기게 됩니다. 그리고 나중에 심헌섭 선생님도 독일에서 엥기쉬에게서 배웠고 그를 높이 평가하셔서 그 저술을 많이 인용하신 것을 알게 되었습니다.

추억담이 길어졌습니다만, 그 후 저는 법이론이나 법학방법론 자체보다는 — 그 성과를 익힌 것이 조금이라도 있다면 — 그것을 우리 민법상 구체적 문제의 해결에 적용하는 實作을 지향하게 되었습니다. 엥기쉬도 말하듯 “법학이 존재한 이래로 법학은 언제나 **실천적** 학문”인 것입니다(역서, 5면; 제 소장본, S. 8. 물론 엥기쉬도 주에서 “법학이 진정으로 실천적이고자 한다면 실천적인 문제에만 국한되어서는 안 된다”는 예링의 말을 인용하고 있기는 합니다. 역서, 5면 주 4 말미; 제 소장본, S. 194 Anm. 1b. 라드브루흐의 유명한 법학방법론에 대한 ‘경계’의 말을 여기서 굳이 인용할 필요는 없겠지요?). 물론 법학방법론에 대해서 글을 쓴 것이 아예 없지는 않지만 어디까지나 ‘실정법학자의 법학방법론'의 범위에 머물고자 의식적으로 노력하였습니다.

앞으로 여러 방면에 걸치는 교수님의 학문적 관심(최근에 헌법에 관한 저술이 출간되었다고 들었습니다)이 좋은 결실을 맺고 또한 번역 등에 있어서도 많은 성과를 내시기를 충심으로 기원합니다. 언제 안법영 교수님과 같이 자리를 함께 할 기회가 있었으면 합니다.

그러면 항상 건강에 유념하시기를 바라면서, 이만 줄입니다.

안녕히 계십시오.

XV. 홍영기, 『법학논문작성법』, 제 2 판(2016) — 2016년 12월 25일

홍영기 교수님,

제가 기억하는 한에서는 교수님과 인사를 나눈 일이 없는 처지에 불쑥 서신을 드려 죄송합니다.

저는 한양대 법학전문대학원에서 일하는 양창수라고 합니다.

이 서신을 드리게 된 직접적인 계기는 교수님의 저서 『법학논문작성법』에 있습니다. 저는 그 전에 서울대학교 법과대학에 있다가 2008년부터 6년 간 대법원에서 일하였는데, 그때 밀려드는 사건의 처리에 쫓겨서 국내외의 법학 문헌을 제대로 추적하지 못하였습니다. 그러다가 최근에 2014년에 나온 위 책의 개정판이 금년에 나온 것을 알게 되어서 우선 책 이름에 끌려 이를 구입하여 읽었습니다. 제가 학교로 돌아와서 느낀 것은 이른바 학문 후속 세대의 양성이라는 법학 교육의 또 하나 중대한 과제가 새로운 제도 아래서 매우 소홀히 되고 있지 않은가 하는 점입니다. 교수님의 위 책을 읽으면서 이와 같이 법학 연구의 의미, 나아가 그 '재미'를 잘 전할 수 있으면 변호사 자격의 취득에 우선 혈안이 되어 있는 학생들 중에서도 법학 연구에 뜻을 두는 사람이 혹시 나올 수도 있겠다는 생각을 했습니다.

우리 학교에는「법률가의 과제와 진로」라는 1학년 학생들을 위한 1학점짜리 강좌가 개설되어서, 법관·검사 또는 특히 각 분야의 변호사들을 모셔다가 자기 일 얘기를 하는 식으로 진행되고 있습니다. 제가 그 강좌의 운영 내용을 들여다보니 법학 교수의 길은 '법률가의 진로'와 아예 무관하다고 치부되는지 지금까지 다루어진 일이 없다고 하여서, 작년 2학기부터는 매 학기마다 1시간을 할애받아 진행하고 있습니다. 그런데 앞서 말씀드린 대로 우선 변호사시험을 위하여 다른 생각을 하기 어려운 법학전문대학원 학생들에게 — 법학 교수의 '자유' 등에 관한 일반적인 소개 외에 — 법학 연구에 대한 흥미를 일으키기 위하여 그 공부의 과정에서 그들이 할 수 있는 바에 대한 현실적인 조언으로 마땅한 것을 찾기 어려웠습니다. 결국 그저 공부를 하는 과정에서 맞닥뜨리는 법문제에 관하여 '잘 쓰인' 우리 학자들의 논문을 찾아서 찬찬히 읽어보라고 하는 것이 고작이었습니다. 앞으로는 교수님의 위 책을 길잡이가 될 문헌으로 제시할 수 있게 된 것이 매우 기쁩니다.

특히 다음의 부분은 학생들에게 읽어 들려주고 싶습니다. 여기서 '법학', '사람', '현실' 등이라고 하면 물론 우선 우리 법학, 한국사람, 우리 현실 등을 가리키는 것이겠지요?

> "법학은 결국 법실무에 봉사하기 위한 것이다. 그리고 법실무는 사람들 간 분쟁을 해결하고 정의에 가까운 결과를 실현하기 위한 구체적인 활동이다. 쉽게 말해 법을 학문으로 공부한다고 하더라도 최종적으로는 개별적인 문제를 해결하는 데에 일정한 방향으로 기여해야 한다는 의미이다. [법학] 분야에 따라서 학문과 실천 사이에 놓여 있는 거리의 차이는 있다. 직접 개별 사안의 해결에 쓰일 수 있는 이론도 있고, 법철학처럼 실정법 운영에 먼 지침을 주고 그로부터 일어

난 파장이 결국 실무에 기여하도록 하는 분야도 있다. 그렇지만 법학이 구체적인 인간 실존의 조건을 개선하는 데에 반드시 도움을 주어야 한다는 데에는 예외가 있을 수 없다. 사람의 생명과 건강을 유지하려는 목적과 무관한 의학이 있을 수 없는 것과 마찬가지이다.

인간 삶을 염두에 두지 않고 추상적인 가치에만 몰두하는 법학, 이론 그 자체를 세밀히 다듬는 데에만 치중하는 공부에 그칠 수 없는 것이라면, 그 성과를 글로 표현한 논문 또한 추상적인 관념의 편린에 머물 수는 없다. 실정법의 해석·적용에 대한 결과물이라면 그것이 현실에서 어떻게 이용될 것인지에 대한 저자의 심사숙고가 완결된 형태로 드러나야 한다.” (176면)

위 책의 내용에 대하여는 느낌이 적지 않지만, 대체로 생략하고 다음과 같은 것만 말씀드립니다. ‘고려대 법대의 學風’이라고 부를 만한 것의 어떤 측면을 들여다볼 수 있는 것, 제 전공이 민법인지라 가끔은 교수님의 전공인 형법 분야 바깥에서도 예를 들어 주셨으면 더욱 좋았겠다는 개인적인 아쉬움이 있다는 것(얼마 전에 윤재왕 교수님의 역서 『법학방법론』을 알게 되어 그 원서와 관련한 대학원 시절의 추억도 담아서 윤 교수님에게 서신을 보낸 일이 있는데, 엥기쉬의 그 책도 형법을 염두에 둔 서술이 두드러집니다. 형법학과 넓은 의미의 법이론과는 혹시 무슨 類緣性이라도 있을까요?), 법학전문대학원 수료 후에 ―위 책에서 많이 언급되어 있는― 독일의 대학으로 유학의 길을 택할 사람이 얼마나 있을지 아예 의문이 없지는 않다는 것(그러고 보면 형법 교수님들 중에는 독일에서 학위를 하신 경우가 많네요), 색인, 특히 사항색인이 붙어 있으면 어땠을까, ―이것도 제 전공이 민법인 것과 관련되는 듯합니다마는― 약어 표시 중에 프랑스 문헌에 대한 것도 있었으면 좋겠다는 것 등입니다.

이상은 개인적인 소감으로서 그야말로 妄言이 많을 것이오니 부디 너그러이 양해하여 주셨으면 합니다. 앞으로 교수님의 학문적 관심이 좋은 결실을 맺고 많은 성과를 내시기를 충심으로 기원합니다.

그러면 항상 건강하시고 새해 가내에 만복이 깃들이기를 바라면서, 이만 줄입니다.

안녕히 계십시오.

XVI. 한동일, 『교회법률용어사전』 등 — 2017년 12월 8일

한동일 신부님,

전혀 면식이 없는 터에 불쑥 서신을 드려 죄송합니다. 저는 한양대학교 법학전문대학원에 근무하는 양창수라고 합니다.

저는 신부님을 『교회의 재산법』이라는 책의 저자로만 알고 있었습니다. 민법이 제 전공이어서 '재산법'이라는 제목이 들어간 자료에는 일단 흥미를 가지게 되는 것입니다.

그런데 지난 주 토요일에 학회에 나갔다가 서을오 교수로부터 문득 신부님이 번역·출간하신 『교회법률용어사전』에 대하여 알게 되었습니다. 민법은 신부님께서도 잘 아시는 대로 역사적으로 보면 로마법과 아울러 교회법으로 만들어졌다고 해도 과언이 아니기 때문에 교회법에도 관심이 없지는 않지만, 다른 데 눈이 팔려서 크게 주의를 기울이지는 못하고 있는 형편이었고 그저 정진석 추기경이 『교회법전 주해』를 비롯해서 이에 대하여 많은 저술을 하셨다는 정도만 알고 있었습니다. 그러나 우리말로 된 『용어사전』은 금시초문이었습니다.

저는 다른 일이 있어 학회를 조금 일찍 물러나왔는데, 그날 밤에 서 교수가 전화로 위의 책을 신부님께서 저에게 전달하라고 주셨다는 말을 들었습니다. 그리고 오늘 오전에 잘 받았습니다. 『용어사전』

외에도 『라틴어 수업』, 그리고 『카르페 라틴어(종합편)』도 같이 보내 주셨더군요. 아직 어느 하나도 제대로 살펴보지 못했지만, 무어라 감사의 말씀을 드려야 할지 모르겠습니다.

『라틴어 수업』은 3개월 남짓 만에 무려 31쇄를 찍었다고 刊記에 적혀 있어서 정말 놀랐습니다. 전에 제가 근무하던 서울대 법대의 학생이던 장승수 군(지금은 어엿한 변호사로 일하고 있습니다)이 대학입시 공부 체험을 담은 『공부가 제일 쉬웠어요』라는 책을 내서 500쇄 이상을 찍었다는 말을 들었습니다만(지금은 몇 백 쇄 더 될지도 모릅니다. 대학입시를 준비하는 서울 강남의 고교생들이 제일 싫어하는 책이라는 말도 있습니다), 부디 위 책이 그 기록을 깨기를 바랍니다. 제 처는 대학에서 불문학을 공부했고 나중에는 마담 드 스탈로 박사학위까지 받았는데 독실한 가톨릭이기도 해서 틀림없이 이 책을 좋아할 겁니다. 오늘 퇴근할 때 집에 가지고 가서 점수를 좀 따야겠습니다.

저는 법원에서 대학으로 직장을 옮긴 30대 초반에 라틴어가 민법 공부에 필요하겠다는 생각이 들어 조금 씨름했었는데("무슨 놈의 격 변화가 이리 많고 복잡하담!") 지금은 거의 다 잊어버렸습니다. 이제 『카르페』를 보니 희미한 옛사랑의 그림자가 다시 살아나는 듯합니다.

그리고 저도 책 몇 권을 번역·출간하였고, 오늘도 독일민법의 최근 개정 조문을 번역하고 있습니다. 우리나라에서 번역은 별로 알아주지도 않고 고되기는 아주 고된 작업인데, 이 1,200면이 넘은 전문사전을 홀로 번역하신 신부님의 노고와 끈기에 진심으로 경의를 표합니다. 저는 평소에 신탁(fiducia)에 조금 관심이 있어서 얼른 그 항목을 찾아보았습니다. 그리하여 '신심 의사'와 '신심 기금'을 알게 되었습니다. 앞으로도 이 책을 좌우에 두고 공부와 교육에 항상 참고하도록 하겠습니다.

그러면 다시 한 번 감사의 말씀을 드리면서, 오늘은 이만 줄입니다. 일간 서을오 교수와 함께 저녁 식사라도 모시도록 하겠습니다.

부디 더욱 건승하시고, 많은 작업성과 내시기를 기원합니다.

안녕히 계십시오.

XVII. 한인섭, 『가인 김병로』(2018) — 2018년 1월 10일

한인섭 교수님,

교수님이 직접 주소를 써서 부쳐 주신 『가인 김병로』를 지난주 금요일에 잘 받았습니다. 멀리 있는 사람에게도 배려를 해 주셔서 대단히 감사합니다.

가인 선생은 전에도 언젠가 말씀드린 대로 제 조부께서 경성전수학교 시절 직접 강의에 열석하였던 분으로서 해방 후에는 상경을 권유한 일도 있다고 들어서, 저 개인적으로도 각별한 느낌이 있습니다. 그러나 그보다 저는 건국 초기 우리 법률가(법학교수를 포함하여) 중에서, 아마도 유진오 선생과 더불어, 가장 주목받을 만하다고 생각합니다. 그것은 한마디로 사법부의 수장으로서 장차의 법관들, 나아가 모든 법률가에게 정신적인 지표가 되었다는 점에 있다고 할 것입니다. 특히 이제 새로 입헌주의·법치주의를 실현하고자 하는 신생의 국가에서는 어떠한 경우에도 그러한 '지표'가 극히 중요한 의미가 있지요.

한 교수님은 이번 저서에서 선생이 법전편찬위원회 위원장으로 관여한 입법작업 등과 관련하여 주로 형법에 초점을 맞추어 살펴보셨지만, 저는 전공상 민법전에 흥미가 있습니다. 여기서 선생은, 쉬운 예를 들자면, 등기의 공신력을 채택하지 않는 중대한 의미가 있는 — 그리고 저는 옳았다고 여기는 — 결단을 내렸고(일부 학자들이 우리 민법이 그것을 베꼈다고 주장하는 만주국민법은 그렇지 않습니다), 또 양도담보·가등기담보와 같은 비전형담보의 유효성을 제한하는 이른바 '대물변제의 예약'에 관한 민법 제607조·제608조(그 후 비전형담보 일반을 규율하는 특별법인 「가등기담보 등에 관한 법률」의 출발점이 되는 규정이기도 합니다. 물론 그것이 타당한지도 별론으로 하고)도 의문의 여지 없이 독창적인 것으로서 선생의 발상에 터잡은 것으로 압니다. 이러한 입법적 선택은 선생의 법률가로서의 실력, 그리고 자기 자신에 대한 일정한 평가가 없이는 불가능한 일이라고 봅니다.

이에 반하여 예를 들면 高秉國 선생(해방 당시 몇 안 되는 법학 관련 전문학교 교수 경력자로서, 해방 직후 경성법학전문대학의 학장이 되고 이어 초대 서울대 법대 학장을 6년 간 지냈지요. 서울대를 물러난 후에도 단국대학장, 경희대 총장 등을 역임했고, 하여튼 교수로서 얻을 수 있는 자리는 다 누렸습니다)은 법전편찬위원회 위원으로서 민법총칙편의 起草를 맡았는데, 만주국민법 총칙편과 단 몇 개조만을 달리하고 나머지는 내용적으로나 용어·편성 기타 형식상으로 완벽하게 동일한 제안을 하였습니다. 그리하여 요즈음까지도 일본사람들로 하여금 우리 민법은 일본민법의 복사판이라고, 일본은 동아시아 여러 나라에서의 이른바 '제2차 계수'의 발상지 내지 원천이라고 유럽대륙의 국가들에 대하여 주장할 소지를 제공하였다고 할 수 있어서, 현저한 대조를 이룹니다. 제가 이시윤 현재 재판관으로부터 직접 들은 바에 의하면, 고 선생을 新義州高普에게 직접 가르쳤던 분이 "고병국처럼 우수한 학생이 없다. 그가 일본사람이라면 일찍이 총리대신이 되었을 게 틀림없다"고 하였다는데, 과연 어떨지요. 과연 식민지의 학생으로서 '우수하다'는 것이 무엇을 의미하는가요, 의미하여야 할까요.

그동안 가인 선생에 대하여 본령인 법률가로서의 그를 제대로 조명한 문헌이 없어서 항상 마음 한 구석에 석연치 않고 허전한 부분이 있었는데, 이제 교수님의 저서로 그 허전함을 메울 수 있어서 기쁩니다.

이번 저서는 무엇보다도 그 연구의 篤實性이 눈에 띕니다. 관련 자료를 얻기 위하여 얼마나 발품을 팔았을지 각주의 문헌들을 보면 바로 알 수 있습니다. 고생 많이 하셨습니다.

아직 책을 샅샅이 읽어보지 못한 형편이지만 반가운 마음에 이 글을 쓰는 것이라, 오늘은 이만 줄입니다. 할 일 많은 우리 법학계를 위하여 부디 앞으로 더욱 많은 연구성과 내시기를 간절히 기원합니다.

새해 복 많이 받으십시오.

XVIII. Young-Whan Kim, *Rechtsphilosophie und Strafrecht in Deutschland und Korea*(2017) — 2018년 2월 17일

김영환 교수님,

설 연휴를 즐겁게 지내고 계신지요.

다름이 아니오라, 교수님께서 애써 마련하여 주신 『*Rechtsphilosophie und Strafrecht in Deutschland und Korea*』를 잘 받았습니다. 대단히 감사합니다.

제가 아는 한에서는, 지금까지 독일에서 우리나라 법학자의 논문을 모은 단행본이 출간된 일은 없으며, 교수님의 위 책이 처음입니다. 무엇보다도 그 점을 축하드리고 싶습니다. 그 사이에 교수님께서 꾸준히 연구하고 또 독일어로 논문을 써서 발표한 결과로 이와 같이 훌륭한 '작품'으로 결실을 맺지 않았나 생각합니다.

내용적으로 보면, 저는 법철학은 물론이고 더군다나 형법에 대하여는 잘 알지 못하는 탓에 제대로 드릴 수 있는 말씀이 별로 없습니다. 다만 제가 뜻하고 있는 민법의 연구와 관련하여서 법학방법론 내지 법이론 등(이하 합하여 "방법론")에는 관심이 아주 없지도 않지만, 그것도 어디까지나 우리 민법을 해석하는 작업에 꼭 필요한 한도에 그칩니다. 저는 오히려 방법론에 '휩쓸리지' 않도록 스스로를 경계하여 왔다고 말하는 것이 적절할 듯도 합니다.**

그리고 그 사이의 보잘것없는 경험에 비추어 보면, 우리 민법의 규정 또는 제도 등을 다른 여러 나라의 그것에 대한 지식을 배경으로 하여 말하자면 비교법적으로 논의하는 것이 훨씬 더 유익하지 않은가 생각하고 있습니다. 이와 관련하여서는, 전에도 언젠가 말씀드렸던 것처럼, 저는 민법에 관해서는 우리가 오로지 독일법을 계수하였다고, Zweigert/Kötz가 말하는 바의 그 '독일법계'에 전적으로 속한다고 쉽사리 말할 수 없으며(주지하는 대로 민법의 친족·상속편은 훨씬 '프랑스법적'이라고 할 것입니다), 이 점에 대하여 우리나라의 일부 학자들이 어느 시점까지 특히 독일어로 말하였던 바는 엄연한 역사적 사실에 반한다고 봅니다. 이는 나중에 민법교수가 되신 분들이 한때 독일로 유학을 많이 갔고 그들이 독일에서의 논의를 배경으로 한 해석론을 부분적으로 주장하였다고 해서 달라지지 않습니다. 무엇보다도 '현재 있는 법(what the law is)'으로서의 민법, 즉 거칠게 말하면 우리 민법전 그리고 판례는 독일의 그것과는 기본적인 점에서 다른 바가 많은데 그러한 부분이 비판되어야 한다고 평가되고 있지는 않은 것입니다. 그리고 그것은 —특히 요즈음 유럽연합의 틀 안에서 진행되고 있는 유럽법 통일작업을 배경으로 보면— 다행스러운 일이라고 해도 될는지 모른다고 생각하고 있습니다.

** 그것은 桂禧悅 편역, 憲法의 解釋(1993)을 읽으면서 느꼈던 바와도 관련이 되고, 나아가 무엇보다도 형법 제170조 제 2 항에 관한 1994년의 대법원 전원합의체 판결에 대하여 교수님을 포함한 우리 학자들이 전개한 논란을 지켜보면서 이러한 경계를 더욱 굳혔다는 것을 고백해야 할 것입니다.

다시 한 번 귀한 저서를 주심에 감사드리면서, 이만 줄입니다. 부디 더욱 건승하시고 많은 연구 성과를 내시기를 기원합니다.

XIX. 김영환, 『자유주의적 법치국가』(2018) — 2018년 6월 10일

김영환 교수님,

이번 학기도 끝나가고 있습니다. 그동안 평안하시지요?

다름이 아니오라, 교수님께서 보내 주신 『자유주의적 법치국가 — 한국에서의 법철학과 형법』, 그리고 옥고 「법률해석의 목표: 주관적 해석이론과 객관적 해석이론 간의 논쟁에 관해」를 잘 받았습니다. 대단히 감사합니다.

저는 위 저서의 서문을 읽고서야 교수님이 올해 여름, 그러니까 오는 8월로 정년을 맞으신다는 것을 알게 되었습니다. 이 책은, 그에 앞서 독일에서 나온 *Rechtsphilosophie und Strafrecht in Deutschland und Korea*와 함께, 그동안 결실 많은 교수님의 학문 활동을 잘 보여 준다고 생각됩니다. 영예로운 정년퇴임을 진심으로 축하드립니다.

그런데 저는 아직 위 저술들의 여기저기를 띄엄띄엄 들춰보는 데 그쳤으므로, 무슨 소감이라고 할 만한 것을 덧붙일 수도 없습니다. 다만 그 중에서 「법을 통한 과거 청산?」은 배독하였습니다. 거기에서 저는 "자연법 아니면 법실증주의라는 낡고 잘못된 양자택일적인 사유의 틀을 걷어내야 한다"는 '이론적인 측면에서의 제안'에 충분히 공감할 수 있었습니다(90면 이하). 그런데 "문제 해결의 단서는 이 세 가지 요소[=도덕성·실정성·사실성] 중 어느 것이 더 중요한 것인가가 결코 아니다. 오히려 이 세 가지 요소가 그 행위시점에 어떻게 서로 연결되어 있었는가라는 소위 상호관계의 사실 확정이다. 그리고 바로 이 점에서 법적 과거청산의 경우 사실성 요소를 성찰하는 것이 더없이 절실하다. … 다시 강조하건대, 문제의 관건은 그 당시 동독의 법해석의 실무가 어떤가를 사실적으로 확인하는 것"이라는 서술(91면)에 이르러서, 저는 다음과 같은 생각을 했습니다.

> 그렇다면 우리 법학자로서는 독일(또는 구 동독의 국경법 제27조 제2항 제1문)이 아니라 당연히 우리나라의 과거 청산이 문제이어야 할 것이므로, 과연 나치나 구 동독이 아니라 **우리나라에서 '청산되어야 한다'는 그 과거의 법실무**가 사실적으로 어떠했는지, 나아가 우리의 그 '과거'의 법적 구조는 어떠했는지를 구체적으로 확인하는 학문적 작업은 유의미하게 행하여지고 있는가? 그렇지 않지 않은가? 우리의 '국가에 의한 만행'은 나치나 구 동독의 그것과 그 목적, 양상과 정도(대상적·시간적·공간적 등 모든 측면에서) 등에 있어서 무엇이 어떻게 다른가? 이것이야말로 과거 청산의 법적 논의에서 중요한 배경을 이루지 않을까?

저는 평소에 우리 법학계 최대의 약점이 우리의 현실에 대한 법적 분석 내지 성찰이 빈약하다는 데 있다고 생각하여 왔습니다. 그리하여 그것이 어느 나라의 법학인지 알 수 없는 지경에 이르렀다고 과격하게도 중얼거린 일도 있습니다. 우리는 짧은 기간 동안 현저한 변화를 겪어서 해결되어야 할 매우 어려운 법문제가 꼬리를 물고 일어나고 있는데도 말입니다.

다시 한 번 귀중한 저술을 좌우에 두고 참고할 수 있는 기회를 주심에 감사드립니다.

부디 앞으로도 내내 건승하시기를 빌면서 이만 줄입니다.

안녕히 계십시오.

XX. 전광석, 『한국헌법학의 개척자들』(2015) — 2018년 7월 8일

저는 양창수라고 하는 사람인데, 교수님과는 면식이 없는 터에 불쑥 서신을 드려 대단히 송구합니다.

다름이 아니오라, 교수님의 귀한 저서 『한국헌법학의 개척자들』을 요즈음에야 배람하였습니다. 저는 2014년 9월에 대법원을 물러나서 학교로 돌아온 후로 내내 그 사이에 나온 국내외의 연구 자료를 뒤늦게나마 살펴보는 데 많은 시간을 쏟고 있습니다. 저는 민법해석학에 뜻을 두고 있지만, 원래 역사를 좋아한 터라 법 또는 법학의 역사에는 아무래도 관심이 갑니다. 그런 중에 위 책에도 손을 대게 된 것입니다. 이하 제가 이 책을 읽고 느낀 점, 私感이라고 할 것들을 간단히 정리하여 보고자 합니다.

먼저 위 책의 저술에 쏟은 교수님의 열정과 노고에 찬사를 보냅니다. 저는 1985년에 학교로 일터를 옮기고 난 후에 민법전의 제정과정을 살펴본 일이 있습니다. 그때 우리 학계에서 넓은 의미에서 '자료'라고 부를 수 있는 것이 매우 소홀히 다루어지고 있음을 절감하였고, 그 공백을 메워보려니 예상보다 훨씬 많은 노력이 들었습니다. 전에 같은 학교에서 근무하던 신동운 교수와도 형법전에 관하여 同病相憐을 나눈 일이 있습니다만, 위 책을 보니 교수님께서 온갖 자료를 열심히 수집하고 정리한 자취가 뚜렷합니다. 나아가 거기서 얻어진 知見을 독일의 관련 문헌과 비교하여 평가하는 작업은 더욱 수고로우셨을 것으로 짐작됩니다. 애 많이 쓰셨습니다.

또한 위 책에서 다룬 다섯 분[18]을 보면 공법학자들의 경우에는

---

18) 위 책은 우리 헌법학의 초기를 대표하는 5인의 헌법학자, 즉 유진오, 한태연, 문홍주, 박일경, 김기범를 다루고 있다.

'현실에의 관여'라고 부를 수 있는 측면이 적어도 민법학자들보다는 두드러진다는 것을 느꼈습니다. 우리 민법전의 제정에는 학자들이 거의 관여하지 않았으며(정확하게는, 관여할 수 없었으며) 압도적으로 實務家 중심으로 작업이 진행되었고 그 핵심에 김병로 선생이 있었습니다. 그런데 헌법의 경우에는 제헌헌법은 더 말할 것도 없고 그 후의 중요한 개정에는 학자들의 참여가 만만치 않지요? 그와 관련해서는 김기범을 제외하고는 모두 관직에 나아갔다는 점도 그만한 까닭이 있는지 모르겠습니다.

그리고 독일 헌법이론의 압도적인 영향도 눈에 띕니다. 그런데 이 점은 오히려 戰前의 일본 헌법학을 통한, 말하자면 2차적인 이론 계수라고 보아야 하지 않을까 하는 생각을 해 봅니다. 저는 바로 우리 민법학의 초기 양상에 분명히 그런 점이 간취된다고 보는데, 헌법학의 경우는 어떤지요? 그러고 보면 위 책에서 다룬 다섯 분은 모두 법학교수가 되기 전에 헌법학을 전문으로 연구한 일이 없었고(있었나요?), 또 —잠깐 미국에 유학한 문홍주(이하 경칭 생략)를 제외하고는 — 외국 연구의 경험이 없다는 점도 음미해 볼만한 일일지도 모르겠습니다. 그것이 '일본법학의 극복'이라는 구호 아래 법학 연구에 뜻이 있는 우리 젊은이들로 하여금 다름아닌 독일로 걸음을 향하게 하지 않았나(민법의 김증한은 정년퇴임 강연에서, 한국민법학은 "일본법학의 망령으로부터 해방되어야 한다. 일본법학의 굴레에서 벗어나서 우리 자신의 독자적 이론을 개척해 나가야 한다"고 강조한 다음, 바로 이어서 "그것을 하는 데 있어서는 역시 독일법학이 가장 손쉬운 의거처가 되지 않을 수 없다"고 하였습니다), 그리하여 결국 우리 법학의 독일 지향은 더욱 굳어지게 되지 않았나 하는 것이지요.

이렇게 보면, 김기범을 제외하고는(물론 문홍주의 『미국헌법발달사』도 있습니다만), 이 분들에게 전문적 자료를 번역하는 작업이 별로 없다는 것도 어떻게 보아야 할지 모르겠습니다.

저는 유진오에게 개인적으로 관심이 있어서 조금 살펴본 일이 있는습니다. 그가 1950년대에 펼친 눈부신 활약은 예를 들면 중고등학교의 「공민」 교과서 집필, 한일회담 대표 등 별로 주목되지 않고 있는 점을 포함하여 할 일 많은 새나라의 知的 先鋒으로서 무엇보다 그 '성실함'에 느낀 바가 많았습니다. 그는 —잘 아시는 대로, 약점도 많지만— 헌법학자 또는 소설가 이상의 인물로서 그 다양한 측면을 파헤쳐 인격의 전체상을 얻고 싶다는 생각을 해 보기도 했었습니다.

아직 책을 샅샅이 읽어보지는 못한 형편이지만 반가운 마음에 이 글을 쓰는 것이라, 오늘은 이만 줄입니다.

우리 법학계를 위하여 부디 앞으로 더욱 많은 연구성과를 내 주시기를 바랍니다.

안녕히 계십시오.

[본서 初出]

18. [자료] 최근의 일본민법 개정: 계약법 및 소멸시효법

A. 머 리 말

1. 최근 일본민법 개정[1])의 외적 경과

(1) 2017. 5. 26. 국회에서 개정법률안 무수정 통과.

2017. 6. 2. 공포(법률 제44호).

** 공포일로부터 3년 내에서 시행령(「政令」)에서 정하는 날에 시행(부칙 제11조). 이에 기하여, 2017년 12월 20일의 정령 제309호로 2020년 4월 1일부터 시행하는 것으로 정하여짐.

1) 이에 관한 —입법관계자에 의한— 문헌으로는 우선 潮見佳男, 民法(債權關係)の改正法案の概要, 2015이 있다(이하 이에 의하여 인용한다). 이는 그 저자의 民法(債權關係)の改正に關する要綱假案の概要, 2014를 국회에 제출된 법률안에 맞추어 약간 수정한 것으로서, 본문 326면에 불과하나 간결한, 그러나 알기 쉬우면서 수준 있는 설명을 제공한다. 2017년 8월에 "[2015년 발간의] 위 책의 기재를 바로잡는 등 보정을 행함과 동시에 기재 내용을 전체적으로 조금 늘인"『民法(債權關係)の改正法の概要』이 새로 출간되었다. 그 외에 大村敦志·道垣內弘人 編, 民法(債權法)改正のポイント; 中田裕康, 契約法(이상 모두 2017) 등도 참조. 현재 관련 문헌은 일본에서 쏟아져 나오고 있다.

우리나라의 문헌으로는 우선 서희석 역, "일본 민법(채권법) 개정조문 시역(試譯)", 민사법학 제79호(2017. 6), 123면부터 245면까지(종전 조문과 개정 조문을 대비하여 번역하고 있다); 동, "일본 민법(채권법) 주요 개정사항 개관 — 민법총칙을 중심으로", 비교사법 제24권 3호(2017. 8), 1069면 이하; 정태윤, "일본 개정민법(채권관계) 중 주요 부분에 관한 개관", 외국 민법의 개정 동향(2017년 한국민사법학회 동계 학술대회[2017. 12. 9. 이화여대 법학관] 자료집), 1면 이하(나중에 민사법학(한국민사법학회), 제82호(2018. 2), 255면 이하 소재); 김병선, "일본 개정 민법 제536조 제 2 항에 관한 고찰 — 역무제공계약에서 반대급부의 이행청구권의 발생근거", 아주법학(아주대학교 법학연구소) 제12권 1호(2018. 5), 11면 이하; 김성수, "개정 일본민법에서의 '소멸시효'", 위 아주법학, 37면 이하; 윤태영, "의사표시에 관한 일본민법 개정내용의 고찰", 위 아주법학 제12권 2호(2018. 8), 99면 이하 등(뒤의 세 글은 원래 아주대학교 법학연구소, 일본 민법 개정 내용 분석과 우리 민법에의 시사점(2018년 아주대학교 법학연구소 학술대회[2018. 2. 13. 아주대학교 종합관] 자료집)에 실렸던 것을 수정·보완한 것이다) 참조.

(2) 2009. 10. 28. 법무대신이 그 상설의 자문기구인 「법제심의회」에 '민법(채권관계) 개정을 위한 자문'을 구함.

2011. 4. 12. 법제심의회의 「민법(채권관계)部會」[2]가 「민법(채권관계)의 개정에 관한 중간적인 논점 정리」 결정.

2013. 2. 26. 위 부회가 「민법(채권관계)의 개정에 관한 중간시안」 결정.

2014. 8. 26. 위 부회, 「민법(채권관계)의 개정에 관한 요강가안」 결정.

2015. 2. 10. 위 부회, 「민법(채권관계)의 개정에 관한 요강안」 결정.

2015. 2. 24. 법제심의회가 「민법(채권관계)의 개정에 관한 요강」을 법무대신에 답신.

2015. 3. 31. 정부(법무대신)가 위 요강에 기한 법률안("민법의 일부를 개정하는 법률안") 국회 제출.

** 국회 심의가 지지부진하였던 이유: 이른바 안보법제 논의로 여유 없음

(3) 위와 같이 본격적인 입법작업에 이르기까지의 약간의 前史.

(가) 일본민법 시행 100주년이 되는 1998년 전후로 학계에서 개정 논의.[3]

(나) 2007년 10월에 동경대의 민법 교수 우치다 다카시(內田貴)가 법무성의 참사관이 되어서, 법무성 소속 「經濟関係民刑基本法整備推進本部」의 '参與'라는 공식적인 직함으로 민법개정작업에 적극 관여. 그는 그 전의 2006년 10월에 '私的인 연구모임'으로 발족하였다고 하는 「민법(채권법)개정검토위원회」의 사무국장으로서 ―법무성과의 조율 아래― 위 작업을 주도. 위 검토위원회는 검토의 결과를 2009년 「채권법 개정의 기본방침」으로 발표·출간.[4]

** 일본식의 '일 만들어가는 방법'

(다) 內田의 계약법 이론(이른바 '관계적 계약'의 이론)과 그의 입법부분 작업에 대한 비판.

---

2) 그 長은 가마타 가오루(鎌田薫) 전 와세다대학 교수이다.

3) 그 대표적인 결과물이 山本敬三 外, 債權法改正の課題と方向 — 民法100周年を契機として(1998)이다.

4) 참고로 內田는 2014년 7월 말에 만 60세로, 즉 정년이 되기 전에 동경대 교수의 직에서 물러났고, 그해 9월 1일자로 변호사등록을 하였다.

(a) 이른바 '관계적 계약'의 이론.[5)]

(b-1) "일본 고유의 계약관념 및 계약실무라는 허상을 바탕으로 하여 전개된 낡은 계약법 이론을 오히려 규제 완화를 기조로 하는 국제적 법상황 및 경제상황의 새로운 전개에도 불구하고 관철하려고 한다"

(b-2) "실사회의 혼란을 희생으로 하면서 自說의 입법화로 역사에 이름을 남기려고 한다"(2011년 당시 (일본)經團連의 경제기반본부장의 발언)

2. 일본민법의 제정과 그 후의 개정들

(1) 일본민법 제정

(가) 「Boissonade민법」(일본구민법)

(나) 일본인 3인(富井政章, 穗積陳重, 梅謙次郎)에 의한 개정 입법작업.

(다) 前 3편은 1896년에, 後 2편은 1898년에 각기 제정·공포됨. 이들을 합하여 1898. 7. 16.에 시행.

(2) 그 후의 중요한 개정은 주로 친족편 또는 상속편에서 행하여지고, 전 3편에 대하여는 다음과 같음.

① 패전 후의 1947년에 私權의 공공복지 적합 요청, 신의칙·권리남용법리 명문화(이상 제 1 조), "이 법률은 개인의 존엄 및 양성의 평등에 따라 해석되어야 한다"(제 2 조)라는 내용의 「통칙」(제 1 편 제 1 장) 규정 신설.

② 1971년 근저당권 규정 신설.

③ 1999년 성년후견제도 전면 개정.

④ 2003년 담보법 일부 개정(滌除제도 및 단기임대차 보호규정 폐지 등).[6)]

⑤ 2004년 이른바 '現代語化'.

⑥ 2006년 법인제도 일부 개정(일반사[재]단법인과 공익사[재]단법인의 구분 입법에 따른).

---

5) 內田貴, "契約法學の再構築 (1)~(3)", ジュリスト 제1158호 내지 제1160호(1999); 同, 契約の時代 — 日本社會と契約法(2000) 등을 보라.

6) 이에 대하여는 양창수, "최근 일본의 담보물권법 개정-우리 민법규정에 대한 입법적 검토의 단서로서", 저스티스 제77호(2004. 2), 34면 이하(후에 동, 민법연구, 제 8 권(2005), 183면 이하에 수록) 참조.

3. 이번 개정의 배경

(1) 원시 일본민법의 바탕이 된 여러 나라 민법의 개정[7)]

(가) 독일민법의 2002년 대개정(이른바 '현대화' Modernisierung)

(나) 프랑스민법의 2016년 2월 대개정

(2) 국제적 법통일 작업

(가) 「국제물품매매계약에 관한 국제연합 협약」(United Nations Convention on Contracts for the International Sale of Goods, CISG)[8)] 등의 법통일 성과

(나) 국제적인 법 통일, 특히 계약법 통일 움직임

(a) 유럽의 법통일 작업.

** 2003년까지 완성된 「유럽계약법원칙」(Principles of European Contract Law, PECL),[9)] 2009년의 「유럽민사법 공통참조안」(Draft Common Frame of Reference, DCFR),[10)] 2011년의 「유럽공통매매법(초안)」(Common European Sales Law, CESL) 등.

(b) 私法통일국제협회(Institut international pour l'unification du droit privé, UNIDROIT)의 「국제상사계약원칙」(Principles of International Commercial Contracts, PICC. 1994년 공표, 2004년 및 2010년 각 개정 및 추가); 국제연합의 국제상거래법위원회(United Nations Commission on International Trade Law, UNCITRAL)의 다양한 '모델법' 작업 기타.

---

7) 입법동향으로는 그 외에도 우선 네덜란드신민법(1992년)이 중요하고, 나아가 종전 공산국들의 '체제 전환'(넓은 의미에서의)에 따르는 새로운 민법 제정, 특히 우리와의 관련에서는 러시아연방민법 제 1 부(1994년), 제 2 부(1996); 중화인민공화국 합동법(1999년); 베트남사회주의공화국민법(2005년) 등도 주목할 만하다.

8) 이번 일본민법에 대한 구체적인 영향에 대하여는 '계약적합성' 개념에 관한 뒤의 주 73 참조.

9) 일찍이 양창수, "「유럽계약법원칙」에서의 채무불이행법리", 민법연구, 제 6 권(2001), 285면부터 358면까지(이에는 부록으로 "「유럽계약법원칙」에 대한 一考 및 그 번역"이라는 제목으로 「유럽계약법원칙」에 대한 일반적 소개 및 제 1 부, 제 2 부 규정들의 번역이 붙어 있다) 및 동, "「유럽계약법원칙」의 소멸시효규정 — 우리 민법에의 시사를 덧붙여", 민법연구 제 8 권(2005), 131면부터 182면까지(이에는 부록으로 "「유럽계약법원칙」 제 3 부"라는 제목으로 그 제 3 부의 번역이 붙어 있다)에서 그 내용의 일부를 소개하고, 또한 그 규정들의 번역을 덧붙인 바 있다. 그 후의 올 란도·휴 빌 편, 김재형 역, 유럽계약법원칙 제 1·2 부(2013)도 출간되었다. 앞으로 그 제 3 부의 번역이 기대된다.

10) 안태용 역, 유럽 민사법의 공통 기준안: 총칙·계약편(2012); 가정준 역, 유럽 민사법의 공통 기준안: 비계약편(2015)(각 법무부 간행의 『비교민법총서』, 제 1 권 및 제 4 권)로 번역되어 있다.

** '법 선택'(=國際私法) 방식에서 '법 통일' 방식으로.

(3) 애초의 입법적 '오류'를 시정할 필요, 나아가 판례법리 등 '현재 있는 법'을 實定化할 필요

4. 이번 개정의 방향과 범위

(1) 개정 방향

① 합리성 있는 판례법리 등 '현재 있는 법'을 민법 규정으로 편입

② 현행법 규정 내용의 불합리성 해소

③ 제도의 발본적 개혁

** ① 및 ②는 우리 민법에서 이미 실현되어 있는 것이 적지 않다.

(2) 채권법, 그 중에서도 계약법을 주요한 대상으로 함.

(가) 채권법에서도 법정채권관계는 제외. 다만 개정 대상에 일반적으로 포함되는 소멸시효와 관련되는 제724조(불법행위로 인한 손해배상청구권의 소멸시효) 등은 예외.

(나) 총칙편의 법률행위 및 소멸시효는 계약 또는 계약에 기하여 발생하는 채권과 밀접한 관계에 있으므로 개정에 포함.

** 물권(지역권)의 소멸시효 관련 규정도 마찬가지.

B. 개정의 중요 내용

Ⅰ. 총 칙 편

1. 법률행위에 관한 규정

(1) 의사능력에 관한 규정 신설

제 3 조의2 (의사능력) 법률행위의 당사자가 의사표시를 한 때에 의사능력이 없었던 때에는 그 법률행위는 무효로 한다.

(2) 착　오

(가) 　제95조 (착오) ① 의사표시는 다음의 착오에 기한 것으로서 그 착오가 법률행위의 목적 및 거래상의 사회통념에 비추어 중요한 것인 때에는 취소할 수 있다.

1. 의사표시에 대응하는 의사를 결한 착오
2. 표의자가 법률행위의 기초로 한 사정에 대한 인식이 진실에 반하는 착오

② 전항 제 2 호의 규정에 의한 의사표시의 취소는 그 사정이 법률행위의 기초로 되어 있음이 표시되어 있었을 때에 한하여 할 수 있다.

③ 착오가 표의자의 중대한 과실에 의한 것인 경우에는 다음의 경우를 제외하고 제 1 항의 규정에 의한 의사표시의 취소를 할 수 없다.

1. 상대방이 표의자에게 착오가 있는 것을 알았거나 중대한 과실로 알지 못하였던 때
2. 상대방이 표의자와 동일한 착오에 빠져 있던 때

④ 제 1 항의 규정에 의한 의사표시의 취소는 선의이고 과실 없는 제 3 자에게 대항할 수 없다.

(나) (a) 행위착오(제 1 항 제 1 호) 외에 ―최근의 여러 입법례 등에 좇아 ― 동기착오(동항 제 2 호)를 정면에서 따로 규정하면서, 후자에서의 취소권 발생을 (i) 이른바 基礎錯誤(Grundlagenirrtum)의 경우에 한정하고,[11] 나아가 (ii) 기초적 사정임을 '表示'하는 것(제 2 항)[12]에 걸리게 함.

(b) 고려되는 착오의 법률효과를 종전의 무효에서 취소로.

(c) 표의자에게 중대한 과실 있는 경우의 법적 처리를 종전보다 유연하게 한다.

(d) 계약의 흠을 대항할 수 없는 제 3 자를 "선의이고 과실 없는 제 3 자"라고 새로 정한다. 이는 사기 또는 강박을 이유로 하는 취소에 관한 제96조 제 3 항에서도 마찬가지이다.[13]

---

11) 이는 무엇보다도 스위스채무법 제24조 제 1 항 제 4 호("거래상의 신의성실에 비추어 착오자가 계약의 필수적 기초(eine notwendige Grundlage des Vertrags)라고 여겼던 일정한 사정에 관한 착오")에 연원한다.

12) 이는 일단 동기착오에서 그 '동기를 법률행위의 내용으로 삼을 것'이 요구된다는 종전의 유력한 입장(우리 판례의 입장이기도 한가?)을 채택하지 아니하는 것으로 이해된다. 그러나 이 새로운 규정에 관한 입법관여자 자신의 설명은 훨씬 복잡하다. 이에 대하여는 우선 潮見佳男, 8면 이하 참조.

13) 한편 종전에 제 3 자에 대한 대항 불능에 관한 규정이 없었던 심리유보에 있어서는 다른 의사표시의 흠에서와 같이 대항 불능을 새로 규정하면서, 그 범위를 단지 '선의의 제 3 자'라고만 한다(제93조 제 2 항).

(3) 의사표시의 효력발생시기

제97조 (의사표시의 효력발생시기 등) ① 의사표시는 그 통지가 상대방에게 도달한 때부터 그 효력이 생긴다.

② 상대방이 정당한 이유 없이 의사표시의 통지가 도달하는 것을 방해한 때에는, 그 통지는 통상 도달하였을 때에 도달한 것으로 본다.

③ 의사표시는 표의자가 통지를 발한 후 사망하거나 의사능력을 상실한 경우 또는 행위능력의 제한을 받은 경우에도 그 효력이 있다.

(4) 대리권 남용에 관한 규정 신설

제107조 (대리권의 남용) 대리인이 자기 또는 제 3 자의 이익을 도모할 목적으로 대리권의 범위 내의 행위를 한 경우에 상대방이 그 목적을 알았거나 알 수 있었던 때에는, 그 행위는 대리권을 가지지 아니한 자가 한 행위로 본다.

2. 소멸시효에 관한 규정

(1) 「시효 중단」 또는 「시효 정지」가 아니라 「시효의 갱신」 또는 「시효의 완성유예」

(가) 재판상 청구(및 지급독촉 등 이에 준하는 사유) 및 강제집행(및 담보권 실행 등 이에 준하는 사유)에 관하여는 "그 사유가 종료할 때까지 시효는 완성하지 아니한다", 그리고 "그 사유가 종료한 때로부터 시효는 새로 진행을 시작한다"는 이른바 「시효의 완성유예 및 갱신」을 각각 규정한다(제147조 및 제148조).

한편 권리의 승인의 경우에는 시효의 갱신만이 인정된다(제152조).[14]

또한 종전에 시효중단사유로 인정되었던 催告(제147조 제 1 호 및 제174조)는 완성유예사유로 개정되어, "최고가 있은 경우에는 그때로부터 6개월을 경과하기까지는 시효는 완성하지 않는다"고 규정한다(제150조 제 1 항).[15]

(나) 종전의 일본민법 규정과 비교하여 가장 크게 달라진 것은, 종전의 시효중단사유로 정하여졌던 가압류 및 가처분에 완성유예의 효력만이 있어서

14) 시효의 갱신사유에 대한 권리의 승인에 관하여는 종전의 제156조(우리 제177조)를 제152조 제 2 항에 옮겨 규정하였다.

15) 개정 후 제150조 제 2 항은 "최고에 의하여 시효의 완성이 유예되고 있는 사이에 이루어진 再次의 최고는 전항의 규정에 의한 시효의 완성유예의 효력을 가지지 아니한다"고 정한다. 이는 판례의 태도(日大判 1919. 6. 30(民錄 25, 1200) 등)를 명문화한 것이다.

"그 사유가 종료한 때로부터 6월을 경과할 때까지는 시효는 완성하지 아니한다"(제149조)라고만 정하고 시효의 갱신에 대하여는 규정이 없다는 점이다. 여기서 '사유의 종료'란 가압류 등의 집행이 종료하는 것을 가리킨다.16)

그 입법이유는 "민사보전절차의 개시에 집행권원은 不要이고, 그 후에 본안의 소 제기 또는 속행이 예정되어 있으므로(보전절차의 잠정성), 금번의 개정에서는 가압류·가처분은 본안의 소가 제기되기까지의 사이에 시효의 완성을 저지하는 것에 불과하다고 생각하여, 이를 완성유예사유로 고친다"라는 것이다.17)

(2) 「시효의 완성유예」의 사유로 새로 규정된 것은 '협의를 한다는 서면의 합의'이다(제151조).

> 제151조 (협의를 행하는 뜻의 합의에 의한 시효의 완성유예) ① 권리에 관하여 협의를 한다는 뜻의 합의가 서면으로 이루어진 경우에는 다음 각 호에서 정하는 때 중 이른 때까지의 사이에는 시효는 완성하지 아니한다.
> 1. 그 합의가 있었던 때로부터 1년을 경과한 때
> 2. 그 합의에서 당사자가 협의를 하는 기간(1년 미만의 것에 한한다)을 정한 경우에는 그 기간이 경과한 때
> 3. 당사자 일방으로부터 상대방에 대하여 협의의 속행을 거절하는 뜻의 통지가 서면으로 이루어진 경우에는 그 통지시로부터 6개월이 경과한 때.
>
> ② 전항의 규정에 의하여 시효의 완성이 유예되고 있는 동안에 이루어진 재차의 동항의 합의는 동항의 규정에 의한 시효의 완성유예의 효력을 가진다. 다만 그 효력은 시효의 완성이 유예되지 아니하였다고 하면 시효가 완성되었을 때로부터 도합 5년을 넘을 수 없다.
>
> ③ 최고에 의하여 시효의 완성이 유예되고 있는 동안에 이루어진 제 1 항의 합의는 동항의 규정에 의한 시효의 완성유예의 효력을 가지지 아니한다. 동항의 규정에 의하여 시효의 완성이 유예되고 있는 동안에 이루어진 최고에 대하여도 같다.
>
> ④ 제 1 항의 합의가 그 내용을 기록한 電磁的 기록(電子的 방식, 磁氣的 방식 기타 사람의 지각에 의하여서는 인식할 수 없는 방식으로 만들어진 기록

16) 대판 2000. 4. 25, 2000다11102(공보 상, 1290) 등 우리의 판례는 "가압류에 의한 집행 보전의 효력이 존속하는 동안은 가압류채권자에 의한 권리 행사가 계속되고 있다고 보아야 할 것"이라는 이유로 가압류 등에 의한 시효 중단의 효력은 가압류의 집행 보전의 효력이 존속하는 동안 계속된다는 태도를 취하고 있는데, 이 점에 대하여는 의문이 크다. 이에 대하여는 우선 양창수, "부동산가압류의 시효중단효의 종료시기", 인권과 정의 제297호(2001. 5), 120면 이하(그 후에 동, 민법연구, 제 6 권(2001), 499면 이하 수록) 참조.

17) 潮見佳男, 36면.

으로서, 전자계산기에 의한 정보처리용도에 제공된 것을 말한다. 이하 같다)에 의하여 이루어진 경우에는 그 합의는 서면에 의하여 이루어진 것으로 보아, 전 3항의 규정을 적용한다.

⑤ 전항의 규정은 제 1 항 제 3 호의 통지에 대하여 준용한다.

(3) 소멸시효기간의 단축[18)]

(가) 제166조 (채권 등의 소멸시효) ① 채권은 다음의 경우에는 시효에 의하여 소멸한다.

1. 채권자가 권리를 행사할 수 있음을 안 때로부터 5년간 행사하지 아니한 때
2. 권리를 행사할 수 있는 때로부터 10년간 행사하지 아니한 때[19)]

(나) 우리 민법에 중요한 영향을 미친 대륙법계의 여러 나라, 특히 독일과 프랑스는[20)] 최근에 그들의 민법에 심중한 의미가 있는 개정을 가하였다. 이들 국가는 모두 소멸시효제도를 오히려 강화하는 방향으로 —가장 현저한 예로서는 시효기간을 대폭적으로 단축하는 내용으로— 나아갔다.[21)]

---

18) 潮見佳男, 41면은 이 부분 개정을 "개정 전 민법의 규율에 拔本的 변경을 가하였다"고 한다.

19) 이러한 일반소멸시효기간에 대하여 예외로서 우선 제167조는 "사람의 생명 또는 신체의 침해로 인한 손해배상청구권의 소멸시효에 관하여" 본문 규정의 제 2 호(본문 뒤의 (다)에서 보는 이른바 객관적 기산점의 경우를 규율한다)에서의 10년을 20년으로 정한다. 이러한 예외가 반드시 불법행위로 인한 손해배상청구권에 한정되는 것이 아니고, 채무불이행(안전배려의무·보호의무 등의 위반이 특히 문제될 것이다)의 경우에도 적용됨은 물론이다.
나아가 불법행위로 인한 손해배상청구권 일반에 관하여 특별한 소멸시효기간을 정하는 제724조(우리 민법 제766조에 해당한다)에서 종전의 제 2 항("불법행위를 한 날로부터 20년을 경과한 때에도 …")을 그 제 2 호에서 규정하고, 종전의 제724조 제 1 항은 동조 제 1 호로 한다. 그런데 이번 개정에서 새로 마련된 제724조의2는 위 제167조 소정의 손해배상청구권에 관하여는 위 제724조 제 1 호(본문 뒤의 (다)에서 보는 이른바 주관적 기산점의 경우를 규율한다)에서의 '3년'을 '5년'으로 늘린다. 이상의 예외들은 모두 "생명·신체라는 법익의 중요성을 고려"한 것이다. 이상에 대하여는 潮見佳男, 43면 이하 참조.
한편 이른바 정기금채권의 소멸시효에 관한 제168조(우리 민법은 이러한 규정을 두지 않는다)에 대하여는 종전 규정내용을 근본적으로 수정하였다. 즉 종전에는 **기본채권**의 시효기간이 '제 1 회[지분채권]의 변제기로부터 20년' 또는 '최종[지분채권]의 변제기로부터 10년'으로 정하여져 있던 것을, 어느 한 **지분채권**("정기금의 채권으로부터 발생하는 금전 기타의 물건의 급부를 목적으로 하는 각 채권")을 행사할 수 있음을 안 때로부터 10년, 이를 행사할 수 있는 때로부터 20년으로 한 것이다. 또한 이행기를 1년 미만의 기간으로 정한 정기금채권에 관한 제169조(우리 제163조 제 1 호가 이에 대응한다)는 이번에 삭제되었다.

20) 한편 영국에서 '出訴期限'(statute of limitations는 통상 이렇게 번역되는 듯하다)은 의회제정의 성문법률로 규율되고 있는데, 최근의 「1980년 출소기한법(Limitation Act 1980)」은 예를 들면 통상의 계약상 채권은 6년, 날인증서(deed)상 채권은 12년, 불법행위는 일반적으로 6년, 인적 손해(personal injury)의 경우는 3년으로 정하고 있다.

21) 국제적 준칙이나 모델법을 소개한 문헌으로, 양창수, "「유럽계약법원칙」의 소멸시효 규정

(a) 독일은 2002년 채권법 대개정을 통하여 일반소멸시효기간을 종전의 30년에서 무려 그 10분의1인 3년으로 개정하였다(제195조).[22] 한편 그 기간의 기산점은 종전과 달리 "채권자가 청구권을 발생시키는 사정 및 채무자의 신원을 **알았거나 중대한 과실 없이 알았어야 하는 해가 끝나는 때**"(고딕체에 의한 강조는 인용자가 가한 것이다. 이하 같다)로 정하여졌다(제199조 제1항).

(b) 프랑스에서도 역시 2008년의 민법 개정으로 종전의 일반소멸시효기간 30년을 5년으로 현저하게 단축하였다(민법 제2224조).[23] 기산점은 "그 권리를 행사할 수 있다는 사실을 **알았거나 알 수 있었을 때**"이다.

(c) 이는 개별 국가의 입법 동향에서뿐만 아니라, 통합된 유럽에서의 법 통일 작업의 차원에서도 명백히 간취되는 바이다. 예를 들어 그 가장 중요한 성과의 하나인 앞서 본 「유럽계약법원칙」(PECL)은 그 제3부에서 소멸시효(prescription)에 관한 규정을 포함하고 있다. 그에 의하면, 소멸시효제도는 "개별 사안에서 가혹한 결과를 낳을 가능성이 있기는 하지만, 일반적으로 현대의 법체계에서 불가결한 장치로 이해되고 있다"는 것이다.[24] 그리하여 이

— 우리 민법에의 시사를 덧붙여", 서울대학교 법학 제44권 4호(2003. 12), 387면 이하(후에 동, 민법연구, 제8권(2005), 131면 이하 수록); 장석천, "소멸시효법의 최근의 동향과 시사점", 법학연구(한국법학회) 제18집(2005. 6); 윤석찬, "민법개정안과 세계화의 추세 — 소멸시효제도를 중심으로", 법학연구(부산대학교) 제47권 2호(2007. 2) 등이 있다. 독일의 새로운 소멸시효법을 소개한 문헌으로는, 신유철, "독일개정민법상의 소멸시효", 김형배 외, 독일채권법의 현대화(2002), 181면 이하; 이용박, "독일 개정민법의 시효제도와 우리민법 소멸시효 제도의 개정방안", 민사법학(한국민사법학회) 제23호(2003. 3); 안경희, "독일에 있어서 소멸시효에 관한 약정", 인권과 정의(대한변호사협회) 제374호(2007. 10); 안경희, "독일민법상 교섭으로 인한 소멸시효의 정지", 중앙법학(중앙대학교) 제11집 2호(2009. 8) 등이 있다. 또한 프랑스법에 대하여는 남궁술, "프랑스 채권법 및 시효법 개정시안에서의 시효와 점유", 민사법학 제45-2호(2009. 6); 김상찬, "프랑스의 신시효법에 관한 연구", 법학연구(한국법학회) 제38집(2010. 5); 정다영, "프랑스민법상 소멸시효에 관한 합의", 민사법학 제71호(2015) 등이 있다.

22) 예외는 다양하게 인정된다. 예를 들어 부동산(토지)에 관한 권리(소유권양도청구권, 부동산에 대한 권리의 설정·양도·소멸 청구권 및 그 반대급부의 청구권)는 10년(제196조), 생명·신체·건강·자유 등에 대한 고의적 침해로 인한 청구권 및 기판력 있게 확정된 청구권은 30년(제197조 제1항 제1호, 제3호)이다.

23) 여기서도 독일에서와 유사한 시효기간의 예외가 인정된다. 예를 들면 신체 침해로 인한 손해배상청구권은 10년(제2226조 제1항), 시효에 걸리지 않는 소유권 이외의 부동산물권에 관한 소권은 30년(제2227조)이다.

24) Ole Lando et al. (eds.), *Principles of European Contract Law. Part III*, prepared by The Commission on European Contract Law (2003), p. 160. 소멸시효제도의 「정당성」과 관련하여서, 같은 책, p. 194는 다음과 같이 말하기도 한다: "우리는 다시 한 번 다음과 같은 사실을 기억하여야 할 것이다. 우리는 채권자가 오랜 세월에 흐른 후에도 자신의 채권을 입증할 수 있음에도 불구하고 소멸시효에 의하여 그 행사를 저지당하는 가혹함만을 염두에 두고, 소멸시효제도가 부당한 채권의 추급을 막은 수많은 경우들에 대하여는 잊어버리기 쉽다는 것이다."

는 소멸시효기간을 3년으로 현저하게 짧게 정하고 있다(제14:201조).[25][26]

(다) 이번의 일본민법 개정에서 채권의 소멸시효기간을 종전의 "권리를 행사할 수 있는 때로부터 10년" 외에도 "채권자가 권리를 행사할 수 있음을 안 때로부터 5년"이 경과한 경우에도 소멸시효는 완성하는 것으로 한다. 통상 전자의 기산점을 「객관적 기산점」, 후자의 기산점을 「주관적 기산점」이라고 부른다. 그리하여 이들 두 경우 중 어느 하나라도 충족하는 경우에는 소멸시효가 완성된다는 것이어서, 소멸시효의 완성이 인정되는 범위는 종전보다 현저히 확대되는 것이다.

주목되는 것은, **"거래로부터 생기는 채권 중 주된 급부에 관한 것에 대하여는** 통상 그 주관적 기산점은 객관적 기산점과 일치한다고 생각하여도 좋다" 고 설명되고 있다는 점이다.[27] 즉 그러한 채권에 대하여는 다른 특별한 사정이 없는 한 행사할 수 있는 때로부터 5년의 소멸시효에 걸린다는 것이다.[28]

이상에서 개관한 바와 같은 외국법, 나아가 법통일작업의 일치된 동향 내지 추세는 소멸시효제도의 정당성 내지 내용적 합리성을 무엇보다도 생생하게 보여주는 것이라고 여겨진다.[29]

(4) 단기소멸시효에 관한 여러 규정의 전면적 삭제

위와 같이 이른바 일반소멸시효기간을 종전의 10년에서 광범위하게 단축함과 아울러— 단기소멸시효·상사소멸시효 등의 '특수소멸시효제도'를 전면적으로 폐지하였다. 그리하여 5년의 상사소멸시효를 정하던 일본상법 제522조를 삭제하는 한편, 종전의 민법에서 단기소멸시효를 정하던 일본민법

---

25) 이에 대하여는 우선 양창수(주 21, 민법연구), 131면 이하, 특히 137면 이하 참조. 다만 이러한 소멸시효기간의 단축에 대한 균형추(counter-balance)로서 채무자 및 채권 발생의 원인 사실을 알지 못하고 또한 알지 못하는 데 합리적인 이유가 있는 동안에는 시효기간의 진행이 정지된다고 한다(제14:301조). 이들 규정의 번역으로는 같은 책, 176면 참조.

26) 또한 비교적 잘 알려져 있는 「UNIDROIT국제상사계약원칙(UNIDROIT Principles of International Commercial Contracts)」도 일반소멸시효기간을 3년으로 정하고 있다(제10:2조). 물론 이는 그 이름에서 보듯이 상사계약상의 채권에 관한 것이기는 하다.

27) 潮見佳男, 41면. 여기서 그는 이른바 관련되는 「部會資料」에 나타난 발언, 즉 심의과정에서 표명된 견해를 인용하고 있다.

28) 그리하여 우리 상법에서와 같이 5년의 상사시효를 정하는 일본상법 제522조는 위 민법 개정과 함께 폐지되었다.

29) 이 점에 대하여는 상론하지 않으나, 다음과 같은 점만을 지적하여 두고자 한다. 소멸시효제도는 역사적으로 로마법 이래 오늘날에 이르기까지 일관되게, 나아가 대륙법계·영미법계를 불문하고 세계의 주요한 나라에서 별다른 예외 없이 보편적으로 인정되고 있다. 독일의 가장 중요한 법학자인 사비니는 소멸시효를 로마법에서 "가장 중요하고 유익한 법제도의 하나"라고 평가한다.

제169조 내지 제174조[30][31]를 모두 삭제하였던 것이다.[32] 이는 다음과 같이 설명되고 있다.[33]

> "개정 전 민법에서의 직업별 단기소멸시효는 그 분류·시효기간의 구별의 점에서 합리적으로 설명될 수 있는 것이 아닐 뿐 아니라, 현대 사회의 거래 유형과 거래의 실태를 적확하게 반영하고 있다고도 말할 수 없는 것이었다. 개개의 개념의 射程에도 의논을 불러일으키는 것이 적지 아니하고, 예측가능성의 점에서 문제가 있었다. 나아가 복잡한 분류 위에 성립되어 있는 단기소멸시효의 제도는 일반 시민에 있어서 알기 어려운 것으로 되어 있었다. 그리하여 개정 후의 민법은 개정 전 민법 제170조부터 제174조까지의 단기소멸시효의 규정을 삭제하고, 이들 국면을 채권의 소멸시효에 관한 일반규정으로 처리하는 것으로 하는 것으로 한다."

Ⅱ. 채권편 총칙

1. 채무불이행

(1) 원시적 불능론의 폐기

(가) 제412조의2 (이행불능) ① 채무의 이행이 계약 기타 채무의 발생원인 및 거래상의 사회통념에 비추어 불능인 때에는, 채권자는 그 채무의 이행을 청구할 수 없다.

② 계약에 기한 채무의 이행이 그 계약의 성립시에 불능이었던 사정은 제415조의 규정에 의하여 그 이행의 불능으로 생긴 손해의 배상을 청구하는 것을 방해하지 아니한다.

---

30) 개정 전 일본민법은 우리와는 달리 5년, 3년, 2년, 1년의 단기소멸시효를 각기 인정하였다. 예를 들면 우리 민법 제167조 제1호 소정의 채권("이자 … 기타 1년 이내의 기간으로 정한 금전 또는 물건의 지급을 목적으로 한 채권")은 3년이 아니라 5년의 단기소멸시효에 걸리는 것으로 정하여져 있었다(제169조).

31) 전주에서 본 우리 민법 제167조 제1호상의 단기소멸시효에 대하여는 우선 양창수, "이자 등 지급의 시기·방법 등에 관한 새로운 약정과 민법 제163조 제1호의 단기소멸시효", 사법(법원도서관) 제43호(2018.3), 339면 이하(본서, 193면 이하에 수록) 참조.

32) 이에 보조를 맞추어, 일본의 제조물책임법 제5조, 광업법 제115조, 대기오염방지법 제25조의4, 수질오탁방지법 제20조의3, 토양오염대책법 제8조, 부정경쟁방지법 제15조 등 특별법상의 소멸시효 규정을 개정되는 민법규정과 조화되도록 정비되도록 하였다.

33) 潮見佳男, 50면. 潮見는 여기서 제170조 이하의 규정이 삭제되는 것으로 설명하나, 그에 앞선 제169조도 이번 개정에서 삭제되었다.

(나) "본조 제 2 항은 원시적 불능에 관한 룰을 정한 것이다. 원시적 불능에 대하여 민법은 —종전의 전통적 견해와는 달리— '계약에 기한 채무의 이행이 그 계약의 성립시에 불능이었던 때라도 계약은 그것을 이유로 그 효력발생이 방해받지 아니한다'라는 생각을 기초에 놓고, 그 '가장 대표적인 법률효과'로서 채무불이행을 이유로 하는 손해배상, 이른바 이행이익의 배상을 조문상 규정하였다. 주의를 요하는 것은 원시적 불능의 경우에 여기에 정하여진 이행이익의 배상이 유일한 효과인 것은 아니라는 점이다. 본조 제 2 항은 원시적 불능을 이유로 하는 계약 해제를 부정하지 아니한다. 대상청구권 기타 이행불능에 타당하는 규정의 적용이 부정되는 것도 아니다."[34]

(다) 원시적 불능 급부에 관한 계약을 무효로 하는 것에 대한 비판적 견해.[35] 위 무효를 정하였던 독일민법 제306조, 제307조는 2002년 대개정에서 모두 삭제되었다.

(2) 불확정기한 있는 채무에서의 지체책임 발생

제412조 ② 채무의 이행에 관하여 불확정기한이 있는 때에는, 채무자는 그 기한의 도래 후에 이행의 청구를 받은 때 또는 그 기한이 도래한 것을 안 때 중 이른 때부터 지체의 책임을 진다.

(3) 수령지체에 관한 규정 신설

제413조 (수령지체) ① 채권자가 채무의 이행을 받는 것을 거절하거나 받을 수 없는 경우에, 그 채무의 목적이 특정물의 인도인 때에는 채무자는 이행의 제공을 한 때부터 그 인도를 할 때까지 자기의 재산에 대한 것과 동일한 주의로써 그 물건을 보존하면 족하다.

② 채권자가 채무의 이행을 받는 것을 거절하거나 받을 수 없음으로 인하여 그 이행의 비용이 증가한 때에는 그 증가액은 채권자의 부담으로 한다.

** 우리 민법 제400조, 제403조에 대응. 다만 위 제 1 항에서의 보존의무

---

34) 潮見佳男, 54면 이하.

35) 양창수, 원시적 불능급부에 관한 계약의 무효론에 관한 비판적 고찰, 서울대학교 대학원 1978년도 석사학위 논문. 그 '結論'은 다음과 같다(149면).

"원시적 불능급부에 관한 계약이 무효라는 … 당사자의 이익형량이나 우리 민법전의 채무불이행 체계와의 조화 등의 검토 없이 하나의 공리로서 인정된 것이다. 이러한 태도는 그야말로 개념법학적인 해석론의 전형이라고 할 것이다. / 우리는 여기서 그 법리는 하등의 공리가 아니며, 논리의 필연적인 결과도 아닌 것이며, 오히려 채무불이행 체계에 불합리를 끌어들이는 주요한 원천의 하나임을 확인한다. 여기에서 우리 채무법, 특히 계약법의 대원칙은 하등의 근거 없이 배제되는 것이다."

내용에 관한 것은 우리 민법에 규정 없음.

(4) 이행지체 및 수령지체 중의 이행불능에서의 귀책사유의 특칙에 관한 규정 신설

제413조의2 (이행지체 중 또는 수령지체 중의 이행불능과 귀책사유) ① 채무자가 그 채무에 대하여 지체의 책임을 지고 있는 동안에 당사자 쌍방의 책임으로 돌릴 수 없는 사유로 그 채무의 이행이 불능으로 된 때에는, 그 이행의 불능은 채무자에게 책임 있는 사유에 의한 것으로 본다.
② 채권자가 채무의 이행을 받는 것을 거절하거나 받을 수 없는 경우에 이행의 제공이 있었던 때 이후에 당사자 쌍방의 책임으로 돌릴 수 없는 사유로 그 채무의 이행이 불능으로 된 때에는, 그 이행의 불능은 채권자에게 책임 있는 사유에 의한 것으로 본다.

** 우리 민법 제392조, 제401조에 대응한다. 다만 제401조는 수령지체 후에 채무자의 '귀책사유'는 고의 또는 중대한 과실에 한정되는 것으로 정하는 것과 다르다.

(5) 손해배상액의 예정에서의 법원에 의한 증감 불가 조항(종전 제420조 제 1 항 단서) 삭제

종전의 제420조 제 1 항 (배상액의 예정) ① 당사자는 채무의 불이행에 대하여 손해배상의 액을 예정할 수 있다. **이 경우에 법원은 그 액을 증감할 수 없다.**

** 이는 법원이 그에 대하여 일부무효를 적용하여 감액하는 것에 대한 '장애'를 제거하는 것이 입법목적이라고 한다.[36)]

** 적어도 법원에 의한 배상예정액 감액(예외적으로는 증가도)을 인정하는 것이 국제적인 추세이다.

(6) 대상청구권에 관한 규정 신설

제422조의2 (대상청구권) 채무자가 그 채무의 이행이 불능으로 된 것과 동일한 원인에 의하여 채무의 목적물의 代償인 권리 또는 이익을 취득한 때에는, 채권자는 그 받은 손해액의 한도에서 채무자에 대하여 그 권리의 이전 또는 그 이익의 상환을 청구할 수 있다.

---

36) 潮見佳男, 65면 이하.

2. 법정이율의 유동화

(1) 제404조 (법정이율) ① 이자를 발생하는 채권에 대해서 별도의 의사표시가 없는 때에는, 그 이율은 그 이자가 발생한 최초의 시점에서의 법정이율에 의한다.

② 법정이율은 연 3%로 한다.

③ 전항의 규정에 관계없이 법정이율은 法務省令으로 정하는 바에 따라 3년을 一期로 하여 일기마다 다음 항의 규정에 따라 변동하는 것으로 한다.

④ 各期의 법정이율은, 이 항의 규정에 따라 법정이율에 변경이 있은 기 중 직근의 것(이하 이 항에 있어서 '直近變動期'라고 한다)의 기준비율과 당기의 기준비율과의 차이에 상당하는 비율(그 비율에 1% 미만의 소수점이 있는 때에는 이를 버린다)을 직근변동기의 법정이율에 가산하거나 감산한 비율로 한다.

⑤ 전항에서 규정하는 '기준비율'이란, 법무성령에서 정하는 바에 따라 各期의 초일이 속하는 年의 6년 전 年의 1월부터 전전년의 12월까지의 각월에 있어서의 단기대부의 평균이율(당해 각월에 있어서 은행이 새롭게 행한 대부(대부기간이 1년 미만의 것에 한한다)에 관한 이율의 평균을 말한다)의 합계를 60으로 나누어 계산한 비율(그 비율에 0.1% 미만의 소수점이 있는 때에는 이를 버린다)로서 법무대신이 고시하는 것을 말한다.

** 즉, 3%의 법정이율에서 시작하여(제 2 항), 3년마다 이를 법무성령으로 결정한다(제 3 항). 그 새로운 결정에서는 제 4 항, 제 5 항의 기준에 따른다. 이를 「완화된 변동제」라고 부른다

** 상사법정이율을 우리와 같이 연 6%로 정하던 상법 제514조는 삭제되었다(앞의 Ⅰ. 2. (4) 참조).

** 이에 관한 경과규정(부칙 제15조)은 실제에 있어서 중요한 의미를 가진다.

(2) 법정이율에 관한 이번 개정은 금전채무의 불이행으로 손해배상액 산정(제419조 제 1 항. "… 채무자가 지체의 책임을 부담하는 최초의 시점에서의 법정이율에 의하여 정한다"), 손해배상청구에서의 중간이자 공제(제417조의2)[37] 및 이른바 「법정이자」에 관한 규정(연대채무자 또는 수탁보증인의 구상권에 관한 제442조 제 2 항, 제459조의2 제 2 항) 등과도 연동한다.

---

37) 여기서는 이 규정 신설은 다루지 아니한다.

(3) 법정이율에 관한 독일민법 규정의 최근 개정(제247조)에 의한 「변동제」 채택.

3. 채권자대위권

(1) 피보전채권 및 피대위권리의 제한

(가) 개정 후 제423조 제 3 항은 신설된 것으로서, "채권이 강제집행에 의하여 실현할 수 없는 것인 경우"에는 채권자가 채권자대위권을 가지지 못함을 정한다.

또한 종전에 이행기 미도래의 채권에 대하여는 법원의 허가를 얻어 채권자대위권을 행사할 수 있다고 하였으나(이른바 「재판상 대위」. 제423조 제 2 항 =우리 제404조 제 2 항), "그 실례가 없고, 보전처분의 제도가 충실한 일본에서는 그 필요성이 별로 없다"는 이유로 —보존행위를 제외하고는— 재판상 대위를 인정하지 않는 것으로 하였다(제423조 제 2 항).

(나) 한편 종전에는 채무자의 일신에 전속한 권리만이 피대위권리가 되지 못한다고 정하여져 있었는데(제423조 제 1 항 단서=우리 제404조 제 1 항 단서), 이번 개정으로 '압류가 금지된 권리'도 피대위권리가 되지 못하게 되었다. 이는 위의 제423조 제 3 항에서와 마찬가지로 채권자대위권은 강제집행을 준비하는 목적을 가진다는 것으로 설명되고 있다.[38]

(2) 제 3 채무자의 채권자에의 지급(또는 인도) 및 채무자의 청구 기타 처분의 권한

(가) 제423조의3은 "채권자는 피대위권리를 행사하는 경우에 피대위권리가 금전의 지급 또는 동산의 인도를 목적으로 하는 것인 때에는 상대방에 대하여 그 지급 또는 인도를 자신에 대하여 할 것을 구할 수 있다. 이 경우 상대방이 채권자에게 그 지급 또는 인도를 한 때에는 피대위권리는 이로써 소멸한다"고 정한다. 개정 전의 판례[39] 및 학설을 명문화한 것이다.

---

38) 潮見佳男, 68면 이하.

39) 日最判 1954. 9. 24(民集 8-9, 1658) 등. 대판 1962. 1. 11, 4294민상195(집 10-1, 6)("민법 제404조 제 1 항의 규정은 결국 채권자로 하여금 채무자에 갈음하여 간접으로 그 권리를 행사하고 채권자의 공동담보되는 채무자의 재산의 감소를 막아 자기의 채권을 보전하고자 하는 취지이므로 채권자가 자기의 채권에 관하여 제 3 채무자로부터 직접 변제를 받을 수 없음은 물론이라 할 것이나 제 3 채무자로 하여금 그 채무자에 대한 채무의 이행으로서 채권자에게 출급을 하게 하고 채무자의 채권에 관하여 추심을 함과 같음은 위의 규정이 인정한 권리의

입법관여자에 의하면, 위 규정이 상대방에 대한 대위채권자의 직접 청구 및 수령의 각 권한을 인정한 결과 이제 금전 등을 수령한 대위채권자가 상계를 통하여 피보전채권의 사실상 우선변제를 도모하는 것(이 점에 관하여는 채권자취소권에서도 새로이 인정되고 있다. 제424조의9에 관한 뒤의 4.(4) 참조)을 저지할 수 없는 '구도'가 되었다고 한다.[40] 그러나 이는 종전 규정 아래서도 별로 다를 바 없었다고 할 것이다.

(나) 종전의 판례는, 채권자가 피대위권리를 행사한 경우에 채무자가 그 사실을 알게 되었으면 이제 이를 청구 기타 행사하거나 처분할 수 없다는 태도를 취하였다(우리 제405조도 참조). 그러나 신설된 제423조의5는 채권자대위권의 행사가 있어도 채무자는 "피대위권리에 관하여 스스로 추심 기타의 청구를 하는 것을 방해받지 아니한다. 이 경우 상대방도 피대위권리에 관하여 채무자에 대하여 이행하는 것을 방해받지 아니한다"고 규정한다.[41]

그 결과 상대방(제 3 채무자)이 채무자에게 자신의 채무를 이행하면 그 채무는 소멸한다. 그에 의하여 앞의 (가)에서 본 바와 같이 대위채권자가 상계에 의하여 자기 채권을 사실상 우선변제받을 수도 없게 된다. 한편 채무자에 대한 다른 채권자도 피대위권리를 압류하거나[42] 대위행사할 수 있다. 다만 대위소송이 제기된 경우에 다른 채권자가 다시 대위소송을 제기하는 것은 중복소송의 금지(일본 민사소송법 제142조=우리 민사소송법 제259조)에 저촉된다.

(3) 이른바 轉用型에 관한 규정 신설

부동산의 전전 매도 등의 사안에서 인정되는 이른바 개별 권리의 실현을 준비하는 데 이용되는 채권자대위권(이른바 전용형)으로서 개정 후 제423조의

행사방법으로서 아무런 지장이 없다고 할 것이다. 만일 그렇지 아니하고 채권자는 다만 제 3 채무자로부터 채무자에 대하여 출급을 할 것을 청구할 수 있을 뿐이라 하면 채무자에 있어서 제 3 채무자의 출급을 받지 아니하면 채권자는 도저히 그 채권을 보전할 수 없게 되고 위의 법조의 정신을 잃어버리게 되는 것이다") 이래 최근의 대판 2016. 8. 29, 2015다236547(공보 하, 1493)에 이르기까지 우리 판례의 일관된 태도이기도 하다.

40) 潮見佳男, 70면.

41) 한편 개정 후 제423조의6은 "채권자는 피대위권리의 행사에 관한 소를 제기한 때에는 지체 없이 채무자에 대하여 소송고지를 하여야 한다"고 정한다. 이는 채무자가 대위소송에 관여할 기회를 보장하기 위한 것이다.

42) 앞의 주 39에서 본 대판 2015다236547은 "채권자대위소송에서 제 3 채무자로 하여금 직접 대위채권자에게 금전의 지급을 명하는 판결이 확정되더라도, 피대위채권이 판결의 집행채권으로서 존재하고 대위채권자는 채무자를 대위하여 피대위채권에 대한 변제를 수령하게 될 뿐 자신의 채권에 대한 변제로서 수령하게 되는 것이 아니므로, 피대위채권이 변제 등으로 소멸하기 전이라면 채무자의 다른 채권자는 이를 압류·가압류할 수 있다"고 판시하여 같은 태도를 취한다.

7은 등기(또는 등록)청구권에 관하여서만 규정한다. 그러나 이로써 그 밖의 전용형 채권자대위권이 부정되는 것은 아니라고 한다.[43)]

4. 채권자취소권

** 종전에는 우리 민법과 같은 간략한 규정(도합 3개조)에 그쳤던 것이 이번 개정으로 16개조가 되었음.

(1) 취소청구의 대상

제424조 (사해행위취소청구) ③ 채권자는 그 채권이 제 1 항에 규정하는 행위의 前의 원인에 기초하여 생긴 것인 경우에 한하여 전항의 규정에 의한 청구(이하 '사해행위취소청구'라고 한다)를 할 수 있다.

④ 채권자는 그 채권이 강제집행에 의하여 실현될 수 없는 것인 때에는 사해행위취소청구를 할 수 없다.

** 제 3 항은 종전에 개별적으로 부수적 채권에 한정하여 판례상 인정되던 것을 일반화하는 것으로 확대함.

(2) 종전에 사해행위 해당 여부에 논의가 있던 몇 가지 행위유형에 대한 새로운 처리

제424조의2 (상당한 대가를 얻고 한 재산의 처분행위의 특칙) 채무자가 그가 가지는 재산을 처분하는 행위를 한 경우에 수익자로부터 상당한 대가를 취득한 때에는 채권자는 다음의 요건 모두에 해당하는 경우에 한하여 그 행위에 대하여 사해행위취소청구를 할 수 있다.

1. 그 행위가 부동산의 금전으로의 환가 기타 당해 처분에 의한 재산의 종류의 변경에 의하여 채무자에 있어서 은닉, 무상의 공여 기타 채권자를 해하게 되는 처분(이하 본조에서 '은닉 등의 처분'이라고 한다)을 할 우려를 실제로 발생시키는 것일 것.
2. 채무자가 그 행위의 당시 대가로서 취득한 금전 기타의 재산에 대하여 은닉 등의 처분을 할 의사를 가지고 있었을 것.
3. 수익자가 그 행위의 당시 채무자가 은닉 등의 처분을 할 의사를 가지고 있었다는 것을 알고 있었을 것.

제424조의3 (특정의 채권자에 대한 담보제공 등의 특칙) ① 채무자가 한 기존의 채무에 대한 담보의 제공 또는 채무의 소멸에 관한 행위에 대하여 채권자는 다음의 요건 모두에 해당하는 경우에 한하여 사해행위취소청구를

43) 潮見佳男, 73면.

할 수 있다.

1. 그 행위가 채무자가 지급불능(채무자가 지급능력이 없음으로 말미암아 그 채무 중 변제기에 있는 것에 대하여 일반적이고 지속적으로 변제할 수 없는 상태를 말한다. 다음 항 제 1 호에서도 같다)의 때에 행해진 것일 것.
2. 그 행위가 채무자와 수익자가 통모하여 다른 채권자를 해할 의도를 가지고 행하여진 것일 것.

② 전항에 규정하는 행위가 채무자의 의무에 속하지 아니하거나 그 시기가 채무자의 의무에 속하지 아니하는 것인 경우에 다음의 요건 모두에 해당하는 때에는 채권자는 동항의 규정에 불구하고 그 행위에 대하여 사해행위취소청구를 할 수 있다.

1. 그 행위가 채무자가 지급불능으로 되기 전 30일 이내에 행해진 것일 것.
2. 그 행위가 채무자와 수익자가 통모하여 다른 채권자를 해할 의도를 가지고 행하여진 것일 것.

제424조의4 (과다한 대물변제 등의 특칙) 채무자가 한 채무의 소멸에 관한 행위로서 수익자가 받은 급부의 가액이 그 행위에 의하여 소멸한 채무의 액보다 과다한 것인 경우에 제424조에 규정하는 요건에 해당하는 때에는 채권자는 전조 제 1 항의 규정에 불구하고 그 소멸한 채무의 액에 상당하는 부분 이외의 부분에 대하여는 사해행위취소청구를 할 수 있다.

제424조의5 (전득자에 대한 사해행위취소청구) 채권자는 수익자에 대하여 사해행위취소청구를 할 수 있는 경우에 수익자에 이전한 재산을 전득한 자가 있는 때에는 다음 각 호의 구분에 따라 각각 당해 각 호에 정하는 경우에 한하여 그 전득자에 대하여도 사해행위취소청구를 할 수 있다.

1. 그 전득자가 수익자로부터 전득한 자인 경우: 그 전득자가 전득의 당시 채무자가 한 행위가 채권자를 해함을 알고 있었던 때.
2. 그 전득자가 다른 전득자로부터 전득한 자인 경우: 그 전득자 및 그 전에 전득한 모든 전득자가 각각의 전득의 당시 채무자가 한 행위가 채권자를 해함을 알고 있었던 때.

** 이들 행위유형에서 사해행위취소청구는 현저하게 억제된다고 하겠다.

(3) 사해행위 취소의 효과로서의 원상회복청구 명문화

제424조의6 (재산의 반환 또는 가액의 상환 청구) ① 채권자는 수익자에 대한 사해행위취소청구에서 채무자가 한 행위의 취소와 함께 그 행위에 의하여 수익자에 이전한 재산의 반환을 청구할 수 있다. 수익자가 그 재산을 반환하는 것이 곤란한 때에는 채권자는 그 가액의 상환을 청구할 수 있다.

② 채권자는 전득자에 대한 사해행위취소청구에서 채무자가 한 행위의 취

소와 함께 전득자가 전득한 재산의 반환을 청구할 수 있다. 전득자가 그 재산을 반환하는 것이 곤란한 때에는 채권자는 그 가액의 상환을 청구할 수 있다.

(4) 사해행위 취소의 범위 및 원상회복 방법

제424조의8 (사해행위의 취소의 범위) ① 채권자는 사해행위취소청구를 하는 경우에, 채무자가 한 행위의 목적이 가분인 때에는 자기의 채권의 액의 한도에서만 그 행위의 취소를 청구할 수 있다.
② 채권자가 제424조의6 제1항 후단 또는 제2항 후단의 규정에 의한 가액의 상환을 청구하는 경우에도 전항과 같다.

제424조의9 (채권자에의 지급 또는 인도) ① 채권자는 제424조의6 제1항 전단 또는 제2항 전단의 규정에 의하여 수익자 또는 전득자에게 재산의 반환을 청구하는 경우에, 그 반환의 청구가 금전의 지급 또는 동산의 인도를 구하는 것인 때에는, 수익자에 대하여 그 지급 또는 인도를, 전득자에 대하여 그 인도를 자기에게 할 것을 청구할 수 있다. 이 경우에 수익자 또는 전득자가 채권자에 대하여 지급 또는 인도를 한 때에는, 채무자에 대하여 그 지급 또는 인도를 할 것을 요하지 아니한다.
② 채권자가 제424조의6 제1항 후단 또는 제2항 후단의 규정에 의하여 수익자 또는 전득자에게 가액의 상환을 청구하는 경우에도 전항과 같다.

** 위와 같이 하여 취득한 재산을 채무자에게 반환할 의무를 채무자에 대하여 가지는 사해행위 취소의 근거가 된 '피보전채권'으로 상계하는 방법으로 채권자에게 사실상의 우선변제를 인정하는 것은 그대로 유지된다.[44)]

(5) 사해행위 취소의 효과

(가) 이른바 상대적 취소설과의 결별

제425조 (인용판결의 효력이 미치는 자의 범위) 사해행위취소청구를 인용하는 확정판결은 **채무자 및 그의 모든 채권자에 대하여도** 그 효력이 있다.

** 한편 전득자에 대한 사해행위취소판결의 효력은 전득자의 前者에는 미치지 않는다.

(나) 사해행위 취소시 수익자의 권리에 관한 규정 신설

제425조의2 (채무자가 받은 반대급부에 관한 수익자의 권리) 채무자가 한 재산의 처분에 관한 행위(채무의 소멸에 관한 행위를 제외한다)가 취소된 때

44) 潮見佳男, 85면.

에는, 수익자는 채무자에 대하여 그 재산을 취득하기 위하여 한 반대급부의 반환을 청구할 수 있다. 채무자가 그 반대급부를 반환하는 것이 곤란한 때에는, 수익자는 그 가액의 상환을 청구할 수 있다.

제425조의3 (수익자의 채권의 회복) 채무자가 한 채무의 소멸에 관한 행위가 취소된 경우(제424조의4의 규정에 의하여 취소된 경우를 제외한다)에, 수익자가 채무자로부터 받은 급부를 반환하거나 그 가액을 상환한 때에는 수익자의 채무자에 대한 채권은 이로써 원상에 복귀한다.

(다) 사해행위 취소시 전득자의 권리에 관한 규정 신설

제425조의4(사해행위취소청구를 받은 전득자의 권리) 채무자가 한 행위가 전득자에 대한 사해행위취소청구에 의하여 취소된 때에는, 그 전득자는 다음 각 호의 구분에 따라 각각 당해 각 호에 정하는 권리를 행사할 수 있다. 다만 그 전득자가 그 전자로부터 재산을 취득하기 위하여 한 반대급부 또는 그 전자로부터 재산을 취득함으로써 소멸한 채권의 가액을 한도로 한다.

1. 제425조의2에서 규정하는 행위가 취소된 경우: 그 행위가 수익자에 대한 사해행위취소청구에 의하여 취소되었다고 하면 동조의 규정에 의하여 생길 수익자의 채무자에 대한 반대급부의 반환청구권 또는 그 가액의 상환청구권
2. 전조에서 규정하는 행위가 취소된 경우(제424조의4의 규정에 의해 취소된 경우를 제외한다): 그 행위가 수익자에 대한 사해행위취소청구에 의하여 취소되었다고 하면 전조에 의하여 회복되어야 하는 수익자의 채무자에 대한 채권

** 이 규정의 신설에 병행하여, 파산에서의 부인권 행사에서 전득자의 권리에 관한 파산법 제170조의2 신설(같은 취지의 민사갱생법 제134조의2, 제134조의3 및 회사갱생법 제93조의2, 제93조의3도 신설).

(라) 사해행위취소권 행사기간의 제한(제426조): 소멸시효("시효로 인하여 소멸한다")로부터 출소기간("訴는 … 경과한 때에는 이를 제기할 수 없다")으로.

5. 보　증

** 다수당사자의 채권관계 중 실제로 많이 문제되는 연대채무에 대하여는, ① 연대채무와 부진정연대채무를 동일하게 처리하는 것으로 하고,[45] ②

45) 연대채무에 관한 冒頭 규정인 제436조에서 그것이 "법령의 규정 또는 당사자의 의사표시에 의하여" 발생한다고 새로 정하는데 부진정연대채무에 해당하는 것은 이 중 '법령의 규

이른바 '절대적 효력'의 유무에 관하여, 청구, 면제 및 소멸시효의 완성에는 이를 인정하지 아니하고(종전 제432조, 제437조 및 제421조의 삭제), 변제(및 이에 준하는 대물변제·공탁), 상계, 경개, 혼동에만 절대적 효력이 인정되는 것으로 정한다.

(1) 주채무자가 주장할 수 있는 사유

제457조 (주채무자에 대하여 발생한 사유의 효력) ② 보증인은 주채무자가 주장할 수 있는 항변으로써 채권자에게 대항할 수 있다.

③ 주채무자가 채권자에 대하여 상계권, 취소권 또는 해제권을 가지는 때에는, 이러한 권리의 행사에 의하여 주채무자가 그 채무를 면하게 되는 한도에서, 보증인은 채권자에 대하여 채무의 이행을 거절할 수 있다.

** 종전에 "보증인은 주채무자의 채권에 의한 상계로 채권자에게 대항할 수 있다"고 정하는 제457조 제 2 항(우리 민법 제434조)을 그 문언대로 보증인이 직접 상계권을 가지는 것으로 해석하는 다수의 입장에 대하여는 비판이 없지 않았다.[46] 위 제 3 항은 그러한 태도를 버리고 이행거절의 항변권으로 전환하면서, 그 사유를 상계권 외에 취소권이나 해제권에도 확장하는 것이다.

(2) 주채무자의 정보제공의무[47]

(가) 제458조의2 (주채무의 이행상황에 관한 정보제공의무) 보증인이 주채무자의 위탁을 받은 보증을 한 경우에, 보증인의 청구가 있는 때에는, 채권자는 보증인에 대하여 지체 없이 주채무의 원본 및 주채무에 관한 이자, 위약금, 손해배상 기타 그 채무에 종된 채무 전부에 관한 불이행의 유무와 이들의 잔액 및 그 중 변제기가 도래한 액에 관한 정보를 제공하여야 한다.

제458조의3 (주채무자가 기한의 이익을 상실한 경우의 정보제공의무) ① 주채무자가 기한의 이익을 가지는 경우에, 그 이익을 상실한 때에는, 채권자는 보증인에 대하여 그 이익의 상실을 안 때로부터 2개월 내에 그 취지를 통지하여야 한다.

② 전항의 기간 내에 동항의 통지를 하지 아니한 때에는, 채권자는 보증인에 대하여 주채무자가 기한의 이익을 상실한 때로부터 동항의 통지를 할 때까지에 발생한 지연손해금(기한의 이익을 상실하지 아니한 경우에도 발생

정'에 기한 것으로 보는 것이다. 潮見佳男, 99면 이하 참조. 한편 이는 바로 뒤의 ②에서 보는 대로 '절대적 효력'이 인정되는 사유의 범위를 현저히 축소하는 것과도 관련이 있다. 종전에 연대채무와 부진정연대채무의 차이는 후자의 경우에는 원칙적으로 절대적 효력이 인정되지 아니한다는 점에 있다고 일컬어져 왔던 것이다.

46) 이에 대하여는 우선 민법주해[X], 1995, 273면 이하(박병대 집필부분) 참조.

47) 뒤의 제465조의10도 참조.

하는 것을 제외한다)에 관한 보증채무의 이행을 청구할 수 없다.

③ 전2항의 규정은 보증인이 법인인 경우에는 적용하지 아니한다.

(나) 우리 민법에 2016년 2월 3일부터 새로 도입·시행된 제436조의2[48]와 비교하여 볼 만하다.

** 위 우리 민법 규정의 연혁: 「보증인 보호를 위한 특별법」(2008. 3. 21. 법률 제8918호로 제정) 제 5 조는 주채무자의 신용 위험을 시사하는 사태(일정한 기간 이상의 이자 등 지급 지체 등)가 있으면 이를 보증인에게 알려야 하고(제 1 항, 제 2 항), 또 보증인의 청구가 있으면 언제라도 "주채무의 내용 및 그 이행 여부를 알려야" 하며, "채권자가 제 1 항부터 제 3 항까지의 규정에 따른 의무를 위반한 경우에는 보증인은 이로 인하여 손해를 입은 한도에서 채무를 면한다"고 정하였었다. 이는 2004년 민법개정시안(후에 국회에 민법개정법률안으로 제출되었으나, 국회 임기 종료로 폐안)의 보증에 관한 개정제안, 특히 그 제436조의2 신설의 제안[49]을 그대로 이어받은 것이다.[50]

** 이른바 '개인보증'에 한정된다는 것이 우리 민법과는 현저히 다른 점.

(3) 근 보 증

제 2 목 개인근보증계약

제465조의2 (개인근보증계약의 보증인의 책임 등) ① 일정 범위에 속하는 불특정의 채무를 주채무로 하는 보증계약(이하 '근보증계약'이라고 한다)으로

---

48) 제436조의2 (채권자의 정보제공의무와 통지의무 등) ① 채권자는 보증계약을 체결할 때 보증계약의 체결 여부 또는 그 내용에 영향을 미칠 수 있는 주채무자의 채무 관련 신용정보를 보유하고 있거나 알고 있는 경우에는 보증인에게 그 정보를 알려야 한다. 보증계약을 갱신할 때에도 또한 같다.

② 채권자는 보증계약을 체결한 후에 다음 각 호의 어느 하나에 해당하는 사유가 있는 경우에는 지체 없이 보증인에게 그 사실을 알려야 한다.

1. 주채무자가 원본, 이자, 위약금, 손해배상 또는 그 밖에 주채무에 종속한 채무를 3개월 이상 이행하지 아니하는 경우
2. 주채무자가 이행기에 이행할 수 없음을 미리 안 경우
3. 주채무자의 채무 관련 신용정보에 중대한 변화가 생겼음을 알게 된 경우

③ 채권자는 보증인의 청구가 있으면 주채무의 내용 및 그 이행 여부를 알려야 한다.

④ 채권자가 제 1 항부터 제 3 항까지의 규정에 따른 의무를 위반하여 보증인에게 손해를 입힌 경우에는 법원은 그 내용과 정도 등을 고려하여 보증채무를 감경하거나 면제할 수 있다.

49) 이에 대하여는 양창수, "민법개정안의 보증조항에 대하여 — 개정취지와 해석론", 서울대학교 법학 제45권 3호(2004. 9), 37면 이하(후에 동, 민법연구, 제 8 권(2005), 287면 이하 수록) 참조. 이 부분 개정시안은 필자에 의하여 마련되었었다.

50) 양창수, "채권자의 보증인에 대한 배려의무에 관한 서설 — 독일민법을 중심으로 한 입법례", 서울대학교 법학 제41권 1호(2000), 97면 이하(후에 동, 민법연구, 제 6 권, 385면 이하에 수록)도 참조.

서 보증인이 법인이 아닌 것(이하 '개인근보증계약'이라고 한다)의 보증인은 주채무의 원본, 주채무에 관한 이자, 위약금, 손해배상 기타 그 채무에 종된 모든 것 및 그 보증채무에 대하여 약정된 위약금 또는 손해배상액에 관하여, 그 전부에 관한 최고액을 한도로 하여 그 이행을 할 책임을 진다.

② 개인근보증계약은 전항에 규정하는 최고액을 정하지 아니하면 그 효력이 발생하지 아니한다.

③ 제446조 제 2 항 및 제 3 항의 규정은 개인근보증계약에서의 제 1 항에 규정하는 최고액의 정함에 준용한다.

제465조의3(개인대여금등근보증계약의 원본확정기일) ① 개인근보증계약으로서 그 주채무의 범위에 금전의 대여[51] 또는 어음의 할인을 받음으로써 부담하는 채무(이하 '대여금등채무'라고 한다)가 포함되는 것(이하 '개인대여금등근보증계약'이라고 한다)에 있어서 주채무의 원본이 확정되는 기일(이하 '원본확정기일'이라고 한다)의 정함이 있는 경우에 그 원본확정기일이 그 개인대여금등근보증계약이 체결된 날로부터 5년을 경과하는 날보다 뒤의 날로 정하여져 있는 때에는 그 원본확정기일의 약정은 효력이 없다.

② 개인대여금등근보증계약에서 원본확정기일의 정함이 없는 경우(전항의 규정에 의하여 원본확정기일의 약정의 효력이 없는 경우를 포함한다)에는 그 원본확정기일은 그 개인대여금등근보증계약의 체결일부터 3년을 경과하는 날로 한다.

③ 개인대여금등근보증계약의 원본확정기일의 변경을 하는 경우에 변경 후의 원본확정기일이 그 변경을 한 날로부터 5년을 경과하는 날보다 뒤의 날로 되는 때에는 그 원본확정기일의 변경은 효력이 없다. 다만 원본확정기일 전 2개월 이내에 원본확정기일의 변경을 하는 경우에 변경 후의 원본확정기일이 변경 전의 원본확정기일로부터 5년 이내의 날로 되는 때에는 그러하지 아니하다.

④ 제446조 제 2 항 및 제 3 항의 규정은 개인대여금등근보증계약에서의 원본확정기일의 정함 및 그 변경(그 개인대여금등근보증계약의 체결일부터 3년 이내의 날을 원본확정기일로 하는 취지의 정함 및 원본확정기일보다 앞의 날을 변경 후의 원본확정기일로 하는 변경을 제외한다)에 준용한다.

제465조의4(개인대여금등근보증계약의 원본의 확정사유) 다음의 경우에는 개인근보증계약에서 주채무의 원본은 확정된다. 다만 제 1 호의 경우에는 강제집행 또는 담보권 실행의 절차의 개시가 있었던 때에 한한다.

1. 채권자가 보증인의 재산에 대하여 금전의 지급을 목적으로 하는 채권에 관한 강제집행 또는 담보권의 실행을 신청한 때.

---

51) 원문은 '貸渡'.

2. 보증인이 파산절차개시의 결정을 받은 때.
3. 주채무자 또는 보증인이 사망한 때.

② 전항에 규정하는 경우 외에 개인대여금등근보증계약에서 주채무의 원본은 다음의 경우에도 확정된다. 다만 제 1 호의 경우에는 강제집행 또는 담보권 실행의 절차의 개시가 있었던 때에 한한다.

1. 채권자가 주채무자의 재산에 대해서 금전의 지급을 목적으로 하는 채권에 관한 강제집행 또는 담보권의 실행을 신청한 때.
2. 주채무자가 파산절차개시의 결정을 받은 때.

제465조의5 (보증인이 법인인 근보증계약의 구상권) ① 보증인이 법인인 근보증계약으로서 제465조의2 제 1 항에서 규정하는 최고액의 정함이 없는 때에는, 그 근보증계약의 보증인의 주채무자에 대한 구상권에 관한 채무를 주채무로 하는 보증계약은 그 효력이 생기지 아니한다.

② 보증인이 법인인 근보증계약에서 그 주채무의 범위에 대여금등채무가 포함되는 경우에 있어서, 원본확정기일의 정함이 없는 때 또는 원본확정기일의 정함 또는 그 변경이 제465조의3 제 1 항 또는 제 3 항의 규정을 적용한다고 하면 그 효력이 생기지 아니하는 것일 때에는, 그 근보증계약의 보증인의 주채무자에 대한 구상권에 관한 채무를 주채무로 하는 보증계약은 그 효력이 생기지 아니한다. 주채무의 범위에 그 구상권에 관한 채무가 포함되는 근보증계약도 같다.

③ 전2항의 규정은 구상권에 관한 채무를 주채무로 하는 보증계약 또는 주채무의 범위에 구상권에 관한 채무가 포함되는 근보증계약의 보증인이 법인인 경우에는 적용하지 아니한다.

제 3 목 사업에 관한 채무에 대한 보증계약의 특칙

제465조의6 (공정증서의 작성과 보증의 효력) ① 사업을 위하여 부담한 대여금등채무를 주채무로 하는 보증계약 또는 주채무의 범위에 사업을 위하여 부담하는 대여금등채무가 포함되는 근보증계약은, 그 계약의 체결에 앞서서, 그 체결일 전 1개월 이내에 작성된 공정증서로 보증인이 되려는 자가 보증채무를 이행할 의사를 표시하지 아니하면 그 효력이 생기지 아니한다.

② 전항의 공정증서를 작성할 때에는 다음에 제시된 방식에 따라야 한다.

1. 보증인이 되려는 자가 다음의 가목 또는 나목에서 정하는 계약의 구분에 따라 당해 가목 또는 나목에 정하는 사항을 공증인에게 口授하는 것.
   가. 보증계약(나목에서 정하는 계약을 제외한다): 주채무의 채권자 및 채무자, 주채무의 원본, 주채무에 관한 이자, 위약금, 손해배상 기타 그 채무에 종된 모든 것에 관한 정함의 유무와 그 내용 및 주채무자가

그 채무를 이행하지 아니하는 때에는 그 채무의 전액을 이행하는 의사(보증인이 되려는 자가 주채무자와 연대하여 채무를 부담하고자 하는 것인 경우에는, 채권자가 주채무자에 대하여 최고를 하였는지 여부, 주채무자가 그 채무를 이행할 수 있는지 여부, 또는 다른 보증인이 있는지 여부에 관계없이 그 전액을 이행할 의사)를 가지고 있다는 것.

나. 근보증계약: 주채무의 채권자 및 채무자, 주된 채무의 범위, 근보증계약의 최고액, 원본확정기일의 정함이 있는지 여부와 그 내용 및 주채무자가 그 채무를 이행하지 아니하는 때에는 최고액의 한도에서 원본확정기일 또는 제465조의4 제 1 항 각 호 또는 제 2 항 각 호에서 정하는 사유 기타 원본을 확정할 사유가 발생하는 때까지에 생기는 주채무의 원금 및 주채무에 관한 이자, 위약금, 손해배상 기타 그 채무에 종된 모든 채무의 전액을 이행할 의사(보증인이 되려는 자가 주채무자와 연대하여 채무를 부담하고자 하는 경우에는, 채권자가 주채무자에 대해서 최고를 하였는지 여부, 주채무자가 그 채무를 이행할 수 있는지 여부, 또는 다른 보증인이 있는지 여부에 관계없이 그 전액을 이행할 의사)를 가지고 있다는 것.

2. 공증인이 보증인이 되려는 자의 구술을 필기하고, 이를 보증인이 되려는 자에게 읽어주거나 열람시키는 것.
3. 보증인이 되고자 하는 자가 필기가 정확하다는 것을 승인한 후, 서명하고 날인하는 것. 다만, 보증인으로 되려는 자가 서명할 수 없는 경우에는, 공증인이 그 사유를 부기하여 서명에 갈음할 수 있다.
4. 공증인이, 그 증서는 전3호에서 정하는 방식에 따라 작성한 것이라는 취지를 부기하고, 이에 서명하고 날인할 것.

③ 전2항의 규정은 보증인이 되려는 자가 법인인 경우에는 적용하지 아니한다.

제465조의7 (보증에 관한 공정증서의 방식의 특칙) ① 전조 제 1 항의 보증계약 또는 근보증계약의 보증인이 되려는 자가 말을 못하는 자인 경우에는, 공증인 앞에서 동조 제 2 항 제 1 호 가목 또는 나목에서 정하는 계약의 구분에 따라 각각 당해 가목 또는 나목에 정하는 사항을 통역인의 통역에 의하여 진술하거나 自署하여 동호의 口授에 갈음하여야 한다. 이 경우 동항 제 2 호의 규정의 적용에 있어서는 동호 중 ‘구수’는 ‘통역인의 통역에 의한 진술 또는 자서’로 한다.

② 전조 제 1 항의 보증계약 또는 근보증계약의 보증인이 되려는 자가 귀가 들리지 아니하는 자인 경우에는, 공증인은 동조 제 2 항 제 2 호에 규정하는

필기한 내용을 통역인의 통역에 의하여 보증인이 되려는 자에 전달함으로써 동호 소정의 읽어주기에 갈음할 수 있다.

③ 공증인은 전2항에 정하는 방식에 따라 공정증서를 작성한 때에는 그 취지를 그 증서에 부기하여야 한다.

제465조의8 (공정증서의 작성과 구상권에 대한 보증의 효력) ① 제465조의6 제 1 항과 제 2 항 및 전조의 규정은, 사업을 위하여 부담한 대여금등채무를 주채무로 하는 보증계약 또는 주채무의 범위에 사업을 위하여 부담하는 대여금등채무가 포함된 근보증계약의 보증인의 주채무자에 대한 구상권에 관한 채무를 주채무로 하는 보증계약에 준용한다. 주채무의 범위에 그 구상권에 관한 채무가 포함되는 근보증계약도 같다.

② 전항의 규정은 보증인이 되려는 자가 법인인 경우에는 적용하지 아니한다.

제465조의9 (공정증서의 작성과 보증의 효력에 관한 규정의 적용 제외) 전3조의 규정은 보증인이 되려는 자가 보증계약에서 다음에 제시된 자인 경우에는 적용하지 아니한다.

1. 주채무자가 법인인 경우의 그 이사, 집행역 또는 이에 준하는 자
2. 주채무자가 법인인 경우 다음의 자:
   가. 주채무자의 총주주의 의결권(주주총회에서 결의를 할 수 있는 사항의 전부에 대하여 의결권을 행사할 수 없는 주식의 의결권을 제외한다. 이하이 호에서 같다)의 과반수를 가지는 자
   나. 주채무자의 총주주의 의결권의 과반수를 다른 주식회사가 가지는 경우에 당해 다른 주식회사의 총주주의 의결권의 과반수를 가지는 자
   다. 주채무자의 총주주의 의결권의 과반수를 다른 주식회사 및 당해 다른 주식회사의 총주주의 의결권의 과반수를 가지는 자가 가지는 경우에 당해 다른 주식회사의 총주주의 의결권의 과반수를 가지는 자
   라. 주식회사 이외의 법인이 주채무자인 경우에 있어서의 가목, 나목 또는 다목의 자에 준하는 자
3. 주채무자(법인인 경우를 제외한다. 이하 이 호에서 같다)와 공동으로 사업을 하는 자 또는 주채무자가 행하는 사업에 실제로 종사하고 있는 주채무자의 배우자

제465조의10 (계약체결시의 정보제공의무) ① 주채무자는, 사업을 위하여 부담하는 채무를 주채무로 하는 보증 또는 주채무의 범위에 사업을 위하여 부담하는 채무가 포함된 근보증의 위탁을 하는 때에는, 위탁을 받는 자에 대하여 다음 사항에 관한 정보를 제공하여야 한다.

1. 재산 및 수지 상황

2. 주채무 이외에 부담하고 있는 채무의 유무와 그 액 및 이행상황
3. 주채무의 담보로 타인에게 제공하였거나 제공하려는 것이 있는 때에는 그 취지 및 그 내용

② 주채무자가 전항 각 호에서 정하는 사항에 관하여 정보를 제공하지 아니하거나 또는 사실과 다른 정보를 제공함으로 말미암아 위탁을 받은 자가 그 사항에 대하여 오인을 하고, 이로 인하여 보증계약의 청약 또는 그 승낙의 의사표시를 한 경우에 있어서, 주채무자가 그 사항에 관하여 정보를 제공하지 아니하거나 또는 사실과 다른 정보를 제공한 것을 채권자가 알았거나 알 수 있었을 때에는, 보증인은 보증계약을 취소할 수 있다.

③ 전2항의 규정은 보증을 한 자가 법인인 경우에는 적용하지 아니한다.

6. 채권양도

(1) 채권의 양도성 — 양도제한의 의사표시가 붙은 채권의 양도 및 장래채권의 양도

(가) 제466조 (채권의 양도성) ① [종전 규정[52] 유지]

② 당사자가 채권의 양도를 금지하거나 제한하는 취지의 의사표시(이하 '양도제한의 의사표시'라고 한다)를 한 때에도 채권의 양도는 그 효력이 방해받지 아니한다.

③ 전항의 경우에, 양도제한의 의사표시가 있었음을 알았거나 중대한 과실로 알지 못한 양수인 기타 제 3 자에 대하여 채무자는 그 채무의 이행을 거절할 수 있고, 또한 양도인에 대한 변제 기타 채무를 소멸시키는 사유로써 그 제 3 자에 대항할 수 있다.

④ 전항의 규정은, 채무자가 채무를 이행하지 아니하는 경우에, 동항에 규정한 제 3 자가 상당한 기간을 정하여 양도인에의 이행을 최고하였음에도 그 기간 내에 이행이 없는 때에는, 그 채무자에 대하여는 적용하지 아니한다.

제466조의2 (양도제한의 의사표시가 행하여진 채권의 채무자의 공탁) ① 양도제한의 의사표시가 행하여진 금전의 급부를 목적으로 하는 채권이 양도된 때에는 채무자는 그 채권의 전액에 상당하는 금전을 채무의 이행지(채무의 이행지가 채권자의 현재의 주소에 좇아 정하여지는 경우에는 양도인의 현재의 주소를 포함한다. 다음 조에서도 같다)의 공탁소에 공탁할 수 있다.

② 전항의 규정에 따라 공탁을 한 채무자는 지체 없이 양도인 및 양수인에

52) 우리 민법 제449조 제 1 항("채권은 이를 양도할 수 있다. 그러나 채권의 성질이 양도를 허용하지 아니하는 때에는 그러하지 아니하다")과 같다.

게 공탁의 통지를 하여야 한다.

③ 제 1 항의 규정에 따라 공탁을 한 금전은 양수인에 한하여 환급을 청구할 수 있다.

제466조의3 (양도제한의 의사표시가 행하여진 채권의 채무자의 공탁) 전조 제 1 항의 경우에 양도인에 대하여 파산절차 개시의 결정이 있은 때에는 양수인(동항의 채권의 전액을 양수한 자로서, 그 채권의 양도를 채무자 기타 제 3 자에게 대항할 수 있는 자에 한한다)은 양도제한의 의사표시가 있었음을 알았거나 또는 중대한 과실로 알지 못한 때에도 채무자에게 그 채권의 전액에 상당하는 금전을 채무의 이행지의 공탁소에 공탁하게 할 수 있다. 이 경우에는 동조 제 2 항 및 제 3 항의 규정을 준용한다.

제466조의4 (양도제한의 의사표시가 행하여진 채권의 압류) ① 제466조 제 3 항의 규정은 양도제한의 의사표시가 행하여진 채권에 대한 강제집행을 한 압류채권자에 대하여는 적용하지 아니한다.

② 전항의 규정에 불구하고, 양수인 기타의 제 3 자가 양도제한의 의사표시가 행하여진 것을 알았거나 또는 중대한 과실로 알지 못한 경우에 그의 채권자가 동항의 채권에 대한 강제집행을 한 때에는, 채무자는 그 채무의 이행을 거절할 수 있고, 또한 양도인에 대한 변제 기타 채무를 소멸시키는 사유로써 압류채권자에게 대항할 수 있다.

제466조의5 (예금채권 또는 저금채권에 대한 양도제한의 의사표시의 효력) ① 예금계좌 또는 저금계좌에 의한 예금 또는 저금에 관한 채권(이하 '예저금채권'이라고 한다)에 대하여 당사자가 한 양도제한의 의사표시는, 제466조 제 2 항의 규정에 불구하고, 그 양도제한의 의사표시가 있었음을 알았거나 중대한 과실로 알지 못한 양수인 기타 제 3 자에게 대항할 수 있다.

② 전항의 규정은 양도제한의 의사표시가 행하여진 예저금채권에 대한 강제집행을 한 압류채권자에 대하여는 적용하지 아니한다.

제466조의6 (장래 채권의 양도성) ① 채권의 양도는 그 의사표시시에 채권이 실제로 발생하여 있는 것을 요하지 아니한다.

② 채권이 양도된 경우에 그 의사표시시에 채권이 실제로 발생하지 아니한 때에는, 양수인은 발생한 채권을 당연히 취득한다.

③ 전항에 규정하는 경우에 양도인이 다음 조의 규정에 의한 통지를 하거나 채무자가 동조의 규정에 의한 승낙을 한 때(이하 '대항요건 구비시'라고 한다)까지 양도제한의 의사표시가 있는 때에는 양수인 기타 제 3 자가 그것을 알고 있는 것으로 간주하여, 제466조 제 3 항(양도제한의 의사표시가 행하여진 채권이 예저금채권의 경우에는 전조 제 1 항)의 규정을 적용한다.

(나) 양도제한의 의사표시 있는 채권에 대하여 종전의 제466조 제 2 항은 우리 민법 제449조 제 2 항과 같이 "전항의 규정은 당사자가 반대의 의사를 표시한 경우에는 이를 적용하지 아니한다. 그러나 그 의사표시는 이를 선의의 제 3 자에게 대항하지 못한다"고 정하고 있었다. 즉 채권의 경우는 —소유권 기타 물권과는 달리— 양도성 자체를 양도제한특약으로 박탈할 수 있어서 그에 반하는 양도는 원칙적으로 효력이 없는데,[53] 그러나 선의의 제 3 자에게는[54] 그 효력 없음을 대항할 수 없다는 입장을 정하고 있었다.

그러나 이에 대하여는, 권리의 속성이라고 할 양도성을 채권에 대하여만 당사자들의 합의로써 박탈할 수 있다는 것이 이론상 충분히 설명되지 아니하고, 나아가 채권 거래가 보편화한 현재의 일반적 거래 실정에도 적절하지 않다는 입법론적 비난이 적지 않았다.

이를 반영하여 우선 제466조 제 2 항은 "양도제한특약이 있더라도 이로써 채권양도의 효력에는 영향이 없다는 것, 따라서 이 경우에도 채권자는 양수인이고 양도인이 아니라는 것을 보인 것이다(상대적 효력설. 양수인이 악의·중과실이라도 '채권자'는 양수인이다). 양도인에는 양도채권에 관하여 이행청구권이 없고, 채무자에 대한 추심권도 없다."[55]

다만 그에 대한 예외로서, 제 3 항은 채무자에게 악의 또는 중과실의 제 3 자(쉽게 말하면, 양수인 또는 채권질권자. 이하 단지 '양수인')에 대하여 이행거절할 수 있는 지위 및 양도인에 대한 변제 등의 채권소멸사유를 양수인에 대하여 주장할 수 있는 지위를 부여하는 것이다.[56][57] 이 경우에 채무자가 이에

53) 소유권 기타 물권의 경우에는 양도제한특약은 그 당사자 사이에서만 효력을 가진다고, 즉 채권적 효력밖에 가지지 못한다고 이해되고 있다.

54) 한편 일본에서도 확고한 판례는 이를 중과실 있는 제 3 자에게도 확장하였다.

55) 潮見佳男, 133면.

56) 潮見佳男, 133면은 "그 전제로, 악의·중과실의 상대방과의 관계에서는, 제 2 항에 의하여 이미 채권자가 아니게 된 양도인에 대하여 행하여진 변제·상계 등이라도 [예외적으로] 유효임을 보이는 것"이라고 설명한다. 또한 양수인이 악의·중과실이라도 채무자가 그에 대하여 채권양도를 '승낙'할 수 있음은 종전과 같이 인정된다고 한다.

57) 그 외에 개정 후 제466조의5는 예금채권에 대하여는 종전과 같이 양도금지특약에 물권적 효력을 인정한다. 즉 그 규정에서의 '대항할 수 없다'는 개정 전 제466조 제 2 항에서와 같은 취지라는 것이다. 이와 같은 예외를 인정하는 이유로는 "빈번하게 입출금이 이루어지는 방대한 예금계좌를 관리하는 은행에 원활한 지급업무에 지장이 생기고 그 결과 시민에 있어서도 이익이 되지 않는 것"이라든가 "은행은 예금의 양도에 관한 관리를 고려할 필요가 없음을 전제로 시스템을 구축하고 있어서 … [개정법의 태도에 따르게 하면] 시스템 구축에 요하는 비용 기타 관리비용이 현저하게 증가하는 것"(점선은 인용자가 생략한 부분을 가리킨다. 이하 본문·각주를 통하여 같다) 등을 든다. 潮見佳男, 138면 이하 참조.

이러한 「금융업계에의 신중한 배려」에 대하여는 의문의 의견도 없지 않다. 우선 吉田邦

기하여 양수인에의 이행을 거절하면서 양도인에게도 이행하지 아니하는 교착상태를 피하기 위하여 제 4 항을 마련하여, 악의·중과실의 양수인이 "양도인에게 이행할 것"을 최고하여도 채무자가 이에 응하지 아니하면 그 양수인에의 이행을 거절할 수 없도록 하였다.

(다) 양도제한특약이 있는 경우 채무자로서는 양수인의 악의 등을 쉽게 알지 못하여 그 법적 지위가 불안정에 빠질 수 있으므로, 채무자가 그의 과실유무,[58] 양수인의 선의·과실 여부 등에 무관하게 채무금을 공탁할 수 있도록 한 것이 제466조의2이다.

(2) 채권양도에서의 채무자의 대항사유

(가) 제468조 (채권의 양도에 있어서의 채무자의 항변) ① 채무자는 대항요건 구비시까지 양도인에 대해서 발생한 사유로써 양수인에게 대항할 수 있다.

② 제466조 제 4 항의 경우에 전항 규정의 적용에 있어서는 동항 중 '대항요건 구비시'는 '제466조 제 4 항의 상당한 기간을 경과한 때'로, 제466조의3의 경우에 동항 규정의 적용에 있어서는 동항 중 '대항요건 구비시'는 '제466조의3의 규정에 따라 동조의 양수인으로부터 공탁의 청구를 받은 때'로 한다.

제469조 (채권의 양도에 있어서 상계권) ① 채무자는 대항요건 구비시보다 이전에 취득한 양도인에 대한 채권에 의한 상계로써 양수인에게 대항할 수 있다.

② 채무자가 대항요건 구비시보다 후에 취득한 양도인에 대한 채권이라 하더라도, 그 채권이 다음에 제시하는 것인 때에는 전조와 같다. 그러나 채무자가 대항요건 구비시보다 후에 타인의 채권을 취득한 경우에는 그러하지 아니하다.

1. 대항요건 구비시보다 앞의 원인에 기하여 발생한 채권
2. 전호의 것 외에, 양수인이 취득한 채권의 발생원인인 계약에 기하여 발생한 채권

③ 제466조 제 4 항의 경우에 전 2항의 규정의 적용에 있어서는 이들 규정 중 '대항요건 구비시'는 '제466조 제 4 항의 상당한 기간을 경과한 때'로, 제466조의3의 경우에 이들 규정의 적용에 있어서는 이들 규정 중 '대항요건 구비시'는 '제466조의3의 규정에 따라 동조의 양수인으로부터 공탁의 청를

彦, "民法(債權法[契約法])改正について — その評價と展望", 東アジア民法學と災害·居住·民族補償(中編)(2017), 278면 이하 참조.

58) 채권자불확지를 이유로 공탁하려면 채무자의 무과실을 요한다(종전의 제494조 후단=우리 민법 제487조 후단).

받은 때'로 한다.

(나) 무엇보다도 주목되는 것은, 채무자가 이의를 유보하지 아니하고 채권양도를 승낙하였으면 그는 양수인[59]에게 기존의 대항사유를 주장하지 못한다고 정하는 종전의 제468조 제1항(우리 제451조 제1항)을 이어받지 않고 삭제한 것이다.

(다) 종전의 제468조 제2항("양도인이 양도의 통지를 한 때에는[60] 채무자는 그 통지를 받은 때까지 양도인에 대하여 생긴 사유로써 양수인에게 대항할 수 있다")에서는 승낙의 경우에 대하여는 명문이 없었으나, 개정법에서는 이를 일반적으로 '대항요건 구비'의 시기를 기준으로 정하였다.

(라) 채무자의 상계권에 관한 개정 후 제469조는 신설된 것이나, 그 내용은 기본적으로 종전의 제511조(우리 제498조)에 관한 판례의 태도, 즉 이른바 무제한설에 따른 것이고,[61] 거기에다 대항요건 구비 전의 '원인'으로 발생한 채권도 포함시킨 것이다. 이와 관련하여 위 제511조도 위 신설의 제469조와 같은 내용으로 개정되었다는 점도 지적하여 두기로 한다.[62]

---

59) 주지하는 대로 판례상으로 선의의 양수인에 한정되었고, 다수의 학설상으로는 선의무과실의 양수인에 한정되어야 한다고 주장되고 있기는 하였다.

60) 우리 민법 제451조 제2항은 이 부분이 "양도인이 양도통지만을 한 때에는"이라고 되어 있다.

61) 우리 판례는 이에 관하여 일본과는 입장을 달리한다. 대판(전) 2012. 2. 16, 2011다45521(집60민, 98)은 그때까지의 판례를 유지하여 무제한설을 취하지 아니하고 "채권압류명령 등을 받은 제3채무자가 압류채무자에 대한 반대채권을 가지고 있는 경우에 상계로써 압류채권자에게 대항하기 위하여는, 압류의 효력 발생 당시에 대립하는 양 채권이 상계적상에 있거나, 그 당시 반대채권(자동채권)의 변제기가 도래하지 아니한 경우에는 그것이 피압류채권(수동채권)의 변제기와 동시에 또는 그보다 먼저 도래하여야 한다"는 태도를 밝힌다.

62) 제511조 (지급금지를 받은 채권을 수동채권으로 하는 상계의 금지) ① 압류를 받은 채권의 제3채무자는 압류 후에 취득한 채권에 의한 상계로써 압류채권자에게 대항할 수 없고, 압류 전에 취득한 채권에 의한 상계로써 대항할 수 있다.

② 전항의 규정에도 불구하고, 압류 후에 취득한 채권이 압류 전의 원인에 기하여 발생한 것인 때에는, 제3채무자는 그 채권에 의한 상계로써 압류채권자에게 대항할 수 있다. 그러나 제3채무자가 압류 후에 타인의 채권을 취득한 경우에는 그러하지 아니하다.

7. 병존적 채무인수, 면책적 채무인수 및 계약상 지위의 이전에 관한 규정 신설

(1) (가) [제 3 편 제 1 장 총칙]

제 5 절 채무의 인수

제 1 관 병존적 채무인수

제470조 (병존적 채무인수의 요건 · 효과) ① 병존적 채무인수의 인수인은 채무자와 연대하여 채무자가 채권자에 대하여 부담하는 채무와 동일한 내용의 채무를 부담한다.

② 병존적 채무인수는 채권자와 인수인으로 되는 자와의 계약에 의하여 할 수 있다.

③ 병존적 채무인수는 채무자와 인수인으로 되는 자와의 계약에 의하여서도 할 수 있다. 이 경우에 병존적 채무인수는 채권자가 인수인으로 되는 자에 대하여 승낙을 한 때에 그 효력이 생긴다.

④ 전항의 규정에 의한 병존적 채무인수는 제 3 자를 위한 계약에 관한 규정에 따른다.

제471조 (병존적 채무인수의 인수인의 항변 등) ① 인수인은 병존적 채무인수에 의하여 부담하는 자기의 채무에 관하여 그 효력이 발생한 때에 채무자가 주장할 수 있었던 항변으로써 채권자에게 대항할 수 있다.

② 채무자가 채권자에 대하여 취소권 또는 해제권을 가지는 때에는 인수인은 이들 권리의 행사에 의하여 채무자가 그 채무의 이행을 면하게 될 한도에서 채권자에 대하여 채무의 이행을 거절할 수 있다.

제 2 관 면책적 채무인수

제472조 (면책적 채무인수의 요건 및 효과) ① 면책적 채무인수의 인수인은 채무자가 채권자에 대하여 부담하는 채무와 동일한 내용의 채무를 부담하고, 채무자는 자기의 채무를 면한다.

② 면책적 채무인수는 채권자와 인수인으로 되는 자와의 계약에 의하여 이를 할 수 있다. 이 경우 면책적 채무인수는 채권자가 채무자에 대하여 그 계약을 하였음을 통지한 때에 그 효력이 생긴다.63)

③ 면책적 채무인수는 채무자와 인수인으로 되는 자가 계약을 하고 채권자가 인수인으로 되는 자에 대하여 승낙을 함으로써도 할 수 있다.

제472조의2 (면책적 채무인수에서 인수인의 항변 등) ① 인수인은 면책적 채무인수에 의하여 부담하는 자기의 채무에 관하여 그 효력이 발생한 때에 채

63) 채무자의 교체에 의한 경개에 관한 개정법 제514 제 1 항 후단과 같은 취지로 규정한다.

무자가 주장할 수 있었던 항변으로써 채권자에게 대항할 수 있다.

② 채무자가 채권자에 대하여 취소권 또는 해제권을 가지는 때에는 인수인은 면책적 채무인수가 없었다면 이들 권리의 행사에 의하여 채무자가 그 채무의 이행을 면할 수 있었던 한도에서 채권자에 대하여 채무의 이행을 거절할 수 있다.

제472조의3 (면책적 채무인수에서 인수인의 구상권) 면책적 채무인수의 인수인은 채무자에 대하여 구상권을 취득하지 못한다.

제472조의4 (면책적 채무인수에 의한 담보의 이전) ① 채권자는 제472조 제1항의 규정에 의하여 채무자가 면하는 채무의 담보로서 설정된 담보권을 인수인이 부담하는 채무에 이전할 수 있다. 그러나 인수인 이외의 자가 이를 설정한 경우에는 그 승낙을 얻어야 한다.

② 전항의 규정에 의한 담보권의 이전은 미리 또는 동시에 인수인에 대한 의사표시로써 하여야 한다.

③ 전 2항의 규정은 제472조 제1항의 규정에 의하여 채무자가 면하는 채무의 보증을 한 자가 있는 때에 준용한다.

④ 전항의 경우에 동항에서 준용하는 제1항의 승낙은 서면으로 하여야 그 효력이 생긴다.

⑤ 전항의 승낙이 그 내용을 기록한 전자적 기록에 의하여 이루어진 때에는 그 승낙은 서면에 의한 것으로 보아 동항의 규정을 적용한다.

(나) [제3편 제2장 계약 제1절 총칙]

제3관 계약상의 지위의 이전

제539조의2 계약의 당사자의 일방이 제3자와의 사이에 계약상의 지위를 양도하는 취지의 합의를 한 경우에 계약의 상대방이 그 양도를 승낙한 때에는 계약상의 지위는 그 제3자에게 이전한다.

(2) 개정법의 내용은 대체로 종전의 판례·통설을 성문화한 것이다. 몇 가지 덧붙여 두기로 한다.

(가) 제471조 제2항 및 제472조의2 제2항은, 채무인수는 그것이 병존적이든 면책적이든 채무자의 채무를 인수하는 것에 그치고 계약관계의 당사자가 되는 것은 아니므로, 인수인이 계약에서 발생하는 취소권이나 해제권을 행사할 수는 없다는 것을 전제로 한다.

한편 병존적 채무인수의 경우 인수인은 채무자와 연대채무관계에 들어가므로(개정법 제470조 제1항), 채무자가 상계권을 가지는 경우에는 연대채무자 중 1인이 가지는 상계권에 관한 개정 후 규정(제439조 제2항[64])에 좇아서,

즉 인수인에게 이행거절권능을 부여하는 것으로 처리된다. 면책적 채무인수에서는 이러한 처리는 허용되지 않는다.

(나) 제472조의3에 대하여. 면책적 채무인수인이 채무를 이행하더라도 이는 자기 채무의 이행이고, 면책적인 인수는 특별한 사정이 없는 한 채무이행의 최종적인 부담을 스스로 진다는 전제 아래 행하여진다. 그리하여 위 규정은 채무자에 대한 구상권을 배제한다.[65)]

물론 채무자와 인수인 사이에 그에 관한 특별한 약정을 하는 것은 허용된다. 예를 들어 인수인이 채무자의 부탁으로 채무인수를 한 경우에는 위임에서의 비용상환청구권(제650조=우리 제688조)이 인정될 가능성이 있다.

(다) 면책적 채무인수에서의 담보 이전에 관한 제472조의4도 흥미롭다. 동조 제 2 항이 담보 이전의 요건이 '채무인수 자체보다 미리 또는 그와 동시에' 행하여지는 의사표시로써 할 것이 요구되는 것은 담보권의 소멸에 관한 부종성에 대처하기 위한 것이라고 한다.

8. 유가증권에 관한 규정 신설

(1) [제 3 편 제 1 장]

제 7 절 유가증권

제 1 관 지시증권

제520조의2 (지시증권의 양도) 지시증권의 양도는 그 증권에 양도의 배서를 하여 양수인에게 교부하여야 효력이 생긴다.

제520조의3 (지시증권의 배서의 방식) 지시증권의 양도에 관하여는 그 지시증권의 성질에 따라 어음법(1932년 법률 제20호) 중 배서의 방식에 관한 규정을 준용한다.

제520조의4 (지시증권의 소지인의 권리의 추정) 지시증권의 소지인이 배서의 연속에 의하여 권리를 증명하는 때에는 그 소지인은 증권상의 권리를 적법

---

64) 개정 후 제439조 제 2 항(그 제 1 항은 종전 제436조 제 1 항[우리 제418조 제 1 항]과 같다): "전항의 채권을 가지는 연대채무자가 상계를 원용하지 아니하는 동안에는 그 연대채무자의 부담부분의 한도에서 다른 연대채무자는 채권자에 대하여 채무의 이행을 거절할 수 있다"). 종전의 제439조 제 2 항은 "그러한 채권을 가지는 채무자가 상계를 원용하지 아니하는 동안에는 그 채무자의 부담부분에 관하여 다른 채권자가 상계를 원용할 수 있다"고 정하였었다(우리 제418조 제 2 항: "상계할 채권이 있는 연대채무자가 상계하지 아니한 때에는 그 채무자의 부담부분에 한하여 **다른 연대채무자가 상계할 수 있다**").

65) 채무자의 교체로 인한 경개에 관한 개정법 제514조 제 2 항에서도 같은 취지에서 구상권은 원칙적으로 배제되는 것으로 한다.

하게 가지는 것으로 추정한다.

제520조의5 (지시증권의 선의취득) 어떤 사유에 의하여 지시증권의 점유를 잃은 자가 있는 경우에 소지인이 전조의 규정에 의하여 그 권리를 증명하는 때에는 그 소지인은 그 증권을 반환할 의무를 지지 아니한다. 그러나 소지인이 악의 또는 중대한 과실에 의하여 그 증권을 취득한 때에는 그러하지 아니하다.

제520조의6 (지시증권의 양도에서 채무자의 항변의 제한) 지시증권의 채무자는, 그 증권에 기재된 사항 및 그 증권의 성질로부터 당연히 발생하는 결과를 제외하고, 그 증권의 양도 전의 채권자에게 대항할 수 있었던 사유로써 선의의 양수인에게 대항할 수 없다.

제520조의7 (지시증권의 입질) 제520조의2부터 전조까지의 규정은 지시증권을 목적으로 하는 질권의 설정에 준용한다.

제520조의8 (지시증권의 변제의 장소) 지시증권의 변제는 채무자의 현재의 주소에서 하여야 한다.

제520조의9 (지시증권의 제시와 이행지체) 지시증권의 채무자는 그 채무의 이행에 관하여 기한의 정함이 있는 때에도 그 기한이 도래한 후에 소지인이 그 증권을 제시하여 그 이행의 청구를 한 때로부터 지체의 책임을 진다.

제520조의10 (지시증권의 채무자의 조사의 권리 등) 지시증권의 채무자는, 그 증권의 소지인 및 그 서명과 날인의 진위를 조사할 권리를 가지나, 그 의무를 지지 아니한다. 그러나 채무자에게 악의 또는 중대한 과실이 있는 때에는 그 변제는 무효로 한다.

제520조의11 (지시증권의 상실) 지시증권은 비송사건절차법(2011년 법률 제51호) 제100조에 규정하는 공시최고절차에 의하여 무효로 할 수 있다.

제520조의12 (지시증권의 상실의 경우의 권리행사방법) 금전 기타 물건 또는 유가증권의 급부를 목적으로 하는 지시증권의 소지인이 그 지시증권을 상실한 경우에, 비송사건절차법 제114조에 규정하는 공시최고의 신청을 한 때에는, 그 채무자에게 그 채무의 목적물을 공탁하게 하거나 또는 상당한 담보를 제공하고 그 지시증권의 취지에 따라 이행을 하게 할 수 있다.

** 제363조 (채권질의 설정)("채권으로서 이를 양도하려면 그 증서를 교부하여야 하는 것을 질권의 목적으로 할 때에는 질권의 설정은 그 증서를 교부함으로써 그 효력이 생긴다") 및 제365조(지시채권을 목적으로 하는 질권의 대항요건)("지시채권을 질권의 목적으로 한 때에는 그 증서에 질권설정의 배서를 하지 아니하면 이로써 제 3 자에게 대항할 수 없다") 각 삭제.

제 2 관 기명식소지인출급증권(「記名式所持人拂証券」)

제520조의13 (기명식소지인출급증권의 양도) 기명식소지인출급증권(채권자를 지명하는 기재가 되어 있는 증권으로서, 그 소지인에게 변제를 하여야 한다는 뜻이 부기되어 있는 것을 말한다. 이하 같다)의 양도는 그 증권을 교부하여야 효력이 생긴다.

제520조의14 (기명식소지인출급증권의 소지인의 권리의 추정) 기명식소지인출급증권의 소지인은 증권상의 권리를 적법하게 가지는 것으로 추정한다.

제520조의15 (기명식소지인출급증권의 선의취득) 어떤 사유에 의하여 기명식소지인출급증권의 점유를 잃은 자가 있는 경우에 소지인이 전조의 규정에 의하여 그 권리를 증명하는 때에는 그 소지인은 그 증권을 반환할 의무를 지지 아니한다. 그러나 소지인이 악의 또는 중대한 과실에 의하여 그 증권을 취득한 때에는 그러하지 아니하다.

제520조의16 (기명식소지인출급증권의 양도에서 채무자의 항변의 제한) 기명식소지인출급증권의 채무자는 그 증권에 기재한 사항 및 그 증권의 성질로부터 당연히 발생하는 결과를 제외하고 그 증권의 양도 전의 채권자에게 대항할 수 있었던 사유로써 선의의 양수인에게 대항할 수 없다.

제520조의17 (기명식소지인출급증권의 입질) 제520조의13부터 전조까지의 규정은 기명식소지인출급증권을 목적으로 하는 질권의 설정에 준용한다.

제520조의18 (지시증권에 관한 규정의 준용) 제520의8부터 제520조의12까지의 규정은 기명식소지인출급증권에 준용한다.

제 3 관 그 밖의 기명증권

제520조의19 ① 채권자를 지명하는 기재가 되어 있는 증권으로서 지시증권 및 기명식소지인출급증권 이외의 것은 채권의 양도 또는 이를 목적으로 하는 질권의 설정에 관한 방식에 따라 또한 그 효력으로써만 양도하거나 질권의 목적으로 할 수 있다.

② 제520조의11 및 제520조의12의 규정은 전항의 증권에 준용한다.

(2) 대체로 지시채권 및 무기명채권에 관한 우리 민법 제508조 이하(제 3 편 제 1 장 제 7 절) 및 제523조 이하(제 3 편 제 1 장 제 8 절)[66]의 규정과 동일한 내용이다.

---

66) 이 중 제525조는 일본의 개정법 제520조의13 이하에서 정하는 '기명식소지인출급증권'에 해당하는 '지명소지인출급채권'에 대하여 "채권자를 지정하고 소지인에게도 변제할 것을 부기한 증서는 무기명채권과 같은 효력이 있다"고 규정하고 있다.

Ⅲ. 계약 총칙

1. 계약의 해제

(1) 제541조 (최고에 의한 해제) 당사자의 일방이 그 채무를 이행하지 아니한 경우에 상대방이 상당한 기간을 정하여 그 이행의 최고를 하고 그 기간 내에 이행이 없는 때에는 상대방은 계약의 해제를 할 수 있다. 그러나 그 기간을 경과한 때에서의 채무의 불이행이 그 계약 및 거래상의 사회통념에 비추어 경미한 때에는 그러하지 아니하다.

제542조 (無催告해제) ① 다음의 경우에는 채권자는 전조의 최고를 하지 아니하고 즉시 계약의 해제를 할 수 있다.

1. 채무의 전부의 이행이 불능인 때.
2. 채무자가 그 채무의 전부의 이행을 거절하는 의사를 명확하게 표시한 때.
3. 채무의 일부의 이행이 불능인 경우 또는 채무자가 그 채무의 일부의 이행을 거절하는 의사를 명확하게 표시한 경우에, 잔존하는 부분만으로는 계약을 한 목적을 달성할 수 없을 때.
4. 계약의 성질 또는 당사자의 의사표시에 의하여 특정의 일시 또는 일정한 기간 내에 이행을 하지 아니하면 계약의 목적을 달성할 수 없는 경우에 있어서, 채무자가 이행을 하지 아니하고 그 시기를 경과한 때.
5. 전 각 호에서 정한 경우 외에 채무자가 그 채무의 이행을 하지 아니하고 채권자가 전조의 최고를 하여도 계약의 목적을 달성하기에 족한 이행이 행하여질 전망이 없음이 명백한 때.

② 다음의 경우에는 채권자는 제541조의 최고를 하지 아니하고 즉시 계약의 일부의 해제를 할 수 있다.

1. 채무의 일부의 이행이 불능인 때.
2. 채무자가 그 채무의 일부의 이행을 거절하는 의사를 명확하게 표시한 때.

제543조 (채권자의 귀책사유에 의한 경우) 채무의 불이행이 채권자의 책임 있는 사유에 의한 것인 때에는, 채권자는 전 2조의 규정에 의한 계약의 해제를 할 수 없다.

(2) **(가)** 가장 중요한 개정점은 해제권의 발생에 채무자의 귀책사유를 요구하지 않는다는 것이다. 이는 해제제도의 주안을 채무자에 대한 책임을 추급한다는 관점에서 채권의 만족을 얻지 못한 채권자를 계약의 구속으로부터 벗어나게 한다는 관점으로 옮기는 '커다란 旋回'를 행한 것이다.[67] 이러한

귀책사유 불요는 근자의 국제적인 입법동향의 입장이기도 하다.

그러나 채무불이행이 채권자의 귀책사유로 인한 경우에는 해제권은 인정되지 않는다(개정 후 제543조).

(나) 나아가 우리 법에서도 이미 독자적인 채무불이행유형으로 인정되고 있는 '이행거절'이 해제에 관하여서 이행불능에 준하여 처리되어야 함이 명시적으로 규정되고 있다.

해제 이외에도, 뒤에서 보는 대로, 매매목적물이 계약에 부적합한 경우에 매수인의 대금감액청구권을 —원칙적으로 요구되는— 이행최고를 요함이 없이 발생하게 하는 예외적 사정들에 관한 개정 후 제563조 제 2 항 제 2 호도 참조.

(다) 해제의 효과에 대하여 보면, 우선, 반환되어야 할 금전에 수령일부터 이자를 붙이도록 한 것에 대응하여 "금전 이외의 물건을 반환하는 때에는 그 수령 이후에 생긴 果實을 반환하여야 한다"는 규정을 새로 마련하였다(제545조 제 3 항).[68]

2. 약관("定型約款")에 관한 규정 — 제548조의2 이하[69]

(1) [제 3 편 제 2 장 제 1 절] 제 5 관 정형약관

제548조의2 (정형약관의 합의) ① 정형거래(어느 특정의 자가 불특정 다수의 자를 상대방으로 하여 행하는 거래로서, 그 내용의 전부 또는 일부가 획일적인 것이 그 쌍방에게 합리적인 것을 말한다. 이하 같다)를 한다는 합의(다음 조에서 '정형거래합의'라고 한다)를 한 자는 다음의 경우에는 정형약관(정형거래에 있어서, 계약의 내용으로 할 것을 목적으로 하여 그 특정의 자에 의하여 준비된 조항의 총체를 말한다. 이하 같다)의 개별 조항에 대하여도 합의를 한 것으로 본다.

---

67) 潮見佳男, 217면은, 원칙적으로 이미 채무불이행상태에 있는 채무자에게 새삼 이행최고를 하고 그것이 無爲에 그쳐야만 해제권을 가지게 되는 이유를 이와 같이 새로운 관점에서 설명한다. 즉 일단 계약을 체결하여 스스로 그에 따른 구속을 받는 채권자이지만 그와 같은 경우에까지 계약에 묶여 있을 것을 합리적으로 기대할 수 없다는 것이다.

68) 이는 日最判 1959. 9. 22(民集 13-11, 1451); 日最判 1976. 2. 13(民集 30-1, 1) 등 일본의 판례가 —우리 판례와 마찬가지로— 수령 후 취득한 사용이익의 반환을 인정하는 태도를 취하는 것을 바탕으로 한다고 이해된다.

69) 이 새로운 규정들에 대한 현재까지의 가장 포괄적인 자료로서는, 河上正二 책임편집, 消費者法研究 제 3 호(2017. 7)에 수록된 —부분적으로 매우 비판적인— 여러 논고 참조(이에 관한 입법자료를 그 말미에 220여 면에 걸쳐 싣고 있다).

1. 정형약관을 계약의 내용으로 한다는 뜻의 합의를 한 때.
2. 정형약관을 준비한 자(이하 '정형약관준비자'라고 한다)가 미리 그 정형약관을 계약의 내용으로 한다는 뜻을 상대방에 표시하였을 때.

② 전항의 규정에 불구하고, 동항의 조항 중 상대방의 권리를 제한하거나 상대방의 의무를 가중하는 조항으로서, 그 정형거래의 태양 및 그 실정, 거래상의 사회통념에 비추어 민법 제1조 제2항에서 규정하는 기본원칙에 반하여 상대방의 이익을 일방적으로 해한다고 인정되는 것에 대하여는 합의를 하지 아니한 것으로 본다.

제548조의3 (정형약관의 내용의 표시) ① 정형거래를 하거나 하려고 하는 정형약관준비자는, 정형거래합의 전 또는 그 합의 후 상당한 기간 내에 상대방으로부터 청구가 있는 경우에는, 지체 없이 상당한 방법으로 그 정형약관의 내용을 제시하여야 한다. 그러나 정형약관준비자가 이미 상대방에 대하여 정형약관을 기재한 서면을 교부하거나 또는 이를 기록한 電磁的 기록을 제공하고 있는 때에는 그러하지 아니하다.

② 정형약관준비자가 정형거래합의 전에 전항의 청구를 거절한 때에는 전조의 규정은 적용하지 아니한다. 그러나 일시적인 통신장애가 발생한 경우 기타 정당한 사유가 있는 경우에는 그러하지 아니하다.

제548조의4 (정형약관의 변경) ① 정형약관준비자는 다음의 경우에는 정형약관을 변경함으로써 변경 후의 정형약관의 조항에 대하여 합의가 있었던 것으로 보아, 개별적으로 상대방과 합의함이 없이 계약의 내용을 변경할 수 있다.

1. 정형약관의 변경이 상대방의 일반적인 이익에 적합한 때.
2. 정형약관의 변경이 계약을 한 목적에 반하지 아니하고, 또한 변경의 필요성, 변경 후의 내용의 상당성, 본조의 규정에 의하여 정형약관의 변경을 하는 경우가 있다는 뜻의 정함의 유무 및 그 내용 기타 변경에 관련한 사정에 비추어 합리적인 것인 때.

② 정형약관준비자는 전항의 규정에 의한 정형약관의 변경을 하는 때에는, 그 효력발생시기를 정하고, 또한 정형약관을 변경한다는 뜻 및 변경 후의 정형약관의 내용, 그리고 그 효력발생시기를 인터넷의 이용 기타 적절한 방법에 의하여 주지시켜야 한다.

③ 제1항 제2호의 규정에 의한 정형약관의 변경은 전항의 효력발생시기가 도래할 때까지 동항에 의한 주지를 하지 아니하면 그 효력이 발생하지 아니한다.

④ 제548조의2 제2항의 규정은 제1항의 규정에 의한 정형약관의 변경에 대하여는 적용하지 아니한다.

(2) **(가)** 우리는 주지하는 대로 법률에서 '약관'이라는 용어를 쓴다. 그러나 그 말은 원래 계약의 조항 내지 내용이라는 의미이고(예: '실권약관'), "계약의 일방 당사자가 다수 상대방과의 계약 체결을 위하여 일정한 형식으로 미리 마련한 내용"(우리 「약관의 규제에 관한 법률」 제2조 제1호)만을 가리키는 것이 아니다. 이번 일본민법 개정이 채용하는 '정형약관'의 용어가 정규의 의미에 더욱 적절하다.

(나) 우리의 '약관의 규제에 관한 법률'에는 위 제548조의4와 같은 약관의 변경에 관한 규정이 없다.

3. 위험 부담

(1) 특정물채무("특정물에 관한 물권의 설정 또는 이전을 쌍무계약의 목적으로 하는 경우")에 관하여 특히 이른바 소유자위험부담주의를 정하는 종전의 제534조, 제535조는 삭제한다.

(2) **(가)** 제536조 (채무자의 위험부담 등) ① 당사자 쌍방에게 책임 없는 사유에 의하여 채무의 이행을 할 수 없게 된 때에는, 채권자는 반대급부의 이행을 거절할 수 있다.

② 채권자에게 책임 있는 사유에 의하여 채무를 이행할 수 없게 된 때에는, 채권자는 반대급부의 이행을 거절할 수 없다. 이 경우에 채무자는 자기의 채무를 면함으로써 이익을 얻은 때에는, 이를 채권자에게 상환하여야 한다.

(나) 개정법은 앞의 1.(2)(가)에서 본 대로 계약상 일방의 채무가 이행불능이 된 경우에는 그가 그에 관하여 귀책사유가 있는지 여부를 불문하고 상대방은 계약을 해제할 수 있는 것으로 입장을 크게 전환하였다. 종전에는 채무자의 귀책사유 없이 채무가 이행불능으로 되면 채무자는 당연히 그 채무로부터 해방된다는 입장을 전제로 하여서, 그렇다면 쌍무계약에서는 '위험 부담'의 문제로서 채권자가 그의 반대채무를 면하는가(채무자위험부담주의), 아니면 여전히 부담하는가(채권자위험부담주의)의 입법적 결단을 하였었다. 그러나 개정법 아래서 그 경우 채권자가 자신의 반대채무로부터 해방되고자 하면 계약을 해제하여야 한다.

그러면 그 해제의 의사표시 전에는 어떠한가? 개정법은 이에 관하여 이행거절권능의 법구성을 취하는 것으로 대처한 것이다.

Ⅳ. 계약 각칙

제1. 계약의 성립 — 이른바 발신주의(제526조 제1항=우리 민법 제531조)의 폐지[70]

그리하여 승낙의 의사표시의 효력 발생에 관하여 도달주의를 취하는 제97조 제1항(우리 민법 제111조 제1항)이 여기서도 관철된다.

제2. 매 매

1. 담보책임의 원칙적 폐지 — 일반채무불이행의 체계에 흡수

(1) 제562조 (매수인의 추완청구권) ① 인도된 목적물이 종류, 품질 또는 수량에 관하여 계약의 내용에 적합하지 아니한 때에는, 매수인은 매도인에 대하여 목적물의 보수(補修), 대체물의 인도 또는 부족분의 인도에 의한 이행의 추완을 청구할 수 있다. 그러나 매도인은 매수인에게 상당하지 아니한 부담을 가하는 것이 아닌 때에는 매수인이 청구한 방법과 다른 방법에 의한 이행의 추완을 할 수 있다.

② 전항의 부적합이 매수인에게 책임 있는 사유에 의한 것인 때에는 매수인은 동항의 규정에 의한 이행의 추완을 청구할 수 없다.

제563조 (매수인의 대금감액청구권) ① 전조 제1항 본문에 규정하는 경우에 매수인이 상당한 기간을 정하여 이행의 추완의 최고를 하고, 그 기간 내에 이행의 추완이 없는 때에는, 매수인은 그 부적합의 정도에 따라 대금의 감액을 청구할 수 있다.

② 전항의 규정에 관계없이 다음의 경우에는 매수인은 동항의 최고를 하지 아니하고 바로 대금의 감액을 청구할 수 있다.

1. 이행의 추완이 불능인 때.
2. 매도인이 이행의 추완을 거절하는 의사를 명확하게 표시한 때.
3. 계약의 성질 또는 당사자의 의사표시에 의하여 특정의 일시 또는 일정한 기간 내에 이행을 하지 아니하면 계약을 한 목적을 달성할 수 없는 경우에, 매도인이 이행을 하지 아니하고 그 시기를 경과한 때.
4. 전 3호의 경우 외에, 매수인이 전항의 최고를 하여도 이행의 추완을 받을

70) 이른바 의사 실현에 의한 계약의 성립에 관한 종전 제526조 제2항(우리 제532조)은 그대로 유지된다.

전망이 없음이 명백한 때.

③ 제 1 항의 부적합이 매수인에게 책임 있는 사유에 의한 것인 때에는, 매수인은 전 2항의 규정에 의한 대금의 감액을 청구할 수 없다.

第564조 (매수인의 손해배상청구 및 해제권의 행사) 전 2조의 규정은 제415조의 규정에 의한 손해배상의 청구 및 제541조 및 제542조의 규정에 의한 해제권의 행사를 방해하지 아니한다.

第565조 (이전한 권리가 계약의 내용에 적합하지 아니한 경우에 매도인의 책임) 전 3조의 규정은 매도인이 매수인에게 이전한 권리가 계약의 내용에 적합하지 아니한 것인 경우(권리의 일부가 타인에게 속하는 경우에 그 권리의 일부를 이전하지 아니한 때를 포함한다)에 준용한다.

第566조 (목적물의 종류 또는 품질에 관한 담보책임의 기간의 제한) 매도인이 종류 또는 품질에 관하여 계약의 내용에 적합하지 아니한 목적물을 매수인에게 인도한 경우에, 매수인이 그 부적합을 안 때로부터 1년 이내에 그 취지를 매도인에게 통지하지 아니한 때에는, 매수인은 그 부적합을 이유로 하는 이행 추완의 청구, 대금 감액의 청구, 손해배상의 청구 및 계약의 해제를 할 수 없다. 그러나 매도인이 인도시에 그 부적합을 알았거나 중대한 과실로 알지 못하였을 때에는 그러하지 아니하다.

(2) 이는 우리 민법으로 하면 매도인의 담보책임에 관한 규정들 중 타인 권리의 매매에 관한 맨 앞의 규정인 제569조("… 그 권리를 취득하여 매수인에게 이전할 의무가 있다")에 해당하는 개정법 제561조에 바로 이어지는 것이다.

(가) 개정법은 이른바 특정물도그마("특정물매매에서는 원래의 목적물이 매수인에게 인도됨으로써 매도인의 계약상 주채무는 적법하게 이행된다")를 부인하는 전제에서 출발한다. 그리하여 그 도그마의 실정법적 근거로 인용되어 왔던 개정 전 제483조(=우리 민법 제462조: "특정물의 인도가 채권의 목적인 때에는 채무자는 이행기의 현상대로 그 물건을 인도하여야 한다")는 "채권의 목적이 특정물의 인도인 경우에 **계약 기타의 채권의 발생원인 및 거래상의 사회통념에 비추어 그 인도를 하여야 할 때의 품질을 정할 수 없는 때**에는 변제를 하는 자는 그 인도를 하여야 할 때의 현상대로 그 물건을 인도하여야 한다"고 개정되었다. "매매는 종류·품질·수량이 계약의 내용에 적합한 것이 전형적인 채무내용인 것을 전제로 하여 규율이 마련되어 있으므로, 이 규정이 적용될 여지가 없다. 도급에서도 마찬가지이다."[71]

71) 이상 潮見佳男, 161면 이하, 230면 이하.

(나) 한편 불완전급부를 받은 매수인이 매도인에 대하여 추완청구권을 가지는 것은 개정 전의 **채무불이행법리 아래서도** —그러한 급부로써는 매수인의 이행청구권이 소멸하지 아니하므로— 이행청구권의 하나의 태양으로서 당연한 것이었다고 한다.[72)]

이를 받아서 개정법 제562조 및 제565조는 다음과 같은 매도인의 의무를 당연의 전제로 한다.

(i) 물건의 종류·품질·수량에 관하여 계약의 내용에 적합한 물건을 인도하여야 할 의무(위 개정법 제562조 내지 제564조 관련).

(ii) 계약의 내용에 —질적 또는/및 양적으로— 적합한 권리를 공여하여야 할 의무(위 개정법 제565조 관련).

(다) '하자'라는 용어는 의도적으로 회피되고, 계약적합성 또는 계약부적합성이 전면으로 나서서 명문으로 자리를 잡는다.[73)] 이로써 종전의 '담보책임'의 제도는 원칙적으로 해체되고, 채무불이행책임으로 일원화된다.[74)]

---

72) 우리 법과 관련하여서는 대판 2014. 5. 16, 2012다72582(공보 상, 1188)가 매우 중요한 의미가 있다.

이 판결은, 갑이 을 주식회사로부터 BMW자동차를 신차로 매수하여 인도받은 지 5일 만에 계기판의 속도계가 작동하지 않는 하자가 발생하였음을 이유로 을 회사 등을 상대로 완전물급부청구권을 정한 민법 제581조 제 2 항에 기하여 신차 교환을 구한 사안에서, 원심이 원고의 청구를 인용한 것을 파기환송하였다. 이는 "매매목적물의 하자가 경미하여 수선 등의 방법으로도 계약의 목적을 달성하는 데 별다른 지장이 없는 반면 매도인에게 하자 없는 물건의 급부의무를 지우면 다른 구제방법에 비하여 지나치게 큰 불이익이 매도인에게 발생되는 경우와 같이 하자담보의무의 이행이 오히려 공평의 원칙에 반하는 경우에는, 완전물급부청구권의 행사를 제한함이 타당하다"고 전제한 다음, 이 사건에서 문제된 하자는 계기판 모듈의 교체로 큰 비용을 들이지 않고서도 손쉽게 치유될 수 있는 하자로서 하자수리에 의하더라도 신차 구입이라는 매매계약의 목적을 달성하는 데에 별다른 지장이 없고, 하자보수로 자동차의 가치하락에 영향을 줄 가능성이 희박한 반면, 매도인인 을 회사에 하자 없는 신차의 급부의무를 부담하게 하면 다른 구제방법에 비하여 을 회사에 지나치게 큰 불이익이 발생되어서 오히려 공평의 원칙에 반하게 되어 매수인의 완전물급부청구권의 행사를 제한함이 타당하므로, 갑의 완전물급부청구권 행사가 허용되지 않는다고 한 것이다.

물론 이 판결은 종류물매매에서 담보책임으로 '하자 없는 물건'의 청구권을 정한 민법 제581조 제 2 항에 관한 것이기는 하나, 일반적으로 불완전급부의 경우에 채권자가 여전히 가지는 이행청구권에 대하여도 발언력이 크다. 그 경우 보수청구는 이행청구권의 '제한'이 아니라 그 태양의 하나라고 이해할 것이다.

73) 이 '계약적합성'이라는 새로운 기준은 사실은 「국제물품매매계약에 관한 국제연합 협약」(통칭 CISG. 우리나라에서는 2005년 3월 1일부터 발효)의 제35조 제 1 항("매도인은 **계약에서 정한 수량, 품질 및 종류에 적합**하고, 계약에서 정한 방법으로 용기에 담겨지거나 포장된 물품을 인도하여야 한다")에 연원하는 것이다. 위 협약에 가입되어 있는 독일에서도 2002년의 채권법 대개정 이후로 독일민법상의 계약책임의 체계가 위 협약에 유사하게 구성된 것 등의 영향으로 위 협약은 서서히 실용성을 높여 가고 있다고 평가되고 있다. 예를 들면 G. Schroeder, Gegenwart und Zukunft des Einheitskaufrechts, *RabelsZ* 81(2017), S. 81 ff. 참조.

74) 다만 「담보책임」이라는 용어 자체는 채무불이행책임의 한 태양으로서 민법 기타의 관련

(라) 나아가 개정법에서는 —위에서 본 바와 같이— 이행청구권의 한 태양으로 이해되는 추완청구권에 있어서는 물론이고, 대금감액청구권도 매도인의 귀책사유 유무를 묻지 않고 인정된다.[75] 대금감액청구권의 경우는 한편으로 계약의 일부해제로 이해되므로 해제 일반에서와 같이 채무자의 귀책사유를 요하지 아니하고, 다른 한편으로 이는 등가관계의 유지라는 관점에서도 정당화된다.

결국 남는 것은 손해배상청구권인데, 이는 위 제564조에서 보는 대로 개정 후 제415조에 기한 것으로서 우선 귀책사유가 요구되고,[76] 나아가 그 내용은 당연히 이행이익의 배상이 된다.

그런데 주의할 것은 이번 일본민법 개정에서는 귀책사유, 예를 들면 '채무자에게 책임 있는 사유'라고 하여도, 이것을 '고의·과실'과 동일시하여서는 안 되며, 이제 새로운 법은 채무불이행에서의 과실책임의 원칙과 결별하였다는 견해가 강력하게 주장되고 있다는 점이다.[77] 이것은 다른 맥락에서의 '책임 있는 사유'(앞서 살펴본 제413조의2, 제543조 등)에 대하여도 일반적으로 마찬가지이다.

(마) 우리 민법은 제580조, 제581조에 의한 매도인의 책임은 매수인이 사실을 안 날로부터 6개월 내에 물어야 한다고 규정한다(제582조). 개정 전의 일본민법은 그 권리행사의 기간을 사실을 안 날로부터 1년으로 정하고 있다(제

법규에서 개별적·단편적으로 남아 있을 수 있다고 한다(潮見佳男, 232면). 예를 들면, 부담부 증여에서 증여자는 "그 부담의 한도에서 매도인과 마찬가지로 담보의 책임을 진다"고 한다(개정 후 제551조 제 2 항).

75) 그러나 채권자에게 귀책사유가 있는 —실제로는 매우 드물 것인— 경우에는 예외이다(위 제562조의2 제 1 항 단서 등 참조).

76) 개정 후 제415조 단서: "그러나 그 채무불이행이 계약 기타 채무의 발생원인 및 거래상의 사회통념에 비추어 채무자에게 책임을 돌릴 수 없는 사유에 의한 것인 때에는 그러하지 아니하다."

77) 예를 들면 潮見佳男, 60면: "개정 전 민법 제415조[=우리 제390조]에서 정하여져 있던 '채무자의 책임에 돌릴 수 없는 사유'에 '계약 기타 채무의 발생원인 및 거래상의 사회통념에 비추어'라는 수식어를 명시적으로 부가하는 것으로써 여기에서의 면책사유가 채무발생원인에 즉하여 판단되어야 할 바인 것, 따라서 계약의 경우에는 면책의 가부가 계약의 취지에 비추어 판단되어야 하는 것으로서, 「귀책사유=과실」을 의미하는 것이 아님을 명확하게 한 것이다(… 과실책임원칙의 부정. …)." 이를 그대로 받아들인다면 이는 영미법상의 계약위반 법리(이에 대하여는 우선 츠바이게르트/쾨츠, 양창수 역, 比較私法制度論(1991), 330면 이하; 이호정, 영국 계약법(2003), 433면 이하 참조)에 근접하는 것이 된다. 이 점에 대하여는 무엇보다도 森田宏樹, "債務不履行における「歸責事由」 — 契約上の債務の內容·射程による結果債務と手段債務の區別の意義", 同, 債權法改正を深める: 民法の基礎理論の深化のために(2013), 1면 이하; 그리고 그 선행 작업으로서 同, 契約責任の歸責構造(2002) 각 참조.

570조, 제566조 제 3 항).[78] 한편 일본의 판례[79]는, 우리[80]와 마찬가지로, 이 규정이 소멸시효의 적용을 배제하는 것은 아니어서 인도시로부터 10년의 소멸시효를 인정하는 태도를 취하고 있었다.

개정법은 종류 또는 품질에 관한 계약부적합에 대하여 위의 기간 내에 —종전과 같은 권리의 행사가 아니라— 매수인이 그 '부적합'을 통지할 것을 요구한다. 그리고 매도인에게 악의 또는 중과실이 있는 경우에는 위와 같은 통지가 요구되지 않는 것으로 한다(제566조). 또한 주의할 것은 수량에 관한 계약부적합에 대하여는 위와 같은 제한이 미치지 않는다는 점이다.

나아가 권리의 '하자'로 인한 담보책임에 관한 종전의 권리행사기간 제한 규정(종전 제564조, 제566조 제 3 항=우리 민법 제573조, 제575조 제 3 항)은 이를 모두 폐지하였다. 이에 관하여는 소멸시효의 적용이 있다.

2. 매매 규정의 다른 개정

(1) 계약금(「手付」)에 관한 제557조 제 1 항에 "상대방이 계약의 이행에 착수한 때"에는 해제할 수 없음을 정하여(단서 추가), 해제하고자 하는 본인은 이미 계약의 이행에 착수하였어도 계약을 해제할 수 있음을 명확하게 하였다.

(2) 종전 법에는 '위험의 부담'에 관하여는 규정이 있었으나 '위험의 이전'[81]은 규정되지 아니하였다. 이제 매매에 관하여 그 규정이 신설되었다.

(가)　제567조 (목적물의 멸실 등에 관한 위험의 이전) ① 매도인이 매수인에게 목적물(매매의 목적으로서 특정한 것에 한한다. 이하 이 조에서 같다)을 인도한 경우에, 그 인도 이후에 그 목적물이 당사자 쌍방에게 책임 없는 사유에 의하여 멸실 또는 손상된 때에는, 매수인은 그 멸실 또는 손상을 이

---

78) 이는, 첫째, 매도인으로서는 목적물의 인도로 이행이 끝난 것으로 믿으므로 이 신뢰를 보호할 필요가 있다는 것, 둘째, '하자'의 유무는 목적물의 사용이나 시간 경과 등으로 인한 상태의 악화로 말미암아 단기간 안에 그 판단이 곤란하게 된다는 등을 고려한 것이라고 설명된다.

79) 日最判 2001. 11. 27(民集 55-6, 1311).

80) 대판 2012. 11. 15, 2011다56491(공보 하, 2027)은 수급인의 담보책임으로서의 하자보수에 갈음하는 손해배상청구권(補修請求權을 포함한 수급인의 담보책임 일반에 대하여 제670조에서 '인도를 받은 날로부터 1년'의 권리행사기간을 정하고 있다)에 대하여 소멸시효(민사시효 또는 상사시효) 규정의 적용을 긍정한다. 이는 아마도 매도인의 담보책임에 대하여도 다를 바 없을 것이다.

81) 물론 여기서 말하는 '위험'이란 이른바 對價危險을 가리키는 것이다.

유로 하는 이행 추완의 청구, 대금 감액의 청구, 손해배상의 청구 및 계약의 해제를 할 수 없다. 이 경우에 매수인은 대금의 지급을 거절할 수 없다.
② 매도인이 계약의 내용에 적합한 목적물로써 그 인도의 채무의 이행을 제공하였음에도 매수인이 그 이행의 수령을 거절하거나 수령할 수 없는 경우에, 그 이행의 제공이 있은 때 이후에 당사자 쌍방의 책임으로 돌릴 수 없는 사유에 의하여 그 목적물이 멸실 또는 손상된 때에도 전항과 같다.

(나) 여기서 규정하는 것은 목적물(특정물 또는 후에 '매매의 목적물로 특정된 것')의 멸실 또는 훼손에 있어서의 위험 이전에 관한 것이다.

이 규정에 의한 위험의 이전은 목적물이 매수인의 지배영역에 들어간 것을 이유로 한다. 따라서 '인도'란 매수인이 급부의 이행으로서 목적물을 수령하는 것을 말한다고 볼 것이다.[82]

그 멸실 등이 매도인의 귀책사유로 일어난 경우에는 위 규정은 물론 적용이 없다. 예를 들면 매도인이 기계의 조작방법에 관하여 잘못된 설명을 하여 그것이 파손된 경우가 그러하다.

계약부적합이나 인도 지연 등으로 인한 원래의 채무불이행책임에는 위의 규정은 영향이 없다.

제 2 항은 우리 민법 제538조 제 1 항 후단과 같은 취지의 규정이다.

제3. 도 급

1. 수급인의 '담보책임'

(1) 수급인의 담보책임에 관한 규정 중 핵심을 이루는 종전 법의 제634조, 제635조(우리 제667조, 제668조)는 개정법에서 삭제되었다. 이는 기본적으로 매매에서의 계약부적합에 관한 새로운 규정(제562조 내지 제564조)이 매매규정의 유상계약 일반에의 준용을 정하는 제559조(우리 제567조)를 통하여 도급에도 준용되기 때문이다.

그 결과 일정한 제도의 수정도 도입되었다. 우선 도급에서도 보수감액청구가 인정되기에 이르렀고, 나아가 종전에는 시인되지 아니하던 최고해제도

82) 앞의 주 73에서 본 대로 우리나라도 가입한 「국제물품매매계약에 관한 국제연합 협약」은 제66조부터 제70조까지 위험의 이전에 대하여 정한다. 제69조 제 1 항은 "[무역거래에 따르는 일정한 예외를 정하는 제67조, 제68조의 경우를 제외하고] 위험은 매수인이 물품을 수령한 때, 매수인이 적시에 이를 수령하지 아니한 경우에는 매수의 처분하에 놓여지고 매수인이 이를 수령하지 아니하여 계약을 위반하는 때에 매수인에게 이전한다"고 정한다.

가능하게 되었다. 또 종전에 '건물 기타 토지의 공작물'에 대하여는 완성된 목적물의 하자로 계약의 목적을 달할 수 없는 때에도 계약의 해제를 부인하던 태도(종전 제635조 단서)도 폐지된다.[83] 또한 종전에 수급인의 담보책임에 관하여 '일의 완성' 전후를 구분하여 논의하던 통설의 태도도 유지되지 못한다.[84]

(2) 다른 한편 '하자'가 도급인이 제공한 재료 또는 지시에 기인한 경우에 관한 종전의 제636조(우리 제669조)는 기본적으로 유지된다. 그러나 종전에 '목적물의 하자'라는 문언은 도급에서도 회피되어(매매에 관하여 앞의 A. 1. (2) (다)도 참조), '수급인이 종류 또는 품질에 관하여 계약의 내용에 적합하지 아니한 일의 목적물을 도급인에게 인도한 때'라고 바뀐다.

(3) 보수청구권에 관한 종전의 제634조 제 1 항에서 그 단서는 "그러나 하자가 중요하지 아니한 경우에 그 보수에 과다한 비용을 요할 때에는 그러하지 아니하다"고 정하여 이를 합리적으로 제한하고 있었다. 개정법 아래서 위와 같은 경우는 새로운 제412조의2 제 1 항에서 정하는 '이행불능', 나아가 앞서 본 제562조 제 1 항 단서("매도인은 매수인에게 상당하지 아니한 부담을 가하는 것이 아닌 때에는 매수인이 청구한 방법과 다른 방법에 의한 이행의 추완을 할 수 있다") 등으로 처리할 수 있을 것이라고 말하여지고 있다.[85]

(4) 권리행사기간에 대하여도 매매에서와 마찬가지로(앞의 A. 1. (2)(마) 참조) 기본적으로 계약부적합을 통지한 때부터 기산된다(제637조).

---

83) 종전의 입법태도는 건물 등 공작물의 도괴는 사회경제적으로 바람직하지 않고 또 수급인에게 가혹하다는 것으로 설명되었다. 그러나 그러한 중대한 하자의 경우에는 어차피 도괴되어야 할 것으로서 사회경제상 불이익이 없는 경우도 적지 아니하고, 또 무엇보다도 건물에 존재가치가 없는 경우에는 건물을 헐고 새로 짓는 비용의 손해배상청구권이 인정된다는 판례(日最判 2002. 9. 24. 판례시보 1801, 77)의 태도는 해제가 인정되는 것과 결과에서 다를 바 없다는 점이 고려되었다고 한다. 우리의 경우에도 대판 2016. 8. 18, 2014다31691(공보 하, 1336)은 위와 같은 태도를 취한다("도급계약에서 완성된 목적물에 하자가 있는 경우에 도급인은 수급인에게 하자의 보수나 하자의 보수에 갈음한 손해배상을 청구할 수 있다. 이때 하자가 중요한 경우에는 비록 보수에 과다한 비용이 필요하더라도 보수에 갈음하는 비용, 즉 실제로 보수에 필요한 비용이 모두 손해배상에 포함된다. 나아가 **완성된 건물 기타 토지의 공작물에 중대한 하자가 있고 이로 인하여 건물 등이 무너질 위험성이 있어서 보수가 불가능하고 다시 건축할 수밖에 없는 경우에는, 특별한 사정이 없는 한 건물 등을 철거하고 다시 건축하는 데 드는 비용 상당액을 하자로 인한 손해배상으로 청구할 수 있다**").

84) 우리 민법 제667조 제 1 항에서는 '완성된 목적물 또는 완성 전의 성취된 목적물'이라고 하여, 그 구분이 정면에서 정하여져 있다.

85) 潮見佳男, 285면.

2. 그 외의 개정

(1) 제634조 (도급인이 받는 이익의 비율에 따른 보수) 다음 각 호의 경우에, 수급인이 이미 한 일의 결과 중 가분인 부분의 급부에 의하여 도급인이 이익을 받은 때에는, 그 부분을 일의 완성으로 본다. 그 경우에 수급인은 도급인이 받은 이익의 비율에 따라 보수를 청구할 수 있다.

1. 도급인에게 책임 없는 사유에 의하여 일을 완성할 수 없게 된 때.
2. 도급이 일의 완성 전에 해제된 때.

기본적으로 종전 판례의 태도를 성문화한 것이다.[86]

(2) 제642조 (도급인에 대한 파산절차의 개시에 의한 해제) ① 도급인이 파산절차 개시의 결정을 받은 때에는, 수급인 또는 파산관재인은 계약을 해제할 수 있다. 그러나 수급인에 의한 계약의 해제에 관하여는 일을 완성한 후에는 그러하지 아니하다.

② …[87]

③[88] 제 1 항의 경우에 계약의 해제로 인하여 생긴 손해의 배상은 파산관재인이 계약을 해제한 경우의 수급인에 한하여 청구할 수 있다. 이 경우에 수급인은 그 손해배상에 관하여 파산재단의 배당에 가입한다.

이는 종전의 제642조 제 1 항 전단에 단서를 가하여 일의 완성 후에는 도급인 파산의 경우에도 수급인이 해제를 할 수 없도록 개정한 것이다. 일이 이미 완성되었다면 이로써 수급인은 보수청구권을 가진다. 따라서 도급인이 파

---

86) 계약이 해제된 경우에 관하여 대판 1986. 9. 9, 85다카1751(집 34-3, 12); 대판 1989. 12. 26, 88다카32470(공보 1990, 363) 등 확고한 우리 판례이기도 하다("건축공사도급계약에 있어서 수급인이 공사를 완성하지 못한 상태에서 도급인의 채무불이행을 이유로 계약을 해제한 경우에 공사가 상당한 정도로 진척되어 그 원상회복이 중대한 사회적, 경제적 손실을 초래하게 되고 완성된 부분이 도급인에게 이득이 되는 때에는 도급계약은 미완성부분에 대해서만 실효된다고 볼 것이므로 이 경우 수급인은 해제한 상태 그대로 그 건물을 도급인에게 인도하고 도급인은 인도받은 건물에 대한 보수를 지급하여야 할 의무가 있다. 그 보수의 액수는 다른 특별한 사정이 없는 한 당사자 사이에 약정된 총공사비를 기준으로 하여 그 금액에서 수급인이 공사를 중단할 당시의 공사기성고비율에 의한 금액이라 할 것이고, 기성고비율은 이미 완성된 부분에 소요된 공사비에다가 미시공 부분을 완성하는 데 소요될 공사비를 합친 전체공사비 가운데 이미 완성된 부분에 소요된 비용이 차지하는 비율이라 할 것이다").

87) 개정법 제642조 제 2 항은 종전의 동조 제 1 항 후단(우리 제674조 제 1 항 후단)과 같은 내용이다.

88) 이 제 3 항은 이번 개정이 아니라 2004년 개정에서 새로 들어온 규정이지만, 도급인 파산의 경우에 관한 우리 민법 제674조에는 없는 것이어서 여기에 적어 둔다.

산하여 보수청구권을 실현할 실제적 가능성이 현저히 축소되었음에도 수급인이 보수청구권을 가지려면 일을 완성할 것을 강요하는 불합리를 피하기 위하여 수급인에게 해제권을 부여할 필요가 있다는 위 규정의 입법이유는 더 이상 타당하지 않다는 것이다.

제4. 임 대 차

1. 존속기간

(1) 제604조 (임대차의 존속기간) ① 임대차의 존속기간은 50년을 넘을 수 없다. 계약으로 이보다 긴 기간을 정한 때에도 그 기간은 50년으로 한다. ② 임대차의 존속기간은 갱신할 수 있다. 그러나 그 기간은 갱신의 때로부터 50년을 넘을 수 없다.

(2) **(가)** 종전의 제604조는 임대차의 최장 존속기간을 20년으로 하면서, 이를 갱신할 수 있으나 역시 그 갱신시로부터 20년을 넘지 못한다고 정하였다.

그러나 그 사이의 경제사정의 변화 등으로 20년을 넘는 대형 사업도 드물지 않게 되었다는 사정을 고려할 필요가 제기되었다. 그러나 다른 한편으로, '장기에 걸친 임대차가 목적물의 소유권에 과도한 부담이 되지 않도록 어떠한 존속기간의 제한을 두는 것이 적절하다고 여겨진다'는 것도 부인할 수 없다. 따라서 위와 같이 정하였다고 한다.[89]

(나) 우리 민법에서 임대차 존속기간에 관한 제651조는 최장 존속기간을 20년, 갱신시에도 10년을 넘지 못하는 것으로 정하였다. 그러나 이 규정은 주지하는 대로 헌법재판소로부터 위헌결정을 받고,[90] 2016년 1월에 삭제되었다.

그러나 제651조 제1항은 '석조, 석회조, 연와조 또는 이와 유사한 견고한 건물 기타 공작물의 소유를 목적으로 하는 토지임대차나 식목, 採鹽을 목적으로 하는 토지임대차'는 그 제한을 받지 않는 것으로 명문으로 정하고 있었다. 이와 같이 우리 민법의 입법자들은 20년의 제한이 적절하지 아니한 경우가 있다는 것을 이미 의식하였던 것이다. 과연 위 규정을 아예 전면적으로 위헌이라고 했어야 옳았을까?

---

89) 潮見佳男, 264면.

90) 헌재 2013. 12. 26, 2011헌바234(헌집 25-2하, 649).

2. 임차인의 원상회복의무·수거의무

(1) 제621조 (임차인의 원상회복의무) 임차인은 임차물을 수취한 후에 그에 생긴 손상(통상의 사용 및 수익에 의하여 발생한 임차물의 損耗 및 시간의 경과에 의한 임차물의 變化[91]를 제외한다. 이하 본조에 있어서 같다)이 있는 경우에, 임대차가 종료한 때에는, 그 손상을 원상으로 회복할 의무를 진다. 그러나 그 손상이 임차인에게 책임 없는 사유에 의한 것인 때에는 그러하지 아니하다.

(2) (가) 종전의 제616조는 사용대차에서 사용차주의 收去權에 관한 제598조("차주는 사용물을 원상에 회복하고 그에 부속한 물건을 수거할 수 있다")를 임대차에 준용하였을 뿐이었다. 이는 임차인의 권리를 정한 것이다.

개정법은 임차인의 원상회복의무, 즉 임대인의 원상회복청구권을 정면에서 새로 도입하면서, 판례에 의하여 인정된 그 제한사유를 명확하게 하였다.

(나) 한편 개정 후 제599조의 제 1 항은 사용대차에서 —차주의 원상회복의무(동조 제 3 항)와 아울러— 차주의 수거의무를 정면에서 정한다.[92] 그리고 제599조 제 1 항, 제 2 항은 개정 후 제622조로 임대차에 준용된다. 결국 개정 후에는 임차인의 수거권·수거의무 및 원상회복의무가 모두 규정되는 셈이다.

(다) 사용대차에서 우리 민법 제615조는 사용차주의 철거권과 함께 —종전의 일본법과는 달리— 그의 원상회복의무도 정하고 있다("차주가 차용물을 반환하는 때에는 이를 원상에 회복하여야 한다. 이에 부속시킨 물건은 철거할 수 있다"). 그리고 제654조는 제615조를 임대차에 준용한다.[93]

3. 부동산임차인의 방해배제청구권

(1) 제605조의4 (부동산의 임차인에 의한 방해의 배제청구 등) 부동산의 임차인은 제605조의2 제 1 항에 규정하는 대항요건을 갖춘 경우에 다음 각

---

91) 법문의 표현에 의하면 '經年變化'.

92) 개정 후 제599조 제 1 항: "차주는 차용물을 수취한 후에 그에 부속시킨 물건이 있는 경우에 사용대차가 종료한 때에는 그 부속시킨 물건을 수거할 의무를 진다. 그러나 차용물이 분리할 수 없는 물건 또는 분리에 과다한 비용을 요하는 물건에 대하여는 그러하지 아니하다."

93) 다른 한편 지상권의 경우에 대하여 우리 민법 제285조 제 1 항은 「收去義務」라는 표제 아래 "지상권이 소멸한 때에는 지상권자는 건물 기타 공작물이나 수목을 수거하여 토지를 원상에 회복하여야 한다"고 정한다(제 2 항은 지상권자의 매수청구권을 정한다).

호의 사유가 발생한 때에는 각각 당해 각 호에서 정하는 청구를 할 수 있다.

1. 부동산의 점유를 제 3 자가 방해하고 있는 때: 제 3 자에 대한 방해의 정지청구
2. 부동산을 제 3 자가 점유하고 있는 때: 제 3 자에 대한 반환의 청구

(2) **(가)** 대항요건[94]을 갖춘 임차인의 방해배제청구권 및 반환청구권을 판례법리[95]에 좇아 명문화한 것이다. 이는 동시에 방해예방청구권은 인정하지 않는 취지이기도 하다.

종전 법 아래서는 대항력 없는 부동산임차권에 기하여서도 불법점유자에 대하여는 방해배제청구를 할 수 있다는 유력한 학설이 있었는데, 개정 후에도 이는 '법의 흠결'에 해당하여 해석에 맡겨져 있다고 한다.[96]

(나) 다른 한편 개정 규정은 '점유를 방해'한다거나 '제 3 자가 임대차목적물을 점유'하는 경우에 대한 부동산임차인의 구제수단을 정하고 있다. 그러나 점유와 무관한 방해에 대하여는 그 구제를 부인하는 취지는 아니라고 해야 하지 않을까?

4. 임차인에 의한 수선

(1) 제607조의2 (임차인에 의한 수선) 임차물의 수선이 필요한 경우에 다음에 해당할 때에는 임차인은 그 수선을 할 수 있다.

1. 임차인이 임대인에게 수선이 필요함을 통지하거나 또는 임대인이 그 필요를 알고도 상당한 기간 내에 필요한 수선을 하지 아니한 때.
2. 급박한 사정이 있는 때.

(2) 종전에는 제606조가 임대인의 수선의무를 정하였고, 임차인이 수선

---

94) 개정 후 제621조의2 제 1 항은 "前條[임차권등기], 借地借家法 제10조 또는 제31조 기타의 법령에 의한 임대차의 대항요건을 갖춘 경우에 그 부동산이 양도된 때에는 그 부동산의 임대인의 지위는 그 양수인에게 이전한다"라고 정한다.

95) 日最判 1953. 12. 18(民集 7-12, 1515) 및 日最判 1955. 4. 5(民集 9-4, 431) 등. 우리 판례도 같은 태도를 취하는 것으로 이해된다. 대판 2002. 2. 26, 99다67079(집 50-1, 168)는 선박임차권이 등기되어 대항력을 취득하였는데 그 임차권등기가 원인 무효의 원고 명의 가등기에 기하여 본등기가 행하여짐으로써 직권말소된 사안에서 그 대항력 있는 선박임차권에 기하여 물권적인 방해제거청구를 할 수 있다고 판시하여 위 가등기 및 본등기에 대한 말소청구를 인용하였다.

96) 潮見佳男, 269면.

할 수 있는 경우에 대하여는 규정이 없었다. 다만 제615조(우리 제634조)는 임차인의 통지의무로서 "임차물이 수선을 요하거나 임차물에 대하여 권리를 주장하는 자가 있는 때에는 임차인은 지체없이 임대인에게 이를 통지하여야 한다. 그러나 임대인이 이미 이를 아는 때에는 그러하지 아니하다"라고 정하고 있었다.

임차물의 수선은 기본적으로 타인의 소유권에 대한 간섭에 해당하므로 본래는 처분권한이 있는 임차물의 소유자만이 행할 수 있는 것으로 생각되고 있었던 것을 명문의 규정으로 임차인이 수선을 행할 수 있는 경우를 정한 것이다.

5. 보증금(「敷金」)

(1) 제622조의2 ① 임대인은, 보증금(어떠한 명목에 의하는지를 묻지 아니하고, 차임채무 기타 임대차에 기하여 발생하는 임차인의 임대인에 대한 금전채무를 담보할 목적으로 임차인이 임대인에게 교부하는 금전을 말한다. 이하 본조에서 같다)을 수취하고 있는 경우에, 다음 각 호에서 정하는 때에는, 임차인에 대하여 그 수취한 보증금의 액에서 임대차에 기하여 발생한 임차인의 임대인에 대한 금전채무의 액을 공제한 잔액을 반환하여야 한다.

1. 임대차가 종료하고 또한 임대물의 반환을 받은 때.
2. 임차인이 적법하게 임차권을 양도한 때.

② 임대인은 임차인이 임대차에 기하여 발생한 금전채무를 이행하지 아니하는 때에는 보증금을 그 채무의 변제에 충당할 수 있다. 이 경우에 임차인은 임대인에 대하여 보증금을 그 채무의 변제에 충당할 것을 청구할 수 없다.

(2) **(가)** 이 새로운 입법에 의하여 일본민법상 임대차에 관한 규정(제3편 제2장 제7절)에 「제4관 보증금」의 새 편별이 신설되었다.

그 내용은 대체로 보증금에 관한 판례 및 통설의 태도를 명문화한 것이다. 예를 들면, 일본의 판례는 우리와는 달리 보증금반환채무는 임대차의 종료 외에도 '목적물이 반환을 받은 때'에 비로소 발생한다는 태도를 취한다(제622조의2 제1항 제1호).[97] 한편 개정법은 판례와는 달리 임차권의 양도에서

97) 日最判 1973. 2. 2(民集 27-1, 80) 등. 이는 아마도 일본의 임대차, 특히 문제되는 부동산임대차에 있어서 지급되는 보증금이, 우리와는 현저하게 달리, 많아도 월 차임의 2개월분 정도에 그치고 그 기능이 임대차로 인한 목적물의 손상을 수리하는 비용을 미리 확보하는 데

보증금이 새로운 임차인에게 승계되지 아니하고 청산되어야 하는 것으로 정한다(동항 제 2 호).

또한 통설은 보증금의 임대차 관련 채무에의 충당은 임대인측만이 할 수 있고 임차인은 이를 하지 못한다고 한다.

(나) 우리 민법에는 임대차보증금에 관한 규정이 전혀 없다.[98] 일본민법에는 개정 전에도 임대차의 갱신 추정[99]에 관하여 일반적으로 제 3 자가 제공한 담보가 원래 기간의 만료로 소멸한다고 정하는 제619조 제 2 항(우리 제639조 제 2 항)의 단서에서 "그러나 보증금은 그러하지 아니하다"라고 정하고 있었다. 그러나 우리 민법은 이러한 규정도 두지 않았다.[100][101]

있는 것과 관련될 것이다.

98) 우리 민법 제565조는 계약금과 관련하여 "매매의 당사자 일방이 계약 당시에 금전 기타 물건을 계약금, 보증금 등의 명목으로 상대방에게 교부한 때"라고 규정하고 있으나, 여기서의 '보증금'은 물론 임대차보증금과는 무관하다.

99) 일본민법 제619조 제 1 항은 임대차의 '묵시의 갱신'을 정하는 우리 민법 제639조(이는 그 법적 성질로 보면, 묵시적 갱신, 즉 묵시적 법률행위에 의한 갱신이 아니라 法定의 갱신이다)와는 달리 "갱신한 것으로 추정한다"고 정한다. 이 점은 개정 후에도 다를 바 없다.

100) 그 이유는, 민법안심의록, 상권(1957), 371면에 따르다면, "현행법 제 2 항 단서 「敷金」의 규정은 [그것이] 제 3 자가 제공한 담보에 해당하지 않으므로 규정할 필요 없이[없고] 본조 제 1 항에 의하여 敷金(보증금)은 그대로 존재한다"는 것이다. 즉 우리 민법 제639조 제 2 항은 '제 3 자가 제공한 담보'가 소멸한다고 규정하는데(更改에서 제 3 자 제공의 담보에 대하여는 제공자의 동의를 얻어야 신채무의 담보로 할 수 있다는 우리 민법 제505조 단서도 참조), 위의 일본민법 제639조 제 2 항은 '前賃貸借에 관하여 **당사자가** 제공한 담보'가 원래 기간의 만료로 소멸하고 법정갱신된 임대차에 미치지 않는다고 정하고 있는 것이다.

101) 민법에 우리 임대차거래의 두드러진 실상을 반영한 규정을 두어야 하지 않을까? 이는 민사특별법과의 적정한 역할 분담이라는 점에서도 바람직하다. 즉 일반적인 사항은 일반법에서 규율되어야 하는 것이다.

C. 기타의 개정

Ⅰ. 총 칙 편

1. 법률행위

(1) 의사표시

(가) 제93조 (심리유보) ① 의사표시는 표의자가 그 진의 아님을 알고 한 때에도 그 효력이 있다. 그러나 상대방이 그 의사표시가 표의자의 진의가 아님을 알았거나 알 수 있었을 때에는 그 의사표시는 무효로 한다.

② 전항 단서의 규정에 의한 의사표시의 무효는 선의의 제 3 자에게 대항하지 못한다.

제96조 (사기 또는 강박) ① [종전과 같다]

② 상대방에 대한 의사표시에 관하여 제 3 자가 사기를 행한 경우에는, 상대방이 그 사실을 알았거나 알 수 있었을 때에 한하여 그 의사표시를 취소할 수 있다.

③ 전 2항의 규정에 의한 사기에 의한 의사표시의 취소는 선의이고 과실 없는 제 3 자에게 대항하지 못한다.

제97조 (의사표시의 효력발생시기 등) ① [종전과 같다]

② 상대방이 정당한 이유 없이 의사표시의 통지가 도달하는 것을 방해한 때에는 그 통지는 통상 도달하였을 때에 도달한 것으로 본다.

③ 의사표시는 표의자가 통지를 발한 후에 사망하거나 의사능력을 상실한 경우 또는 행위능력의 제한을 받은 경우에도 그 효력이 있다.

제98조의2 (의사표시의 수령능력) 의사표시의 상대방이 그 의사표시를 받은 때에 미성년자 또는 성년피후견인이었을 때에는 그 의사표시로써 그 상대방에게 대항할 수 없다. 다만 다음 각 호의 자가 그 의사표시를 안 후에는 그러하지 아니하다.

1. 상대방의 법정대리인
2. 의사능력을 회복하거나 행위능력자가 된 상대방

(나) (a) 심리유보에 관한 제93조는 우선 예외적으로 무효가 되는 사유에 관한 제 1 항 단서에서 '표의자의 진의를 알았거나 알 수 있었던 때'를 '표의

자의 진의가 아님을 알았거나 …'로 개정하였다. 나아가 그로 인한 무효를 선의의 제 3 자에게 대항하지 못한다는 제 2 항을 추가하였다. 그리하여 이 부분은 우리 민법 제107조와 같게 되었다.

개정법에서 심리유보 및 허위표시로 인한 무효를 대항할 수 없는 제 3 자는 선의로써 족하나, 뒤에서 보는 대로 착오나 사기·강박으로 인한 취소는 선의무과실의 제 3 자에 한하여 대항할 수 없는 것으로 정하여졌다.

(b) 사기·강박에 관한 제96조는 그 제 2 항에서 종전에는 제 3 자가 사기를 한 경우에[102] 상대방이 이를 알던 때에 한하여 취소할 수 있는 것으로 하였으나, 이번 개정으로 —우리 제110조 제 2 항에서와 같이— 알 수 있었을 경우에도 취소할 수 있도록 확장하였다(제 2 항). 이는, 귀책성이 작은 제 3 자의 사기를 당한 표의자에게 귀책성이 큰 심리유보 표의자와 같은 요건 아래서만 보호하는 것이 균형을 잃었다는 고려에 기한 것이다.

또 사기·강박으로 인한 취소를 대항할 수 없는 제 3 자는 종전처럼 선의인 것으로는 부족하고 나아가 무과실이어야 한다고 개정하였다(제 3 항).[103]

(c) 의사표시의 효력발생시기에 관한 제97조는 종전에 '격지자에 대한 의사표시'만을 규율하였으나, 이번에 '격지자에 대한'을 삭제하여 그 이외에도 같은 도달주의의 규율에 따르도록 하였다. 그리하여 우리 제111조 제 1 항과 같게 되었다.

제 2 항은 이번 개정으로 신설되었다.[104] '정당한 사유 없이 의사표시의 도달을 방해'하는 것의 전형적인 예는 그 통지의 수령을 정당한 사유 없이 거부하는 것이다.

(d) 의사표시의 수령능력에 관한 제98조의2(우리 제112조)는 1999년 민법 개정으로 새로 마련된 것을 이번에 의사무능력의 경우에 관한 규율을 추가하였다.

---

102) 제 3 자가 강박을 한 경우에 대하여는 개정 후에도 규정을 따로 두지 아니한다. 이는 강박의 경우에는 그것이 제 3 자가 행한 경우에도 상대방이 행한 것과 같이 처리한다는 취지일 것이다.

103) 이와 보조를 맞추어서, 소비자 보호에 관한 일본의 법률들, 예를 들면 소비자계약법 제 4 조 제 6 항, '특정상거래에 관한 법률' 제 9 조의3 제 2 항, 할부판매법 제35조의3의13 제 5 항 등에서의 취소도 종전의 선의의 제 3 자가 아니라 선의무과실의 제 3 자에 한하여 이를 대항할 수 없는 것으로 개정되었다.

104) 日最判 1998. 10. 6(民集 52-4, 1034)의 태도이다.

(2) 대　　리

(가) 제101조 (대리행위의 하자) ① 대리인이 상대방에 대하여 한 의사표시의 효력이 의사의 부존재, 착오, 사기, 강박 또는 어느 사정을 알았거나 알지 못함에 과실이 있었음에 의하여 영향을 받는 경우에 그 사실의 유무는 대리인을 기준으로 정하는 것으로 한다.

② 상대방이 대리인에 대하여 한 의사표시의 효력이 의사표시를 받은 자가 어느 사정을 알았거나 알지 못함에 과실이 있었음으로 영향을 받을 경우에 그 사실의 유무는 대리인을 기준으로 결정한다.

③ 특정의 법률행위를 하는 것을 위탁받은 대리인이 그 행위를 한 때에는 본인은 스스로 알고 있던 사정에 관하여 대리인이 알지 못하였음을 주장할 수 없다. 본인이 과실로 알지 못한 사정에 관하여도 같다.

제102조 (대리인의 행위능력) 제한행위능력자가 대리인으로서 한 행위는 행위능력의 제한을 이유로 취소할 수 없다. 다만 제한행위능력자가 다른 제한행위능력자의 법정대리인으로서 한 행위에 대하여는 그러하지 아니하다.

제105조 (법정대리인에 의한 복대리인의 선임) 법정대리인은 자기의 책임으로 복대리인을 선임할 수 있다. 이 경우 부득이한 사유가 있는 때에는 본인에 대하여 그 선임 및 감독에 관한 책임만을 진다.

제106조 (복대리인의 권한 등) ① [종전의 제107조 제 1 항과 같다]

② 복대리인은 본인 및 제 3 자에 대하여 그 권한의 범위 내에서 대리인과 동일한 권리를 가지고 의무를 진다.

제107조 (대리권의 남용) 대리인이 자기 또는 제 3 자의 이익을 도모할 목적으로 대리권의 범위 내의 행위를 한 경우에 상대방이 그 목적을 알았거나 알 수 있었던 때에는, 그 행위는 대리권을 가지지 아니한 자가 한 행위로 본다.

제108조 (자기계약 및 쌍방대리 등) ① 동일한 법률행위에 관하여 상대방의 대리인으로서 또는 당사자 쌍방의 대리인으로서 한 행위는 대리권을 가지지 아니한 자가 한 행위로 본다. 다만 채무의 이행 및 본인이 미리 허락한 행위는 그러하지 아니하다.

② 전항 본문에 규정하는 것 외에 대리인과 본인의 이익이 상반하는 행위는 대리권을 가지지 아니한 자가 한 행위로 본다. 다만 본인이 미리 허락한 행위는 그러하지 아니하다.

제109조 (대리권 수여의 표시에 의한 표견대리) ① [본문은 종전의 제109조와 같다] 그러나 제 3 자가 그 타인에게 대리권이 수여되지 아니하였음을 알거나 과실로 알지 못한 때에는 그러하다.

② 제 3 자에 대하여 타인에게 대리권을 수여하였다는 뜻을 표시한 자는, 그

대리권의 범위 내에서 그 타인이 제3자와의 사이에서 행위를 하였다면 전항의 규정에 의하여 책임을 져야 할 경우에 있어서, 그 타인이 제3자와의 사이에서 그 대리권의 범위 외의 행위를 한 때에는, 제3자가 그 행위에 대하여 그 타인의 대리권이 있다고 믿을 만한 정당한 이유가 있는 때에 한하여 그 행위에 대한 책임을 진다.

제110조 (권한 외의 행위의 표견대리) 전조 제1항 본문의 규정은 대리인이 그 권한 외의 행위를 한 경우에 제3자가 대리인의 권한이 있다고 믿을 만한 정당한 이유가 있을 때에 준용한다.

제112조 (대리권 소멸 후의 표견대리) ① 타인에게 대리권을 수여한 자는 대리권의 소멸 후에 그 대리권의 범위 내에서 그 타인이 제3자와의 사이에서 한 행위에 대하여 대리권 소멸의 사실을 알지 못한 제3자에 대하여 그 책임을 진다. 다만 제3자가 과실로 그 사실을 알지 못한 때에는 그러하지 아니하다.

② 타인에게 대리권을 수여한 자는, 대리권의 소멸 후에 그 대리권의 범위 내에서 그 타인이 제3자와의 사이에서 행위를 하였다면 전항의 규정에 의하여 책임을 져야 할 경우에 있어서, 그 타인이 제3자와의 사이에서 그 대리권의 범위 외의 행위를 한 때에는, 제3자가 그 행위에 대하여 그 타인의 대리권이 있다고 믿을 만한 정당한 이유가 있는 때에 한하여 그 행위에 대한 책임을 진다.

제117조 (무권대리인의 책임) ① 타인의 대리인으로서 계약을 한 자는, 자기의 대리권을 증명한 때 또는 본인의 추인을 얻은 때를 제외하고, 상대방에 대하여 이행 또는 손해배상의 책임을 진다.

② 전항의 규정은 다음의 경우에는 적용하지 아니한다.

1. 타인의 대리인으로서 계약을 한 자에게 대리권이 없음을 상대방이 알고 있었던 때.
2. 타인의 대리인으로서 계약을 한 자에게 대리권이 없음을 상대방이 과실로 알지 못한 때. 다만 타인의 대리인으로서 계약을 한 자가 자기에게 대리권이 없음을 알고 있었던 때에는 그러하지 아니하다.
3. 타인의 대리인으로서 계약을 한 자가 행위능력의 제한을 받고 있었던 때.

(나) (a) 대리행위의 하자에 관한 제101조(우리 제116조)는 이번 개정으로 대리인이 상대방에 대하여 의사표시를 한 경우(제1항)와 상대방이 대리인에게 의사표시를 한 경우(제2항)로 나누어 규정되고, 내용적으로는 변경이 없다. 그런데 제2항은 사실을 알았거나 알 수 있었음에 대하여만 정하고 있으므로, 예를 들면 대리인이 상대방에 대하여 사기 또는 강박을 한 경우에는 동

항이 그에 적용될 여지가 없다.[105)]

한편 특정한 법률행위를 하는 것이 위탁된 경우에 관한 개정 후의 동조 제 3 항에서는 '본인의 지시에 좇아'라는 부분이 삭제되었다.[106)]

(b) 대리인의 행위능력에 관한 종전의 제102조(우리 제117조)는 개정법에서 그 단서로 '제한행위능력자가 다른 제한행위능력자의 법정대리인으로 한 행위'에 관하여는 행위능력의 제한을 이유로 하여 이를 취소할 수 있는 것으로 정한다. 예를 들어 미성년자의 父가 성년후견개시심판을 받은 후에 그가 미성년자의 재산의 관리로 행한 법률행위는 이를 취소할 수 있다.[107)]

(c) 복대리인에 관하여는 종전에 제104조부터 제107조(우리 제120조 내지 제123조)까지의 4개 조에서 규율되었다.

우선 임의대리인이 본인의 허락이 있는 때가 아니라면 부득이한 사유가 있어야 복대리인을 선임할 수 있다는 것, 즉 이른바 자기 집행의 원칙은 개정 후에도 유지된다(제104조). 복수임인의 선임에 관하여도 마찬가지로 정하는 규정(제644조의2 제 1 항)이 신설되었다(우리 민법 제682조 제 1 항과 같다).

그러나 그와 같이 복대리인을 선임한 경우에 임의대리인은 그 선임·감독에 대하여만 책임을 진다거나 대리인이 본인의 지명에 의하여 복대리인을 선임한 경우에는 그 부적임 또는 불성실을 알고도 본인에게 통지하거나 그를 해임하는 것을 게을리한 경우가 아니면 책임을 지지 않는다는 종전의 제105조(우리 제121조)는 개정법에서 삭제되었다. 그 경우에만 책임의 경감을 인정한 근거가 없고, 복대리인과 관련한 대리인의 책임 여하는 대리권 수여의 원인이 되는 계약의 위반이 있는가 하는 채무불이행 일반규정의 관점에서 처리되면 족하다는 것이다. 그러한 관점에서 보면 복대리인은 대리인의 '이행보조자'에 해당하므로, 이행보조자의 행위에 대한 채무자의 책임 여하에 의하여 정하여진다고 볼 것이다.[108)]

105) 그러나 상대방이 사기 또는 강박을 한 경우와의 형평상 제 1 항의 유추적용으로 역시 대리인을 기준으로 사기 등으로 행하여진 상대방의 의사표시의 하자 유무가 정하여질 것임은 물론이다.

106) 이는 특정한 법률행위의 위탁이 있으면 본인의 지시가 있었음이 요건이 되지 않는다는 日大判 1908. 6. 10(民錄 14, 665)의 태도에 좇은 것이다.

107) 그리하여 뒤에서 보는 대로 취소권자에 관한 제120조 제 1 항은 '다른 제한행위능력자의 법정대리인으로서 한 행위에 있어서는 당해 다른 제한행위능력자'(본문에 든 예에서 미성년자)도 취소권자에 포함시키는 것으로 이번에 개정되었다.

108) 일본민법은 우리 제391조와 같은 '이행보조자의 고의·과실'에 대한 채무자의 책임을 정하는 우리 민법 제391조와 같은 규정을 두지 아니하며, 그 처리는 판례·학설에 맡겨져 있고, 이는 이번 개정 후에도 마찬가지이다. 이번 개정작업 중에 이 문제가 다루어졌으나, 결

다른 한편 법정대리인은 그 책임으로 복대리인을 선임할 수 있고, 다만 부득이한 사유로 복대리인을 선임한 때에는 본인에 대하여 그 선임 및 감독에 관하여서만 책임을 진다는 종전의 제106조는 개정 후의 제105조로 그대로 남는다.

또한 복대리인의 권한에 관한 종전의 제107조도 사소한 수정을 받은 것[109] 외에는 개정 후 제106조로 유지된다.

이상과 같은 개정은 위임계약에서 복수임인에 관한 규정에도 반영되어, '복수임인의 선임 등'이라는 표제를 가진 제644조의2가 복대리인에서와 같은 내용으로 신설되었다.[110]

(d) 종전 제108조(우리 제124조)의 본문은 단지 "동일한 법률행위에 관하여 상대방의 대리인이 되거나 당사자 쌍방의 대리인이 될 수 없다"고만 정하였었다. 개정 후의 동조 제1항 본문은 그와 같은 행위는 '대리권이 없는 자가 한 행위로 본다'고 하여, 종전 판례[111]에 좇아 무권대리가 됨을 정한다.[112] 그러므로 자기계약이나 쌍방대리행위에 대하여는 무권대리에 관한 규정이 적용되어, 예를 들면 본인이 사후적으로 추인할 수 있고(제113조. 우리 제130조),[113] 또 상대방이 본인에 대하여 추인 여부의 확답을 구할 수 있다(제

국 규정을 두지 않는 것으로 정하여졌다. 그 경과에 대하여는 潮見佳男, 新債權總論 I (2017), 406면 주 107 참조.

109) 즉 개정 후 제106조 제2항은, 복대리인이 '그 권한의 범위 내에서'(이는 종전에 없던 문언을 추가한 것이다) 본인이나 제3자에 대하여 대리인과 동일한 권리의무가 있다고 정하는 것이다.

110) 제644조의2 (복수임인의 선임 등) ① 수임인은 위임인의 허락을 얻은 때 또는 부득이한 사유가 있는 때가 아니면 복수임인을 선임할 수 없다. ② 대리권을 부여하는 위임에서, 수임인이 대리권을 가진 복수임인을 선임한 때에는, 복수임인은 위임인에 대하여 그 권한의 범위 내에서 수임인과 동일한 권리를 가지고 의무를 부담한다.

111) 日最判 1962. 4. 4(民集 26-3, 373); 日最判 2004. 7. 13(民集 58-5, 1368) 등.

112) 한편 대판 1981. 10. 13, 81다649(집 29-3, 138)는, 친권자가 미성년의 자 소유의 부동산을 성년인 다른 자에게 증여한 사안에서, 이는 '그 친권에 복종하는 수인의 자 사이'의 행위가 아니므로 민법 제921조 제2항은 적용의 여지가 없다고 하면서도, 친권의 남용을 긍정하여 그 행위의 효력을 부인하였다("법정대리인인 친권자가 그 자인 원고(미성년자) 소유의 이 건 부동산을 그 장남인 피고에게 증여할 당시 원고는 이미 19년 5월 남짓하여 수개월이 지나면 성년이 될 나이에 있었고, 원고가 위 처분행위를 강력히 반대하였으며, 위 처분행위도 원고를 위한 것이 아니라 그 장남인 피고만을 위한 것으로서 위 처분행위로 원고는 아무런 대가도 지급받지 못한 점 등이 인정되므로, 원고의 법정대리인인 친권자가 이 건 부동산을 피고에게 증여한 행위는, 당시 피고가 이미 성년에 달하여 소위 이해상반행위에는 해당하지 않으나, 친권의 남용에 의한 것이라 할 것이므로 위 행위의 효과는 원고에게 미치지 아니한다").

113) 대판 1993. 4. 13, 92다54524(공보 1392)는 우리 민법 제921조의 '이해상반행위'와 관련하여 "친권자가 수인의 미성년자의 법정대리인으로서 상속재산분할협의를 한 것이라면 이는 민

114조. 우리 제131조). 한편 동항 단서의 예외사유는 종전 제108조 단서(채무의 이행) 및 통설(본인의 허락)에 좇은 것이다.[114]

한편 개정 후에는 제 2 항이 추가되어, 자기계약이나 쌍방대리에 해당하지 아니하는 이익상반행위에 대하여도 자기계약 등과 마찬가지로 정한다. 이 익상반행위에 대하여 종전의 판례 · 통설은 행위의 외형에 비추어 정형적 · 객관적으로 판단되고 대리인의 동기 · 목적 등은 고려되지 않는다고 하는 이른바 외형설(또는 형식적 판단설)을 취하고 있는데,[115] 이는 개정법 아래서도 마찬가지일 것이다.

(e) 대리권 수여의 표시에 의한 표견대리에 관한 제109조[116](우리 제125조)는 제 2 항을 추가하여 종전의 판례 · 통설이 인정하던 월권대리와의 중첩, 즉 수여표시된 대리권의 범위를 넘는 대리행위에 있어서 상대방이 대리인에게 그 대리권이 있다고 믿을 만한 정당한 이유가 있는 경우에는 본인에게 대리행위의 효과가 귀속한다는 것을 정면으로 규정한다.

(f) 제112조(우리 제126조)는 대리권 소멸 후의 표견대리를 정한다. 우선 제 1 항은 상대방의 선의무과실이 '대리권 소멸의 사실'에 관한 것임을 정면으로 정하면서, 그 주장 · 입증의 책임에 관하여 종전의 제112조와 마찬가지로 선의에 대하여는 본인에의 효과 귀속을 주장하는 측(상대방)이, 무과실에 대하여는 이를 부인하는 측(본인)이 각각 부담하는 것으로 한다. 나아가 이번의 개정으로 추가된 제 2 항은 앞서 본 대리권 수여의 표시에 의한 표견대리에 관한 제109조 제 2 항과 같은 내용으로서, 여기서도 월권대리와의 중첩을 정면으로 규정한다.

(g) 무권대리인의 책임에 관한 제117조(우리 제135조)는, 그 제 2 항 제 2 호의 단서에서 대리인에게 대리권이 없음을 상대방이 과실로 알지 못한

법 제921조에 위반된 것으로서 이러한 대리행위에 의하여 성립된 상속재산분할협의는 피대리자 전원에 의한 추인이 없는 한 무효이다"라고 하여 본인에 의한 추인을 긍정한다.

114) 종전의 제108조에는 우리 제124조의 '본인의 허락 없으면'이라는 문언이 없으나, 본인의 허락이 있으면 자기계약 등을 할 수 있다는 데 異論이 없었다.

115) 日最判 1962. 10. 2(民集 16-10, 2059); 日最判 1968. 10. 8(民集 22-10, 2172) 등. 대판 1996. 11. 22, 96다10270(집 44-2, 309); 대판 2002. 1. 11, 2001다65960(공보 상, 473) 등 우리 판례도 친권자와 子 사이 또는 數人의 자 사이의 이해상반행위에 관한 민법 제921조에 대하여 주지하는 대로 같은 태도를 취한다("법정대리인인 친권자와 그 자 사이의 이해상반의 유무는 전적으로 그 행위 자체를 객관적으로 관찰하여 판단하여야 할 것이지 그 행위의 동기나 연유를 고려하여 판단하여야 할 것은 아니다").

116) 종전의 제109조에 대하여는 이미 2004년의 민법 개정에서 개정 후 제 1 항 단서와 같은 문언으로 그 단서가 추가된 바 있다.

때에도 대리인이 자신의 대리권 없음에 관하여 악의인 경우에는 상대방이 동조 제1항의 책임을 물을 수 있음[117]을 새로 정한 것을 제외하고는 종전과 규율을 같이한다.

(3) 무효 및 취소

(가) 제120조 (취소권자) ① 행위능력의 제한에 의하여 취소할 수 있는 행위는, 제한행위능력자(다른 제한행위능력자의 법정대리인으로서 한 행위에 있어서는 당해 다른 제한행위능력자를 포함한다), 그 대리인이나 승계인 또는 동의를 할 수 있는 자에 한하여 취소할 수 있다.

② 착오, 사기 또는 강박에 의하여 취소할 수 있는 행위는 하자 있는 의사표시를 한 자 또는 그 대리인이나 승계인에 한하여 취소할 수 있다.

제121조 (취소의 효과) 취소된 행위는 처음부터 무효이었던 것으로 본다.

제121조의2 (원상회복의 의무) ① 무효인 행위에 기한 채무의 이행으로 급부를 받은 자는 상대방을 원상에 회복시킬 의무를 진다.

② 전항의 규정에 불구하고, 무효인 무상행위에 근거한 채무의 이행으로 급부를 받은 자는 급부를 받은 당시 그 행위가 무효임(급부를 받은 후에 전조의 규정에 의하여 처음부터 무효이었다고 간주되는 행위에 있어서는, 급부를 받은 당시 그 행위가 취소될 수 있다는 것)을 알지 못한 때에는 그 행위에 의하여 현재 이익을 받고 있는 한도에서 반환의 의무를 진다.

③ 제1항의 규정에 불구하고, 행위 시에 의사능력을 가지지 아니하였던 자는 그 행위에 의하여 현재 이익을 받고 있는 한도에서 반환의 의무를 진다. 행위 시에 제한행위능력자이었던 자에 대하여도 같다.

제122조 (취소할 수 있는 행위의 추인) 취소할 수 있는 행위를 제120조에 규정한 자가 추인한 때에는 이후 취소할 수 없다.

제124조 (추인의 요건) ① 취소할 수 있는 행위의 추인은 취소의 원인이었던 상황이 소멸하고 또한 취소권을 가짐을 안 후에 하지 아니하면 그 효력이 생기지 아니한다.

② 다음의 경우에는 전항의 추인은 취소의 원인이었던 상황이 소멸한 후에 하는 것을 요하지 아니한다.

1. 법정대리인 또는 제한행위능력자의 보좌인 또는 보조인이 추인을 하는 때.
2. 제한행위능력자(성년피후견인을 제외한다)가 법정대리인, 보좌인 또는 보조인의 동의를 얻어 추인하는 때.

제125조 (법정추인) 전조의 규정에 의하여 추인을 할 수 있는 때 이후에 취

117) 이는 종전 규정 아래서도 통설의 태도라고 한다.

소할 수 있는 행위에 관하여 다음 각 호의 사실이 발생한 때에는 추인이 있었던 것으로 본다. 다만 이의를 보류한 때에는 그러하지 아니하다.
[제 1 호 내지 제 6 호는 종전과 같다]

(나) (a) 취소권자에 관한 제120조(우리 제140조)는 행위능력의 제한을 이유로 하는 취소에 관한 제 1 항에서 대리인의 행위능력에 관한 개정 후 제102조 단서를 반영하여 괄호 안에 취소권자의 범위를 확장하는 뜻을 담았다.

(b) 이번 개정으로 새로 마련된 제121조의2는 법률행위의 무효 또는 취소[118]로 인한 원상회복의무를 정한다.

제 1 항은 그 원상회복의무를 명문으로 인정한다. 계약의 해제에 대하여는 제545조 제 1 항 본문(우리 제548조 제 1 항 본문)이 원상회복의무를 명정하고 있는데, 이제 무효 또는 취소에 대하여도 같은 취지의 규정이 마련되었다. 해제의 경우와 마찬가지로 현물의 반환이 불가능한 경우에는 그 가액이 반환되어야 할 것이다. 이 의무는 부당이득반환의무의 성질을 가진다.

제 2 항은 무상행위가 무효인 경우에 관한 특칙을 새로 정한다. 즉 그 경우 급부를 받는 자가 그 당시 행위가 무효인 것 또는 취소할 수 있는 것임을 알지 못한 경우에는 그 반환의무는 현존이익에 한정된다는 것이다. 그런데 부당이득 일반에서 이득 반환의 범위에 관하여 일본민법 제703조는 이를 현존이익에 한정하고, 특히 제704조가 악의의 수익자는 "그 받은 이익에 이자를 가하여" 반환하고, 나아가 손해가 있으면 이를 배상하여야 한다고 정한다. 이러한 위의 제 2 항은 법률행위의 무효로 인한 급부반환의무에 관하여 현존이익에의 한정을 무상행위에만 인정하는 내용으로 위 제703조에 대한 특칙을 정한 것이라고 이해할 수밖에 없는데, 과연 그러할까?[119] 만일 그렇다면, 위

118) 개정 후 제121조가 취소된 법률행위는 처음부터 무효인 것으로 본다고 정하므로(행위무능력자의 반환의무는 현존이익에 한정된다고 정하는 종전의 동조 단서의 내용은 제121조의2 제 3 항으로 옮겨 정하여졌다), 위 제121조의2가 '무효인 법률행위'에서의 원상회복의무만을 문제삼아도 이는 취소된 법률행위의 경우도 포괄함은 물론이다. 이하에서는 법문에 좇아 단지 '무효'라고만 한다.

119) 潮見佳男, 27면은 결국 그러한 취지이다. 그는 "유상행위에 있어서는 이러한 이득 소멸의 주장은 인정되지 아니한다. 유상계약에서는 급부수령자가 반대급부를 함이 없이 수령한 급부를 자신의 물건으로 保持할 수는 없는 것이고, 제 2 항의 기초에 있는 선의자 보호의 취지는, 잃는다고 생각하고 있던 반대급부는 그 반환을 구하면서 수령한 급부에 대하여는 현존이익이 없음을 이유로 반환을 면한다는 결론까지 인정하는 것은 아니라고 생각되었기 때문이다"라고 설명하여, 유상계약에서는 현존이익에의 제한이 인정되지 아니한다는 취지를 밝히고 있는 것이다. 나아가 그는 "이러한 규정[즉 제121조의2]이 마련되는 것에 의하여 개정 후의 민법은 부당이득, 특히 급부이득에 관하여는 형평설(공평설)이 아니라 유형론을 기초에 두고 있음이 명백하다"고까지 말한다(同書, 27면 이하).

부당이득에서 선의수익자의 반환범위가 현존이익에 한정되는 것, 즉 그가 이득의 소멸을 주장할 수 있는 것은 이제 계약의 원상회복관계에서는 무상계약에 한정되고[120] 그 외에는 침해부당이득이나 비용부당이득 등에만 한정되는 셈이다.

제 3 항은 의사무능력 또는 제한행위능력의 경우 그 반환의 범위를 현존이익으로 한정하는 것이다. 후자의 경우에 대하여는 종전의 제121조 단서(우리 제141조 단서)와 같은 내용이다.

(c) 개정 후 제124조 제 1 항(우리 제144조 제 1 항)은, 취소할 수 있는 행위의 추인은 "취소권이 있다는 사실을 안 후가 아니면" 효력이 없음을 새로 정한다. 이는 그 추인이 취소권의 포기임을 고려한 것으로서 종전의 판례[121]에 따른 것이다.[122]

(d) 법정추인에 관한 종전의 제125조(우리 제145조)는 '전조의 규정에 의하여 추인을 할 수 있는 후에 다음 각 호의 사유가 있는 때'라고 정하고 있었다. 이번 개정에서 이 중 '전조의 규정에 의하여'라는 문언을 삭제하였다. 이는 앞의 (c)에서 본 대로 취소권이 있음을 아는 것이 추인의 효력발생요건이 된 것과 관련하여, 과연 법정추인의 경우에도 취소권 있음을 안 후에 법정추인사유가 발생하여야 법정추인이 인정되는가에 대하여 견해의 대립이 있으므로,[123] 이 문제에 대한 태도의 결정을 유보하고 이를 해석에 맡기려는 취지

120) 급부부당이득에서도 계약의 원상회복과 직접적인 관계가 없는 경우, 예를 들면 이중변제나 과다변제 등은 어떠할까? 이 경우에도 그 변제의 대상이 된 채무가 무상계약에 기한 경우에만 반환 범위가 현존이익으로 한정된다고 할 것인가?

121) 日大判 1916. 12. 28(民錄 22, 2529) 참조. 대판 1997. 5. 30, 97다2986(공보 하, 2017) 등 우리 판례도 같은 태도를 취한다("추인은 취소권을 가지는 자가 취소원인이 종료한 후에 취소할 수 있는 행위임을 알고서 추인의 의사표시를 하거나 법정추인사유에 해당하는 행위를 행할 때에만 법률행위의 효력을 유효로 확정시키는 효력이 발생한다").

122) 그 제 2 항은 법정대리인·보좌인 또는 보조인이 추인하는 경우(제 1 호)나 성년피후견인을 제외한 제한행위능력자가 법정대리인 등의 동의를 얻어 추인하는 경우에는 행위능력이 제한된 상태로부터 벗어날 것이 요구되지 않는다는 것을 규정한다. 이와 관련하여 우리 민법은 법정대리인이 추인하는 경우에 대해서만 같은 뜻을 정하고(제144조 제 2 항), 통설은 성년피후견인(종전의 금치산자)을 제외한 제한행위능력자가 법정대리인의 동의를 얻어 추인하는 경우(우리 민법 제 5 조 제 1 항, 제13조)에는 능력자가 되기 전이라도 유효하게 추인할 수 있다고 한다(우선 민법주해[Ⅲ], 309면(김용담 집필) 참조). 다른 한편 우리 민법은 성년자의 행위능력 제한과 관련하여 후견의 제도만을 정하고(제 9 조 이하, 제929조 이하 참조), 보좌 또는 보조의 제도를 인정하지 아니한다.

123) 日大判 1923. 6. 11(民集 2-18, 396)은 미성년 시절 차용한 금전을 성년 후에 일부 반환한(제125조 제 1 호 참조) 사안에서 취소권 있음을 몰랐어도 법정추인이 된다고 판단한 바 있다. 앞의 주 42에서 인용한 우리 재판례는 취소권 있음을 안 후에 법정추인사유가 있어야 한다는 태도를 취하는 것인지 명확하지 아니하다.

라고 한다.

(4) 조　　건

(가)　제130조 (조건 성취의 방해 등) ① [종전 제130조와 같다]
② 조건이 성취됨으로써 이익을 받는 당사자가 부정하게 그 조건을 성취시킨 때에는 상대방은 그 조건이 성취하지 아니한 것으로 볼 수 있다.

(나) 우리 민법 제150조 제 2 항과 같은 내용을 이번 개정으로 추가한 것이다.[124)]

Ⅱ. 채권편 총칙

1. 변　　제

(1) 변제 등에 관한 편별

(가) [제 3 편 제 1 장 제 6 절 채권의 소멸]
제 1 관 변제
제 1 목 총칙
제 2 목 변제 목적물의 공탁
제 3 목 변제에 의한 대위

(나) 이는 이미 2004년 개정으로 마련된 것인데, 기회에 적어둔다. 이로써 종전에 '공탁'이 변제에 이어서 독립한 채권의 소멸원인으로 규정되어 있던 것(우리 민법도 마찬가지이다)을 개정하였다. 이로써 '공탁'을 변제 등과 대등하게 독립적 편별에 따라 규정하던 태도는 사라졌다.[125)]

(2) 변제의 의의

(가)　제473조 (변제) 채무자가 채권자에 대하여 채무의 변제를 한 때에는 그 채권은 소멸한다.

---

124) 日最判 1994. 5. 31(민집 48-4, 1029)도 종전의 제130조를 유추적용하여 같은 법리를 인정하였다고 한다.

125) 공탁에 관한 개정 후의 규정 내용에는 종전에 비하여 현저한 변화가 없다. 단지 공탁물출급청구권이 명문으로 정하여졌다(개정 후 제498조 제 1 항. 그 제 2 항은 종전의 제498조(우리 제491조)와 같다).

(나) 종전에는 변제에 관한 규정의 맨 앞에 —우리 민법이 변제의 제공에 관한 규정(제460조, 제461조)[126]이 놓이는 것과는 달리— 제 3 자의 변제에 관한 규정이 있었다.

(3) 제 3 자의 변제

(가) 제474조 (제 3 자의 변제) ① 채무의 변제는 제 3 자도 할 수 있다.

② 변제를 함에 정당한 이익을 가진 자가 아닌 제 3 자는 채무자의 의사에 반하여 변제를 할 수 없다. 그러나 채무자의 의사에 반하는 것을 채권자가 알지 못한 때에는 그러하지 아니하다.

③ 전항에 규정하는 제 3 자는 채권자의 의사에 반하여 변제를 할 수 없다. 그러나 그 제 3 자가 채무자의 위탁을 받아 변제를 하는 경우에, 그 사실을 채권자가 알고 있었던 때에는 그러하지 아니하다.

④ 전 3항의 규정은 그 채무의 성질이 제 3 자의 변제를 할 수 없는 때나 당사자가 제 3 자의 변제를 금지하거나 또는 제한하는 취지의 의사표시를 한 때에는 적용하지 아니한다.

(나) (a) 제 2 항은 종전의 '이해관계'를 '정당한 이익'으로 개정하여 변제자대위에서 법정대위의 요건(제550조. 우리 제481조)과 같이 정하였다.

(b) 제 2 항 단서는, 변제의 정당한 이익 없는 제 3 자가 채무자의 의사에 반하여 변제를 한 때에도 그 반함을 채권자가 알지 못하였다면 유효한 변제가 됨을 새로 정한다.

한편 제 3 항은 변제의 정당한 이익 없는 제 3 자는 채권자의 의사에 반하여서도 변제할 수 없음을 새로 정한다.[127] 다시 말하면 채권자는 변제의 정당한 이익 없는 제 3 자의 변제가 제공되어도 그 수령을 거절할 수도 있는 것이다.[128] 그러나 그 제 3 자가 채무자의 위탁으로 변제를 하는 경우에 채권자가 그 사실을 알고 있었으면 그러하지 아니하다.

이상은 우리 민법과는 태도를 달리하는 바이다.

---

126) 변제의 제공에 관한 종전 일본민법의 제492조, 제493조는 개정 후에도 다를 바 없다.

127) 이는 종전에 없는 제한이다.

128) 潮見佳男, 新債權總論 Ⅱ(2017), 96은 이를 "매우 중요한 규정"이라고 한다.

(4) 양도능력 없는 소유자의 물건 인도로 하는 변제에 관한 제476조(우리 제464조) 삭제[129]

종전의 제476조는 전형적으로 제한행위능력자가 매도인으로 체결한 물건매매계약이 취소된 경우에 적용된다. 그런데 그 매매계약이 취소되었으면 매도인은 목적물의 반환을 별다른 제한 없이 청구할 수 있는 데 반하여 '그 변제가 취소된 때', 즉 목적물의 양도에 관한 물권계약이 취소되었으면 '다시 유효한 변제'를 제공하여야만 한다는 것은 균형이 맞지 않는다. 또 제한능력자 보호의 취지에 비추어서도 이는 적절하지 않다.

(5) 예금·저금 계좌에의 이체의 효과

(가) 제477조 (예금 또는 저금의 계좌에 대한 이체에 의한 변제) 채권자의 예금 또 저금의 계좌에 대한 이체에 의하여 하는 변제는, 채권자가 그 예금 또는 저금에 관한 채권의 채무자에 대하여 그 이체에 관한 금액의 지급을 청구하는 권리를 취득한 때에 그 효력이 생긴다.

(나) 금전채무의 이행을 채권자 등 명의의 예금 등 계좌에 입금함으로써도 행하여질 수 있는 경우에 변제의 효과가 발생하는 시기에 관한 규정이다. 그 지급청구권이 언제 발생하는가, 예를 들면 입금기장을 한 때인가는 예금 등 계약의 해석문제이다.[130]

(6) 수령권자로서의 외관을 가지는 자에 대한 변제에 관한 제478조

(가) 제478조 (수령권자로서의 외관을 가지는 자에 대한 변제) 수령권자(채권자 및 법령의 규정 또는 당사자의 의사표시에 의하여 변제를 수령하는 권한을 부여받은 제 3 자를 말한다. 이하 같다) 이외의 자로서 거래상의 사회통념에 비추어 수령권자라고 인정되는 외관을 가진 자에 대하여 한 변제는 그 변제를 한 자가 선의이고 과실이 없었을 때에 한하여 효력이 있다.

---

129) 이에 따라 종전 제477조 모두의 '전 2조의 경우에'도 '전조의 경우에'로 개정되었다.

130) 이에 관하여 대판 2002. 1. 25, 99다53902(공보 상, 544); 대판 2016. 4. 12, 2015다1802(법고을) 등 우리 판례는, 해외로부터 국내 수취인의 예금계좌를 지정계좌로 한 송금이 이루어진 경우, 그 송금액에 대한 수취인의 예금채권의 성립시기에 관하여 "수취인은 그 송금관계의 직접 당사자가 아니라 다만 수취은행에 대한 예금자로서의 지위를 갖는 데 불과하고, 따라서 수취은행으로서는 송금은행에 대하여는 그 위임의 본지에 따라 송금통지에서 지정한 수취인의 예금계좌에 송금액을 입금시킬 조치를 할 의무를 부담하나, 수취인에 대하여는 그러한 절차 없이는 바로 송금액을 지급할 의무를 부담한다고 볼 수 없으므로, 수취은행이 송금사실을 확인하여 지정 예금계좌에 송금액을 입금하기 전까지는 그 송금액에 대한 수취인의 예금채권이 성립한다고 할 수 없다"고 한다. 이는 아마도 국내에서의 계좌 입금에 있어서도 다를 바 없을 것이다.

(나) (a) '채권의 준점유자'에의 변제에 관한 종전의 제478조에서 '채권의 준점유자'라는 문언을 '수령권자(채권자 및 법령의 규정 또는 당사자의 의사표시에 의하여 변제를 수령하는 권한을 부여받은 제 3 자를 말한다. 이하 같다) 이외의 자로서 거래상의 사회통념에 비추어 수령권자라고 인정되는 외관을 가진 자'로 개정하였다. '권리의 준점유'란 '자기를 위한 의사로 그 권리를 행사하는 경우'를 가리키는데(제205조. 우리 제10조도 유사하다), 과연 종전의 제478조가 그 경우를 규율하는 것인가에 대하여는 의문이 제기될 여지가 있었다. 예를 들어 임차인이 아니면서 그 목적물을 사실상 점유·사용하는 사람은 임차권, 나아가 임대차보증금반환청구권의 '준점유자'에 해당할까?[131]

개정 후 제478조는 종전의 통설에 좇아 이 점을 명확하게 정한다.

(b) 영수증(「收取證書」)의 소지자에의 변제에 관한 종전의 제480조는 삭제되었다. 진정한 영수증을 소지하는 것이 '변제수령권의 외관'에 해당하는가 하는 판단에 맡겨 처리하면 족하다는 것이다. 다시 말하면 그것이 변제수령권 외관을 인정하게 하는 하나의 유력한 사정으로 처리하면 된다는 것이고, 그것만을 특별히 다룰 이유는 없다는 것이다.

(7) 변제의 시간에 관한 제484조 제 2 항

(가) 제484조 (변제의 장소 및 시간) ① … [종전의 제484조와 같다]
② 법령 또는 관습에 의하여 거래시간의 정함이 있는 때에는 그 거래시간 내에 한하여 변제를 하고 변제의 청구를 할 수 있다.

(나) 종전에 상행위의 통칙으로 정하여져 있던 것(상법 제520조. 우리 상법 제63조)을 그대로 옮긴 것이다. 다만 그러한 거래시간 외의 변제제공이라도 채권자가 임의로 이를 수령하면 적법한 변제가 된다.[132]

(8) 변제에 의한 대위('변제자대위'. 제499조 내지 제502조 및 제504조)[133]

(가) 제499조 (변제에 의한 대위의 요건) 채무자를 위하여 변제를 한 자는 채권자를 대위한다.

제500조 제467조의 규정은 전조의 경우(변제를 함에 정당한 이익을 갖는 자가 채권자를 대위하는 경우를 제외한다)에 준용한다.

131) 아마도 부인되어야 할 것이다.

132) 日最判 1960. 5. 6(民集 14-7, 1136).

133) 변제자대위에서 채권증서 및 담보물의 인도에 관한 종전 제503조(우리 제484조)는 그대로 유지된다.

제501조 (변제에 의한 대위의 효과) ① 전 2조의 규정에 의하여 채권자를 대위한 자는 채권의 효력 및 담보로서 그 채권자가 가지고 있던 일체의 권리를 행사할 수 있다.

② 전항의 규정에 의한 권리의 행사는 채권자를 대위한 자가 자기의 권리에 기하여 채무자에 대하여 구상을 할 수 있는 범위 내(보증인의 1인이 다른 보증인에 대하여 채권자를 대위하는 경우에는, 자기의 권리에 기하여 당해 다른 보증인에 대하여 구상을 할 수 있는 범위 내)에 한하여 할 수 있다.

③ 제 1 항의 경우에는, 전항의 규정에 의하는 외에, 다음에 의한다.

1. 제 3 취득자(채무자로부터 담보의 목적으로 되어 있는 재산을 양수한 자를 말한다. 이하 이 항에서 같다)는 보증인 및 물상보증인에 대하여 채권자를 대위하지 아니한다.
2. 제 3 취득자의 1인은 각 재산의 가격에 따라 다른 제 3 취득자에 대하여 채권자를 대위한다.
3. 전호의 규정은 물상보증인의 1인이 다른 물상보증인에 대하여 채권자를 대위하는 경우에 준용한다.
4. 보증인과 물상보증인과의 사이에 있어서는, 그 수에 따라 채권자를 대위한다. 다만 물상보증인이 수인인 때에는 보증인의 부담부분을 제외한 잔액에서 각 재산의 가격에 따라 채권자를 대위한다.
5. 제 3 취득자로부터 담보의 목적으로 되어 있는 재산을 양수한 자는 제 3 취득자로 보고 제 1 호 및 제 2 호의 규정을 적용하고, 물상보증인으로부터 담보의 목적으로 되어 있는 재산을 양수한 자는 물상보증인으로 간주하여 제 1 호, 제 3 호 및 전호의 규정을 적용한다.

제502조 (일부변제에 의한 대위) ① 채권의 일부에 대하여 대위변제가 있은 때에는, 대위자는 채권자의 동의를 얻어 그 변제를 한 가액에 따라 채권자와 함께 그 권리를 행사할 수 있다.

② 전항의 경우에 있어서도, 채권자는 단독으로 그 권리를 행사할 수 있다.

③ 전 2항의 경우에 채권자가 행사하는 권리는 그 채권의 담보의 목적이 되어 있는 재산의 매각대금 기타 당해 권리의 행사에 의하여 얻어지는 금전에 관하여 대위자가 행사하는 권리에 우선한다.

④ 제 1 항의 경우에 채무의 불이행을 이유로 하는 계약의 해제는 채권자만이 할 수 있다. 이 경우에는 대위자에 대하여 그 변제를 한 가액 및 그 이자를 상환하여야 한다.

제504조 (채권자에 의한 담보의 상실 등) ① 변제를 함에 정당한 이익을 갖는 자(이하 이 항에서 '대위권자'라고 한다)가 있는 경우에 채권자가 고의 또는 과실로 그 담보를 상실하거나 감소시킨 때에는, 그 대위권자는 대위를

함에 있어서 담보의 상실 또는 감소에 의하여 상환을 받을 수 없게 되는 한도에서 그 책임을 면한다. 그 대위권자가 물상보증인인 경우에 그 대위권자로부터 담보의 목적인 재산을 양수한 제 3 자 및 그 특정승계인에 관하여도 같다.

② 전항의 규정은 채권자가 담보를 상실하거나 감소시킨 것에 거래상의 사회통념에 비추어 합리적인 이유가 있다고 인정될 때에는 적용하지 아니한다.

(나) 개정법은 아래의 점을 제외하고는 종전과 다름이 없다.[134)]

(a) 임의대위에서 채권자의 승낙 불요

종전에 임의대위에서 채권자의 승낙을 요구하던 제499조 제 1 항(우리 제480조 제 1 항)의 부분은 삭제되었다. 그리하여 임의대위와 법정대위의 차이는 전자에는 개정 후 제500조(종전 제499조 제 2 항. 우리 제480조 제 2 항)가 적용된다는 것, 즉 채권양도에 관한 대항요건을 갖추어야 대위의 사실을 채무자 또는 제 3 자에 대하여 대항할 수 있다는 것에만 남게 되었다.

(b) 제 3 취득자에 대한 규율

(i) 우선 종전의 규정과는 달리, '제 3 취득자'를 채무자 제공의 담보 목적물의 제 3 취득자와 물상보증인 제공의 담보 목적물의 그것으로 나누어 규율한다.[135)] 이로써 종전 규정에서 '제 3 취득자'라고 일컬어진 것이 전자인가, 후자인가가 다투어지는 문제를 해소하려고 한다.[136)]

---

134) 물상보증인 겸 보증인이 있는 경우의 처리에 대하여는 명문을 두지 아니하기로 하였다. 그 경우에 관하여 이른바 頭數一人說(또는 단일자격설)을 취한 日最判 1986. 11. 27(民集 40-7, 1205)의 태도에 대하여는 평가가 나뉜다고 한다. 우리 대법원은 아직 이에 대하여 태도를 밝힌 바 없으나, 서울고판 2005. 5. 26, 2004나87895(각공 하, 1411)는 위 일본최고재와 같은 태도를 취한다("민법이 변제자 대위의 부담비율에 관한 기준을 인원수 비율과 재산가액 비율의 두 가지로 정하고 있으면서도 보증인과 물상보증인이 혼재된 경우에 인원수 비율에 의한 기준을 먼저 적용하도록 하고 있는 점(민법 제482조 제 2 항 제 5 호 본문)에 비추어 보면 보증인 겸 물상보증인이 있는 경우의 대위의 비율을 계산할 때에는 인원수 비율에 따른 단일자격설을 취함이 상당하다").

135) 물론 제 3 취득자로부터의 제 3 취득자도 역시 이에 좇는다.

136) 이에 관한 우리 판례를 본다면 무엇보다도 대판(전) 2014. 12. 18, 2011다50233(집 62민, 929; 공보 2015상, 119)을 들 수 있다. 이에 의하면, "물상보증인이 채무를 변제하거나 담보권의 실행으로 소유권을 잃은 경우에 그는 구상권의 범위 내에서 출재한 전액에 관하여 채무자로부터 담보부동산을 취득한 제 3 자에 대하여 채권자를 대위할 수 있으나, 채무자로부터 담보부동산을 취득한 제 3 자가 채무를 변제하거나 담보권의 실행으로 소유권을 잃은 경우에는 물상보증인에 대하여 채권자를 대위할 수 없다"고 판시하면서, 이와 달리 채무자로부터 담보부동산을 양수한 제 3 취득자가 물상보증인에 대하여 각 부동산의 가액에 비례하여 채권자를 대위할 수 있다고 한 종전의 대판 1974. 12. 10, 74다1419(공보 1975, 8218)의 태도를 변경하고 있다. 이 전원합의체 판결의 이유는, 물상보증인과 제 3 취득자 사이의 변

(ii) 前者에 대하여 보면, 그는 보증인 및 물상보증인에 대하여 채권자를 대위하지 못하는 것으로 한다(개정 후 제501조 제 3 항 제 1 호).[137] 나아가 보증인 및 물상보증인이 채무자로부터의 제 3 취득자에 대하여 채권자를 대위할 수 있음은 당연한 것으로서 별도의 규정을 두지 아니하면서, 나아가 보증인이 그에게 대위하려면 미리 부기등기를 할 것을 요구하는 종전 제501조 제 1 호의 태도를 버린다. 종전의 규율은 보증인의 변제에 의하여 담보권이 소멸하였다고 믿고 부동산을 취득하게 되는 제 3 취득자를 보호하기 위한 것이라고 설명되었다. 그리하여 보증인은 채권자를 대위하고자 하면 '미리', 즉 스스로 변제를 한 후 제 3 취득자의 등장 전에 대위등기를 하여야 한다는 것이다. 그러나 보증인의 변제로 인한 피담보채무 및 담보권의 소멸은 일반적으로 공시되지 아니하는데, 대위의 부기등기가 없다고 해서 과연 제 3 취득자가 채권(따라서 담보권)이 소멸했다고 믿을 것인가에 의문이 있는 점, 또한 저당권이 양도된 경우[138]에 그 양도 등의 부기등기가 예를 들어 그 이중양도에서와 같이 저당권 자체의 취득 여부에 관하여 이해관계가 대립하는 당사자들 사이에서 순위 결정의 기준이 되기는 하지만(제376조 제 2 항 참조), 채무자·보증인·저당권설정자 등은 종전의 저당권자에게 변제를 하여 불측의 손해를 입을 우려가 있으므로 그들에 대하여 저당권의 양도를 대항하려면 채권양도의 대항요건을 갖추어야 하고 그와 별도로 부기등기가 요구되지는 않는 것[139]과 균형을 잃는다는 점을 고려한 것이라고 한다.[140] 개정법 아래서는 대위의 부기등기는 단지 보증인이 취득한 담보권을 실행함에 있어서 제출하여야 하는 '그 승계를 증명하는 공문서'(민사집행법 제181조 제 3 항 참조)로서의 의미를 가지는 데 불과하게 된다.

제자대위에 관하여는 민법에 명확한 규정이 없으나(이번의 일본민법 개정은 이 점을 보완하여 그에 관한 명확한 규정을 둔다는 것이다) 기본적으로 보증인과 제 3 취득자 사이의 변제자대위에 관한 우리 제482조 제 2 항 제 1 호, 제 2 호의 규율을 물상보증인과 제 3 취득자 사이의 변제자대위에도 적용함이 옳다는 것이다.

137) 이 점에 관한 우리 법에 前註의 대법원 전원합의체 판결 참조.

138) 일본민법은 우리 민법 제361조가 "저당권은 그 담보한 채권과 분리하여 타인에게 양도하거나 다른 채권의 담보로 하지 못한다"고 정하여 피담보채권과 결합한 양도 기타 처분만을 허용하는 것과는 달리 "저당권자는 그 저당권으로써 다른 채권의 담보로 하거나 동일한 채무자에 대한 다른 채권자의 이익을 위하여 그 저당권 또는 그 순위를 양도하거나 이를 포기할 수 있다"고 정한다(제375조). 여기서는 저당권의 양도만을 들어 설명하나, 이는 저당권이 다른 저당권의 목적이 되거나 그 순위가 양도된 경우에도 다를 바 없다.

139) 이에 대하여는 우선 我妻榮, 新訂 擔保物權法(民法講義 Ⅲ)(1971), 392면 이하, 403면 이하, 413면; 柚木馨·高木多喜男, 擔保物權法, 제 3 판(1972), 302면 이하 등 참조.

140) 潮見佳男, 171면.

(iii) 개정법은 물상보증인으로부터의 제 3 취득자는 이를 물상보증인으로 보아서, 이에 물상보증인에 관한 제 1 호, 제 3 호 및 제 4 호를 적용한다. 이는 '통설에 기한 명문화'이다.

(c) 일부대위

종전에 일부대위의 경우에 대위자는 채권자와 같이 하여서만 원채권 등을 행사할 수 있다고 이해되었는데, 채권자는 단독으로 권리를 행사할 수 있는가에 대하여는 논의가 있었다. 개정법은 이 점을 명확하게 정하였다(제502조 제 2 항).

또한 일부대위에서 대위자는 채권의 만족에 있어서 채권자에 열후한다는 것이었다.[141] 개정법은 그러한 취지를 정면으로 정한다(동조 제 3 항).

(d) 채권자에 의한 담보의 상실 등

종전의 제504조를 그대로 유지하면서, 법정대위권자인 물상보증인으로부터 담보목적물을 양수한 자도 그 책임 감면의 주장을 할 수 있음을 정하였다(동조 제 1 항 후단).

개정 후 동조 제 2 항은 제 1 항에서 정하는 '過失'의 유무를 판단하는 기준을 명문화한 것이다.

2. 상 계

(1) 상계가 금지되는 채권

(가) 제505조 (상계의 요건 등) ① [종전과 같다]

② 전항의 규정에도 불구하고, 당사자가 상계를 금지하거나 또는 제한하는 취지의 의사표시를 한 경우에는, 그 의사표시는 제 3 자가 이를 알고 있거나 중대한 과실로 알지 못했던 때에 한하여 그 제 3 자에게 대항할 수 있다.

제509조 (불법행위에 의하여 발생한 채권을 수동채권으로 하는 상계의 금지) 다음에 제시된 채무의 채무자는 상계로써 채권자에 대항할 수 없다. 그러나 채권자가 그 채무에 관한 채권을 타인으로부터 취득한 때에는 그러하지 아니하다.

1. 악의에 의한 불법행위에 기한 손해배상의 채무
2. 사람의 생명 또는 신체의 침해에 의한 손해배상의 채무(전호에서 정하는 것을 제외한다)

---

141) 日最判 1985. 5. 23(民集 39-4, 940); 日最判 1987. 4. 23(金融法務事情 1169, 29). 대판 1988. 9. 27, 88다카1797(집 36-2, 175) 이래 우리 판례도 같은 태도이다.

제511조 (압류를 받은 채권을 수동채권으로 하는 상계의 금지) ① 압류를 받은 채권의 제 3 채무자는, 압류 후에 취득한 채권에 의한 상계로써 압류채권자에게 대항할 수 없지만, 압류 전에 취득한 채권에 의한 상계로써 대항할 수 있다.

② 전항의 규정에도 불구하고, 압류 후에 취득한 채권이 압류 전의 원인에 기초하여 발생한 것인 때에는, 그 제 3 채무자는 그 채권에 의한 상계로써 압류채권자에게 대항할 수 있다. 그러나 제 3 채무자가 압류 후에 타인의 채권을 취득한 경우에는 그러하지 아니하다.

(나) (a) 의사표시에 의한 상계 금지에 있어서 종전 규정에는 '선의의 제 3 자'에게 이를 대항하지 못한다고 정하였던 것을 —채권양도 금지에 관한 개정법(제466조 제 3 항)의 태도와 평행되게— 악의뿐만 아니라 중대한 과실 있는 자에 대하여는 이를 대항할 수 있도록 정하였다(제505조 제 1 항 단서).

(b) 종전의 제509조는 불법행위에 기한 손해배상채권 일반을 수동채권으로 하여 하는 상계를 금지하였는데, 개정법에서는 이를 '악의의 불법행위'에 기한 손해배상채권으로 제한하였다(동조 제 1 호).[142] 여기서의 '악의'는 단순한 고의로는 부족하고 적극적 의욕까지 요구하는 害意를 의미하는 것이라고 한다.[143]

또한 개정법은 사람의 생명 또는 신체의 침해에 의한 손배배상채권을 수동채권으로 하는 상계는 금지됨을 새로 정하였다(동조 제 2 호). 이는 피해자에게 실제로 배상급부를 얻게 하려는 취지이다. 이 경우에는 채무불이행(특히 안전배려의무 위반 등)으로 인한 경우도 포함된다.

(c) 압류를 받은 채권을 수동채권으로 하는 상계의 금지에 관한 종전의 제511조(우리 제498조)를 판례의 태도, 즉 압류의 효력 발생 전에 제 3 채무자가 취득한 채권으로 상계하는 것은 제한 없이 허용된다는 이른바 무제한설[144]에 좇음을 뒤의 문장을 부가함으로써 분명히 밝히는 것으로 개정되었다

142) '파산자가 악의로 가한 불법행위에 기한 손해배상청구권'을 파산에서의 비면책채권으로 정하는 파산법 제253조 제 1 항 제 3 호의 표현을 차용하였다고 한다. 위 일본 파산법 조항에 대응하는 우리 채무자회생법 제566조 제 3 호는 우리 민법 제496조와 같이 '채무자가 고의로 가한 불법행위로 인한 손해배상'이라고 정한다.

143) 이 새로운 규정과 관련하여서는 악의의 채무불이행으로 인한 손해배상채권을 수동채권으로 하는 상계가 금지되는가 하는 문제가 제기되는데, 이는 "본조의 취지를 고려에 넣으면서 구체적인 채무불이행의 태양·내용에 좇아 개별적으로 판단될 것"이라고 한다(潮見佳男, 176면).

144) 우리 판례는 이에 관하여 일본과는 입장을 달리한다. 대판(전) 2012. 2. 16, 2011다45521(집

(동조 제 1 항).

나아가 개정법은 '압류 후에 취득한 채권이 압류 전의 원인에 기하여 생긴 것인 경우'에도 상계할 수 있음을 새로 정하였다(동조 제 2 항). 따라서 예를 들면 압류 전에 주채무자의 위탁을 받아 보증인이 된 사람은 압류 후에 보증채무를 이행함으로써 취득하는 사후구상권을 자동채권으로 하여 상계할 수 있다. 이는 상계에의 기대를 개정전보다 확장하여 보호하는 것이다. 다만 압류 후에 타인의 채권을 취득한 경우에는 이로써 상계할 수 없다.[145]

이와 같이 압류된 채권을 수동채권으로 하는 상계에 관한 새로운 규율의 태도는 채권양도에서 채무자가 양도인에 대하여 가지는 채권으로 하는 상계를 어느 범위에서 양수인에게 대항할 수 있는가를 규율하는 개정 후 제469조에서도 그대로 관철되고 있다.

(2) 상계충당

(가) 제512조 (상계의 충당) ① 채권자가 채무자에게 가지는 한 개 또는 수 개의채권과 채권자가 채무자에게 부담하는 한 개 또는 수 개의 채무에 대하여 채권자가 상계의 의사표시를 경우에, 당사자가 다른 합의를 하지 아니한 때에는, 채권자의 채권과 채무는 상계에 적합하게 된 시기의 순서에 따라 그 대등액에서 상계에 의해 소멸한다.

② 전항의 경우에, 상계를 하는 채권자가 가지는 채권이 그가 부담하는 채

60민, 98)은 그때까지의 판례를 유지하여 무제한설을 취하지 아니하고 "채권압류명령 등을 받은 제 3 채무자가 압류채무자에 대한 반대채권을 가지고 있는 경우에 상계로써 압류채권자에게 대항하기 위하여는, 압류의 효력 발생 당시에 대립하는 양 채권이 상계적상에 있거나, 그 당시 반대채권(자동채권)의 변제기가 도래하지 아니한 경우에는 그것이 피압류채권(수동채권)의 변제기와 동시에 또는 그보다 먼저 도래하여야 한다"는 태도를 밝힌다.

145) 개정 후 제511조 제 2 항의 단서와 관련하여서는 다음과 같은 논의가 있다. 日最判 2012. 5. 28(民集 66-7, 3123)에서는 **주채무자(나중에 파산하였다)로부터 위탁을 받음이 없이** 보증인이 된 사람('무위탁보증인')이 파산절차개시 후에 보증채무를 이행함으로써 취득한 사후구상권을 자동채권으로 하여 파산자가 그에 대하여 가지는 채권에 대하여 상계할 수 있는지가 문제되었다. 일본의 최고재는 결국 상계의 금지에 관한 파산법 제72조 제 1 항 제 1 호(우리 채무자회생법 제422조 제 3 호: "다음 각 호의 어느 하나에 해당하는 때에는 상계를 할 수 없다. … 3. 파산선고를 받은 채무자의 채무자가 파산선고 후에 타인의 파산채권을 취득한 때")를 유추적용하여 이를 부정하였다. 그 이유는 "무위탁보증인이 위와 같은 구상권을 자동채권으로 하여 하는 상계는, 파산절차개시 후에, 파산자의 의사에 기함이 없이 파산절차상 파산채권을 행사하는 자가 교체된 결과로 상계적상이 되었다는 점에서 파산자에 대하여 채무를 부담하는 자가 파산절차개시 후에 타인의 채권을 양수하여 상계적상을 작출한 다음 그 채권을 자동채권으로 하여 하는 상계와 유사하고, 파산채권에 관한 채권자의 공평·평등한 처리를 기본원칙으로 하는 파산절차에서 이를 허용하기 어렵다는 점에서 파산법 제72조 제 1 항 제 1 호가 금지하는 상계와 다를 바가 없다"는 것으로 결국 위 파산법 규정의 유추적용을 긍정하였다. 문제는 이러한 태도가 위 개정 후 제511조 제 2 항 단서 아래서도 유지될 것인가 하는 점이다.

무의 전부를 소멸시키는 데 부족한 때에는, 당사자가 다른 합의를 하지 아니한 한 다음 각 호에 의한다.

1. 채권자가 수개의 채무를 부담하는 때(다음 호에 규정하는 경우를 제외한다)에는 제489조 제 2 호부터 제 4 호까지의 규정을 준용한다.
2. 채권자가 부담하는 한 개 또는 수개의 채무에 대하여 원본 외에 이자 및 비용을 지급하여야 할 때에는 제489조의 규정을 준용한다. 이 경우에 동조 제 2 항 중 '전조'는 '전조 제 4 항 제 2 호부터 제 4 호까지'로 한다.

③ 제 1 항의 경우에 상계를 하는 채권자가 부담하는 채무가 그가 가진 채권의 전부를 소멸시키기에 부족한 때에는 전항의 규정을 준용한다.

제512조의2 (상계의 충당)　채권자가 채무자에 대하여 가지는 채권에 한 개의 채권의 변제로서 수 개의 급부를 하여야 할 것이 있는 경우의 상계에 대하여는 전조의 규정을 준용한다. 채권자가 채무자에 대하여 부담하는 채무에 한 개의 채권의 변제로서 수개의 급부를 하여야 할 것이 있는 경우의 상계에 대하여도 같다.

(나) 이른바 상계충당에 대하여는 종전의 제512조가 변제충당에 관한 제488조 내지 제491조를 준용한다고 규정하였을 뿐이다(우리 민법 제499조도 마찬가지이다). 개정법 제512조에서 몇 가지 사항에 관하여 이하에서 보는 바와 같이 규정이 마련되었다.

(a) 원본채권 상호 간에는 상계적상이 된 시간적 순서에 따른다(제 1 항). 이는 판례법리[146]를 성문화한 것이다.

(b) 위 (a)의 기준에 의할 때 상계적상의 시기가 동일한 여러 원본채권 상호간 및 원본채권과 이에 붙는 이자·비용 채권 사이에서 상계충당이 문제되는 경우에는 지정충당은 인정되지 아니하고 제 2 항 각 호가 정하는 변제충당에서와 다를 바 없는 법정충당에 의하여야 함을 정하였다.

(c) 상계를 하는 채권자가 부담하는 채무(수동채권)가 그의 자동채권의 전부를 소멸시키기에 부족한 경우는 원래 상계충당의 문제가 제기되는 국면이 아니다. 그러나 상계충당에서와 같은 기준으로 처리되어야 함을 정한다(제 3 항).

(d) 하나의 채무의 변제로서 여러 개의 급부를 하여야 할 경우에 대하여도 개정 후 제512조에서 정하는 바에 따라 처리되어야 함을 정한다(제512조의2). 이에 대하여는 변제충당에서의 이른바 '부족변제의 충당'에 관한 제

146) 日最判 1981. 7. 2(民集 35-5, 881).

490조(우리 제478조) 참조.

3. 경 개

(1) 제513조 (경개) 당사자가 종전의 채무에 갈음하여 새로운 채무로서 다음 각 호의 것을 발생시키는 계약을 한 때에는 종전의 채무는 경개에 의하여 소멸한다.

1. 종전의 급부의 내용에 관하여 중요한 변경을 하는 것
2. 종전의 채무자가 제 3 자와 교체되는 것
3. 종전의 채권자가 제 3 자와 교체되는 것

제514조 (채무자의 교체에 의한 경개) ① 채무자의 교체에 의한 경개는 채권자와 경개 후에 채무자가 되는 자와의 계약에 의하여 할 수 있다. 이 경우에 경개는 채권자가 경개 전의 채무자에 대하여 그 계약을 하였음을 통지한 때에 그 효력이 생긴다.

② 채무자의 교체에 의한 경개 후의 채무자는 경개 전의 채무자에 대하여 구상권을 취득하지 못한다.

제515조 (채권자의 교체에 의한 경개) ① 채권자의 교체에 의한 경개는 경개 전의 채권자, 경개 후에 채권자가 되는 자 및 채무자의 계약에 의하여 할 수 있다.

② 채권자의 교체에 의한 경개는 확정일자 있는 증서에 의하여 하지 아니하면 제 3 자에게 대항할 수 없다.

제518조 (경개 후의 채무에의 담보 이전) ① 채권자(채권자의 교체에 의한 경개에 있어서는 경개 전의 채권자)는 경개 전의 채무의 목적의 한도에서 그 채무의 담보로서 설정된 질권 또는 저당권을 경개 후의 채무에 이전할 수 있다. 다만 제 3 자가 이를 설정한 경우에는 그 승낙을 얻어야 한다.

② 전항의 질권 또는 저당권의 이전은 미리 또는 동시에 경개의 상대방(채권자의 교체에 의한 경개에 있어서는 채무자)에 대한 의사표시에 의하여 하여야 한다.

(2) (가) 종전 제513조의 제 1 항[147](우리 제500조)은 "당사자가 채무의 요소를 변경하는 계약을 한 때에는"이라고 정하였다. 개정법은 거기서의 '채무요소의 변경'을 구체적으로 정하는 것이고, 내용이 달라진 것은 없다.

---

147) "조건부 채무를 무조건채무로 하고 무조건채무에 조건을 붙이거나 조건을 변경하는 것은 채무의 요소를 변경하는 것으로 본다. 채무의 이행에 갈음하여 환어음을 발행하는 것도 같다"고 정하는 종전의 동조 제 2 항(우리 민법은 같은 내용의 규정이 없다)은 조건의 내용이 다양한 것을 고려하면 위의 규정은 합리성이 없다고 하여 개정법에서 삭제되었다.

(나) 채무자의 교체에 의한 경개에 관한 개정 후 제514조는 면책적 채무인수에 관한 새로운 규정들(제472조 제 2 항, 제472조의3)과 조화되도록 한 것이다.

(다) 채권자의 교체에 의한 경개에 관하여는, 채권양도에서 채무자의 이의 유보 없는 승낙에 관한 종전의 제468조 제 1 항이 삭제됨에 따라 동일한 취지의 제516조도 개정법에서 삭제되었다.

(라) 종전의 제517조("경개로 인하여 발생하는 채무가 원인의 불법으로 인하여 또는 당사자가 알지 못한 사유로 인하여 성립하지 아니하거나 취소된 때에는 구 채무는 소멸하지 아니한다". 우리 제504조)는 삭제되었다. 그 반대해석으로 당사자, 특히 채권자가 그 사유를 알았던 경우에는 구채무가 소멸한다고 하였는데, 그 이유는 그렇다면 채권자에게 구채무를 면제할 의사가 있다고 할 수 있다는 것이었다. 그러나 일률적으로 그렇게 말할 수 있는지 의문이고, 결국 위의 종전 규정에는 합리성이 없다는 것이다.

(마) 신채무에의 담보 이전에 관한 제518조는 기본적으로 종전의 태도를 유지하면서, 우선 이전되는 담보를 질권·저당권에 한정하고 그 이외의 약정담보(가등기담보, 양도담보 등)나 보증 등의 이전을 인정하지 아니하는 것이다(제 1 항). 경개에서 신채무는 면책적 채무인수에서와는 달리 구채무와 동일성이 없다. 따라서 구채무를 위한 담보는 모두 소멸하는 것이 원칙이고, 그 경우 신채권을 위해서는 새로 담보를 설정하여야 한다. 그러나 질권과 저당권에 있어서는 채권자에게 담보권으로서의 종전의 순위를 유지하는 것에 이해관계가 있으므로, 이를 고려하였다고 한다.[148)]

---

148) 部會資料 69A, 40면(潮見佳男, 新債權總論 Ⅱ(2017), 336면 주 12에서 재인용): "중간시안[2013년 2월 26일의 「민법(채권관계)의 개정에 관한 중간시안」을 가리킨다]에서는 면책적 채무인수에 관한 규율과 같은 내용의 규율을 마련하는 방식이 제안되었었지만, 이번의 案과 같이 규율을 달리하는 것으로 한 것은 다음과 같은 이유에 기한 것이다. 면책적 채무인수는 채무자가 부담하던 채무와 동일성이 있는 채무를 인수인이 부담하는 것이고, 담보권도 승계되는 것이 원칙이라고 생각하여야 할 것이므로, 법정담보도 이전의 대상이 된다고 종전부터 해석되어 왔다. 이에 대하여 경개의 경우에는 동일성이 없는 채무가 발생하는 것이고, 담보권은 소멸하는 것이 원칙이라고 할 것이므로, 종전의 담보권의 순위를 유지할 필요가 있어서 특히 이전을 인정할 필요성이 있는 질권 또는 저당권에 관해서만 이전의 대상으로 삼는 것이다. 위와 같은 차이는 경개와 면책적 채무인수의 성질상 차이로부터 도출되는 것으로서 타당하고, 이를 변경할 필요성도 따로 인정되지 않으므로, 현행법의 해석론을 유지한 것이다. 또 보증채권의 이전을 인정하는지 여부의 차이도 같은 이유에 기한 것이다." 여기서 '부회자료'란, 이번 민법개정작업을 수행한 '법제심의회'(일본 법무대신의 자문기구이다)의 「민법(채권관계)部會」(이 부처에 대하여는 앞의 A. 1. (2) 참조) 석상에서 일본 법무성 사무당국이 배포한 입법 관련 자료를 가리키며, 69A는 그 고유의 일련번호이다.

나아가 그 담보의 이전에 '미리 또는 동시에' 경개의 상대방에 대하여 하는 의사표시를 요구하는 것(동조 제 2 항)은 면책적 채무인수(제472조의4 제 2 항 참조)에서와 마찬가지이다. 즉 경개로 피담보채권이 소멸하면 이른바 부종성에 의하여 질권 등도 소멸하게 되므로, 그러한 일이 일어나지 않도록 늦어도 경개계약과 동시에 그 의사표시가 행하여지도록 요구하는 것이다.

Ⅲ. 채권편 각칙: 계약

1. 제 3 자를 위한 계약

(1) 제537조 (제 3 자를 위한 계약) ① [종전과 같다]

② 전항의 계약은 그 성립시에 제 3 자가 존재하지 아니하는 경우 또는 제 3 자가 특정되지 아니한 경우라도 그를 위하여 그 효력이 발생함에 영향을 받지 아니한다.

③ [종전의 제 2 항과 같다]

제538조 (제 3 자의 권리의 확정) ① [종전의 제538조와 같다]

② 전조의 규정에 의하여 제 3 자의 권리가 발생한 후에 채무자가 그 제 3 자에 대하여 채무를 이행하지 아니한 경우에는, 동조 제 1 항의 계약의 상대방은 그 제 3 자의 승낙을 얻지 아니하면 계약을 해제할 수 없다.

(2) **(가)** 개정 후 제537조 제 2 항은 태아 또는 설립중의 회사 등을 상정하여 장래 성립할 자를 수익자로 하는 계약도 유효함을 정한다.[149] 그가 권리를 취득하려면 수익의 의사표시를 요함은 물론이다.

(나) 개정 후 제538조 제 2 항은, 제 3 자가 수익의 의사표시를 한 후에, 채무자(낙약자)가 수익자에 대한 채무를 이행하지 아니한다고 해서 요약자가 이를 이유로 일방적으로 계약을 해제할 수 있다고 하면, 수익자의 의사와 관계없이 그의 권리를 박탈하는 것이 되어 타당하지 않으므로, 요약자는 수익자의 승낙을 얻어야 계약을 해제할 수 있다고 정한다.

---

149) 설립중의 회사에 관하여 이를 긍정한 日最判 1962. 6. 26(民集 16-7, 1397)의 태도를 일반화한 것이다. 수익자가 아직 포태되지 아니한 경우라도 다를 바 없을 것이다.

2. 증 여

(1) 제551조 (증여자의 인도의무 등) ① 증여자는 증여의 목적인 물건 또는 권리를 증여의 목적으로 특정한 때의 상태로 인도하거나 이전할 것을 약정한 것으로 추정한다.
② [종전의 제 2 항과 같다]

(2) 종전 제551조의 표제는 '증여자의 담보책임'이었다. 동조는 '알면서 고지하지 아니한 하자 또는 흠결'을 제외하고는 증여자의 담보책임을 부정하면서(제 1 항), 다만 부담부 증여의 경우에는 그 부담의 한도에서 매도인과 같은 담보책임을 지도록 하였다(제 2 항).

그러나 매도인 등의 담보책임의 제도는 폐지되어 일반적인 채무불이행의 체계에 원칙적으로 흡수되었다.[150] 이는 증여에서도 마찬가지이다. 그러나 증여계약이 무상계약임을 고려하여 증여자의 채무불이행책임을 완화할 필요가 있으므로, 개정법은 "증여자는 증여의 목적인 물건 또는 권리를 증여의 목적으로 특정한 때의 상태로 인도하거나 이전할 것을 약정한 것으로 추정한다"고 규정한다(동조 제 1 항). 따라서 그 추정이 뒤집히지 않는 한 그 상태대로 인도 또는 이전함으로써 증여자는 그 계약상 책임을 다한 것이 된다. 다만 부담부 증여에서는 종전과 같이 증여자는 그 부담의 한도에서 매도인과 같은 책임을 지는 것으로 한다(제 2 항).[151]

개정 후의 제551조는 무이자 소비대차, 사용대차와 같은 무상계약에 준용된다(제590조 제 1 항, 제596조[152])).

3. 소비대차

(1) 낙성적 소비대차의 法認

(가) 제587조의2 (서면으로 하는 소비대차 등) ① 민법 제587조의 규정에도 불구하고, 서면으로 하는 소비대차는 당사자의 일방이 금전 기타의 물건을 인도할 것을 약정하고 상대방이 그 수취한 물건과 종류, 품질 또는 수량

---

150) 이에 대하여는 앞의 B. Ⅳ. 제2. 1. 참조.

151) 개정 후 제551조 제 1 항과 제 2 항의 관계에 대하여는 논의를 요할 것으로 생각된다. '증여의 목적으로 특정한 때의 상태'대로 인도 등 하는 것으로 추정하는 것이 부담부 증여에서도 관철된다면, '매도인과 같은 책임'이란 과연 무엇을 가리킨다고 할 것인가?

152) 또한 이들 규정에서는 그 표제가 종전의 '담보책임'으로부터 '반환의무 등'으로 바뀐다.

이 같은 물건으로써 반환할 것을 약정함으로 그 효력이 생긴다.
② 서면으로 하는 소비대차의 차주는, 대주로부터 금전 기타의 물건을 수취할 때까지 계약을 해제할 수 있다. 이 경우에 대주는 그 계약의 해제에 의하여 손해를 받은 때에는, 차주에 대하여 그 배상을 청구할 수 있다.
③ 서면으로 하는 소비대차는 차주가 대주로부터 금전 기타의 물건을 수취하기 전에 당사자의 일방이 파산절차개시의 결정을 받은 때에는 그 효력을 잃는다.
④ 소비대차가 그 내용을 기록한 전자적 기록에 의하여 이루어진 때에는, 그 소비대차는 서면에 의한 것으로 간주하여 전 3항의 규정을 적용한다.

(나) 개정 후에도 종전과 같이 소비대차를 일반적으로는 요물계약으로 정하면서(제587조의 유지),[153] 낙성계약으로서의 소비대차[154]도 인정하되 이에 서면 방식[155]을 요구한다(「요식계약으로서의 낙성적 소비대차」)(제587조의2).[156]

(a) 이러한 낙성적 소비대차라고 해서 이로써 소비차주의 '차용할 의무'(대주의 '대여할 권리')가 발생하는 것은 아니다. 차주는 계약에 기하여 대주에 대하여 금전 등의 인도청구권을 가지게 되고, 그 인도가 행하여짐으로써 비로소 대주에 대한 반환의무가 발생한다고 함으로써 족하다.[157]

(b) 우리 민법은 이자 없는 소비대차에 한하여 차주가 목적물을 인도받기 전이라면 해제할 수 있되 상대방의 손해를 배상하여야 한다고 정한다(제601조).[158] 개정 후 일본민법은 利子附인지를 불문하고 이를 인정하되 손해배상에 관하여는 우리 민법과 같이 정한다(제587조의2 제 2 항)[159]

(c) 차주에게 금전 등이 인도되기 전에 당사자 중 일방이 파산하면 '소비대차의 예약'[160][161]이 그 효력을 잃는다는 것을 종전의 제589조가 정하

153) 이 점에서 소비대차에 대한 우리 민법의 규율태도와 기본적으로 다르다.

154) 종전에 요물계약으로 정하여져 있었던 전형계약에 관하여 이를 전적으로 낙성계약으로 전환한 경우로는 사용대차(제593조) 및 임치(제657조)가 있다.

155) 소비대차가 전자적 기록을 통하여 행하여진 경우에는 방식 요건은 충족된다(제587조의2 제 4 항).

156) 2004년의 개정으로 보증계약에서 서면을 요하게 되었는데 그에 있어서는 보증인의 의사표시만 서면으로 행하여지면 족하다. 그러나 여기서는 양자의 의사표시가 모두 서면으로 행하여져야 한다.

157) 우리 민법의 해석으로도 다를 바 없을 것이다. 한편 우리 민법 제600조("이자 있는 소비대차는 차주가 **목적물의 인도를 받은 때로부터** 이자를 계산하여야 하며 …")도 참조.

158) 이는 차주에게 수령의무가 없음을 아울러 의미한다.

159) 潮見佳男, 251면에 의하면, 이자나 기한의 정함이 있다고 해서 당연히 그에 대응하는 액이 손해로 인정되는 것은 아니며, 대주는 손해 및 그 액(인과관계를 포함하여)을 주장·입증하여야 한다.

고 있었다(우리 민법 제599조에 상응한다). 그 내용은 이제 낙성적 소비대차와

160) 이는 요물계약인 소비대차의 '예약'으로서, 대주에게 차주에 대여할 의무를 부담하게 하는 것을 목적으로 한다. 대체로 우리 민법상의 소비대차(제598조: "금전 기타 대체물의 소유권을 상대방에게 **이전할 것을 약정하고**")에 대응하는 바이다.

161) 일반적으로 우리 민법에서 '대물변제의 예약'(제607조의 표제에도 나오는 '대물반환의 예약'이란 소비차주의 차용물반환채무에 관한 대물변제의 예약이라는 의미로서 '대물변제의 예약'에 해당한다)을 포함하여 '요물계약의 예약'이라는 법구성이 적절한지에는 의문이 적지 않다. 그 법구성은, 채권의 발생원인으로서의 계약(즉 채권계약)의 성립에 현물의 급부를 요하는 경우(그것이 원래 의미의 요물계약이다)에 그 계약 성립 전에도(즉 현물의 급부가 있기 전에도) 당사자에게 일정한 계약상 구속을 인정하기 위하여 마련된 것이다. 그러나 우리 민법의 채권편에 정하여진 전형계약이 그와 같은 원래 의미의 요물계약에 해당하는 예는 전혀 없다. 다만 대판 1984. 8. 14, 84도1139(공보 1568) 이래 대판 1996. 1. 26, 95다26919(공보 741); 대판 2005. 12. 23, 2003다30159(공보 2006상, 161) 등은 일반적으로 소비임치(우리 민법 제702조)의 성질을 가지는 것으로 이해되는 예금계약에 관하여 "예금계약은 예금자가 예금의 의사를 표시하면서 금융기관에 돈을 제공하고 금융기관이 그 의사에 따라 그 돈을 받아 확인을 하면 그로써 성립"한다고 설시하고 있기는 하다. 그러나 그 판단의 주안은 위 설시에 이어지는 "금융기관의 직원이 그 받은 돈을 금융기관에 실제로 입금하였는지 여부는 예금계약의 성립에는 아무런 영향을 미치지 아니한다"는 데 있고, 그리하여 당해 사건 전부에서 예금계약의 성립(나아가 금융기관의 예금반환의무)을 긍정하고 있다.

나아가 통설은 대물변제와 관련하여 이를 요물계약이라고 하지만, 대물변제의 계약은 채권의 발생원인이 아니라 채권의 소멸원인으로서 이른바 '변제계약'에 해당한다. 따라서 우리 민법에서는 위와 같은 '요물계약의 예약'에 해당하는 법형상에 대하여는 이를 본래의 계약으로 구성하면 족한 것이다. 예를 들면 '대물변제의 예약'은 원래의 급부가 아닌 급부, 즉 대물급부로써 채무가 소멸될 수 있다는 대물급부에 관한 본래의 계약, 즉 이른바 대물급부약정으로서, 앞서 본 변제계약의 일종이라고 이해할 것이다.

한편 대판 2008. 3. 13, 2007다73611(법고을)은 계약금 지급의 약정이 있었으나 실제로는 그 금전이 아직 지급되지 아니된 사안에서 위 약정에 기하여 계약을 해제할 수 있는가 하는 점에 대하여 "계약이 일단 성립한 후에는 당사자의 일방이 이를 마음대로 해제할 수 없는 것이 원칙이고, 다만 주된 계약과 더불어 계약금계약을 한 경우에는 민법 제565조 제1항의 규정에 따라 임의 해제를 할 수 있기는 하"다고 전제한 다음, "**계약금계약은 금전 기타 유가물의 교부를 요건으로 하므로** 단지 계약금을 지급하기로 약정만 한 단계에서는 아직 계약금으로서의 효력, 즉 위 민법 규정에 의해 계약해제를 할 수 있는 권리는 발생하지 않는다고 할 것이다. 따라서 당사자가 계약금의 일부만을 먼저 지급하고 잔액은 나중에 지급하기로 약정하거나 계약금 전부를 나중에 지급하기로 약정한 경우, 교부자가 계약금의 잔금이나 전부를 약정대로 지급하지 않으면 상대방은 계약금 지급의무의 이행을 청구하거나 채무불이행을 이유로 계약금약정을 해제할 수 있고, 나아가 위 약정이 없었더라면 주계약을 체결하지 않았을 것이라는 사정이 인정된다면 주계약도 해제할 수도 있을 것이나, 교부자가 계약금의 잔금 또는 전부를 지급하지 아니하는 한 계약금계약은 성립하지 아니하므로 당사자가 임의로 주계약을 해제할 수는 없다"고 판시하였다. 그러나 이는 '계약금계약'이라는 계약의 성립요건에 관한 것이라기보다는 계약금의 해약금으로서의 성질에 관한 민법 제565조 제1항("매매의 당사자 일방이 계약 당시에 금전 기타 물건을 계약금, 보증금 등의 명목으로 **상대방에게 교부한 때**에는 …")에서 정하는 계약해제권의 발생요건에 관하여 판시한 것이라고 봄이 상당할 것이다. 그 후에 나온 대판 2015. 4. 23, 2014다231378(공보 상, 743)은, 매도인이 "계약금 일부만 지급된 경우 지급받은 금원의 배액을 상환하고 매매계약을 해제할 수 있다"고 주장한 사안에서, 같은 취지에서 "계약금의 일부만이 지급된 경우 수령자가 매매계약을 해제할 수 있다고 하더라도, 해약금의 기준이 되는 금원은 '실제 교부받은 계약금'이 아니라 '약정 계약금'이라고 봄이 타당하다"고 판시하고, 매도인이 계약금의 일부로서 지급받은 금전의 배액을 상환하는 것으로는 매매계약을 해제할 수 없다고 결론지었다.

관련하여 개정 후 제587조의2 제 3 항으로 그대로 유지된다.[162]

(d) 개정 후 제589조는 이자에 대하여 정하는데, 그 내용은 특약이 없으면 이자를 청구할 수 없다는 것, 즉 무이자 소비대차가 원칙이라는 것(제 1 항), 그리고 이자는 차주가 금전 등을 수취한 때부터 붙여야 한다는 것(제 2 항)을 정한다. 물론 이 제 2 항은 낙성적 소비대차에서 의미를 가진다.

(2) 대주의 인도의무 등

(가) 제590조 (대주의 인도의무 등) ① 제551조의 규정은 전조 제 1 항의 특약이 없는 소비대차에 준용한다.
② 전조 제 1 항의 특약의 유무에 관계없이, 대주로부터 인도된 물건이 종류 또는 품질에 관하여 계약의 내용에 적합하지 아니한 때에는, 차주는 그 물건의 가액을 반환할 수 있다.

(나) 종전의 제590조(우리 제602조[163])는 '대주의 담보책임'이라는 표제 아래 차주에게 인도된 물건에 하자가 있는 경우에 이자부 소비대차에서는 '하자 없는 물건'으로 대체할 대주의 의무(및 손해배상)를(제 1 항), 무이자 소비대차에서는 차주가 하자 있는 물건의 가액으로 반환할 수 있음(다만 대주가 하자 있음을 알면서 이를 차주에게 고하지 않은 경우는 제 1 항에 의한다)을(제 2 항) 규정하였다.

개정법[164]에서는 우선 무이자 소비대차가 무상계약인 점을 고려하여, 증여자의 '담보책임'에 관한 종전 제551조의 개정 후 조항을 무이자 소비대차에 준용한다(제590조 제 1 항).

한편 이자 있는지 여부를 불문하고, 인도한 물건이 계약에 적합하지 아니한 경우에는 "그 물건의 가액을 상환할 수 있다"는 것으로 처리한다(동조 제 2 항). 이자부 소비대차는 유상계약이므로, 매매에서의 추완청구권(개정 후 제562조)은 이에 준용되고(제559조), 나아가 손해배상 및 해제(개정 후 제564조)

---

162) 한편 낙성적 소비대차의 예약은 매매 예약과 마찬가지로 얼마든지 상정될 수 있고, 이에 대하여는 그것이 利子附인 한 매매예약에 관한 제556조(우리 제564조)가 적용된다(제559조. 우리 제559조). 그리고 낙성적 소비대차의 예약에서 본계약이 성립하기 전에 당사자 일방이 파산한 경우에도 제589조(우리 제599조)의 유추적용으로 그 예약은 효력을 잃는다고 할 것이다.

163) 「법고을」을 검색하여 보면, 소비대차에서 대주의 '담보책임'을 정하는 우리 제602조에는 전혀 관련 재판례가 나오지 않는다.

164) 이른바 소비임치(「消費寄託」)에 관한 개정 후 제666조는 그 제 2 항에서 제590조(및 제592조[우리 제604조])를 그에 준용한다.

에 대하여도 마찬가지이다. 그러므로 이자부 소비대차에서 위와 같이 대주의 '담보책임'을 정하던 종전의 제590조 제 1 항은 불필요하여 삭제된다. 한편 종전에 무이자 소비대차에서만 차주에게 '하자 있는 물건'의 가액으로 상환하는 권리가 인정되었는데, 이를 이자부 소비대차의 차주에게도 확장한 것이다.

(3) 반환의 시기

(가) 제591조 (반환의 시기) ① [종전과 같다]
② 차주는 반환의 시기에 관한 약정의 유무에 관계없이 언제든지 반환할 수 있다.
③ 당사자가 반환의 시기를 약정한 경우에, 대주는 차주가 그 시기의 전에 반환함으로써 손해를 받은 때에는 차주에 대하여 그 배상을 청구할 수 있다.

(나) 종전에는 반환시기의 정함이 없는 경우에만 차주가 언제든지 반환할 수 있었으나, 개정 후에는 그 약정이 있는 경우에도 이를 할 수 있다(제 2 항). 한편 반환시기의 정함이 있는 경우에 차주가 그 시기 전에 반환을 한 경우에는 그로 인한 대주의 손해를 배상하여야 한다는 규정(제 3 항)도 새로 마련되었다.

우리는 소비대차에 관한 규정 중에는 이러한 취지의 규정이 없다. 그러나 변제기 전의 변제에 관한 제468조("당사자의 특별한 의사표시가 없으면 변제기 전이라도 당사자는 변제할 수 있다. 그러나 상대방의 손해는 배상하여야 한다." 일본민법에는 그러한 취지의 규정이 없다)가 같은 내용을 정한다고 보아야 하지 않을까? 거기서의 '당사자의 특별한 의사표시'란 변제기 전의 변제를 금지 기타 제한하는 약정을 가리키는 것이고, 단지 반환시기의 약정을 한 것만으로는 그러한 '특별한 의사표시'가 있다고 할 수 없을 것이다.

4. 사용대차[165]

(1) 사용대차의 종료

(가) 제593조의2 (차용물 수취 전의 대주에 의한 사용대차의 해제) 대주는 차주가 차용물을 수취할 때까지 계약의 해제를 할 수 있다. 그러나 서면에 의한 사용대차는 그러하지 아니하다.

제597조 (기간만료 등에 의한 사용대차의 종료) ① 당사자가 사용대차의 기간을 정한 때에는, 사용대차는 그 기간이 만료함으로써 종료한다.

② 당사자가 사용대차의 기간을 정하지 아니한 경우에 사용 및 수익의 목적을 정한 때에는 사용대차는 차주가 그 목적에 따라 사용 및 수익을 마침으로써 종료한다.

③ 사용대차는 차주의 사망에 의하여 종료한다.

제598조 (사용대차의 해제) ① 대주는 전조 제 2 항에서 정하는 경우에 동항의 목적에 따라 차주가 사용 및 수익을 함에 충분한 기간이 경과한 때에는 계약을 해제할 수 있다.

② 당사자가 사용대차의 기간, 그리고 사용 및 수익의 목적을 정하지 아니한 때에는, 대주는 언제든지 계약을 해제할 수 있다.

③ 차주는 언제든지 계약을 해제할 수 있다.

(나) 서면에 의한 사용대차가 아닌 한 대주가 차주가 차용물을 수취하기까지 계약을 해제할 수 있음을 정하는 개정 후 제593조의2는 종전에는 없던 규정이다. 마찬가지로 무상계약인 증여가 서면으로 행하여진 것이 아닌 한 각 당사자가 해제할 수 있는 것(제550조)과 보조를 맞추었다. 그러나 서면에 의한 사용대차라면 대주가 신중하게 숙고한 결과일 터이니 그에게 해제의 기회를 인정할 필요가 없을 것이다. 한편 뒤에서 보는 대로, 개정법에서 차주는 언제라도 계약을 해제할 수 있다(제598조 제 3 항).

개정 후의 제597조 제 1 항 및 제 2 항은 종전의 제 1 항 및 제 2 항 본문과 같은 내용을 정한다. 그리고 동 제 3 항은 종전의 제599조와 같다.[166]

---

165) 한편 사용대차를 종전의 요물계약에서 아예 낙성계약으로 전환한 것(제593조: "사용대차는 당사자의 일방이 어느 물건을 인도할 것을 약정하고, 상대방이 그 수취한 물건을무상으로 사용 및 수익하고 계약이 종료한 때에 반환을 할 것을 약정함으로써 그 효력이 생긴다". 우리 민법 제609조), 증여자의 '담보책임'에 관한 제551조를 준용하던 종전의 제596조는 '증여자의 반환의무 등'에 관한 제551조를 여전히 준용한다는 것 등에 대하여는 따로 언급하지 않는다.

166) 우리 민법 제614조는 차주가 사망하거나 파산선고를 받은 때에는 대주가 계약을 해지할 수 있다고 정한다.

개정 후 제598조 제 1 항은 종전의 제597조 제 2 항 단서와, 동 제 2 항은 종전의 제597조 제 3 항과 같은 내용이다.

(2) 사용대차 종료 후의 수거의무 및 원상회복의무

(가) 제599조 (차주에 의한 수거 등) ① 차주는 차용물을 수취한 후에 이에 부속시킨 물건이 있는 경우에 사용대차가 종료한 때에는 그 부속시킨 물건을 수거할 의무를 진다. 다만 차용물로부터 분리할 수 없는 물건 또는 분리에 과다한 비용을 요하는 물건은 그러하지 아니하다.
② 차주는 차용물을 수취한 후에 이에 부속시킨 물건을 수거할 수 있다.
③ 차주는 차용물을 수취한 후에 발생한 손상이 있는 경우에는 사용대차가 종료한 때에 그 손상을 원상에 회복할 의무를 진다. 다만 그 손상이 차주에게 책임 없는 사유로 인한 것인 때에는 그러하지 아니하다.

(나) (a) 종전의 제598조는 단지 "차주는 사용물을 원상에 회복하고 이에 부속한 물건을 수거할 수 있다"고 하여, 원상회복 및 부속물의 수거는 이를 차주의 권리로 정하고 있었다. 그러나 개정법은 이 중 수거권은 개정 후의 제599조 제 2 항에 담는다.[167]

나아가 개정법은 동조 제 1 항에서 차주의 수거의무, 즉 대주의 수거청구권을 새로 인정하면서, 나아가 그 한계를 '분리할 수 없거나 분리에 과다한 비용을 요하는 경우'로 정하는 것이다.[168]

위 개정 후 제599조 제 1 항, 제 2 항은 임대차에 준용된다(제622조).

(b) 한편 개정 후 제599조 제 3 항은 차용물의 손상에 관한 원상회복의무를 정한다. 여기서는 임대차(제621조 참조)에서와는 달리 '통상의 사용 및 수익에 의하여 생기는 차용물의 損耗'와 '시간의 경과에 의한 임차물의 變化'[169]도 제외되지 아니한다. 이는 임대차의 경우에는 일반적으로 통상손모 등의 위험을 임대인이 부담하는 것으로 하여 차임 기타 계약내용이 정하여지는 데 반하여 사용대차는 무상대차로서 과연 그 위험을 대주가 부담하는 것이 일반적이라고 말하기는 어렵기 때문이다.

167) 물론 이는 수거가 가능한 것을 전제로 한다. 수거불능의 경우는 비용상환청구권(차주의 비용상환청구권에 관한 제595조[우리 민법 제611조]는 개정되지 아니하였다)의 문제가 된다.

168) 우리 민법은 제615조에서 사용차주의 원상회복의무와 철거권을 정할 뿐이고(한편 지상권자에 대하여는 제285조 제 1 항에서 수거의무를 정한다), 본문에서 본 개정 후 일본민법 제599조와 같은 상세한 규율은 하지 않고 있다.

169) 법문의 표현에 의하면 '經年變化'.

(3) 손해배상 및 비용상환의 청구권에 관한 기간 제한

(가) 　제600조 (손해배상 및 비용상환의 청구권에 관한 기간 제한) ① [종전 제600조와 같다]
② 전항의 손해배상청구권에 대하여는 대주가 반환을 받은 때로부터 1년을 경과하는 때까지는 시효가 완성하지 아니한다.

(나) 개정 후 제600조 제 2 항은, 그 제 1 항에서 정하는 권리행사기간과는 달리, 손해배상청구권의 소멸시효에 관하여는 반환받은 때로부터 1년 사이는 이른바 시효의 완성유예(여기서는 대체로 종전의 시효정지에 해당한다)를 새로 규정한다. 이는 계약에 반하는 용익으로 손해배상청구권이 발생하였어도 사용대차관계의 존속으로 목적물을 반환받지 못한 대주로서는 이를 알지 못하여 10년의 시효시간을 넘기는 경우도 상정할 수 있으므로 이를 막으려는 것이다.

이 규정도 개정 후에는 임대차에 준용된다(제622조).

5. 위　　임[170)]

(1) 수임인의 보수

(가) 　제648조 (수임인의 보수) ① [종전과 같다]
② [종전과 같다]
③ 수임인은 다음의 경우에는 이미 한 이행의 비율에 좇아 보수를 청구할 수 있다.
1. 위임인에게 책임 없는 사유로 인하여 위임사무의 이행을 할 수 없게 된 때.
2. 위임이 이행의 중도에서 종료한 때.

제648조의2 (성과 등에 대한 보수) ① 위임사무의 이행에 의해 얻어지는 성과에 대해서 보수를 지급할 것을 약정한 경우에, 그 성과가 인도를 요하는 때에는 보수는 그 성과의 인도와 동시에 지급하여야 한다.
② 제634조의 규정은 위임사무의 이행에 의해 얻어지는 성과에 대해 보수를 지급할 것을 약정한 경우에 준용한다.

(나) 개정 후 제648조 제 3 항은 우선 보수의 지급이 약정된 위임에 관하

---

170) 복수임인의 선임 등에 관한 개정 후 제644조의2는 앞의 Ⅰ. 1. (2) (나) (c)에서 임의대리인에 의한 복대리인의 선임과 관련하여 이미 설명하였으므로 여기서는 생략한다.

여 사무처리의 노무에 대하여 보수가 약정된 경우(이행비율형)와 위임사무 처리의 결과로 달성된 성과에 대하여 보수가 약정된 경우(성과완성형)의 두 종류가 있음을 전제로 한다. 그리고 전자에 있어서는 동항의 각 호에서 정하는 바의 경우에는 '이미 한 이행의 비율에 좇아' 보수를 청구할 수 있는 것으로 한다.[171] 그 중 제 1 호는, 반대로 '위임인에게 책임 있는 사유'로 위임사무의 이행이 불능하게 된 경우에는 앞서 본 위험부담의 법리(제536조 제 2 항 전단. 우리 제538조 제 1 항 전단)에 좇아 보수 전부를 청구할 수 있다는 규율과 대비되는 것이다.

한편 성과완성형에서는 그 보수의 지급이 도급에서와 유사한 성질을 가지는 것을 고려하여 개정 후 제648조의2 제 1 항은 성과의 인도와 동시에 보수를 지급하여야 하는 것을 정하고, 그 제 2 항은 도급에 관한 개정 후 제634조를 준용한다.

(2) 위임계약의 임의해지 등

(가) 제651조 (위임의 해제) ① [종전과 같다]

② 전항의 규정에 따라 위임의 해제를 한 자는 다음 각 호의 경우에는 상대방의 손해를 배상하여야 한다. 다만 부득이한 사유가 있는 때에는 그러하지 아니하다.

1. 상대방에 불리한 시기에 위임을 해제한 때.
2. 위임인이 수임인에게도 이익(오로지 보수를 얻는 것에 의한 이익을 제외한다)이 되는 것을 목적으로 하는 위임을 해제한 때.

(나) 위임은 각 당사자가 이를 언제든지 해지[172]할 수 있다는 제651조 제 1 항(우리 제689조 제 1 항)은 그대로 유지된다. 개정 후 동조 제 2 항은 종전 규정이 정하는 상대방에게 불리한 때에 해제한 경우(동조 제 2 항. 우리 제689조 제 2 항) 외에 수임인의 이익도 목적으로 하는 위임에 관한 판례법리[173]를 동항 제 2 호에서 명문화하였다.[174]

---

171) 도급에 있어서도 개정 후 제634조는 '이미 한 일의 결과 중 가분인 부분의 급부'에 있어서 '도급인이 얻은 이익의 비율에 좇아' 보수를 청구할 수 있도록 하는 것에 관하여 유사한 규정을 둔다.

172) 일본민법에는 '해지'라는 개념을 채용하지 아니하며, 단지 통상과는 달리 '장래를 향하여 계약의 효력을 상실시키는 해제'라는 것을 알 뿐이다(임대차 · 고용 · 위임 · 조합의 '해제'에 관한 제620조 본문, 제630조, 제652조, 제684조 참조).

173) 日最判 1981. 1. 19(民集 35-1, 1).

174) 日最判 1983. 9. 20(판례시보 1100, 55) 등 일본의 판례는 여기서 정하는 '손해'에 얻을 수

6. 임 치[175]

(1) 제657조의2 (임치물 수취 전의 임치인에 의한 임치의 해제 등) ① 임치인은 수치인이 임치물을 수취할 때까지 계약을 해제할 수 있다. 이 경우 수치인은 그 계약의 해제에 의하여 손해를 받은 때에는 임치인에 대하여 그 배상을 청구할 수 있다.

② 무보수의 수치인은 임치물을 수취할 때까지 계약을 해제할 수 있다. 다만 서면에 의한 임치에 대하여는 그러하지 아니하다.

③ 수치인(무보수로 임치를 받은 경우에는 서면에 의한 임치의 수치인에 한한다)은, 임치물을 수취하여야 할 시기를 경과했음에도 불구하고 임치인이 임치물을 인도하지 아니하는 경우에, 상당한 기간을 정하여 그 인도의 최고를 하고, 그 기간 내에 인도가 없는 때에는 계약을 해제할 수 있다.

제658조 (임치물의 사용 및 제 3 자에 의한 보관) ① 수치인은 임치인의 승낙을 얻지 아니하면 임치물을 사용할 수 없다.

② 수치인은 임치인의 승낙을 얻은 때 또는 부득이한 사유가 있을 때가 아니면 임치물을 제 3 자에게 보관하게 할 수 없다.

③ 재수치인은 임치인에 대하여 그 권한의 범위 내에서 수치인과 동일한 권리를 가지고 의무를 진다.

제659조 (무보수 수치인의 주의의무) 무보수의 수치인은 자기의 재산에 대한 것과 동일한 주의로써 임치물을 보관할 의무가 있다.

제660조 (수치인의 통지의무 등) ① 임치물에 대하여 권리를 주장하는 제 3 자가 수치인에 대하여 소를 제기하거나, 압류, 가압류 또는 가처분을 한 때에는, 수치인은 지체 없이 그 사실을 임치인에게 통지하여야 한다. 다만 임치인이 이미 이를 알고 있는 때에는 그러하지 아니하다.

② 제 3 자가 임치물에 대하여 권리를 주장하는 경우에 있어서도 수치인은 임치인의 지시가 없는 한 임치인에 대하여 임치물을 반환하여야 한다. 다만 수치인이 전항의 통지를 한 경우 또는 동항 단서의 규정에 의하여 그 통지를 요하지 아니하는 경우에, 임치물을 그 제 3 자에게 인도할 것을 명하는 확정판결(확정판결과 동일한 효력을 갖는 것을 포함한다)이 있었던 때이어

있었던 보수는 포함되지 않는다고 하는 태도를 취한다. 그렇다고 하면 여기서의 손해배상은 해제의 시기가 불리함으로 인한 손해만을 대상으로 하는 것이 된다. 그러나 개정 후에도 위와 같은 판례의 태도를 유지하는 것에 대하여는 의문이 없지 않으므로(예를 들면 회사 임원을 해임하는 경우), 앞으로 논의를 요한다고 한다(潮見佳男, 295면).

175) 임치도, 사용대차(제593조)와 마찬가지로, 종전에 요물계약으로 정하여져 있었던 것을 전적으로 낙성계약으로 전환하였다(제657조: "임치는 당사자의 일방이 어떤 물건을 보관하는 것을 상대방에게 위탁하고 상대방이 이를 승낙함으로써 그 효력이 생긴다." 우리 민법 제693조). 이에 대하여는 따로 설명하지 아니한다.

서 그 제 3 자에게 그 임치물을 인도한 때에는 그러하지 아니하다.

③ 수치인이 전항의 규정에 따라 임치인에게 임치물을 반환하여야 하는 경우에는, 임치인에게 그 임치물을 인도함으로써 제 3 자에게 손해가 발생한 때에도 그 배상의 책임을 지지 아니한다.

제662조 (임치인에 의한 반환청구 등) ① [종전과 같다]

② 전항에 규정하는 경우에 수치인은 임치인이 그 시기 전에 반환을 청구함으로써 손해를 받은 때에는 임치인에 대하여 그 배상을 청구할 수 있다.

제664조의2 (손해배상 및 비용상환청구권에 대한 기간 제한) ① 임치물의 일부멸실 또는 손상에 의하여 생긴 손해의 배상 및 수치인이 지출한 비용의 상환은 임치인이 반환을 받은 때로부터 1년 이내에 청구하여야 한다.

② 전항의 손해배상청구권에 대하여는 임치인이 반환을 받은 때로부터 1년을 경과하는 때까지는 시효가 완성하지 아니한다.

제665조 (위임의 규정의 준용) 제646조부터 제648조까지, 제649조 그리고 제650조 제 1 항 및 제 2 항의 규정은 임치에 준용한다.

제665조의2 (혼합임치) ① 복수의 자가 임치한 물건의 종류 및 품질이 동일한 경우에는, 수치인은 각 임치인의 승낙을 얻은 때에 한하여 이들을 혼합하여 보관할 수 있다.

② 전항의 규정에 기하여 수치인이 복수의 임치인로부터의 임치물을 혼합하여 보관한 때에는, 임치인은 그 임치한 물건과 같은 수량의 물건의 반환을 청구할 수 있다.

③ 전항에 규정하는 경우에, 임치물의 일부가 멸실한 때에는, 임치인은 혼합하여 보관하고 있는 총임치물에 대한 그 임치한 물건의 비율에 따른 수량의 물건의 반환을 청구할 수 있다. 이 경우에는 손해배상의 청구를 방해하지 아니한다.

제666조 (소비임치) ① 수치인이 계약에 의하여 임치물을 소비할 수 있는 경우에는, 수치인은 임치된 물건과 종류, 품질 및 수량이 같은 물건으로써 반환하여야 한다.

② 제590조 및 제592조의 규정은 전항에 규정하는 경우에 준용한다.

③ 제591조 제 2 항 및 제 3 항의 규정은 예금 또는 저금에 관한 계약에 의하여 금전을 기탁한 경우에 준용한다.

(2) **(가)** 개정법은 수치인이 임치물을 수취하기까지의 계약해제[176]에 대하여 새로 정한다.[177] 임치인은 언제라도 해제할 수 있으나 그 경우에도 그로

176) 한편 임치물 수취 후의 '반환청구', 즉 해지에 대하여는 제662조에서 정한다.

177) 이에 대하여는 우리 민법에 규정이 없다.

인한 수치인의 손해를 배상하여야 한다(제657조의2 제 1 항). 수치인은 보수약정이 없는 경우에, 그것도 서면에 의한 임치가 아닌 경우[178]에 한하여 해제할 수 있다(동조 제 2 항). 나아가 유상임치 또는 서면임치의 수치인은 '임치물을 수취하여야 할 시기를 경과하였음에도 임치인이 이를 인도하지 아니하는 경우'에는 인도의 최고를 거쳐 계약을 해제할 권리를 가진다(동조 제 3 항).

(나) 종전의 제658조는 임치인의 승낙이 없으면 수치인은 임치물을 사용하거나 제 3 자로 하여금 이를 보관하게 할 수 없다고 정한다.[179] 개정 후 동조 제 1 항은 전자에 관하여 종전과 같이 정하고, 제 2 항은 후자에 관하여 부득이한 사유가 있는 때를 제 3 자로 하여금 보관하게 할 수 있는 경우로 추가한다. 그리고 재수치인에 대하여는 복대리인 또는 복수임인에 관한 규정의 개정(제106조 제 2 항, 제644조의2 제 2 항)과 보조를 맞추는 규정이 신설된다(제658조 제 3 항). 그리하여 종전의 제105조와 같이 그 경우 수치인이 재수치인의 선임·감독상의 과실에 관해서만 책임을 진다는 법리는 여기서도 인정될 여지가 없고, 통상의 채무불이행법리에 좇는다.[180]

(다) 개정 후 제660조는 종전과 같이 임치물에 대한 권리주장자 있는 경우 수치인의 통지의무를 정하면서(우리 제696조도 같다), 새로 임치인이 이를 알고 있다면 그 의무가 없음을 단서에서 덧붙인다(제 1 항).

개정 후의 제 2 항은 새로운 규정으로서, 임치물에 대한 권리주장자가 있더라도 수치인은 임치인의 지시가 없는 한 임치물을 임치인에게 반환하여야 하며 권리주장자에 대하여 인도를 거절할 수 있음이 원칙이고, 다만 수치인에 대하여 제 3 자에의 인도를 명하는 확정판결이 있어서 수치인이 그에게 인도한 경우에는 임치인에 대하여 반환의무불이행의 책임을 지지 않는다고 정한다.

개정 후의 제 3 항은 제 2 항에 따라 수치인이 임치인에게 반환하여야 하는 경우에 임치인에게 반환한 때에는 제 3 자에게 손해가 있더라도 이를 배상할 책임을 지지 않는다는 것이다. 이 경우 제 3 자가 입은 손해의 전보는 그와 임치인 사이에서 해결되어야 할 문제이다.

---

178) 이는 소비대차에 관한 제587조의2 제 2 항과 그 입법취지를 같이한다.

179) 우리 민법은 전자에 대하여 정할 뿐이다(제694조).

180) 우리 민법은 재수치인에 관하여 제701조가 재수임인에 관한 제682조를 준용하여, 개정 후 제658조 제 2 항과 마찬가지로 임치인의 승낙이나 부득이한 사유가 없으면 재임치를 할 수 없다고 하고, 재임치의 경우 수치인은 재수치인의 선임 또는 감독에 대해서만 책임을 진다고 한다(제682조 제 2 항에 제121조 준용).

(라) 개정 후의 제662조는 임치인은 반환시기의 정함이 있어도 언제라도 반환을 청구할 수 있지만(제 1 항), 그로 인한 수치인의 손해는 임치인이 이를 배상하여야 한다는 것이다(제 2 항). 이 제 2 항은 종전에 없던 규정이다.

한편 수치인은 반환시기의 정함이 없으면 언제든지 반환할 수 있으며(제 1 항), 그 정함이 있어도 부득이한 사유가 있으면 반환할 수 있다고(제 2 항) 하는 종전의 제663조는 그대로 유지된다.[181]

(마) 개정 후 신설된 제664조의2는 임치물의 일부멸실 또는 손상으로 인한 손해의 배상청구권 및 수치인이 지출한 비용의 상환청구권에 대하여 '임치인이 반환받은 때로부터 1년'이라는 행사기간을 설정하고(제 1 항), 위 손해배상청구권의 소멸시효에 대하여는 '임치인이 반환받은 때로부터 1년' 동안은 그것이 완성되지 아니한다고 정한다. 후자는 임대차·사용대차(개정 후 제600조, 제622조)와 보조를 같이하는 것이다.

(바) 혼합임치에 대한 제665조의2는 개정법으로 새로 마련된 규정이다.

복수의 임치인이 동일한 종류 및 품질의 물건을 임치한 경우에 이들을 혼합하여 보관하려면, 즉 혼합임치가 성립하려면, 각 임치인의 동의가 있어야 한다(제 1 항). 그 경우 각 임치인은 임치한 물건과 동일한 수량의 물건의 반환을 청구할 수 있는데(제 2 항), 만일 혼합임치의 목적물 중 일부가 멸실하였다면 총 임치물에 대한 각 임치물의 비율에 좇아 반환청구를 할 수 있다(제 3 항 전단). 이러한 멸실의 경우에 혼합수치인이 일반 채무불이행책임에 기하여 손해배상의무를 부담할 수 있음은 물론이다(동항 후단).

(사) 소비임치에 대하여는 종전에 소비대차에 관한 규정이 준용되었다(제666조). 개정법에서는 소비임치에 대하여 임치에 관한 규정이 적용됨을 전제로 하면서, 제 2 항에서 소비임치에서도 소비대차에서와 같이 목적물의 소유권과 점유가 이전하므로 그 한도에서 소비대주의 인도의무, 차주의 가액상환의무에 관한 제590조 및 제592조가 소비임치에 준용된다고 정한다(제 2 항).

한편 예금 또는 저금의 계약에 관하여 동조 제 3 항은, 반환시기의 정함이 있는 경우에도 소비차주는 그 전에 반환을 할 수 있고, 다만 그는 그로 인하여 대주가 입은 손해를 배상하여야 한다고 정하는 개정 후 제591조 제 2 항 및 제 3 항을 이에 준용한다. 이는 예금 등 계약은 맡겨진 금전을 금융기관(소

181) 우리 민법 제669조는 종전 일본민법의 태도와 같으나, 우리는 '반환' 또는 '반환청구'의 관점에서 규정하지 아니하고 계약해지의 관점에서 규정한다.

비임치에서 수치인에 해당한다)이 운용하여 이익을 얻음을 전제로 하는 점에서는 예금 등 계약은 소비대차에 가까운 점이 있으므로, 이를 반영하여 금융기관은 반환시기의 정함이 있어도 그 전에 반환할 수 있도록 하고, 수치인에게 불리한 제663조 제 2 항("반환시기의 정함이 있는 경우에 수치인은 부득이한 사유가 없으면 그 기한 전에 반환할 수 없다")을 적용하지 아니하려는 것이다.

7. 조 합

(1) 제667조의2 (다른 조합원의 채무불이행) ① 제533조 및 제536조의 규정은 조합계약에 적용하지 아니한다.

② 조합원은 다른 조합원이 조합계약에 기한 채무의 이행을 하지 아니하는 것을 이유로 하여 조합계약을 해제할 수 없다.

제667조의3 (조합원의 일인에 관한 의사표시의 무효 등) 조합원의 1인에 관한 의사표시의 무효 또는 취소의 원인이 있더라도, 다른 조합원 사이에서는 조합계약은 그 효력에 영향을 받지 아니한다.

제670조 (업무의 결정 및 집행의 방법) ① 조합의 업무는 조합원의 과반수로써 결정하고, 각 조합원이 이를 집행한다.

② 조합 업무의 결정 및 집행은 조합계약이 정하는 바에 따라 1인 또는 수인의 조합원 또는 제 3 자에게 위임할 수 있다.

③ 전항의 위임을 받은 자(이하 '업무집행자'라고 한다)는 조합의 업무를 결정하고 이를 집행한다. 이 경우 업무집행자가 수인인 때에는, 조합의 업무는 업무집행자의 과반수로써 결정하고, 각 업무집행자가 이를 집행한다.

④ 전항의 규정에도 불구하고 조합의 업무에 대하여는 총조합원의 동의로써 결정하거나 총조합원이 집행할 수 있다.

⑤ 조합의 상무(常務)는 전 각 항의 규정에 관계없이, 각 조합원 또는 각 업무집행자가 단독으로 행할 수 있다. 다만 그 완료 전에 다른 조합원 또는 업무집행자가 이의를 제기한 때에는 그러하지 아니하다.

제670조의2 (조합대리) ① 각 조합원이 조합원의 과반수의 동의를 얻은 때에는 그 조합원은 다른 조합원을 대리하여 조합의 업무를 집행할 수 있다.

② 전항의 규정에 불구하고 업무집행자가 있는 때에는 업무집행자만이 조합원을 대리하여 조합의 업무를 집행할 수 있다. 이 경우에 업무집행자가 수인인 때에는 각 업무집행자는 업무집행자의 과반수의 동의를 얻은 때에 한하여 조합원을 대리하여 조합의 업무를 집행할 수 있다.

③ 전 2항의 규정에 불구하고, 각 조합원 또는 각 업무집행자는 조합의 상무(常務)를 행할 때에는 단독으로 조합원을 대리할 수 있다.

제675조 (조합채권자의 권리의 행사) ① 조합의 채권자는 조합재산에 대하여 그 권리를 행사할 수 있다.

② 조합채권자는 그 선택에 따라 각 조합원에 대하여 손실분담의 비율 또는 균등한 비율로 그 권리를 행사할 수 있다. 다만 조합채권자가 그 채권의 발생 시에 각 조합원의 손실분담의 비율을 알고 있었던 때에는 그 비율에 의한다.

제676조 (조합원의 지분의 처분 및 조합재산의 분할) ① [종전과 같다]

② 조합원은 조합재산인 채권에 관하여 그 지분에 대한 권리를 단독으로 행사할 수 없다.

③ 조합원은 청산 전에 조합재산의 분할을 청구할 수 없다.

제677조 (조합재산에 대한 조합원의 채권자의 권리행사의 금지) 조합원의 채권자는 조합재산에 대하여 그 권리를 행사할 수 없다.

제677조의2 (조합원의 가입) ① 조합원은 그 전원의 동의로써 또는 조합계약이 정하는 바에 따라 새로운 조합원을 가입시킬 수 있다.

② 전항의 규정에 의하여 조합의 성립 후에 가입한 조합원은 그 가입 전에 발생한 조합의 채무에 대하여는 이를 변제할 책임을 지지 아니한다.

제680조의2 (탈퇴한 조합원의 책임 등) ① 탈퇴한 조합원은 그 탈퇴 전에 발생한 조합의 채무에 대하여 종전의 책임의 범위 내에서 이를 변제할 책임을 진다. 이 경우에 채권자가 전부의 변제를 받지 아니하고 있는 동안은, 탈퇴한 조합원은 조합에 담보를 제공하게 하거나 조합에 대하여 자기를 면책시킬 것을 청구할 수 있다.

② 탈퇴한 조합원은 전항에서 정하는 조합의 채무를 변제한 때에는 조합에 대하여 구상권을 가진다.

제682조 (조합의 해산사유) 조합은 다음 사유에 의하여 해산한다.

1. 조합의 목적인 사업의 성공 또는 성공의 불능
2. 조합계약에서 정하여진 존속기간의 만료
3. 조합계약에서 정하여진 해산사유의 발생
4. 총조합원의 동의

(2) (가) 조합원의 조합계약 불이행

개정 후 제667조의2는 종전에 없던 규정으로서, 다른 조합원이 조합계약상의 채무를 불이행하는 것에 대한 법적 구제수단을 새로 정한다.

제 1 항은 동시이행의 항변권 및 위험부담(개정 후는 이행거절권 구성을 취한다)의 규정은 조합계약에는 적용되지 아니하므로, 다른 조합원이 출자채무를 이행하지 아니하거나 그 이행이 그에게 책임 없는 사유로 불능이 되었더

라도, 조합원은 이를 이유로 자신의 출자채무의 이행을 거절할 수 없다.

제 2 항은 조합의 단체적 성격에 비추어 다른 조합원의 채무불이행(주로 상정되는 것은 출자채무의 불이행이다)을 이유로 조합계약을 해제할 수 없다고 한다. 이는 조합원의 조합해산청구가 부득이한 사유가 있는 때에 한정되는 것(제683조. 우리 제720조)과 보조를 맞춘 것이다.

(나) 조합원의 의사표시의 무효·취소와 조합계약

제667조의3은 역시 조합의 단체적 성격을 반영한 것으로서, 조합계약을 구성하는 어느 하나의 조합원의 의사표시에 무효 또는 취소의 원인이 있다고 해도 조합계약의 효력에는 영향이 없음을 정한다. 조합이 제 3 자와 거래를 개시하기 전인지 후인지를 불문한다. 물론 당해 조합원이 이미 출자채무를 이행하였다면 그는 조합에 대하여 그 반환을 청구할 수 있다.

(다) 조합업무의 결정과 집행

(a) 종전의 제670조는 조합의 의사결정을 위주로 하여 업무집행의 방법을 정하였다. 이는 개정 후에도 마찬가지로서 조합원의 과반수로 결정하지만, 그에 따른 업무의 집행은 각 조합원이 한다는 것을 명문으로 정한다(제 1 항).[182]

제 2 항 내지 제 4 항은 업무집행자가 있는 경우의 조합의 업무결정 및 집행에 관하여 정한다. 조합계약이 정하는 바에 따라 그것을 1인 또는 수인의 조합원에게 위임할 수 있다는 것(제 2 항), 그와 같이 위임을 받은 자가 조합의 업무를 결정하고 집행하는데, 이러한 업무집행자가 여럿이면 업무집행자의 과반수로 업무를 결정하되 집행은 각 업무집행자가 한다는 것(제 3 항), 업무집행자를 두기로 하는 경우에도 총 조합원의 동의로 업무를 결정하고 총 조합원이 이를 집행할 수 있다는 것(제 4 항)이다.

한편 조합의 常務에 대하여는 종전 제670조 제 3 항의 규율이 그대로 유지된다(개정 후 제 5 항).

(b) 종전의 일본민법은 조합을 대외적으로 대리하는 권한에 관하여 명문의 규정을 두지 않았다. 그러나 조합업무의 집행이 조합[183]을 대리하여

182) 이와 보조를 맞추어, 제671조(위임 규정의 준용), 제672조 제 1 항(업무집행조합원의 사임), 제673조(업무집행권 없는 조합원의 검사권) 등에서도 '업무의 집행' 또는 '업무를 집행한다'는 문언을 '업무의 결정 및 집행' 또는 '업무를 결정하고 집행한다'는 것으로 개정한다.

183) '조합'을 대리한다고 하여도 조합은 사단이 아니므로 정확하게 말하면 조합원 전원을 대

하는 행위를 요하는 경우에는, 그 업무집행의 권한에는 다른 특별한 사정이 없는 한 대리권이 포함된다고 할 것이다. 우리 민법 제709조가 "조합의 업무를 집행하는 조합원은 그 업무집행의 대리권 있는 것으로 추정한다"고 하는 것은 그러한 취지라고 이해된다.

개정 후 제670조의2는 이를 명확하게 규정한다. 즉 각 조합원이 조합의 업무를 집행하는 경우에는 조합원 과반수의 동의를 얻은 때에 조합을 대리할 수 있고(제 1 항), 업무집행자가 있으면 그만이 조합원을 대리할 수 있지만(제 2 항 전단) 업무집행자가 여럿이면 각 업무집행자는 업무집행자의 과반수의 동의를 얻어 조합을 대리할 수 있으며(동항 후단), 다만 조합의 상무에 대하여는 각 조합원 또는 각 업무집행자가 단독으로, 즉 다른 조합원 또는 업무집행자의 동의를 얻음이 없이 조합을 대리할 수 있다(제 3 항).

(라) 조합채권자의 권리 행사

개정 후 제675조 제 1 항은 조합에 대한 채권자('조합채권자')는 조합재산에 속하는 개개의 목적물에 대하여 자신의 권리를 행사할 수 있음을 정한다. 동 제 2 항은 조합원은 조합채권에 대하여 자신의 고유재산으로 책임을 지는 것을 전제로 그 비율을 정하는 종전 제675조의 태도를 기본적으로 유지하면서 일정한 변화를 도입한다. 즉 조합채권자는 각 조합원에 대하여 그 선택에 좇아 손실분담의 비율 또는 동등한 비율로 그 권리를 행사할 수 있는 것이 원칙이나(본문), 그 채권의 발생 당시에 손실분담의 비율을 안 때에 한해서는 그 비율에 의하여야 한다는 것이다(단서).[184]

(마) 조합원의 조합재산에 대한 권리

(a) 일본민법에는 조합재산에 대한 지분을 처분한 경우에 이를 조합 및 조합과 거래를 한 제 3 자에게 대항할 수 없으며, 청산 전에는 조합재산의 분할을 청구할 수 없다는 규정이 있다(종전 제676조 제 1 항 및 제 2 항). 개정 후에도 위의 규정은 동조 제 1 항 및 제 3 항으로 유지된다. 개정 후의 동조 제 2 항은 조합재산에 속하는 채권은 조합원이 그 지분을 단독으로 행사할 수

리하는 것이다.

184) 종전의 제675조(우리 민법 제712조)는 조합채권자는 그 채권 발생 당시에 조합원의 손실분담의 비율을 알지 못한 때에는 각 조합원에 대하여 균등한 비율로 그 권리를 행사할 수 있다고 정하였다. 한편 일본민법에는 우리 민법 제713조("조합원 중에 변제할 자력 없는 자가 있는 때에는 그 변제할 수 없는 부분은 다른 조합원이 균분하여 변제할 책임이 있다")에 상응하는 규정을 두고 있지 않다.

없다고 정한다.[185] 이로써 조합재산에 속하는 채권은 이른바 분할주의의 원칙(제427조. 우리 408조)이 적용되지 아니함이 명확하게 정하여진다.

(b) 개정 후 제677조는 조합원에 대한 채권자는 조합재산에 대하여 그 권리를 행사하지 못한다고 정한다. 종전의 동조는 '조합의 채무자'는 그 채무와 조합원에 대한 채권으로 상계하지 못한다고 정하였다(우리 제715조도 같다). 그런데 개정 후의 규정은 조합원의 일반채권자가 조합재산에 대하여 가지는 법적 권리를 부인하는 것이므로 위 종전 규정에서 문제되는 상계의 자동채권이 될 '조합원에 대한 채권'이라는 것이 인정되지 아니하므로 그 한도에서 종전 규정은 개정 후 규정에 포함된다고 할 수 있다.

(바) 조합원의 변경

(a) 개정 후 제677조의2는 조합원의 가입에 대하여 새로 규정한다.

제 1 항은 조합원의 가입이 조합원 전원의 동의 또는 조합계약에서 정하는 바에 의하여 행하여진다는 통설을 명문으로 정한 것이다.

제 2 항은 조합의 성립 후 새로 가입한 조합원은 가입 전에 발생한 조합채무에 대하여 자신의 고유재산으로 변제할 책임이 없음을 정한다.

(b) 조합원의 임의탈퇴 및 제명을 포함한 비임의탈퇴제에 대하여는 제678조부터 제680조까지에서 정하는데(우리 제716조 내지 제718조와 같다), 이번 개정으로 신설된 제680조의2는 탈퇴한 조합원의 책임 등에 대하여 정한다. 그 제 1 항은 탈퇴한 조합원이라도 탈퇴 전에 생긴 조합채무에 대하여는 자신의 고유재산으로 책임을 진다는 것(전단), 그러나 그는 조합채권자가 전부의 변제를 받지 못하고 있는 동안에는 각 조합원은 조합에 대하여 담보를 제공하게 하거나 자신을 면책시킬 것을 청구할 수 있다는 것(후단)을 정한다. 후단은 보증인의 사전구상권과 관련하여 보증인이 주채무자에 대하여 담보등을 제공하거나 자신을 면책시킬 것을 청구할 수 있다고 정하는 제461조 제 1 항와 같은 취지에서 나온 것이다.

제 2 항은 자신의 고유재산으로 조합채무를 이행한 탈퇴조합원의 구상권을 정한다. 물론 그가 탈퇴하면서 지분을 청산함에 있어서(제681조 참조) 탈퇴 전의 조합채무를 이행할 것이 고려되는 등의 특별한 사정이 있는 경우에는 구상권은 성립하지 아니한다.

185) 이는 日大判 1938. 2. 12(民集 17, 132)의 태도를 명문으로 정한 것이다.

(사) 조합의 해산사유

종전에 조합의 해산사유에 관한 제682조에서 유일하게 규정되어 있던 사유를 개정 후 제 1 호로 하고, 해석상 이론이 없는 해산사유를 그 제 2 호 내지 제 4 호에 새로 규정한다. 한편 조합원이 1인이 된 것을 해산사유로 삼을 것인가 하는 문제는 해석에 맡겨져 있다. 우리 민법에는 이에 상응하는 규정이 없으나, 통설은 대체로 같은 태도를 취한다.

D. 소　　결

1. 일본민법의 전면적인 개정은 앞으로도 그 작업이 계속 진행될 것이 예정되어 있다. 상속편에 대한 개정 법률은 2018년 7월에 공포되었고(약간의 예외를 제외하고는 2019년 7월 1일부터 시행), 2019년 3월 19일에 발족한 법제심의회의 「민법 · 부동산등기법 부회」는 '등기제도 · 토지소유권의 모습' 등에 관하여 개정 준비 작업을 진행하고 있다.[186] 나아가 담보법에 대한 입법적 검토도 예정되어 있다고 들었다.

이번 개정에 대한 평가는 이들 작업이 종결되는 것을 기다려서 총체적으로 행하여지는 것이 바람직할 것이다.[187] 또 그 평가를 위하여는 다른 주요한 나라들의 입법동향이나 법통일작업의 추이를 면밀히 검토하는 작업도 필요할 것이다.

2. 이 자리에서 하나 짚어둘 것은 일본에 비하여 우리는 일찍부터 개정 작업에 착수하였음에도 그 결실을 제대로 보지 못하고 말하자면 '좌절'하였다는 점이다.

즉 1999년부터 2004년까지, 그리고 2009년부터 2013년의 두 차례에 걸쳐

---

186) 이 부회는 야마노메 아키오(山野目章夫) 와세다대학 교수를 좌장으로 하는 「등기제도 · 토지소유권의 모습 등에 관한 연구회」가 2017년 10월부터 작업한 결과로 2019년 2월 28일에 채택한 최종보고서를 기초로 진행된다고 한다. 위 연구회 홈페이지 https://www.kinzai.or.jp/specialty/registration.html 참조.

187) 이에 대하여는 일본에서도 근본적으로 비판적인 견해가 없지 않다. 가령 吉田邦彦, "民法改正(債權法[契約法]改正)の問題點", 東アジア民法學と災害 · 居住 · 民族補償(中編)(2017), 249면 이하; 加藤雅信, 民法(債權法)改正 — 民法典はどこにいくのか(2011); 同, 迫りつつある債權法改正(2015) 등 참조.

법무부의 주관으로 민법의 앞 3개의 편에 대하여 광범위한 작업이 행하여졌다. 그러나 이들 작업의 결과는 보증(개정 후 제428조의2, 제428조의3, 제436조의2)이나 여행계약(개정 후 제674조의2 내지 제674조의9)이라는 오히려 예외적인 경우를 제외하고는 입법적으로 결실을 보지 못하였다.

그 이유를 엄밀하게 따져보고 반성하는 것이야말로 이 단계에서 우리 민법학의 발전을 위하여 반드시 필요한 일이라고 생각한다.

[본서 初出]

[후 기]

1. 필자는 일본민법 개정작업에 관심이 컸으나, 대법원에서 일하는 동안에는 그 경과를 살펴볼 여유를 전혀 갖지 못하였다. 단지 전부터 친교가 있는 일본의 민법교수들과 文通이 있을 때 등에 겨우 단편적으로 귀동냥을 했을 뿐이었다.

2014년 9월에 학교로 돌아와 처음 한 일이 —그동안 추적하지 못한 국내외의 문헌 기타 자료를 뒤늦게 보완하는 매우 성가신 일 외에— 그것을 만회하는 것이었다.

2. 필자는 관련 자료들을 살펴보면서 장래의 공부를 위하여 흥미가 쏠리는 대로 그 개정의 이유나 우리 민법과 대비되는 점 등을 나름대로 엉성하게나마 정리하여 놓았다. 그러한 사실을 어떤 기회에 어느 큰 로펌의 변호사에게 우연히 밝혔더니, 그가 그 소속의 변호사들에게 이에 대하여 말해 줄 수 없겠는지 요청하여 왔다. 그리하여 필자가 개인적으로 정리하였던 것을 제 3 자들에게 객관적으로 설명할 수 있도록 다시 '편성'하고 또 보완하지 않으면 안 되었다.

그 후로도 몇 군데 큰 로펌에서 같은 제목의 '특강'을 의뢰받게 되어 애초의 원고에 조금씩 수정을 가하여서 이를 수행하였다. 여기 수록한 글이 전적으로 민법의 편제에 따르지 않고 'B. 개정의 주요 내용'과 'C. 기타의 개정'으로 —어쩌면 부자연스럽게— 나누어진 것은 대체로 '특강'에 주어진 시간에 맞추어서 설명되어야 할 내용을 편의상 구분한 것에 연유한다.

이번에 처음으로 공간하는 본문의 글은 그 결과물이다.

조문 색인

재판례 색인

[대 법 원]

[고등법원]

부산고법

서울고법

대구고법

[지방법원]

부산지법

사항·인명 색인

저자약력

서울대학교 법과대학 졸업
법학박사(서울대학교)
서울대학교 법과대학 교수
대법관
현재 한양대학교 법학전문대학원 석좌교수
　　서울대학교 명예교수

주요저술

(著) 民法硏究 제 1 권, 제 2 권(1991), 제 3 권(1995), 제 4 권(1997), 제 5 권(1999), 제 6 권(2001), 제 7 권(2003), 제 8 권(2005), 제 9 권(2007)
민법 Ⅰ: 계약법, 제 2 판(2015)(공저)
민법 Ⅱ: 권리의 변동과 구제, 제 3 판(2017)(공저)
민법 Ⅲ: 권리의 보전과 담보, 제 3 판(2018)(공저)
민법입문, 제 7 판(2018)
民法散考(1998)
민법산책(2006)
노모스의 뜨락(2019)
民法注解 제 1 권, 제 4 권, 제 5 권(1992), 제 9 권(1995), 제16권(1997), 제17권, 제19권(2005)(각 분담집필)
註釋 債權各則(Ⅲ)(1986)(분담집필)

(譯) 라렌츠, 正當한 法의 原理(1986)
츠바이게르트/쾨츠, 比較私法制度論(1991)
독일민법전—총칙 · 채권 · 물권, 2018년판(2018)
포르탈리스, 民法典序論(2003)
독일민법학논문선(2005)(편역)
로슨, 大陸法入門(1994)(공역)

民法硏究 第10卷

2019년 6월 20일 초판인쇄
2019년 6월 25일 초판발행

저 자 양 창 수
발행인 안종만 · 안상준
발행처 (株)博 英 社
서울시 종로구 새문안로 3길 36, 1601
전화 (733)6771 FAX (736)4818
등록 1959. 3. 11. 제300-1959-1호(倫)

www.pybook.co.kr e-mail: pys@pybook.co.kr

정 가 39,000원 ISBN 979-11-303-3298-7